赖惠敏 著

满大人的荷包

清代喀尔喀蒙古的衙门与商号

中華書局

图书在版编目(CIP)数据

满大人的荷包:清代喀尔喀蒙古的衙门与商号/赖惠敏著. —北京:中华书局,2020.11

ISBN 978-7-101-14823-7

Ⅰ.满… Ⅱ.赖… Ⅲ.行政干预-区域经济-研究-内蒙古-清代 Ⅳ.F127.26

中国版本图书馆 CIP 数据核字(2020)第 196024 号

书　　名	满大人的荷包:清代喀尔喀蒙古的衙门与商号
著　　者	赖惠敏
责任编辑	刘冬雪
封面设计	周　玉
出版发行	中华书局 (北京市丰台区太平桥西里 38 号　100073) http://www.zhbc.com.cn E-mail:zhbc@zhbc.com.cn
印　　刷	北京瑞古冠中印刷厂
版　　次	2020 年 11 月北京第 1 版 2020 年 11 月北京第 1 次印刷
规　　格	开本/920×1250 毫米　1/32 印张 18　插页 2　字数 402 千字
印　　数	1-3000 册
国际书号	ISBN 978-7-101-14823-7
定　　价	78.00 元

目　录

图表目次

导 论

本书书名定为《满大人的荷包》是因在喀尔喀蒙古当官的几乎都是满洲人，清朝统治蒙古的经费非常少，能稳定治理一百多年，是仰赖商人势力的介入，这是本书主要的观点。在讨论问题之前，先对喀尔喀蒙古的地理、交通以及人口做简单论述。

清代喀尔喀蒙古离北京十分遥远，朝廷建立许多台站，由北京、张家口经赛尔乌苏至库伦共 3,345 里。库伦到恰克图 920 里，故由北京到恰克图共 4,265 里。[①] 乾隆二十八年(1763)，郎中班达尔沙于八月二十一日由张家口起程，十月十六日到达恰克图，共需五十几天[②]，其中由恰克图到库伦约十天。[③] 若是茶商由武彝山运茶到恰克图，时间更久。根据英国国家档案馆藏档案记载，道光年间武彝茶的运输时间如下：武彝山茶挑至崇安(1 天)、再挑铅山县(5 天)、装小艇至河口(1

---

① 金峰，《清代外蒙古北路驿站》，《内蒙古大学学报(哲学社会科学版)》，1979 年增刊第 2 期，页 77—102、258—259。

② 中国第一历史档案馆藏，《军机处满文录副奏折》，编号 03—2392—034，乾隆三十五年十月十九日。

③ 《军机处满文录副奏折》，编号 03—2047—029，乾隆二十八年七月二十七日。乾隆二十八年，库伦办事大臣福德奏报将恰克图街长田玉敏等人解送京城自恰克图，自十月初六日起，于十月十五日抵达库伦。

天)、再换小艇至玉山县(4 天)、过山挑至浙江常山县(2 天)、下小艇到杭州江口(4 天)、过杭州城黑桥过关装船到上海县(7 天)、装大海船(13—14 天)、到天津府起驳小艇内河到通州府(5 天)、骡驮至张家口(8 天)、茶卖与货房(即洋行商)再骆驼驮走蒙古到恰克图(40 天)转卖俄商。[①] 从武彝山运茶到张家口需 50—51 天,张家口到恰克图要 40 天。茶叶从产地到销售地大约要三个月。

由张家口到科布多属于阿尔泰军台,共 78 台。其中,察哈尔都统辖 44 台,乌里雅苏台将军辖南段 20 台、西段 7 台,科布多参赞大臣辖东段 7 台。张家口经过赛尔乌苏、乌里雅苏台到科布多城,总长 5,850 里,北京到张家口 430 里,故从北京到科布多共 6,280 里。[②] 从官员日记可知,赴任行程需要一个多月。《额勒和布日记》载,同治十年(1871)五月察哈尔都统文盛因病开缺,调额勒和布出任该职。额勒和布从北京到张家口的日程为同治十年十一月二十二日从北京启程,二十六日到张家口。同治十二年(1873),乌里雅苏台将军常顺与署参赞大臣文奎不睦,挟私纠参,察哈尔都统额勒和布至乌城调查案情。他从张家口到乌里雅苏台,同治十三年(1874)正月初一日由张家口启程,二月十三日抵达乌城,共 43 天。[③] 另一位官员祥麟,他于光绪十二年(1886)由北京赴任乌里雅苏台参赞大臣,光绪十二年四月十三日由北京出发,十九日至张家口。五月初二日由张家口启程,六月初三日至乌里雅苏台,

---

① Public Records Office 藏英国外交部档案,编号 Foreign Office(F. O.)/1048/26/1。本资料由游博清博士提供,特此致谢。

② 金峰,《清代外蒙古北路驿站》。

③ 额勒和布著,芦婷婷整理,《额勒和布日记》(南京:凤凰出版社,2018),下册,页 294—295、382—391。常顺与文奎两人被免职,额勒和布担任乌里雅苏台将军,同治十三年十月初一日由张家口启程赴任,十一月二十五日到乌城,参见页 419—431。

共 32 天。[①]《额勒和布日记》载，委员松峰于光绪元年(1875)十一月十九日由科布多起身，二十八日抵达乌城。[②] 因此，由北京到科布多需要四十余天(参见图 0—1)。

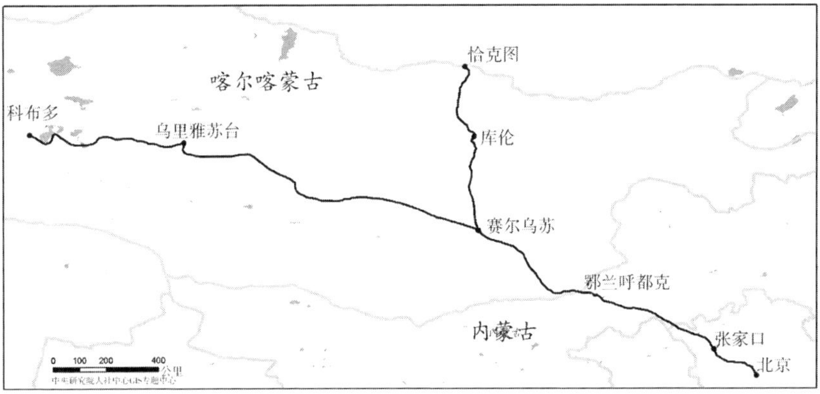

图 0—1　喀尔喀蒙古台站路线图

喀尔喀蒙古的城市包括恰克图、库伦、乌里雅苏台、科布多。蒙古人城居的情况非常明显，库伦的汉人甚至超过蒙古人。根据 1921 年出版的《外蒙共和国》一书统计，蒙古都市人口，恰克图 4,000 人、库伦 100,000 人、乌里雅苏台 3,000 人、科布多 3,000 人。城居的人口占蒙古总数(647,000 人)的 21.6%。汉人共 85,000 人，占城居人数 62%；蒙古人 50,000 人，占 36%。[③] 有关汉人在库伦的人数，也有不同说法。1915 年，陆世棻调查库伦人口共五千余户，华侨人口共十七余万，俄民二千余人，蒙民居多，共十九万余人。[④] 陈箓根据商会报告统计，库伦

① 祥麟，《乌里雅苏台行程纪事》，收入刘铮云主编，《傅斯年图书馆藏未刊稿钞本 · 史部》(台北：中研院历史语言研究所，2015)，第 9 册，页 325—334、354—416。

② 额勒和布著，芦婷婷整理，《额勒和布日记》，下册，页 473—474。

③ 南满洲铁道株式会社庶务部调查课编，《外蒙共和国》(大阪：大阪每日新闻社，1921)，页 254—255。

④ 陆世棻，《调查员陆世棻调查库伦商业报告书》，《中国银行业务会计通讯录》，1915 年第 11 期，页 18。

大小商铺共577家，人数6，115人。此外，又有土木工匠一千五百余人、金矿工人一千六百余人。[①] 库伦的华人在一万人左右，与陆世棻所说十七万人大有差距。1920年，小西茂调查库伦人口共五万五千余人，按照人种：蒙古人有33，000人（其中喇嘛僧人15，000人，世俗人8，000人）、汉人20，000人（其中山西人12，000人，直隶人7，000人）、俄国人1，500人、西藏喇嘛僧560人、法国人5人、英国人1人、日本人14人。[②] 总之，在蒙古的华人应当不到十万人，长期主导蒙古地区的商业贸易。

过去，黄仁宇教授认为，明清五百年政府是"不能在数字上管理"的国家，财政目标只放在维持政治现状，而非反映经济社会的动态。[③] 以张家口税关来说，是很典型的例子。俄国的《俄中通商历史统计概览》记录1755—1850年的中俄贸易数额，除了三次贸易中断期间未计，其他年间的贸易额参见图0—2。吉田金一利用俄文专著《俄中通商历史统计概览》讨论中俄一百年的贸易，他统计1755年中俄贸易总额为838，820卢布，1800年为8，385，646卢布，约增加九倍。至1850年为14，576，850卢布，是1800年的1.7倍。[④] 不过，俄国卢布在十九世纪贬值，如1802年纸卢布与银卢布的兑换为1∶0.8，至1810年兑换为1∶0.25。卢布贬值的原因是俄国向外借款，十九世纪初亚历山大一世登基时国家财力已匮乏，资金严重短缺，截至1809年，财政赤字已达1.57亿卢布。这就迫使沙皇政府不断增发纸币。此举导致流通中的

---

① 陈箓，《止室笔记·奉使库伦日记》第2种（台北：文海出版社，1968），卷2，页250。

② ［日］小西茂，《库伦事情》，收于日本国立公文书馆JACAR（アジア歴史資料センター），编号B03050676100，1920，页3。

③ 黄仁宇，《中国近五百年历史为一元论》，收入氏著，《放宽历史的视界》（台北：允晨文化公司，1988），页199—200。

④ ［日］吉田金一，《ロシアと清の貿易について》，《东洋学报》，1963年第45卷第4号，页39—86。

纸币数量猛增，1802—1810 年，纸币数量由 2.305 亿卢布增至 5.794 亿卢布。纸币的过度发行导致其汇市价格不稳，百元纸卢布从 80 银币降至 25.4 银币。[①] 图 0—2 是已扣除俄国货币贬值部分所绘制的中俄贸易额。

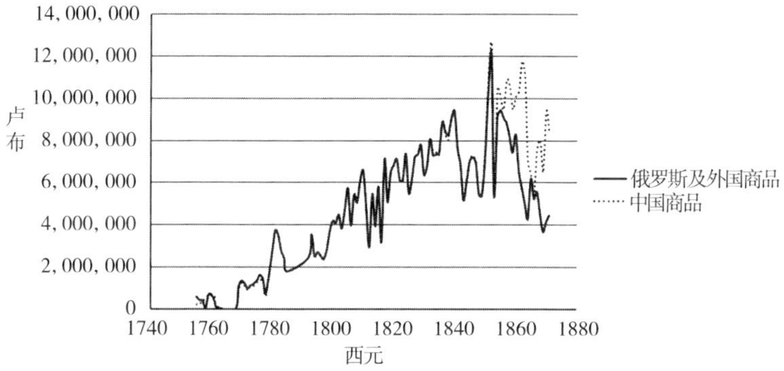

图 0—2　1755—1850 年中俄贸易额

中俄贸易管理货物进出口的税关是张家口，1747 年张家口征税缴交正税和盈余 48,013.89 两，至 1800 年税为 60,937.6 两，只增长 12.7%，1880 年反而降到 38,623.87 两。[②] 与之同时的广州贸易，1760—1761 年进出口总额为 901,371 两，1796—1797 年进出口总额为 8,349,289 两。粤海关的关税自 1755 年 486,267 两至 1795 年增为 1,171,911两。[③] 显而易见，广州通商裨益财政，而张家口的关税诚如黄仁宇教授所说，商税不是国家税收的重要项目。

张家口关税收入不多，可以从很多方面来讨论，张家口税关距离恰克图数千里，一来陆路税关不易管理；二来蒙古人免税，或趁着朝觐北京时帮商人携带物品；三来清政府拟定张家口税则着重中国出

---

① 刘玮，《试论 19 世纪俄国币制改革》，《西伯利亚研究》，2011 年第 38 卷第 1 期，页 70—75。

② 倪玉平，《清代关税：1644—1911 年》（北京：科学出版社，2017），页 206—209。

③ 参见拙作，《乾隆皇帝的荷包》（台北：中研院近代史研究所，2016 初版二刷），页 474。

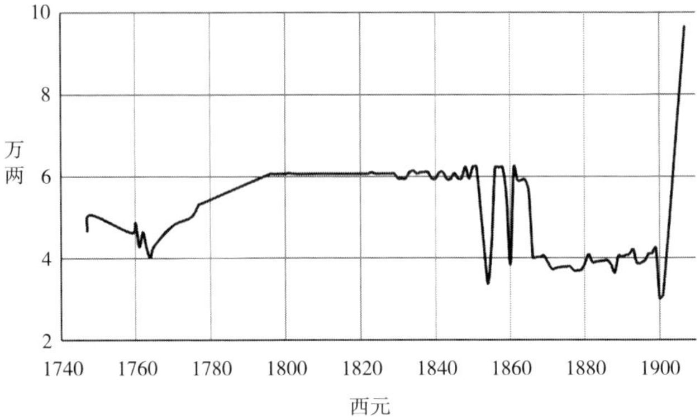

图 0—3 清代张家口税收数量

资料来源：丰若非，《清代榷关与北路贸易：以杀虎口、张家口和归化城为中心》（北京：中国社会科学出版社，2014），页 210—216。其中有几年缺档案，以台北故宫博物院藏《军机处档折件》、《宫中朱批奏折》及中研院历史语言研究所藏《清代内阁大库原藏明清档案》补上。

口的茶叶和布匹，对俄罗斯进口的毛皮或纺织品税轻。[①] 就财政资源的分配来说，岩井茂树认为中国专制国家财政的基本原则是采取“原额主义”，但是收支的定额化与社会经济发展不协调，结果中央财政的角

① 关于陆路税关不易管理的奏折：“归化城地方前因蒙古民人聚集之所，诸货流通，是以议准于该城四面设栅稽查。凡口外土产与南来货物，则有分别应征应免科条，原于输税之中兼寓恤商之意。今据该抚以该城四栅之外，例不稽察，商民多有绕道行走，不复入栅投行，冀避出栅之税。其向来在归化城之行户以绥远城例不收税，亦多移入绥远城内开设，是该处商民偷越自难保其必无。但绥远城开设之铺面，是否实由归化城迁去？抑或该城各自添设之处？臣部俱难以悬拟，不可不细加体察。”《宫中朱批奏折・财政类》（北京：中国第一历史档案馆发行微卷，1987），编号 0548—002，乾隆四十一年一月十五日。商民利用蒙古进京携带货品偷漏税的奏折：“则例内载外藩蒙古王公台吉人等来京所带进贡物件、干粮、茶叶、骑驮马驼，日食羊只，及自京带回恩赏俸禄、缎布，均照例查验放行免其纳课。余物悉令按则输税。近来蒙古喇嘛人等出入各口，往往不服查验，驱策马驰径过，甚或驮运大宗箱笼则称系王公台吉托带之件。臣署并无翻译，尤苦言语不通，官役偶一阻拦，辄施强横相视，莫可如何。国家绥抚藩封不惜恩施格外，但事关税课，恐穷蒙受雇于人，则杜渐防微，当预为限制。”《宫中朱批奏折・财政类》，编号 0430—067，光绪三十三年六月二十日。

色相对降低，地方进行财政分权。[①] 从这个角度来分析清朝统治蒙古的政策，可以了解中央和地方财政的消长。

康熙二十八年（1689）的尼布楚条约协议俄国商队到北京贸易，康熙三十七年（1698）以后俄国的政府商队定期到北京贸易，大约三年一期。法国学者加斯东·加恩根据1728—1729年北京俄国商队的账册发现，1728年交易总额将近一千万法郎（约二十二万卢布）。[②] 然而，雍正五年（1727）中俄恰克图条约，规定俄国每三年派遣官家商队到北京贸易，官家商队往返一次至少需要三年。俄国商团到北京也花费不少，俄国政府必须给使团两年的特殊薪金、赠送皇帝和大臣的礼品以及运输费用，共约十万卢布。相较之下，商人每年都拿出十万卢布的资金投在恰克图的贸易上，所得到的利润比北京商队得到的还要多些。[③] 再者，俄国政府商队也面临其他地区的竞争压力。1721年之前，中国商人向俄国政府商队采购皮货赚了不少钱，之后库伦的走私贸易额为北京的四至五倍，皮货价格比北京便宜，致使北京的贸易垮台，中国商人赚不到钱。[④] 俄国借着减少到北京做贸易的商队

---

① [日]岩井茂树，《清代国家财政における中央と地方——酌撥制度を中心にして》，《东洋史研究》，1983年第42卷第2号，页318—346。

② Gaston Cahen translated and edited by W. Sheldon Ridge, *History of the relations of Russia and China under Peter the Great*, 1689—1730 (Bangor, Me.: University Prints-Reprints, 1967). [法]加斯东·加恩著，江载华、郑永泰译，《彼得大帝时期的俄中关系史》（北京：商务印书馆，1980），页244。

③ [俄]米勒，《六等文官米勒教授于1764年所写的关于赴华使团的意见》，收入[俄]尼古拉·班蒂什—卡缅斯基编著，中国人民大学俄语教研室译，《俄中两国外交文献汇编（1619—1792）》（北京：商务印书馆，1982），页421—422。一位文官的报告说，一个官家商队投在商品的全部资金通常不超过三十万卢布，这笔资金至少要在商品流转过程中积压三年，因为从圣彼得堡或莫斯科到北京往返一次至少需要三年。再把官家商队所用的人员领取薪津计算在内，其结果是官家贸易的费用要多些，利润要少得多。

④ [俄]米勒，《六等文官米勒教授于1764年所写的关于赴华使团的意见》，收入《俄中两国外交文献汇编（1619—1792）》，页421—422。

次数，把市场由库伦移到恰克图作为最后的挣扎。恰克图像库伦一样，最后压倒了北京。恰克图条约规定两国在边界上建立市场，使得私商们获得利润。俄国商队在乾隆二年（1737）之后仍然继续来华，直到乾隆二十年（1755）才完全停止。商人的数目和货物的数量不如以前，因这时期的中俄贸易重心转移到恰克图。①

乾隆十九年（1754）开始了中俄恰克图贸易，乾隆皇帝主导着贸易活动，他派遣皇家商队即内务府的官员和买卖人记录张家口到恰克图沿途的经费开支、调查俄国喜爱的货物，以及规定物品价格等，至乾隆四十三年（1778）皇家商队停止到恰克图贸易，遂而以山西商人为贸易的要角。乾隆二十七年（1762）以诺木浑为库伦办事大臣。次年，设理藩院章京，一者是印房章京；一者是管理买卖民人事务部院章京；一者分驻恰克图章京，管理边务商业。② 管理恰克图贸易章京最初派遣内务府官员，后来改为理藩院员外郎等。

到恰克图贸易的商人必须领取理藩院的院票或称部票，如同盐商领盐引、茶商领茶引，皆属清代特许的商人。恰克图贸易以以货易货的形式交易，在 1800 年以前，这种交易单位是中国棉织品“南京布”，从 1800 年起，则为中国茶叶。③ 俄商以茶叶既易于搬运且适合俄国平民之嗜好，输入极夥。雍正初，输入 25,103 箱，值银10,041 两余。道光年间魏源撰之《夷情备采》，谓茶叶输俄 66,000 箱，计 500 万磅；而同时代萧令裕撰之《粤东市舶论》亦谓茶叶输俄达 40 万—50 万斤。迨至咸丰初，则占出口总额 75%矣。④ 1850 年中俄贸易量超过一千万卢布，

---

① 张维华、孙西，《清前期中俄关系》（济南：山东教育出版社，1997），页 277。

② 赵尔巽，《清史稿》，卷 206，页 8050 疆臣年表。

③ 孟宪章主编，《中苏贸易史资料》（北京：中国对外经济贸易出版社，1991），页 161。南京布在恰克图商人买卖清册中写的是蓝京布。

④ 刘选民，《中俄早期贸易考》，《燕京学报》，1939 年第 25 期，页 153—212、266—267。

中国输出品主要为茶叶。

乾隆三十三年(1768),乾隆皇帝订立恰克图贸易章程后,官商联合与俄国人议价,商人获取极大利润。恰克图章京必须登录商人买卖货品、数量等,《恰克图各铺户请领部票随带货物价值银两并买俄罗斯货物茶银数目清册》让恰克图的晋商公之于世,而且贩售布匹、茶叶与俄罗斯交易毛皮、皮革、纺织品的数量、价格都很清楚,笔者针对贸易商品已发表数篇论文。[①] 此外,恰克图街道、铺号人丁市圈尺寸清册、店铺编甲等,在其他的商业城市尚未发现像恰克图这么完整的商人管理的资料。虽然目前已有日本、俄罗斯学者的中俄贸易研究,大都利用俄罗斯档案从俄罗斯商业方面来研究,恰克图档案可了解中国晋商贸易的态势。[②] 不过,去恰克图贸易的商人另有从乌里雅苏台、库伦请领路引的,他们携带的货物、数量等,笔者只找到一小部分资料,将来有机会再去蒙古国家档案局查询。

管理这么庞大贸易量的库伦办事大臣或恰克图章京,除了官俸之外,该衙门并没有中央拨给经费。嘉庆五年(1800),皇帝下令由口北道拨给恰克图衙门银 212.5 两[③],不过这对每年需支出超过一千两的恰

---

① 拙作,《山西常氏在恰克图的茶叶贸易》,《史学集刊》,2012 年第 6 期,页 33—47;同作者,《十九世纪恰克图贸易的俄罗斯纺织品》,《中研院近代史研究所集刊》,2013 年第 79 期,页 1—46;同作者,《十九世纪晋商在恰克图的茶叶贸易》,收入陈熙远主编,《覆案的历史:档案考掘与清史研究》(台北:中研院,2013),页 587—640;赖惠敏、王士铭,《十九世纪中外毛皮贸易与北京消费》,《故宫学术季刊》,2013 年第 31 卷第 2 期,页 139—178;拙作,《清代北商的茶叶贸易》,《内蒙古师范大学学报(哲学社会科学版)》,2016 年第 1 期,页 57—74。

② 有关中俄贸易著作,参见[俄]米·约·斯拉德科夫斯基(M. I. Sladkovskii)著,宿丰林译,《俄国各民族与中国贸易经济关系史(1917 年以前)》(北京:社会科学文献出版社,2008);[俄]阿·科尔萨克(A. Korsake)著,米镇波译,《俄中商贸关系史述》(北京:社会科学文献出版社,2010)。

③ 台湾"文化部"蒙藏文化中心藏,《蒙古国家档案局档案》,编号 002—013,页 0114—0117。嘉庆十五年恰克图公费收入 212.5 两,用于送俄罗斯官员礼物 39.8 两。同上,编号 028—033,页 0128—0131。

克图衙门来说,也无济于事。库伦和恰克图衙门都得仰赖商人的各种生息银、捐输、陋规、摊派、走私罚银等。非但如此,商人还提供张家口地方衙门经费,亦如库伦等地。杨联陞教授亦曾讨论商人的捐输或报效资助政府的军备、公共建设、水患、饥荒的救济。[1] 总之,商人的付出大幅节省中央政府的财政支出,因而,尽管中俄贸易和国内商业繁荣不能扩大国家财政规模,而挹注地方财政上仍有贡献。

汉人在喀尔喀蒙古超过一百五十年,学者们称之为旅蒙商,这方面研究也有百年历史。[2] 至今能继续探讨这课题,主要是参考蒙古国家档案局藏库伦办事大臣衙门档案,以及中国第一历史档案馆的满文档案。[3] 多年前,蒙古共和国将部分汉文档案送给台湾行政机构下设的"蒙藏委员会"(现改为蒙藏文化中心),这些档案经编目后有 3,197 个目次,分 90 卷,每卷的件号不等。[4] 有关库伦办事大臣档案共 626 笔,其中汉收项档、衙门官项柴炭银两动用清册、衙门各项放款簿为衙门经费收支,自乾隆六十年(1795)迄光绪三十四年(1908)。这材料比清代方志中的赋役篇还翔实,为研究边疆财政的好素材。中国第一历史档案馆藏的军机处满

① 杨联陞著,段昌国译,《传统中国政府对城市商人的统制》,收入中国思想研究委员会编,段昌国、刘纫尼、张永堂译,《中国思想与制度论集》(台北:联经出版公司,1976),页 373—402。

② 这方面的研究包括:[俄]瓦西里·帕尔申著,北京第二外国语学院俄语编译组译,《外贝加尔边区纪行》(北京:商务印书馆,1976);[俄]格·尼·波塔宁著,[苏联]B. B. 奥布鲁切夫编,吴吉康、吴立珺译,《蒙古纪行》(兰州:兰州大学出版社,2013);[俄]阿·马·波兹德涅耶夫(Aleksei Matveevich Pozdneev)著,刘汉明等译,《蒙古及蒙古人》(呼和浩特:内蒙古人民出版社,1989),卷 1、卷 2;中国人民政治协商会议内蒙古自治区委员会文史资料研究委员会编,《旅蒙商大盛魁》,收入《内蒙古文史资料》(呼和浩特:内蒙古文史书店,1984),第 12 辑。

③ 新近出版的蒙古国家档案馆二十册档案是其中的一小部分,参见厉声等主编,《清代钦差驻库伦办事大臣衙门档案档册汇编》(桂林:广西师范大学出版社,2017)。

④ 原来档案标题是满文,由隋浩云先生、庄吉发教授协同翻译成汉文。内容包括:库伦办事大臣衙门档案、蒙古王公出入账册、喇嘛兴建库伦寺庙、牧民献牲畜、外国商人在库伦经商、账册、开垦土地、地租、张家口给票、茶票、债务纠纷、刑名案件、斗殴命案、回部商人穆进科、马有龙等专卖大黄等。

文录副奏折中有4,470件有关库伦的档案,数量相当多,因库伦办事大臣都以满、蒙官员担任,满文成为正式的公文书。不过,道光朝、咸丰朝、同治朝、光绪朝、宣统朝逐渐有汉文的档案,在军机处录副奏折中亦有600多件档案。宫中朱批奏折全宗以04开头,有关库伦的档案有324笔,主要是商人缴纳官房地租或商捐的档案。

研究财政史学者常引用黄仁宇教授的看法,他认为明代各地保留的税收记录,主要是上报户部交差了事的官样文章,并不反映税收数字的真实变化。明代全国财政主要目标在维持政治现状,而非反映经济动态。[①] 清代财政有两个专门概念"内销"和"外销",罗玉东解释:"内销之款,系经常费,中央定有用途及款额,地方政府不得妄费。外销之款,无定额,实销实报,地方政府有便宜处置之权。中央一切筹款,例由地方筹措。地方需款,需秉命中央办理,不得私自作主。"[②]史志宏、徐毅认为,"外销收支"是没有进入各省每年例行奏销的收入和支出,这部分财源并未经过户部监督和审计。刘增合解释户部将外省匿报之款称为"外销",它是指各省未经户部核销、备案的收支专案及银两。[③] 岩井茂树认为清代被通称为"公费"的正额外经费,在制度处理方法上,和清末的外销是一致的。譬如两淮盐政司的盐规以节规、规礼等形式送给布政使等衙门,维持着正额外经费。在江南也有把这笔经费的一部分叫作"外

---

① Ray Huang, *Taxation and governmental finance in sixteenth-century Ming China* (London and New York:Cambridge University Press,1974),pp. 322-323. 过去,笔者研究南直隶赋役制度时,指导教授徐泓老师也说,方志数十年一修,不能反映真实的财政状况。参见拙作,《明代南直隶赋役制度的研究》(台北:台湾大学出版委员会,1983)。

② 罗玉东,《光绪朝补救财政之方策》,《中国近代经济史研究集刊》,1935年第1卷第2期,页263。

③ 史志宏、徐毅,《晚清财政:1851—1894》(上海:上海财经大学出版社,2008),页239—272;刘增合,《清季中央对外省的财政清查》,《近代史研究》,2011年第6期,页102—123。

销”的。[①]

由此看来，库伦办事大臣除了官房地租每年报户部之外，其他经费都属外销收支。以支出层面来说，主要支出为办公纸笔用银、赏笔帖式、书吏、皂役银两、修理衙门等。嘉庆七年（1802）库伦办事大臣衙门支出421.2两，至光绪十八年（1892）达4,653.61两，支出项目增长十倍以上。光绪二十九年（1903），库伦有所谓“化私为公”，将衙门私收的税改为名目清楚的税捐，如办统捐、木捐、金厂税、免役银等，经费每年共收银四十二万余两。[②] 可见边疆官员处理地方财政，有许多随机性及巧妙生财之道，故民国官员陈箓说：“库伦办事大臣一席为前清著名之美缺，满员营谋者非二十万金不能到手。”[③]

何烈《清咸、同时期的财政》一书提到清代的陋规本名“规费”，清代自中央到州县都有陋规存在，盐务、税关、漕政、河工甚至军中也都不例外。各级衙门的陋规，一半由于贪吏的有意需索；一半由于执行公务实际上的需要。中央虽然明知这是败坏官箴的媒蝎，却始终无法加以禁革。自乾嘉以后，也有日趋泛滥之势。[④] 本书讨论库伦规费的产生因于地方经费不足、官员执行公务之需，同时也收受馈赠，陋规不断。蒙藏文化中心藏的汉文档案中商人的账簿居多，许多蒙古王公和满洲官员习惯向商人赊借货物。譬如笔者以前研究桑斋多尔济走私案，桑斋多尔济向义兴隆记取货数百两、满洲官员丑达向商人赊货数千两。[⑤] 商人账簿铁证如山，成为破案利器。本书将讨论恰克图章京九十四收

① ［日］岩井茂树著，付勇译，《中国近代财政史研究》（北京：社会科学文献出版社，2011），页153。

② 陈箓，《止室笔记・奉使库伦日记》第2种，页247。

③ 陈箓，《止室笔记・奉使库伦日记》第2种，页244—247。

④ 何烈，《清咸、同时期的财政》（台北：编译馆中华丛书编审委员会，1981），页139—143。

⑤ 参见拙作，《乾隆皇帝的荷包》，页319—323。

受商人馈送礼物事件，就是利用商人留下的《乾隆五十七年起至嘉庆四年止恰克图商人馈送历任官员回钱礼物账册》。[①] 咸丰年间又发生色克通额收取商民砖茶事件，商民亦提出账簿证据，使得色克通额被革职。

另外，库伦是哲布尊丹巴驻锡所在，为蒙古宗教中心，《喀尔喀法典》于雍正四年(1726)地方当局之行政命令："库伦(寺)为佛所在之地(圣地)，一切商人应于白天在此进行贸易。若不进行贸易而去看望放荡之人，半夜前去留宿彼处，被旁人居留者，即按窃贼科罚。留该人过夜之户主也罚以同样罚金。"[②]汉人与蒙古人在库伦进行贸易，按照佛教的法规，商贾应在距离寺院十里的买卖城居住。但是，从乾隆年间起喇嘛不断向商民赊欠货款甚巨，无力偿还，便将房屋典卖商人，至清末形成西库伦的市圈，面积比买卖城还大。这说明政商关系融洽，官员允许商民越界买卖。有关库伦商民问题，有三多的《库伦奏稿》以及宣统年间佚名《考察蒙古日记》对恰克图、库伦城市翔实的考察。[③] 台湾学者的研究，最著名的为李毓澍《库伦办事大臣建制考》讨论库伦办事大臣的任职、执掌、司法等。[④] 札奇斯钦《库伦城小史》一文则利用蒙古学者都格尔苏隆(Dugersuren)所著《库伦城史》之笔记，加上他搜集的资料写成。[⑤] 近年来日本学者佐藤宪行利用蒙文和满文档案，讨论清朝对库伦之蒙民

---

① 《蒙古国家档案局档案》，编号 020—011，页 0125—0199。

② 《喀尔喀法典》，收入内蒙古大学蒙古史研究室编印，《蒙古史研究参考资料》(呼和浩特：内蒙古大学蒙古史研究室，1982)，新编辑 24，页 921—922。

③ 中国社会科学院中国边疆史地研究中心编，《清末蒙古史地资料荟萃 · 三多库伦奏稿》(北京：全国图书馆文献缩微复制中心，1990)；佚名撰，《考察蒙古日记》，收入毕奥南主编，《清代蒙古游记选辑三十四种》(北京：东方出版社，2015)，上册，页 651—707。

④ 李毓澍，《库伦办事大臣建制考》，收入氏著，《外蒙政教制度考》(台北：中研院近代史研究所，1962)，页 105—184。

⑤ 札奇斯钦，《库伦城小史》，《边政研究所年报》，1973 年第 4 期，页 97—140。

(汉)采取分离统治。汉商原先居住在买卖城。乾隆年间,汉商到哲布尊丹巴寺院做生意,由喇嘛代为保管未出售商品。嘉庆六年(1801),汉商混住库伦内情况严重。道光二十一年(1841),哲布尊丹巴寺院喇嘛借欠汉商银两,出让产权,库伦大臣认同西库伦存在。库伦商民衙门章京逐一登记商人的院落和建筑物,咸丰、同治、光绪等朝都有库伦商号房屋调查清册。[①] 此外,佐藤宪行也注意到商号在库伦以外的地方活动,如蒙地开垦情形。笔者讨论的库伦着重于商人经济活动的变化,早期以中俄贸易为主,清中叶以后则转向蒙古贸易,包括借贷与金融汇兑等。

本书的另一个重点是讨论乌里雅苏台、科布多两个驻防的军事城市。清康雍乾三朝与准噶尔的战争,耗费了许多军费。据陈锋教授统计,康熙末年至雍正初期平准噶尔战争费用应在五千万两左右。雍正末年平准噶尔用银为五千四百余万两。乾隆平准回之役的经费,《清史稿》载3,300万两,《檐曝杂记》载2,311万两,《圣武记》载3,300万两。[②] 赖福顺则讨论乾隆两次平准噶尔与回部诸役,拨款数额3,500万两。[③] 雍正十一年(1733)乌里雅苏台建驻防城,建买卖城是乾隆二十二年(1757)。乾隆二十七年(1762)于科布多建驻防城,同时在城南建买卖城。这种买卖城和库伦由商人自然形成的买卖城不同,而类似于新疆的"官铺",必须缴纳房租银。[④] 战争期间朝廷雇用商人运输军粮使用驼马,促成商人随营贸易,最著名的商人为范毓馪。准噶尔战争之后,清朝治理新疆的

---

① [日]佐藤宪行,《清代ハルハ・モンゴルの都市に関する研究:18世紀末から19世紀半ばのフレーを例に》(东京:学术出版会,2009)。

② 陈锋,《清代军费研究》(武汉:武汉大学出版社,1992),页254—262。

③ 赖福顺,《乾隆重要战争之军需研究》(台北:故宫博物院,1984),页426;陈锋,《清代军费研究》,页261。

④ 米华健(James A. Millward)的书讨论清朝统治新疆的税收、协饷、贸易等。James A. Millward, *Beyond the Pass: Economy, Ethnicity, and Empire in Qing Central Asia, 1759-1864* (Stanford: Stanford University Press, 1998), pp. 27-28.

税收包括：商铺房屋税、地租、牲畜落地税，如在乌鲁木齐税收最高为七千余两。[1] 乌城和科布多也有类似的税收，顶多一二千两。

平准噶尔之役后，乾隆皇帝统治新疆和喀尔喀蒙古最大的差异是协饷方面。根据米华健(James A. Millward)研究，新疆各年协饷从1795年的845,000两至1848年增加到4,045,430两，半个世纪约增长3.8倍。[2] 蒙古地区在乾隆十九、二十年(1754、1755)，定边左副将军成衮扎布奏报户部拨给每年经费十余万两，乾隆五十六年(1791)更改山西省协拨银三年二十万两，一直到清末，蒙古的财政没有显著增长。喀尔喀蒙古在乌里雅苏台和科布多两个驻防城市，衙门和商号之间发展出不同的模式。

乌里雅苏台在同治年间因新疆战乱，城池被烧毁，没留下地方档案。不过，乌里雅苏台属于定边左副将军管辖，将军每年必须题奏衙门人事和财政状况。内阁题本户科有定边左副将军题《乌里雅苏台科布多官兵银粮数目清册》，从乾隆年间到清末，从中能掌握衙门各项收支。[3] 中国第一历史档案馆发行的《军机处录副奏折》微卷有关乌里雅苏台、科布多、乌梁海档案超过1,000余笔，《宫中朱批奏折·财政类》微卷，有关喀尔喀蒙古约450笔。[4] 将这些档案和《乌里雅苏台事宜》、奕湘《定边纪略》、富俊《科布多政务总册》比较，可了解像地方志书的《乌里雅苏台事

---

① James A. Millward, *Beyond the Pass: Economy, Ethnicity, and Empire in Qing Central Asia*, 1759-1864, pp. 130-132.

② James A. Millward, *Beyond the Pass: Economy, Ethnicity, and Empire in Qing Central Asia*, 1759-1864, pp. 130-131.

③ 中国第一历史档案馆藏的定边左副将军题《乌里雅苏台科布多官兵银粮数目清册》，该清册从乾隆四十七年至同治年间的四柱清册，分旧存、新收、除用、实在，满汉文并列，为研究蒙古财政的重要档案。

④ 中国第一历史档案馆，《军机处录副奏折》(北京：中国第一历史档案馆发行微卷，1988)；中国第一历史档案馆发行的《宫中朱批奏折·财政类》(北京：中国第一历史档案馆发行微卷，1987)。

宜》、《定边纪略》记载偏于简略。譬如该书定边左副将军俸饷仅列养廉银 1,500 两、粮 43 石。实际上，据《乌里雅苏台科布多官兵银粮数目清册》记载，将军还有跟役、马匹等银两进项，其他官员在盐菜银之外，跟役和马匹配置也都是补贴收 入。[①]《科布多政务总册》也有类似情况。然而，内阁题本户科、宫中档朱批奏折等档案系地方官员上奏皇帝的题本和奏折，长久形成制式化公文，例如乌里雅苏台将军奏报官房地租或者商民捐输，但同属地方税的落地税、平秤银甚至规费都不在奏报范围内。近十年来，笔者多次到北京中国第一历史档案馆查询军机处满文录副奏折、军机处录副奏折[②]，并利用台北故宫博物院藏军机处档折件、宫中档朱批奏折，及中研院历史语言研究所藏清代内阁大库原藏明清档案等，了解其他税目、规费等，可以进一步研究驻防衙门的财政情况。

这些年来，许多至蒙古任官的奏折和日记被汇集出版。如斌良（1784—1847）《乌桓纪行录》、毕奥南主编《清代蒙古游记选辑三十四种》、孟矩著《乌城回忆录（乌里雅苏台回忆录）》、马鹤天《内外蒙古考察日记》。[③] 其中瑞洵（1858—1936）著作有《散木居奏稿》等，其中提到他

---

① 佚名，《乌里雅苏台志略》，收入《内蒙古史志》（北京：全国图书馆文献缩微复制中心，2002），第 41 册，页 343；奕湘等纂，《定边纪略》（北京：学苑出版社，2005）。奕湘于道光二十年至二十三年（1840—1843）担任乌里雅苏台将军，于道光二十一年（1841）开始编辑《定边纪略》，页 149。

② 现存的满文档案相当多，《清代边疆满文档案目录》之第 4 册、第 5 册为乌里雅苏台卷 1、卷 2，主要是喀尔喀蒙古库伦、乌里雅苏台、科布多等地官员奏折，自雍正八年（1730）至宣统三年（1911）。中国第一历史档案馆、中国人民大学清史研究所、中国社会科学院中国边疆史地研究中心编，《清代边疆满文档案目录》（桂林：广西师范大学出版社，1999）。

③ 斌良，《乌桓纪行录》，收入刘铮云主编，《傅斯年图书馆藏未刊稿钞本 · 史部》，第 20 册；毕奥南主编，《清代蒙古游记选辑三十四种》（北京：东方出版社，2015）；孟矩，《乌城回忆录（乌里雅苏台回忆录）》，收入《中国边疆行纪调查记报告书等边务资料丛编（初编）》（香港：蝠池书院出版有限公司，2009），第 22 册，页 333—362；同上书，《外蒙之现状及其将来》，页 363—444；马鹤天，《内外蒙古考察日记》，收入《中国边疆社会调查报告集成》（桂林：广西师范大学出版社，2010），第 1 辑，第 12 册。

如何励精图治、规划新政等等。[1] 然而,瑞洵被参劾后政绩化为乌有,落得“通贿营私”、“挟带商货”、“骚扰台站”等罪名,这一连串的罪名说明在蒙古当官的复杂性。

额勒和布(1826—1900)在同治十三年(1874)至光绪四年(1878)担任定边左副将军,其《额勒和布日记》记载的商民资料相当多,特别是大盛魁、天义德、元盛德代购贡马、借军饷等。祥麟于光绪十二年(1886)至十六年(1890)担任乌里雅苏台参赞大臣,其《乌里雅苏台行程纪事》、《乌里雅苏台日记(不分卷)》更详尽地描述了商人领票、商业内容以及经营借贷活动,还有商号帮衙门采办进贡的马匹,商号代垫军需日用等。[2] 以蒙古国家档案局藏的从嘉庆朝至光绪朝的大盛魁档案对照官员日记,得以长期观察乌城和科布多衙门的政商关系。祥麟日记巨细靡遗地记录他日常向大盛魁、天义德等商号赊账,到光绪十六年(1890)三月要回北京时,欠大盛魁商家等四年积负达2,055两。[3] 祥麟每季的盐菜养廉银约一百两,一年不过四百两,却常买洋布、皮张、蘑菇等,这应该也是他经商营生的方式之一。

过去讨论清朝统治蒙古成功因素之一为满汉联姻制度。[4] 但乾隆

---

① 瑞洵,字信夫,号景苏,博尔济吉特氏,满洲正黄旗人。其祖父琦善、父恭镗。瑞洵,《散木居奏稿》,收入《内蒙古史志》(北京:全国图书馆文献缩微复制中心,2002)。另著述《犬羊集》一卷、《犬羊集续编》一卷(上海:上海古籍出版社,2010)。

② 额勒和布著,芦婷婷整理,《额勒和布日记》;祥麟,《乌里雅苏台行程纪事》,收入刘铮云主编,《傅斯年图书馆藏未刊稿钞本·史部》,第9—10册。这部分从光绪十二年四月十三日至十三年十二月三十日;祥麟,《乌里雅苏台日记(不分卷)》,收入清写本史传记十七册一函(北京:中国科学院文献情报中心拍摄,1990),编号MO—1631,史450。这部分从光绪十五年正月至十六年五月;祥麟,《祥麟日记》,收入周德明、黄显功主编,《上海图书馆藏稿钞本日记丛刊》(北京:国家图书馆出版社,2017)。纪事时间为光绪二十四年正月初一日至十一月三十日,祥麟担任察哈尔都统。

③ 祥麟,《乌里雅苏台日记(不分卷)》,收入清写本史传记十七册一函,编号MO—1631,史450,页4427。

④ 杜家骥,《清朝满蒙联姻研究》(北京:人民出版社,2003)。

皇帝深谋远略，他也不在乎联姻，而是由上而下层层地控制。皇帝赏给蒙古王公和满洲贵胄般的俸银，由王公轮流驻班乌城，他们负责出面赊账，而商号则到蒙古各旗向牧民抓牲畜折抵。Johan Elverskog 提到，十八世纪清朝在蒙回地区创造了当地的菁英世系，授与王、贝勒、贝子和公爵位及各级官阶。蒙古菁英也视此官衔和顶戴为非比寻常的荣耀，由此转变了早期蒙古对于政治权威和部族认同的概念。各部族菁英只有经由皇恩才能存在，他们只代表大清帝国的蒙古部族贵族。因此可说，清帝国的巩固并非来自多元性，而在于创造了去除当地文化论述的泛帝国菁英。① 清朝政策长期稳定地统治蒙古地区，却让蒙古人陷于困境。

清朝将各种差役和牲畜开销转嫁在蒙古人身上，使得蒙古的债务有惊人发展。乾隆二十二年(1757)，蒙古四部落共欠商人债务银153,739两。此事起因是"乾隆十九年自军兴以来，军需项目比前增加，且驻札萨克济萨又办事糊涂重叠，致不能偿还。今查其册档，自塔米尔运送军械粮米至乌里雅苏台，雇用汉人驼只、雇夫银两，交其看守之罪犯厄鲁特等应给高粱、自京城驰驿前来的大臣、侍卫等预备蒙古帐包、高粱、锅具、木柴等，再为军营传递事务、预备马驼等项，虽皆系公务，原无现成银两，不仅以高价取给商人，办理事务之济萨，唯顾眼前公务简易，妄自做脸给发，下面不肖之徒，不无乘间敛索入己，以致债务如此"②。所谓济萨为蒙古社会中专管喇嘛食物的机构，亦称为集赛。蒙古济萨办理各项军需，再为军营传递事务、预备马驼等项，皆因公务向汉商借款所致。

根据宝音朝克图研究，蒙古兵丁承揽漠北所有驿站、军台的差役，先

---

① Johan Elverskog, *Our Great Qing: The Mongols, Buddhism and the State in Late Imperial China*. (Honolulu: University of Hawaii Press, 2006), pp. 63—89

② 《军机处满文录副奏折》，编号 03—1643—005，乾隆二十二年七月初六日。

后共一百八十余个台站。其次，承担蒙古四部境内以及乌里雅苏台、科布多、库伦等地的卡伦的驻卡差役。这两项差役占全部差役之77%。再次，承担科布多等地的屯田差役以及四部境内官牧厂及乌里雅苏台、科布多、库伦等处所设官牧厂的各项差役。[①] 宝音朝克图发现沙·那楚克多尔济手抄本《喀尔喀四部摊派各类差役档》，另根据佚名撰《考察蒙古日记》载："宣统三年，据喀尔喀四部落公共摊派者岁一百一十万有奇，图盟、车盟各自开支者尚各二十万有奇。亲王又云此单所列皆最少之数，则知此外尚有陋规未入算也。卡伦兵每年津贴十五万余两，而无守边实力。值差者且以出钱免役为得计。喀尔喀所出台站之费岁及七十余万，长地此守旧不变，劳民伤财。"[②]《红楼梦》中提到贾赦犯罪被发往台站效力，贾母给两千两银做盘缠，间接说明守台站人员支应官员往来用度，所费不赀。

商人垫借蒙古人公共摊派经费，换取蒙古出产的牲畜，根据现存于蒙古中央档案馆的喀尔喀部落之王公向大盛魁赊借物品、牲畜的记录，可了解蒙古差役繁重。但蒙古的牲畜赶到内地数量众多，是否为税关带来庞大税收？譬如大盛魁的副经理安承武口述："大盛魁在光绪三十一年以后至宣统年间，每年由蒙古往回赶七万多只羊、五六千匹马。民国元年至民国十年，最多回过八九万只羊、五六千匹马。"白荣口述："光绪二十六年，归化三大商号大盛魁、元盛德、天义德，共回三十多万只

---

① 光绪三十年(1904)，土谢图汗部51个佐领，箭丁7,650名，共摊得225,459.31两；车臣汗部40个佐领，箭丁6,038名，共摊得177,950.76两；札萨克部17个佐领加半个佐领，箭丁2,625名，共摊得77,363.5两；三音诺颜部31个佐领加半个佐领，箭丁4,702名，共摊得138,566.43两，平均每箭丁摊银29.47两。参见宝音朝克图，《清朝对漠北喀尔喀统治政策的失误及其影响——以兵役制度为中心》，《云南师范大学学报(哲学社会科学版)》，2018年第50卷第3期，页8—15。

② 佚名撰，《考察蒙古日记》，收入毕奥南主编，《清代蒙古游记选辑三十四种》，上册，页665—666。

羊,大盛魁最多,元盛德次之,天义德较少……宣统年间一只羊卖二两银子。”[①]大盛魁还有 12 家小号贩卖茶叶、生烟、绸缎、布匹、糖等。波兹德涅耶夫提到大盛魁在蒙古的贸易额不下九百万两或一千万两。[②]由杀虎口到乌里雅苏台、科布多贸易的商号,还有五六十家,贸易量应颇为可观。清代杀虎口税关的税收,却只有四万多两,参见图 0—4。

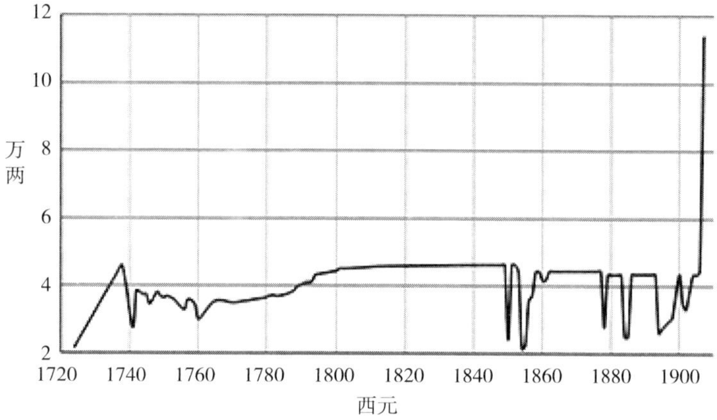

图 0—4　清代杀虎口税收数量

杀虎口税关出口以烟茶、布匹、杂货为大宗,进口多为从口外进来的牲畜、绒毛、皮张等。主要税收为落地杂税和牲畜税两种。丰若非认为道光末年归化城的银钱比率逐渐走低,遂使该关实存盈余逐年下降。[③] 不过,以中俄贸易上千万两,而张家口的税收顶多六万余两,也不能期望杀虎口税收能超过张家口。

---

① 代林、乌静主编,《大盛魁闻见录》(呼和浩特:内蒙古人民出版社,2011),页 107、131。

② [俄]阿·马·波兹德涅耶夫著,《蒙古及蒙古人》(呼和浩特:内蒙古人民出版社,1983),卷 2,页 97。

③ 乾隆中期以后,杀虎口销往蒙古的货物为烟酒盐茶、米面油糖、荤腥腌腊、海菜香料、干鲜果品、冠履靴袜、棉毛丝麻、皮毛骨角、器物、铜铁锡、牲畜木植等等十余项。丰若非,《清代榷关与北路贸易:以杀虎口、张家口和归化城为中心》(北京:中国社会科学出版社,2014),页 184、239—240。

许多研究旅蒙商的著作引用了波兹德涅耶夫《蒙古及蒙古人》一书，以及《旅蒙商大盛魁》。近几年又出版《大盛魁闻见录》，该书辑录了1960年代归化城大盛魁股东、伙计、驼工及有关人士对大盛魁的口述历史资料。这些固然是重要资料，但有的是短时间的观察或职工个人看法，不如档案来得全面。譬如波兹德涅耶夫认为乌里雅苏台、科布多买卖城设置的时间不详，其实这在满文档案中有清楚的记载。设置买卖城时，由官方建造的官房按店铺大小、规模课税。因此，满文档案具有重要参考价值。

波兹德涅耶夫听说京商是新疆回变之后才到乌城的。然从张家口的碑刻资料得知至少咸丰三年(1853)已有京商到乌城。要之，乌城的将军和参赞大臣大部分自北京派任，部分士兵来自宣化，要切割北京和乌城的贸易网络是不容易的。还有，《蒙古及蒙古人》列的商号有蒙古名或俄罗斯拼音的汉文，不易理解。满汉文档案、日记、笔记等记载乌里雅苏台和科布多的商号。民国六年俄国军队占领科布多，该地的商民向外交部呈请赔偿，有关科布多城内以及买卖城商号的面积、位置图，极其详尽。本书讨论乌里雅苏台和科布多，利用北京和台北两地公藏档案较多，只有商人请领路引才利用库伦办事大臣衙门档案。

清朝利用蒙古人来维持交通体系、粮食供应、边防等。蒙古人必须以牲畜换得物资，赊欠商人的原因多半是来自公家的差务。而借贷时，利息根据《大清律例·户律》："典当财物每月取利并不得过三分，年月虽多，不过一本一利。"[①]《大清律例》规定利息不超过三分，且利息不能超过本金，按照契约文书资料看来，商人似乎遵守规定。但实际上的操作，如M. Sanjdorj所说，商号卖一块砖茶抵一只小羊，一年内没付清，

① 吴坛撰，马建石、杨育棠主编，《大清律例通考校注》(北京：中国政法大学出版社，1992)，卷14，页522。

第二年成二岁羊，第三年为三岁羊，本利总债务为两只三岁羊。但一只大羊相当于两三只小羊。其次，一本一利的意思是利息不能超过本金，以年息36%来计算，三年的利息等于本金，就把本金和利息加在一起当本金，重新定三年的契约。例如，1810年蒙古王公借贷600两，一年后本利共816两。他还了290两剩526两，到1816年本利达1,871两。[①] 蒙古中央档案馆藏的大盛魁档案，对这一问题有更深入研究。从制度来探讨的第二个问题是清代明令满洲官员不能从商，[②]但从官员被参劾案件中，可见满洲已知道元盛德股东另投资天义德。故官员故意用汉人名字。

本书最后一个议题是讨论商人的组织。乾隆三十三年(1768)清朝订恰克图章程，库伦办事大臣瑚图灵阿议定将商人按照内地贩卖布匹、茶叶、烟、瓷器等时，各有行头，以平稳货物价格。进库伦的货品分成八项：绸缎、布、绒线、细青茶叶、砖茶叶等粗茶、烟、砂糖干果、瓷器。商人携带最多物品且人又老成者充当行头。行头会同商人统一定价，所定的价钱要禀告章京。[③] 行头后来改称甲首，恰克图的商人编为八甲，设八位甲首。而库伦商号编为十二甲，设十二名甲首。甲首制度综合内地的里甲和保甲制度，成为税收和治安的基本组织。有所谓甲首公所，办理商民铺户登记，解决债务或其他公共事务。H. B. Morse讨论行会的管理机构是更民主的，如上海茶行每年由十二人组成的委员会选举产生，每名委员轮流做一个月的首士或管事。行会与政府分离，形成独

---

① M. Sanjdorj, *Manchu Chinese: Colonial Rule in Northern Mongolia.*, *translated from the Mongolian and annotated by Urgunge Onon; pref. by Owen Lattimore* (*New York*: St. Martin's Press, 1980), pp. 48-49.

② 相关研究参见刘小萌，《"和珅跌倒"后的官场贪腐——以广兴案为例》，收入刘凤云主编，《宏观视野下的清代中国：纪念王思治先生85诞辰》(北京：中国人民大学出版社，2016)，页127—138。

③ 《军机处满文录副奏折》，编号03—2281—019，乾隆三十三年九月二十四日。

立组织，制定自己的规章。[1] 恰克图、库伦甲首其产生方式与上海茶行委员有相类似之处，库伦甲首成立公所办理公众事务。乌里雅苏台的商人称为社首，也有公所的组织。

边区的商民组织为内地商民组织的延伸，张家口的碑刻资料显示商号在嘉庆、道光、咸丰年间有票行、保正行的组织。票行是负责申请理藩院的院票，保正行则系为出口外经商的做担保。在中俄贸易发达时期，票行、保正行由茶商担任经理、乡保等。在归化有类似情况，张心泰的《宦海浮沉录》记载，咸丰年间以前归化十二行，至光绪年间则曰十五社、四乡耆。十五社中与蒙古贸易相关的七大社为聚锦社、醇厚社、集锦社、青龙社、宝丰社、当行和福虎社，每社正副总领各一人，其中选举四人为乡耆，聚锦社、青龙社每年各轮一人。乡耆人选需要家道殷实、人品纯正又能了事者。他并提到乡耆的职责，每遇商贾词讼事件，辄谕令处结各行公议条规，亦据由乡耆等定议，亦古三老之遗意。[2] 过去，学界讨论明清商业会馆、公所的管理、行规约束、慈善功能等。[3] 笔者发现库伦商人在处理各种商业纠纷或破产案例之外，亦办理商人缴

---

① H. B. Morse, *The Gilds of China: With an Account of the Gild Merchant or Co-hong of Canton* (London: New York: Longmans, Green and Co., 1909). 该书的部分翻译《中国行会考》收入彭泽益主编，《中国工商行会史料集》(北京：中华书局，1995)，上册，页61、66。

② 张心泰，《宦海浮沉录》(美国哥伦比亚大学图书馆藏，光绪三十二年九月开雕，梦梅仙馆藏)，页41—42。

③ 傅筑夫，《中国工商业者的"行"及其特点》，收入氏著，《中国经济史论丛》(北京：生活·读书·新知三联书店，1980)，下册，页387—492；邓亦兵，《清廷有关商品流通的政策和管理》，收入方行、经君健、魏金玉主编，《中国经济通史·清代经济卷》(北京：经济日报出版社，1980)，中册，页1407—1455；Perkins, Dwight H., "Government as an Obstacle to Industrialization: The Case of Nineteenth-Century China," *Journal of Economic History*, vol. 27, no. 4 (1967), pp. 478-492；韩格理(Gary G. Hamilton)，《十九世纪中国商人结社：阴谋或联合——汕头鸦片行会个案》，收入氏著，张维安、陈介玄、翟本瑞译，《中国社会与经济》(台北：联经出版公司，1990)，页135—162；刘秋根，《明清高利贷资本》(北京：社会科学文献出版社，2000)，页176—226。

交各种生息银、陋规银等，并借由商业组织执行地方政府交办事务，成为官方和商民的媒介。另外，到乌城或科布多的商人，系透过集锦社来申请理藩院的院票，而军需亦透过行、社组织来采购物料。最著名是大盛魁、天义德等通过集锦社采购贡马。

今堀诚二提到归化城青龙、福虎两社者为碾磨行。“其社为众社之源始，旧有成规世相沿。每岁孟冬各举行中品行端正者四人为总领，有事则由乡耆以上达于官，凡军需差务一切捐助花费悉由社出，事毕总领持正公派。其居是地蒙是业者，咸入社而输将焉。”①如果军方为了运输物品捉拿民间牲畜，由行社乡总向官方呈诉，官府立章程解决，并立碑为凭。如嘉庆三年(1798)“芳规久垂”碑为归化城蒙古民事府定议章程，事因归化城地方，蒙民杂处，供应差务各有专司。近因奉文运送军营，奏领茶块需用乌拉，经蒙古员役向城乡民间及过往商旅捉拿牲畜，越界送差短少驼马等物。以致民人白海秀等并本城乡总颉总等，各呈禀归绥道宪辕下。蒙发本府会同蒙员查审属实，除将所短白海秀等驼马折价赔偿外，并议立章程。嗣后供应差使凡遇库克挠尔额勒特王公贝子札萨克等，每年进哨并奉旨遣往外藩蒙古各部落，祭奠官员，以及军营奏准领运茶块等差务，设有需用驼只车辆，本府自行捐雇应付，所有马匹在于土默特十二参领所管六十佐领各蒙古内筹修供应，不许再行捉拿民人牲畜，致滋扰累。②

清光绪十九年(1893)，候补府归化抚民理事府立章程批：“上年劝

---

① [日]今堀诚二，《中国封建社会の機構：帰綏（呼和浩特）における社会集団の実態調査》（东京：汲古书院，1955），页771—772。

② 清代将蒙古族居住区分设为若干旗，每旗旗长为札萨克，由蒙古的王、贝勒、贝子、公、台吉等充任，管理一旗的军事、行政和司法，受理藩院和将军、都统节制。下设协理台吉（图萨拉克齐）二至四人，助理旗务，属官有管旗章京（札黑拉克齐）、副章京（梅伦）、参领（甲喇额真或札兰章京）、佐领（牛录章京）、骁骑校（昆都、分得拨什库）和领催（拨什库）。参见[俄]阿·马·波兹德涅耶夫著，《蒙古及蒙古人》，卷1，页2译者注解。

办赈捐十五社,铺捐银九百余两,该庄口竟至派捐银一千九百余两之多,办理殊缺公允。不平则鸣,是亦一定事理。惟事关赈济,各行捐钱各人积德,亦不须较计多寡,致滋讼蔓。至该庄口向遇军需、皇差捐输事件,曾于咸丰年间议定以三成摊给。此后自应循旧办理不得任意苛派,以昭公允。"①

过去称呼在蒙古贸易的商人为旅蒙商,为山西人专属。但是,到蒙古当官的来自北京,他们携带着家人等,自成商业团体。北京商人的地位和财力常常被低估。波兹德涅耶夫的《蒙古及蒙古人》中提到库伦的西库伦,他认为:"北京店铺都不是一个店主开的,它们都属于几个商行,同时店主们几乎从来也不住在呼勒。尽管这些店铺的外表比较华丽,但它们实际上并不是殷实可靠的,它们的商人大多数是属于北京安定门外的中下等商人阶层。这些商人为了在蒙古和库伦做买卖,尚在北京时就组成了商行,向某个财主借款或者借商品,再把这些商品运到库伦开店。"②陈箓《止室笔记·奉使库伦日记》中提到库伦买卖城的商人都是山西商人,"专为大宗批发营业者,其行栈均麇集于东营买卖城,分布于西库伦,及外路各旗。北京帮商号则专在西库伦一隅,而东营买卖城无一家焉。盖其门市零售之营业,宜于俄蒙杂居,人烟繁盛之西库伦也。山西商人,类多安分敦朴之辈。其性质最长于保守,故数百年来,蒙局虽经屡变卒能始终维持商业,相处甚安。然旧法相承不知趋势,故亦艰于进步"③。以上两位对京帮商人有些负面的看法,实际上京帮商人亦有茶商投资,也到蒙古各旗营业。库伦商铺从嘉庆到宣统

---

① [日]今堀诚二,《中国封建社会の機構:帰綏(呼和浩特)における社会集団の実態調査》,页831—832。

② [俄]阿·马·波兹德涅耶夫著,《蒙古及蒙古人》,卷1,页110。

③ 陈箓,《止室笔记·奉使库伦日记》第2种,页249—253。

有长期调查登记,要理解商号的发展并不困难。

再者,恰克图、库伦、乌里雅苏台、科布多的商人有明显的地域差异。在恰克图贸易的大多数为晋商,他们财力雄厚。库伦买卖城也是晋商为主体的商人,而西库伦则是京商。乌里雅苏台、科布多官员,以及部分兵丁来自宣化,商民有来自北京、张家口,而提供米粮、茶、烟的则是归化的商人。在波兹德涅耶夫看来,京商除了商铺门面漂亮、商品精致外,资本不能和晋商相提并论。[①] 但是,阅读官员日记发现,京商因地利之便,帮官员打点礼物、财务、生活日用等,他们一样领部票,活跃于蒙古各地。同时,官员日记也透露 1860 年茶商因俄商到产茶地从事生产、运销,利润不及过去。商号转而领票至各旗贸易,领票数量甚至超过 1860 年以前。他们在蒙古收购牲畜、羊毛、皮张、蘑菇、黄耆、鹿茸,亦从事借贷活动,贸易额达数百万两。茶商的转型目前研究不多,本书将有所着墨。

黄仁宇教授认为政府财政不重视各地经济发展带来的商税收入,官员对商人经商需求,诸如改善各种交通、通信基础设施,以及创造适用商业的新式法律等,都不可能列入施政考量。[②] 最近,邱澎生教授对黄仁宇的观点有更进一步的探讨。他认为中国具备"实证上理解商业与商人关系"的商法,就是解决纠纷方法,或是推理、商理。邱教授举出明清中国最基本的两条商业法律:一,禁止把持行市,其"律"文变化虽少,但相关的"例"文却逐步增加。二,牙行/埠头法规。其中也有增订律文、例文以加强市场安全,更可见乾隆五年(1740)谕旨保护客商资本

① [俄]阿·马·波兹德涅耶夫著,《蒙古及蒙古人》,卷 1,页 72—157。
② 黄仁宇,《中国近五百年历史为一元论》,收入氏著,《放宽历史的视界》,页 199—200。

的方法。[1] 商人到遥远的喀尔喀蒙古经商，他们的安全是受到保护的，譬如在官员的旅行日记中，常看到庞大的商队往来于台站间。再者，商人与蒙古人的债务纠纷也透过衙门来调解。官员依照根据《大清律例·户律》"违禁取利"载："凡私放钱债及典当财物，每月取利并不得过三分，年月虽多，不过一本一利。"[2]《大清律例》规定利息不超过三分，且利息不能超过本金，从契约文书资料来看，商人是遵守规定的。

本书章节的安排：第一章讨论乾隆朝政府对恰克图贸易的政策，简单来说就是朝廷设法让商人获取最大的利润。第二章讨论在恰克图贸易的晋商，以著名的常氏、乔氏、王氏、侯氏等家族为例，说明他们在十九世纪经营茶叶，以及 1860 年以后经营汇兑并帮俄商采办蒙古的物资。商人面临官员索贿、陋规、厘金等问题时，采取若干应变之道，饶富旨趣。第三章探讨库伦的地方财政与商人各项铺房税、规费、捐输等。第四章讨论在库伦的商人，分别探讨晋商和京商的商业活动。第五章探讨乌里雅苏台衙门的官兵俸饷与山西协拨款项，以及商人的各种税捐。第六章讨论在乌城的商人，并关注商人与蒙古借贷。第七章探讨科布多的财政。第八章讨论科布多的商人活动。在各章的前言中详细论述前人研究，于此不再赘述。

最后的结论拟利用中研院近代史研究所藏的外交档案来说明 1911 年蒙古独立之后汉商的命运。1850 年代以后，蒙古涉外事务由总理各国事务衙门负责，清末的外务部以及民国北洋政府的外交部档案庋藏于中研院近代史研究所。1897 年，俄罗斯改为金本位政策，许多商人认为投资卢布金融有利可图，遂形成跨区域的金融网络。1917 年

---

① 邱澎生，《当经济遇上法律：明清中国的市场演化》（台北：联经出版公司，2018），页 407—408。

② 吴坛撰，马建石、杨育棠主编，《大清律例通考校注》，卷 14，页 522。

俄罗斯革命，卢布大幅贬值，以及1921年俄军攻占恰克图、库伦等地，商人遭受空前损失，拟透过外交途径解决。这些商民损失的档案也存于北洋政府外交部档案中。从这些史料中，可以得知俄罗斯革命以后旅蒙商的际遇，晋商在蒙古发展是如何在民国时期逐步走向终结，为这一段两百余年汉、蒙、俄三角贸易史画下句点。

第一章　清朝对恰克图商人的管理

一、前言

雍正五年(1727)中俄签订《恰克图条约》,但一直到乾隆二十年(1755)停止俄国商队到北京贸易后,才正式展开恰克图贸易。数年前笔者探讨乾隆皇帝派内务府买卖人或官员带领回族人到恰克图买办毛皮。[①] 近年来笔者阅读中国第一历史档案馆满文档案和台湾"文化部"蒙藏文化中心藏蒙古国家档案局档案,对清政府管理商人有了新的认识。

中国第一历史档案馆藏军机处满文录副奏折记载,乾隆皇帝关切中俄边境的事务,选派内务府的官员担任恰克图章京,又设立满洲、蒙古库伦办事大臣来管理恰克图贸易商人。因此,中俄恰克图贸易的数量、价格、运费等,巨细靡遗,档案数量相当多。过去,研究恰克图贸易时,常描述"买卖城中国商人在与俄国人进行贸易时,被要求协同一致行动,不得泄漏商业秘密,同时采取种种诡诈计策以降低俄国货价格和

---

① 参见拙作,《清乾隆朝内务府的皮货买卖与京城时尚》,《故宫学术季刊》,2003 年第 21 卷 1 期,页 101—134。

提高中国货价格。中国商人们经常得以按照仅为其价值三分之一的价格购买各种俄国货”[①]。究竟中国商人如何一致行动、削低俄国商品价格？乾隆三十三年(1768)清政府颁布的恰克图章程有详细记载。本章重点之一在讨论清政府制定恰克图章程，对中俄贸易的影响。其次，恰克图位处中俄边境，属于喀尔喀蒙古地区，商人进入蒙古属理藩院管理，清朝制定照票制度，商人到蒙古经商必须登记管制。商人在库伦、恰克图编设保甲制度，在中俄贸易期间，恰克图章京与商人共同议价，这些档案说明清政府参与贸易活动，提高商业利润，此为本章讨论重点之二。

过去，对恰克图贸易研究最早有1939年刘选民的《中俄早期贸易考》，讨论恰克图贸易的制度、设官、票商、市易与课税、商品及销额等。刘教授比较广东对外贸易和恰克图贸易巧合之处，广州设有公行、恰克图则有票商。乾隆二十二年(1757)清廷明定广州为一口通商之口岸；乾隆二十年中俄贸易统归于恰克图一处。清廷对外政策，本自一统之观念，以为对外贸易于中国本无利益，皇帝体念西洋诸邦国小民穷，是有互市之设。1963年吉田金一讨论中俄两百年的贸易轮廓，对俄国输出的毛皮、皮革、毛织品、棉制品等，以及中国输出的茶叶、丝织、布匹等有详细分析。1974年出版《近代露清关系史》讨论恰克图条约内容及其性质。[②] 森川哲雄认为清朝征服准噶尔波及喀尔喀蒙古，导致蒙古人的贫困化，外蒙古王公对清朝产生反感，动了归属俄国之心。[③] 因

---

① [俄]米·约·斯拉德科夫斯基著，宿丰林译，《俄国各民族与中国贸易经济关系史(1917年以前)》(北京：社会科学文献出版社，2008)，页164、171、185。

② 刘选民，《中俄早期贸易考》，页153—212；[日]吉田金一，《ロシアと清の貿易について》，页39—86；同作者，《近代露清関係史》(东京：近藤出版社，1974)。

③ [日]森川哲雄，《外モンゴルのロシア帰属運動と第2代ジェプツンダムバ・ホトクト》，《历史学・地理学年报》，1985年第3期，页1—40。

此，乾隆皇帝借着恰克图贸易来监视俄罗斯和喀尔喀蒙古的边境活动。

西方和俄国的研究方面，1964 年 Mark Mancall 讨论中俄恰克图贸易彼此站在互惠互利的立场，不像中英贸易呈现了紧张关系。① 1967 年 Gaston Cahen 根据 1728—1729 年北京俄国商队的账册发现，1721 年之前中国商人向俄国政府商队采购皮货赚了不少钱，之后库伦的走私贸易额为北京的四至五倍，皮货价格比北京便宜，中俄签订恰克图条约后，贸易转向边境。② 1969 年 Clifford M. Foust 讨论俄国各种毛皮的产地及出口的毛皮。③ 1974 年 Sladkovskii, M. I. 讨论中俄贸易，包括北京、黑龙江、恰克图、新疆等地的贸易。十八世纪恰克图贸易让俄国税收大为增加，占总收入的 20%—38%。1768—1785 年，毛皮为恰克图商人输出的主要货物，占总输出货物总值的 85%。1792—1800 年，占 70%—75%。作者对中国商人在恰克图的活动略加着墨，但讨论不多。④ 阿·科尔萨克著《俄中商贸关系史述》描述 1755 年至 1855 年一百年间的中俄贸易，本书特别提到 1768 年的恰克图贸易章程，到 1852 年俄国人翻译成俄文登在《莫斯科新闻》，俄商才了解中国人"在做生意时使用怎样狡猾的手段"。⑤

近二十年来大陆对山西商人的研究相当多，但主要集中于清末票号。宿丰林讨论恰克图贸易设官督办、实施照票制度，并详定买卖规

① Mark Mancall, "The Kiakhta Trade," in C. D. Cowan ed., *The Economic Development of China and Japan: Studies in Economic and Political History* (London: George Allen and Unwin Ltd, 1964), pp. 19-48.

② [法]加斯东·加恩著，江载华、郑永泰译，《彼得大帝时期的俄中关系史》(北京：商务印书馆，1980)。

③ Clifford M. Foust, *Muscovite and Mandarin: Russia's Trade with China and Its Setting 1727-1805* (Chapel Hill: University of North Carolina Press, N. C. 1969), p. 349.

④ [俄]米·约·斯拉德科夫斯基著，宿丰林译，《俄国各民族与中国贸易经济关系史(1917 年以前)》，页 231。

⑤ [俄]阿·科尔萨克著，米镇波译，《俄中商贸关系史述》，页 224。

矩。所谓“买卖规矩”是将所有货物按帛细、布匹、绒线、细清茶、粗茶、草烟、糖果、瓷器等八类分行。选良善殷实者为行头，与众商会同估定价格。对俄国货物亦行头与众商人共商，一体购买。他指出恰克图贸易是建立在1728年的《恰克图条约》和1792年《恰克图市约》基础上的贸易。中国以茶叶、棉布、大黄等丰富了俄国人民的物质生活；俄国的毛皮、呢绒、皮革、铁器等则影响中国日常消费。[①] 米镇波于2003年出版《清代中俄恰克图边境贸易》，利用俄文档案研究边境贸易情况，并对商人采办、运销茶叶有详细叙述。[②] 邵继勇《明清时代边地贸易与对外贸易中的晋商》，探讨中国商人赴恰克图贸易的商人大多为山西人。大盛魁是山西有名的商家之一，清中叶大盛魁并不收购运销一般皮毛，而仅采集狐、狼、豹、灰鼠、猞猁、旱獭等各种珍贵皮张，转运内地销售。[③]

本章讨论时间从十八世纪下半叶，即乾隆二十年(1755)开始从事恰克图贸易至嘉庆年间(1820)，这阶段贸易的特色是贸易量快速成长，于俄国的《俄中通商历史统计概览》有详细资料。其次，乾隆皇帝对恰克图贸易活动相当关心，建立了一套完善的管理制度。理藩院在商人管理上，制定了照票制度，规定到蒙古经商的人员、车辆、货物都得登记管制，还要有商家作保。乾隆年间设立满蒙库伦办事大臣，管理商民的买卖事务，库伦商铺编列十二甲，设有铺首。商人如欲转往恰克图贸易，则由库伦办理买卖商民事务衙门另给路引。恰克图由理藩院章京

---

① 宿丰林，《清代恰克图边关互市早期市场的历史考察》，《求是学刊》，1989年第1期，页84—91。

② 米镇波，《清代中俄恰克图边境贸易》(天津：南开大学出版社，2003)。其他相关研究还有王少平，《中俄恰克图贸易》，《社会科学战线》，1990年第3期，页182—186；郭蕴深，《论中俄恰克图茶叶贸易》，《历史档案》，1989年第2期，页89—95；李志学，《中俄恰克图贸易述评》，《暨南学报(哲学社会科学版)》(广州)，1992年第2期，页116—121。

③ 邵继勇，《明清时代边地贸易与对外贸易中的晋商》，《南开学报》，1999年第3期，页58—65。

管辖，贸易的商人住在东街、西街、中街三条街上，设有街长，编成八甲，各甲皆设铺首。乾隆三十三年(1768)清朝政府订定恰克图贸易章程，清楚表明官员与商人联手来和俄罗斯贸易，以获取最大利润。

嘉庆四年(1799)恰克图章京九十四向商民收取馈礼，当时的库伦办事大臣蕴端多尔济认为恰克图事务都由章京负责，办事大臣不过问，才引发九十四的案件。在他奏折中提到商民的分类、居住官房数量等，比对蒙古国家档案局藏的恰克图档案，得知商民管理情况。本章主要论述清朝皇帝介入恰克图贸易，意味着重商政策。

二、乾隆朝的皇家商队

根据清朝档案记载："张家口市圈商民每年由察哈尔都统等咨行理藩院请领部票，前往恰克图地方贸易，系属官商。"[①]"官商"亦即刘选民教授所说的票商，他们属官商性质，一方面是领官本去恰克图贸易如内务府商人；另一方面系其贸易活动受官方管制。乾隆年间到恰克图贸易的商人分成两种类型。第一种是内务府买卖人，乾隆皇帝出资派官员或买卖人到恰克图采购毛皮。第二种以山西商人为主，加上少数的北京和张家口商人。清政府在张家口、库伦等地设官管理票照，又将商人编入保甲制度。透过满文奏折，可了解乾隆皇帝对恰克图贸易相当关心，留意各种贸易细节，甚至以内务府的官员派驻恰克图。乾隆三十三年(1768)，重定恰克图贸易章程，包括定货品的种类、商人的组织、官商联合与俄国人议价等，完全由政府来主导贸易，让商人获取最大利润。

---

① 中研院历史语言研究所藏，《清代内阁大库原藏明清档案》，编号 179311—001，道光二十七年十一月初七日。

清初俄罗斯政府派商队到北京贸易，乾隆年间也派皇家商队到恰克图，他们正式名称为买卖人。自努尔哈赤时代和明朝之间即有贸易往来，其中以人参、毛皮为大宗。入关后，据《总管内务府现行条例(广储司)》载："初广储司六库各于本库所属买卖人中，择其家道殷实人去得者一名，由银库官员呈明授为领催，每月各给二两钱粮。令其办买六库所无之物，并察访时价，以外藩进贡折赏等事。"[①]买卖人并没有定额，每年皆有增减，如康熙二年(1663)胡密色奏："住张家口之七名新商人。"[②]据《清代内阁大库散佚满文档案选编》记载，康熙年间住张家口之七名新商人送来皮货，折银1,197两。[③]

内务府买卖人最著名的为山西范氏，韦庆远教授提到明末清初范永斗原是活跃满蒙地区著名的富商，后来入籍内务府成为买卖商人。[④]顺治元年(1644)，山西范永斗往张家口设立永兴寰记货房一座。[⑤] 雍正年间远征准噶尔，范毓馪运送百余万石的军粮有功，授太仆寺卿衔。雍正十一年(1733)商人梁万洪等带银子货物到喀尔喀贸易被抢，由范

---

① 内务府买卖人是因"盛京每年均有出卖三旗制作所余棉、盐等物，并购买所需诸项什物，以议价等事务，故应设置商人"。关嘉禄，王佩环译，佟永功校，《〈黑图档〉中有关庄园问题的满文档案文件汇编》，收入中国社会科学院历史研究所清史研究室编，《清史资料》(北京：中华书局，1984)，辑5，页65—66。又见佚名辑，《总管内务府现行条例(广储司)》(台北：文海出版社，1972)，卷1，页20。

② 辽宁社会科学院历史研究所等译编，《大连市图书馆藏清代内阁大库散佚满文档案选编：职司铨选·奖惩·宫廷用度·进贡》(天津：天津古籍出版社，1991)，页138。

③ 除去一年应收利息银700两外，尚多出497两，故拟赏给每人染貂皮暖帽1个、蟒缎镶领袖缎袍1件、鹿皮幼子靴上套袜1双、缎5匹、毛青布25匹。辽宁社会科学院历史研究所等译编，《大连市图书馆藏清代内阁大库散佚满文档案选编：职司铨选·奖惩·宫廷用度·进贡》，页281。

④ 韦庆远，《清代著名皇商范氏的兴衰》，收入《档房论史文编》(福州：福建人民出版社，1983)，页42—69。其他相关研究，参见商鸿逵，《清代皇商介休范家》，收入明清史国际学术讨论会秘书处论文组编，《明清史国际学术讨论会论文集》(天津：天津人民出版社，1982)，页1009—1020。

⑤ 范氏编纂，《山西汾州府介休县张原村范氏家谱》，收入王春瑜编，《中国稀见史料》(厦门：厦门大学出版社，2007)，第1辑第14册，页14—244。

毓䅲给部里呈文。这案子审讯后发现商人造谣，提到范毓䅲应“严加管束汉民”，或许他类似盐商的总商性质。[①] 乾隆十九年（1754），乾隆皇帝开始派遣买卖人到恰克图采办毛皮，一直到乾隆四十三年（1778），一方面了解中俄贸易状况；另一方面添增皇室服饰所需的毛皮。皇家商队提供政府对恰克图贸易的控管情况。

第一，到恰克图买卖的人选。皇帝通常委派内务府郎中、员外郎带领回民到恰克图。乾隆二十五年（1760）员外郎留保住与金宝去恰克图贸易，拣选会做生意的回族人三十名，带银一万两。二十六年（1761）派员外郎金宝带一般回族人三十名，带银二万两。二十七年（1762）派主事法富里带领二十九名回族人，其中有一位回族人米尔札相当优异，米尔札会俄罗语斯语言，深得俄罗斯人信任，若有任何好货物，米尔札到时就会拿出给他看，其他回族人会俄罗斯语言者甚少。法福里“虽学了一些贸易，其实也不认识俄罗斯，米尔札做生意得力，今年买卖的情形略少，每年在恰克图与俄罗斯贸易，多赖米尔札”[②]。内务府的官员去恰克图贸易，每日口粮银 8 钱、回民口粮银 2 钱。皇帝另给回民赏银 3—10 两不等。[③]

第二，贸易的路程和补给物。内务府到恰克图，从北京出发经张家口、库伦等地。乾隆二十八年（1763），郎中班达尔沙于八月二十一日由张家口起程，十月十六日到达恰克图。到贸易地方，必须呈报回商与俄罗斯开市时间，乾隆三十五年的满文档案载，班达尔沙与郎中留保住令

---

① 《军机处满文录副奏折》，编号 03—1538—018，雍正十一年二月二十八日。

② 《军机处满文录副奏折》，编号 1996—032，乾隆二十七年十二月。

③ 中国第一历史档案馆藏，《乾隆朝内务府银库用项月折档》记载乾隆三十五年闰五月奉旨：赏恰克图贸易之回族人那匝尔银 10 两、迈玛特等 3 人，每人银 5 两、伊尔玛呼里等 5 人，每人银 3 两，共 40 两。

回族人等与俄罗斯业已开商,俟贸易完毕,即刻另行呈报。[①] 据军机处咨称,伯德尔格回族人等前往恰克图贸易,其应得盘缠等所有物品,均自内务府衙门带来之银内领用。“今置办庐帐、炊具时,仅有四十余两银,且用赋税之银,若报户部,实为繁琐。嗣后,补给伊等庐帐等物时,无需以赋税余出之银办理。即用内务府衙门带来之银,照例上报内务府衙门开销。”[②]乾隆三十五年(1770),内务府郎中班达尔沙到恰克图贸易,由张家口商都达布逊诺尔马驼牧群总管等,支给马驼班达尔沙等马二十四匹、驼九头。

第三,中国货物在恰克图的销路。乾隆二十六年(1761),军机处奏:“当与俄罗斯贸易时,彼等虽知悉我内地缎匹好,采买带去,若彼部落人不要,彼等贸易时也不采买,只买汉人特从南省运来以生丝织成,贵的缎匹;相应仍照去年交付银两,视俄罗斯需要,从张家口采买物品,运往恰克图贸易等因。”[③]乾隆三十三年(1768)派员外郎金宝去恰克图贸易,金宝奏称:“俄罗斯等只要江宁缎子,不要别处的缎子。”此次带去江宁缎子 3,071 匹,每匹估价五两二三钱,价值一万六千二百余两。[④] 江宁缎的特征是“宽机织造”。[⑤] 江宁织造处乾隆三十四年(1769)的记录对绸缎分类有:“大贡缎”、“小贡缎”、“大洋缎”、“小洋缎”、“五丝缎”、“花绸”等。贸易绸缎中的贡缎、洋缎、妆缎、花缎是南京的著名特产。

---

① 《军机处满文录副奏折》,编号 03—2392—034,乾隆三十五年十月十九日。

② 《军机处满文录副奏折》,编号 03—2384—016,乾隆三十五年八月二十六日。

③ 《军机处满文录副奏折》,编号 03—1890—020,乾隆二十六年八月。

④ 《军机处满文录副奏折》,编号 03—2273—031,乾隆三十三年七月十六日。

⑤ 杭州货“缎边宽似斜纹眼,有里面,丝炼不织发柴水硬之过,挂土者茶子油织的”。苏货“丝松漏地子鲜,所以发散肯起毛”。《成家宝书》(清抄本),收入国家图书馆分馆编,《中国古代当铺鉴定秘籍》(北京:全国图书馆文献缩微复制中心,2001),页 467。杭州织造处承办纺丝、绫、杭细等项;苏州织造处承办毛青布等项。

中国纺织厂生产出专卖俄国人的织物，这些织物上印有俄国国徽标记。1759年，枢密官舒瓦洛夫奉伊丽莎白女皇的口谕，通知西伯利亚衙门颁发训令："应在其中写明，设法通过商人告知那些中国工厂，不要使徽标一个朝上，一个朝下的，而应一律朝上。特别是应订购足够匹数的白戈利绸，上面的徽标示蓝色的同一标志应使其朝上，而不是像现在这样杂乱无章。"①

第四，皇帝要了解俄罗斯商品价格。乾隆二十八年(1763)派员外郎秦保带十名回族人，带银两去贸易。② 乾隆皇帝关注俄罗斯贸易商品价格，传谕："俄罗斯所带之金丝缎、银丝缎、金壳问钟、磁面问钟是否有购买者？若有，购买者系何等之人？出价多少？着询问清楚。"③看守俄罗斯贸易郎中伊克坦布呈称："查得俄罗斯等虽拿出金银线织缎、问钟，给我商人看过，并无人询问要买。先前金线织缎，以俄罗斯尺(每尺等于0.71米)每尺曾索价银二十两，今定价十二两；银线织缎每尺曾索银十两，今定价七两。先前金壳问钟、磁面问钟共要四百八十两，今仍要三百两。我们的人给一百三十两，他虽然不答应，看这物件，并不是好的，俄罗斯的情形，若给二百两左右，才肯卖。"④

《内务府广储司银库月折档》记载，乾隆皇帝曾派出内务府官员、买卖人等前往齐雅克图(恰克图)办买皮张，共十三次，每次本金并盘费脚价等项将近两万两银，还有剩余银两必须交回内务府。⑤ 参见表1—1。

---

① 参见孟宪章主编，《中苏贸易史资料》(北京：中国对外经济贸易出版社，1991)，页136。
② 《军机处满文录副奏折》，编号03—2273—031，乾隆三十三年七月十六日。
③ 《乾隆朝满文寄信档译编》(长沙：岳麓书社，2011)，第4册，页530—531。
④ 《军机处满文录副奏折》，编号03—2403—016，乾隆二十八年七月初一日。
⑤ 中国第一历史档案馆藏，《内务府广储司银库月折档》，无编号，乾隆二十六年八月。

表 1—1　内务府官员与买卖人采购皮货领用银两与剩余银

次数	年份	官员姓名	领用银两（两）	交回剩余银两（两）
1	1761	内务府员外郎秦保	22,000	209.18
2	1762	买卖人范清注	20,000	2,847.08
3	1762	内务府员外郎秦保	20,000	136.5
4	1763	内务府主事法富里	20,000	112.69
5	1764	内务府员外郎秦保	20,000	30.6
6	1769	内务府员外郎秦保	20,000	59.8
7	1770	内务府郎中班达尔沙	20,000	20.28
8	1771	内务府郎中班达尔沙	20,000	39.96
9	1772	内务府郎中班达尔沙	20,000	25.24
10	1773	内务府郎中海绍	20,000	44.3
11	1774	内务府郎中海绍	20,000	13.53
12	1775	内务府员外郎	15,904	8.73
13	1778	内务府郎中班达尔沙	20,000	44.02

资料来源：乾隆朝《内务府广储司银库月折档》。

清朝宫廷采办皮货最多的为乾隆二十六年（1761），当时恰克图的贸易开放没多久，清朝宫廷采购的毛皮占俄国输出量的9%以上，乾隆三十六年（1771）清宫廷采购数量逐年下降，只占俄国输出总值的2%—4%，参见表1—2。乾隆皇帝派内务府官员从事恰克图贸易，留保住于乾隆三十三年被任命为恰克图郎中，督察中俄贸易。[①]

① 《军机处满文录副奏折》，编号03—2286—006，乾隆三十三年十月十六日。

表 1—2　清宫采办的皮货占俄国对外输出量的比例

年份	银两(两)	折算为卢布	当年俄国输出额(卢布)①	百分比(%)
1761	21,454.83	36,473.21	391,469	9.32
1763	17528.3	29,798.11	302,798	9.84
1771	18,858.34	32,059.18	1,246,410	2.57
1773	18,751.91	31,895.25	1,140,183	2.8
1774	18,743.2	31,863.44	1,227,760	2.6
1775	18,796.2	31,953.54	1,365,826	2.34
1778	16,242.99	27,613.08	794,540	3.48

此外,清朝皇室也向俄国人采买马匹。乾隆二十四年(1759)喀尔喀亲王桑斋多尔济奏:"军机大臣议收买俄罗斯马匹,必须遴选干员,访确实价。虽支官银购买,仍不露官办形迹,俟交易后,派员送张家口。"②奉上谕交户部拨银五万两,派户部理藩院章京各一员解送喀尔喀亲王桑斋多尔济,以为采买马驼之用。③ 在数量上,桑斋多尔济于布里雅特共购俄罗斯一二千匹马。

三、乾隆朝对商人的管理

乾隆二十四年(1759)直隶总督方观承奏折提及:"恰克图库伦贸易人等向来由部领票,前往泛应在喀尔喀各贸易之例。查赴恰克图库伦等

① Clifford M. Foust, *Muscovite and Mandarin: Russia's Trade with China and Its Setting 1727-1805*, p. 332.

② 庆桂等奉敕修,《大清高宗纯皇帝实录》(北京:中华书局,1986),卷 580,页 401 下,乾隆二十四年二月上。

③ 《清代内阁大库原藏明清档案》,编号 171700—001,乾隆二十四年三月。

处贸易商民多在张家口设置铺房，其资本较厚者六十余家，依附之散商约有八十余家。自查禁以来，赴恰克图库伦贸易者只十余家，小商依附者二十余家。”[①]赴恰克图贸易的商人在张家口设有铺房，资本雄厚的有六十几家领有照票，其他八十几家没有照票的散商依附大商家之下，称为“朋票”。清朝规定商人领照票，每张照票准予携带12,000斤货物。[②]

所谓“照票”是宋明以来的路引制度，清朝官方文书称为“部票”、“院票”，民间则有“龙票”、“大票”等俗称。在蒙古经商的商人出口外贸易时，需领取的照票有个从户部转向理藩院的发展过程。其次，商人如到库伦要转往其他地方，由库伦办理商民事务衙门另给执照。

乾隆二十四年二月，上谕：“向来前往蒙古部落贸易商人，由部领给照票，稽核放行，懋迁有无，彼此均为便利。近因货市日久，不无争竞生事，是以议令禁止。殊不知商贩等，前往乌里雅苏台等处，亦必由各该部落经过。若中途一切货物。抑令不得通融易换，未免因噎废食。嗣后，凡有领票前赴贸易人等所过喀尔喀各旗，仍照旧随便交易。俾内地及各部落商货流通以裨生业，其一切稽察弹压，地方官及各札萨克留心妥协经理，毋任巧诈奸商，逗留盘踞，以滋事端。”[③]这段话的意思是去蒙古部落的商人领取部票，商人前往乌里雅苏台等处，经过各部落，可以进行贸易。

据《理藩院则例》记载：“凡互市商给以院票，各商至乌里雅苏台、库伦、恰克图及喀尔喀各部落者，皆给院票。由直隶出口者，在察哈尔都统或多伦诺尔同知衙门领票；由山西出口者，在绥远城将军衙门领票。以该商姓名、货物及所往之地、启程之期书单黏合院票给与。其已至所

① 台北故宫博物院藏，《军机处档折件》，编号009770，乾隆二十四年二月初三日。

② 《蒙古国家档案局档案》，编号019—001，页0001—0004。

③ 《清代内阁大库原藏明清档案》，编号230703—001，乾隆二十四年二月。

往之处，又欲他往者，许呈明该处将军、大臣、札萨克，改给执照。所至则令将军、若大臣、若札萨克而稽察之，各商至乌里雅苏台者，由定边左副将军、兵部司官稽察；至库伦者，由库伦办事大臣、本院司官稽察；至喀尔喀四部落者，由各旗札萨克稽察；至恰克图者，出卡伦时，由卡伦上会哨之札萨克稽察；至商集，由恰克图本院司官稽察，颁其商禁，票商令以现银现货交易，定限一年催回。”[①]至蒙古贸易的商人到察哈尔都统衙门领取理藩院的院票。在照票后粘贴清单，包括商人姓名、货物数量、前往地点，以及启程日期，用印给发。理藩院办理的院票仍俗称部票，《喀尔喀法典》规定：“商人应从部领取为期一年之票证，赴库伦进行贸易。并于一年内返回，交换票证。”[②]

值得说明的是，商民请领分春秋二季，春天约为二月，秋天约在九月。[③] 按规定部票以一年为期，一年内返回将旧票交回理藩院，次年再领新票。但如方观承说的，领一张票携带一万两千斤的货物，并非每位商人都财力雄厚，散商则以“朋票”形式依附大商之下。

乾隆二十七年(1762)到三十三年(1768)因俄国越界立栅，又向商人增加税收，以及边境窃盗等民事案件不秉公处理，第一次中断贸易。清政府于乾隆二十七年宣布暂停市易，但并未撤走买卖城的商人，也未严格禁止商人往来，乾隆二十八年将商民撤回北京，次年彻底停止贸易，至乾隆三十三年为止。[④] 乾隆二十八年，库伦办事大臣福德奏报将恰克图街长田玉敏等人解送京城。奏称：“查得奴才福德奏，自恰克图

---

① 中国社会科学院中国边疆史地研究中心主编，《清代理藩院资料辑录·嘉庆朝〈大清会典〉中的理藩院资料》(北京：全国图书馆文献缩微复制中心，1988)，页 80。

② [俄]扎姆察拉诺，《喀尔喀法典》，页 922。

③ 《蒙古国家档案局档案》，编号 022—016，页 0064—0069。

④ 就乾隆朝《内务府奏销档》上的记载，乾隆二十七八年还曾有官员到恰克图贸易。而 Clifford M. Foust 引用俄国资料显示，二十八年以后贸易量遽减，至三十二年则没有贸易数字。王少平，《恰克图贸易中断原因初探》，《学习与探索》，1987 年第 3 期，页 136—140。

遣回张家口商民一百六十名，自恰克图陆续起程抵库伦，计自十月初六日起，自库伦分队遣回，共七队，每队派出蒙古护卫一名收管，严饬不得妄行索扰蒙古，于十月十五日抵达，除全往边口起程外，看得每队援助车辆、口粮等项仍可将就，或稍败坏或稍不足，奴才福德协济车二十二辆，二十八□，七百包茶叶，他们俱各欢喜离去了。奴才福德唯恐他们沿途妄行索扰蒙古，即遍行严饬喀尔喀台站、喀尔沁台站，如有似此情事，务令呈报。又几时过喀尔喀台站，亦令呈报缘故，据他们陆续呈报前来，看得十月内他们已过喀尔喀台站，行抵喀尔沁等台站。今估计头几队已抵边口，陆续几队于本月内亦可抵边口，为此，谨具奏闻。"[①]这奏折说明在恰克图商民有 160 人，从库伦到张家口走官方的台站路线。

乾隆皇帝下令停止中俄贸易，但当时担任库伦办事大臣的桑斋多尔济，却擅自给喇嘛执照，并派护卫私带货物与俄国贸易。在过年封印期间，写了无印白文的信札也能当"执照"，顺利过关，此问题笔者在《乾隆皇帝的荷包》中讨论过。[②] 这里讨论卡伦协理台吉噶勒桑走私案件。

乾隆三十一年(1766)库伦办事大臣瑚图灵阿查到许多商人在恰克图从事走私。事因驻扎恰克图的协理台吉噶勒桑，收受汉人与蒙古喇嘛等布帛等物，准其私行贸易。不仅如此，噶勒桑自己也向汉商赊借商品到卡伦贸易。

噶勒桑供称，因兵丁盘费不足，委派蒙古人巴尔达尔等向将军王大臣领取执照，至库伦王龙的商铺赊借砖茶等，换回俄罗斯毛皮(参见表1—3)。

---

① 《军机处满文录副奏折》，编号 03—2047—029，乾隆二十八年七月二十七日。

② 参见拙作，《乾隆皇帝的荷包》，页 317—322。

表 1—3　赊借、抵还货物数量表

赊借货物	数量	抵还货物	数量
砖茶(匣)	13	灰鼠皮(张)	2,920
红烟(匣)	2	羊皮(张)	208
平纹布(块)	80	香牛皮(张)	30
粗布(匹)	3	驼皮(张)	5
京通布(捆)	30	獭皮(张)	5
帽缨(副)	1	山羊皮(张)	45
烟袋(杆)	1	粗羊皮(张)	4
马鞍(副)	1	两身褂子之哆罗呢	
银珠(钱)	6		
面茶(斤)	30		
腰带(副)	2		
烟(包)	20		
纸(张)	200		
鼻烟(斤)	2		
羊肉(只)	1		
墨(块)	5		
上海布(匹)	2		
袜子(双)	1		

资料来源:《军机处满文录副奏折》,编号 03—2176—007,乾隆三十一年正月初九日。

事后,由公、大学士、大臣等,查出具奏,罚噶勒桑一九牲畜,兵丁均行鞭责。罚噶勒桑一九牲畜折银九两。①

噶勒桑向商人王龙借砖茶布匹等货物卖与俄罗斯人后,又四次收受商人礼物准其贸易。噶勒桑供称:"乾隆三十年二月,汉人巴彦泰(徐正昌)前来,给我一千八百图古里克银钱,我接受后,准其行商。又,三

① 《军机处满文录副奏折》,编号 03—2176—007,乾隆三十一年正月初九日。

十年正月，库伦汉人老三(杨大宁)前来，给我绸缎二匹、哈拉明镜二块、黄茶一百包，烟十包，我接受后，准其行商。喇嘛多尔济、索约克巴携带四驼货物，给我二匹绸缎，我接受后，准其行商；我素与哈拉嘎齐喇嘛沙拉布札木楚相识，前伊前去理塘请胡图克图呼毕勒罕时，我曾送伊一驼，故伊携带近两驼货物，给我二十四毛青布、十四平纹布，我接受后，准其行商；又有我同族喇嘛张禅托音，携带一车货物，前往贸易是实。"[①]噶勒桑接受汉商与喇嘛的贿赂，由汉商口供中，可知道私自与俄罗斯贸易情形。

根据库伦的十甲的甲长杨大有指控，西街商人杨恭礼和同伙杨大宁及东街的徐正昌涉嫌贿络噶勒桑。杨恭礼的口供说，乾隆二十九年(1764)正月，二人携带十余车货物，行至恰克图，以两匹绸缎、两匹哈拉明镜、一百斤黄茶、十包烟，行贿噶勒桑，与俄罗斯贸易。[②] 犯人杨大宁即录散招呈：

> 小的系山西祁县民，年四十岁，素在库伦地方设杂货铺生理。小的于三十年二月十六日从库伦起程，同小伙计阎功立并雇工等，带口粮车四辆、货车二十一辆，内载砖茶二十箱、帽盒茶十五串、假红烟八匣、黄烟二匣、上海梭布二百匹、平机布一百五十匹、昆玉缎子三十二匹，前往代青王旗下贸易去了。此货物不能即卖，小的因图利息，就近前往鄂罗斯换货。不能出卡伦，给了图色蓝气(协理台吉)噶尔勒桑送了他缎子二匹、哈拉明镜二件、黄茶一百个、红烟十斤。于三月初三日，小的就过卡伦将所带之物换得鄂罗斯香牛皮三百张、白青布一百一十件、黑白羔子皮三百张、黄狐狸皮二百

① 《军机处满文录副奏折》，编号03—2176—007，乾隆三十一年正月初九日。
② 《军机处满文录副奏折》，编号03—2176—011，乾隆三十一年正月初九日。

五十张，将换来之物于三月二十日拿回到库伦抵还了客债。乾隆三十一年三月日画招人杨大宁。[①]

杨大宁携带砖茶、烟、平机布等折银 459.25 两，据查抄入内务府。[②]

另一件走私案商人徐达龙供称："小的系山西省祁县人氏，今年三十一岁。前于乾隆二十九年八月，与同伙徐正昌(蒙古名巴颜泰)、任大凤(蒙古名达赖)等，一同带领雇工，携带五十车货物，前去库伦贸易，于十月间行抵彼处。十二月初，徐正昌、任大凤二人，带领雇载王吉毕、格木皮尔，携带三十五车货物，前往鄂尔坤河贸易。经库伦至鄂尔坤河，相距四百里，自鄂尔坤河至卡伦，相距百余里。三十年闰二月间，小的带领雇工樊秉章等，带七车货物，往寻我同伙徐正昌，于鄂尔坤河相见，将货物交与徐正昌后，小的照旧返回牧场放牲畜。徐正昌携带货物，将少许茶布送予管理卡伦之管旗章京绰旺，夤缘通贿，从俄罗斯地方换回一万四千余张羊羔皮、五百余张香牛皮、一万余张灰鼠皮。再，前我同伙徐正昌等，在鄂尔坤河地方换得獭皮三百张、羊羔皮一千张、狐皮一包、哆罗呢二块、哈拉明镜四块。将此货物，我同伙任大凤于去年二月间，带回口内属实。我等并未亲去卡伦。"徐达龙的商铺为隆盛全记，掌柜徐正昌行贿噶勒桑一千八百图古里克银钱，折合银 180 两，并送给管卡伦的章京绰旺砖茶两块、绸缎一匹，央求他派人把货物卖给俄罗斯商人。徐正昌并不是亲自与俄罗斯贸易。

瑚图灵阿奏称，车臣汗部落札萨克镇国公格勒克巴木丕勒，拿获私向俄罗斯贸易兵丁玉木玉尔等五人，解送前来。"讯据伊等前随协理台吉噶勒桑，在恰克图驻扎时，噶勒桑曾受商人图库哩克布帛等物，准其

① 《蒙古国家档案局档案》，编号 017—017，页 0070—0071。

② 《军机处满文录副奏折》，编号 03—2322—006，乾隆三十一年七月。

私行贸易。因行知玛尼巴达喇,令将噶勒桑等解送质审。"乾隆皇帝谕旨:"协理台吉噶勒桑,系专在恰克图驻扎之人,竟敢受商人货物,准其贸易。商人等违禁行贿,均属可恶。着传谕瑚图灵阿,审明从重治罪。"①商人王龙被查获物件折银 1,136.65 两,商人徐正昌被查获物件折银 3,206 两,俱交内务府总管。齐旺入己携带砖茶、缎等折银 13 两,喇嘛多尔济携带茶、上海布折价 95.33 两,喇嘛沙拉布札木楚携带茶、毛青布、烟等折银 87.35 两,喇嘛张禅托音札穆灿携带砖茶等共 13.5 两,杨大宁携带砖茶、烟、平机布等折银 459.25 两,达穆皮勒携带京布、茶等折银 260.35 两。以上共应交银 1,136.65 两。② 乾隆三十一年(1766)九月,瑚图灵阿等奏台吉噶勒桑等私带财物与俄罗斯贸易物件折银交内务府奏折。固山贝子瑚图灵阿差员交送噶勒桑等名下入官什物等项变价 1,091.18 两。③

中俄贸易遽然中断,货物无法销售,毛皮容易长蛀虫,乾隆三十一年,乾隆皇帝上谕:"出示晓谕蒙古商民人等知悉,如有旧货立即详明呈报,听其自行售卖。若不将旧有之货物及今呈报存案,日后运往他方贸易,一经盘诘阻禁,定照挟带鄂罗斯私货例治罪。言出法随,定不宽恕。"④

四、乾隆三十三年(1768)恰克图章程

乾隆三十三年(1768)恢复恰克图贸易后,皇帝特别指示库伦办事

---

① 《蒙古国家档案局档案》,编号 001—006,页 0115—0117。
② 《军机处满文录副奏折》,编号 03—2322—006,乾隆三十一年七月。
③ 《乾隆朝内务府银库进项月折档》,乾隆三十一年九月。
④ 《蒙古国家档案局档案》,编号 001—007,页 0118—0119。

大臣订定恰克图章程，拟定开市后对俄罗斯贸易策略。八月二十六日，寄信谕旨：

> 寄信瑚图灵阿、庆桂等，商人来时，明白晓示此次再开市与俄罗斯人贸易，非以前贸易可比，断不可显露情愿贸易，暗增俄罗斯物件价值，朕断难姑容。此特为尔等利益，若不令俄罗斯人倨傲，尔等始有获利，妄增价值致俄罗斯人倨傲，尔不能获利。要知道只有一体遵守章程贸易，若经查出有暗增价值贸易者，定行驱回张家口治罪。应通行明白晓示禁止事项：不得透露系官方交办、不得显露情愿与俄罗斯贸易之貌、商人亦不许暗增价值。着瑚图灵阿、庆桂知悉，密查制定，清楚饬交索琳，密示商人，应妥协办理。[①]

乾隆皇帝的意思为商人与俄罗斯贸易，不能表现情愿与俄罗斯贸易的样子，也不能私下给俄罗斯货物增价，并且不能透露官方介入。

乾隆皇帝交代库伦办事大臣瑚图灵阿等制定章程，瑚图灵阿与索琳商议，第一项是设置行头。瑚图灵阿说："不肖商人只先到边口欲求获利，不顾前后，有将俄罗斯物件增给价值者，亦有将我们物件减价卖给俄罗斯者。尤有甚者，俄罗斯物件内，此人给价十两，那人在底下增给银十一两、十二两，为利争执时，俄罗斯人渐行知觉，故意抬高他们的货物价值，跟他们的人收税，又将白鼠皮、水獭皮等毛皮说是禁止之物，胡乱谎骗索取高价，因此先前为撤商事。"[②]因此，瑚图灵阿议定将商人按照内地贩卖布匹、茶叶、烟、瓷器等时，各有行头，以平稳货物价格。进库伦的货品分成八项：绸缎、布、绒线、细青茶叶、砖茶叶等粗茶、烟、砂糖干果、瓷器。商人中携带最多物品且人又老成者充当行头。行头

---

① 《军机处满文录副奏折》，编号03—2281—019，乾隆三十三年九月二十四日。

② 《军机处满文录副奏折》，编号03—2281—019，乾隆三十三年九月二十四日。

会同商人统一定价，所定的价钱要禀告章京。

又，针对上述商人托卡伦章京噶勒桑代卖货物，清政府加强对恰克图商人的管制。蒙古地方旷野广阔，处处皆可通恰克图，由理藩院颁给“准许在恰克图贸易”字样钤印执照，经卡伦章京等验看后，再行通过卡伦。若无准许贸易字样院颁执照，俱不许通过卡伦而驱回。现存的乾隆四十八年（1783）、五十三年（1788）恰克图官员的《交代清册》中有《验销部票号簿》、《验销库伦路引号簿》，可见恰克图官员严格执行查验商人院票工作。①

其次，对于商品的价格，恰克图章京与商人秘密决定，并不可以透露给俄罗斯人知情：

> 将商人来到恰克图之日期应详细登载档案，务视来到日期之先后，挨次将先到商人系何项物件，卖完之后，再将后到商人的物件接续售卖，后来的人，不得逾越先来者而贸易。俄罗斯哪项物件应如何折价，如何依时应增价，应减价之处，亦照此由行头等会同各商人研商统一去买换，永远禁止暗中妄行加价争着买换俄罗斯物件。这些俱交给部院章京详查，严加管理。仍将官方交办情况，断不可透露给俄罗斯，在内秘密办理，商人内若有图利不遵守禁令者，章京巡查拿获，或被人首出，除商货入官外，仍送回边口交地方官治罪，如此我各项物件皆有定价，挨次贸易，以杜俄罗斯侥幸之心，对我商人亦能真正有利。②

恰克图官员的《交代清册》中有《三街进货报单》、《三街买货报单》、《议减俄罗斯货物价值册》，说明恰克图官员掌握商品价格，不能任由商人

---

① 《蒙古国家档案局档案》，编号017—013，页0044—0055；编号018—005，页0037—0051。
② 《军机处满文录副奏折》，编号03—2281—019，乾隆三十三年九月二十四日。

私自胡乱削价竞争，以确保商人利润。1852 年，俄国人获知恰克图章程，并将其翻译成俄文登在《莫斯科新闻》上，提到："恰克图官员每天晚上召集所有的商人在一起会商，会商后要向自己的负责官员提供一份报告，说明会商结果。扎尔固齐（官员）再做出最后的结论，于每天早晨向商界公布告示，指出不应当再换俄罗斯的哪些商品和应当增加自己的哪些商品。"凡违背扎尔固齐的每日商情告示而造成过失者，罚禁闭六天，然后禁止贸易半个月。凡向俄商透露商业秘密者，诸如：俄罗斯商品在国内的价格或者需求量等，就应当关禁闭。透露恰克图贸易章程或扎尔固齐每日商情告示的秘密者，杖五十，赶出恰克图，该商人的生意交给别人经营。[①] 从库伦办事大臣制定恰克图章程可知，清朝皇帝、官员与商人共同策划管理贸易活动，以争取商人最大利润。

恰克图章程第二项为蒙古与俄罗斯贸易章程，限制蒙古王公和喇嘛到恰克图贸易。恰克图附近有蒙古人买俄罗斯物件时，除价值百两银子以内物件，令其任意贸易外，若呼图克图之仓及四个部落各札萨克等派人去买其家用物件时，务必书写所携带物件及银两数目，差委人员名字。如系呼图克图仓的物件钤用商卓特巴印信，若系各札萨克物件，各自钤用札萨克印信，行文恰克图部院章京，由部院章京交给行头，将各项物件价值明白告诉来者，以与俄罗斯贸易，他们买来的物件，皆是他们家里需用的，并非售卖者。[②] 乾隆四十二年（1777）上谕："伊犁、乌鲁木齐均系新疆地方，距离哈萨克布鲁忒边界甚近，此项化缘喇嘛形同乞丐，如令伊等任意在新疆各处行走，偶出卡伦边界，流入哈萨克布鲁

---

① ［俄］阿·科尔萨克著，米镇波译，《俄中商贸关系史述》，页 222—224。

② 《军机处满文录副奏折》，编号 03—2281—019，乾隆三十三年九月二十四日；中国社会科学院中国边疆史地研究中心主编，《清代理藩院资料辑录·嘉庆朝〈大清会典〉中的理藩院资料》，页 81。

忒地方殊多关碍。非但不宜令往哈萨克布鲁忒地方，即喀尔喀地方与鄂罗斯境界相通亦不可令其前往。”①

乾隆三十四年（1769）恰克图郎中留保住奏与俄罗斯贸易情形，提到乾隆三十三年（1768）十二月初八日起至今年正月底止，我商人陆续共有六十余队抵达，员外郎秦保带领回族人等于十一月二十七日也到达了。贸易货物清单与价值可参见附录1—1。留保住遵章程，议定“在商人内挑选老成者八名充当行头，会同各商人务照所定数目而行，估算前后共分五班，五日一次轮班贸易，将我商人物料价值数目大方地给俄罗斯看，照前将俄罗斯物件价值数目，十分减一二分、三分不等贸易时，仍间隔几日，视我货物项目内多寡、俄罗斯人求买多寡按时稍增、略减，亦视俄罗斯物件项目之多寡，应略为增减等处与商人会商定议，断不许在下私增价值争竞，致俄罗斯人倨傲”②。

附录1—1为留保住奏折附带的商品价格表。这些商品以“京布”作为计价标准，一桶京布等于3两。价格上分为“旧价”、“新价”，中国的商品价格被提高，而俄罗斯商品则被减价。以下分五项物品来讨论。

1. 丝绸

恰克图的商品以绸缎最为昂贵，名目有杂色大贡缎、杂色小贡缎、杂色大洋缎、杂色小洋缎、杂色五丝缎、杂色立绒、杂色花绸等。丝绸是俄罗斯贵族阶层所需的货物，根据孟宪章主编的《中苏贸易史资料》记载，花缎的丝织品每年出口量为一至两万块，其他品种的丝织品每年共

① 台北故宫博物院编，《宫中档乾隆朝奏折》（台北：台北故宫博物院，1982），册37，页776—778，编号403030760，乾隆四十二年二月十七日。

② 《军机处满文录副奏折》，编号03—2315—001，乾隆三十四年四月十三日。

计 600—4,000 块。[①]

2. 布匹

十八世纪中俄恰克图贸易，中国输出大量的棉织品，在西方资料中所谓的“南京布”每年进口可达三十万块，“大布”每年进口可达二十万至三十八万块，每块长 13—20 俄尺。棉织品在恰克图贸易中作用如此重要，以致其中之一的“南京布”，可以长期充当俄中贸易的交换单位。在棉布中，南京布占交易额的八分之七，大布占八分之一。南京布因其价格低廉，不仅在西伯利亚，在俄国各地特别是妇女喜欢穿着。大布仅在西伯利亚行销，在俄国几乎未为人所知。[②] 根据中国方面的资料显示，南京布实为“蓝京布”，是南方的布匹在北京染色，依据布匹的产地可分以下几种。

第一，京布。中俄贸易是实物交易，以一种商品交换另一种商品，但计价的物质为布匹。根据乾隆三十四年(1769)所订的价格，小京布每桶作银 3 两，大京布每桶作价小京布的 1 桶 4 匹。所谓“长期充当俄中贸易的交换单位”的布匹为小京布。此外还有杂色九寸布等于 3 桶小京布。贸易的布匹还有青上海布、大平安布、小平安布、平乡布、绒花布等，价格都高于小京布。“京布”是北京染的布。京靛蓝布，南来细布在京染的称为京靛。[③] 米勒、帕拉斯提到被俄国人称为“机泰咔”(Kitaika)的布匹最为畅销，这种布经久耐用，在所有中国棉制品中最为廉价，它还染成了红、褐、绿、黑四色。[④] 科尔萨克提到各种颜色总是

① 参见孟宪章主编，《中苏贸易史资料》，页 139。

② 孟宪章主编，《中苏贸易史资料》，页 139—140。

③ 《当谱集》(乾隆二十四年抄本)，收入国家图书馆分馆编，《中国古代当铺鉴定秘籍》，页 117。

④ [德]G. F. 米勒、彼得·西蒙·帕拉斯著，李雨时译，赵礼校，《西伯利亚的征服和早期俄中交往、战争和商业史》(北京：商务印书馆，1979)，页 31。

混合搭配装在一捆里并且不允许从中挑选。这段描述可证明这布为“三色小京布”,它以数百万俄尺的数量出现在俄国贸易的各主要市场上。[①]

第二,两湖布。刘秀生的研究提到运到口外的布有来自湖北德安府出产棉布长33尺、宽1.5尺的大布,细薄如绸。山西商人收购,称为边布,专门销往塞北。云梦县是湖北布销往塞北的中转站,该县城内宽间屋宇多赁山西布商作寓,闻之故老云:西客来处贩布,必经云城改捆,捆载出疆,历远不变色。不由云城改捆,一至河南渡黄河,布多霉暗。[②]

第三,上海布。上海梭布较京布细致,且染色也艺高一等。《当谱集》载,大凡色之夺魁者,红色头等是南红,南边染的,次等是(河北)南宫县。皂青京师染高者也,苏色以蓝为高。[③]

还有一种是南毛蓝布,是苏州染的,其形细而软。其色鲜而翠,又名曰对子蓝。[④] 杂色毛布价格是小京布的两倍,每桶6两,加长毛布每桶9两。中国商人接受俄国商人为居民生产商品的长期定货,专门生产适合俄国人的各种布匹,这些商品都有特殊标志,其包装也适宜长途运输。[⑤]

毛布有杂色立绒、杂色毛布、加长毛布、绒花布等。大凡布上之绒毛是织成之时,就机以刀剐之。[⑥] 新疆贸易的布匹名义上由藩司与织造两衙门承办,实则均系交商承办。从康熙三十四年(1695)所定

---

① [俄]阿·科尔萨克著,米镇波译,《俄中商贸关系史述》,页58。

② 刘秀生,《清代棉布市场的变迁与江南棉布生产的衰落》,《中国社会经济史》,1990年第2期,页58。

③ 《当谱集》(乾隆二十四年抄本),页119。

④ 《当谱集》(乾隆二十四年抄本),页120。

⑤ 孟宪章主编,《中苏贸易史资料》,页139。

⑥ 《当谱集》(乾隆二十四年抄本),页119。

至乾隆五十六年(1791)将近一世纪，毛青布每匹价银都维持在三钱七分，拟定毛青布酌量每匹加银五分。棉布原定每匹价银三钱，加银二钱。[①] 恰克图贸易的三色小京布每匹三钱，并没有官员反应价格不合理。

3. 绒线

中国每年都有大量生丝透过走私的方式运到恰克图，但还是满足不了俄国商人的需求。1747 年和 1755 年，俄商在伊尔库茨克开办了两个绸缎工厂，以中国的生丝制造腰带、头巾和带子，仍以手工方式生产。[②] 附录 1—1 中有足斤丝线、包子丝线，一普特(相当 16.7 公斤、28 华斤)上等生丝价值 150 卢布；次等生丝价值 75 卢布。毛线也差不多进口同样的数量。[③] 中国生丝的输入，促进了俄国丝织业的发展，特别是在叶卡捷琳娜二世(Екатерина Алексеевна，1729—1796)在位期间，喜欢仿效西欧贵族时装式样的俄国显贵们对丝织品的需求大增。丝织企业的数量不但在欧俄各城市，而且在西伯利亚有所增多。[④]

4. 茶叶

十八世纪茶叶出口为次要商品，白毫茶每年出口约 12,500 普特。但茶叶的需求不断增加，饮茶者有区域和身份上的区别，居住在俄罗斯亚洲的布里雅特人原是蒙古人，喜欢喝砖茶；居住欧洲的贵族喜欢喝珠兰茶、白毫茶、武彝茶等，所以茶的价格差距很大。珠兰罐茶由每罐 34

---

① 《军机处录副奏折》，编号 03—1103—034，乾隆五十六年十一月初二日。

② 孟宪章主编，《中苏贸易史资料》，页 187。

③ [德]G. F. 米勒、彼得・西蒙・帕拉斯著，李雨时译，赵礼校，《西伯利亚的征服和早期俄中交往、战争和商业史》，页 31。

④ [俄]米・约・斯拉德科夫斯基著，宿丰林译，《俄国各民族与中国贸易经济关系史(1917 年以前)》，页 190。

两提升为 48 两；白毫罐茶由每罐 22 两提升为 36 两；武彝箱茶每箱由 11 两提升为 18 两。至于粗茶如斤包青茶、砖茶、帽盒茶，价格相对低廉。有关茶叶的研究，将在后面章节详细讨论。

5. 瓷器

中国销往俄罗斯的瓷器种类有细磁茶闭、细磁全闭、洋磁杯盘、洋磁壶、洋磁罐、洋磁酒樽、粗磁七寸盘、粗磁五寸盘、粗磁饭碗。所谓“茶闭”是盖碗加碟，“杯盘”则是一樽一碟。据说蒙古贵族使用的茶具也是茶闭。圣彼得堡俄罗斯博物馆所藏商人妻子的绘画，她饮茶用瓷盘，显示其富家气派。

此外，还有一些商品如陶器、玻璃、珊瑚、珠子、扇子、乐器、家具、漆器、搪瓷品、针、白铅、大米、蜜饯等。

商人共同议定价格的方式确实替商人赚得许多利润，科尔萨克说中国人有能力把像米泽里茨基呢这样的商品，在距离其产地9,000俄里之外的地方，卖得比在莫斯科便宜 17%，但茶叶在离产地几乎同样距离之上，在俄罗斯的价格却是原产地价的四倍。[①]

松筠（1754—1835）于乾隆五十年至五十六年担任库伦办事大臣，他在《百二老人语录》中提到：“俄罗斯与卡（恰）克图接壤处，驻一部郎，系由理藩院派往，三年一换。此部郎所司之事，最关紧要，其故何也？内地许多商人以缎布、茶、烟等物，历年由张家口贩往卡（恰）克图地方与俄罗斯贸易伊等黑狐等皮张、粗细毡片，携回张家口售卖。两边各物虽均有定价，而部郎尤需留意稽查管理换易，方有裨益。其章程大约由张家口所去之商民，均令在卡（恰）克图居住三月，商人等所换一切物件，禁止任意先后回口。必俟各商互易完竣，作为

① ［俄］阿·科尔萨克著，米镇波译，《俄中商贸关系史述》，页 229。

一队一同启程回口。从此商贾人等虽得先换物件，总不能先行进口，是以均各遵照原定价值缓缓与俄罗斯易换，价不至增可获厚利。且有三个月之期，部郎亦易督察矣。督察之道，凡商贾初次贩去之物件数目查明令开细单登记，继与俄罗斯何物换易伊之何物，又令开一细单。核计原物之价，仍将所换俄罗斯之等等物件亲为查阅，与原定价数额算相符，方准交易。若有增价贸易之人，照依定例治罪，将物件抄没入官。”[①]商人遵照议定价格与俄罗斯易换物品，不增价可以获得厚利。商人在恰克图居住三个月后，一起回张家口。理藩院郎中的任务在登记商人贩卖物品详目，以及和俄罗斯易换物品的清单。如果商人擅自增价，将依例治罪，货品抄没入官，以上基本上维持恰克图章程的规定。

乾隆五十六年松筠奏报后，双方商人不准欠账，还签订协议书。此因乾隆五十六年上谕：“适因俄罗斯人等恭顺请求通商，业已降旨照旧同俄罗斯贸易。惟我中国商人凡与外藩互相贸易时，当将双方买卖货物算明，即速果断结账。倘不即时结账，听其日久，以致互相欠账，定会产生争端。如今藏人与廓尔喀人贸易欠账，不便快速结账，廓尔喀人等又因藏人妄图侥幸而行勒措，方致起衅，复兴战争矣。”西藏和廓尔喀的战争，促使乾隆皇帝谕旨库伦办事大臣和恰克图章京应留意双方贸易的债务问题。乾隆五十六年十二月二十五日松筠与俄国伊尔库次克省长签订协议书，规定“恰克图商人等，以和睦之礼，仍依照旧章通商。双方商人各自分别管理，所有货物，不超过相互约定日期，当即结账，不准欠债”。又对盗匪的规定“倘有持械杀人、明抢暗盗等事，即遵旧例，当即就近札饬踪迹，照原定限查拿，

① 松筠，《百二老人语录》（东京：东洋文库藏本），卷4，外藩事，无页数。

解往边境，由办事官员共同质审明白。中国人照内地条例办理，不必给俄罗斯官员验看；俄罗斯国人则照俄罗斯之法任意办理，中国官员等亦不必验看。各自界内依法办理事项，双方官员互相调取文书，晓谕出事地方之员，以固守戒律，赔罚掠夺什物之各项，悉遵行原定旧例十条，断不可违背办理，亦不可食言”①。

乾隆皇帝上谕“严禁商民拖欠、加价，以及赌博奢华等事”，在张家口市圈通行晓示。库伦办事大臣松筠曾说：“恰克图商贩多有奢侈淫逸太过者。”②乾隆皇帝对商人奢华服饰提出针砭：“商民等服色国家原有定制，不得妄行僭越。内地商民虽富有巨万资本，服用亦不过布匹、羊皮，及遇有节令拜贺之事，亦仅外褂用绸面而已。恰克图贸易商民后来渐至奢华淫赌，以衣服饮食夸耀于人，甚至常穿绸缎细毛袍褂，特常宴会必用贵重之物，此岂本分。”③商人在恰克图买卖毛皮相当容易，但清朝以服饰区分贵贱阶层，商人穿着细毛皮属僭越行为，所以乾隆皇帝严加禁止。

乾隆年间库伦商民事务衙门登记商人有两种方式。一种是领部票，在《库伦市圈商民等花名进口贩货次数册》上登录商民的铺户名称、携带货物数量，以及部票张数。商民的铺号图记也必须登记，乾隆五十四年(1789)库伦办事大臣的咨文称：“查库伦铺商内由口贩货者，只有五十三家。今将某铺伙计几人，每年进口依次开写花名册三分，本处与该监督处各存一分，其余一分咨送察哈尔都统大人存案备查。除册造有名商民外，如他商前来库伦请领路引赴口贩货概不准行。其每年所

① 《军机处满文录副奏折》，编号 03—3417—004，乾隆五十六年十二月十五日。

② 松筠，《绥服纪略》，收入西藏社会科学院西藏学汉文文献编辑室编，《西藏学汉文文献汇刻》，第1辑(北京：全国图书馆文献缩微复制中心，1991)，页11。

③ 《蒙古国家档案局档案》，编号 002—009，页 0085—0095。

贩货物数目出口时呈验清单核对，庶不致有冒请路引私贩夹带出口之弊。相应移咨察哈尔都统大人商办。”[①]察哈尔副都统观明发现从库伦回来的商民中，有十八位商民与出口原册开载的名字相符，有四位靳鹤、张伯玉、曹裕锦、任尚古在原册中没有记录。因此，观明要求“发给路引之时，毋庸注写商民之名，即可添用该铺号图记，另注写清册一本，咨送本衙门以备查”。这案例说明察哈尔副都统职责之一为稽核商民照票。像靳鹤等四人无票者属私商，查出照例治罪逐回，货物一半入官。[②]

乾隆四十八年的档案称恰克图有中西东三街以及东升街。官员的交接清册中有《三街有部票铺户人名册》、《三街花名册》、《三街入甲甘结册》、《东街、东升街点名册》、《中街点名册》、《西街点名册》、《东街、中、西、东升街花名甘结》，可见商人受到严格管制。有部票的商人住在三街，居住恰克图衙门提供的官房中，必须接受点名并编入保甲中，所以有入保甲甘结册，商人之间互相联保。恰克图的东街、中街、西街铺户数参见表1—4.1、表1—4.2。

官员调查恰克图西街花名册记载铺户33家，共人数82人，其中一人铺户最多占57.58%。山西汾州府汾阳县40人，占48.78%，其次是陕西西宁府23人，占28.05%。西宁府的穆进朝、马有龙为大黄专卖的回商，是清朝政府扶植的商人，所有雇工(21人)都是西宁人。中街花名册记载铺户25家，共人数86人，山西汾州府汾阳县71人，占82.56%。东街花名册记载铺户12家，共人数37人，山西汾州府汾阳县29人，占78.38%。

---

① 《署总统察哈尔都统印务副都统观移咨库伦大臣转饬该处监督发给路引须注明该铺号图记并注写清册咨送本衙门》，《蒙古国家档案局档案》，编号019—001，页0001—0004。

② 赵云田辑，《清代理藩院资料辑录·乾隆朝〈大清会典〉中的理藩院资料》，页80。

表 1—4.1　恰克图商人的籍贯

西街		中街		东街	
籍贯	人数	籍贯	人数	籍贯	人数
山西大同府阳高县	1	山西汾州府汾阳县	71	山西汾州府汾阳县	29
山西汾州府汾阳县	40	山西太原府祁县	7	山西太原府祁县	5
山西太原府祁县	4	山西汾州府孝义县	6	山西汾州府孝义县	1
山西汾州府介休县	2	山西太谷县	1	山西太谷县	1
山西汾州府平遥县	1	直隶宣化府万全县	1	直隶宣化府万全县	1
山西汾州府孝义县	3				
山西汾州府介休县	1				
山西宁武府宁武县	1				
直隶宣化府宣化县	1				
直隶宣化府万全县	5				
陕西西宁府	23				

表 1—4.2　恰克图三个街道上的铺户数

西街		中街		东街	
铺户	数量	铺户	数量	铺户	数量
一人铺户	19	一人铺户	4	一人铺户	1
二人铺户	6	二人铺户	4	二人铺户	2

（续）

西街		中街		东街	
铺户	数量	铺户	数量	铺户	数量
三人铺户	5	三人铺户	5	三人铺户	5
六人铺户	1	四人铺户	9	四人铺户	3
七人铺户	1	五人铺户	1	五人铺户	1
二十三人铺户	1	六人铺户	2		

资料来源:《蒙古国家档案局档案》,编号001—013,页0233—0252;001—014,页0253—0267;001—014,页0268—0277。

另一种是商人没领部票,从乌里雅苏台或库伦带着砖茶、烟、糖等货物到恰克图,官员记录进货报单,《恰克图贸易商民人数清册》为货物册档,放入市圈,听其售卖。[1] 恰克图活动的人员若无部票者则编在《客工人花名册》、《菜园人花名册》,这些人另住东升街。[2] 这些没领部票的商民造成恰克图存在许多小铺。以下讨论嘉庆四年(1799)的贸易新法,再予详述。

五、嘉庆以后的恰克图商人管理

《理藩院则例》规定商民领部票从到张家口到恰克图贸易,一张部票携带一万二千斤的货物、十位雇工、二十辆车,至恰克图由章京查验和登记商民携带货物。然而,并非每位商民都能携带一万多斤的货物,所以有小铺商人搭附于大铺票内,称为“朋票”。再有理藩院给票时间

① 《蒙古国家档案局档案》,编号021—008至021—015,页0080—0144。

② 乾隆六十年东升街甲首李保、贾朝栋、张存善、崔文彦、李文福呈报家内民人李养安、赵起富、王兆德在官房中吵架斗殴,王兆德右胸脯有刀伤一处。李文福将李养安拿获,禀报衙门。《蒙古国家档案局档案》,编号015—0017,页0100。

分春秋两次，商人怕耽误交易时间，货物造册后赶着上恰克图，留人在张家口等候领部票。又，有商人从乌里雅苏台或库伦携带砖茶到恰克图贸易，领的是“路引”、“照票”，他们不是由察哈尔都统领部票，而是携带货物到恰克图后另记档册。

最大的问题是商人自张家口出货，而请领部票则需至北京理藩院办理，往往还没领到部票商货就抵达恰克图，造成无票的问题，嘉庆四年(1799)商民事务衙门发现恰克图商民有票、无票之商民俱进市圈。请恰克图章京查明各铺户的票数与有票、无票情况。[①] 恰克图章京调查之后，发现35家铺户中有12家“新票未到”，有三分之一的商号没票，显然管理是有问题的(参见表1—5)。

表1—5 嘉庆四年(1799)春秋两季领部票铺户

商号名称	进恰克图日期	部票张数	备注
广发成记	二月十四日	1	
广发成记	九月十五日	1	
永合成记	九月十五日	1	
兴泰和记	二月十四日	1	
广隆光记	二月二十七日	1	
广隆光记	九月十五日	1	
世和荣记			新票未到
增隆永记			新票未到
兴盛高记	九月二十一日	1	2家共票1张
万盛隆记			2家共票1张

① 《蒙古国家档案局档案》，编号022—016，页0064—0065。

（续）

商号名称	进恰克图日期	部票张数	备注
世禄安记			新票未到。2家共票1张
德义永记			新票未到。2家共票1张
合盛兴记			新票未到
兴顺公记	二月十四日	1	2家共票1张
日升如记			2家共票1张
祥发成记			新票未到
万顺德记			新票未到
万源发记	二月十四日	1	
合盛永记	二月十四日	1	
兴盛辅记			新票未到
四合全记			新票未到
合盛全记	二月十四日	1	2家共票1张
德盛玉记			2家共票1张
美玉公记			新票未到
永兴泉记	九月二十日	1	
美玉德记	八月十六日	1	
美玉德记	九月二十一日	1	
兴玉中记			新票未到
丰玉成记			新票未到
万德悦记	八月十六日	1	
合裕安记			2家共票1张
广和兴记			2家共票1张
协和公记	八月十六日	1	2家共票1张
宏泰裕记			2家共票1张
长发成记	六月十三日	1	

资料来源:《蒙古国家档案局档案》,编号022—016,页0064—0069。

嘉庆四年(1799),库伦办事大臣蕴端多尔济等奏:“查得恰克图地方与俄罗斯贸易之店铺,有正式部票店铺三十二家,无部票店铺三十四家,杂货小铺三十家,共有九十六家店铺。另有前往乌里雅苏台、库伦贸易者,并无定数。此内除杂货商人外,其大商铺之商民,每年人数不等,均照例由察哈尔都统衙门领取院票,前往恰克图贸易。此等商铺因由恰克图该管之员承办,故本不应奴才等管理。再,前由理藩院每年多少张院票之事,奴才亦查无凭证。”①

蕴端多尔济认为他担任库伦办事大臣却不过问恰克图贸易的事情,应由“管理库伦商民之官员发予执照,上报奴才等转交恰克图行商。领得院票之商民姓名,均由都统处于每年五月行文奴才等作为查证。由都统领得执照者,亦行文奴才处转咨恰克图稽查”。恰克图章京为库伦办事大臣管辖下官员,蕴端多尔济认为贸易应纳入办事大臣管理,恰克图章京先报一年内究竟前来几队商民,俟其贸易完毕后,即汇总一年情形报于办事大臣衙门呈院备查。商民若不领票前来者,恰克图章京当即查出,严惩示儆。② 这项改革最大的影响是无票小商民难以立足,解决无票和朋票的问题,往后由大商号领院票,因此,出现茶商巨贾,如常家、乔家、侯家、王家等。

恰克图有七十余间官房,分布在东、西、中三条街上,并编成八个甲设甲首,然,有票无票或使用照票的商人聚集一起,难免发生争闹窃盗事件。因此,恰克图设有蒙古笔帖式、领催、书吏、更夫、水夫、驻防兵丁

① 《军机处满文录副奏折》,编号03—3601—027,嘉庆四年九月二十五日。

② 《军机处满文录副奏折》,编号03—3601—027,嘉庆四年九月二十五日。奏折载:“如今本年未等院票,径自前来之商人金廷璜,理应不准贸易。惟伊等车载什物甚多,难于驱赶,又恐引俄罗斯怀疑。奴才等商议,今暂准其贸易,后续所有无票者,亦准贸易,但由俄罗斯换得之什物,该原暂行查封不准运回。继而今年随意争先前来之民人及未领票者,悉行警示治罪。”

等,需给发工食银。嘉庆四年领催图里善控告章京九十四收受商人馈赠案,始暴露恰克图经费来源系商民给章京馈赠银两和礼物等。

事情的起因是恰克图领催图里善到恰克图两个月,陆续送到四十三批货物,其中仅有两三张商票,其余俱是送货单来查验。他向章京打听,章京九十四说以前若到一份商货给三十两银,如今增加二十两,共给五十两。图里善将此事告诉蕴端多尔济。九十四辩称他到恰克图两年多,过去的官员都收馈礼。况且,这些银两都作为衙门工食银,以及回赏俄罗斯人送礼之用。[①] 图里善路过张家口时曾向赵汝恒等四家借银五十两,又代家人借银二十两,到恰克图收万源发记回钱三千文,以及绸缎、食品等。应照"计赃不枉法论赃七十两杖八十徒二年"律,杖八十徒二年。系旗人照例折枷发落,交该旗严行管束。

库伦办事大臣查商铺所有账簿,有乾隆五十七年起至嘉庆四年间恰克图商人馈送历任官员回钱、礼物账册。参见表1—6。

表1—6 恰克图商号馈送钱文数目

商号\年份	1792	1793	1794	1795	1796	1797	1798	1799	总计	所在位置
合裕安记					10,000	10,000		10,000	30,000	恰克图西街
美玉公记	6,000	4,000	10,000		20,000	20,000	20,000		80,000	恰克图中街
美玉德记	6,200	27,000	16,000	12,500	24,000	36,000	34,000		155,700	恰克图西街
万盛隆记			5,000		5,000	10,000	5,000	5,000	30,000	
广和兴记							15,000	10,000	25,000	恰克图中街

① 《军机处满文录副奏折》,编号03—3601—024,嘉庆四年九月二十五日。

（续）

年份 商号	1792	1793	1794	1795	1796	1797	1798	1799	总计	所在位置
广发成记	4,000	8,000	5,000		20,000	20,000	30,000	10,000	97,000	恰克图东街
广隆光记	4,000	10,000	14,000	5,000	25,000	8,000	26,000	10,000	102,000	恰克图东街
德盛玉记							17,000	11,000	28,000	恰克图西街
兴玉中记							20,000	5,000	25,000	恰克图西街
兴泰和记	6,000	3,612	1,749	6,958	15,000	20,000	10,000		63,319	恰克图东街
兴盛高记	5,000	5,000	5,000		10,000	10,000	10,000		45,000	恰克图东街
兴盛辅记	5,000	10,000			20,000	20,000	20,000	5,000	80,000	恰克图中街
兴顺公记	4,000	4,000	5,000		10,000		10,000	10,000	43,000	恰克图东街
丰玉成记							12,000		12,000	恰克图西街

资料来源：《蒙古国家档案局档案》，编号 020—011，页 0125—0199。

各商号送恰克图章京的东西琳琅满目，按照八项货物来区分，有食品、衣料、茶叶、烟酒、日常用品等，如表 1—7 所示。

表 1—7　商号馈赠恰克图章京的礼物

食品	八宝菜、山药、藕根、火腿、香鱼、黄鱼、海参、鱼翅、燕窝、虾干、鲍鱼、鲞鱼、蛏干、虾米、海带、野鸡、板鸭、鹅、槟榔、香油、芝麻酱、酱豆腐、青笋、京酱、青酱、变蛋、十香叶、白面、广枝、门冬、黄油、蘑菇、西瓜、鲜菜、蜂蜜、猪、木耳、陈醋、木瓜、山楂糕、口醋、槽腐、腐肉、腐衣、京枣、南果、细果、树果、葡萄、回糖、闽姜、果脯、橘饼、杏脯、月饼、面筋、桃仁、白糖、茶糕、八宝糖、桃、豇豆

（续）

茶叶	白毫茶、珠兰茶、书匣茶、玫瑰露、君眉茶、手卷茶、香片茶、砖茶
烟酒	油丝烟、兰花烟、广烟叶、绍兴酒、五加皮、兰花蒲城烟、大极烟、恒丝烟、京酒、京药酒、南酒、佛手露酒、史国公酒、潮烟、口烟、叶子烟、毛头烟、料烟、冀州烟、湖广烟叶
日用	大小匣镜、金边伏头镜、人物镜、牛皮镜、羊角灯、回子樽碟匣、回子大添盘、小添盘
衣料	宫绸袍褂、合洛袍料、哦噔绸、狐皮、貂皮、青缎靴、回子布、八宝貂马褂、翻板水皮、宁绸、猫皮、香脐子、回子绒、大串绸、月兰绫、月兰纺绸、月兰贡缎、氆氇袍料、灰鼠皮、金香皮、黑香牛皮、长脖子皮（羊羔皮）、宝蓝西绒、太平貂皮、豹皮马褂桶

资料来源：《蒙古国家档案局档案》，编号020—011，页0125—0199。

表1—7中的"回"是指俄罗斯，回钱是指俄罗斯的货币，57文等于1两银。商人给章京每年银两约七八百两，多至千两以上。在恰克图章京九十四之前的官员钟善收过六百多两、伊博布通收过一千八百余两。其他回糖、回子绒、回面都来自俄罗斯。商人馈送的礼物中有中国产品与俄国产品。

表1—5的美玉德记和广隆光记两家馈送超过十万钱文，它们属于山西常氏和乔氏两大家族。常家除了美玉德记外，还有美玉公记、兴玉和记等，乔家有广隆光记和广和兴记等，这些大家族以不同字号领部票，对于没部票的小商号，采取驱逐办法。

《旅蒙商大盛魁》一书提到嘉庆年间，清政府厉行边禁政策，多数旅蒙商，因违禁令，不准贸易。大盛魁未受影响，反能收买违法户的货物，贱买贵卖，大发其财。[①] 大盛魁的活动地点主要在蒙古西部乌里雅苏台、科布多地区，距离恰克图相当遥远，得因收买违禁物而发财，可见这

① 中国人民政治协商会议内蒙古自治区委员会文史资料研究委员会编，《旅蒙商大盛魁》，收入《内蒙古文史资料》，第12辑，页86。

次清廷彻底清查部票。嘉庆四年(1799)前后,库伦办事大臣处理递解人犯回籍共有15件,或许与无票有关。

嘉庆四年十月初六日据山西按察司呈:"据太原府知府庆格申案查嘉庆四年八月二十九日蒙准察哈尔八旗都统咨解民人杨辙缘由。到院檄司行府。蒙此当即转饬去后。兹据祁县知县张璟详称,蒙此遵查杨辙已于本月十一日准徐沟县差役递解到县当即查收,差传家属杨大宗、乡地权荣发到案,饬令保领管束,毋许复行出口所有饬属保领管束缘由。理合。具文详请转请咨复等情由府详司。据此本司复查无异,所有祁县收到杨辙交保管束缘由。拟合呈详查核咨复库伦办事大人、察哈尔八旗都统等情,据此除咨察哈尔八旗都统外相应咨复,为此合咨贵大臣。请烦查照施行。须至咨者。右咨库伦办事大臣嘉庆四年十月十四日。"[①]

杨辙被递回原籍后,交家属乡保管束,不准再出口外。其他被递解人犯还有刘天应、王学顺、任显卿、闫世杰、沈有邦、辛宓、韩富生等。[②]

根据蔡伟杰的研究,在1768—1830年汉民奉献给大沙毕的人数721人,这些人有些领有照票,但照票多半过期,有些则无票。他认为汉人移民被清朝官员查获无票,面临被遣返原籍的压力,故将自己的妻小与家产奉献给大沙毕,不失为合理的紧急应变措施。[③]

除了人员管制外,嘉庆皇帝谕旨:"将恰克图部员衙门自嘉庆五年五月十一日起至明年五月十一日止,一年应用银共二百一十二两五钱,

---

① 《蒙古国家档案局档案》,编号022—019,页0075—0078。

② 《蒙古国家档案局档案》,编号022—020,页0079—0081;编号022—023,页0095—0097;编号022—024,页0098—0103;编号022—025,页0104—0106;编号022—026,页0107—0112;编号022—027,页0113—0118;编号022—028,页0119—0121。

③ 蔡伟杰,《居国中以避国——大沙毕与清代移民外蒙古之汉人及其后裔的蒙古化(1768—1830)》,《历史人类学学刊》,2017年第15卷第2期,页129—167。

行口北道照例给发。”[①]皇帝交代口北道每年给212.5两解决恰克图的经费问题,但恰克图每年支出上千两,二百多两不敷所需,故咸丰十年(1860)又发生瑞徵收受商民及勒借茶物等银十万余两之事。此详后叙。

其次,关于商人领路引到恰克图贸易的事情仍然照旧,蒙古国家档案局藏编号M1D1档案中,商人携带的货物单,包括砖茶、麻油、杂货、布匹等,只有执事人名字而没有商号名称。[②] 举例来说,嘉庆二十一年恰克图章京登录的《恰克图各铺户请领部票随带货物价值银两并买俄罗斯货物价值银两数目清册》,其中隆泰成商号执事人李琊携带的货物如表1—8。

表1—8　隆泰成商号携带货物及买俄罗斯货物价值银两数

货物	数量	每箱	每银	总和
君眉茶	25件	每件2箱	每箱银32两	
白毫茶	175件	每件2箱	每箱银17.2两	
京毛布	30件	每件14桶	每桶银9两	
上海梭	20件	每件14桶	每桶银7两	
平机布	50件	每件80匹	每匹银0.6两	5宗共合货元丝银15,760两
买过俄罗斯货物开列于后				
黑猫皮	2,870张		每张银0.2两	
沙狐皮	1,200张		每张银0.42两	
公达失狐皮	1,816张		每张银0.5两	

① 《蒙古国家档案局档案》,编号002—013,页0114—0117。嘉庆十五年恰克图公费收入212.5两,用于送俄罗斯官员礼物39.8两。同上,编号028—033,页0128—0131。

② 蒙古国家档案局藏,编号M1D1—3697#4。

（续）

货物	数量	每箱	每银	总和
黑香牛皮	1,500 张		每张银 1.5 两	
红狐皮	300 张		每张银 3.2 两	
黑羔皮	2,100 张		每张银 0.95 两	
二信狐皮	120 张		每张银 1.6 两	
杂会灰鼠皮	20,700 张		每张银 0.072 两	
黄鼠狼皮	986 张		每张银 0.15 两	
番板水皮	180 张		每张银 8 两	
达子黑灰鼠皮	2,000 张		每张银 0.13 两	
元青回子绒	2,000 尺		每尺银 0.75 两	
香脐子	200 个		每个银 0.9 两	
红香牛皮大柙镜子	1,000 面		每面银 0.7 两	
元青二合洛	350 尺		每尺银 1.7 两	买货 15 宗共用银 13,696.3 两

资料来源:《蒙古国家档案局档案》,编号 027—001,页 0001—0042。

另一份存在蒙古国家档案局的档案记载了嘉庆二十五年执事人李玿携带货物的清册,如表 1—9。

表 1—9　李玿携带货物清册

姓名	货物	件数
李玿	砖茶(箱)	80
李玿	货柜(支)	4
李玿	梭布(件)	53

（续）

姓名	货物	件数
李招	米面(袋)	6
李招	货筐(件)	3
李招	冰糖包(件)	111
李招	车牛(辆)	60
李招	蒙古长工(名)	8

资料来源:蒙古国家档案局藏,编号 M1D1—3697♯4。

这份档案有数量却无单价,而且中俄贸易通常“以货易货”,这档案只有单方面的中国出口货物数量,没有俄国进口货物数量。这类档案目前仅找到几份,将来有机会再去蒙古国家档案局查阅。

嘉庆和道光朝中俄贸易持续的发展,商人获利最多。乾隆年间一张部票买卖货物只有数千两,道光年间竟然达五万余两。试想,一箱最贵的武彝山君眉茶 60 斤都在 45 两以下,一张部票携带一万二千斤的茶,不过贩售 9,000 两,如何达到五万两?道光二十三年(1843)恰克图的商人高义呈控大商人藐视国法不遵规例。这一问题将在下章予以详述。

咸丰五年(1855),德勒克多尔济等奏,中俄边境卡伦官兵走私贸易的情形。奏称:“据奇林卡官布彦格呼勒供称,因马阙(缺)草,不能膘壮,难于会哨。商同马甲多什扎布等二十八人,自上年五月初一日起,至六月初一日止,均未会哨。嗣因遇着俄夷二名,谈及该处茶叶甚少,如能付给茶叶,情愿每篓换给氆氇一匹。该兵丁允许,商诸众兵,亦皆乐从,定于六月初二日夜间,互相换给。嗣经委员多诺依等查出转详,伊等与俄夷贸易属实,并未告知外人,情甘认罪等语。

余人供亦相符。”此案件牵涉多人，清廷恐另有滋事别情，仅将奇林卡官布彦格呼勒革退，并发往河南、山东充当苦差，以及兵丁全行更换。[1]

其次，无票商人到恰克图数量遽增。该年，德勒克多尔济等奏：“昨据巴克唐阿等禀称：遵查圈外，并无商票陆续前来。零星小贩五百余名，若为驱逐，恐滋事端。现于圈外民户，均令悬挂门牌，不令增添圈房，添驻商民。现在添设行头二名，共成十四名。令其不时稽查，如有向俄夷私行贸易及增添圈房等事，即行报明办理。如无别故，于每月月底结报。该章京衙门年终会齐转详，以备查核。该行头如不实力稽查，严行惩办。并派官兵稽查，如有向俄夷私行贸易，立即缉拿。申报该章京衙门，照并无商票赴蒙古地方贸易之例，拟以枷杖，货物一半照例充公，一半赏给原拿之人，即将该民人驱逐回籍。”[2]该档案说明咸丰年间对恰克图商人管理渐趋松弛，以致有五百多名无票的商人到此。可能系因清朝规定商人领理藩院的院票时，登记携带货物、佣工人数，至于回程只缴交院票，并没有清点出境的人数，往往任由佣工等滞留多年。

德勒克多尔济的奏折说添设行头二名，共十四名，显示他对恰克图不了解，因为库伦才设十二位甲首，而恰克图只设八位行头。不过，奏折提到无票商人五百余名居住恰克图市圈外，要他们立门牌。蒙古国的档案中也能找到相关资料，例如同治元年（1862），恰克图章京调查买卖城内商民的房产资料，恰克图有四条街，分别是东升街、东街、中街、西街。这些商号除了在买卖城内有房子外，在栅外也有

---

① 中研院近代史研究所档案馆藏，《总理各国事务衙门》，编号01—02—010—05—043，咸丰五年八月十二日。

② 《总理各国事务衙门》，编号01—02—010—05—042，咸丰五年八月十二日。

房产(参见表1—10)。

表1—10　买卖城商号商铺与栅外房产

报单人	商号	商民姓名	商铺地址	房产地址	编号
东升街甲首三和醋铺宋椿	增盛裕	翟登高	甲内牌楼往南路东第二连民房铺户	东栅外路北第三十三户合厦一所内有正房七间、西房七间、南房四间、东卡子一间、西卡子一间	041-001
王保盛	广兴成记		东栅外第五十六户	自住合厦一所内有正房五间、南房四间、东房一间、卡子二间	041-002
甲首李福	福顺永记		南栅外东侧第一百零四户	赁住商民李玉明合厦一所。合厦内并无添盖房屋,合厦内计原旧房子二十间,卡子二间	041-003
田源	恒盛昌		自占北边第二十一户	合厦·所内有正房七间、南房四间、西房五间、东房二间、东卡一间、西卡一间	041-004
西街甲首张廷英	德和兴	许燮	甲内十字往东路北第一连官房铺户	赁栅外东侧岳登云名下第二十户合厦一所。房屋七间、卡子一间	041-005
东街甲首田树荣	独慎玉记	赵尔森	甲内十字往北路东第四连官房铺户	今年六月初一日赁到李全海东栅外第二十三户合厦一所。正房五间、东房三间、卡子四间	041-006
中街甲首王忠秀	复兴广	吕春和	甲内阁儿往东北第一连官房铺户	今有东栅外第二十二户磨房合厦一所计房十五间	041-007
中街甲首王忠秀	恒义和记	吕以勤	甲内阁儿往北路东第七连官房铺户	今有东栅外第二十四户堆垛柴薪合厦一所内计旧房屋一十三间;又第三十七户空合厦一所	041-008

（续）

报单人	商号	商民姓名	商铺地址	房产地址	编号
西街甲首张廷英	兴玉厚记	王彤	甲内十字往北路东第六连官房铺户	栅外东侧第十九户合厦一所内有正房六间，东房二间，堆放青草木炭，其内有看守之人；又第四十五户合厦一所内有正房六间堆放柴薪，内无看守之人；又西栅外第七十六户菜园小合厦一所内有卡子二间	041-009
	德顺兴记		南栅外官路西铺户	第十六户合厦一所内有房屋计门柜三间，正房六间，西房三间，南卡一间。内有南院一所，正房六间，西房二间，南房三间，东马棚三间，门柜三间。此门柜和银炉赁住	041-012
东街甲首巩玚	隆泰和记	马起永	甲内十字往北路东第四连官房铺户	东栅外路东第二十五户合厦一所内计房屋一十三间：正房五间，西房四间，南房三间，卡子一间	041-013
中街甲首王忠秀	锦泰成	邢丕祥	甲内阁儿往北路东第三连官房铺户	东栅外第二十六户堆放柴薪合厦一所。看守人闫鹤鸣，年四十一岁。内有房九间，草房、木炭房二间，马棚、卡子一个	041-014
中街甲首	广和兴	王定昌	阁儿南路东第三连官房铺户	东栅外路北第二十九户合厦一所，共计房卡十九间	041-017
东街甲首巩玚	隆泰和记	马起永	甲内十字往北路东第四连官房铺户	转赁到岳登鳌名下东栅外路北第三十户合厦一所。内计正房七间，西卡二间	041-018
东街甲首田树荣	恒顺成记	郭铎	甲内十字往北路西第二连官房铺户	东栅外往南路东第五十九户合厦一所。计正房二间，东房五间，马棚二间，草房一间	043-039

（续）

报单人	商号	商民姓名	商铺地址	房产地址	编号
中街甲首张锡	大兴玉记	李吉魁	甲内阁儿往南路第二连官房铺户	栅外东侧第六十二户合厦一所。内房屋九间，马棚二间，共计十一间俱系旧房屋	043-040
东街甲首田树荣	万顺昌记	孔传海	甲内十字往北路西第六连官房铺户	南栅外往南路西第三十二户堆放柴薪合厦一所。内有正房四间，南房三间，马棚一间	043-041
中街甲首王定昌	恒盛元记	宋文杰	甲内阁儿往南路西第九连官房铺户	今有南栅外西南巷路东第二十五户合厦一所。内计正房二间，卡子四间	043-046

资料来源：《蒙古国家档案局档案》。

咸丰十年，库伦办事大臣色克通额等奏称："据俄罗斯署理固毕勒那托尔泽诺斐赤自恰克图咨送一封文书，开启看得一项文称，我方停止在恰克图买卖城里夜间暗行贸易，买卖茶叶。交该部院章京等行大臣等咨文，因无回咨，我等不知贵处如何办理。我方禁止潜入越界暗行买卖后，尔商民已自行将茶解送至我方，似此于理不合，祈请全行办理完结。"色克通额严饬恰克图部院章京瑞徵，自内地运来茶不准放在恰克图就近处，俱行送入城内，将城外所居民人暗行察访，若有暗行贸易、不守分、不肖者，即行拿获，照例严加惩戒，解送原籍管束，俾要疆肃靖。[①] 从各种走私贸易情况看来，管理恰克图边界贸易颇为困难。

再者，恰克图的经费虽有嘉庆皇帝谕令口北道每年拨银 212.5 两充当恰克图衙门公费，仍不敷使用。例如咸丰六年(1656)七月初一日起至咸丰七年六月三十日止，恰克图驻守栅外官兵每年赏茶、羊、面，又

① 《军机处满文录副奏折》，编号 03—4449—023.5，咸丰十年闰三月二十一日。

赏俄罗斯礼物等,共445.07两(参见表1—11)。俄国在恰克图的官员一年数度到中国买卖城请安送礼,礼物有果盒、回(洋)酒、洋糖等,中国这边礼尚往来送昂贵的贡缎、宫绸、银针茶、京酒等礼物。口北道拨给的经费不足,因此恰克图商民馈赠银两、礼物的陋规仍然照旧。

表1—11 给发兵丁赏项公食并接待俄罗斯用项银两数目清册

项目	数量	用银	总计
每季赏官兵茶	126块		
年终赏羊	20只		
茶	180块		
回面	4口袋	一年共用银152.8两	
书吏笔切齐2名	每月各银1两	一年用银24两	
衙门当差兵每天面	1斤	一年用银8.1两	
栅外官兵每月茶	4块	一年用银9.6两	
兵丁每月口粮面	1口袋(重100斤)	一年用银18两	
加添兵丁每口粮面	2.5斤	一年用银38两	
俄罗斯用项			
年节回送吗雨尔、得里各都尔礼二分			
贡缎	2连	合银36两	
宫绸	2匹	合银6两	
银针茶	4匣	合银16.66两	
京酒	4瓶	合银5.331两	
饽饽	8斤	合银1.068两	
果铺	4斤	合银2两	

(续)

项目	数量	用银	总计
五月节送吗雨尔、得里各都尔礼二分			
贡缎	2 连	合银 36 两	
宫绸	2 匹	合银 6 两	
银针茶	4 匣	合银 16.66 两	
京酒	4 瓶	合银 5.331 两	
饽饽	8 斤	合银 1.068 两	
果铺	4 斤	合银 2 两	
以上费用银			194.568 两
兵丁赏项公食银			250.5 两
二项统合			445.068 两

资料来源:《蒙古国家档案局档案》,编号 031—005,页 0013—0022。

咸丰十年库伦办事大臣色克通额奏,瑞徵收受商民及勒借茶物等银十万余两等语。经刑部审讯,据瑞徵供称:"此项陋规惟销票之费俱系实银,其余规费均系按照茶价折茶收受并非始自一人,历任皆然,即所收陋规十万余两之多;除奉旨解交理藩院作为王公廪饩银二万两外,尚有伊与库伦办事大臣等送节寿礼物三年内约费银九千余两,俱系甲首等代办等语。"[①]恰克图交理藩院作为王公廪饩银二万两是茶规银,每张部票缴交 50 两银。据甲首梁世杰等口供称,色克通额于道光二十二三年间曾任恰克图章京,其于茶商票规及挑货借茶等项银两,亦系按照历任旧章收受等语。色克通额的故事还有节外生枝的后续发展,将

① 台北故宫博物院藏,《宫中朱批奏折·咸丰朝》,编号 4060146180,咸丰十一年六月十七日。

在库伦衙门一章再详谈。

俄国人瓦西里·帕尔申在十九世纪上半叶到过买卖城,他说住在买卖城的贫苦中国人都是很能干的菜园主。他们菜园里的各种早熟蔬菜最先上市,使俄国讲究美味的人得享口福,而特罗伊茨科萨夫斯克的菜园,这时还大都荨麻丛生,默默地抱怨它的主人懒惰和自己未被利用。[①] 波兹德涅耶夫也说他们绕过了买卖城,经过买卖城菜园主房屋和土地的城郊,可见商人势力发展到城郊地区。此因中俄北京条约之后,俄商势力进入中国,茶商利润减少,转而经营磨面粉、种菜等。德勒克多尔济所说五百余名无票的零星小贩也是因之而来。

同治元年(1862),商人领票至恰克图的部票达 546 张,至光绪二十四年(1898)剩下 100 张,此因商人贩茶沿途受厘卡层层剥削,无利可图。再加上俄国兴建西伯利亚铁路及茶商的竞争,使恰克图茶叶贸易衰落。光绪二十二年(1896),恰克图查验华商部票费共 8,500 两。[②] 清末国势衰退,不仅卡伦官兵走私贸易,更多的是俄商直接在卡伦贩卖货物[③],遂使恰克图贸易更为萧条。

六、小结

清朝管理恰克图商民分成几个阶段,乾隆初期由内务府买卖人或官员参与贸易,了解贸易过程后,由内务府官员如留保住担任恰克图章

---

① [俄]瓦西里·帕尔申著,北京第二外国语学院俄语编译组译,《外贝加尔边区纪行》(北京:商务印书馆,1976),页 50。

② 陈箓,《止室笔记·奉使库伦日记》第 2 种(台北:文海出版社,1968),页 246。

③ 《总理各国事务衙门》,编号 01—20—035—01—001,光绪十六年十一月十三日。新疆卡伦贩运货物价值。

京，管理商民事务。乾隆三十三年(1768)颁订恰克图章程，皇帝规定恰克图官员和商民在贸易前夕，共同商量物价，以获取更多利润。商民范清济、王启凤都是著名的盐商，可见乾隆皇帝对中俄贸易的重视。不过，商民贸易早期以人为单位来登录货物的数量，至乾隆后期才登录商号的图记，进货物以商号为登记标的。此外，这时期对于商民领“部票”也没有确实检查，或有朋票，或者无票。

嘉庆四年(1799)的改革，规定商民必须有票，甚至将无票者遣返原籍，约有 15 人，有些人因此投献大沙毕。此后，领票商民大多出自山西家族，商民蒙受其利。嘉庆皇帝亲政后企图改革前朝弊政，但是他也没有全面改革，譬如商人得以领部票到恰克图，抑或定边左副将军或库伦办事大臣核发路票到恰克图。其次，为杜绝官员向商人索贿，由口北道拨给恰克图衙门公费银，但数额不足，官员索贿仍不断发生。近年来学界讨论嘉庆皇帝究竟是什么样的皇帝，关文发教授认为嘉庆皇帝统治初期，他打着“咸与维新”旗号，广开言路、除弊惩贪、纠错平冤、黜奢崇俭、整顿吏治，使嘉庆初年出现新的气象。然而，嘉庆皇帝许多匡正时弊的措施都因他优柔寡断的态度，没能彻底执行，导致清朝国势无法扭转衰退命运。[①] 刘绍春讨论嘉庆在财经的治理和整顿，譬如清理漕务积弊、徐徐办理仓库亏空、制定矿业政策等，皇帝采取保守妥协的无可奈何政策，以及过分强调政局的稳定，以求“节流”不增“开源”，不能根本解决财政困难。结论是嘉庆皇帝在财政经济领域的治理整顿是失败的。[②]

从恰克图管理商人政策上来看，嘉庆和道光皇帝都优柔寡断、因循

---

① 关文发，《嘉庆帝》(长春：吉林文史出版社，1993)。

② 刘绍春，《简论嘉庆皇帝在财政经济领域的治理整顿》，《中国社会经济史研究》，1993 年第 3 期，页 66—71。

旧制，贸易量大为增加，而恰克图人员编制、经费都没有提升，管理上出现离谱现象，譬如商人一张部票携带一万二千斤的货物，在商民买卖货物清册中，贸易金额达五万两以上。咸丰时期屡次发现商人走私贸易的问题，可见恰克图管理不够完善。

第二章　恰克图的晋商

一、前言

清代政府称从张家口到中俄恰克图贸易的商人为“北商”；从归化城携带茶叶售与新疆南台、喀什噶尔、安集延国贸易的商人为“西商”。[①] 过去，中俄茶叶贸易的研究，首见于俄人瓦西里·帕尔申《外贝加尔边区纪行》的记载，他到恰克图看到中俄商人买卖方式，说茶叶有各种花茶、各种字号的茶、普通茶和砖茶。花茶的价目表中有许多茶叶的字号和稀奇古怪的茶叶名称。福建出产的茶叶最好，该省所产的各种茶叶在包装上都有一个“制”字。王宋乔、王宋周、王盛隆三家字号开设在同一个铺子里商铺，又说字号的由来是：“通常以三

---

① 《总理各国事务衙门》，编号 01—20—026—02—034，同治十年七月。西商所贩茶为珠兰、建旗、千百两、封子茶，与北商贩售的白毫茶、青茶不同。另有东商和南商，东商指甘新茶政，由晋商承办，谓之东商口岸，略同盐法。回变后，东商逃散，左相求之不得，岁饬湖南人承办，谓之南商。所销运皆湖南砖茶。及晋商归。复向南商承拨分销。至今东商仅十之三，南商十之七。参见裴景福，《河海昆仑录》，转引自陈祖规、朱自振编，《中国茶叶历史资料选辑》（北京：农业出版社，1981），页 616—617。

个店主的姓联接起来作为字号，如王—宋—乔或梅—龙—康，这类字号就包含着三个店主的姓。”该书引俄国的史料采音译，无法了解字号名称。[①]

这几年笔者阅读蒙古国家档案局自1816年至1871年的《恰克图各铺户请领部票随带货物价值银两并买俄罗斯货物价值银两数目清册》（以下简称《清册》），得知与俄罗斯贸易的字号161家。[②] 王宋乔应是万顺昌、梅龙康应为美玉公，两者分属祁县乔家和榆次常家。不过瓦西里·帕尔申说三家字号来自同一商铺，也让我们了解同一个铺子可以同时拥有几个字号。本章讨论恰克图商人的组织和茶商的家族，以及他们在咸丰十年（1860）以后的发展。

本章利用中国第一历史档案馆藏军机处满文录副奏折、军机处汉文录副奏折；蒙古国家档案馆藏的档案；以及台北故宫博物院藏宫中朱批奏折及军机处录副奏折，中研院近代史研究所档案馆藏总理各国事务衙门档案、外务部档案等。首先讨论恰克图茶叶贸易的商号有一百多家，以及恰克图商人的组织，在恰克图有甲首或称铺首，在张家口有保正行。其次，讨论经营商号的山西家族。再次，探讨咸丰年间收规费、茶厘对商人影响。最后讨论茶商的因应之道。1860年中俄订北京条约后，俄商于1863年在汉口设据点制造砖茶并由水路运输到恰克图，沿途仅在天津交子口半税，但1866年废止子口半税，使俄国运到恰克图的砖茶数量大增。中国商人却因1860年的厘金制度，各种税捐增加，贩售茶叶量反而急遽下降，清朝派税务官员到恰克图做调查报

---

① ［俄］瓦西里·帕尔申著，北京第二外国语学院俄语编译组译，《外贝加尔边区纪行》，页47—49。

② 参见拙作，《十九世纪晋商在恰克图的茶叶贸易》，收入陈熙远主编，《覆案的历史：档案考掘与清史研究》，页587—640。

告，如马福臣、李常华等，都有详尽的报告。

二、商人的组织

恰克图由理藩院章京管辖，贸易的商人住在东街、西街、中街三条街上，设有街长。乾隆年间到恰克图的商人以汾州府最多，其次是太原府。科尔萨克提到山西人与蒙古相邻，很久以前就熟悉蒙古语言，相对于其他省份的居民来说，和俄国人在恰克图贸易更加方便。[①] 俄国资料记载“十八世纪末，几乎所有买卖城的商人都能通晓俄语。”[②]同治三年(1864)，泰兴玉号王锡宽铺伙贾万通持刀砍伤毙命之正副管账人张鸿仪、李玉魁身死一案。领事人王锡宽说：“早前并未到过恰克图做买卖，是同治二年(1863)自张家口柜上派赴新来恰克图的，故俄语、蒙语俱未学过，随在恰克图铺中当家。买卖事全靠正副管账人李玉魁、张鸿仪办事。”[③]王锡宽称为执事人，他不懂俄语、蒙语，由懂俄语的正副管账人李玉魁、张鸿仪办事。

最近俄罗斯圣彼得堡东方文献研究所出版 *Словари кяхтинского пиджина. Транскрипция, перевод*(《鄂罗斯番语》)，为晋商学习俄文读本，分有：1. 数字；2. 颜色等第；3. 绸缎绫罗纱绢；4. 各样梭布；5. 各样茶名等类；6. 各样粗细毛皮等类；7. 各样禽兽走兽虫鱼等类；8. 天地年月日时等类；9. 城郭庙宇道路山河等类；10. 帝王文武僧道鬼神人物类；11. 宗族亲眷等类；12. 身体面目疮疾等类；13. 衣服等类；14. 回

---

① [俄]阿·科尔萨克著，米镇波译，《俄中商贸关系史述》，页 219。有关汉商学习蒙文的读本有《新刻校正买卖蒙古同文杂字》(北京：中研院傅斯年图书馆藏打磨厂文成堂刊本)。

② 转引自孟宪章主编，《中苏贸易史资料》，页 145。

③ 《蒙古国家档案局档案》，编号 043—035，页 0197—0203。

国土俗民情规矩等类;15. 金银珠宝货类;16. 壹概尺寸件色箱等类;17. 壹应零星货物等类;18. 五谷菜蔬果品类;19. 学话题纲等类,以及俄罗斯国内地名并所出土产处等。[①] 这读本对晋商买卖货物有更明确的了解,譬如以前误认长脖羔子皮是海豹皮,《鄂罗斯番语》指出是羊羔皮,大黑长脖皮指国外的羊羔皮、大毛皮为长毛的羊羔皮、黑骨种羊皮是布哈拉羊羔皮、青骨种羊皮为灰色羊羔皮。太平貂皮是海狗皮,吉林将军富椿有关海獭的资讯,富椿回复:"汉人称之为太平貂,价亦贱。询据地方人言,此乃勒可哩(lekeri),系海獭崽。"[②]海獭崽为海獭幼兽也不是海狗,所以晋商的《鄂罗斯番语》仍有研究价值。

(一)恰克图的甲首

清代的保甲制度设保正、铺首管辖。保正或称保长首要职责在维持治安,随时稽查邪匪盗贼、娼妓赌博、私铸私宰、违禁器械、外来可疑之人等。[③] 过去的研究都是在汉人社会,恰克图设立商人的甲首是比较特殊的情况。甲首主要工作为议订茶叶的品级和价格。俄国学者阿·科尔萨克的研究提到,在交易前,甲首从大量茶叶中取出一些样品,根据外表和口味确定它们的品质,对每个铺子的茶叶都要逐一进行查验。其次,甲首把新茶和过去交换的旧茶做比对,根据成色划分等级。然后,又从每家字号和不同的茶品中抽出几个茶箱过磅,以确定各种品级茶的平均重量。成批地受卖各种成色的茶叶时,先要对这批茶做出一个整体的估

① *Dictionaries Kyakhtinsky pizhina*/Translated from Chinese, Publishing, Transcription, Research and Application IF Popova and Toccata Tokyo. M:Science - Eastern Literature, 2017.

② 中国第一历史档案馆编,《乾隆朝满文寄信档译编》,第9册,页620—621。

③ 关于清代保甲制度参见王晓琳、吴吉远,《清代保甲制度探论》,《社会科学辑刊》,2000年第3期,页94—100。

价，确定每件茶箱的平均价格，在平均价格上做增减，幅度为1%—5%。按照1801年制定的章程来确定价格。[①] 甲首召集恰克图商号的执事人到场，连同恰克图章京，为俄国和外国货物定价。确定把俄国和外国货预定卖给中国商人的比例，以换取中国商人一定数量的茶叶和商品。甲首还需制作一张表格，上面要为俄国和外国商品，就价格或数量设栏位。[②] 阿·科尔萨克提到商号贸易总表格需要各经纪人签字生效，副本要送往恰克图章京。不过，根据现存的"造送恰克图阖圈使茶兑换俄罗斯货物茶银数目清册"，并无商人的签字。中俄双方贸易用"银两"来显示商品价格，但实际上是以相当的商品相抵。嘉庆四年(1799)，朝廷重申恰克图贸易"俱系以货换货，并非银钱买卖"。

甲首的职责重要，由大商号承担，英和称常怀玗"既长练达干略宏迈，经所指画越人意表"。或许指他与俄国议价的情形。道光年间，八位甲首中有一半属于常家所属的商号，包括美玉公记、美玉德记、兴玉中记。另外，广隆光记、万顺昌记、裕顺昌记、大兴玉记则属于乔家所属商号(参见表2—1)。

表2—1 恰克图八甲首花名册

日期	商号	甲首名
道光七年十二月初四日	德玉明记	刘元杰
	广隆光记	李懋盛
	万顺昌记	高永绣
	裕顺昌记	孔照煜
	美玉公记	姜丕坊

① [俄]阿·科尔萨克著，米镇波译，《俄中商贸关系史述》，页225—226。
② [俄]阿·科尔萨克著，米镇波译，《俄中商贸关系史述》，页226—227。

（续）

日期	商号	甲首名
	大兴玉记	邓王翼
	美玉德记	冯开垌
	兴玉中记	侯宁

资料来源:《蒙古国家档案局档案》,编号 029—009,页 0091—0093。

根据波兹德涅耶夫的描述,铺首是最接近下层、最可靠的监督者。如果汉商中有人死亡,首先需由铺首证明这是正常死亡,否则官厅就有责任对死因进行认真调查。[①] 如同治七年(1868),民人侯贵因痨病亡故,东升街甲首具禀呈:“于十一月十八日奉大老爷谕,甲首等遵谕。察访民人侯贵现今恰地,伊有亲戚六眷同族之人,甲首等访问概无有伊亲戚同族支人,其情所具禀呈是实,为此叩禀大老爷案下。同治七年十一月十九日。”[②]清代的保甲是地方治安工作的基础单位,负责维护社会治安,凡有民众触犯邪教、匪类、赌博、娼妓、打架、健讼之禁令,即予稽查报官。在恰克图发生命案时,由甲首报官。乾隆六十年(1795),东升街甲首李保等为禀明甲内民人李养安等争斗打架,扎死王兆德。事因王兆德借过李养安的桦皮做的桶子,李养安向他要,王兆德说装着醋不还,两人斗殴,王兆德被李养安持刀扎伤胃脯一处死了。[③] 甲首向恰克图的章京报案,由库伦办事大臣审理。

波兹德涅耶夫说商人担任铺首职务并无分文的报酬,相反的,这头衔还给他们带来额外开支,他们给官员和笔帖式提供商品都需以

① [俄]阿·马·波兹德涅耶夫著,《蒙古及蒙古人》,卷 2,页 346。
② 《蒙古国家档案局档案》,编号 044—003,页 0013—0014。
③ 《蒙古国家档案局档案》,编号 022—013,页 0049—0057。

较低价格出售。[1] 不过，甲首有极大特权是“越例贸易”。道光二十三年(1843)，高义控告甲首不遵定例真假账目。事因高义的结拜兄弟任清玉在恰生理十有余年，于三月内，向俄罗斯蜜看的家住的什拉不炼，买过花儿被面三十五个，共作价砖茶三箱。俄罗斯将货送至西北栅外，不料八甲首委派人役不时察访，拦阻任清玉的货物，不准入圈。于初七日甲首等，又派人挨门传说，不准大小铺户至俄罗斯往来。本来乾隆年间定例不准无票商人贸易，高义认为八甲首欺负小本生理。高义的控词说：“旧岁大众领票不过百十张有零，来货共有十万有余。但每票应该来货，按例亦有数定，伊等越例贸易，买账俱系真假账两本。衙门现存伊等报单货物总数、部票多少亦可查验，按票长余(于)茶货便知。”[2]此案因甲首势力庞大，没有下文。然，由许多蒙古国的档案和总理各国事务衙门档案都可以看到恰克图八甲首禀文，说明他们有实质的影响力。关于“越例贸易”将在张家口偷漏案件中再详细讨论。

甲首的轮值和经费负担，从两方面来看。其一，甲首在恰克图负担地方经费。如八甲行武祥等禀明：“商民等本市井愚氓惟知贸易为业，官署差事从未习学，充应甲首亦系循年轮班专理行务。所有应交衙门纳款列有陈规，照章按时交纳领催衙门。甲内每月只有应交月费，杂物别色进款多寡，实有未知其详。”[3]甲内每月应交月费，故有轮值之甲首，都是富厚商铺的执事人，他们轮流值年嘉庆四年(1799)间，每年贩售商品数额在银四五千至二三万两间(参见表2—2)。

---

① [俄]阿・马・波兹德涅耶夫著，《蒙古及蒙古人》，卷2，页346。

② 任清玉无票贸易又控告揭发甲首超额贸易情况，官员审讯之时，甲首立而不跪，将任清玉在班房所押，不准出入送饭衙门偿饭。有甲首罗礼在辕门辱骂，要用银买任清玉死罪。《蒙古国家档案局档案》，编号039—027，页0137—0139。

③ 《蒙古国家档案局档案》，编号070—034，页0186—0189。

表 2—2　嘉庆四年(1799)恰克图轮流甲头清册

东街铺户	执事人		
世禄安记	郭尔理	应办过四年甲首事务	三家系本年应过甲头事
广隆光记	任述周	应办过四年甲首事务	
永合成记	王凤现	应办过四年甲首事务	
兴泰和记	王继世	系十二月初一接过甲头事	
长发成记	马宦	系十二月初一接过甲头事	
合盛兴记	任绍武	系十二月初一接过甲头事	
世和荣记			
兴盛高记			
增隆永记			
万顺德记			
兴顺公记			
广发成记			
祥发成记			
中街铺户			
合盛全记	田如濂	应办过四年甲首事务	三家系本年应过甲头事
四合全记	吕咸成	应办过四年甲首事务	
永兴泉记	王杰	应办过四年甲首事务	
日升如记	陈开振	系十二月初一接过甲头事	
兴盛辅记	王佐	系十二月初一接过甲头事	
合盛永记	王珠	系十二月初一接过甲头事	
美玉公记			
广和兴记			
万源发记			
西街铺户			
万德悦记	田之和	应办过四年甲首事务	二家系本年应过甲头事

（续）

东街铺户	执事人		
德盛玉记	王瑛	应办过四年甲首事务	
美玉德记	刘荣安	系十二月初一接过甲头事	
协和公记	左佩珅	系十二月初一接过甲头事	
兴中玉记			
丰玉成记			
和裕安记			
天发成记			

资料来源:《蒙古国家档案局档案》,编号020—006,页0069—0075;编号020—007,页0076—0096。

恰克图的商人每年十二月初一日起轮流充当甲首,一甲有三位轮流值月。如波兹德涅耶夫所说甲首协助官员处理商务,若有汉商破产,甲首们到官员那里对此事进行审议。① 选择甲首必然是资本较雄厚的商铺,《嘉庆四年恰克图轮流甲头清册》载:“阖邑公议请领部票之铺家轮流挨班承办甲首事件,一年一换周而复始。每年更换自十二月初一日起,不计闰,如此轮流挨班更换,庶乎平允以杜推委之弊。”②

同治九年(1870),新疆回变,恰克图的甲首向俄国采买锡1,400斤、铅丸364斤、面130口袋共11,715斤。又甲首捐输砖茶80箱。③同时,恰克图的商人组织保卫团,设有团长。依照商人捐献的武器和弹药,论功行赏,赐给顶戴(参见表2—3)。团长只是临时组织,战事弭平后即撤除。这些赏赐顶戴都是当地的执事人,不是商号股东。

① [俄]阿·马·波兹德涅耶夫著,《蒙古及蒙古人》,卷2,页346。
② 《蒙古国家档案局档案》,编号020—006,页0069—0075。
③ 《蒙古国家档案局档案》,编号046—016,页0210—0216。

表 2—3　同治十三年(1874)恰克图商人捐输武器、弹药与赏顶戴

姓名	年龄	籍贯与所属	所属记号	特征	工作内容	担任职务	请赐官衔
张和顺	51	山西汾州府汾阳县	大兴玉记	身中面紫有须	同治九年举办团防并捐助旗鼓器械火药尤为出力	甲长	请赏六品顶戴
张振邦	50	山西汾州府平遥县	恒义承记	身中面紫有须	同治九年举办团防并捐助旗鼓器械火药尤为出力	甲长	请赏六品顶戴
王振选	44	山西汾州府汾阳县	万顺昌记	身中面紫有须	同治九年举办团防并捐助旗鼓器械火药尤为出力	甲长	请赏六品顶戴
李天胜	44	山西汾州府汾阳县	祥发永记	身中面紫有须	同治九年举办团防并捐助旗鼓器械火药尤为出力	甲长	请赏六品顶戴
文尚勤	47	山西汾州府汾阳县	兴盛成记	身中面紫有须	值年办理团防并捐助旗鼓器械火药尤为出力	甲长	请赏六品顶戴
许致和	53	山西太原府祁县	万和兴记	身中面紫有须	值年办理团防并捐助旗鼓器械火药尤为出力	甲长	请赏六品顶戴
薛宏恩	51	山西汾州府汾阳县	广和兴记	身中面紫有须	值年办理团防并捐助旗鼓器械火药尤为出力	甲长	请赏六品顶戴
李莲溪	44	山西汾州府汾阳县	公合盛记	身中面紫有须	值年办理团防并捐助旗鼓器械火药尤为出力	甲长	请赏六品顶戴
要文玘	41	山西太原府榆次县	慎德玉记	身中面紫有须	值年办理团防并捐助旗鼓器械火药尤为出力	甲长	请赏六品顶戴
田燕堂	44	山西汾州府孝义县	独慎玉记	身中面紫有须	值年办理团防并捐助旗鼓器械火药尤为出力	甲长	请赏六品顶戴

（续）

姓名	年龄	籍贯与所属	所属记号	特征	工作内容	担任职务	请赐官衔
祁玉珠	35	山西汾州府汾阳县	百泉达记	身中面紫无须	值年办理团防并捐助旗鼓器械火药尤为出力	甲长	请赏六品顶戴
徐材	35	山西汾州府孝义县	大泉玉记	身中面紫无须	值年办理团防并捐助旗鼓器械火药尤为出力	甲长	请赏六品顶戴
张连珠	55	山西汾州府汾阳县	三兴成记	身中面紫有须	值年经办团防并捐助鸟枪尤为出力	团首	请赏七品顶戴
王福江	48	山西汾州府孝义县	广泰泉记	身中面紫有须	值年经办团防并捐助鸟枪尤为出力	团首	请赏七品顶戴
张万寿	35	山西汾州府汾阳县	复合隆记	身中面紫无须	值年经办团防并捐助鸟枪尤为出力	团首	请赏七品顶戴
郭青山	34	山西朔平府右玉县	复顺永记	身中面紫无须	值年经办团防并捐助鸟枪尤为出力	团首	请赏七品顶戴
郭金富	31	直隶宣化府万全县	东盛裕记	身中面赤无须	值年经办团防并捐助鸟枪尤为出力	团首	请赏七品顶戴
郭传道	30	山西汾州府孝义县	永和成记	身中面紫无须	值年经办团防并捐助鸟枪尤为出力	团首	请赏七品顶戴
马裕吉	28	山西汾州府孝义县	永茂利记	身中面紫无须	值年经办团防并捐助鸟枪尤为出力	团首	请赏七品顶戴
郑生佐	27	直隶宣化府万全县	德升永记	身中面紫无须	值年经办团防并捐助鸟枪尤为出力	团首	请赏七品顶戴

资料来源：《蒙古国家档案局档案》，编号 046—007，页 0128—0136。

其二，甲首自行管理贸易之事。如前章所述，甲首主要是与恰克图章京议定买卖物价，除此之外，核准商人领票号也是他们自己管理。张家口市圈的铺户说，该处商民等与恰克图俄罗斯交易以来，至今七十余年，从未有别处商民前往贸易。[1] 商民向察哈尔都统衙门领部票时，政府对“查恰克图商民入行立栈及更换字号等事，向不呈报，均由该甲首等经理”[2]。可见甲首在恰克图贸易有其自主性。

然而，比照乾隆皇帝主导贸易的情况，清末恰克图的商人有点穷途末路，遇到俄罗斯无端增税，无法透过外交途径解决。光绪十年(1884)间，《恰克图内外八甲首罗文灿等禀恳上宪迅即与俄官妥议通商规条》档案提到，“自与俄国通商以来，请领衙门部票赴俄国各地方贸易，并不别项使费。讵于光绪七年，因卖俄国之货，俄官勒逼离恰克图五十里以外者，增加起俄票之资。未经数年，今又无端生衅，令卖烟叶子等犹得另起烟票，明系俄官其性豺狼贪得无厌”。派卖烟起票每年起票一张使费钞钱一千，计银 3.4 两。[3]

宣统三年(1911)，外务部收库伦办事大臣文称：案查上年十一月初八日，承准钧部庚电内开，接准调查清册商务第十八条内开，俄商米德尔样夫等五家，欠华商银六十二万余两，延抗不还，请按约追索等语。希即将此案详细情形咨达，以凭酌核办理等因，承准此，当即饬据恰克图商务调查局转据各甲首，将俄商先后欠债情形据禀申复，并将欠数开折呈送前来。[4] 但这问题一直到民国初年仍延续着，说明商人得透过强有力的政府为后盾，才能解决跨国的商业问题。

(二)张家口的保正行

张家口的晋商分为票行和保正行，票行就是领部票的商号，领部票

① 《总理各国事务衙门》，编号 01—20—026—02—031，同治十年四月二十二日。

② 《总理各国事务衙门》，编号 01—20—026—02—044，同治十年九月十三日。

③ 《蒙古国家档案局档案》，编号 061—004，页 0014—0015。

④ 中研院近代史研究所档案馆藏，《外务部》，编号 02—13—005—01—014，宣统三年一月二十七日；《北洋政府外交部档案》，编号 03—18—028—04—004，民国三年元月。

的铺户必须有保正作保，才能出口贸易。乾隆五十一年张家口保正郝廷琈、朱士枚之甘结如下：

> 具甘结张家口市圈保正郝廷琈、朱士枚等切缘大人关文传讯，圈内万聚魁记任宏在库伦保民人李大柱一案。正等查万聚魁记买卖于今岁首春已经分散不做。铺面已着他人居住，询其去向根由，说往苏州另寻生意去了，并无人在口。正等亦不敢代他隐匿等情，所具甘结是寔。乾隆五十一年十月　郝廷琈、朱士枚画押①

商人到库伦必须有铺户担保，李大柱在库伦做生意由万聚魁记任宏担保。李大柱的案情内容不清楚，张家口保正郝廷琈、朱士枚则交代万聚魁记执事人的行踪。或许张家口领票商号增加，遂有保正行的出现。

祥麟日记载，光绪二十四年(1898)二月初五日保正行递公呈，言昭信股票，集之匪易。俾俟地方官传谕到，酌核办理而去。② 光绪二十年(1894)甲午战争后，中国赔偿日本军费二亿两，分八批交款。清朝财政早已入不敷出，故颁发昭信股票。清政府要求在京自王公以下，在外自督抚将军以下，无论大小文武，现任候补候选官员，均须积极领票缴银，以为商民之倡。并要求地方巨绅富商，以公忠为念，倡借巨款，以为民先。根据朱英的研究，昭信股票预计发行总额一亿两，结果官商绅民总共认购不足二千万两，还不到预计发行总额的五分之一。③ 张家口茶商自然也得认购昭信股票。祥麟提到“户部颁到昭信股票详细章程六本，阅存一本。交大美玉商号，转交市圈、朝阳村、上下堡各行，轮看一周。看毕交还”。大美玉商号收到汇京交部库，共库平纹银一万二千

---

① 《蒙古国家档案局档案》，编号019—015，页0102。

② 祥麟，《祥麟日记》，收入周德明、黄显功主编，《上海图书馆藏稿钞本日记丛刊》，第86册，页44。

③ 朱英，《晚清的“昭信股票”》，《近代史研究》，1993年第6期，页195—204。

两。汇费上库部费 552 两。[①]

义合德商号长期担任保正行，今堀诚二在内蒙古朝阳村做关帝庙碑刻调查，讨论道光二十四年（1844）义合德的执事人王如兰担任保正行、三十年（1850）担任朝阳村经理。修缮众铺户共同分担，经理主导经费运用负责咸丰年间经理或保正行改以字号为名，义合德在咸丰五年（1855）担任朝阳村经理，六年（1856）担任保正行总经理，八年（1858）至同治三年（1864）担任保正行、保正行经理；光绪三年（1877）担任保正行值年总经理。[②] 近代史研究所档案载，王儒（如）兰为朝阳村乡保，由此可知王如兰显然是地方领导。同治二年，保正王如兰禀称天利和商民郝有元、大来源商民越相容代俄商向村民张正奎租赁铺房，言定价银每年 255 两。[③]

义合德系茶商字号担任保正行，在咸丰五年（1855）《市台庙香火地碑记》也有茶商裕成源、裕顺昌两字号担任保正行。碑文刻载："市台庙香火地碑记闻之有庙而未有香火地者，惟我市台施檀较他庙云盛，独惜于香火地一节犹缺。咸丰甲寅（四年）仲冬，禀命先师长，购置白龙洞山下旱田地八十亩，计六十亩一段。东至大圪陇，南至小道，西至李姓地，北至龙洞山庙。善地二十亩一段，南北畛东至刘姓，南至路，西至印地，北至沟契。其尚存庙中是举也何为刻石以著之乎厥我有三：一则彰施檀之善迹；一则明祖德之俭勤；一则永后人之遵守。凡庙之食息用动，俱仰给于众善。何一为己时有也。然非由勤俭能慎之者，何以积□余

① 祥麟，《祥麟日记》，收入周德明、黄显功主编，《上海图书馆藏稿钞本日记丛刊》，第 86 册，页 70—71。

② ［日］今堀诚二，《清代のギルドマーチャントの一研究——内蒙古朝陽村の調査》，收入成城大学经济学会编，《内田直作名誉教授古稀记念号》（东京：成城大学经济学会，1976），页 26。

③ 《总理各国事务衙门》，编号 01—20—009—02—001，同治二年七月十三日。

饶以遗后嗣？如吾高曾以来，诸凡节俭积金百两，存市圈保正行历有年。所以此购地不敷者，行中足之价值，数目载契中。保正行元顺义、裕成源、裕顺昌、兴隆光施制钱一百千文。地坐姚家庄堡北东三甲万年里属，每年缴宣化县官粮一石零八升，代征银四钱二分五厘，历年红串存庙中。咸丰五年。"保正行攒积数百两银购置市台庙香火地八十亩，可见他们担任保正兼茶商，财力雄厚。义合德的执事人王如兰出现在道光二十二年(1842)的《清册》中，说明义合德既是票行也是保正行。

张家口的票行领部票属于官商，其贩售货物须报官缴税。西商顺成泰商民李步堂呈验张家口天字五十七号部票一张，都统衙门粘单内，系北商义合德商人姓名，随带青茶三百箱，于十年二月十六日出口。恰克图管理买卖民人事务理藩院员外郎恒龄呈称，该商结称于同治六年(1867)十二月到恰入行，至七年(1868)十二月先后共验过张家口部票六张，均系借用义合德之票，应交厘税均照北商一体交纳。该商在同治六七年入行验票，在恰克图八甲甲首等入行底册及验票账簿呈验，与李步堂所呈日期相符。据商民等亦未能指明佥称由张家口保正行办理。① 问题的症结可能如今堀诚二所说义合德的执事人长期担任保正行、保正行值年总经理等。义合德字号在监守自盗的情况下，在张家口领了部票，到恰克图却以顺成泰字号入行。因此，察哈尔都统衙门清查市圈朝阳村商民请领部票、呈递花名册内并无顺成泰字号。传谕市圈朝阳村票行等遵照查明有无顺成泰字号曾否领票，抑或代领运茶赴恰贸易。

按照清政府规定，西商由绥远城将军处请领四联执照，贩运茶叶。

---

① 《总理各国事务衙门》，编号01—20—026—02—044，同治十年九月十三日。西商现运洽珠兰茶中有名建德、建旗者，千两即系安化。内又有名百两、封子者，到恰抽查虽则茶冒类同，而名色包裹箱捆不一。

但同治十年(1871)库伦大臣张廷岳奏称,西商顺泰行利用义合德字号之照票交厘金。据称:“该商结称前于同治六年十二月到恰入行,至七年十二月先后共验过张家口部票六张,均系借用义合德之票。交厘税均照北商一体交纳。”①恰克图八甲首众商民等呈报,恰邑自立茶行以来向办福建武彝茶,及两湖等处白毫、大小砖茶。由张家口到恰与俄国贸易由来已久。同治七年(1868)西商因西路不通假道于恰贩运珠兰、建旗、千两等茶赴缠头地方贸易,与恰商无碍。今西商陈请易办杂色茶斤,由恰假道赴俄国及缠头地方销售。惟思杂色二字诸茶皆统显藏含糊之意,倘装湖茶、建茶则与恰行所办之茶无异,而票规厘金与恰行多寡不同。且西商由归化城贩茶出关,与恰商由张家口出关省费极多,发往俄地必有贱售紊乱等情,寔于恰商有碍滞销。若西商希欲易办杂色茶斤,请照张家口茶行陈规,请领部票出口,到恰入行与恰商一律,庶可上俾国课下使商民等亦无轻重之分,皆相安于生理矣。②

库伦办事大臣张廷岳奏称,北商在恰向设八行所贩白毫、武彝各色茶斤统名青茶、红茶,到恰归于细茶行。白毫、武彝茶所作之斤米砖茶,及安化所作之大小砖茶为粗茶归于粗茶行。西商顺成泰商民已入恰行,由张家口领部票贩运白毫等茶来恰,与北商一体贸易,北商并无异辞。③ 所谓“北商无异辞”是有玄机的,据张家口票行宋必发等禀称:商等遵谕逐铺详查,义合德铺民郭继成报称,该铺向贩白毫等茶呈领部票赴恰贸易已有年,所惟西商顺成泰系该铺分号向在归化城开设行栈,贩运千两、珠兰与西洋缠头交易。乃因西路变乱假道绕赴该处销售,无如近来生意萧条,又在张口下堡隆顺茶店内设栈欲贩白毫等茶,领票赴恰

---

① 《总理各国事务衙门》,编号01—20—026—02—044,同治十年九月十三日。

② 《总理各国事务衙门》,编号01—20—026—01—034,同治十年八月初九日。

③ 《总理各国事务衙门》,编号01—20—026—01—034,同治十年八月初九日。

贸易。惟西口归化城尚有顺成泰字号，贩运千两、珠兰二色茶叶，由绥远城将军处领执照绕道前往西洋交易。若东口顺成泰贩运白毫等茶，由都统衙门领部票到恰，诚恐混淆不分，且稽察难周。是以该铺与分号本口设栈之顺成泰字号代领部票一张，票内填写商民系王本明，各分各路交易，两无窒碍。随于本年二月十六日赴司领票，由司粘连清字票尾填注随带白毫茶三百箱。[①] 郭继成所称顺成泰是义合德铺子的分号，所以用义合德领照票，由顺成泰在恰克图入行卖茶，钻营法律漏洞。经此案件之后，恰克图对西商所贩卖的茶叶检查更为严格、仔细，以防止类似事件发生。

三、茶商的家族

乾隆年间由宫廷派出的官商领内帑到恰克图采办毛皮，内务府商人有范清注、范国英、王起凤、王克顺、李廷荣、徐士杰、孙起隆、王庭玉等人。[②] 据李燧《晋游日记》载，祥发永设在张家口的账局，为汾阳商人王庭荣投资白银四万两创办，经营城市工商业存款和放款业务，在京师的账局，并兼营候选官吏放款。[③] 王庭荣和内务府买卖人王庭玉可能是亲戚。根据《乾隆朝内务府银库进项月折档》记载，张家口买卖人范清注交送乾隆十七年至十八年(1752—1753)分利银 200 两，张家口买卖人王庭玉等六人交送旧欠乾隆十三年起至十八年(1748—1753)分利银 3，600 两，张家口买卖人王廷献、翟明皋等六人应交本利银

---

① 《总理各国事务衙门》，编号 01—20—026—02—041，同治十年八月十五日。

② 参见拙作，《清乾隆朝内务府的皮货买卖与京城时尚》，页 101—134。

③ 李燧著，黄鉴晖校注，《晋游日记》(太原：山西人民出版社，1989)，页 79。

1,800两。[①]

目前庋藏于蒙古国家档案局的贸易清册自 1817 年开始，本章从嘉庆朝讨论茶商的发展。依照前一章的讨论可知道，乾隆年间商人有所谓朋票，嘉庆朝的恰克图贸易茶商则由大家族垄断，而且多半总铺设在张家口。他们籍贯都是山西，然茶叶的运销、资金汇兑都以张家口为中心，因此，从张家口的碑刻资料中可找到商号的捐款，档案和地方碑刻可相互印证。

举例来说，嘉庆十年（1805）张家口《上堡市台重修关帝大宇碑记》记载商号捐献名单，与 1816 年《恰克图各铺户请领部票随带货物价值银两并买俄罗斯货物价值银两数目清册》核对，发现两者记载商号相一致。长发成记（施银 140 两）、兴玉和记、协和公记（施银 80 两）、通顺永记、隆泰成记（施银 74 两）、天吉焕记、顺义诚记、永兴泉记（施银 105 两）、大兴玉记、世昌隆记、世禄安记（施银 95 两）、万发成记、合盛兴记（施银 210 两）、合盛全记（施银 133 两）、美玉公记（施银 111 两）、万顺昌记（施银两）、兴玉中记（施银 109 两）、美玉德记（施银 200 两）、广隆光记（施银 140 两）、广发成记（施银 140 两）、广和兴记、祥发成记（施银 200 两），碑刻字迹模糊，有些商号没找到捐款资料。

从广州的行商和山西的茶商比较可以看出两者经营策略差异，根据陈国栋教授的研究，1760 年广州行商成立公行开始到 1843 年行商制度废止为止，前后共八十四年，共有四十七家洋行先后营业，这四十七家当中的三十七家在 1771 年至 1839 年陆续停业。恰克图的商号在 1850 年以前大致有三四十家，至太平天国时，福建茶没落转而贩售湖南青茶，依旧生意兴隆，1862 年达九十二家。俄国学者的研究认为中

---

① 《乾隆朝内务府银库进项月折档》，乾隆十九年三月至二十二年七月。

国商人运输茶叶到恰克图，利润增加四倍，山西商人在恰克图茶叶贸易活动是成功的。陈教授提到广州行商重大支出为捐输，自 1773 年到 1835 年捐输总额超过五百万两，造成行商经营的困难。[①] 相较之下，山西商人可能因分化为小商号不引起官方注目，捐输数量不大。以下就几个茶商家族作分析。

（一）榆次常氏

《山西外贸志》载，恰克图从事对俄贸易的商号中，经营历史最长且规模最大者，首推榆次车辋镇常家。常万达（1718—1796）为榆次县望族，史必大撰《九世万达公七十寿序》载："幼长张城，苦劳经营，坐享太平。"他在乾隆五十年（1785）参加"千叟宴"，让亲属沾荣。周曰濆（1742—?）撰《九世万达公八十寿序》载："中年懋迁，有无阅历，而谙练益精，一切运筹握算克壮其猷，家业日隆。隆起盖不待陶朱猗顿之谋自致富，有日新之盛。"周曰濆在乾隆五十年（1785）担任湖北汉黄道员，可能是常万达为湖北经营茶叶巨贾，两者结识之故。[②] 常家的事业肇基于常万答，因孙例贡生常秉儒（1798—1869）捐纳，追封诰赠武功将军。[③] 常怀玗（1748—1827）则有音登额撰《十世怀玗公八十寿序》载："幼而课读颖异非常，长而经商辛苦备至……握算持筹，以广智略。其深藏若虚也，有良贾风；其亿则屡中也，有端木风；持义如崇山，杖信如

---

① 陈国栋，《东亚海域一千年：历史上的海洋中国与对外贸易》（济南：山东画报出版社，2006），页 277—282。

② 山西榆次常家纂修，《常氏家乘》，收入王春瑜编，《中国稀见史料》（厦门：厦门大学出版社，2007），第 1 辑第 16 册，页 152—153。《常氏家乘》将"周曰濆"写作"田曰濆"有误。据中研院历史语言研究所明清档案，人名权威资料查询网站：http://archive.ihp.sinica.edu.tw/ttsweb/html_name/search.php

③ 山西榆次常家纂修，《常氏家乘》，收入王春瑜编，《中国稀见史料》，第 1 辑第 16 册，页 201。

介石。利则渊深，财则阜积，虽古之陶朱不让焉。”音登额担任过独石口协副将、直隶宣化镇总兵。独石口与税收有关。[①]

英和（1771—1840）撰《十世怀玗公八十寿序》载：“既长练达干略宏迈，经所指画越人意表，而创述之饶裕、规模之光大，不数稔间，遂成素封。”[②]英和担任过理藩院左侍郎、尚书、崇文门税关监督，理藩院为管理官商的单位。由此可知，他与常怀玗是熟识的。常光祖（1835—1890）随子固公北出直隶、宣化府、张家口营商业，在张城则一饮食、一起居悉与众同，众若忘其为东翁也。[③] 在《恰克图各铺户请领部票随带货物价值银两并买俄罗斯货物价值银两数目清册》的名册中有常旭为万盛隆记（1839）执事人。在库伦保甲清册载二甲长公和全执事为常大纲。

自常万达于乾隆时从事贸易开始，子孙相承一百五十年。《山西外贸志》载，由大德玉扩大到“大升玉”（道光六年，即 1826 年设）；道光二十五年（1845）增设“大泉玉”商号；同治五年（1866）设立“大美玉”；光绪五年（1879）又设“独慎玉”商号。[④]《宣统二年京师账局名录》则载，大泉玉设于道光二十年（1840）、大升玉设于嘉庆十九年（1814）、大美玉设于光绪十七年（1891）。但是，根据咸丰三年（1853），《堡子里重修关帝庙碑记》出现大美玉记，担任经理，至光绪三年（1877）大美玉亦

---

① 山西榆次常家纂修，《常氏家乘》，收入王春瑜编，《中国稀见史料》，第 1 辑第 16 册，页 158—159；音登额履历见中研院历史语言研究所明清档案，人名权威资料查询网站：http://archive.ihp.sinica.edu.tw/ttsweb/html_name/search.php

② 山西榆次常家纂修，《常氏家乘》，收入王春瑜编，《中国稀见史料》，第 1 辑第 16 册，页 158—159；英和履历见中研院历史语言研究所明清档案，人名权威资料查询网站：http://archive.ihp.sinica.edu.tw/ttsweb/html_name/search.php

③ 山西榆次常家纂修，《常氏家乘》，收入王春瑜编，《中国稀见史料》，第 1 辑第 16 册，页 260、263。

④ 渠绍淼、庞义才编，《山西外贸志》（太原：山西省地方志编纂委员会，1984），页 43。

担任关帝庙之经理。在恰克图商号清册,道光十九年(1839)有大泉玉记。咸丰四年(1854)有独慎玉记等商号。常家的字号排行如下:独慎玉(5)、大泉玉(6)、兴玉中(7)、美玉公(12)、美玉德(14)、兴玉和(15)、永兴玉(22)、兴玉厚(26)、美玉兴(52)、永兴泉(70)、泰兴玉(86)、兴玉锡(114)。

常氏贩售的茶叶在俄国人眼中是最上品的,俄国叶·科瓦列夫斯基在1849—1850年到中国写的游记中提到:中国的茶商在福建省买进茶之后,将黑茶和白茶掺在一起,制成花茶,将不同茶园出产的茶叶混合,花样繁多,混制手艺不同也就构成了不同成品,买家将加工好的茶叶冠以各自商号的名号。茶叶在福建就已经像俄国所见到的那样装好箱子。[①] 阿·科尔萨克也说,美玉公记、世德全记、广合兴记、德生世记、裕成源记、合盛全记、祥发永记等,在箱子上标出自己铺子的字号。[②]

再从碑刻资料来看,乾隆五十八年(1793)张家口赐儿山《新建三圣殿碑记》中出现美玉公记。嘉庆十年(1805)《上堡市台重修关帝大宇碑记》记载,美玉公施银111两、美玉德施银200两、兴玉中施银109两。许檀教授搜集的《张家口布施碑》经理人有美玉德、永兴玉、美玉公布施钱50千文;兴玉中、美玉德各施钱60千文;兴玉和各施钱50千文;大泉玉、兴玉厚各施钱30千文;美玉兴、永兴玉各施钱25千文。[③]

太平天国之后,许多茶商改到两湖采购红茶,在《汉口山陕西会馆志》中有红茶帮布施银1,744.7两。有关常家商号捐款的资料,包括大

① [俄]叶·科瓦列夫斯基著,阎国栋等译,《窥视紫禁城》(北京:北京图书馆出版社,2004),页215—217。

② [俄]阿·科尔萨克著,米镇波译,《俄中商贸关系史述》,页203。

③ 许檀编,《清代河南、山东等省商人会馆碑刻资料选辑》(天津:天津古籍出版社,2013),页561—562。

泉玉筹捐银 2,875.23 两、独慎玉筹捐银 2,656.2 两、大升玉筹捐银 2,488.66两。常家的汇兑钱庄大德玉布施 300 两、筹捐银 4,392.32 两,大德常筹捐银 997.11 两。[①]《山西票号史料》载蔚长厚平遥帮,咸丰年间开业,资本主常姓、王姓,原始资本 40 万两,本业布。《汉口山陕西会馆志》载蔚长厚布施银 300 两,筹捐银 3,064.31 两。[②] 它出现于山西平遥的碑刻资料有同治九年(1870),《整修平遥县市楼碑记》记载,蔚长厚施银 45 两。光绪二十四年(1898),《补修清虚观新建纯阳宫碑记》提到蔚长厚施银 50 两。宣统三年(1911),《重修平遥县市楼碑记》载蔚长厚施银 150 两。[③] 蔚长厚在山西票号中更出名,光绪二十一年(1895)北京票号名单蔚长厚在前门外薛家湾内路南。[④] 总之,常家在汉口等地布施和筹捐银两超过一万两,实为经营茶叶大家族。

大泉玉在恰克图茶叶贸易衰落后改到蒙古各旗贸易。祥麟《乌里雅苏台行程纪事》载,光绪十三年(1887)二月初五日,张家口大泉玉商民杜广宣等持票前往三盟贸易,札饬吉厦转饬理藩院。[⑤] 祥麟后来担任察哈尔都统,其光绪二十四年(1898)日记载,大美玉经管张家口汇兑

---

① 《汉口山陕西会馆志》影印版内容源于 1896 年的石印本,收入张正明、科大卫、王勇江主编,《明清山西碑刻资料选(续二)》(太原:山西经济出版社,2009),页 656。《山西票号史料》载大德玉太谷于咸丰开业,资本主常姓,原始资本 30 万两,本业茶。大德川开业时间为光绪朝,资本主常姓,原始资本 20 万两。参见中国人民银行山西省分行、山西财经学院《山西票号史料》编写组编,《山西票号史料》(太原:山西经济出版社,1990),页 539。

② 中国人民银行山西省分行、山西财经学院《山西票号史料》编写组编,《山西票号史料》,页 539;《汉口山陕西会馆志》影印版内容源于 1896 年的石印本,收入张正明、科大卫、王勇江主编,《明清山西碑刻资料选(续二)》,页 654。

③ 史若民、牛白琳编著,《平、祁、太经济社会史料与研究》(太原:山西古籍出版社,2002),页 196、212、200。

④ 中国人民银行山西省分行、山西财经学院《山西票号史料》编写组编,《山西票号史料》,页 323。

⑤ 祥麟,《乌里雅苏台行程纪事》,收入《傅斯年图书馆藏未刊稿钞本·史部》,第 10 册,页 253—254。

昭信股票，以及他个人薪水和借贷等财务，相关资料甚多，尚须时日整理。

（二）祁县乔氏

山西祁县乔家亦为著名商业家族，根据张正明研究乔家始祖乔贵发开圣广盛公客货栈，后改名复盛公记，又在包头开设复盛公记、复盛西记、复盛全记等商号。[①]《山西外贸志》载，祁县乔家堡巨商乔家的“恒隆光”号在恰克图也颇具规模。[②] 乔姓在乾隆年间有三和正记乔捷宝、聚成锦记乔国祥。[③] 嘉庆以后商号执事人的名册中有乔世延为聚义公记（1855、1862）执事人，乔壆为万纯长记商号执事人（1855）。广隆光记执事人乔世延因佣工田大盛赶车，马车惊走被车伤身故，出具甘结。[④] 可见聚义公记、广隆光记、万纯长记都与乔家有关。

瓦西里·帕尔申提到王宋乔、王宋周、王盛隆三家字号开设在同一个铺子里的商铺，这提供了山西大家族参与茶叶贸易的线索。三家字号属祁县乔家的万和成、万顺昌、万盛隆。此外，还有广隆光、慎德玉等也都是乔家字号。史若民发现的《祁县茶商大德诚文献》抄本，大德诚商号称：“予旧号三和，齐嘉庆末年来安采办黑茶。”[⑤]齐为山西土话，意思为“自”。《山西票号史料》辑日昇昌书信，道光三十年（1850），“又报会去河口四月初十日交三和同河宝足纹银三千两，刻未立会票，俟立再报”。咸丰十一年（1861），“又定会汉三月初一至初五日交三和公足宝

---

① 高端新、刘静山，《包头的复字号》，收入中国人民政治协商会议内蒙古自治区委员会文史资料研究委员会编，《内蒙古文史资料》（呼和浩特：内蒙古人民出版社，1962），第 1 辑，页 264—283；张正明，《晋商兴衰史》（太原：山西古籍出版社，2001），页 218—223。

② 渠绍森、庞义才编，《山西外贸志》，页 43。

③ 《蒙古国家档案局档案》，编号 021—019，页 0165—0204。

④ 《蒙古国家档案局档案》，编号 036—032，页 0083—0084。

⑤ 史若民、牛白琳编著，《平、祁、太经济社会史料与研究》，页 481。

银六千两，在祁春标收镜宝银，得期外，每千两得费银二十五两"[①]。乾隆年间至库伦贸易的商号有三和正记、三和魁记，《清册》有三和恒、三和兴，或许也是乔家字号。[②]

从《清册》找到字号共同的执事人，与乔家有关的字号卖茶的排行如下：大兴玉(1)、万顺昌(2)、广和兴(4)、广发成(9)、裕顺昌(13)、慎德玉(16)、三余公(24)、广隆光(25)、聚义公(41)、三和兴(51)、聚成泰(55)、广发隆(63)、通顺永(64)、裕生和(75)、源盛东(80)、谦德生(90)、复盛裕(96)、聚隆昌(99)、三和恒(103)、兴盛昌(108)、亿中泰(120)、源发乾(143)。

从碑刻资料也可见乔氏商号，《汉口山陕西会馆志》记载乔家的商号捐款资料，广和兴筹捐银 1,196.33 两。兴盛昌布施银 140.64 两、筹捐银 100.65 两。三合兴布施银 25.14 两、筹捐银 687 两。汇兑钱庄有大德通布施银 50 两、筹捐银 1,058.38 两。大德恒布施银 300 两、筹捐银 704.15 两。大德源布施银 300 两、筹捐银 254.56 两。[③] 乔氏在汉口山陕西会馆捐款低于常氏，但也将近五千两银，数量可观。

根据平祁太碑刻史料。光绪十一年(1898)，平遥县《补修清虚观新建纯阳宫碑记》记载，大兴玉施银 1,000 文。[④] 道光六年(1826)，太谷县《重修净信寺碑记》记载，万顺昌施银 1 两。民国十三年(1924)，祁县

① 中国人民银行山西省分行、山西财经学院《山西票号史料》编写组编，《山西票号史料》，页32—33。

② 史若民、牛白琳编，《平、祁、太经济社会史料与研究》，页 483—488。

③ 张正明、科大卫、王勇江主编，《明清山西碑刻资料选(续二)》，页 655—656。《山西票号史料》载大德通祁县帮咸丰年间开业，资本主乔姓，原始资本 20 万两。本业茶原始大德兴。大德恒祁县光绪年间开业，资本主乔姓，原始资本 30 万两，与大德通一家有连带关系。参见中国人民银行山西省分行、山西财经学院《山西票号史料》编写组编，《山西票号史料》，页 539。商号常"和"与"合"混用，三合兴应为三和兴。

④ 史若民、牛白琳编著，《平、祁、太经济社会史料与研究》，页 214。

《重修延寿寺碑记》记载，万顺昌施洋2元。光绪二十八年(1902)，太谷县《阳邑大社六义堂碑记》记载，万顺昌施银1两。[①] 乾隆四十二年(1777)，平遥县《施财功德碑》记载，聚义公记施银1.2两。[②] 道光六年(1826)，太谷县《重修净信寺碑记》记载，聚成泰施银2两。同治九年(1870)，《整修平遥县市楼碑记》记载，兴盛昌记施银6两。[③]

张家口地区，嘉庆十年(1805)，《上堡市台重修关帝大宇碑记》记载，广隆光施银140两、广发成施银126两、恒隆光施银47两。《大境门山神庙道光三年(1823)增建灶殿碑记》载，通顺永施银三钱、兴盛昌施银1.5两、广发隆施银5钱。咸丰三年(1853)，《堡子里重修关帝庙碑记》有三和同字号，而万顺昌担任经理。咸丰五年(1855)，《市台庙香火地碑记》记载，裕顺昌、裕成昌担任保正行，各施银100千文。许檀教授搜集的《张家口布施碑》经理人大兴玉施钱50千文；广隆光、万顺昌各施钱50千文；裕顺昌施钱100千文；广发成、万顺昌、广和兴各施钱60千文；广隆光施钱25千文；义合德、大德公、悦昌永、复盛成共施30千文。[④] 直隶祁州药王庙《同治十二年起至光绪五年众商义捐布施碑记》载聚义公施银1两。[⑤]

乔氏从包头发迹，附近的归化城也留下碑刻资料。以下按照茶叶销售的排行讨论。1. 万顺昌。咸丰七年(1857)，《归化城布施碑》万顺昌施钱30千文。[⑥] 民国三年，小东街关帝庙碑刻，万顺昌叩敬“直纲扶

---

① 史若民、牛白琳编著，《平、祁、太经济社会史料与研究》，页358、455、479。
② 史若民、牛白琳编著，《平、祁、太经济社会史料与研究》，页208。
③ 史若民、牛白琳编著，《平、祁、太经济社会史料与研究》，页196、437。
④ 许檀编，《清代河南、山东等省商人会馆碑刻资料选辑》，页561—564。
⑤ 许檀编，《清代河南、山东等省商人会馆碑刻资料选辑》，页459。
⑥ 许檀编，《清代河南、山东等省商人会馆碑刻资料选辑》，页530。另外，山东聊城同治四年，《山陕众商会馆续拨厘金碑记序》万顺昌捐银1.41两，页341。

纪”匾额。[1] 2. 广和兴。咸丰七年(1857),《归化城布施碑》万顺昌施钱30千文。[2] 同治四年(1865),青龙社乡总广和兴等叩敬匾额“阜财解愠”,同治九年(1870),福虎社广和兴等叩敬匾额“宣德昭恩”。[3] 青龙社为碾米业的组织,福虎社为磨面行组织,都属于粮食加工的行业。

此外,乔秉贵为元顺明记商号东家,系山西太原府祁县人。这个商号在光绪十九年(1893)担任库伦第六甲甲长。在西库伦东札合由南至北,二百一十四号,铺内伙计九名,雇工一名。[4] 另外,大盛鸣商号东家为乔弼,同治年间,地方不靖加以灾歉,墨尔根郡王向铺商大盛鸣借款,王旗欠大盛鸣本利银共九万余两。[5] 大盛鸣在蒙古地区亦为大商号之一。

复盛公在恰克图经营茶货丝绸毛皮等,该商号分布于包头、张家口、归化等地。过去对祁县乔氏的研究都注意他们在包头的发展,传说“先有复盛公;后有包头”,“复”字号复盛公、复盛全、复盛西经营面铺、油房、碾米等。[6] 复盛公于包头发迹,总号设于祁县。咸丰三年(1853),北京的账局有复盛恒,或许与复盛公有关。[7] 复盛公在恰克图汇兑买卖损失187万两,可知这商号不仅是经营油米之类的生意,应以账局、汇兑为大宗。

---

① [日]今堀诚二,《中国封建社会の機構:帰綏(呼和浩特)における社会集团の実態調査》,页718。

② 许檀编,《清代河南、山东等省商人会馆碑刻资料选辑》,页531。

③ [日]今堀诚二,《中国封建社会の機構:帰綏(呼和浩特)における社会集团の実態調査》,页730、776、782。

④ 《蒙古国家档案局档案》,编号010—006,页0147—0199。

⑤ 《军机处档折件》,编号141495,光绪二十三年八月十八日。

⑥ 中国人民政治协商会议内蒙古自治区委员会文史资料研究委员汇编,《旅蒙商大盛魁》,收入《内蒙古文史资料》,第12辑,页63—64。

⑦ 中国人民银行山西省分行、山西财经学院《山西票号史料》编写组编,《山西票号史料》,页50。

碑刻资料亦反映出复盛公出现年代。乾隆六十年(1795)，山西平遥《重修关帝庙碑记》载复盛公捐银三钱。嘉庆二十五年(1820)，平遥《重修三官庙告竣碑记》载复盛公捐银二钱。道光九年(1829)，平遥《南神庙增修关帝阁、二郎、河神祠碑记》复盛公捐银二两。民国十三年，祁县《重修延寿寺碑记》载复盛公施洋 7 圆，又于包头募化洋 7 圆。[①] 复盛公发迹于包头，总号在祁县，所以布施银两多达 7 圆，而布施平遥较少。在山西以外的地方，出现复盛公之碑刻资料有：咸丰七年(1857)，《归化城布施碑》复盛公捐钱 6,000 文；同治四年(1865)，山东聊城《山陕众商会馆续拨厘金碑记序》载，复盛公捐银 2.6 钱；同治七年至光绪二年(1868—1876)包头复兴公捐银 2 两；河北祁州药王庙《同治十二年起至光绪五年众商义捐布施碑记》有山西复盛公捐银 1 两；宣统二年(1910)，《修雁门关道路碑记》载西包镇复盛公施银 1.3 两；《张家口布施碑》载复盛公捐钱2,000文，又附《西包头布施碑》载复盛公施银 10 两。[②] 如上所述，雁门关和张家口是茶叶必经之地，复盛公在两地有捐银。

复盛号在归化有分庄，于乾隆五十七年(1792)《关帝庙重修碑记》皮行社复盛兴，施银十两。道光二年(1822)《威镇社奉府断案叙刻碑志》威镇社众铺户字号复盛兴等计百十家。皮行威镇社为粗皮行。[③] 复盛公在祁县总店经营茶叶贸易；归化经营毛皮、皮革生意，从事多角化经营。

(三)祥发永

第一章叙述内务府的买卖人参与恰克图贸易，其中范清济、王起凤

---

① 史若民、牛白琳编著，《平、祁、太经济社会史料与研究》，页 228、235、311、356—357。

② 许檀编，《清代河南、山东等省商人会馆碑刻资料选辑》，页 346、460、529、537、549、565、567。

③ [日]今堀诚二，《中国封建社会の機構：帰綏(呼和浩特)における社会集団の実態調査》，页 711、713、782—783。

同时也是长芦盐商。范清济因欠内帑被查抄家产,范家在张家口的房产价值 32,224.29 两,地共 10,695.22 亩。[①] 王起凤的地位亦不亚于范氏,他承办永庆号引地,乾隆四十六年(1781),由其子王世荣承办永庆号祥符等 21 州县引地。乾隆四十九年(1784),王世荣接范清济采办日本洋铜。[②] 范家和王家都属于内务府重要的买卖人,经营皇室的盐专卖和洋铜采办。《晋游日记》载,祥发永设在张家口的账局,为汾阳商人王庭荣投资白银四万两创办,经营工商业存款和放款业务在京师的账局,并兼营候选官吏放款。[③] 王世荣与王庭荣一字之差,是否有亲戚关系?目前还没找到证据,但以王氏富厚家世,成为恰克图商人也是极有可能。

乾隆四十四年(1779),北京《河东会馆碑记》出现祥字号施银 30 两,该商号应该是祥发永。嘉庆七年(1802),《河东会馆重修碑记》祥发号施银 2 两。嘉庆二十一年(1816),《重修河东会馆碑记》为"募化公直",施钱 6,500 文。[④] 祥发永记为恰克图重要商号,该商号在清末被划归为山西票号,是因它也经营金融汇兑行业。光绪二十四年(1898),库伦办事大臣兴廉奏称,蒙古王公并呼图克图等报效昭信股票,计京市平足银共 205,300 两,均已备足现银批交商号祥发永、恒隆光、兴泰隆、公合全等汇兑。[⑤] 祥发永如合盛元一样,发展为全国性的票号后,在库伦的商业活动较少。《汉口山陕西会馆志》记载祥发永筹捐银

---

① 拙作,《乾隆皇帝的荷包》,页 199—200。

② 《宫中朱批奏折·财政类》,编号 0472—014,乾隆四十六年四月二十五日;编号 1317—024,乾隆四十九年七月十五日。

③ 李燧著,黄鉴晖校注,《晋游日记》,页 79。

④ [日]佐伯有一、田仲一成、滨下武志、上田信、中山美绪编注,《仁井田陞博士輯北京工商ギルド資料集(五)》(东京:東京大学東洋文化研究所附属東洋学文献センター刊行委員会,1980),页 900、916、931。

⑤ 《宫中朱批奏折·财政类》,编号 0701—082,光绪二十四年十一月二十五日。

2,182.04两。[1]

(四)平遥侯氏

协和公是北京重要的旅蒙商,协和公的股东侯氏,在北京的碑刻资料中常出现。譬如道光十八年(1838),《颜料行会馆碑记》中,协和公助银 30 两、蔚泰永施银 30 两、隆聚昌施银 30 两。同治八年(1869),《重修财神庙碑记》协和号为“经理首事”。[2] 张正明提到康熙时侯万瞻出外经商,专贩苏杭一带的绸缎。侯万瞻之孙侯兴域生于乾隆年间,卒于嘉庆年间。侯氏在北京有协和公、隆和玉等商号,贩售杂货、绸布、茶叶和钱铺。李华编的《明清以来北京工商会馆碑刻选编》就有侯维山、侯赐瑞、侯德权、侯贺龄等名字出现。[3]

协和公记出现在库伦的时间为乾隆五十四年(1789),编入第六甲。嘉庆四年(1799)商民事务衙门调查每年营业额为六七千两,属于大铺户。侯氏在恰克图与协和公相同执事人有:顺义诚、顺义魁、顺义成、顺义和、顺义永、巨泰永、顺义公等商号,协和公自 1816 年迄 1829 年在恰克图的贸易额共 201,500 两,以顺义诚为主的贸易自 1816 年迄 1871 年的贸易额共 1,182,639 两,其中青茶为 882,420 两,占 75%。道光二十二年(1842),库伦档案上称为协和京,执事人为田人杰、贺美士。光绪十二年(1886),商民事务衙门调查协和公记有三处商铺:执事人史文寿居住房舍,系咸丰五年天德永盖,赵玉领门牌;执事人李麟趾居住房舍,系咸丰五年自盖,牛杲领门牌;执事人柳逢春居住房舍,系咸丰五

---

① 张正明、科大卫、王勇江主编,《明清山西碑刻资料选(续二)》,页 656。

② 李华编,《明清以来北京工商会馆碑刻选编》(北京:文物出版社,1980),页 9;[日]佐伯有一、田仲一成编,《仁井田陞博士輯北京工商ギルド資料集(二)》(东京:東京大学東洋文化研究所附属東洋学文献センター刊行委員会,1976),页 261。

③ 李华编,《明清以来北京工商会馆碑刻选编》,页 1、2、5、8、9、61。

年四义源盖，赵嘉文领门牌。[①] 协和公的三处房屋，分号有南协和公、西协和公。[②] 陆世荚将协和公列为一等商号，蒙古人向该商号借款二三十万元。[③] 协和公的股东为侯庆哉，其执事人都来自直隶地区，故称为京帮。

孟矩《乌城回忆录》提到民初乌里雅苏台有华商大号十七家：大盛魁、双舜全、天顺店、永盛店、协玉和、义盛德、恒和义、永兴恒、协和公、元生和、同和堂、恒隆厚。大致晋人居多，直隶次之。[④] 可见协和公也到乌里雅苏台经商。

(五)合盛号

合盛永创始人为郭嵘，嘉庆七年(1802)，北京《重修河东会馆碑记》载，总理公直郭候，施银1两。河东为山西平阳府所属的稷山县、绛县、闻喜县三县商人组织的会馆。烟行崇祀火祖、关圣、财神三圣。嘉庆二十四年(1819)，《重修先翁庙碑记》合盛号为“纠首”之首。施银120两。道光十八年(1838)，《重修颜料会馆碑记》中为“经理人”。[⑤] 纠首和经理人都代表合盛号在北京商号的重要地位。河东会馆为烟行组织，颜料会馆为布行组织。因此，合盛永贩卖蒙古的货物中，以烟和布的数量最多。光绪九年(1883)的《京师正阳门外打磨厂临汾乡祠公会碑记》中

---

① 《蒙古国家档案局档案》，编号003—004，页0031—0043；编号019—025，页0129—0134；编号024—007，页0017—0152；编号052—004，页0020—0136。

② 《蒙古国家档案局档案》，编号010—005，页0093—0146；编号068—013，页0046—0069；编号068—018，页0091—0093。

③ 陆世荚，《调查员陆世荚调查库伦商业报告书》，页18。

④ 孟矩，《乌城回忆录》，收入《中国边疆行纪调查记报告书等边务资料丛编(初编)》，第22册，页334。

⑤ [日]佐伯有一、田仲一成、中山美绪编，《仁井田陞博士輯北京工商ギルド資料集(五)》，页871；[日]佐伯有一、田仲一成编，《仁井田陞博士輯北京工商ギルド資料集(二)》，页322、328；李华编，《明清以来北京工商会馆碑刻选编》，页5。

出现，该商号是晋商在北京开设纸张、颜料、干果、烟叶各号建临汾乡祠公会。[①] 合盛号为总号名称，底下又分有某记为支号，合盛号有分号合盛全、合盛永、合盛元、合盛兴、合盛源等。

道光十七年(1837)合盛元亦从事票号业务，宣统年间合盛元在前门外打磨厂上古店内。股东为祁县郭源逢、张廷将，票号设于北京、天津、沈阳、营口、安东、西安、开封、上海、汉口、安庆、日本东京、大阪、神户、朝鲜仁川等共十四处，是著名的山西票号之一。[②] 2014 年出版的《合盛元信稿(国内)》中提到，合盛元由茶庄改营汇兑业，汇兑网络遍布全国，并将经营的触角伸向国外的朝鲜与日本，最终成为国内一家很重要的金融机构。[③]《汉口山陕西会馆志》记载合盛元布施银 300 两、筹捐银 1,367.83 两。[④]

根据张正明研究，太谷孔氏在乾嘉时代已成太谷名门望族，孔子后代孔宪仁创志成信票号，长侄孔庆麟另设义盛源票号。太谷孔氏最著名人物为孔祥熙，就是孔庆麟的孙子。[⑤] 明代订孔子后代行辈"兴毓传继广，昭宪庆繁祥"，乾隆年间商号丰玉成记孔继裕、兴隆魁记孔汉通、孔宪美。[⑥] 根据雷启汉的说法，民国年间羊楼洞义兴茶砖厂总号设在山西省榆次县，总号的负责人姓孔。在汉口洞庭街设有办事处，对外称

---

① 李华编，《明清以来北京工商会馆碑刻选编》，页 21。

② 中国人民银行山西省分行、山西财经学院《山西票号史料》编写组编，《山西票号史料》，页 324、656—657。

③ 山西省晋商文化基金会编，《合盛元信稿(国内)》，(北京：中华书局；太原：三晋出版社，2014)，页 17。

④ 张正明、科大卫、王勇江主编，《明清山西碑刻资料选(续二)》，页 655。《山西票号史料》载合盛元道光十七年开始营运，来历为茶庄。股东祁县郭源逢、张廷将，原始资本 6 万两，歇业时数额 50 万两。参见中国人民银行山西省分行、山西财经学院《山西票号史料》编写组编，《山西票号史料》，页 656—657。

⑤ 张正明，《晋商兴衰史》，页 244—248。

⑥ 《蒙古国家档案局档案》，编号 021—019，页 0165—0204。

润丰厚，代理人叫宋维镛，代表总号长驻武汉。[①] 或许太谷孔氏也曾参与恰克图茶叶贸易。

额勒和布曾在张家口担任察哈尔都统，日记中提到茶商相当跋扈。同治十二年(1873)十一月十七日，图普新巴雅尔禀见。据云："伊所驼只现被茶商加价强去等语。当谕营务处，即传该铺商来署讯究。"次日，图普新巴雅尔禀见。据称："该铺商人等抗传不到，已饬传地方铺头矣，俟到后再行查问。"[②]图普新巴雅尔是张家口牛羊群护军校，属于官员身份，茶商居然强行加价抢驼只，次日衙门铺商亦抗传不到。额勒和布饬传地方铺头，但也无下文。

嘉道年间严格规定商人领取部票，禁止朋票，造成大商贾和大商人的出现。咸丰四年皇帝上谕："山西太谷县之孙姓富约二千余万两。曹姓、贾姓富各四五百万。平遥县之侯姓、介休县之张姓富各三四百万。榆次县之许姓、王姓阖族家资各千万。又介休百万之家以十计；祁县百万之家以数十计。"[③]咸丰皇帝谕令山西巡抚恒春向富家报效军需，恒春奏称："晋省富民向以贸易为主，而贸易大庄多东南省。自粤匪滋事以来，或被匪徒掳掠损失无存；或因道路难行未能营运，不特殷实不能如前，且家资因而消乏者比比。"[④]除了战争因素，咸丰实施厘金政策后，严格管制商人携带货物的重量，遂使利润减少，商家由六七十家降为七家。

以上讨论五个茶商家族，在中俄贸易中占重要地位，然进行茶叶贸

---

① 雷启汉，《蒲圻羊楼洞义兴茶砖厂》，收入中国人民政治协商会议湖北省委员会文史资料委员会编，《湖北文史资料》(武汉：中国人民政治协商会议湖北省委员会文史资料委员会，1994)，第 43 辑，页 124—128。

② 额勒和布著，芦婷婷整理，《额勒和布日记》，下册，页 375—376。

③ 《军机处录副奏折》，编号 03—4264—003，咸丰四年七月初二日。

④ 《军机处录副奏折》，编号 03—4264—003，咸丰四年七月初二日。

易的同时,他们亦经营账局、票号。譬如常氏在宣统二年京师账局册有大泉玉、大升玉、大美玉三家,大升玉账局创于嘉庆十九年(1814),资本额五万两。大泉玉账局创于道光二十年(1840),资本额三万两,大美玉创于光绪十七年(1891),资本额二万两,大德玉创于光绪十一年(1885),四家账局股东都是常立训。乔氏票号在咸丰年间创立,原属茶庄,光绪十年(1884)改为大德通最初资本额六万两,股东乔锦堂。大德恒创于光绪七年(1881)最初资本额六万两,股东乔锦堂。祥发永创于乾隆元年(1736)设在张家口的账局,为汾阳商人王庭荣投资白银四万两创办。[①] 合盛元创于道光十七年(1837),光绪年间资本计五十余万两,公积金共六百五十万两。[②] 本文仅阐述茶商与票号的关系,至于票号则属另一个研究领域,在此不予细谈。

四、规费与茶厘

张家口的商业分为两个部分,一个是上堡,另一个是下堡。波兹德涅耶夫描述,买卖城虽然在上堡的范围里,却有一圈城墙围绕,在官方的巡捕衙门告示里,它被称为"市圈",买卖城有两座城门,一座是小北门,另一座是南门,货物运输大多由南门出入。在小北门附近有当地的巡捕衙门,买卖城的更夫也住在里面。每天晚上有十名士兵被派到这里来,他们的任务是巡察买卖城的所有店铺。张家口买卖城的内部很小,长不超过二百俄丈,宽不超过一百俄丈。买卖城

① 中国人民银行山西省分行、山西财经学院《山西票号史料》编写组编,《山西票号史料》,页10、656—657、664。

② 中国人民银行山西省分行、山西财经学院《山西票号史料》编写组编,《山西票号史料》,页335。

像是一个大院子，东西两侧是两层楼的商行和货栈；南边则是一幢幢大石头房子，全是货栈，另外还有一座小戏台，正对着坐落在北面城墙上的关帝庙。张家口买卖城可以说是中国对俄贸易的集中点，几乎全部的俄国呢绒和各种绒布以及俄国出口的全部毛皮制品，都是先运到张家口买卖城的货栈，然后批发给下堡，最后再运往中国本土。①

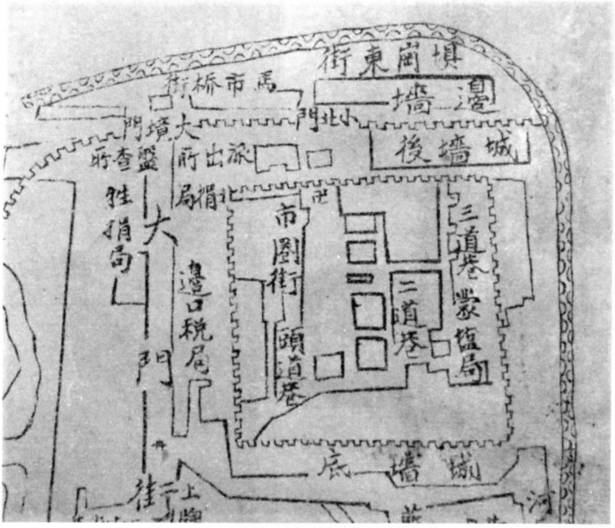

图 2—1 张家口上堡市圈图

图片来源：中研院近代史研究所藏，《“外交部”地图》，编号 14—01—20—001。

(一)茶商与地方陋规

清代地方衙门发商生息与收取陋规为全国普遍现象，各地以不同名目、类型和数额来征收，张家口设置察哈尔都统衙门八旗兵丁的钱粮亦从生息银和陋规中获得。首先讨论生息银。道光二十七年(1847)，察哈尔都统奏称，张家口市圈商民每年咨行理藩院请领部票前往恰克

① [俄]阿·马·波兹德涅耶夫著，《蒙古及蒙古人》，卷 1，页 703—704。

图地方贸易，系属官商，现在共有四十余家，均属殷实可靠商户。请发给张家口市圈商民二万两，按月每两一分生息，每年所得息银 2,400 两，遇闰加息银 200 两。拟请作为察哈尔八旗蒙古官兵各项差役盘费，及修理总管印房庙宇监狱刑官等之用。[①] 茶商回应说，从嘉庆道光年来，其他商人已领十六万两生息银，每年交纳息银，已属勉强。所有此项银两，拟应免其发交生息等情。商人已承领十六万两，生息银至少 19,200 两，而该年，张家口的税收仅 60,270.71 两[②]，利息约值税收的三分之一。

其次，知县因地方财用不足，向商人勒借银两，且"借之项并无利息，亦未立有借约"，若无人举发，如石沉大海。道光十七年(1837)，有人密奏直隶宣化府万全县知县陈学源贪酷，道光皇帝谕军机大臣等："有人奏直隶宣化府万全县知县陈学源，赋性贪酷、惟利是营。去年春间，向各铺户勒借银二千两，冬季又以添买兵米为名，勒派银五百两。并将民捐钱文，托言修理工程，复格外派借肥己。其门丁周四胆敢演戏庆寿，被人赴省控告等语。着赛尚阿即将所指各款，密加察访，据实具奏。"[③]察哈尔都统赛尚阿于十一月初八日由京起程，率同随带司员吏部郎中觉罗荣庆、刑部郎中林绂于十二日驰赴县属张家口地方札。据宣化府将该县门丁周四即周执恭，并各卷宗解送前来，当即督同司员等查照原奏各情逐一研鞫。所参该县直隶宣化府万全县知县陈学源第一款：于去年春间曾向各铺户无故勒借银二千两一款。查原奏所称铺户并未指出字号姓名，若纷纷传讯未免拖累，当向该处乡约张肇明、李得

---

① 《清代内阁大库原藏明清档案》，编号 179311—001，道光二十七年十一月初七日。

② 倪玉平，《清代关税：1644—1911 年》，页 208。

③ 文庆等奉敕修，《大清宣宗成皇帝实录》(台北：华联出版社，1964)，卷 303，页 711 上，道光十七年十月。

元严加追究始。据供："明本县门丁，周四曾令伊等传谕向钱当各铺户借贷属实，随令其将各铺户字号开列清单，按名传案。"据当行之张启德等供称，上年正月间门丁周四，曾邀伊等至马号请酒。告知陈知县欲行借贷情由。许俟将来归还其供借给银 300 两。并据外字号商人程天佐供借银 585 两、碱行杨济等供借银 300 两、钱行石忠平等供借银 800 两。上堡铺民任述槐等供借银 210 两、杨大典等供借钱 400 千文(参见表 2—4)。俱系先后由门丁周四经手转交。

表 2—4　陈学源向外字号等商人借银

铺行	姓名	借银(两)	借钱(文)
外字号	程天佐	585	
碱行	杨济	300	
钱行	石忠平	800	
上堡铺民	任述槐、杨大典	210	400 千

资料来源：中国第一历史档案馆藏，《宫中档朱批奏折》，编号 04—01—01—0786—004，道光十七年十一月十九日。

陈知县系地方官长，所借之项并无利息，亦未立有借约，陈知县因闻钦差前来将其传讯，于当月十三日将前项借款均已照数归还。因办公乏用曾向众铺户挪借，现已质当设措全数给还，此外并无短欠。该县辄向部民借贷，虽已偿清究属违例。

第二款"又参该县以添买兵米为名，勒派银五百余两借端累民"。缘万全县每年派买张家口驻防兵米 2,900 石，每石由藩库领价 1.25 两，向因例价不敷，资借铺户众力协济。在张家口当行派买兵米 460 石、小皮行派买 150 石、上堡派买 300 石、洗马林四行派买 270 石，其余杂货行、当行、钱行等十六行派买十余石至 100 石不等，共派买 730 石，一共各铺户采买兵米 1,910 石。每石只发官价银七钱。尚有应买兵米

990 石，向由地方官将下剩银两自行购买。如有不敷仍由地方官垫办，官民彼此相安历有年所。道光十六年(1836)冬季，该县陈学源奉派采买兵米于各铺户向来采买，并自行购买，之外复令户书李彬、乡约张肇明、李得元谕令向不派买之外字号茶布各商人，并染行令其帮同采买，并未发给例价。经该商人程天佐等赴县呈允协济一年交纳折色银 555 两，抵买兵米 20 石，均交该县收纳买米。提讯向来采买兵米之各铺户常时中等二十七名，佥供伊等历年采买兵米共 1,910 石，每石领银七钱。闻自乾隆年间起相沿已久，并非始自近年。至外字号商人程天佐、罗峻德，染行白克谟、刘士铭等则供称，其向不派买兵米，实因陈知县派令协同购买。是以凑齐银两钱文交官抵作买米 170 石之数，再三吁恳以后免其再派等。供臣以此项兵米借资民力既有旧规该县何以于向不派买之铺户令其帮买，显系借端浮派意图肥己，当向该县严诘。据该县陈学源供称，上年米价昂贵其恐各铺户采买不及，致误兵糈，经门丁周四告知外字号商人并染行可以谕令协同购买，旋经该商人等交出折价银 555 两、制钱 80 千文，当即按照市价购买米 170 石存仓(参见表 2—5)。嗣因采买各铺户陆续交齐，并其自行购买米石转运张理厅交纳已足 2,900 石之数。所余 170 石之米仍贮仓廒，有收支印册可凭、有仓书可问。[①]

表 2—5　陈学源向张家口铺户摊派米粮

铺行	姓名	派米(石)	交银、钱	备注
当行		460		每石领银 7 钱
小皮行		150		每石领银 7 钱
上堡		300		每石领银 7 钱

① 《宫中档朱批奏折》，编号 04—01—01—0786—004，道光十七年十一月十九日。

（续）

铺行	姓名	派米(石)	交银、钱	备注
洗马林四行		270		每石领银 7 钱
杂货行、当行、钱行等十六行		730		各派买 10 余石至 100 石不等
外字号	程天佐		交纳折色银 555 两	两者共购买米 170 石
染行			交钱 80 千文	

资料来源:《宫中档朱批奏折》,编号 04—01—01—0786—004,道光十七年十一月十九日。

根据清代粮价显示,1810 年直隶京米的价格约为 2.7—2.9 两。[1]陈学源发给铺户每石 0.7 两,铺户每石米贴银 2 两以上。而道光十六年(1836)米贵,知县谕令外字号与染行商人捐约 635 两,买米 170 石,每石约 3.7 两,显然借端浮派。

第三款"参该县下堡边路街等处,向来乞丐滋扰民人捐钱赈济,将所捐钱文交县发放该令将盈余钱 2,400 余千文,托言修整八蜡庙等三处工程,复向圈中各铺户格外派借侵吞肥已一款"。张家口地方为商贾辐辏之区,向有贫民乞丐向铺民索讨钱文。该处下堡边路街,并上堡各铺户公议每月散放贫民钱文两次,系该铺户轮流放给。每次散钱十余千文至三十余千文不等。道光十六年七月间,因有无赖匪徒混冒贫民强索滋扰,该铺户等赴县呈递公呈。经该县查明实系贫苦废疾之名发给火烙腰牌一面,每月仍由各铺户出钱放给,并无将盈余钱文交县发放之事。至修整护城坝、八蜡庙、龙王庙各工程,因该县城外石

① 中研院近代史研究所建置清代粮价资料库,网址:http://140.109.152.48:8080/foodprice/(查阅日期:2015 年 11 月 3 日)。

坝现在坍塌，必须兴修方资保护，并河神庙八蜡庙亦应一律修整。经该县与绅士霍如洵等劝捐并通禀各上司衙门在案，共计本城绅民捐制钱 6,400 余千文、上下堡七路众铺户捐制钱 4,620 千文，共捐制钱 11,000 余串，俱系交承修之绅士霍如洵等公同存贮。当将霍如洵、刘奕瀚、逯大用、李溶、霍桢、李廷莲等传案。据供此项工程实系民捐民修，官吏并不经手，工程尚未完竣其用数有账簿可凭。上七路之众捐户赵文元等十四人亦供称，伊等捐输工程与散放贫民系属两事，并不相涉。[①]

此外，根据《万全县志》之《重修万全县学碑记》记载，霍如洵与逯大用、霍桢捐助重修县学经费，其中霍如洵捐 2,000 两。《创建万全书院碑记》载，捐助者名单有罗本位、霍如洵、李溶、霍桢、李廷俊、马润莲等，其中罗本位捐 2,000 两、马润莲捐 720 两。[②] 由陈学源的案件看到上堡商民借给衙门超过千两、摊派买米 555 两，又捐修石坝、庙宇等捐制钱 4,620 千文等。

第四款“参该县门丁周四本年秋间胆敢自行庆寿，勒派民人各出贺分捉拿官戏至家筵宴经戏班人赴省控告等情一款”。讯据周四供认：他在张家口经管马号，与各铺户均相认识。起意借做生日为名，向各铺户敛钱使用。六月间曾雇太平戏班在马号演戏请酒，共得过各铺户贺分银 27 两、制钱 71 千文属实。此案万全县知县陈学源听信门丁周四向各铺户借贷银钱，虽已清还例准免罪已属不知闲检。复因购买兵米，辄向不应派买之铺户滥行浮派至银 555 两、制钱 80 千文之多，虽讯非侵蚀入已实属擅自科敛。自应按律问拟陈学源除失察门丁演戏敛钱轻罪

① 《宫中档朱批奏折》，编号 04—01—01—0786—004，道光十七年十一月十九日。

② 左承业原本，施彦士续纂修，《（道光）万全县志》（北京：北京图书馆出版社，2002），卷 7，页 23—24；卷 8，页 1—4。

不议外，应请革职合依官吏因公擅自科敛坐赃论坐赃致罪折半科算300两、杖八十、徒二年律，拟杖八十徒二年，请旨发往军台效力赎罪以示惩儆。① 由这案件可知，乾隆年间即苛派铺户采买万全县兵米，且相安日久，形成陋规。

（二）马福臣的调查

根据恰克图贸易清册，道光二十七年（1847）有四十一家商号（参见附录2—1）。这些商号中合盛全记、长发成记、美玉公记、美玉德记、祥发永记、顺义诚记、万顺昌记、广和兴记、广发成记、大兴玉记、兴玉中记、兴玉和记都是老字号。阿·科尔萨克提到恰克图经营茶叶的批发商人，由其本人或者由其仆人在茶园里收购来的茶称为商号茶。大部分是在福建省的茶园，随后就直接运往恰克图，通常在箱子或者专门的茶箱外面标出自己铺子的字号。根据档案记载："崇安县属武彝山，茶市盛旺之际，各省巨商挟资而来，纷纷群集。"②张家口商铺与茶行立"召揽票"，由茶行至福建购买武彝茶后装箱，并在崇安县报税，沿途经过各税关应纳税银以及雇船脚费用，都在启程时算清，名为"包载包税"。

山海关税务司英人马福臣（MacPherson，A.）于同治七年（1868）到恰克图调查商情，他由买卖路行走，不敢骚扰驿站，于四月二十二日抵达库伦，居住东营子铺家。二十五日又由买卖路前往恰克图，闰四月二日到达，在

① 《宫中档朱批奏折》，编号04—01—01—0786—004，道光十七年十一月十九日。其他人的处分：周四应比照长随求索吓诈得赃舞弊照蠹役诈赃十两以上例，发近边充军照例刺字到配折责安置，所得之赃照追入官。户书李彬于本官浮派兵米并不禀阻，应与传谕向铺户借贷之乡约张肇明、李得元均革役照不应重律杖八十折责发落。仓书张继勋讯无不合应毋庸议。

② 《宫中档朱批奏折》，编号04—01—01—0526—26，嘉庆十六年闰三月。

那里和恰克图八甲首会谈一个多月，五月返回库伦和北京。[①] 马福臣在《详述买卖城商情由》中说，买卖城自道光二十四年(1842)至咸丰二年(1852)，该处正当贸易最盛之时，其时办茶大字号约有四十家，均系张家口上埠者，该商等皆已得获重利。咸丰三年(1853)，因贼匪滋扰茶山，俄商恐茶叶缺少，出重价而多为购买，华商因思所购既多，即永昂其价而不少低。

咸丰四年至七年(1854—1857)，茶商办茶虽贩价重、脚费多，而仍欲运至买卖城销售者，以其犹有利之可获也。缘俄国 1853—1856 年间，与英法等国发生克里米亚战争，致该国西口私茶来路阻绝，故俄商仍不惜重价购茶于买卖城。至七年时，因华英有不睦之事，俄商思中国南口之茶，必艰于贩运，仍愿以重价购茶。该处买卖获利既多，兼以南省各处贼扰，生意不旺，故张家口下埠等处之商，亦到买卖城开设行栈。其时买卖城新添大号约二十家，新旧字号争相贸易，甚至有借资为本而做买卖者。

咸丰八年(1858)，因七年间办斗面茶者获利甚多，众商均办此项茶叶，此项茶值既贵，办来之茶亦过多，以致不能销售矣。咸丰九年(1859)春间，买卖城货茶之商较前已众，积存之茶亦无处可销。且彼时虽在华英不睦时，而南口之茶仍系照常出贩，更以俄国西口之茶有准其商贩之意，则俄商于买卖城既不多于买茶，该处茶商自亦难求善价，至咸丰十一年，大字号有二十五六家俱已关闭歇业。

同治元年(1862)，俄商均可照约前往湖北等处办茶，则买卖城之商

---

① 马福臣到恰克图的相关档案有《总理各国事务衙门》，编号 01—20—026—01—035，同治七年四月初七日；《总理各国事务衙门》，编号 01—20—026—01—037，同治七年五月三十日。张家口监督成孚禀称："马福臣所用川费银四百两，将来职司如有解京款项，准由总署拨给，诚为简便。"

情愈少生意矣。同治元年以来，该处买卖较前更不相同。在先俄国西口只有私茶，现已准其公运，恰克图俄商只有买卖城之茶可买，现在可往出茶之地自行购办。则从前俄国内地码头办茶，其必托本国恰克图之商人，恰克图商人因获利之多，亦愿自往湖北等处购办，而买卖城则无交易事矣。且恰克图之商自往出茶之地办茶，皆系大商，故恰克图之贸易均归于大号六家之内，其六家或有与买卖城交易之时，亦不过因恰克图一时短缺，事出偶然，更无更定之交易。买卖城因无靠定之交易，自同治元年后只存大号十三家耳。①

我们从恰克图商号档案中找到咸丰四年（1854）36 家商号，五年（1855）增为 50 家，八年（1858）增加到 83 家商号。② 马福臣提到咸丰八年时，因七年间办茶获利甚多，众商竞争，茶叶贵又竞争者多，以致滞销。“俄商于买卖城既不多于买茶，该处茶商自亦难求善价。而华商之借本贸易者，断难存茶负欠。”③到咸丰十一年（1861）仅存大号 13 家。说明咸丰年间恰克图商号曾经因为克里米亚战争出现昙花一现的短暂荣景。

（三）茶厘

马福臣到恰克图调查的第二项重点是针对华商和俄商在税则和运费上的差异。咸丰十年（1860）在张家口、独石口举箱抽收茶马厘捐，对茶商的影响大增。同治四年张家口征收细茶厘每箱二钱，每张照票六百箱收银六十两，共银 18,900 两；砖茶每箱四钱，每张照票三

① 《总理各国事务衙门》，编号 01—20—026—01—041，同治七年六月十一日。

② 《蒙古国家档案局档案》，编号 034—017，页 0148—0227；编号 037—008，页 0028—0111。

③ 《总理各国事务衙门》，编号 01—20—026—01—011，同治七年六月十一日。马福臣到恰克图的相关档案在编号 01—20—026—01—037 中。

百箱收银六十两，共厘银 7,451.8 两。同治五年细茶厘银 24,780 两、砖茶厘银 15,849.2 两，此项茶厘系凑拨察哈尔驻防常年兵饷。[①] 同治十二年八月起至十三年(1874)七月止，共发过出关茶票 743 张，抽收银 44,580 两。光绪二十八年正月至十二月共验放过出关茶票 801 张，抽收厘金 48,061 两。[②] 当初官员讨论厘金制度认为："茶行均系富商大贾，每一字号挟数十百万之资，贩茶赴恰销售，何致见损于百分抽一之厘。"[③]但是除了厘金之外，还有浮费需索。总理事务衙门行走员外郎李常华禀称，咸丰年间领票茶商百有余号，每年办茶在十七八万箱上下。至实施厘金税规后，近年茶商赴产处所贩运茶斤仅有七家，每岁办茶不过四五万箱。办茶在张家口每起票一张索规费制钱五串，又索票费十二三两。到恰克图时，又需纳票规五十两、门丁领催等规费二十六两。[④]

同治年间，中国茶商面临俄商的竞争，贩售茶叶日形减少，譬如同治四年(1865)察哈尔都统阿克敦布称，从前茶商领票每年在三四百张上下，茶叶计七八百万斤，去年俄商所运粗细茶有一百余万斤，是俄商所侵华商之利已有若干，诚恐年复一年，侵夺越多，而茶商愈困。

清朝设厘金，对茶商影响极巨。不仅是张家口一处，茶商从茶产区到恰克图每箱缴交的厘金和税捐共 4.03 两。张家口的税关监督成孚禀称，茶商在咸丰年间张家口的茶商共有一百余家，到了俄国通商后，只剩六七家，因商人运茶出口沿途厘卡多，自湖广安化县办红茶至恰克图各处厘捐杂税，如表 2—6 所示。

---

① 《总理各国事务衙门》，编号 01—20—026—01—012，同治七年元月初三日。

② 《军机处档折件》，编号 118397，同治十三年十二月十日；编号 152981，光绪二十八年十二月十八日。

③ 《总理各国事务衙门》，编号 01—20—004—06—001，同治四年闰五月二日。

④ 《总理各国事务衙门》，编号 01—20—026—01—036，同治七年四月十一日。

表 2—6　恰克图茶叶所经之关卡与税捐厘金

地区	名目	银两/每箱(两)
安化小淹卡	捐银	0.36
岳州府卡	捐银	0.3375
汉口江汉关	捐银	0.2
湖北岛口	捐银	0.5812
益阳县卡	捐银	0.15
北河口卡	捐银	0.4
冈山	捐银	0.64
汉口堡工局	捐银	0.05
汉口堡工局	捐银	0.015
湖北安陆府狮子口	捐银	0.01
河南南阳府赊镇	捐银	0.12
赊镇	捐银	0.048
山西凤台县	捐银	0.05
太原府	条税	0.06
代州阳明堡	过条银	0.01
东口崇文门税局	税银	0.234
东口户关	税银	0.06
东口都统衙门	捐银	0.2
祁县、太谷	捐银	0.3
恰克图部员	捐银	0.2
合计		4.03

资料来源:《总理各国事务衙门》,编号 01—20—026—01—032,同治七年三月三日。

表 2—6 中所列安化小淹卡捐银尚不包括厘金,据湖南巡抚庞际云

奏称，湖南茶厘一项，每年共收银四十万两上下，向于安化设局专抽茶厘 1.25 两，又照 1.25 两之数于省城总局先缴预厘，此项预收厘金达六万两。① 东口即张家口，原先在张家口茶税，同治年间连北京崇文门税关也开始征税，一件茶课两次税。据崇文门税则记载，大砖茶重 170 斤，每箱课税 0.24 两；中砖茶重 130 斤，每箱课税 0.165 两；小砖茶重 65 斤，每箱课税 0.075 两；武彝红茶重 65 斤，每箱课税 0.234 两；千两茶重 62.5 斤，每箱课税 0.156 两。② 波兹德涅耶夫提到住在买卖城的蒙古人，大部分从事商品运输，他们把茶叶和皮张运到恰克图，把驼毛、羊毛及俄国货运到张家口，受雇于买卖城的汉人。③ 民国八年(1919)从张家口到库伦，一驼运货普通在 30 两左右，亦有下至十八九两者。值骆驼缺少货物众多时，或昂至 60 两以上。④

同治四年(1865)，张家口的税关监督麟书禀称，俄商贩售茶叶只有在天津关纳税一次，沿途并无厘金。从户部税收的资料可看到俄商在光绪十二年(1886)一整年缴交天津关正税银 468.745 两，至张家口则免过税银。⑤ 张家口的税关监督成孚也提到，早年华商出口货价贵贱，其权自操，及中俄通商后货物价值竟操俄人之手。马福臣计算俄商和华商所需的运费和税项，如表 2—7 所示。他提到使华商愿意前往恰克图贸易的办法，一者是茶叶改搭轮船，一者免除税捐。⑥

---

① 中国第一历史档案馆藏，《军机处录副奏折》，编号 03—6495—033，光绪十一年五月二十六日。

② 不著编人，《崇文门商税衙门现行税则》(台北：傅斯年图书馆藏清光绪三十四年[1908]刊本)，页 3。

③ [俄]阿·马·波兹德涅耶夫著，《蒙古及蒙古人》，卷 1，页 143。

④ 匡熙民，《张家口游记》，收入《新游记汇刊续编》之三十三(上海：中华书局，1925)，第 5 册，页 4。

⑤ 《总理各国事务衙门》，编号 01—20—008—01—001，光绪十三年六月四日。

⑥ 《总理各国事务衙门》，编号 01—20—026—01—041，同治七年六月十一日。

表 2—7 俄商与华商贩茶的税捐与运费之比较

俄商	茶	60 斤	每箱税项脚费 6.4 两
	砖茶	72 斤	每包税项脚费 4.43 两
华商	茶	60 斤	每箱税项脚费 9.86 两(内路脚费 5.3 两、内路税捐 4.56 两)
	砖茶	72 斤	每包税项脚费 8.456 两(内路脚费 5.35 两、内路税捐 3.106 两)

资料来源:《总理各国事务衙门》,编号 01—20—026—01—011,同治七年一月初三日。

华商贩茶沿途厘卡层层剥削,无利可图,且亏折资本,数年间商号关闭者十居八九。[①] 清末福建的茶叶每百斤征起运税 1 钱、运销银 6 钱、厘金银 7 钱、初捐军饷银 3 钱、加捐军饷银 3.28 钱,共银 2.028 两,而海关常税每百斤仅征正税 6 钱,子口税征银 3 钱。装载轮船夷贩出洋照洋税征收,每百斤只收本税银 1.25 两,与税厘相去甚远。[②]

五、茶商的因应之道

面对官员层层剥削,茶商并非坐以待毙,所谓"上有政策,下有对策",从地理环境、夹带超重茶包,以及假借俄国商品的名目逃漏税。

(一)朝阳村逃漏税的商号

今堀诚二在《清代のギルドマーチャントの一研究——内蒙古朝陽村の調查》一文中指出,根据蒙疆银行调查课张家口朝阳村的商铺数

① 《总理各国事务衙门》,编号 01—20—004—06—003,同治四年七月二十九日。
② 《军机处录副奏折》,编号 03—6508—023,光绪二十二年八月二十五日。

目，康熙朝末有 80 家、乾隆朝中期 190 家、嘉庆朝 230 家、道光朝增至 260 家、同治朝 390 家、光绪朝 530 家、宣统朝 570 家商铺、民国九年达巅峰共 710 家。① 朝阳村商铺增加与税收有关。因恰克图商民聚集大境门的市圈，亦称上堡，出口的货物都存于市圈，经大境门的小北门时必须缴税。而朝阳村位于大境门外，则成为逃税的渊薮。

道光五年(1825)，张家口税关监督英文奏称，户部则例内载恰克图、库伦等处商贩皮张及牛马驼羊，令多伦诺尔同知查诘明白，于票内注明赴张家口照例纳税进关，不准绕越致滋偷漏。英文发现商民从南方运来的茶布及口外牛马驼羊俱照例报税，唯圈内商人贩置恰克图等处皮张，进关并不照例纳税，亦不呈验原票，等到四五月贩售皮张时才陆续投税。道光皇帝谕旨："饬下户部议准，嗣后该关商人由恰克图、库伦等处贩置皮张货物到口时，呈验货单，照例先行一体纳税，在行进关入圈等因钦遵办理在案。"②表面看起来解决了恰克图皮货的税务问题。但道光二十九年(1849)察哈尔都统奏请将恰克图贸易商民统归市圈纳税，因市圈商民照例纳税，而大境门外朝阳村铺民从恰克图换回的货物存贮在铺内并不报税，等到卖给客商时才进张家口纳税，他们与上堡的商号一样是领部票贸易，而纳税方式分歧，使得官员难以稽查。③至今，张家口还存留《大境门正沟朝阳村道光三十年(1850)关税谕饬碑》，碑文残存的内容亦提及一体纳税。④ 但张家口税关监督认为"设口征税固须充裕税课，亦须俯顺商情，张家口征收税课历有年所，并无

① ［日］今堀诚二，《清代のギルドマーチャントの一研究——内蒙古朝陽村の調查》，收入成城大学经济学会编，《内田直作名誉教授古稀记念号》，页 26。

② 《宫中朱批奏折・财政类》，编号 0373—057，道光五年三月十五日。

③ 《清代内阁大库原藏明清档案》，编号 196214—001，道光二十九年十一月二十五日。

④ 根据宋志刚先生说法，该碑于 2007 年正沟锡盟驻张供销社院内发现，2008 年搬到大境门，后又搬到抡才书院。《清代内阁大库原藏明清档案》，编号 196214—001，道光二十九年十一月二十五日。

图 2—2　张家口舆地全图

图片来源：中研院近代史研究所藏，《外交部档案》，编号 03—17—002—03，民国二年。近代史研究所资讯工程师蔡蓉茹重新绘制。

遗误。令该都统等请将恰克图贸易商民统归市圈纳税之处，是未经进口之货与进口之货，一律先行纳税，恐有碍商情，臣等公同商酌仍，应请照旧章办理，毋庸轻易更张”[①]。十八世纪中国商品经济发展蓬勃，而象征商品流通的关税却无显著增加。此因乾隆皇帝将关税定额化，即岩井茂树所说的“原额主义”。[②] 税关人员墨守成规即轻易收到税额，又何须改弦更张？

咸丰六年(1856)正月二十四日，张家口监督庆文奏称：“自奴才到任以来体察商税情形，凡由恰克图贩置皮张货物进关入圈者，俱系照例报税。惟该口朝阳村商人贩置恰克图等处皮张货物到村，并不遵照例案纳税。奴才当以例案与现在征税情形不符，向奴才衙门书吏巡役等查诘。据称伊等未充书巡时，闻得朝阳村铺户无多，仅有三五家。自道光五年奏准税务章程，该村铺户贩到货物亦照市圈一体纳税。嗣该村铺户俱已歇业，无凭报税，计有四五年之久，历任监督因此亦不稽查。至现在该村铺户渐次开设二十余家，系自道光十五六年已后续添设，各任监督从未有调查例案，向该村铺户征税者。今欲申明例案征税，究恐相沿已久该村铺户有所不遵等语。”[③]蒙疆银行调查课载道光年间张家口朝阳村已有 260 家。[④] 税务书吏说才二十几家，分明就是不想让铺户纳税。

庆文还说朝阳村距关内市圈仅隔里许之遥，无论征税尚有例案可循，即无例案，而该村系张家口所辖地面，设有理事同知所管，既由恰克图贸易换回货物，亦应照例一体纳税方符定制。况且，“此该村既已闲

---

① 《清代内阁大库原藏明清档案》，编号 196214—001，道光二十九年十一月二十五日。
② ［日］岩井茂树著，付勇译，《中国近代财政史研究》，页 55。
③ 《宫中朱批奏折·财政类》，编号 0382—061，咸丰六年元月二十四日。
④ ［日］今堀诚二，《清代のギルドマーチャントの一研究——内蒙古朝陽村の調査》，收入成城大学经济学会编，《内田直作名誉教授古稀记念号》，页 26。

设铺户如许之多，且半系市圈分设，若不亟早申明例案复任其相沿概不纳税，不惟于例案不符，而将来市圈铺户纷纷迁移该村设立。是有税之处，俱成无税之乡”。他重申应令朝阳村商人于货物到村时，先行呈验货单，照例纳税。给予收过税银印票令，该商等收执，至迟早欲往何处出售，悉听商人自便。[①]

同治二年(1863)，张家口监督成孚又奏，朝阳村铺户在税局以北，运到恰克图货物并不纳税，总执顶关报税之辞，任意蒙混。大境门外实无销货之所，而该铺运到货物何路行销？无非绕越偷漏，有意漏税，所以市圈铺户日越减少，大境门外行栈日越加增。[②] 故张家口的税收问题，终清一代未能解决。

(二)偷漏茶厘

咸丰十一年(1861)，库伦办事大臣色克通额说：“恰克图商号领照票不等，有一年领至四五百张，有领二三百张。”[③]比起道光三十年(1850)以前商人领茶票张数较多，且商号亦增加不少。恰克图商人缅怀过去的光景说：“从前贸易之盛，由于俄商不能自行运茶，该国之于商等处换给茶斤。彼时领票茶商百有余号。每年办茶约在十七八万箱上下。且南北道路平靖，商等即以所换俄人之货，沿途贩运销售，既获重利，再赴两湖贩茶来恰，是以日见兴隆。”[④]同治年间，商人在恰克图贸易仅剩数家，不及先年的十分之一，不仅无力另往他处贸易，即本处生业亦属勉力支持。1892 年波兹德涅耶夫访问张家口税务司主管官员

---

① 《宫中朱批奏折·财政类》，编号 0382—061，咸丰六年元月二十四日。

② 《总理各国事务衙门》，编号 01—20—009—02—003，同治二年九月十四日。

③ 《军机处录副奏折·咸丰朝》，编号 03—4443—068，咸丰十一年七月二十四日。

④ 《总理各国事务衙门》，编号 01—20—026—01—039，同治七年六月六日。

说，税收减少完全是因为自从俄国人开始自行向俄国运输茶叶后，中国人在张家口的茶叶贸易就衰落下来了。的确，1867 年，中国人从张家口运出的各种茶叶的总数达十八万箱之多，而到了 1892 年，虽然输出的茶叶全部都是税率较白毫茶为高的砖茶，但输出总数不过七万三千余箱。[①]

另一位到库伦调查的章京李常华说，领票茶商赴产处所贩运茶斤仅有七家，皆系勉强支持，近年办茶，每岁不过四五万箱。同治六年(1867)本银只有三十万余两，皆系零运商贩所积。领票商人只有大兴玉一家走过一次，因川资过巨，并无大利。是以各该领票商人有前车之鉴，将茶分售与小本商人零星贩卖。小本商人在张家口零运来恰，因不足三百箱，并未在口领票，是以到恰克图无票可验，亦不呈交票规。但由官署发给执照，听其赴吗雨尔处换照贩运出境。[②]

茶票出关有一定数额，白毫茶每票三百箱、砖茶每票一百五十箱，均统共不得过一万二千斤。咸丰十一年(1861)，察哈尔都统庆昀奏折称："请领理藩院印票贩茶之商号，按每票以本银六千两定则，抽厘银六十两。咸丰九年份出关票数一年计二百三十张，抽得银二万零四十两。咸丰十年(1860)一年仅二百一十五张，较之九年出关数多寡悬殊。显系奸商所偷漏。"张家口买卖城有两座城门，一座是小北门；另一座是南门，货物大多由南门出入。小北门附近有当地的巡捕衙门和买卖城的更夫也住在里面。每天晚上有十名士兵被派到这里来，他们的任务是巡察买卖城的所有店铺。北门设值班章京一员、兵十名，南门设委职金顶一人、兵五名，均系五日一换，职司启闭稽查出入。咸丰十一年九月

---

① [俄]阿·马·波兹德涅耶夫著，《蒙古及蒙古人》，卷 1，页 703—704。
② 《总理各国事务衙门》，编号 01—20—026—01—039，同治七年六月六日。

二十八日值月协领舒都尔古查到巨和义、大泉玉、隆泰和铺民，贿赂守门兵丁偷漏无票砖茶、砂糖等。据领催、马甲等供称："我们于九月二十五日在小北门值班守门时，有素识的车夫张海成、郝珍、王有、王有福等先后到值房后院向我们说，伊等揽有无票砖茶、兵堂谕行运出口。每茶一箱许给钱一百文，每糖一包许给钱一百文。我们因贫寒难度，一时糊涂应允。陆续放出砖茶一千一百零七箱，得过钞一十一万七百文。又陆续放出冰糖三百包，得过钞十五千文，共一十二万五千文。"车夫张海成等供称："共揽过巨和义字号大小砖茶六百五十七箱，广聚昌、德巨永、大泉玉三字号大小砖茶一百五十箱。隆泰和字号大小冰糖三百包。每茶一箱该铺给钱一百六十文。我们向小北门市圈、南门两处守门官兵说明，给小北门官兵钱一百文、给市圈南门官兵钞五十文。我们使该铺十文。这茶箱、糖包都是九月二十二、二十三、二十四日屡次陆续出口。"大泉玉偷漏税 60 两，依照崇文门税关倍罚银之例，处罚 20 倍，共罚 1,200 两银。隆泰和字号偷漏冰糖 300 包，应缴罚银 3,600 两。巨和义偷漏税和厘金应缴 281 两，依照崇文门税关倍罚银之例，处罚 20 倍，共罚5,620两银。广聚昌、德巨涌共偷漏税 180 两，共罚 3,600 两银。[1] 以上共14,020两。

隔了几个月后，庆昀又查到"奸商借票偷漏茶厘"，同治元年(1862)七月奏报：一，复盛义字号于咸丰十一年十一月十五日呈报出关查票一张，开载砖茶一百五十箱。及茶箱到门时，经委员候补骁骑校禄芳查系三百箱才作一百五十箱蒙混拉运。当即按照票载数目放出一百五十

---

① 《军机处录副奏折》，编号 03—4400—083，咸丰十一年十二月二十日。根据档案记载，上堡原来系八旗驻防之地，嘉庆十年察哈尔都统佛尔卿额奏明将官兵房间租予官民居住，在市圈存贮货物，圈内课税易于稽查。《宫中档朱批奏折》，编号 04—01—01—0836—007，道光二十九年十一月十四日。

图 2—3　张家口税关小北门

图片来源：作者拍摄。

箱，其余一百五十箱点数驳回。二，兴隆光字号于咸丰十一年十一月十六日呈报出关茶票一张，开载砖茶一百五十箱。及茶箱到门时，经委员候补骁骑校布林吉雅、笔帖式多毓等查系核动原箱渗入茶斤，每箱数至一百二十斤，计一票数逾六千斤，意图蒙混，当即全数驳回。据复盛义铺民王佩功供称："小的铺中所领部票一张，因本年歇业并没出茶，嗣有和小的铺相好的天利和字号因出茶没票借去贸易。票虽小的铺号，茶是天利和的所出，多少小的并不知道。"

天利和铺民郎纯伦桑供："小的等铺内历年请领部票六、七、八张不等。上年十一月间，因系设库伦买卖没领库票，□和素好的复盛义字号借得票走库伦票一张。于那月十五日小的等将砖茶三百箱两箱作一捆合成一百五十箱拉进到门，当被查获放出一百五十箱，驳回一百五十箱。小的们两箱并一实因图省茶厘影射蒙混等语。"讯据兴隆光铺民何兆兰供称："上年十一月十六日小的铺报出茶票一张，开载砖茶一百五十箱，系将原箱技动添入茶斤，每箱逾额四十斤，计一百五十箱，共重一万八千斤。于定额之外共多六千斤。当被查出连票驳回。实因图省茶厘影射蒙混。”此案依照户部则例内载,崇文门商人漏税遇有积惯犯私屡次犯案者加银二十倍为止。又载崇文门拿获商人漏税罚赔银两,除一半赏给原拿人役外,其余一半归入正项。借票影射接连蒙混实与积惯犯私无异,自应仍循前案比照商人漏税例批罚查复盛义字号蒙混拉运砖茶一百五十箱,计系一票之数,应照例批罚二十倍,合银一千二百两。兴隆光字号蒙混拉运砖茶六千斤,计系半票之数,应照例批罚二十倍,合银六百两。共应罚银一千八百两。候补骁骑校禄芳、候补骁骑校布林吉雅、笔帖式多毓等三员官职皆小并兵丁人等均应照例批赏俾昭奖励,惟现值少养经费之际亦应量从撙节。[1] 天利和的执事人说历年领票多张,但是在茶商清册中并未发现该商号;另一“天福和”较接近天利和,两者是否同一家并不清楚,也可能天利和领票后借给其他商号。

该年十一月二十九日,庆昀奏奸商变其伎俩,又有复盛义、兴隆光、义盛成等三字号随票蒙混多运茶斤之弊。独慎玉铺民王振昌供:“因出茶每票合素好之义盛成借用部票一张,载砖茶一百五十箱,于上年十一月十六日呈报出关。小的欲将原箱改动派入茶斤。每箱逾额一百斤,于完额之外共多一万五千斤。”该字号蒙混多运砖茶一万五千斤系一票零三千斤之数,应照例批罚二十倍,合银一千五百两。驳回茶斤,应令该铺照案补领部票按额出运,届时按票抽厘,以免牵混重复。原拿此案之候补骁骑校布林吉雅、笔帖式今丹、骁骑校多毓等二员当职皆晓。盖兵丁人等均应仍循前案照例批赏以昭奖励。惟现值力筹经费之际亦应量从撙节。一俟此项罚款返备时,仍檄只批赏该发员兵丁等三成,合银四百五十两。其余七成合银一千零五十两为数归公即照部议。[2]

① 《军机处录副奏折》,编号03—4888—034,同治元年七月二十二日。

② 《军机处录副奏折》,编号03—4888—062,同治元年十一月二十四日。

恰克图的茶商，每张部票需缴纳 76 两的规费，咸丰十年（1860）张家口实施茶厘后，每票又缴纳 60 两的厘金，自然产生各种偷漏税的情况。但由商人一犯再犯，说明在这之前对于茶斤的管制可能不太严格。其次，商人口供提到借票的情况，如复盛义借票给天利和；独慎玉向义盛成借票，对于商人借票的行为，在理藩院则例中并未规范是否违规，显然这类事情属于商人的自主空间。

以上的案件显示商人常常将 300 箱捆成 150 箱，这或许是他们一贯的作风，因为一张部票携带一万二千斤的货物，若一箱茶 60 斤，不过就是 200 箱。最贵的君眉茶一箱 40 两，一张票携带茶叶不过也就卖8,000两，但从贸易清册统计每张票平均卖茶金额在二万两至五万两，若不多捆些茶叶哪有利润？

（三）华商捏指俄商茶纳税

茶商除了偷漏税外，也假称俄国商人名义买茶纳税，领照报关出运。同治元年（1862），张家口税关监督庆昀等奏称，咸丰十一年（1861）十一月二十四日，据市圈聚义公字号禀称，该铺卖给俄商什受润福公顺定武彝茶一千箱，照票报明值年保正兑交厘银，钤用值年保正行戳记赴司具报等。二十六日辰刻，有俄商观安三、通海店店户张秀纯执持照、俄商什受润福公顺定在税务监督衙门交纳子税印照，报关运茶出口后。适于是日中刻，有俄商玛钻呢斯启赴呈验发货脚契。该承办司员等与之询及，曾有该国商人什受润福公顺定由买茶报关出口一节。该俄商声称："聚义公字号供我们名字说我们买茶一千箱。这是假的。务必把这茶追回来严之办理。并求查为何给他执照。"[①]

---

① 《军机处录副奏折》，编号 03—4888—069，同治元年十二月十二日。

税务司员查出关茶箱尚在口外复盛求铺内存放，当经派员前往收茶箱粘贴印封，一面移查张家口子口半税税务监督所发执照系凭何人具报，一面饬司会厅传集市圈聚义公字号铺民，通海店店户，复盛求字号铺民，并市圈值年保正等严切究讯去后。嗣据张家口税务监督复称，所发执照系据通海店店户张秀纯代报完纳子税，有税单可凭等因，并据承办司员员外郎保顺、恩霖协领，舒都尔在署。张家口理事同知文镛会衔详称，道饬传集一干人证连次严行究讯。据聚义公铺民王安邦供称："小的是聚义公执事人，本口市圈设有茶栈一处，与恰克图所设茶栈系属同市。由于十一月二十一日由恰克图茶栈当差铺伙赵杰寄信来口，言恰克图茶价极旺，令赶紧运茶一千箱。即令赵杰押送仍旧回恰。小的因铺中茶票方才用完，新票尚未领到，茶箱不能出运。见现在通海店居住之俄商，俱准在口买茶，赴税务监督衙门纳税领票报关出运，就合素好之通海店店户张秀纯商议，指称小的二人素先认识，现在恰克图开设什受润福字号俄商公顺定的名字买茶好运茶出口赴恰；又因张秀纯常代俄商报税也就托他办理，许给酬劳银五两。"王安邦开具字单在行中只报卖给该商青茶一千箱，并未告知前情当交厘银二百两，印了值行戳记，张秀纯开具公顺定名字并茶箱数目赴税务监督衙门代报，并代交税银 637 两，领取执照一张同卖茶字单一并赴司察验中的。

据张秀纯称："小的是张家口下堡通海店店户，本年十一月二十一日有小的素好之聚义公字号执事人王安邦，因见小的店内现住俄商等俱准在口买茶纳税领照报关出运。小的曾代俄商等在税务监督衙门报税领照，遂问小的说，伊铺部票方才用完，恰克图分栈为寄来信催茶，与小的商定指称小的二人素先之恰克图俄商公顺定的名字买茶好运茶出口，托小的代为报税报关许给酬劳银五两。小的贪得该银当就允从，开具人名、茶数赴税务监督衙门代报后，交纳税银领取执照一张。二十六日出茶时也是小的持这执照赴司呈验报关，由王安邦雇脚收茶载运出口，小的旋即回店。是日就被在店的俄商知觉控告小的。聚义公铺指称：俄商公顺定买茶希图出运售卖。小的知情代为报税报关只因贪德该银并无别情。”据市圈值年保正寇钺、寇进义、刘源湘、王纶先均供无不知。

此案王安邦希图运茶赴恰辄敢不候部票，与通海店店户张秀纯捏称俄商名字买茶纳税领照报关出运，实属目无法纪，惟编查律例并无恰合等条自应比附问拟，王安邦一犯应即比照有文引“冒他人名度关津者杖八十”律拟以杖八十。张秀纯一犯按照“不应得为而为事理重者杖八十”律拟以杖八十。惟该二犯指称俄商姓名，其居心尤属可恶应照重各枷号四十日。这案件之后，张家口税关监督规定：“嗣后买茶务须亲身报税报关，不准借内地民人代报，以免借端滋弊冒领税照。”①

俄国商人到中国贸易，不免与华商有接触和合作关系。光绪三十一年(1905)，大泉玉王宣谊呈明不应在恰克图代俄人发卖狐皮，其具文如下：

> 铺民大泉玉王宣谊，年四十四岁，系山西汾阳县人氏，情因商民由恰克图与俄人往张家口代发狐皮等物。今蒙审讯商民，不应与俄人代发代卖，实系商民之错，情愿认罚，惟是买卖艰苦，恳乞恩典怜恤。商民嗣后再不敢办代发犯法之事，倘若查出情愿领罪所具明情是实。为此叩禀大老爷案下转呈钦宪老大人爵下钧鉴，恩准施行。光绪三十一年三月□日具。大泉玉情愿认罚二七砖茶三十箱，赎罪完案。②

文中提到买卖艰苦，说出了恰克图商人的处境。

---

① 《军机处录副奏折》，编号 03—4888—069，同治元年十二月十二日。

② 《蒙古国家档案局档案》，编号 086—015，页 0038—0039；编号 086—016，页 0040—0041。

六、小结

阿·科尔萨克在1857年出版的书中提到几家中俄恰克图贸易的商号,至清末路履仁到外蒙古考察,又记录了一些商号。[①] 蒙古国家档案局藏的档案则提供十八世纪末至十九世纪中全部商号名称。其次,恰克图商号主要由山西商人经营,他们和广州行商比较有些差异。根据陈国栋教授的研究,开海贸易的意义是政府可以取得一笔税收,充作当地兵饷的财源之一。[②] 粤海关的关税自乾隆二十年(1755)收入为486,267两至乾隆六十年增为1,171,911两。[③] 而张家口却一直维持缴交户部的正税二万余两,交内务府之盈余四万余两,税收并无显著成长。再者,陈教授提到乾隆二十五年(1760)广州行商成立公行开始到道光二十三年行商制度废止为止,前后共84年,共有47家洋行先后营业,这47家当中的37家在乾隆三十六年(1771)至道光十九年(1839)陆续停业。恰克图的商号在道光三十年以前有三四十家,至太平天国时,福建茶没落转而贩售湖南青茶,依旧生意兴隆,同治元年(1862)达92家。俄国学者的研究认为中国商人运输茶叶到恰克图,利润增加四倍,山西商人在恰克图茶叶贸易活动是成功的。陈教授提到广州行商重大支出为捐输,自乾隆三十八年到道光十五年(1773—1835)捐输总额超过五百万两,造成行商经营的困难。[④] 相较之下,山西商人因分化

---

① 路履仁,《外蒙古见闻记略》,收入中国人民政治协商会议全国委员会文史资料研究委员会编,《文史资料选辑》(北京:中国文史出版社,2000),第22卷,第63辑,页66。

② 陈国栋,《东亚海域一千年:历史上的海洋中国与对外贸易》,页199。

③ 参见郑永昌,《清代乾隆年间榷关管理与税收变化分析》,《两岸发展史研究》,2008年第5期,页121—168。

④ 陈国栋,《东亚海域一千年:历史上的海洋中国与对外贸易》,页277—282。

为小商号不引起官方注目，捐输数量不大。

本章利用档案和碑刻资料，发现运茶所经之地皆留下商号捐款记录，从汉口、山西平遥、祁县、太谷、张家口等地。又从道光三十年日昇昌张家口分号与其他各地的书信，可知茶叶买卖实为汇兑起源。恰克图中俄贸易在十九世纪逐渐增至千万卢布[1]，如此庞大的贸易必须透过票号来处理茶叶款项汇兑。况且，同治年间《汉口山陕西会馆志》出现常家和乔家等商号的茶庄和票号，《山西票号史料》列举蔚长厚来历为布庄或茶庄；合盛元来历为茶庄；大德兴为茶庄，1884 年改称大德通；长盛川由茶庄长源川改为票号；大德源来历茶庄；大德玉来历为茶庄。常氏的大泉玉、独慎玉、大升玉更是以茶庄亦经营票号。

1860 年以后各地方政府征收厘金、税捐等，致使商人运输成本大增。茶商并提供砖茶作为恰克图办公用途，致赠章京等年节寿礼等。晋商所面临厘金和苛捐杂税亦为茶叶贸易衰弱的重要原因。但是，商人采取的策略是在朝阳村设立分店，或行贿税关衙役偷漏税；或以假以俄国商号名目偷漏税等。但从茶叶产地到张家口的厘金和运输成本太高，商人很难获利，逐渐转向在蒙古各旗贸易。

---

① ［日］吉田金一，《ロシアと清の貿易について》，页 39—86。

第三章　清代库伦衙门的财政

一、前言

研究清代财政史的学者提到清朝赋税主要来自田赋、关税、盐税三项重要税收，乾嘉朝三项税赋约四千万两[①]，另外，杂赋为杂项税课占3.7%，大约一百五十万两。杂赋包括以“课”命名的芦课、茶课、金银矿课、铜铁锡铅水银朱砂雄黄矿课、鱼课等；以“税”命名的田房契税、牙税、当税、落地牛马猪羊等项杂税；以“租”命名的旗地租、学田租、公田租等。[②] 喀尔喀蒙古的库伦，虽靠近中俄贸易的恰克图，但清朝对俄贸

① 乾隆朝《大清会典》记载，乾隆十八年(1753)的税赋，田赋收入为29,611,201两，盐税为5,560,540两，关税为4,324,005两。至嘉庆十七年(1812)，田赋收入为29,528,201两，盐税为5,797,645两，关税为4,810,349两。允祹等纂修，乾隆《大清会典》(光绪三十四年上海商务印书馆印本，中研院近代史研究所图书馆藏线装书)，卷10，页2；卷15，页3；卷16，页1。《汇核嘉庆十七年各直省钱粮出入清单》(1930年刊行)，转引自[日]香坂昌纪撰，赵中男译，《论清前期嘉庆年间的国家财政与关税收入》，《社会科学辑刊》，1993年第3期，页88—94。

② 许檀、经君健，《清代前期商税问题新探》，《中国经济史研究》，1990年第2期，页87—100；陈锋，《清代财政政策与货币政策研究》(武汉：武汉大学出版社，2008)，页365—366。

易税关设在张家口，库伦并未征关税，其财政主要来自商人的杂赋。库伦的商人必须缴纳地基银，嘉庆时增加衙门规费银，清末库伦商民事务衙门清查商铺大小，按等第征收铺房捐。其次，商人领取理藩院的照票到库伦后，或由乌里雅苏台、库伦到恰克图或蒙古各旗经商，必须向库伦商民事务衙门请领路引，或称“小票”，商人必须缴交规费。同治年间，新疆回变，导致部分残兵流窜蒙古，库伦办事大臣亦向商民收取捐输费用。清末实施新政，捐派各种名目的税捐，此为本章讨论问题之一。

有关边疆财政的研究，James A. Millward 讨论清政府新疆各地征税，仿准噶尔在南疆的征土地和人头税以及商业税。其次，商人的捐输也是新疆财政的重要来源。道光时期，新疆的军事官员常依靠向商人借款来填补军事支出，并依赖商人来运送粮食和商品。[①] 清代的旅蒙商在张家口缴税后，库伦并无商业税项目。樊明方讨论光绪年间蒙古实施新政，蒙古地方官向商民征各种税收。[②] 这些研究提醒笔者注意清末设立的新机构，以及筹措新的经费方式。本章拟讨论库伦长期的经费来源、过程，以及在库伦地方财政的意义。

研究地方财政常利用《户科题本》或方志赋税篇，库伦并非驻军所在，未如定边左副将军题报经费支出，亦无方志。自嘉庆年间库伦办事大臣奏报恰克图和库伦的地基银，在此之前的财政资料，需仰赖蒙藏文化中心收藏的蒙古国家档案馆档案，该档案自雍正至民国年间，有关财政的部分则自乾隆六十年(1795)到清末，主要分为收支两部分，有“库

① James A. Millward, *Beyond the Pass: Economy, Ethnicity, and Empire in Qing Central Asia, 1759-1864* (Stanford: Stanford University Press, 1998), pp. 58-61. 但财政最主要是倚赖内地各省的协饷，根据估计 1795 年每年协饷约 845,000 两，1828 年至少为 92 万两，1840 年代和卓爆发叛乱，新疆的协饷超过四百万两。

② 樊明方，《清末外蒙新政述评》，《西域研究》，2005 年第 1 期，页 35—43。

伦衙门官项柴炭银两动用清册”、“库伦公项用款档”、“库伦办事大臣养廉银”,同治年间以后库伦商民事务衙门每年的“收款档”和“用项档”较为齐全。此外,还有库伦商号缴交规费清册,如“十二甲首呈递一年留支各款数目清账”。另外,清末朝廷曾派官员到蒙古考察,有各种日记、调查报告等。如李廷玉《游蒙日记》、唐在礼《库伦边情调查记》、马鹤天《内外蒙古考察日记》、陈箓《止室笔记·奉使库伦日记》等。本章将利用以上资料讨论库伦的财政。

陈箓《止室笔记·奉使库伦日记》提到清末库伦办事大臣的收入,共有四类。第一类旧款息银。图什业图盟 750 两、车臣汗盟 600 两、沙毕衙门 720 两、十二甲商董 120 两;第二类新款息银。图什业图盟 510 两、车臣汗盟 510 两、沙毕衙门 510 两、折罚款息银 120 两;第三类羊马折价汗山孳生群。其中马 50 匹,官价 4,000 两。肯特山孳生群内羊 300 只,官价 4,500 两;第四类地方收入。分别为恰克图查验华商部票费 8,500 两、库伦铺户地基银 300 两、库恰出口统捐银 600 两、金砂税银 315,200 两等,平均计算总在五十万两以上。[1] 但是,我们从档案上看到的库伦财政收支,并非库伦办事大臣私有,部分必须上缴理藩院或户部。本章将厘清中央和地方财政项目。譬如恰克图查验商民部票费;库伦、恰克图出口统捐银;铺户银等项目必须上缴中央。至于查地陋规银、商民台站免役银、库恰车驮捐银、甲商认捐巡防步队饷银、地基银等则属于地方办公经费和官员胥役的津贴。清代商业方面的税收较少学界关注,本章仅提供初步的看法。

---

① 陈箓,《止室笔记·奉使库伦日记》第 2 种(台北:文海出版社,1968),页 245—247。

二、库伦办事大臣衙门的组织

清朝在蒙古地区的库伦、乌里雅苏台、科布多设官，乾隆二十一年(1756)，皇帝任命桑斋多尔济为喀尔喀副将军。二十八年(1763)，特派驻库伦办事大臣，“掌俄罗斯之往来，明其禁令”。库伦办事大臣二人，一由在京满洲蒙古大臣内简放，一由喀尔喀札萨克内特派，所属库伦理藩院院司官二人，笔帖式二人，恰克图理藩院院司官一人，辖卡伦会哨之各札萨克，以理边务。凡行文俄罗斯萨那特衙门，皆用库伦办事大臣印文。①

库伦办事大臣所属之理藩院官员，一者是印房章京：“禀承办事大臣佐理庶政，盖与内地督抚之签押房体制相似，而员数较多大都佐治杂流，以章京为之领袖。”

二者是管理买卖民人事务部院章京：“掌库伦贸易诸务，稽察奸宄平其争讼。”据管理库伦商民事务员外郎奇德呈称：办理库伦部院章京事务，该衙门有蒙古比齐耶齐(biciyeci)二名、汉人书吏二名、玛那齐(manaci)二十名、乌拉齐(ulaci)四名、捕役六名、仵作二名，共计三十六名，内惟六名捕役及二名仵作有行粮，其余比齐耶齐、乌拉齐等二十八名，没有行粮仅领津贴。② 库伦商民事务衙门为管理商人机构，根据波兹德涅耶夫称为“札尔古齐衙门”，他说：“札尔古齐(jarguci 蒙语，意即

---

① 中国第一历史档案馆编，《乾隆朝满文寄信档译编》(长沙：岳麓书社，2011)，第 4 册，页 577。置库伦办事大臣，以司俄罗斯边务，东西会两将军而理之。其东黑龙江境内，则由黑龙江将军、呼伦贝尔副都统经理。其西至近吉里克以西，则由定边左副将军、科布多参赞大臣经理。皆与库伦办事大臣会同酌办。中国社会科学院中国边疆史地研究中心主编，《清代理藩院资料辑录·乾隆朝内府抄本〈理藩院则例〉》，页 80—81。

② 《军机处满文录副奏折》，编号 03—3616—006，嘉庆五年九月二十五日。

“理事官”)，满文称为章京，设于乾隆七年(1742)，由满人担任，一任三年，由理藩院派出之员外郎担任。笔帖式没有固定薪俸，但他们可以在向汉人发给照票时征收规费。照票系按照理藩院规定发给的，照票最高价格为六箱半砖茶，就是近一百个卢布。商民事务衙门所发照票平均为 90—120 份之间，因此衙门收入可确定为15,000卢布。”[①]波兹德涅耶夫对库伦财政制度不清楚，这些规费并不是管理买卖民人事务部收取。管理库伦商民事务衙门收的是库伦落地税、限票规费等。

三者为分驻恰克图办事司员一人，管理边务商业，以下设有笔帖式、领催数人。恰克图章京以员外郎任命，司官之下设有蒙古笔帖式、值班章京、书吏、更夫、种菜水夫，皆由本处派拨当差。[②] 乾隆五年(1740)奏准，领催等差往军营及恰克图、库伦等处者，如哈密等差之例。二月至七月给银 10 两，八月至正月给银 20 两。[③] 领催人数三人，之后又设笔帖式二人、翻译官一人等。[④] 清末恰克图章京合以蒙官翻译、领催等共得三十余员笔帖式等官。[⑤]

乾隆四十二年(1777)，桑斋多尔济等奏称：“库伦蒙古民人交涉事件，例由部院章京办理，具报理藩院，并不具报驻扎库伦大臣等语。库伦若无特驻办事大臣，所有事件，自应具报理藩院完结。今现驻有大臣办事，令其就近兼管，甚属妥便。况驻扎库伦者即系理

---

① [俄]阿·马·波兹德涅耶夫著，《蒙古及蒙古人》，卷 1，页 146—147。

② 《军机处录副奏折·外交类》，嘉庆四年十二月十八日山西司奏折。转引自孟宪章，《中苏贸易史资料》，页 181。

③ 中国社会科学院中国边疆史地研究中心主编，《清代理藩院资料辑录·乾隆朝内府抄本〈理藩院则例〉》，页 167。

④ 到清末设章京一人、主事一人、笔帖式二人、领催三人等、翻译官一人等。《蒙古国家档案局档案》，编号 081—021，页 0069—0072。

⑤ 唐在礼，《库伦边情调查记》，收入《中国边疆行纪调查记报告书等边务资料丛编(初编)》(香港：蝠池书院出版有限公司，2009)，第 21 册，页 13—14。

藩院大臣，向不具报该处大臣，转纷纷具报理藩院，本属错误。嗣后库伦章京，即着驻扎库伦办事大臣兼辖。凡蒙古民人交涉事件，均具报该管大臣办理。”[1]此后，库伦办事大臣兼管汉人与蒙人的纠纷案件。

库伦办事大臣虽称“大臣”，薪俸却不高，由口北道岁支养廉银 720 两，比定边左副将军的 1,500 两少一半。咸丰年间，养廉银减半，只剩下 360 两。光绪八年(1882)，库伦办事大臣喜昌奏称，每年五成养廉银，而库伦物价昂贵、事务繁多，应需公费由防饷项下月支银 300 两。喜昌建议清政府应给库伦办事大臣照乌鲁木齐都统每年加给公费银 4,800 两。清朝政府认为乌鲁木齐情况与库伦不同，并没有核给公费银。[2] 不过，光绪年间恢复养廉九成，实银 648 两。

此外，库伦办事大臣等领有盘费银，所谓盘费银就是到外地任差的旅费，亦由口北道拨款。[3] 譬如，库伦办事大臣于嘉庆二十一年(1816)十一月初六日起至次年(1817)十一月初五日止，扣除小建六日，每日盘费银二两寔应领盘费银 708 两。[4] 管理商民事务的部员由户部拨给盘费银，每日银一两。如定太自嘉庆二十二年(1817)二月二十日起至二十三年(1818)二月十九日止，除小月之小建六日，寔领一年盘费银共 354 两，并一年纸朱银 30 两。又印房额外主事双明，应领嘉庆二十二年三月二十六日起至二十三年三月二十五日止，除小建六日，寔领一年

① 庆桂等奉敕修，《大清高宗纯皇帝实录》，卷 1036，页 877 下，乾隆四十二年七月下。分驻恰克图办事司员一人，掌俄罗斯贸易诸务听节制于库伦大臣。

② 《军机处档折件》，编号 123374，光绪八年五月二十四日。

③ 《蒙古国家档案局档案》，编号 027—012，页 0115—0117；编号 040—010，页 0035。

④ 《蒙古国家档案局档案》，编号 027—012，页 0115—0117。

盘费银共354两，二项共银738两。[①] 又，库伦办事大臣所属之各单位设置领催亦有盘费银。如承德自咸丰七年七月十二日起至八年七月十一日止，除小建六日每日领银2.5钱，共应领一年盘费银88.5两，按新章每两折宝钞2串，共折给宝钞177串。[②]

清代州县衙门设有六科，包括吏科、户科、礼科、兵科、刑科、工科。一般衙役有充当门卫的门丁或称门子；与户科有关的库丁、看守仓库的仓夫、斗级，抬轿的轿夫、撑伞持扇的伞扇夫、巡夜的更夫；驿递的铺兵等。[③] 库伦商民事务衙门的组织只有笔帖式（又称毕齐业齐）、通事（翻译官）、书手、领催、仵作等。

宣统二年（1910），库伦办事大臣三多奏请增给库伦衙门官员之员额（参见表3—1）。薪俸方面旧支银10,261.2两，增银12,058两，一年共支银22,319.2两。[④] 库伦办事衙门在原来的职官外又增加了道员用即选知府、理刑司员法部候补主事、分省试用盐大使、已保候选府经历、尽先即选县丞等。“即选”、“候补”、“试用”、“候选”都是捐纳的名目。[⑤] 此因清季俄人柯乐德办理金厂，库伦征收金矿官税，派监办官道员用即选知府阎学沂办理征税，光绪三十四年（1908）征官税46,000

---

① 《蒙古国家档案局档案》，编号040—003，页0011—0014。此项盘费每银一两折给制钱2,000文等因行文遵照在案。今据理藩院咨称库伦部院印房章京瑞福应领一年盘费银354两，既据理藩院核明银数咨部给领，应准其按照新定章程每银一两折给制钱二千文，共折给制钱七百八串文，相应札付银库郎中验明理藩院印领照数给发。

② 《蒙古国家档案局档案》，编号040—010，页0035。

③ 瞿同祖著，范忠信、晏锋译，《清代地方政府》（北京：法律出版社，2003），页96—97。关于地方政府的衙役，参见拙作，《明代南直隶赋役制度的研究》（台北：台湾大学出版委员会，1983），页161—174。

④ 三多，《库伦奏议》（北京：全国图书馆文献缩微复制中心，2004），第1册，页119—150。

⑤ 参见伍跃，《中国的捐纳制度与社会》（苏州：江苏人民出版社，2011），页173—241；许大龄，《清代捐纳制度》（台北：文海出版社，1984），页82—83。许大龄教授讨论捐纳实官之从九品未入流包括盐茶大使。捐从九品未入流之官，以其值廉。

两，宣统元年(1909)征官税 172,000 两。在奎腾河地方设厂采金矿，该厂应缴金砂税，三多奏请派理藩部候补笔帖式苏都哩充当该厂监办官，监视官税并刊发木质钤记一颗，名曰“奎腾河金厂监办官钤记”。[①] 理藩部员外郎瑞森也充金矿克勒司金厂监办官，哈尔格囊图金厂监办官印房笔帖式崇志、印房候选府经历梁鹤年担任雅勒弼克金矿厂监办官，刊给木质钤记一颗，文曰“雅勒弼克金厂监办官钤记”。[②] 由此可知，清末库伦增设职官为监视金厂官税之需。

表 3—1　宣统二年(1910)库伦办事大臣衙门组织与员额

职衔	人数	旧支每月津贴银(两)	增银(两)	共银(两)	备注
章京理藩部员外郎	1	61.3	98.7	160	瑞森
道员用即选知府	1	59.3	100.7	160	阎学沂
员外郎衔候补主事	1	57.3	62.7	120	崇志
理刑司员法部候补主事	1	100	20	120	瑞譔
额设理藩部笔帖式	1	57.3	42.7	100	启绵
奏留理藩部候补笔帖式	1	57.3	42.7	100	苏都哩
试用知县即选县丞	1	28	52	80	杨培温
分省试用盐大使	1	35	45	80	方器
已保候选府经历	1	27	53	80	梁鹤年
尽先即选县丞	1	27	53	80	冯贤斌
额设领催	3	27.7	23.3	153	贡生增昆等
蒙古五品官	1	38	42	80	
蒙古六品官	2	24	36	120	

① 三多，《库伦奏议》，第 2 册，页 429—435。

② 三多，《库伦奏议》，第 2 册，页 491—494。

（续）

职衔	人数	旧支每月津贴银（两）	增银（两）	共银（两）	备注
蒙古七品官	1	19	31	50	
蒙古委七品官	1	16.5	23.5	40	
蒙古翻译官	1	44	16	60	
蒙古翻译官	1	22	18	40	
蒙古毕齐业齐	6	9	21	180	
书记	2	12	18	60	阎毓棻、闪宝贤

资料来源：三多，《库伦奏议》，第1册，页133—142。

唐在礼评论库伦办事衙门的官员说："掌边疆重任贤者，犹惧不堪，况以杂流迁谪之员，曾无普通教育之识。其上焉者素餐尸位有辱官方；其次焉者奔走钻营有亏名节，古来边事大抵坏于此辈。盖徒以地苦其人而曾不顾人之苦，其地也徒以边方为远，安置闲人而不知远安而后迩安也，此库伦吏治之一斑也。"[①]从库伦办事大臣向商人索取陋规银两，可见吏治不彰。

三、库伦衙门经费来源

传统的财政收支，分旧存、新收、实用、下存四柱清册。除了库伦办事大臣自身养廉银由朝廷负担外，库伦地区并无固定税收，都由商人携带货物中抽取砖茶。嘉庆三年（1798）开始编列四柱清册，该年新收银757.35两、砖茶100.5块、貂皮2张、香牛皮1张。主要是来自边境走

① 唐在礼，《库伦边情调查记》，收入《中国边疆行纪调查记报告书等边务资料丛编（初编）》，第21册，页15。

私或偷窃案件之罚银,嘉庆、道光年间才有铺房地租银等。本节按照经费来源的先后逐一讨论。

(一)边境走私之罚银

宝音朝克图讨论雍正五年(1727)清政府设置漠北蒙古卡伦,每处卡伦安设章京一员,率兵丁携眷戍守。卡伦官兵管理边境贸易,并且稽查盗窃抢劫、查拿逃犯等,若有私越卡伦而失于防查,将处罚牲畜等。[①]嘉庆年间发生几次商民私自到卡伦贸易事件,管理之官兵被罚。

嘉庆三年(1798),民人何卫信、王标等私到卡伦贸易,在其名下所罚六九牲畜。一九牲畜折银27两,六九牲畜交价文162两。因商民在卡伦贸易之故,管理卡伦的官兵一并受罚。罚该札萨克博的七苏笼名下一九牲畜折价银27两。管卡伦甲喇索宁名下三九牲畜,交大牲口25匹头。乌里洋海私出卡伦打牲之章京巴图图鲁等名下,所罚腿子马16匹交给笔奇业起变卖交价银25两。乌里洋海之总管达吗林札布名下所罚一九牲畜折价银17两,内短1.5两,添茶7块。[②]

嘉庆六年(1801)五月二十二日,库伦办事大臣蕴端多尔济等奏:“据遣查卡伦之台吉车林札布报称,其至哈尔呼济尔卡伦后闻知,俄罗斯丢失二匹马,后于树林内找到,已交还俄罗斯等情。奴才等当即为严拿贼犯事,交付管理卡伦公噶拉木。今公噶拉木将偷盗俄罗斯卡伦二匹马之贼犯巴勒桑、沙都布、绰依札布解来,经奴才等严审。据贼犯供称:系由喇嘛巴勒桑为首起意,纠邀喀拉沙都布,于今年三月二十五日盗取俄罗斯哲勒图尔卡伦二匹马,栓藏于哲勒图尔塔尔图地方,被本卡

---

① 宝音朝克图,《清代北部边疆卡伦研究》(北京:中国人民大学出版社,2005),页156—160、225。

② 《蒙古国家档案局档案》,编号023—003,页0017—0031。

伦披甲达木比尔寻得，公噶拉木来查卡伦，即将我俩解来等语。奴才等再次刑审，坚供不移。”

本案依照与俄罗斯定例：“未携军器之窃盗，一经拿获，当众鞭现一百示儆，所盗马匹交还原主，并五倍罚取。”蕴端多尔济拟将首犯巴勒桑枷号二月，期满鞭责一百，从犯沙都布枷号一月，期满后鞭责八十，皆回原旗服苦役。绰依札布虽行盗，但知其兄巴勒桑、沙都布等贼情而未告发，不能言无罪，将绰依札布鞭责八十示儆结案。“所盗马二匹已交还俄罗斯，今仍按五倍赔还俄罗斯，以示宽宏。故由贼犯名下征收马十匹，今即交付恰克图章京祈德，由我宰桑转交省长并明白晓谕之。”再，总管六卡伦之参领达西，管理本卡伦章京鄂尔几图等，平素懈弛，未严加管束，方致巴勒桑为盗故罚达西一九之牲。将鄂尔几图革章京职，罚牲五头，仍在卡伦效力；总管二部卡伦之公噶拉木闻知此事，即亲拿获贼犯解来，照例将首犯所骑马二匹赏与公噶拉木。①

在库伦档案中记载，嘉庆七年（1802）喇嘛巴哈桑（巴勒桑）、罗布桑、沙毕属下奔巴三人，因偷俄罗斯马，在该卡伦章京鄂尔几图名下所罚马 5 匹，折交银 15 两。该管之札兰达什名下罚牲畜一九，折交银 27 两。罗布桑属于图什业图汗旗下人，该管之头目多尔济札布名下所罚一九牲畜，折交银 27 两。沙毕属下奔巴，因偷马之故在该管之头目布达札布名下所罚三九牲畜，折交银 81 两。另一头目晋巴名下所罚三九牲畜，折交砖茶 405 块，每块茶折银 0.2 两。卡伦章京札兰等因失察贼犯奔巴出入卡伦，在伊等名下所罚马 7 匹，折交银 21 两，该案件所有相关人员名下共交 252 两银。嘉庆七年（1802）六月二十八日，德勒克彭楚克贝勒旗下台吉策登图巴，因私放巴拉但喇嘛出入卡伦之故，在伊等

---

① 《军机处满文录副奏折》，编号 03—3626—025，嘉庆六年五月二十二日。

名下各罚马5匹，折交银30两。[①]

光绪六年（1880），车臣罕部落贝子拉旺呼克轸呈送未支应查卡伦边界台吉吹扎布乌拉鄂凌图卡伦昆都朗固特，罚二九牲畜价银54两。四月二十一日车臣汗部落贝子拉旺呼克轸署印协理台吉阿育尔咱呈送，喇嘛源端无执照越界，失查台吉多普端旺济勒梅楞额林沁章京讷林多诺依等各罚五牲畜，折价银45两。[②]

（二）偷窃等刑事案件之罚银

按照《蒙古增订律例》，蒙古地方偷窃银两什物者视其赃数多寡，分别首从治罪，失察之台吉等按赃议罚。[③] 如嘉庆三年（1798），纵放阿尔固斯台之章京策登名下所罚一九牲畜，交马4匹、砖茶75块。若是哲布尊丹巴沙毕衙门有纵容贼犯，其沙毕亦被处分，因纵放贼犯而罚伊琫庙斋桑喇嘛等名下一九牲畜，折价银27两。喇嘛无力照数交纳，折交香牛皮5张、砖茶12块、毛青布2匹、平机布1匹。又，追捕贼犯逾期亦将处罚牲畜。将军贝勒达克丹多尔济旗下，交承拿贼犯二限未获之昆笃猛克名下，所罚二九牲畜折价银54两。又，公齐

---

① 《蒙古国家档案局档案》，编号023—001，页0001—0012。

② 《蒙古国家档案局档案》，编号055—006，页0038—0053。

③ 中国社会科学院中国边疆史地研究中心编，《蒙古律例》（北京：全国图书馆文献缩微复制中心，1988），卷11，页4。清代针对蒙古制定专门的法律，早在清太宗崇德八年（1643）颁布《蒙古律书》，顺治年间新定条例，康熙六年（1667）增定《蒙古律书》刻本。李保文编译，《康熙六年〈蒙古律书〉》，《历史档案》，2002年第4期，页3—11。康熙三十五年（1696）刊刻《蒙古律》，乾隆六年（1741）编修《蒙古律例》，嘉庆时代以及以后各朝所编《理藩院则例》。关于《蒙古律例》与《理藩院则例》的关系已经有许多研究和争论，譬如达力扎布认为《理藩院则例》比《蒙古律例》内容更广泛。道光、光绪等朝随着对蒙古地区管理的需要，几次增删修订《理藩院则例》，以汉、满、蒙古三种文字刊刻发行。达力扎布，《〈蒙古律例〉及其与〈理藩院则例〉的关系》，《清史研究》，2003年第4期，页1—10。文中提及乾隆内府抄本《理藩院则例》，见赵云田，《〈蒙古律例〉和〈理藩院则例〉》，《清史研究》，1995年第3期，页106—110。

旺达什旗下交承拿贼犯二限未获之梅楞达尔甲名下所罚二九牲畜实银 54 两。[①]

如果因偷窃涉及命案，其惩处又更为严重。嘉庆七年(1802)五月二十三日，蕴端多尔济等奏为贝子索诺木旺吉尔多尔济未将偷窃马牛贼犯格尼恩车登、达什呈报盟长而擅自勒死应革退贝子事。事因贝子索诺木旺吉尔多尔济旗下奴仆格尼恩车登于乾隆四十六年(1781)偷窃固鲁彦巴图马 17 匹，图萨拉克齐敦多布等未经照定例办理，擅将格尼恩车登在该旗枷号，鞭责完结。后来格尼恩车登于四十八年(1783)又行偷窃喇嘛萨木保马一匹，贝子索诺木旺吉尔多尔济会同图萨拉克齐敦多布、扎奇鲁克齐尼木保商议，交披甲伯拉胡、齐巴克等将格尼恩车登脖颈系绳勒杀。又五十八年(1793)贝子索诺木旺吉尔多尔济前往卡伦巡察，该旗无品级台吉达什因偷窃本旗喇嘛车林牛一只，经重惩后释放后。达什又偷窃披甲敏珠尔马二匹，诱拐披甲布彦图之女舍吉特，又偷窃台吉章楚布马三匹逃逸，经拿获解送多伦地方，札萨克管理多伦事务梅伊嫩巴图蒙克即将达什枷号看管，续于五十九年(1794)图萨拉克齐车林呈报贝子索诺木旺吉尔多尔济。

据看管贼犯达什之台吉章楚布报称，贼犯达什枷号至今已有数月，此期间并不知畏惧，常与人口角，若将达什释放仍行滋生事端等语。索诺木旺吉尔多尔济以达什先前偷牛一只案，经严惩并不知畏戒，复因偷窃马二匹、诱拐女子舍吉特脱逃拿获，虽经枷号仍不知悔改，会同图萨拉克齐车林商议，交付台吉章楚布、车凌札勒派奴仆蒙克瓦齐尔、敦多布验看着交达什之奴仆浑坦、巴勒吉雅，将达什带去野地勒死。

---

① 《蒙古国家档案局档案》，编号 023—003，页 0017—0031。

嘉庆四年(1799),台吉伊达木以索诺木旺吉尔多尔济擅杀伊子达什未照例办理等情提出控告。索诺木旺吉尔多尔济会同图萨拉克齐车凌拜杜布等商议,将杀死达什之浑坦、巴勒吉雅,验看杀死之蒙克瓦齐尔、敦多布等四人,各罚三九牲畜给与付伊达木,但伊达木说:“不是他们擅杀达什,是遵照贝子图萨拉克齐之言而杀,我不接受这所罚牲畜。”

索诺木旺吉尔多尔济审理旗下贼犯格尼恩车登初次窃盗马十七匹,已致死罪,理应呈报该盟长照例办理,并未呈报,竟擅自枷号完结;后来又于窃盗马一匹案内,藐法擅行勒死,着实暴虐。贼犯达什系无品台吉衔,初次偷窃牛一只案,照《蒙古律例》应革去台吉衔为白身人,罪应发附近盟台。虽又二次偷窃马五匹,但计其数罪止发南方五省,并不致死罪,又未照例办理,擅交达什之正奴仆勒死,实属不堪。索诺木旺吉尔多尔济借其札萨克之势,任意擅杀二命,理应将索诺木旺吉尔多尔济革去札萨克贝子。验看处死之章京扎木音革去章京,罚二九牲畜充当苦差效力。图萨拉克齐、车凌拜杜布、扎奇鲁克齐、车登扎布、梅伊嫩达木巴,皆系协助该札萨克办理事务之人,办理达什案件时,虽各自公务出差,差竣返回,见此情由理应陈明呈报盟长,并未呈报,应将图萨拉克齐、车凌拜杜布、扎奇鲁克齐、车登扎布、梅伊嫩达木巴,俱行革职,各罚三九牲畜,甲喇章楚布于事后明知此案缘由,并未详细呈报,亦属非是,章楚布革职,罚二九牲畜。①

根据《嘉庆七年衙门官项罚九牲畜变价银两砖茶等物销算清册》,嘉庆七年(1802)十二月初五,已革贝子索诺木旺吉尔多尔济旗下,因私贼犯达什二人用马拉死之故,将该管之札奇鲁克齐等五人名下共罚十三九牲畜,折银 220.5 两、砖茶 270 块。② 该年还有晋巴因窃驼四只、

① 《军机处满文录副奏折》,编号 03—3640—039,嘉庆七年五月十六日。
② 《蒙古国家档案局档案》,编号 023—001,页 0001—0012。

马二匹，共变价银 33 两，以及沙毕属下头目杜噶尔因三限未获贼犯之故，杜噶尔名下所罚二九牲畜，折交砖茶 270 块。库伦办事大臣衙门因罚牲畜所得银两 801.7 两。

康斯坦（Frederic Constant）认为清代蒙古法律主要围绕着侵犯人命与财产。《蒙古律例》于乾隆六年（1741）告竣，从此中华法系的制度直接加入传统蒙古法，譬如偷窃是《蒙古律例》里受到中国法律影响最深的刑名。最严重刑名即抢劫杀人的刑罚，蒙古法受《大清律例》影响，将该罪定为枭首示众。偷窃的处理方式也受《大清律例》影响，偷窃刑罚根据被偷牲畜多寡实施惩罚。① 不过，《大清律例》审理偷窃案件并无牵连所管的相关治安单位，蒙古则因放纵盗贼惩处所辖办事人员，且逾限未获还罚牲畜，比汉人社会更为严苛。

（三）落地税

落地税是商人购得货物到店发卖时所征的税，清朝落地税没有统一税法，由地方官随时酌收，无定例、定额。库伦原来并无落地税，仿造归化城落地税方式征收。归化城因附近种烟叶、杂粮，制造烟、油、酒等在此售卖，渐起行市。乾隆二十六年（1761），经户部议准："归化城为蒙古商民辐辏之处，所有烟油酒三项及皮张杂货等物，俱应归入落地税内，照例征收。"②根据杨选第的研究，烟油酒三项的征税办法，分按铺或按驮、按斤征收。按铺征收系依照营业规模大小，上户年纳银 5 两、中户年纳银 2.5 两。如归化城道光年间该设缸房 9 座、油房 3 座，每座

---

① [法]康斯坦（Frederic Constant），《从蒙古法看清代法律多元性》，《清史研究》，2008 年第 4 期，页 127—143。

② 昆冈等奉敕修，《大清会典事例》（北京：中华书局据光绪二十五年[1899]石印本影印，1991），册 10，卷 980，页 1139 上。

纳银 2.5 两共 30 两。若就地货卖或贩往他处售卖，则按驮、按斤征收。烧酒、胡麻油每驮征税 8 分、芝麻油每驮征税 1.2 钱。[①]

嘉庆五年(1800)，奇德的奏折提到向来库伦衙门收取商人货物落地税，这税行之久矣，据甲首会商："若来自张家口、多伦诺尔、库克城、乌里雅苏台、恰克图的货车，每车抽收茶一块半，若系来自各札萨克蒙古商人的车，则减抽一半，原系自库伦设立市集以来，各旧商首们会商所施行之事，年久亦无凭查核等语。"自库伦设立市集以来，从张家口、多伦诺尔、库克城、乌里雅苏台、恰克图的货车，每车抽收茶 1.5 块，若系来自各札萨克蒙古商人的车，则抽 0.75 块茶。[②] 商民事务衙门章京奇德希望禁止抽收落地税，而以发商生息银作为公费银。

但光绪年间又恢复抽收茶块的落地税。其一，库伦对外地商人进入市圈征落地税。第一，由张家口新入保甲的商人每家付 126 块砖茶。第二，在多伦诺尔领部票的商人，至库伦商圈每张部票需缴 122 块砖茶。第三，自归化城领部票的商人，到库伦需缴三六砖茶 65 块。这三类的砖茶收入，光绪十九年(1893)，共三六砖茶 1,720 块；光绪二十年(1894)，共三六砖茶 9,174 块；光绪二十一年(1895)，三六砖茶，共 8,357 块。其二，库伦商人出栅栏出外贸易者，向商民事务衙门领取小票，每百天缴三六茶 3 块。栅栏外"无甲"入里甲者缴茶 1 块，货物按车驮计算，每车驮缴三六茶 6 块，编入里甲者缴茶 4 块。以光绪二十年(1894)至二十一年(1895)的收砖茶数目来说，共收砖茶 10,493 块，每七块砖茶折银一两，共约 1,499 两(参见表 3—2)。

---

① 杨选第，《清代前期对内蒙古地区的赋役征派及其特征》，《内蒙古社会科学》，1998 年第 1 期，页 64—68。

② 《军机处满文录副奏折》，编号 03—3616—006，嘉庆五年九月二十五日。

表3—2 光绪二十年(1894)十月至二十一年(1895)九月商号轮值及收砖茶数目

时间	值月甲首	收小票(张)	砖茶(块)	出门报单(张)	砖茶(块)	无甲进门(车驮)	砖茶(块)	共砖茶(块)
光绪二十年十月	头甲源泉涌值月	59	258	328	507	72	144	909
光绪二十年十一月	二甲林盛元值月	38	144	371	361	73	146	651
光绪二十年十二月	三甲义合忠值月	30	130	186	264	7	14	408
光绪二十一年一月	四甲协裕和值月	16	68	126	190	16	32	290
光绪二十一年二月	五甲广全泰值月	42	166	223	369	11	22	557
光绪二十一年三月	六甲大盛鸣值月	74	292	212	367	16.5	33	692
光绪二十一年四月	七甲三兴德值月	64	248	180	315	22	44	607
光绪二十一年五月	八甲大珍玉值月	91	410	230	395	196.5	393	1,198
光绪二十一年闰五月	九甲双舜全值月	88	260	211	374	78	156	790
光绪二十一年六月	十甲兴泰隆值月	35	126	250	423	218.5	437	986
光绪二十一年七月	一甲合盛源值月	38	132	213	344	179	358	834
光绪二十一年八月	二甲兴隆魁值月	54	240	241	421	504	1,008	1,669
光绪二十一年九月	头甲源泉涌值月	60	240	245	432	115	230	902

资料来源:《蒙古国家档案局档案》,编号068—029,页0160—0189。

不过,光绪二十二年(1896)为了提高落地税的收入,又采取新的计算方式,以货物为课税对象。每箱砖茶课税俄钞(卢布)57文(俄罗斯卢布158.7文等于银1两),每件杂货课1块砖茶、外出一年的年票每张票课30块砖茶、外出百天课9块砖茶。以三六砖茶一箱为例,一箱砖茶合俄钞1,900文,该年共征俄钞2,950,785文,折银18,589.94两。①

甲首每月收领落地税,分为若干股以支付商民事务衙门的办公和衙役的开销:(1)商民事务衙署半股,三六砖茶91块;(2)商民事务衙署的书役两股,三六砖茶364块;(3)商民事务衙署的领催一股,三六砖茶182块;(4)商民事务衙署门政一股,三六砖茶182块。剩下砖茶当捐输或布施之用。②

(四)铺房地基银

根据《理藩院则例》记载:"民人在蒙古地方租种地亩,赁住房屋,务令照原议数目,纳租交价。倘恃强拖欠,或经札萨克行追,或经业主房主举告,差往之司官及同知通判等,即为承催。欠至三年者,即将所种之地所赁之房撤回,别行召租。"③商人在蒙古经商没有土地所有权,只能租地或赁屋居住,因此必须向库伦商民事务衙门缴纳地基银和铺房银。此与新疆伊犁、乌鲁木齐等地向商人征收地基银等的情况相同。④

嘉庆十九年(1814),库伦办事大臣蕴端多尔济奏称,库伦、恰克图二地商民情愿每年出银,请停止拿取乌拉事。乌拉(ula)为差事之意。

---

① 《蒙古国家档案局档案》,编号071—003,页0011—025。

② 《蒙古国家档案局档案》,编号068—029,页0160—0189。

③ 中国社会科学院中国边疆史地研究中心主编,《清代理藩院资料辑录·乾隆朝内府抄本〈理藩院则例〉》,页43。札萨克,蒙语,意为"执政者、执政"。

④ James A. Millward, *Beyond the Pass: Economy, Ethnicity, and Empire in Qing Central Asia, 1759-1864*, pp. 83-87.

他说:"库伦、恰克图二地商民近三千人,大小商铺近三百间,原不同于乌里雅苏台,并未收住房租钱入官使用。惟库伦、恰克图为各项公事,同蒙古等拿取乌拉来使用。近几年戈壁等处干旱,商民间有急着拿取乌拉、派随乌拉等情。嗣后二地商民情愿每年出银四百两,呈交奴才衙门等。据库伦、恰克图部院章京转呈前来。查得,奴才等库伦衙门原无公库、无公费,若有些许公费,皆从贼盗罚牲内通融挪补使用,近几年所有罚牲,由理藩院具奏,全赏给缉获贼盗之人以资奖励。奴才等衙门凡俄罗斯使臣、解送往来文书、缉拿要贼、巡察卡伦,每年奖赏打围演习兵丁等项公费全无,反倒从呼图克图喇嘛借支挪用。"[①]库伦和恰克图商民每年缴纳地租银 400 两,蒙古国家档案局的档案记载,自嘉庆二十一年(1816)至道光十年(1830),库伦、恰克图二处地基银所余 5,340.52两。[②]

道光二十二年(1842),发生甘丹寺喇嘛驱逐附近商铺案件,西库伦市圈的甲首朱光照呈报该众铺户共 189 人,房间共 853 间,商民事务衙门规定商铺每年缴地基银 300 两,分四季缴纳。[③] 库伦和恰克图每年交的地基银变成 700 两。这项银两动用收存、详细数目,必须分别造具清册咨报户部、理藩院核销。譬如咸丰十一年(1861),库伦办事大臣奏,十年余存地基银 273.53 两,十一年,收银库伦地基银 300 两、恰克图 400 两,共 700 两,恰克图公项余存利银 623.57 两、余利银 658.5 两,共银 1,632.03 两,动用银 993.58 两,所余银 638.45 两。[④] 地租银为赏给笔帖式、上贡宫廷野猪兵丁的盘费、衙门纸笔公费等,属于库伦

---

① 《军机处满文录副奏折》,编号 03—3853—065,嘉庆十九年十月十三日。

② 《蒙古国家档案局档案》,编号 045—019,页 0135—0158。

③ 《蒙古国家档案局档案》,编号 003—004,页 0031—0032。

④ 《宫中朱批奏折·财政类》(北京:中国第一历史档案馆发行微卷,1987),编号 0968—048,咸丰十一年十二月十七日。

衙门的财政支出。

商人居住库伦，分有东营子、西库伦两处。四周有栅栏围住，称“栅内”。买卖城没有围墙，但城市四周边缘上各个宅院的栅栏一道接一道，彼此紧密相连，很容易被看作是围绕城市的城墙。买卖城有七座大门，东边三座、西边三座、南边一座，都是木制的，在太阳落山，所有买卖结束后，按照民人习惯而上锁。[①] 根据光绪三十四年(1908)《东营栅内保甲门牌清册》记载，买卖城共编 64 个门牌号，扣除大清银行、电报局、寺庙住持以及差役的房子，有 58 家商号。[②]《东营栅外保甲门牌清册》有 193 户汉人住在栅栏外。[③] 栅外的汉人五十余人寓居蒙古人的院子，他们是较为贫穷的佣工或木匠、画匠、成衣铺户等。光绪三十四年(1908)，清查西库伦的商号，据《西库伦保甲门牌清册》载共铺户 189 家商号。[④] 库伦商民缴纳 700 两的铺房地租银比新疆乌鲁木齐低得多，但是，光绪八年(1882)，调查房棚数目造册送理藩院，计算方式按新旧房铺共木栅 219 个、房 1,912 间、棚 711 间，每木栅均给门牌。光绪十一年(1885)，因库伦财政短绌，库伦办事大臣提议按房屋多寡分为五等收租，上等房每间月拟收租银 2.5 钱，而下之至 5 分为止。每年可得租银三千余两。[⑤]

---

① [俄]阿·马·波兹德涅耶夫著，《蒙古及蒙古人》，卷 1，页 114、129。

② 《蒙古国家档案局档案》，编号 010—003，页 0059—0074。

③ 《蒙古国家档案局档案》，编号 010—004，页 0075—0092。另有 12 户经营菜园，通常蒙古人只吃肉、面包和喝奶茶，汉人的饮食较讲究，菜园户供应买卖城的汉人所需的蔬菜，如南瓜、胡萝卜、香菜、萝卜、马铃薯等。又库伦的土壤属黏土性质，最好的黏土产于买卖城西北的沁吉里图山，故栅栏外有 4 家窑场烧造瓦盆和砖瓦，他们都是汉人。其他还有经营烟铺的万生茂，药铺的中和李、万玉堂，义盛驼店，马鞍铺的天德和。

④ 《蒙古国家档案局档案》，编号 010—005，页 0093—0146。

⑤ 《宫中朱批奏折·财政类》，编号 0986—058，光绪十一年七月初四日。地基银分给公项银 300 两，其余 751.2 两，除给该商民等 251.2 两以济生计艰难无庸拨出，尚余银 500 两，分给印务处银 420 两。该部员衙门银 80 两，以济公用。

清末国家财政困难，各省实施房捐、亩捐，库伦商铺亦摊派房捐二万余两。光绪二十八年(1902)，库伦办事大臣丰升阿奏称，库伦等地实施房捐亩捐有所困难。第一，库伦和恰克图的字号盛衰不等，两处不足二百五十家。商号成本多寡均由北京和张家口等处之商号分拨而来，货物贸易随至随卖，成本皆归内地底账。第二，在蒙古各盟旗贸易的商人，以货求利，由街市各铺户伙计前往，每岁来去无常，或由内地运货行贩，迁转易处与游牧无异，甲首等虽稍知其家数多寡，不知其果在何旗。第三，商民自乾嘉年间在蒙古垦地，每年只种小麦一季，或遇霜旱歉收；或因无水灌溉。今岁在此，明岁移种他处，不宜征收亩捐。经丰升阿与甲首商议，拟定“包捐”形式，由库伦和恰克图的商民报效 22,000 两。[①] 各甲首愿自行包办，计每年两处共筹集库伦市平银 24,000 两，除补平解费外，堪交户部库平银 22,000 两。分冬(十月)春(四月)两季解交。[②]

光绪三十三年(1907)，库伦办事大臣延祉奏称:奉旨库伦所属商民铺房拟以包捐抵铺房各捐，每岁共解度支部(户部改为度支部)库平银 22,000 两。[③] 库伦办事大臣奏报商民缴纳房捐，因而，不得无故拆除铺户。宣统二年(1910)，库伦办事大臣三多奏，为新添巡防队旅库商人每年捐银 10,000 两移作饷项。[④]

---

① 《军机处录副奏折》，编号 03—6689—10，光绪二十八年四月初八日。

② 《宫中朱批奏折·财政类》，编号 0580—023，光绪二十八年四月初八日。补平银是库平银和市平银成色不同，补足两者差额。如解户部库平银 22,000 两相当库伦市平银 22,915两。市平银剩下 1,085 两作为解员往返津费。《蒙古国家档案局档案》，编号 082—061，页 136。

③ 《军机处录副奏折》，编号 03—6670—124，光绪三十三年十一月二十七日；《军机处档折件》，编号 169042，光绪三十四年十二月初五日。库伦办事大臣延祉奏光绪三十四年解度支部库平银二万二千两。

④ 三多，《库伦奏议》，第 1 册，页 195—199。

(五)生息银

嘉庆五年(1800),奇德认为库伦旧存之罚自俄罗斯猫皮变价银840.92两,交商民为资本银,每月收利息1分,每年所得利银100.91两,作为库伦部院章京衙门公费之项,量为养济官役,原抽收商人之茶处,永远禁止。[1]

嘉庆二十一年至道光十年(1816—1830),库伦、恰克图两处商民铺房银内余存5,340.52两,以及收俄罗斯罚项银1,642.4两、罚项银3,017.09两,三项共10,000两。道光十年纶布多尔济奏请交土谢图汗、车臣汗两部落、沙毕衙门并库伦商民生息,每月每两生息银1分,每年所得生息银1,200两,作为库伦部员衙门行走笔帖式二员、领催三名之盘费银。[2]

道光十九年(1839)罚收俄罗斯银内,提出银4,000两,分交土谢图汗部落暨沙毕生息,每月每两生息银1分,一年共生息银480两,作为印房公费银。又提用罚收俄罗斯银内2,000两,地基银2,250两,分交图什业图汗部落暨沙毕生息,每月每两生息银1分,一年共生息银510两,作为印房蒙古官笔帖式等盘费。[3] 由此可知,库伦商民事务衙门交给图什业图汗、车臣汗两部落,及沙毕衙门生息较商民的多。

四、库伦衙门的规费与商捐等

瞿同祖在《清代地方政府》一书中提到州县官和僚属们利用陋规的

---

① 《军机处满文录副奏折》,编号03—3616—006,嘉庆五年九月二十五日。
② 《蒙古国家档案局档案》,编号054—033,页0149—0160。
③ 《蒙古国家档案局档案》,编号054—033,页0149—0160。

收入才能维持生计以及各种办公费用，所有不能从政府预算供给的衙门费用，都必须以陋规费的名目征收。[①] 曾小萍(Madeleine Zelin)认为陋规从广义上来说包括官员所有非法获得的收入，尽管有识之士将陋规视为贪腐，却无力也不能根除。她举出饭食银、心红银等。[②] 清代地方衙门收取陋规为全国普遍现象，但各地以不同名目、类型和数额来征收。库伦的规费包括查验部票费、种地陋规、商铺之陋规银等三种，以下分述之。

(一)中俄贸易的陋规

第一章曾讨论咸丰十年(1860)库伦办事大臣色克通额参劾瑞徵收受商民及勒借茶物等银十万余两，也已讨论恰克图交理藩院作为王公廪饩银 20,000 两是茶规银，每张部票缴交 50 两银。恰克图章京送给库伦办事大臣等送节寿礼物这是本节讨论内容。

据甲首梁世杰等口供称，色克通额于道光二十二、二十三年(1842—1843)间曾任恰克图章京，其于茶商票规及挑货借茶等项银两，亦系按照历任旧章收受等语。色克通额辩称，道光二十二年所收茶票数目一年约计不过四五十张，其挑货借茶并未闻有此事。从恰克图商民贸易清册显示 1843 年的部票 93 张，应收茶规银 4,650 两。显然色克通额规避收受银两议题。

色克通额于咸丰五年(1855)九月补受库伦办事大臣，于九年(1859)十一月内赏给头品顶戴作为库伦掌印办事大臣。色克通额收甲首们送砖茶之事，他假称以每箱 5 两银购买 50 箱给银 250 两，其

---

① 瞿同祖著，范忠信、晏锋译，《清代地方政府》，页 48、55。
② 曾小萍著，董建中译，《州县官的银两：18 世纪中国的合理化财政改革》(北京：中国人民大学出版社，2005)，页 51—55。

余退还。但据梁世杰等供称:"色克通额嘱穆汉文向伊等通融砖茶二百箱,收下五十箱,余俱退还。拆看均已抽换废纸空包,及禀见色克通额面称,茶票均已全收,恐穆汉文在外声张,故假作退还。"这与色克通额所称,因商民馈送贺礼再三恳求,始行全收之事,均属不符。①

咸丰七年(1857)十月间,色克通额在库伦办事大臣任内,瑞徵补授恰克图章京,路过库伦曾送给色克通额袍褂料、土宜礼物。又遣家人送过水、菜、猪肉等物。瑞徵自咸丰七年十月至咸丰八年(1858)端午节止,挑过货物价值7,000余两,按一成半折算归还。八年端午节起,瑞徵与各商议定将挑货一项每年改折砖茶1,500箱,自八年至卸事日止共得过砖茶3,500箱,约银24,500两。又借用砖茶1,200百箱,约价银8,400两,均为作价归还。又月费并节寿礼,按年共得银8,100两。又销过茶票800余张,得过银40,000余两。又代送库伦大臣七、八、九等年节寿礼约银5,700余两,以上共约九八行平银87,000余两。② 这件案子爆发的原因是咸丰十年(1860)色克通额等奏称,德勒克多尔济前在库伦办事大臣任内,暗用五品官达里苏陇、托体二人,把持公事。③

托体反递呈控告色克通额收受恰克图八甲首金银等物。朝廷派科布多参赞大臣锡霖前往库伦,会同多尔济那木凯,查明色克通额有无收受银两之事。④ 咸丰十年九月十七日,奉上谕,锡霖等奏遵旨按款查讯分别定拟一折。据锡霖会同蒙古库伦办事大臣多尔济那木凯审明定拟具奏,此案库伦印房蒙古笔帖式托体呈控色克通额各款均无寔据,且所控俱系不干己事,寔属任意妄为,仅予革职不足蔽辜,托体着革去五品

---

① 《宫中档咸丰朝奏折》,编号406014618,咸丰十一年六月十七日。

② 《军机处录副奏折》,编号03—5063—010,同治元年九月二十五日。

③ 贾桢等奉敕修,《大清文宗显皇帝实录》(北京:中华书局,1986),卷315,页630下,咸丰十年四月上。

④ 贾桢等奉敕修,《大清文宗显皇帝实录》,卷321,页740下,咸丰十年六月上。

顶翎蒙古笔帖式，再枷号一个月，以示惩儆。[1] 但从商号的账册中，确实查到色克通额向商民勒索银两，故色克通额经审讯后流放黑龙江。色克通额于咸丰五年至十一年(1855—1861)担任库伦办事大臣，平均一年收入约 15,000 两。

光绪十一年(1885)，库伦办事大臣桂祥被参办事乖谬，借端勒捐一折。据称："桂祥信任贪劣属员，上年令甲首捐银七八千金。本年又以新设印房噶尔达六员廉俸无出，就地捐输为名。分赴各路勒捐砖茶，刑逼威吓，剥削商民。"[2]朝廷派绍祺前往确查，具称甲首捐银七八千金，并无其事。但商民欠交捐款，责打押追属实。桂祥交部严加议处。光绪三十年(1904)，库伦办事大臣德麟被参溺职营私，清朝派奎顺确查，但并无贪婪骄纵实迹。[3] 清末朝纲不振，官员互相包庇，故极有可能出现此种结果。光绪二十年(1894)恰克图衙门向商人抽取规费，也可以看到恰克图衙门致送库伦满汉官员三节的银两，其中送年礼的银两又比端午节、中秋节多(参见表 3—3)。

表 3—3　恰克图衙门致送库伦满汉官员三节银两

光绪二十年至二十一年恰克图送库伦满汉官员三节的银两	银两(两)
库伦派满员裕凯因公过恰预备饭食计用银	11
送库满蒙堂年敬满印房穆诚额伦叙年敬计用银	230
送满蒙堂印房各处年礼添买白面鸡鸭猪肉铜盆哈喇卤壶包袱洋盘洋糖口袋计用银	95

---

① 《蒙古国家档案局档案》，编号 040—047，页 0171—0173。

② 世续等奉敕修，《大清德宗景皇帝实录》(北京：中华书局，1986)，卷 212，页 994 上，光绪十一年七月下；卷 217，页 1050 上，光绪十一年十月上。

③ 世续等奉敕修，《大清德宗景皇帝实录》，卷 532，页 78 上，光绪三十年六月；卷 534，页 117 上，光绪三十年八月。

（续）

光绪二十年至二十一年恰克图送库伦满汉官员三节的银两	银两（两）
送库年礼门敬随封满印房东营部员门敬计用银	98
送库蒙堂端阳节敬计用银	100
送库蒙堂满蒙印房各处端阳节礼添买白面鸡鸭猪肉鸡蛋铜盆卤壶包袱洋盘洋糖口袋计用银	85
送库端阳节礼门敬随封满印房东营部员门敬计用银	53
库伦派蒙员因公过恰送全羊席一棹计用银	2.4
库伦派满员保福解送洋糖果盒预备饭食送程仪礼物跟役赏号计用银	70
送库蒙堂中秋节敬计用银	100
送库蒙堂满蒙印房各处中秋节礼添买白面鸡鸭猪肉铜盆卤壶包袱洋盘洋糖西瓜青菜口袋计用银	125
送库中秋节礼门敬随封满印房东营部员门敬计用银	50
送库伦年礼节礼来往路用在库需用并赏家丁蒙兵计用银	60
共计	1,079.4

资料来源：《蒙古国家档案局档案》，编号069—028，页0094—0107。

有关库伦办事大臣得年节寿礼银，光绪三十二年（1906）李廷玉的《游蒙日记》提到库伦办事大臣延祉废除此陋规："商户于三节间送大臣礼物有哈喇二板，及洋瓷壶、并漆盘等件，每次约值银二百余两。送蒙古帮办大臣亦如之。且两寿复送礼有差。自锡翁（延祉）到任后，将本身一分革除，以苏商困。"①延祉名义上说废除陋规，不过李廷玉又接着说："库伦商户百余家，送给满蒙大臣的礼物大约在五六万两。"②说明延祉台面上的动作和台面下的行为，根本是南辕北辙。

① 李廷玉，《游蒙日记》，收入《中国边疆行纪调查记报告书等边务资料丛编（初编）》（香港：蝠池书院出版有限公司，2009），第17册，页447。

② 李廷玉提到库伦商户百余家，晋人十之六，顺直人十之一，俄人十之三。李廷玉，《游蒙日记》，收入《中国边疆行纪调查记报告书等边务资料丛编（初编）》，第17册，页447。

同治十年(1871)以后,恰克图章京登记部票称为《恰克图商民呈验部票四联执照规款银两数目清册》,只记载商号领部票张数,没有交换俄罗斯货物。对于原来从张家口的商号收取规费,每张部票缴青茶部票规费银 50 两,扣除办公银 3 两,应缴库平银 47 两。从归化来的商号收规费,每张部票缴青茶部票规费银 25 两,扣除办公银 1.5 两,应缴库平银 23.5 两。如同治十一年(1872),张家口商号大兴玉、独慎玉、兴盛成等十一家领部票 233 张,征收规费 10,951 两;归化商号敬亨泰、广益永、汇泉润、泰来恒等四家领部票 20 张,征 470 两。这就是“恰克图查验华商部票费”。每张部票规费 50 两中,扣除恰克图的办公费 3 两,其余 47 两缴中央。同治十一年至光绪二十四年(1872—1898),共有十一年次的资料。张家口和归化商号领票的张数和银两,参见表 3—4。

表 3—4　恰克图商民呈验青茶部票(1872—1898)

年份	1872	1879	1883	1884	1885	1887	1889	1890	1896	1897	1898
部票张数	253	154	83	106	125	138	124	110	43	60	100
张家口部票	233	150	83	106	125	138	124	110	43	60	100
部票银两(两)	10,921	7,050	3,901	4,982	5,875	6,486	5,828	5,500	2,021	2,820	4,700
归绥部票	20	4	0	0	0	0	0	0	0	0	0
部票银两(两)	470	94	0	0	0	0	0	0	0	0	0
共部票银两(两)	11,391	7,144	3,901	4,982	5,875	6,486	5,828	5,500	2,021	2,820	4,700
编号	046—015	053—002	056—011	061—017	056—020	063—015	004—002	064—011	071—018	073—001	073—002

资料来源:《蒙古国家档案局档案》。

同治元年(1862),商人领票至恰克图的部票达 546 张,至光绪二十四年(1898)剩下100张，此因商人贩茶沿途厘卡层层剥削，无利可图。再加上俄国兴建西伯利亚铁路及茶商的竞争，使恰克图茶叶贸易衰落。[1] 光绪二十二年(1896)，恰克图查验华商部票费，及其他规费共8,500两。[2]

(二)查地陋规

乾隆二十四年(1759)，上谕："向来前往蒙古部落贸易商人，由部领给照票稽核放行。嗣后，凡有领票前赴贸易人等，所过喀尔喀各旗仍照旧随便交易，以裨生业，其一切稽察弹压地方官及各札萨克留心妥协经理。"[3]商人领照票到蒙古部落贸易或种地，乾隆二十九年(1764)，库伦商民事务理藩院章京颁布"告示"，提到："旗民满汉各有籍贯，凡尔等汉民在外贸易种地；或在蒙古各札萨克处领票；种地或贸易，俱要各安生理。勿得藏匿匪类，多生事端。本院合亟出示晓谕，查明造册，凡我册内子民，在外或贸易或种地，恐各札萨克各衙门人役倚势横行扰害良民，为此本院特行晓谕，以安民生。倘有猾役横行扰害良民者，尔等投衙禀告。"[4]此告示提到汉民往库伦以外的地方贸易或种地，必须造册。若札萨克或其他衙门衙役横行扰害，可向商民事务衙门禀告。此外，库伦甲内铺户要前往库伦以外的地方，必须由铺首出具报单，如下：

> 具报单人十甲铺首杨大有役内铺户赵利，于十一月十五日前往沙必纳尔巴尔地方贸易，其所带货物车牛开列于后。不敢隐昧，所报是实。叩禀大老爷案下。恳乞恩赐路引一张。乾隆二十九年

---

① 参见拙作，《十九世纪晋商在恰克图的茶叶贸易》，收入陈熙远主编，《覆案的历史：档案考掘与清史研究》，页587—640。

② 陈箓，《止室笔记·奉使库伦日记》第2种，页246。

③ 《清代内阁大库原藏明清档案》，编号230703—001，乾隆二十四年二月。

④ 《蒙古国家档案局档案》，编号079—034，页0162—0167。

十一月十五日。[①]

商人除了到各旗贸易外，也到许多地方耕种。康熙皇帝在位之时，尝言格根一世圆寂，当赏银十万两，修建一寺以为寝陵。雍正五年(1727)，从国库中支银十万两，于伊奔(多数档案写为伊琫)果勒河支流兴建庆宁寺，迄乾隆元年(1736)，全功告成。[②] 当时，参与修庙的民人工匠发现伊琫河流域土地肥沃，便留下种地。乾隆年间，民人陆续前往伊琫、合洛河(或称哈拉河)、布尔噶台地方种地，都在库伦的北方。乾隆四十年(1775)，库伦办事大臣桑斋多尔济奏称，王齐巴克雅林木丕勒、札萨克台吉额林沁多尔济等旗、伊琫等处，留住种地民人共 300 名。此内留住王齐巴克雅林木丕勒旗民人 62 名。实际上，种地人 361 名。另有民人 200 名是到蒙古旗收账，因新旧积欠多，民人请求再给六个月的期限将账目收齐，并情愿按照账目的十分之三收账。[③] 至今蒙古国家档案局留下许多档案为民人种地名册，从档案中可知道种地民人设有乡长。如乾隆五十四年(1789)，民人在哈噶嘶地方种地名册，有执事人和种地面积(参见表 3—5)。

表 3—5　民人在哈噶嘶地方种地名册

年份	位置	执事人	备注
1789	哈噶嘶地方	杨成相	种地二十亩
1789	哈噶嘶地方	张亨连	种地十亩
1789	哈噶嘶地方	王子成	种地十亩

① 《蒙古国家档案局档案》，编号 016—002，页 003—005。

② 释妙舟编，《蒙藏佛教史》(下)，收入《近代中国史料丛刊・三编》(台北：文海出版社，1988)，辑 45，页 25—26。

③ 《军机处录副奏折》，编号 03—3719—029，道光三年十一月十七日。

（续）

年份	位置	执事人	备注
1789	哈噶嘶地方	王信仁	种地十亩
1789	哈噶嘶地方	孔如金	种地十亩
1789	哈噶嘶地方	张三艮	种地十亩
1789	哈噶嘶地方	岳进福	种地十亩
1789	哈噶嘶地方	刘文玮	种地二十亩
1789	哈噶嘶地方	霍祭太	种地二十亩
1789	哈噶嘶地方	温存宪	种地三十亩
1789	哈噶嘶地方	孔如顺	种地二十亩
1789	哈噶嘶地方	李文珠	种地二十亩
1789	哈噶嘶地方	梁成仁	种地十亩
1789	哈噶嘶地方	孙进盛	种地十亩
1789	哈噶嘶地方	孙进其	种地二十亩
1789	哈噶嘶地方	何成会	种地十亩
1789	哈噶嘶地方	曹忠	种地十亩
1789	哈噶嘶地方	马天才	种地二十亩

资料来源：《蒙古国家档案局档案》，编号021—006，页0068—0077。

蒙古国家档案局档案记载承租人种地的面积仅一二十亩，种地民人每顷地交麦子12口袋。种地所在设有乡长田兰馥、张秉高二位，可能十五户左右设一位乡长。乡长的作用是确保民人耕种缴交麦子。田毓粹在色楞格河厄林沁札萨克旗下租地，其交租的过程如下：

具交租颗约人厄林沁札萨克旗下色楞格河地方种地乡长田毓粹□□□□□氏人。种地三顷九十亩，每顷应交租颗麦子十二口袋。小的等遵于四十一年七月二十日在色楞格河厄林沁札萨克旗下交到麦子四十六口袋零四斗，并无短欠。同驿使交到空栋匕卜噔跟前收去是实。为此具交租颗结存案。乾隆四十一年十月二十日。具交租颗约人田毓粹。[1]

波兹德涅耶夫说民人向庆宁寺喇嘛租地土地不丈量，民人看中某一个山谷并租下后，他可以垦种不定量的土地，只要有力量，可以种上一百俄亩的土地，只付给寺院八箱至十箱茶叶。一俄亩相当 1.09 公顷。[2] 但实际上，档案记载民人租地并没超过二十亩，而且每顷交麦租 12 口袋，并不是太便宜。

嘉庆六年(1801)，民人陆续加增四百余人。嘉庆八年(1803)，库伦办事大臣蕴端多尔济以土谢图汗部落的无业贫民若概行驱逐，令商民事务衙门章京新订章程，章京发给民人照票，允许民人在伊琫、克什业图、乌苏溪尔、陶尔毕(或称陶尔并)、布栋、昭莫多、英图乌蓝、和硕额毕尔图、布尔噶台等处居住开垦，此照票俗称“小票”。领票人遵照内地稽查保甲之例，设立门牌详注姓名、籍贯，令该札萨克按月稽查。限定到蒙古各旗的时间为三个月，每年每票交租粮九斗。[3] 商人领取小票缴交九斗租粮应该是给库伦商民办事衙门。

嘉庆十二年(1807)，有克什业图乡约任大举、殷永良、张宗辅、任贵生、李怀敦，乌苏溪尔地方乡约刘正清、王宁远、王岐山、朱心垣，陶尔并地方乡约张庆云、马连宾、赵忠武、张美，伊琫地方乡约田生金、马步云、

---

① 《蒙古国家档案局档案》，编号 017—012，页 0041—0043。
② ［俄］阿・马・波兹德涅耶夫著，《蒙古及蒙古人》，卷 1，页 45。
③ 《军机处录副奏折》，编号 03—3719—030，道光三年十一月十七日。

袁国义、乔大运，布尔噶台地方乡约裴维新、裴恒昌、张光曜、张振公，共21人。[①] 估计种地人数为三百余人。但寺院的商卓特巴衙门认为派沙毕纳尔来耕种，收益较地租高。于是，成立一个鄂托克耕种土地，开始排斥民人。嘉庆二十二年(1817)定："库伦街市商民往各旗贸易者，不准用三个月小票，概于库伦商民事务章京处请领印票。由该章京量其道路远近，酌定限期，将前往何旗贸易何货物，并年貌注明票内给发。贸易处所，止准支搭账房，不准苫盖房闲。逾限不回，照例治罪。"[②]

道光二年(1822)十二月，据札萨克车凌多尔济、库伦哲布尊丹巴呼图克图之徒弟罗布藏丹津等公同呈报，内地客民在哈啦河等处建造房屋、开设铺，而驱逐不动。道光三年(1823)二月间，章京尚安泰同蒙古协理台吉那木扎勒多尔济、扎奇噜克齐达尔玛札布斋桑喇嘛，到村内驱逐民人，该村民人以各处欠账甚多，一时不能讨齐，恳求展限，俟账目收齐立刻搬移。尚章京等不准，将民人杖责。二月十四日，蒙古官带领许多蒙古人，将民人等房屋举火焚烧，烧毁房屋共计二百余间。[③] 种地的民人派七位代表渠士佶、张喜、马尊广、田发义、冯茂山、高彪、李如桐等向理藩院京控。理藩院官员的处置方式是，民人被烧的房屋由蒙古盟长和商卓特巴每间房屋赔给银4两，渠士佶等七人递回原籍，其他人逐回另谋生理。

经过这次事件后，在伊琫等处种地的民人大为减少。波兹德涅耶

① 《蒙古国家档案局档案》，编号025—004，页009—011；编号025—006，页015—017；编号025—007，页018—020；编号025—008，页021—023；编号025—009，页024—026。

② 昆冈等奉敕修，《大清会典事例》，册10，卷983，页1165下。

③ 《军机处录副奏折》，编号03—4028—031，道光三年十一月十七日。哲布尊丹巴的商卓特巴棍布扎布到哈拉河、伊琫、布尔噶台等处稽查地亩，至道光四年(1824)承领照票张种地民人153名。

夫提到 1892 年在伊琫河耕种的民人只剩下两个民人还种地，另在住着三个民人在草原上的居住期限为一百天。伊琫靠近庆宁寺，寺院已将土地改由沙毕纳尔耕种。布尔噶台流域只剩下六块民人占有的土地，还有三个民人在草原上的居住期限为一百天。民人人数减少，但是胥役还是以查地为名，向商号勒索砖茶。

波兹德涅耶夫提到 1881 年喜昌担任库伦办事大臣①，他制订新的方案，就是在喀尔喀的哈拉河、伊罗河、鄂尔坤河和克鲁伦河流域建立和发展农业移民区。汉人在方案公布后立即抓住机会，在许多地方开垦土地，包括鄂尔坤河及其支流的地方：乌尔图郭勒、摩果依、乌逊色哩、阿楚图、罕嘎勒、布哈音郭勒、沁吉力等；其次是色楞格河及其支流的地方：错勒霍尔郭勒、罕达盖图、达尔错克台乌苏、音吉特、纳兰乌苏等；以及哈拉河及其支流的地方：巴彦郭勒、巴图尔札萨克驻营的宅科里郭勒、诺姆图布拉克、恰克图郭勒等。由于当时喀尔喀的军事形势，喜昌带着一千名军人到库伦，其军队供养需从地方财源上解决。② 因此，喜昌向汉民收税，每一俄亩征收二两半的粮食。一条哈拉河流域收了 12,000 普特（相当于 196,560 斤）的小麦。

光绪二十二年（1896），商民向库伦办事大臣具禀，于光绪二十年时前任官大老爷查办后地时，照前送过陋规三六砖茶 24 箱，其茶均以二七茶 18 块做一箱。送过老爷陋规混白面 1,000 斤、门政混白面 200 斤、先生混白面 400 斤、蒙古先生公三班混白面 910 斤。于今年（二十二年）新任奎大老爷清查办后地，照前送过陋规二七茶 24 箱、高扎白面

① 世续等奉敕修，《大清德宗景皇帝实录》，卷 129，页 856 上，光绪七年四月。调乌里雅苏台参赞大臣喜昌为库伦掌印办事大臣。

② 《大清德宗景皇帝实录》载："着将所部新军。酌带一千人。前赴库伦。并督率该处原有宣化马队。勤加操练。以备不虞。"参见世续等奉敕修，《大清德宗景皇帝实录》，卷 129，页 854 下，光绪七年四月。

1,000斤、门政混白面600斤、先生高扎白面1,000斤、蒙古先生公三班混白面1,200斤。门政张元、书办郭宁瑞二人加增三六砖茶12箱,加增扎白面2,000斤,短派混白面710斤。又衣奔(伊琫)地加增过源泉涌商号二七茶5箱,合三六茶7.5箱。前任官大老爷查地,世成泉商号送过陋规三六砖茶4箱、白面100斤。新任奎大老爷清查地,送过陋规三六砖茶5.5箱、白面120斤。[①]

光绪二十三年(1897),库伦办事大臣连顺奏,图盟所属西北旗哈喇河等处,向有开垦地亩,曾经奏明,不准续垦。每届台布章京更换实任,由库伦大臣札委清查一次,所得陋规,在二千数百两以上。拟请将查地之差永行裁革。查地陋规,化私为公,下所司知之。[②]

> 兴隆魁、亿中昌、谦吉亨、永茂盛、天舜成、聚成元等为陈名下情吁恳天恩裁免摊派茶款事。窃缘小民等在亲王汗达多尔济库伦设庄贸易,历年久矣。并不种地、安磨磨面售卖,其情人所皆知。缘因前者本管大老爷等屡任查地,并无摊派茶款等节。因于光绪八年后,福老爷巡查后,摊派三六砖茶二十箱。自此凑办以后茶项,成为常例。[③]

但因库伦商民事务衙门经费短缺,时常向种地的民人索取陋规银。以下以林盛元以商号为例,说明征收陋规情形。林盛元在库伦属于一等商铺,股东靳齐川、执事人徐廷荣,主要经营蒙古借贷约三十万两,但也在吾尔溪河种地。

① 《蒙古国家档案局档案》,编号071—016,页0080—0081。

② 世续等奉敕修,《大清德宗景皇帝实录》,卷407,页322上,光绪二十三年七月。

③ 《蒙古国家档案局档案》,编号070—027,页0170—0171。

具禀领结明情铺林盛元张维财为恳恩具情领结事。窃录小民在吾尔溪河贸易多年，今新任奎老爷清查后地，在吾素西尔已经派过小民陋规情。因小民铺伙骑马前赴伊琫暂来暂往买粮，因贴书吏郭凝瑞罚过小民二十七砖茶四箱。前屡任老爷查地并无此款，今蒙钦宪老大人明鉴查办格外恩典，将罚过小民二十七砖茶四箱原数追出赏还，现已领回二十七砖茶四箱并无短少，为此出具领结是实。叩恳仁明大老爷案下转呈钦宪老大人爵下钧鉴。恩准则小民顶感鸿恩无既矣。[①]

光绪三十年(1904)，库伦办事大臣德麟拟设清垦局，统筹库伦蒙民租佃事宜。[②] 但土谢图汗、车臣汗两盟王公不予支持。光绪三十三年(1907)库伦办事大臣延祉奏"筹议库伦屯垦情形"，称："该地北境邻俄，荒沙绵亘。南境水草不生，均难种植。中段稍形膏腴，又碍牧场。"[③]屯垦之事遂一筹莫展。

前述库伦办事大臣对商人在蒙古各旗种地，要求商人缴种地陋银，亦有声称商号种地盖房予以罚款。如光绪二十二年(1896)十月，元顺明、协裕和、天兴德、双舜全、万隆魁、万源长、三和正等七家，在贝子朋楚克车林、札萨克纳逊棍布等旗种地、盖屋和畜养牲口，被罚二六砖茶300箱。

具禀明情铺民元顺明、协裕和、天兴德、双舜全、万隆魁、万源长、三和正等七家诉请体恤商累事。商民等在该旗种地贸易历年久矣，前者并未有呈报等节。况商民等存养之牲畜，或有耕

① 《蒙古国家档案局档案》，编号070—035，页0190—0191。
② 世续等奉敕修，《大清德宗景皇帝实录》，卷526，页14上，光绪三十年正月。
③ 世续等奉敕修，《大清德宗景皇帝实录》，卷568，页513下，光绪三十二年十二月。

田种地运驮之用；或有该旗蒙古抵还欠债还给牲畜，实系老小肥瘦不等，一时出售无主，只得存厂于圹野作养，以望肥壮再为售卖。商民等种地与该旗每年出纳地基茶，牲畜存厂作养出纳草厂茶，并不有碍于蒙古收养之事。所有建盖房棚实系堆放麦粮茶货之处，实因毡房较小，经雨即漏。是以粗筑土房以蔽风雨之患，并非违禁建盖高大房屋之举也。恐其驱逐受累万出无奈只可垂首吞声认罚赎罪，是以协同十二甲首均共认交罚款二六砖茶三百箱。[①]

由商人呈报各种陋规情况，可知他们在蒙古各地从事磨麦、放牧活动，因该地无征收地基或铺户银，但查地漏银或陋规银成为衙门陋规银的来源。

再者，商人从库伦往蒙古各地贸易，需领取限票，由目前尚存《管理库伦商民事务章京造送宣统三年二月份各商铺承领限票清册》载，该月商铺承领给限 100 天票 38 张、给限 200 天票 30 张。给 100 天的票收 1 块三六砖茶。此外，还有出门报单 241 张，收 421 块三六砖茶。同治九年(1870)以后开放各地商人到库伦经商，有些人住在东营子栅栏外，未编入里甲称为无甲，到库伦每驮货物缴 2 块三六砖茶(参见表 3—6)。

---

① 《蒙古国家档案局档案》，编号 072—025，页 0143—0144。

表 3—6　宣统三年(1911)商铺承领限票清册

商号名称	执事人	蒙古名	至蒙古地名	原因	砖茶（箱）	生烟（囤）	杂货（件）	米面（袋）	骆驼（只）	马匹（匹）	脚牛车（辆）	雇工（名）
协聚丰	袁金铎	草可图	贝子大人旗		40	4	16		20	4		蒙古长工 2
万隆魁	张锦生	宰雅图	札萨克汪什库尔旗		8	2	4		5	2		蒙古长工 2
恒顺茂	武国富	白彦图	公衔札萨克汪楚克阿尔布登旗		2	12	6			2	10	蒙古长工 1
义合长	任复初	白彦代	公诺汪车林旗		12	1	10			2	9	蒙古长工 2
义合长	张百官	达赖	郡王车林巴白旗		16	1	10			1	10	蒙古长工 2
元顺明	孔宪义	白彦代	札萨克苏特纳木达尔嘉旗		50	2	8			6	20	蒙古长工 4
元顺明	王大寿	宰雅图	札萨克罗布桑海多布旗		50	2	8			6	20	蒙古长工 4
恒和公	张步钧	那思图	公衔札萨克车林棍布旗		24	4	10		14	2		蒙古长工 2
万源长	胡汝正	土牧甲力盖	郡王车林巴白旗		20	2	12		13	6		蒙古长工 2
恒兴德	侯殿勋	布英图	郡王车林巴白旗		6		4		6	3		蒙古长工 2
东天聚德	刘金贵	白彦图	公衔札萨克车林棍布旗		20	4	16		15	1		蒙古长工 2
乾裕德	王涟	巴图	札萨克苏特纳木达尔嘉旗		12	4	10			12	12	蒙古长工 7
源泉涌	赵万育	白彦图	公衔札萨克那木萨赖旗		10	2	10			1	9	蒙古长工 2

（续）

商号名称	执事人	蒙古名	至蒙古地名	原因	砖茶（箱）	生烟（囤）	杂货（件）	米面（袋）	骆驼（只）	马匹（匹）	脚牛车（辆）	雇工（名）
义和荣	张根福	三进	公衔札萨克那木萨赖旗		15	2	6			5	8	蒙古长工 2
双舜全	刘珠	白彦多尔济	公诺汪车林旗		28	8	8			5	15	蒙古长工 2
双舜全	赵承域	二居图	札萨克苏特纳木达尔嘉旗				1			5	1	蒙古长工 2
双舜全	甄怀义	布英图	公昔利塔尔旗				1			5	1	蒙古长工 2
隆聚和	李永宽	诺木罕	郡王车林巴白旗		28		10		10	2	15	蒙古长工 1
日升恒	郭万书	毕力各图	公衔札萨克那木萨赖旗		30	2	16			8	17	蒙古长工 2
福盛玉	严心敏	白彦达赖	贝子大人旗		4	1	8			6	6	蒙古长工 2
亿德昌	马象贤	白彦甲力盖	郡王车林巴白旗		28	2	12			5	15	蒙古长工 2
义合公	惠树凌	白彦图	札萨克罗布桑海多布旗		16		2			1	5	蒙古长工 1
永聚成	屠庆余	布英图	公衔札萨克车林棍布旗		8		2		4	1		蒙古长工 1
双舜全	赵丰年	呼毕图	公昔利塔尔旗	讨账						3		蒙古长工 2
瑞成壹	季朝忠	巴图	公衔札萨克车林棍布旗		20	2	8		10	2		蒙古长工 1
世泰荣	刘林森	白彦图	公衔札萨克车林棍布旗			2	20			5	11	蒙古长工 2
万源长	王际俊	巴图	公衔札萨克车林棍布旗			3	28			6	16	蒙古长工 2

（续）

商号名称	执事人	蒙古名	至蒙古地名	原因	砖茶（箱）	生烟（囤）	杂货（件）	米面（袋）	骆驼（只）	马匹（匹）	脚牛车（辆）	雇工（名）
万源长	宋九卿	猛克	贝子大人旗			6	31			7	20	蒙古长工3
义顺德	贺永瑞	巴图	公衔札萨克汪楚克阿尔布登旗		60	3	18			5	25	蒙古长工3
大庆昌	李映标	白彦猛克	郡王车林巴白旗		36	2	10			4	15	蒙古长工2
大庆昌	李世禄	达赖	公诺汪车林旗		44	2	16			5	20	蒙古长工2
亿中昌	孙茂林	海生代	郡王车林巴白旗		32	3	11			5	15	蒙古长工2
百泉兴	马志兴	白彦桑	札萨克苏特纳木达尔嘉旗		16	2	11			2	11	蒙古长工2
三盛光	王在朝	布英达赖	札萨克苏特纳木达尔嘉旗		10	5	10			3	10	蒙古长工2
万隆魁	何廷魁	冰图	札萨克苏特纳木达尔嘉旗		16	3	9			2	10	蒙古长工2
日升明	孔昭福	七庆	贝子大人旗		20	2	10	12		4	17	蒙古长工2

资料来源:《蒙古国家档案局档案》,编号089—040,页0151—0169。

(三)商捐

伍跃提到清朝实施捐纳制度后，一些山西商人开始利用捐纳提高自身乃至子孙的社会地位。[①] 清朝捐纳制度在嘉庆年间大量出现，库伦商民则到咸丰年间才开始捐输。咸丰四年(1854)库伦办事大臣德勒克多尔济并官员及商民共捐输 7,776.4 两，[②]这次商捐并没有详细资料。至同治年间，新疆回民骚扰喀尔喀蒙古，商捐数量增多。光绪二十四年(1898)，商捐 1,000 两，在库伦东营冲要地方修大小木桥三座。[③] 其陆续捐输的数目，参见表 3—7。

表 3—7　库伦等地商民的商捐

年份	身份	具奏者	奖励	编号	捐输物品	备注
1870	山西茶商	山西巡抚李宗羲	加广文武乡试中额各四名	0694—077	共计捐银40万两	同治元年以后节年办理防堵劝输钱，茶商历次捐输共计捐银四十万两有奇，照定章于同治庚午科加广文武乡试中额各四名
1870	恰克图八甲商民	库伦办事大臣张廷岳		0694—083	1,000 两	
1870	库伦十二甲商民	库伦办事大臣张廷岳		0694—083	600 两	

① 伍跃，《中国的捐纳制度与社会》，页 400。

② 《蒙古国家档案局档案》，编号 040—014，页 0049—0051。

③ 中研院近代史研究所藏，《总理各国事务衙门档案》，编号 01—17—055—01—003，光绪二十四年三月初六日。

（续）

年份	身份	具奏者	奖励	编号	捐输物品	备注
1870	库伦商民	库伦办事大臣张廷岳	急公好义匾额	0695—096	白面100,000斤	仿照甘肃章程,每捐本色面一斤作银三分二厘,脚价银每石四两钱,十万斤合计四十六石,库伦商民捐面十万斤合银三千二百两,增算脚价钱四千九百两,共合银八千一百两
1873	蒙古各商民等50名	乌里雅苏台将军长顺		0696—019	实银2,593两	
同治朝	库伦商民	库伦办事大臣张廷岳		0696—111	抬枪60杆,鸟枪350杆并随枪什物铅丸火药以及旗帜金鼓等项	令核计银数再行办给执照,查该商团军械均系自行捐资置办集凑,协军并未预定银数无从造册,应请仍由兵部发给团总黄鹤翔执照令其只领以昭信守
1900	库伦恰克图商民	库伦办事大臣丰升阿		0702—039	60,000两	

资料来源:《宫中朱批奏折·财政类》。

光绪二十七年(1901)《库伦十二甲首暨众商民报效银花名册簿》档案中,商人共捐输14,400两,有商人捐银数目、姓名、籍贯、岁数、父祖三代。报捐提交个人履历,也必须包括祖宗三代(参见表3—8)。[①]

---

① 伍跃,《中国的捐纳制度与社会》,页413。

表 3—8 库伦商民报效银花名册簿

年份	捐银（两）	姓名	籍贯	岁数	父祖三代
1901	500	陈世恩	山西太原府祁县鹿台都	45	曾祖澥，祖父大富，父继壮
1901	500	余璠	山西汾州府汾阳县王化里八甲	56	曾祖文琦，祖父恺，父守和
1901	500	马伯荣	山西汾洲府介休县郭张里十甲	49	曾祖横，祖父星聚，父培典
1901	500	阎希孔	山西太原府祁县西关六都二甲	62	曾祖麟，祖父世祯，父常信
1901	500	苏怀信	山西汾州府孝义县孝义城西厢七甲	42	曾祖充实，祖父结秦，父邦彦
1901	500	褚连祚	山西汾洲府汾阳县巩固里三甲	45	曾祖纬淦，祖父殿□，父廷兰
1901	500	李世茂	山西汾州府汾阳县靳家里八甲	55	曾祖亨实，祖父学孟，父锡潘
1901	500	袁贵琦	山西太原府祁县西关都八甲	35	曾祖永兴，祖父仁麟，父本裕
1901	500	陈开第	山西汾州府汾阳县里仁坊五甲	54	曾祖鍂，祖父玉庭，父文治
1901	500	田丰积	山西汾州府孝义县宣化坊三甲	45	曾祖秀文，祖父生汉，父万寿
1901	500	王桂洁	山西汾州府汾阳县尽善南里中九甲	51	曾祖天泰，祖父升，父世亨
1901	500	任秉钺	山西太原府榆次县圣许都任庄甲	50	曾祖万福，祖父毅衡，父广德
1901	400	戴玉林	直隶顺天府大兴县	56	
1901	400	周万盛	山西太原府文水县东贤都五甲	60	曾祖必达，祖父常全，父悦忠

（续）

年份	捐银（两）	姓名	籍贯	岁数	父祖三代
1901	400	李本善	山西汾州府汾阳县东南里东三甲	40	曾祖继元，祖父德衡，父玉龄
1901	400	石永清	直隶顺天府大兴县外馆村	43	曾祖德胜，祖父有山，父珍
1901	400	巩步瀛	直隶冀州城西南北内漳村	61	曾祖兴元，祖父泰，父长拜
1901	400	杜丕纲	山西太原府太谷县循礼都	49	曾祖进永，祖父玉相，父吉善
1901	400	张士进	山西汾州府汾阳县广贞里头甲	41	曾祖三忠，祖父永安，父学勤
1901	400	刘永章	直隶保定府深州周家村	31	曾祖德玉，祖父显宗，父泰和
1901	400	刘有庆	直隶保定府束木县白龙邱村	34	请赏顶翎，曾祖永禄，祖父现，父德山
1901	400	郎文燃	山西汾州府汾阳县润泽洪里八甲	47	曾祖维凤，祖父汝朴，父五云
1901	400	王铸	直隶宣化府万全县	50	
1901	400	刘德立	直隶深州饶阳县	48	
1901	400	张文烜	直隶赵州宁普县张何村	39	曾祖湛，祖父丕振，父桂
1901	400	魏福生	直隶深州饶阳县	41	曾祖思逊，祖父鸿宾，父廷熹
1901	400	尹国俊	直隶保定府饶阳县	50	曾祖正持，祖父克模，父之诚
1901	400	吕峻德	直隶冀州枣强县大王常村	47	请赏顶翎，曾祖文辉，祖父魁先，父发成

（续）

年份	捐银（两）	姓名	籍贯	岁数	父祖三代
1901	400	雷锡敦	山西太原府交城县义西都八甲	51	曾祖应星，祖父凌汉，父久长
1901	400	任太昌	山西汾州府孝义县桥北乡四甲	47	曾祖多益，祖父治富，父炳
1901	400	武凤岐	山西太原府徐沟县东干都一甲	54	曾祖奇仁，祖父德阵，父鸿鳌
1901	400	高天元	山西汾州府汾阳县节义六甲	43	曾祖维宁，祖父振荣，父文敬
1901	400	任礼贵	山西汾州府汾阳县广贞里十甲	58	曾祖奇麟，祖父玉忠，父学成

资料来源：《蒙古国家档案局档案》，编号 077—024，页 0124—0138。

表 3—8 中商人的籍贯有三分之一来自直隶；三分之二来自山西。同治九年，新疆回变攻占乌里雅苏台，清朝调集蒙古、绿营兵驻防。库伦办事大臣张廷岳恐驻防兵丁粮食告匮，令商民办事衙门招揽商贾以供军需。当时，增加了许多北京来的商号，如隆和玉号、富有号、通和号、人和号等，以及北京来的小生意人。表 3—8 中石永清即是富有号的股东、吕峻德为通和号股东、巩步瀛为福来号股东。关于北京商人在库伦的活动将于下章再讨论。

其次，许大龄教授讨论捐纳成为风气，市侩皆成爆贵，像淮扬盐商捐纳官职者，比比皆是。又说，州县等佐贰杂职之出于捐纳者，占十之七八，其他杂流更无论矣。换言之，捐纳者得到的杂途的出身，捐生得官要经过吏部的铨选。[1] 常氏为中俄贸易的重要商家，光绪年间有领

---

① 许大龄，《清代捐纳制度》，页 113。

催常兴、差弁五品顶戴补用把总常得明、差弁五品顶戴蓝翎常有恩等。[①] 这些人或许也是透过报效或捐纳成为地方胥役。

五、清末的新政与税捐

宣统元年，三多莅任库伦办事大臣，中央各机构督促举办新政。库伦增设兵备处、巡防营、木捐总分局、卫生总分局、车驼捐局、宪政筹备处、交涉局、垦务局、商务调查局、实业调查局、男女小学堂。[②] 除了原来的满蒙大臣衙门、章京衙门、印房、宣化防营、统捐、巡警、邮政、电报各局外，新添机关十余处。新设立的衙门必须筹措经费来源，与商人有关的税捐有以下各种。

(一)统捐银

清朝为挽救商业，于光绪二十九年(1903)改办统捐。根据杨华山的研究，统捐办法是各省货物由初次产地发运之时，将各处厘卡应完之厘统计约收若干，即酌定收数，在产地成总完纳，给予凭单，以后所经之地概不重征。[③] 光绪三十年(1904)，德麟奏报库伦筹办统捐税务事，因库伦境内土产向来无税卡，值需款孔亟之际，应就蒙古所产的驼马牛

---

① 《蒙古国家档案局档案》，编号 014—019，页 0089—0091。"钦命驻扎库伦办事大臣衙门为发给驰驿传单事。今因多伦诺尔所属脚户民人，并附近旗下人等由张家口揽运俄商茶箱沿途堆积日久，迄今尚未运到。本处饬派差弁五品顶戴补用把总常得明等，不分昼夜迅速前往多伦厅一带饬催赶紧运送库伦。所有该差应需骑马三匹、马驮二匹、马拉齐二名、毡房二架，无论打尖住宿每站给食羊一只、羊腿一条。仰沿途官兵及内外盟差人，并多伦诺尔所属民人等照数应付，不得迟延致误。要差切切懔遵毋违特传。光绪二十七年四月廿六日。"(《蒙古国家档案局档案》，编号 077—006，页 0076—0079；编号 077—007，页 0080—0081。)

② 陈箓，《止室笔记・奉使库伦日记》第 2 种，页 179。

③ 杨华山，《论晚清"裁厘统捐"与"裁厘认捐"的常识及夭折》，《史学月刊》，2004 年第 2 期，页 57—63。

羊、皮张、驼牛毛绒、蘑菇、黄耆、鹿茸各项，按值百抽五章程，设统捐局。此项出口统捐，一成支付地方经费；二成拨给蒙古王公津贴，其余解交户部。[①] 库伦设立厘捐总局，另在东营子、恰克图设分局。此外，在车臣汗与土谢图汗旗下贸易的商人亦需缴出口统捐（参见表3—9）。

表3—9 光绪三十一年（1905）库伦等地征收的统捐银

税收单位	征银（两）
库伦总局共收出口土产等税市平银	8,803.47
营子分局共收出口土产等税市平银	12,162.5
恰克图共收出口土产等税市平银	3,535.6
车盟旗下共收出口土产等税市平银	1,593.33
图盟旗下共收出口土产等税市平银	206.4
共银	26,301.3

资料来源：《蒙古国家档案局档案》，编号080—048，页0159—0162。

统捐局的收支按照四柱清册编列，如光绪三十一年（1905）的新收26,301.3两，开除：（1）提出一成经费银2,630.13两；（2）修造总局房间2,200两；（3）营局买房间600两；4. 营库两局伙食费562两，共5,992.13两。实在结余20,309.17两。[②]

1. 库伦与营子的统捐银

林美莉研究西洋印花税时提到，光绪十五年（1889），李鸿章建议试行印花税但没成功。光绪二十二年（1896），甲午战争后为因应财政困难，御史陈璧提议实施印税，盛宣怀等亦奏请仿行此税。但到光绪三十三年（1907）清廷召开禁烟会议，度支部建议以印花税弥补禁烟收入损失，拟于次年在直隶实施，但因天津商会反对，终清之世未得付诸实

① 《军机处档折件》，编号159495，光绪三十年三月初三日。

② 《蒙古国家档案局档案》，编号080—049，页0163—0166。

施。[①] 档案则记载库伦的土药以统捐征收值百抽五，后改为每百斤收百两，另外加抽15%的地方经费银。宣统二年(1910)库伦进口土药6,155斤14两，收银6,155.94两，即每百斤收百两，又经费银923.25两(6,155×15%)。于次年赴度支部投纳。[②]

2. 恰克图商人向俄罗斯买货物缴统捐

恰克图的统捐和内地不同，因货物运往俄罗斯，衙门给“三联印票”，此系按照俄国洋行出口的货品模式领三联单。凡商人向俄商收购毛皮、马匹等，向恰克图章京缴交统捐，再转交库伦商民事务衙门。钦命副都统署库伦掌印办事大臣三(多)、蒙古办事大臣札萨克固山贝子绷(楚克车林)为发给捐票事，照得库伦厘捐奉旨开办迄今多年，应需捐票，向由该局自行刊给与内地情形不同。库伦大臣为整顿榷政起见，应即刊给三联印票以免弊混，而昭核实。宣统三年(1911)，恰克图统捐钞钱数量如下：

> 窃查卑局经征本年九月初一日起至月底止，计一个月，共征统捐钞钱十四万九百七十七文，内除开支一成，办公经费钞钱一万四千九十七文，又除领催连升支领，本年九月分津贴钞钱一千八十八文，净实应解钞钱十二万五千七百九十二文。此项钱文如数备足，移交章京衙门，饬派专差解送库伦厘捐总局兑收外，再查卑局旧存

---

① 林美莉，《西洋税制在近代中国的发展》(台北：中研院近代史研究所，2005)，页20—25。

② 《军机处档折件》，编号185250，宣统二年元月初九日。过去蒙古出口的货物并没征税，而蒙古的动物种类繁多，野生动物有狐、狼、羚羊、野马、野驴、野猪、野羊、野猫、熊、鹿、貂、狸、栗鼠、黄鼠、旱獭(土拨鼠)，兽猎及盐矿等收入价值约一千八百万卢布。驼、马、牛、羊等收入价值约一千四百万卢布，肉、乳、皮毛等畜牧产物的价值约四千二百五十万卢布，合计七千四百五十万卢布。其中，畜牧方面的收入占76%，畜牧为蒙人经济的命脉。王晓莉、贾仲益主编，《中国边疆社会调查报告集成》(桂林：广西师范大学出版社，2010)，第1辑第12册，页249。

三联单四百零二张，兹自本年九月分，计一个月，由恰字别八百九十九号起至一千零二十七号止，计用过三联单一百二十九张，除将存根存留卑局，并将执照发给纳捐之人外，实存未用三联单二百七十三张，理合备由具文呈报，伏乞宪台查核施行。须至呈者，计谨送呈验单一百二十九张。宣统三年十月初四日。[1]

恰克图一个月收的统捐钞钱140,977文，用过三联印票129张。另有商号个别报缴统捐银的案例，如宣统三年(1911)庆和达运俄罗斯毛皮：老羊皮2,015张、狐皮113张、猞猁狲皮17张、狼皮22张、灰鼠皮70张、牛皮30张，应缴捐银35.155两。[2] 宣统三年兴隆魁运俄罗斯羔子皮1,020张、马尾子330张、貉子皮500张、生马皮12张、老羊皮12张、灰鼠皮2,060张、犀牛尾60条。同年，运骡马、骟马616匹，应缴捐银246.4两。[3]

统捐税开征之前，从俄罗斯进口的货品在张家口征税，开征后商号则需在恰克图缴税，若未纳税款则需缴罚款。以下为复源德商号被罚银情况：

具甘结铺民复源德、执事人武泰珍为出具切结事。情因商民于去年十月十六日由恰往口发运鹿茸，当即到恰税局报明照数，录明税款底单，候示遵行即蒙放行所有，与恰税局官员人等并无行私纳贿偷漏等弊。倘若查出情愿领罪。今蒙讯明应纳正税鹿茸五百五十四付，共银六百九拾贰两五钱情愿完纳。惟是商民无知未纳税款误将鹿茸发口，商民情愿认罚，祗有恳乞宪天怜恤商艰，破格施恩，商民等均感大德无暨矣，所具切实甘结是实。为此叩禀阎、

---

① 《蒙古国家档案局档案》，编号089—029，页0129—0131。
② 《蒙古国家档案局档案》，编号089—037，页0144。
③ 《蒙古国家档案局档案》，编号089—035，页0142；编号089—036，页0143。

荣二位大老爷案下恳恩转呈钦宪老大人爵下均鉴恩准甘结施行。

光绪三十一年二月[①]

3. 各旗向商人征税

喀尔喀蒙古征收厘金的方式，为商人到各旗贸易征收出口厘金银，由各旗印房报纳厘捐，发给凭单，以后所经之地概不重征。如光绪三十一年(1905)各旗向库伦厘捐总局缴交的厘金，有车盟札萨克嘎登旗下贸易民人等二家，呈交出口厘捐银 40.79 两；又署理车盟前任郡王车林桑都布印务协理台吉旗下贸易 20 家民人，呈交出口厘捐银 496.2 两；又车盟札萨克达木定旗下贸易 3 家民人，呈交出口厘捐银 50.49 两；又车盟札萨克图登旗下贸易民人胡云宏，呈交出口厘捐银 2.31 两；又署车盟亲王济克吉特苏伦印务之协理台吉棍布札布旗下贸易民人札雅图，呈交出口厘捐银 29.32 两。以上五项共银 619.1 两。[②]

统捐银在蒙古地区实施成效颇佳，光绪三十年(1904)，统捐局征收出口松江银 27,591.53 两。[③] 宣统元年(1909)，延祉奏报解送光绪三十四年(1908)库伦征收出口统捐银共征 54,002 两，除经费银 5,400.2 两外，拨给蒙古王公等二成津贴银 9,720.52 两。应存市平银34,272.24两，内该除汇费加平补色各项银 2,438.47 两，共解部库平银 31,833.77 两。[④]

(二)金厂的税收

光绪二十四年(1898)，库伦办事大臣连顺奏请招集商股试行开采金矿，并由天津税务司俄人柯乐德代招俄股。[⑤] 三十二年(1906)，奏准

---

① 《蒙古国家档案局档案》，编号 085—001，页 0001—0002。

② 《蒙古国家档案局档案》，编号 082—042，页 0111—0113。

③ 《蒙古国家档案局档案》，编号 082—060，页 0135。

④ 《军机处档折件》，编号 178212，宣统元年四月十六日。

⑤ 《总理各国事务衙门》，编号 01—11—024—01—001，光绪二十五年元月二十六日。

金砂税银 315,200 两。库伦附近的金矿丰富,清末为俄国人经营,库苏尔湖附近有砂金,乌梁海北亦有金矿。[1] 光绪三十三年(1907),延祉具奏现届金厂截算拟请仿照统捐章程,每次扣出一成作为办公费。[2] 根据陈箓的统计,光绪三十二年产金砂为 5,967.15 两、光绪三十三年产金砂为 7,591.62 两、光绪三十四年产金砂为 8,592.1 两、宣统元年产金砂为 30,804.05 两、宣统二年产金砂为 50,921.72 两、宣统三年产金砂为 59,600 两。[3]

宣统元年(1909),库伦办事大臣延祉奏称:据库伦金厂总办柯乐德呈称,朱尔琥珠附近之哈拉格囊图各厂,所得金沙共库伦市平 30,804.05两,按照章程由内应提一成五报效,共约 4,620 两,并以 4,620两之一成 462 两为蒙古津贴,共计 5,082 两。5,000 余两中,以 3,832.52 两为库伦办公费,当时每两金子易京市平银 33.05 两,共合京市平银 126,664 两。[4]

(三)木捐银

蒙古森林多松、枞、桦、榆、白杨等,乌梁海最为繁茂。[5] 木材贸易是库伦商业的重要部门之一,在库伦买卖城和呼勒总共有一百家从事该行业的商行。其中有 28 家属于张家口商人;36 家属于归化;1 家属于毕鲁浩特人开的,其余的是山西天镇人和西城(阳原)开的。买卖城从事输出业的商家有三十多家,其中较大有六家,估计每年出售木材价值 300—600 箱砖茶,也就是 5,500—10,000 银卢布,甚至 11,000 银卢布。较小的十家交易额不超过 50—60 箱砖茶,合 800—1,000 银卢布。

① 王晓莉、贾仲益主编,《中国边疆社会调查报告集成》,第 1 辑第 12 册,页 251。
② 《外务部》,编号 02—04—045—01—029,光绪三十三年十一月十二日。
③ 陈箓,《止室笔记·奉使库伦日记》第 2 种,页 247—249。
④ 《军机处档折件》,编号 182022,宣统元年九月三十日。
⑤ 王晓莉、贾仲益主编,《中国边疆社会调查报告集成》,第 1 辑第 12 册,页 251。

从库伦运出木材的年总额达十万卢布，或更多些。[1] 库伦木材主要输往归化和张家口，也有小部分运往多伦诺尔；夏天用牛车运送，冬天由骆驼驮载。库伦木捐银 4,400 两。[2]

(四)库伦商民台站免役银

喀尔喀蒙古分为四部，即土谢图汗部、车臣汗部、札萨克图汗部、三音诺颜部，四部共设有 86 旗。其为清代蒙古的基本社会组织，札萨克世袭统治的旗，在战时承担兵役、乌拉（提供牛马羊的差役）军需，部分旗承担驿站的差役。波兹德涅耶夫特别留意各驿站服役的蒙古人，譬如在旗署印务处的蒙古人图萨拉克齐对他说，从张家口到乌里雅苏台的二十个喀尔喀驿站以及卡伦，派出 130 帐去服役和担任巡丁。由其他旗替代服役，得要支付一万两。[3] 蒙古人支应卡伦和驿站以及其他官方需索，变得很贫困。库伦商民衙门向商人征收台站免役银 300 两，或许是贴补蒙古人的台站所需。

(五)甲商认捐巡防步队饷银

同治十年（1871），因土谢图汗迤西回变滋事，由库伦办事大臣张廷岳自宣化调到马队二百名步队两营，又自古北调到步队二营往剿，事平驻守库伦。三年后，古北两营先行撤回。再五年，又撤宣化步队一营，另募马兵五十名合前二百名为一营，至光绪五年（1879）步队全营悉数撤回。光绪六年，前大臣喜昌由吉林调来步队一营，越三岁撤回。光绪十二年（1886），大臣色楞额将马队全营撤回。至十五年大臣安德复将

---

① ［俄］阿·马·波兹德涅耶夫著，《蒙古及蒙古人》，卷 1，页 181。

② 陈箓，《止室笔记·奉使库伦日记》第 2 种，页 247。

③ ［俄］阿·马·波兹德涅耶夫著，《蒙古及蒙古人》，卷 1，页 24。

马队全营调库驻守。光绪三十四年(1908),大臣延祉换班一次厥数仍旧。宣统二年(1910),大臣三多委派日本士官学校炮工毕业生副参领唐在礼为兵备处总办,“所有宣化防军边防步队,暨图车两盟关于军界之事,及台站卡伦各官兵一并归该处节制”[①]。复添募步兵百名编成左右两哨,合旧有之马队共得350人。

宣统二年(1910),库伦办事大臣三多招募内地青年105名成立巡防队,并设营务处,以总其成。该弁兵等巡缉盗贼,保护商人,地面幸赖安谧。甲首经理荀香等,于同年八月十七日会禀称,现在举办治安新政,在在需款,各该甲首情愿每年捐缴银一万两,按季呈交。三多奏称,该队薪饷每年经常费支银10,920两计,尚不敷银920两,所有不敷之款计仍由印房公款内按年筹给。[②] 由此,甲商每年认捐巡防步队饷银10,000两(参见表3—10)。

表3—10 驻库宣化练军马队及巡防步队两营编制及饷章表

项目 官级	官兵(名)		薪(两)	公(匹)	饷(两)	马乾(两)	米银(两)	马匹(匹)
管带	马	1	50	138		12		1
	步	1	40	60				
哨官	马	4	18			8		4
	步	2	18					
哨长	马	5	12			8		5
	步	2	14					
什长	马	20			4.8	4	2.2	20
	步	10			8			

① 唐在礼,《库伦边情调查记》,收入《中国边疆行纪调查记报告书等边务资料丛编(初编)》,第21册,页16—17;《大清宣统政纪》,卷48,页870下,宣统三年正月。

② 三多,《库伦奏议》,第1册,页195—199。

（续）

项目 官级	官兵(名)		薪 (两)	公 (匹)	饷 (两)	马乾 (两)	米银 (两)	马匹 (匹)
兵丁	马	210			4.2	4	2.2	210
	步	80			7			
伙夫	马	20			4.5			
	步	10			5			
总计	马队官长十员每月薪公马乾共银 404 两目兵夫共 250 名每月饷米乾共银 2,494 两							
	步队官长五员每月薪公银 164 两目兵夫共 100 名每月共饷银 690 两							

资料来源:唐在礼,《库伦边情调查记》,收入《中国边疆行纪调查记报告书等边务资料丛编(初编)》,第 21 册,页 33。

(六)卫生局、学堂、文报局等新设机构之商捐

宣统二年(1910)九月初四日三多奏,前大臣延祉任内因施种牛痘、戒除烟瘾,暨诊治无力贫民,在库伦设立牛痘局一所。三多任后改名为卫生局,复在西库伦添设分局一所。所需经费除由甲商等月捐银币一百圆(银卢布)外,并由养廉等项内每月暂捐银一百两以资应用。库恰所收货捐,随时发存银号按年解部,按月生息通盘预算,每年约可得银一千数百两。该卫生局经费每年约需银一千余两,现拟以货捐息银充作经费。

甲商月捐银币一百圆,拟设立第一、第二半日学堂两所。先将甲商捐款移充第一半日学堂之用,另有恰克图甲商年节呈送衙署与印房各员及章京处水礼,每年约银七百余两,一并化私为公移充第二半日学堂之用。

又库伦距京遥远,设立驻京文报局,所有员新局用邮资电费月需银

约二百余两。各处金厂所招华、俄工人每年将近万人，每人发给名票，每票酌收俄钞钱四十文，通年收银二三千两。除各厂局办公外，尚有余款拟以之充作文报局经费。[①]

六、小结

清朝对旅蒙商采取管制政策，商人必须向理藩院领取照票，税收单位设在张家口，距离库伦五千里，商人除了缴茶规银之外，亦提供恰克图章京、库伦办事大臣陋规银，连波兹德涅耶夫都说札尔古齐自己从中国政府只领到三百两俸禄，但吸引许多钻营者，因为它被看作大肥缺，在北京出卖该官职的价格几乎从来不低于五千两银子。[②] 过去研究清代财政学者，如曾小萍认为陋规银的来源大部分来自正额之外的加派，或者征收过往的船、车辆、牲畜之税。[③] 库伦商人致送官员陋规银之外，亦需缴小票银、查地陋规银等，可见清代官场之陋规无所不在。

其次，清朝在库伦实施汉蒙分治，汉商限制住在买卖城中。因此，汉商在库伦提供地基、铺户银以及落地杂税，此皆为库伦办事大臣衙门的重要收入。但是，商人在蒙古贸易、开垦、放牧或放债，都不用向中央政府缴税，商业活动超越清朝控制范围，造成官员钻营取利现象。

清末实施新政，库伦增设兵备处、巡防营、木捐总分局、卫生总分局、车驼捐局、宪政筹备处、交涉局、垦务局、商务调查局、实业调查局、男女小学堂。新设立的衙门必须筹措经费来源，统捐才算是较大宗的

---

① 三多，《库伦奏议》，第1册，页201—206。

② [俄]阿·马·波兹德涅耶夫著，《蒙古及蒙古人》，卷1，页147。札尔古齐(jarguci)衙门汉文称管理买卖民人事务衙门，其官员在蒙古国家档案馆藏的汉文档案都称为章京。

③ 曾小萍著，董建中译，《州县官的银两：18世纪中国的合理化财政改革》，页56。

税收。从税收的观点来看,新政也让中央获得更多税收,譬如铺房银、统捐银各二万余两。此外,商贾认捐库伦巡防步队饷银一万两,说明清末实施新政在财政方面获得成效。

民国初年的库伦办事大员陈箓认为清末新政的经费悉数责令蒙古一律供给,蒙民不堪其扰相率逃避,近城各旗为之一空。[1] 本章厘清蒙古新政的经费亦摊派商人,并非完全由蒙人供应。

① 陈箓,《止室笔记·奉使库伦日记》第2种,页179。

第四章　清代库伦的商号

一、前言

日本学者矢野仁一讨论康熙年间哲布尊丹巴呼图克图所在的库伦地方为俄罗斯与喀尔喀互相贸易所在。[①] 雍正五年(1727)中俄商人在恰克图开展贸易活动后,因恰克图商店货栈狭小,没有存放新货物的地方,货物运往库伦,因此库伦市圈比恰克图的范围还大。[②] 依《喀尔喀法典》于雍正四年(1726)地方当局之行政命令:“库伦(寺)为佛所在之地(圣地),一切商人应于白天在此进行贸易。若不进行贸易而去看望放荡之人,半夜前去留宿彼处,被旁人居留者,即按窃贼科罚。留该人过夜之户主也罚以同样罚金。”[③]汉人与蒙古人在库伦进行贸易,按照佛教的法规,商贾应在距离寺院十里地方居住,在库伦城市东边,汉文

---

① [日]矢野仁一,《近代蒙古史研究》(京都:弘文堂书局,1932),页224—258。

② 孟宪章,《中苏贸易史资料》,页141。

③ 《喀尔喀法典》,收入内蒙古大学蒙古史研究室编印,《蒙古史研究参考资料》,新编辑24,页921—922。

名称叫“买卖城”。

买卖城距离寺院十里，对商人来说太远了，乾隆年间在寺院西侧约三里的地方有几座汉人盖的店铺。道光十九年(1839)商卓特巴衙门不断地向清廷呈报商民侵占寺庙附近土地，但库伦办事大臣仍纵容商人在寺庙旁聚集民人一千余名、住房八百余间，后来称为西库伦。① 清中叶以后库伦发展出三个市圈，“买卖城”、“东库伦”、“西库伦”。② 佐藤宪行利用蒙文和满文档案，讨论清朝对库伦之蒙民(汉)采取分离统治，汉商原先居住在买卖城。乾隆年间，汉商到哲布尊丹巴寺院做生意，由喇嘛代为保管未出售商品。嘉庆六年(1801)，汉商混住库伦内情况严重。道光二十一年(1841)，哲布尊丹巴寺院喇嘛借欠汉商银两，出让产权，库伦大臣认同西库伦存在。库伦商民衙门章京逐一登记商人的院落和建筑物，咸丰、同治、光绪等朝都有库伦商号房屋调查清册。③ 该书没有探讨商号清册内容，“文化部”蒙藏文化中心藏蒙古国家档案局档案则记载咸丰至宣统年间商号的调查，包括房屋的院落、间数、执事人、籍贯、伙计人数、雇工人数、门牌号与保甲等讯息，可用来分析库伦城市的长期发展。

本章利用“文化部”蒙藏文化中心藏蒙古国家档案局档案与台北故宫博物院藏宫中档奏折等档案，讨论库伦城市的管理和商业发展。过去学者着重研究乡村社会的控制，有里甲、保甲组织，维

① 台北故宫博物院藏，《宫中档道光朝奏折》，编号405006584，道光二十二年八月二十九日。

② 东库伦坐落在哲布尊丹巴呼图克图白城子迤东，东距哈拉处特二里、距白城子一百二十步、距后庙十五里，南北计三百五十步，东西计四十五步，大小铺户共十四家。《蒙古国家档案局档案》，编号067—015，页0075—0077。

③ [日]佐藤宪行，《清代ハルハ・モンゴルの都市に関する研究：18世紀末から19世紀半ばのフレーを例に》。

持税收与治安。库伦地区的商民被编成十二甲，设有十二月甲首按月轮值，其功能如同内地的里甲和保甲。本章第二节讨论库伦甲首的组织与职务。第三节讨论西库伦历史发展，如何从草原市集变成一个商业区，西库伦商业主要以京帮为例，论述他们在蒙古的贸易情况。第四、五节讨论库伦的买卖城的商业，主要是金融业、茶庄、百货等。

二、库伦城市商民的管理

库伦办事大臣衙门下，设管理商民事务部院章京，掌管库伦贸易事务，并稽查商铺规模和调解商人纠纷。将库伦的商民编为十二甲，设十二位甲首。商民事务衙门不定期地稽查商号与伙计和雇工人数，至今留下乾隆、嘉庆、道光、同治、光绪等的铺户清册。有趣的是，清朝虽利用部票制度控管进入蒙古的人数，商民却不断滋长。乾隆年间只有数百位商人，清末则增加至一万多人，原因在于清朝对商人出境严格把关，但商民并未如期入境。商民事务衙门只在嘉庆朝严格执行禁令时，曾将商民发遣回籍。再者，十二位甲首大多是巨商富贾，商民纠纷率先由甲首调停。因此，从档案中可看到甲首处理公共事务与民事纠纷。本节还讨论清中叶以后西库伦的人数增加，设置经理与四甲。民国五年（1916）成立库伦商会，分成东营设东事务所；西库伦者名西事务所。

乾隆二十四年（1759），皇帝许可商人领照票到蒙古部落贸易、种地，商民被选派为牌头总甲。[①] 但库伦最早出现十二甲的档案是乾隆

① 参见王士铭，《清代库伦至恰克图间民人的土地开垦（1755—1911）》，《台湾师大历史学报》，2017 年第 57 期，页 83—140。

五十四年(1789)《库伦市圈商民等进口贩货铺号图记册》、《库伦市圈商民等花名进口贩货次数册》(参见附录4—1),有53个商号编入十二甲,库伦商民事务衙门管理商号的方式,分别登录货物数量、贩售次数和图记。原则上,商号每领一张部票,携带茶烟布匹杂货物共12,000斤,大商号如义合美领五张部票,且销售货物达160,000斤;小的商号如兴盛岐、长盛公、德义崇、德兴玉、义盛永、恒兴泰等都不满10,000斤,他们是几家商号共同领一张部票称为“朋票”。这份档案没注明甲首或铺户大小规模。[①] 在恰克图贸易的商号以库伦为栈房,顺义公、四合成、义合美、协和公等商号到清末都还存在,贸易时间都在百年以上。值得注意的是,恰克图晋商一章讨论的三和正记出现于乾隆年间,是山西乔氏最早在库伦的商号。

嘉庆皇帝即位后,对外贸易的政策趋于保守和消极。[②] 嘉庆皇帝严格限制商人前往蒙古贸易,并加强商人的管制,这个政策意外地保留了库伦商民的档案。嘉庆十八年(1813)商民事务衙门存留《阖营铺号人丁市圈尺丈清册》(参见附录4—2)共有铺户129家,其中大铺户25家、中铺户43家、小铺户61家,伙计等人员558名。清册登录铺户的资本额,十二甲的甲首中,属于大铺户有9家、中铺户2家、小铺户1家,担任甲首皆为富裕的商号。附录4—2中的三义成、顺义公、万和成、天吉焕、四合成、义合美、兴盛昌、万顺德、三盛永、协和公、隆泰和、万盛隆、万发成、林盛元,都是著名的茶叶商号,担任铺首的比例也较高。另外,兴隆魁、永茂盛、兴盛源等大铺则是与蒙古贸易有关。

---

① 《蒙古国家档案局档案》,编号021—019,页0165—0204;编号021—020,页0205—0221。

② 关文发,《嘉庆帝》,页316—320。文中特别提到嘉庆十年(1805)俄罗斯两艘商船到广州,要求进行换货贸易,遭到嘉庆皇帝的极力反对,并惩处官员等。

表 4—1 嘉庆十八年(1813)担任十二甲首的商号及其规模

甲别	甲首	人数	铺户规模	甲内铺户数	总人数
一甲	义兴成记	5	中铺户	12	46
二甲	东泉涌记	5	小铺户	14	41
三甲	元亨永记	11	大铺户	15	66
四甲	四合成记	7	大铺户	7	25
五甲	义合美记	10	大铺户	8	38
六甲	元顺隆记	8	大铺户	11	43
七甲	永茂盛记	5	大铺户	12	59
八甲	万顺亿记	6	大铺户	9	38
九甲	兴隆有记	5	大铺户	12	51
十甲	美玉明记	6	大铺户	10	55
十一甲	三兴德记	5	中铺户	10	57
十二甲	万盛隆记	6	大铺户	9	38

资料来源:《蒙古国家档案局档案》,编号 024—007,页 0017—0152。

库伦的《阖营铺号人丁市圈尺丈清册》也不是库伦官员的创举,当时内地亦实施登录铺户制度,参见刘衡《州县须知》中道光六年(1826)巴县铺户册,格式如表 4—2。[①]

① 刘衡,《州县须知》,收入《宦海指南本》,中研院历史语言研究所汉籍电子文献资料库,网址:http://hanchi.ihp.sinica.edu.tw/ihpc/hanji(查阅日期:2019 年 4 月 26 日)。

表 4—2 道光六年(1826)巴县铺户册

一铺户 人	年 岁	现开 铺
招牌系 字号	家住 里 甲	保正
管下第 甲 第 牌		
合伙	系 人	年岁
同伙	系 人	年岁
掌柜先生	系 人	年岁
小伙雇工	系 人	年岁
同	系 人	年岁
同	系 人	年岁
同	系 人	年岁
同	系 人	年岁
同	系 人	年岁
此户共男	丁	
巴县里甲 保正 甲长 第 甲 牌长 第 牌		
道光六年 月 日 铺户册		

今堀诚二分析铺户册中将合伙人铺东和铺伙分开,区分为资本股和人力股,展现出近代化的资本形态。[①] 然而,库伦商号多半的执事人是代理人的身份,亦属于人力股,铺东则属山西巨贾。

库伦十二位甲首,每甲首监管若干店铺,属于最基层的监督者,其职责是防止商民吵架、酗酒闹事、赌博等等。若有刑事案件则如内地的乡保般,报官处理。甲首系选十二家商号轮值,设有甲首公所,每有公共事务则发传票齐聚讨论。以下将十二甲首处理的事务,分成公共事务、民事、刑事来讨论。

① [日]今堀诚二,《清代における合夥の近代化への傾斜——とくに東夥分化的形態について》,《东洋史研究》,1958 年第 17 卷第 1 号,页 1—49。

(一)公共事务

清朝以院票来管理旅蒙商,院票登记商人姓名、雇工、货物数量。但商人到蒙古后,通常不按时回内地,老死异乡的比比皆是。波兹德涅耶夫说买卖城的北端是一块很大的场地,围着松木栅栏。这个场地的南面建有一所带院子的房子,还有一些棚屋,这是守墓人的住所。在院子的后面有两扇大门通入墓地,入葬的死人就从这里抬进去。汉人公墓中的棺材相对来说不是很多,在公墓开辟以来的五十多年中,这里的棺材没超过二百口。我们知道,按中国人的习惯,一个家庭总是要把去世的成员埋葬在自己家的墓地里;因此死在库伦的大部分汉人也常常由他们的亲属把他们运回长城以南的中国故乡。在库伦留下的只是一些极贫穷的人或是无家可归的单身汉。①

光绪八年(1882),库伦办事大臣喜昌起意兴建义冢,"闻东营北栅外有哈厦一所,内有浮厝商民尸棺数百具,抛弃年久,风雨摧残,以致鼓裂巨缝。甚至有掀去棺盖者,尸骸暴露,魂魄无依。饬委将无人收殓之尸骸均起寄厝于义坟"。商民事务衙门官员当即委谕十二甲首等,将无尸骸之空棺,雇人搬移堆放他处,为剩之尸棺,司员逐名细细查验。棚屋共浮厝尸棺 478 具,内有姓名籍贯者 425 具,无注姓名籍贯者 53 具,逐名造亡者花册一本,并派十二甲首等传知营中东西两库商民,死亲本族因何年久弃置不理情弊。②

中国内地通行的货币为银和铜钱,但在蒙古地区的货币相当复杂,有银两、砖茶、茶票、俄国卢布等。光绪二十四年(1898)库伦办事大臣丰升阿发现铺商不收陈旧砖茶,出示晓谕:"查得库伦地方蒙民及各铺

---

① [俄]阿·马·波兹德涅耶夫著,《蒙古及蒙古人》,卷 1,页 144。

② 《蒙古国家档案局档案》,编号 054—014,页 0086—0089。

商周行三六、二七各现茶，以及票茶诸多不便。本大臣查明情形即将旧票撤回饬换新票，并将二七整半各块旧茶，仍令照常使用周流地方蒙民有益。闻得铺商人等不使陈茶，以致穷苦蒙民均受拖累难以度日，本大臣留心体察整顿地方，凡尔军民蒙古人等一体咸知除将中间抽一小条不足尺寸，并潮湿损坏各项茶块不准周行外，其余整半各块旧茶，即稍有磨伤棱角不致损坏者，仍须照常兴新茶兑搭使用，勿得互相争论。库伦阖属蒙民、宣营官兵，及十二甲首众铺商等一体遵照毋违。”[①]这谕令说明商民不收陈茶，而库伦办事大臣则认为整块或半块的旧茶，即便有磨损亦可使用。

十二位甲首还负责修缮库伦附近的桥梁和道路，光绪二十三年(1897)库伦办事大臣堂谕：“买卖东营迄东，图喇河建桥饬派三处，及库伦、恰克图两处商民，每处捐银一千两抵备凑齐。光绪二十三年冬定办材料，二十四年春兴工。谕令甲首等领存甲内银款以备花项费用。”甲首等谨遵堂谕，由印房公同印员领来现银1,000两整公存甲内，以备何时费用何时提使。[②] 光绪二十五年(1899)，库伦衙门的印房案呈谕十二甲首等知悉：“前准驻库俄国领事官施什玛勒福文称，东营子西库伦道路间往来人马车辆络绎不绝。惟途中间有被水冲刷石块甚多，行走不易，拟请筹款兴修以便行车平坦。”[③]东营钟章京劝令该甲首等转劝，各商共助银1,750两，照数备齐，以便随时提用。

(二)民事案件

库伦的商人主要与蒙古做买卖，笔者曾探讨哲布尊丹巴呼图克图

① 《蒙古国家档案局档案》，编号073—027，页0191—0194。
② 《蒙古国家档案局档案》，编号051—006，页0025—0026。
③ 《蒙古国家档案局档案》，编号074—037，页0169—0171。

的商卓特巴衙门与商民债务纠纷，由十二位甲首出面调集各商铺的账簿，并解决纠纷。[①] 库伦的铺户内股东与伙计的财务纠纷，及商号破产的问题，皆由十二位甲首来处理。以下举两个例子说明甲首处理商民债务事情。

嘉庆二十一年(1816)，由赵安民、赵安峻、程大贵合伙出资，在买卖城成立了“兴盛鸣”商号。赵安民存银 320 两，又将房院菜园 4 处卖给兴盛鸣铺价银 320 两，二宗共银 640 两，作银股一俸六厘(一俸即一股)。嘉庆二十三年(1818)，赵安峻、程大贵各顶身力一俸，赵安民顶身力七厘。由于兴盛鸣生意蒸蒸日上，赵安民取得身股五俸。同治五年(1866)，赵安民过世，其子赵全玺按父亲遗嘱从山西来库伦结算顶身股。然而，堂兄赵全杰、赵全宋误认赵全玺受刘维岳唆使瓜分财产，双方遂有纠纷。

道光十一年(1831)，刘维岳入兴盛鸣工作。由于刘维岳办事认真，为财东赵安峻倚重，于是在道光十四年(1834)顶身股二厘，在铺当执事。刘维岳经理兴盛鸣生意有成，添置房产数处共值银八九千两，道光十八年于西库伦设立大盛鸣入资本银 1,600 两。咸丰年间，又向商卓特巴买过空地一块，至同治年间兴盛魁本利肥厚等银达 13,000 余两。刘维岳在兴盛鸣工作多年，直至同治七年(1868)，已顶身股一俸。[②]

咸丰四年(1854)，财东赵安峻过世之后，少东赵全杰、赵全宋主事。同治四年至七年(1865—1868)，刘维岳与赵全杰、赵全宋在经营上有嫌隙。刘维岳认为赵全杰、赵全宋干涉铺务；赵全杰、赵全宋则认为刘维岳勾结铺伙赵全玺(赵安民之子)、李云兴图谋兴盛鸣财产，

---

① 参见拙作，《清代库伦商卓特巴衙门与商号》，《中研院近代史研究所集刊》，2014 年第 84 期，页 1—58。

② 《蒙古国家档案局档案》，编号 044—040，页 0162—0165；编号 044—044，页 0176—0177。

遂引起诉讼。库伦办事大臣批文:“协同十二甲首逐款清查和实秉公持平办理。”经十二甲首查明兴盛鸣财产后,库伦办事大臣批示:同治四年九月迄七年二月,共二年六个月刘维岳获身力银1,450两,又肥厚滋润银500两,旧账上刘维岳支过银590两除讫,库伦办事大臣又感念他在兴盛鸣工作四十余年,多拨银340两,最后,刘维岳取得顶身股1,700两。[①]

赵安民于嘉庆二十三年(1818)在兴盛鸣铺顶身力七厘后,屡账升加至身力一俸。同治五年(1866)十一月间赵安民病故,赵全玺到库伦结算父亲身俸。库伦办事大臣堂断:二年八个月获利银1,550两,又肥厚银500两。又赵安民在铺五十余年辛苦银500两,又自同治七年(1868)清查后至同治八年(1869)三月,合账计一年零四个月,大臣多拨银450两。以上共总银3,000两,又存未支银196两,二宗共银3,196两。此后,兴盛鸣铺利害与赵全玺毫无干涉,并具甘结。[②] 在刘维岳与赵全杰、赵全宋的诉讼官司,都有甲首介入。刘序枫的研究指出中国传统社会中公司有三种形态:(1)合股企业性质的“公司”;(2)家族养赡与祖尝性质的“公司”;(3)村庙组织的“公司”。因此,公司的类型与名称在不同的时空(地区、时间、经营方式)条件下有不同的称呼。并且,论其内容及本质,有家族式、财产与经营权不分,以及财产与经营权基本分离的经营方式等,各种经营方式并存。[③] 兴盛鸣偏向中国传统社会的合股企业性质的“公司”。它是众人合资成立的商号,也有浓厚的家族经营色彩。

---

① 《蒙古国家档案局档案》,编号044—043,页0174—0175。

② 《蒙古国家档案局档案》,编号044—049,页0190—0191。

③ 刘序枫,《近代华南传统社会中“公司”形态再考:由海上贸易到地方社会》,收入林玉茹主编,《比较视野下的台湾商业传统》(台北:中研院台湾史研究所,2012),页227—266。

如果做生意的汉商破产了，甲头们就须到商民事务衙门去对商铺破产进行审议，并裁定是果真因故破产，还是出于恶意的预谋。光绪十六年(1890)，商民事务衙门官员令十二甲首将永成泉历年账簿并万金合同全数提到，由甲首秉公核算。十二甲首合词公禀传牌齐集甲首公所内将该号账目逐宗细算，查核几天后开列清单，参见表4—3。

表4—3　永成泉商号的债权和财产清册

	项目	银两
债权	原入本银	银5,000两
	欠京铺	该外银4,190.94两
	众官宦、铺户、蒙古人	该外银3,705.29两
	众官宦、铺户、蒙古人	该外茶折银1,511.59两
	公爷	存金镯、银450两
	欠二七砖茶200箱	合银1,600两
	浮存三六砖茶	折银96.3两
	存茶	合银425两
资产	架存货物	合银2,848.73两
	西外路欠	3,913.77两
	外路年前清查得利银	619.77两
	项目不明	259.52两
	三六砖茶30块	合银3.16两
	二七砖茶4.5箱	折银36.31两
	合厦	值850两
	众铺户欠	413.93两
	木料家具	值483.64两
	公爷欠	2,226.24两
	众官宦欠银茶	该内折银93.77两
	众人名欠银茶	该内折银34.63两
	蒙古人欠银茶	该内折银73.31两

资料来源:《蒙古国家档案局档案》，编号064—037，页0179—0184。

本处所说“该外”，在大盛魁一书称“外该”，指债权的意思[①]，永成泉的债权银 16,979.11 两，资产（该内）11,856.77 两，净亏 5,122.34 两，共有五股人入股每股一千两银，每股净亏 1,024.47 两。永成泉有五位股东，值得注意的是“公爷”原入本银 2,000 两，作银股二俸。又存金镯、银 450 两。公爷或许是蒙古王公，譬如天义德就是满洲官员阿勒精阿和依拉固克森胡图克图喇嘛投资共同投资。但公爷也欠账货银 2,226.24 两，他的二股共亏银 2,048.94 两，代表投资失利。主要原因是向永成泉——对象有众官宦、铺户、蒙古人，赊欠银、茶 6,816.48 两，再加上西外路欠 3,913.77 两，共 10,730.65 两。可见清末商号的债务多半来自蒙古赊账欠款，跟乌里雅苏台、科布多的情况差不多。[②]

永成泉应该是同治年间到库伦经商，同治十年（1871）成廷祯盖合厦（院落）一所，光绪七年（1881）经福任查门牌分为二所，发给门牌二张。光绪十二年（1886）清查铺户，执事人赵余庆系直隶大兴县人，第一处合厦 1 所、房 6 间、棚 5 间、门柜 6 间、大门 1 合、伙计 5 名。第二处执事人也是赵余庆系直隶大兴县人，合厦 1 所、房 9 间、棚 3 间、门柜 1 间、大门 1 合、伙计 5 名。看起来也是略有规模的铺户，却在光绪十六年（1890）亏损关闭。

如果是伙计遭商号执事人不合理的辞退，亦透过甲首公所的甲首处理。光绪三十一年（1905）八月十三日有永裕恒执事人李贵春聘用刘致成当伙计，讲明每年薪水 48 两。到隔年九月间应合账之期，又给刘致成加银 6 两，并写万金账簿给与他人力股三厘五毫。光绪三十三年

---

① 中国人民政治协商会议内蒙古自治区委员会文史资料研究委员会编，《旅蒙商大盛魁》，收入《内蒙古文史资料》，第 12 辑，页 33。大盛魁对“外该”存有戒心，恐怕还不了，或者不能原数归还。有的按半价折扣，有的按四成、三成、二成，甚至一成。

② 拙作，《清代蒙人与汉商的债务纠纷》，收入冯明珠主编，《陈捷先教授纪念论文集》（北京：九州出版社，2019），页 254—270。

(1907)七月间,刘致成接得家信说父亲身得病症,要回家探亲,李贵春勒令他写立辞退约。刘致成向执事人理论,“按以生意之中规矩,清查明白,经同中人再行立写辞约,而李贵春竟不以理而行”,两人到甲首公所理论,蒙甲首等评处理李贵春将一切盘费脚价号中出账外,给刘致成一年应支银 42 两。此案送至商民事务衙门,官员当堂公断令李贵春付 60 两,才能辞退刘致成。[①]

综合上述,甲首的工作包括管理义坟、修建道路、桥梁,以及处理库伦的铺户内股东与伙计的财务纠纷和商号破产的问题。

三、西库伦的历史发展

乾隆年间哲布尊丹巴呼图克图于库伦地方建召(寺庙),曾有商民每日从买卖城肩挑货物贸易。但买卖城距离寺院十里,又因喇嘛徒众赊欠账债过多,无力偿还,各将居住房栅陆续折给民人抵还账债,亦有售价变卖,亦有出租者,以致商民渐聚众多,乾隆年间在寺院西侧约三里的地方有几座汉人盖的店铺,称为西库伦。光绪十七年(1891)管理库伦商民衙门丈量西库伦:“西库伦买卖坐落在格根白城子迤西地方,东距白城子一百二十步、西距刚洞庙二十步、南距汗山十二里、北距后庙十五里。东边南北长四百三十六步、西边南北长三百六十步。东西街巷共九道,长短不齐,共计三百三十亩。”[②]白城子就是哲布尊丹巴所在的寺院区,包括朝克沁庙、阿巴岱庙、迈达里庙,以及艾马克的庙宇、商卓特巴衙门等。刚洞庙就是甘丹寺,即五世格根迁去的地方。西库伦的范围有 330 亩,比买卖城大一倍半左右。西库伦的形成是商人与

---

① 《蒙古国家档案局档案》,编号 087—012,页 0028—0029;编号 087—017,页 0038—0039。
② 《蒙古国家档案局档案》,编号 067—015,页 0075—0077。

寺院多年的缠讼结果。

根据《蒙古国家档案局档案》载嘉庆六年(1801)《阖营库伦众艾目共该银茶账》,当时蒙古各艾目欠汉商茶叶、银两。[①] 锡林迪布则认为蒙古的喇嘛买宗教祈祷的物品,如面粉、茶叶、哈达、礼品等,所费不赀。[②] 蒙古地区的消费品皆由汉商提供,而喇嘛从事宗教活动,以七珍八宝供奉佛像,其消费惊人。表 4—4 应该就是寺院喇嘛累积多年的债务。

表 4—4 阖营库伦众艾目共该银茶账

名称	内容	数量(包)	数量(两)
山爱艾目	共该茶	2,206,019	
山爱艾目	共该银		238
招爱艾目	共该茶	1,556,277	
招爱艾目	该银		206.74
尔克推艾目	共该茶	565,770	
尔克推艾目	共该银		864.9
王爷艾目	共该茶	784,390	
端忽儿艾目	共该茶	538,360	
端忽儿艾目	共银		273.9
马哈咳木燕艾目	共该茶	836,106	
马哈咳木燕艾目	共该银		84.8
俺刀艾目	共该茶	872,559	

① 当时蒙古各艾目欠汉商茶叶 18,103,910 包,与表 4—4 之加总相差 208,515 包,是因档案缺页 152,档案的总数才正确。《蒙古国家档案局档案》,编号 022—035,页 0151—0177。

② 锡林迪布著,余大钧译,《十九世纪末与二十世纪初的蒙古社会经济状况》,收入内蒙古大学蒙古史研究所编,《蒙古史研究参考资料》,1978 年第 9 辑,页 34。

（续）

名称	内容	数量(包)	数量(两)
七庆推艾目	共该茶	1,221,763	
七庆推艾目	共该银		6
独官儿艾目	共该茶	709,321	
独官儿艾目	共该银		33.7
东度林艾目	共该茶	493,407	
东度林艾目	共该银		46.88
迪庆林艾目	共该茶	621,919	
恼木气艾目	共该茶	806,849	
恼木气艾目	共该银		23.66
己达儿艾目	共该茶	365,256	
己达儿艾目	共该银		159.6
尔得尼虎必儿嘎艾目	共该茶	580,796	
尔得尼虎必儿嘎艾目	该银		11
书太艾目	共该茶	1,136,711	
书太艾目	共该银		14
占木彦生寿艾目	共该茶	295,737	
占木彦生寿艾目	共银		84.4
秘立更朝儿计艾目	共该茶	208,085	
达儿汗艾密气艾目	共该茶	1,066,929	
达儿汗艾密气艾目	共该银		2,238.55
比支燕艾目	共该茶	245,115	
恼木哈艾目	共该茶	1,101,009	
口揹恼燕艾目	共该茶	595,896	
口揹恼燕艾目	该银		49
把洛古艾目	共该茶	867,985	

（续）

名称	内容	数量(包)	数量(两)
班定代艾目	共该茶	153,006	
崔东弄艾目	共该茶	66,130	
	以上一应共总	17,895,395	4,335.13

资料来源:《蒙古国家档案局档案》,编号 022—035,页 0151—0177。

嘉庆六年蒙古艾目欠账达茶 17,895,395 包、银 4,335.13 两,220 包茶等于 1 两银,两项共银 85,677.83 两。喇嘛们每天都得喝茶,所以欠茶数量达一千万多包,他们没钱还债便以地抵押或卖地,汉商逐渐在西库伦发展开来。

道光十九年(1839)哲布尊丹巴呼图克图以身体不适之由,请求迁移馆址。据哲布尊丹巴呼图克图馆之堪布、诺们罕罗布桑扎木彦、商卓特巴那旺吹木毕尔等呈称,呼图克图馆自呈至此处以来,已有六十余年。其建造之土坯已损,人已难出入;其地面潮湿致人多病。馆内泉水溢出,以致房屋、篱笆均遭损坏。众人希望将馆迁移一干净处所,而又恐违反律法。经详查,该馆以西十余里处之土拉河北岸具有可建馆之宽敞、干净之地,若将新馆址移建于此,则于众实有裨益。是以呈请依前所行前往移住。库伦蒙古办事大臣德勒克多尔济奏称:"今所请移建之处所,相距并不甚远,倘若依照堪布、诺们罕……等所说,移居馆址对众人甚有裨益,奴才等即依其所请实行,可否之处,具奏请旨,俟降旨后,钦尊实行。为此谨奏请旨。"①

① 《军机处满文录副奏折》,编号 03—4197—061,道光十九年四月二十六日。于十九年,哲布尊丹巴呼图克图在库伦年久,得受潮湿,各喇嘛患腿浮肿之症,难以久坐,经该堪布、诺们罕、商卓特巴等呈请搬移至库伦他处。《军机处满文录副奏折》,编号 03—4235—026,道光二十二年五月二十三日。

道光二十二年(1842),库伦满洲办事大臣奕湘奏称,自乾隆年间以降,喇嘛向商人欠债银六十万两,一时间无力偿还,库伦商人向喇嘛购置房价银七万两,商民渐聚众多,蒙民杂处云集交易。

> 自嘉庆六年、十一年,道光五年、十七年、十九年间历据该管札萨克喇嘛等呈报驱逐民人,经前任办事大臣蕴敦多尔济等,酌定章程嗣候禁止商民盖房与喇嘛相居贸易,各将房屋拆毁,按照从前每日贸易完竣,仍回市圈,如有卖剩货物,计价不得过三千包黄茶之数,准其暂托素识喇嘛寄放等因各在案。虽久经酌定章程办理,该民及喇嘛徒众并无一次奉行,续于道光十九年间,因哲布尊丹巴、呼图克图所占库伦地方居住年久,地气潮湿,经该大臣等据情奏准搬移后,该处仍留旧庙一座,喇嘛徒众并未一律搬清,亦未能驱逐商民,现在聚集民人一千余名,住房八百余间,此系相沿已久,蒙民杂处之原委也。①

自嘉庆六年、十一年,道光五年、十七年、十九年间历据该管札萨克喇嘛等呈报驱逐民人。前任库伦办事大臣蕴敦多尔济酌定章程:"嗣后禁止商民盖房,与喇嘛相居贸易。各将房屋拆毁,按照从前每日贸易完竣,仍回市圈。如有卖剩货物,计价不得过三千包黄茶之数。准其暂托素识喇嘛寄放。"这章程并无一次奉行,至道光十九年(1839)商民聚集一千余人,住房八百余间。

此事库伦蒙古办事大臣德勒克多尔亦有满文奏折,内容与奕湘所说略有出入。第一,关于库伦商民的数量。德勒克多尔说各民在库伦立商栅开铺贸易以来,大约聚集有二千余人,人数上与奕湘所说一千余人差一倍。第二,有关蒙古的债务。德勒克多尔饬该商民事务衙门章

① 《宫中档道光朝奏折》,编号405006584,道光二十二年八月二十九日。

京成祥查明众人欠盘踞在库伦旧游牧之民债项，据报大约银 15,300 余两，砖茶 94,620 篓。[①] 一篓茶约 1.2 两，蒙古人欠银约 128,800 余两。这可能是近期内的欠款。

札萨克喇嘛呈报驱逐商民，商民李智等具名呈诉，再次说明蒙民交易两出情愿，当年原系沙毕自出愿意受价容留：

> 小民等放账实出无奈，顶新换旧往少收给。自十六年间待今未完偿给，该口里客债无业抵还，若不贪放旧账硬抗难收，现卖现买紧赶逐日护口。且自圣朝开基设库伦立买卖台市，即有十二甲首在圈内经营，微办公事而矣……小民等在库伦喇嘛圈内建房居住，做买做卖迄今有年，蒙民交易两出情愿。当日原系沙毕自出愿意受价容留，原不应留，何延至今？小民等窃私民人在喇嘛圈内居房贸易俱属沙毕官长皆知，又系圣朝疆土亦非私占强住况房屋，并不是暗藏包苫人不见之物。历来年深日久蒙古拖欠账目甚重，乞恳恩限着期还债小民等自搬回台市，抵还口里客债。[②]

甲首王如兰、岳清云、刘光明，民人李月如、冯士魁、康本和、朱大登、葛全兴、马士隆等出名率众呈诉，并由文生张裕如讦控。这件事情起因是喇嘛欠债而以土地抵债，官员认为甲首王如兰等却以“或首先出名，或纠众呈诉，均属不法，请将王如兰等九名照不应重例，拟各杖八十解回原籍，饬交各该地方官照例折责发落”。张裕如即杨裕如，他是旗人，为德勒克多尔济儿子那木济勒敦多布满文教师。道光

---

① 《军机处满文录副奏折》，编号 03—4235—026，页 001141—001175，道光二十二年五月二十三日。

② 《蒙古国家档案局档案》，编号 003—004，页 0031—0032。

二十二年(1842)正月与民人张鹏(义春和执事人)托张玉喜(和隆玉执事人)商允,共凑茶一百箱伙同开设皮铺。于三月二十八日写合同,但开市后即被众民控告。官员判定张裕如为库伦办事大臣署内课读,不知谨守学规,辄敢向民人立约置房,又于出示饬禁后出茶作本伙开皮铺,并未报官实属妄为。德勒克多尔济的护卫韩瑞隆、家丁董万富等五人于该大臣出示饬禁后,辄敢蒙蔽主,出茶作本伙同民人图利开铺,虽讯无倚势,把持情弊究属胆大妄为,应将文生张裕如、护卫韩瑞隆等五人均照"不应重例,拟各杖八十,张裕如是否文生相应递回原籍"①。

奕湘奏请:"将旧库伦现居商民仍准贸易,查明所居房间数目。嗣后不准另有竖栅、盖房多增人数。仍设立门牌,责成该札萨克喇嘛派员会同甲首;按月稽查呈报札萨克喇嘛及管理商民事务章京;按季呈报办事大臣衙门。统俟年终由该大臣衙门咨报理藩院备查。"这份奏折说明商人向喇嘛购买房屋,但地基仍属官有地,商人仍须缴房屋之地基银 600 两。办事大臣衙门按年分给该寺庙银 300 两作为香灯银,其余 120 两拨给章京衙门银、180 两拨给办事大臣印务处以充公用。②

道光二十二年(1842),西库伦市圈的甲首朱光照呈报该众铺户共 189 名,房间共 853 间。并立切结书说:"此次断办后不准界外另有添盖房栅,及多增人数。仍令设立门牌着甲首会同商卓特巴之委员稽查,按月呈报。"③设立门牌是一项新的措施。这时期的西库伦已具备商业的特色。

---

① 《宫中档道光朝奏折》,编号 405006584,道光二十二年八月二十九日。
② 《宫中档道光朝奏折》,编号 405006584,道光二十二年八月二十九日。
③ 《蒙古国家档案局档案》,编号 003—004,页 0031—0043。

第一,西库伦商号为库伦买卖城的分号。波兹德涅耶夫提到1892年到库伦时说,“殷实的店铺,不过是库伦买卖城山西店铺和仓库的分店”[①]。核对嘉庆十八年买卖城110家与道光二十二年133家商号,后者有31家是来自买卖城,占27%,约三分之一。[②] 原先在买卖城的商号系中俄贸易茶商,他们迁移至西库伦为了到蒙古各旗贸易。[③] 表4—5的商号中永泰安、万和成、三义成、万盛隆、义和德、万盛高都是茶商,也都在西库伦设有分号,所以甲首们积极处理西库伦的房屋问题。

表4—5 道光二十二年(1842)库伦的十二位甲首

甲别	商号	执事人
一甲甲首	永泰安	朱光照
二甲甲首	万和成	严国瑚
三甲甲首	乾泰光	张文郎
四甲甲首	永兴宁	田兴如
五甲甲首	三义成	靳承统
六甲甲首	三兴德	岳清云
七甲甲首	兴隆魁	高万春
八甲甲首	万盛隆	张汝敏
九甲甲首	兴盛鸣	赵三桂
十甲甲首	义和德	王如兰

① [俄]阿·马·波兹德涅耶夫著,《蒙古及蒙古人》,卷1,页114。

② 嘉庆十八年(1813)库伦买卖城之商号扣除个别的果子铺、靴铺、画铺、木匠铺等,共110家。《蒙古国家档案局档案》,编号024—007,页0017—0152。

③ 相关研究参见王士铭,《清代库伦至恰克图间民人的土地开垦(1755—1911)》,《台湾师大历史学报》,2017年第57期,页83—140。

（续）

甲别	商号	执事人
十一甲甲首	义和忠	刘光明
十二甲甲首	万盛高	吴超伦

资料来源:《蒙古国家档案局档案》,编号003—004,页0031—0043。

第二,波兹德涅耶夫说,十九世纪末西库伦商号分布在不同的街道上,此情况于道光年间已出现,如三合成有南三合成、北三合成;三义成有分号北三义成;林盛元有东林盛元、南林盛元、北林盛元;义合德有东义合德;兴盛昌有东兴盛昌、西兴盛昌;兴盛鸣有西兴盛鸣等,在西库伦的商铺应生意十分兴隆。前述兴盛鸣商号于嘉庆年间资本640两,至同治年间资本累积达银13,000余两,短短五六十年间财富增长20倍,可见商机无限。

第三,库伦商号在张家口本店为地方领导。在库伦之中俄贸易茶商,如三义成、林盛元、义合美、义合德、兴盛昌、万和成、万盛成、万盛隆等本店都设在张家口。今堀诚二说永兴隆为雍正八年(1730)以来有历史的老铺,并没有担任上述的经理。但从其他的碑刻资料可知,永兴隆施银不少。《大境门山神庙道光三年(1823)增建灶殿碑记》与《库伦十二甲铺户》档册时间相近,出现11家名字相同的商号。张家口大境门内之山神庙中,上堡山神庙创建最早。山神庙"是以旧日各置社房,续又共立公所,此庙遂为市口要会之林"。会同本街铺号协相经营,除各捐己铺资财外,并募化各社公项,以及贵官商民、远近信士用襄是功。所幸人心协和,莫不乐捐成美。不日间,共募得银二千余两。该庙碑登录375个行社、商铺。山神庙经理人:兴盛魁、永兴隆等31家,兴盛魁施银20.3两;永兴隆施银20两;天德永施银12.5两;兴隆永施银10

两;福盛兴施银 7.5 两;兴盛昌施银 1.5 两;隆泰裕施银 1 两;林盛元、三合成、兴隆魁各施银 0.5 两;万盛隆施银 0.3 两。[①]

第四,北京来的旅蒙商。波兹德涅耶夫说 1892 年西库伦有 35 家北京商号,事实上不仅 35 家。[②] 在 1844 年的商号有“京”字的,应该就是北京来的商人,如协和京、恒昌京、隆昌京、义和京等,详述于后。

尽管道光年间西库伦设立门牌,并有甲首会同商卓特巴之委员稽查,禁止商民添盖房屋,到咸丰五年(1855),西库伦房间又增为 1,486 间。从咸丰五年领门牌商号的资料可以看出,这时期北京商号陆续前来,“民户均令悬挂门牌,不令增添圈房,添驻商民”。同治十三年(1874),库伦办事大臣张廷岳奏称,库垣向为喀尔喀东两部落省会之区,商贾云屯、人烟辐辏,而廛舍无多,已批饬部员转饬该商民等,令其自备工料酌量添造房屋。[③] 同时,格根和四部盟长却上书清帝,说汉人新建的房屋和店铺妨碍了弥勒形象仪式的举行,这些商号是来自北京的万盛号、天德通、源聚裕、隆昌玉、昌兴号、万通号、长兴厚等。[④] 皇帝饬令库伦办事大臣张廷岳将 7 家商铺拆除。但蒙古人上书没提到的商铺仍然存在,商卓特巴复呈东西库伦上有 18 家有碍麦达尔路径,请令拆除。并有巷内六十余家添盖房屋,即有不安本分商民三十余家,并请

① 《大境门山神庙道光三年(1823)增建灶殿碑记》为宋志刚先生辑录,谨此致谢。虔敬社、增福社施银 100 两;羊行社施银 70 两;平安社施银 60 两;太平社施银 50 两;牛王社施银 50 两;白虎社施银 30 两;代州社施银 25 两;清源社施银 20 两;太原社施银 20 两;诚敬社施银 20 两;恭敬社施银 10 两;利市社施银 10 两;诚一社施银 10 两;马王社施银 10 两;永盛社施银 5 两。缸房行施银 50 两。

② [俄]阿・马・波兹德涅耶夫著,《蒙古及蒙古人》,卷 1,页 110。

③ 《军机处档折件》,编号 116860,同治朝。

④ [俄]阿・马・波兹德涅耶夫著,《蒙古及蒙古人》,卷 1,页 78—80;金梁编纂,牛力耕校订,《雍和宫志略》(北京:中国藏学出版社,1994),页 413—414。金梁提到雍和宫跳步扎之后,以绕的活动结束。弥勒形象仪式称为“麦达尔”,就是喇嘛绕寺的活动。

酌办。虽然商卓特巴衙门不断请求拆除添盖房屋，但商人活动越发加强，有人认为这些北京的商人中，不少本身就是理藩院的通事（翻译）。商人与库伦办事大臣衙门官吏勾结，所以他们有恃无恐。[①] 这说法可信是因前述乾隆朝至道光朝，库伦已有北京商人。张廷岳招揽商贾以供日常所需，铺户数量又增加了。

佐藤宪行认为库伦办事大臣派遣蒙古兵、绿营兵驻守各处，商民运输大量的军需和民生粮食，因此商民铺房增加。[②] 清政府调集蒙古、绿营兵驻防。库伦办事大臣张廷岳恐驻防兵丁粮食告匮，令商民办事衙门招揽商贾以供军需。张廷岳向皇帝奏请准商民添盖房屋，停止每月抽查结报。

同治十三年（1874）志刚任库伦办事大臣，他见格根时不行跪拜之礼，打破过去官员对呼图克图行跪拜之礼的规矩。光绪三年（1877）志刚奏称，官兵围观库伦喇嘛跳步札，被沙毕喇嘛等打伤，该商卓特巴置若罔闻，因他“平日办事率多任性，而年逾七旬，两耳重听”。志刚认为自康熙以来蒙古积欠商民无算，各旗札萨克违例招民人垦地收租达数千人。蒙古不时驱逐商人，喇嘛从中拨弄。志刚认为清代的喇嘛与元朝的国师不同，元朝的喇嘛横行无忌，清朝应予约束，他的态度显然站在商人这边。[③]

光绪七年（1881），库伦办事大臣奕榕札饬不准两三家商号合占一处，以大门为户口，每户一门牌号，共计查出合厦（院落之意）219 处，每

---

① 札奇斯钦，《库伦城小史》，《边政研究所年报》，1973 年第 4 期，页 97—140。该文系作者读蒙古学者都格尔苏隆（Dugersuren）所著《库伦城史》之笔记，并加上他搜集的资料写成。

② ［日］佐藤宪行，《清代ハルハ・モンゴルの都市に関する研究：18 世紀末から19 世紀半ばのフレーを例に》，页 71—72。

③ 《总理各国事务衙门》，编号 01—17—040—02—001，光绪三年七月五日。

年交纳地基银800两。同时，甲首禀称同治年间招商来的各行生意皆系小本经营、手艺生理、佣工、候收陈账者等，与过去恰克图贸易的富商大贾不同，亦无请领部票。[①] 奕榕将同一大门的商号门牌拆成两个，按门牌收地基银，增加地基银200两。同时，他认为这些小商人或手工业者都来自直隶宣化府、万全县、怀来县、束鹿县、良乡县、大兴县、饶阳县等，光绪年间将他们编入里甲；或有开铺，或有租赁房屋，人数达千人。

光绪十一年(1885)库伦办事大臣桂祥奏称，确切查明仅有32家在院内添盖房棚，因距离喇嘛圈五六十弓(按：一弓等于五营造尺，约1.67米)，于麦达尔路径尚无窒碍。商卓特巴奏请18家商铺尚包括俄商铺户10家，若拆去华商铺房，俄商又当如何办理？若拆去俄商铺户恐怕引起俄人争执。桂祥还说该商卓特巴心存狡诈，有意构挑边衅，应予以斥革。[②] 但也有人密奏说桂祥向甲首勒索银七八千两、劝捐砖茶等。桂祥交部严加议处。[③]

光绪八年(1882)的统计达1,858间。库伦商民办事衙门向商人征地租银，亦如同清政府对城市铺户征收地租银两。根据库伦的商号调查清册，将添增房屋数量列于表4—6。

表4—6　1855—1882年间库伦添增商号房屋数量

年份	库伦	合厦数目(所)	房(间)	棚(间)	大门(合)	门柜(间)	通道房(间)	伙计数(名)	备注
1855	东库伦	15	135	74	15			121	房尚未盖7间 棚尚未盖5间

① 《蒙古国家档案局档案》，编号063—013，页0047—0053。

② 《总理各国事务衙门》，编号01—17—051—03—003，光绪十一年五月十二日。

③ 世续等奉敕修，《大清德宗景皇帝实录》，卷217，页1050上。

（续）

年份	库伦	合厦数目（所）	房（间）	棚（间）	大门（合）	门柜（间）	通道房（间）	伙计数（名）	备注
1855	西库伦	157	1,486	689.5	158	53	10	1,113	按原建余出合厦 45 所 房尚未盖 18 间 棚尚未盖 21 间
1856	西库伦	8	87	44.5	8		1	52	按原建余出合厦 3 所
1866	西库伦	1	9	2	1			10	
1867	西库伦	1	4	4	1			5	
1871	西库伦	3	17	12	3	10		13	按原建余出合厦 1 所
1874	西库伦	2	8	3	1	2		12	
1876	西库伦	14	138	51	14	31	1	78	按原建余出合厦 5 所 房尚未盖 52 间 棚尚未盖 12 间
1877	西库伦	1				2		2	
1878	西库伦	1	2		1	9		6	
1881	西库伦	4	27	13	4	4		19	房尚未盖 3 间 棚尚未盖 5 间
1882	西库伦	8	80	42	8	3	2	31	房尚未盖 46 间 棚尚未盖 30 间
总计		215	1,993	935	214	114	14	1,462	

资料来源:《蒙古国家档案局档案》,编号 052—004,页 0020—0136。

西库伦铺户和房屋比买卖城还多,在原来买卖城的十二甲之外,西库伦增加经理和四位甲首。根据光绪十九年(1893)的保甲铺户册载 6 位经理以及 4 位甲首。担任经理的都是西库伦资本雄厚的商号,而担任甲首的则是普通商号,并且 4 个甲的铺户差异大,头甲有 43 家铺户;二甲 31 家铺户;三甲 32 家铺户;四甲仅 17 家铺户,参见表 4—7。奇怪的是光绪八年(1882)西库伦有二百多个院落,编入保甲的却只有123个。

表4—7　西库伦保甲铺户

职称	商号	执事人	铺户数(家)
经理	三兴德	魏连疆	
经理	合盛源	权运伟	
经理	丰裕公	王元	
经理	人和义	王椿	
经理	恒和义	田伯英	
经理	福来号	马占元	
头甲长	万顺亿	郭致俊	43
二甲长	天益元	李雀亭	31
三甲长	永盛魁	武建功	32
四甲长	义成信	李汝灿	17

光绪三十四年(1908),清查西库伦的商号被编为四甲,共有铺户267家、伙计1,654名、雇工561名等,甲长带领的"首户长"和原来十二甲首的地位、身份都不同了。西库伦四甲的铺户变多,还有伙计、雇工、徒弟,可见到库伦的人数增加,此因商业繁盛;另一方面也是清朝开放采金矿,到库伦的人增多。

陈箓说西库伦立甲首四名,山西占其三,北京居其一,以经理商业公益之事。当时,全国各地陆续设置商会,陈箓认为甲董或甲首的办事章程,与商会规则不符。遂于民国五年(1916)五月二十三日饬知库伦甲首,限期组织商务总会。[①] 但山西、直隶两派商人意见不合,库伦商

① 陈箓,《止室笔记·奉使库伦日记》第2种,页132。

会分为东西事务所两处。东营设东事务所;西库伦者名西事务所,各刻戳记。所有公文应用钤记者,各派一人库伦衙署盖用。并于钤记之下,加盖事务所戳记,以示区别。公署饬行公文,亦备两份同时分别行知。东西事务所,既分两处,所有文牍会计,以及雇用员役等项,彼此划清界限。① 其实在清末,西库伦已经独立雇用员役,如光绪二十年(1894)档案记载西库伦一年更夫 6 名、巡役 4 名,薪水工食等费三六茶 3,232.5 块。② 又三多奏折提到库伦设立牛痘局一所,三多到任后遵照部咨,改名为卫生局。复在西库伦添设分局一所,所需经费除由甲商等月捐银币 100 圆外,并自养廉等项内每月暂捐银 100 两以资应用。③ 以下分别讨论库伦买卖城和西库伦的商号。

四、买卖城的商号

光绪十七年(1891)管理库伦商民事务衙门丈量买卖城四至:“计方木市圈一座,南北长二百四十步、东西宽二百三十步。东距普拉河十里、西距色勒毕河十里、南距汗山十里、北距后庙五里。南北中街一道、南门一座。内正向南关圣帝君庙一所、前牌楼二座、东西街六道六门。城隍庙、鲁班庙、部员领催衙署均座落南门内迤东。营中内外大小买卖

---

① 商会经费以两种性质分别之,一曰普通公益经费,即对于东西各商公共之利益者。如西库卫兵驻所之杂费、监狱之茶费、解送犯人之车费、看守义冢之工食、修缮河桥之费用、北京联合会代表之公费、年终送活佛之礼物、蒙古衙门之息钱等项,每月应用若干由东西两事务所平均分摊。一曰特别利益经费,即对于各事务所各区域自有之利益者。如各事务所自用之纸笔、茶、烟、油烛、柴炭工食,以及打更、路灯等费,均归各自筹划。至于修缮东营栅门城墙、庙宇,暨祭神演戏等项事,在东营则归东事务所自办。惟修庙敬神如有自愿捐款者悉听自便。陈箓,《止室笔记·奉使库伦日记》第 2 种,页 228—230。

② 《蒙古国家档案局档案》,编号 068—029,页 0160—0189。

③ 三多,《库伦奏议》,第 1 册,页 201—206。

以及各行手艺铺户共五十一家。营外东北菜园地二顷、正南菜园园地一顷、东西瓦窑二处共地五亩半。城隍行宫坐落市圈外西北，义地木栅一所坐落市圈外正北。"[①]一步约等于 1.5 米，东营子的范围约 124，200 平方米，约 186 亩。

买卖城内有三条通往库伦方向并彼此平行的大街，居住的汉人大约有 1，800 位。[②] 买卖城有三条大街，街口有木门，七座大门：东边三座、西边三座、南边一座。档案记载街道的名称为关帝庙街、东西巷、东南巷、中巷(参见附录 4—3)。波兹德涅耶夫《蒙古及蒙古人》书中提到买卖城的主要街道都相当宽阔，它们几乎全是弯曲和不规则的。一条街弯曲成弧形；另一条街中间宽而两头窄；第三条街是一头宽一头窄，窄到不能走两辆大车。[③] 买卖城除了商人店铺外，库伦公共的建筑都在城里，附录 4—3 列有吕祖庙、城隍庙、鲁班庙、关帝庙等。清末的电报局和大清银行也设于买卖城。民初马鹤天曾到过坐落于西胜街的关帝庙，据说是山西人在道咸时建立的，西厢房是商会办事处。南门以东有鲁班庙，库伦产木材，木工全是汉人，是他们建立的鲁班庙。城隍庙在更东，再东有吕祖庙，建筑壮丽，雕刻精致，据说费银八千多两。[④]

尽管库伦的商民逐渐移向西库伦，然甲首还是设在买卖城，咸丰十一年(1861)，库伦十二甲首于关帝庙铸造的铜钟，商号与甲首姓名如下：商号源发乾王履□、广全泰沈广湖、义合德武凤龄、义合忠田治元、永茂盛武缵烈、义合盛陈锭、元盛大王钦、豫和昌张文郎、兴隆魁温世达、源泉涌王芝兰、万顺亿麻著芬。附录 4—3 为光绪三十四年

---

① 《蒙古国家档案局档案》，编号 067—015，页 0075—0077。

② [俄]阿·马·波兹德涅耶夫著，《蒙古及蒙古人》，卷 1，页 129—131。

③ [俄]阿·马·波兹德涅耶夫著，《蒙古及蒙古人》，卷 1，页 131—133。

④ 马鹤天，《内外蒙古考察日记》，收入《中国边疆社会调查报告集成》(桂林：广西师范大学出版社，2010)，第 1 辑，第 12 册，页 214—215。

(1908)商民事务衙门登记的《买卖城栅内保甲门牌清册》,共有64家,比95年前少了一半,主要是因中俄恰克图贸易衰落,许多商号转向蒙古贸易,西库伦成为新的贸易中心。不过,若干老字号林盛元、元顺明、三兴德、四合成、双舜全仍屹立不摇。金融汇兑商号如中兴和、公合全、恒隆光、庆和达、祥发永、恒义源等也都在买卖城设立据点。

波兹德涅耶夫提到买卖城的汉人区全由店铺组成,大店铺有很大的院子,院子里有厨房、附属房屋、仓库等。店铺里只摆出他们所具有的布匹和其他纺织品的样品,有几间办事房,店铺顾客所需要的东西全到仓库取货。二等店铺没有单独的办事房,仓库也很小。他们从中国运来的商品以及向内地订购的商品很少,如有必要也从库伦的北京商铺取货。第三等商铺出售的都是日常的生活用品。除了店铺,买卖城还有两家客店,投宿的人主要是到库伦做短期停留或路过的汉人。旅客可以租用一间至四间房间,但不能组成一套住房,因为彼此是完全分开的,各有各的房门,每家客店都有三十间客房。[①]

买卖城内为汉人商业区,外头则是蒙古区。但清末许多汉人租赁栅外蒙古人的院子,栅外编保甲号码193家,比栅内64家多了两倍。由《东营栅外保甲门牌清册》可见共有191个门牌号,其中有16个门牌号的商铺"寓蒙古院"。[②] 按照佐藤宪行的说法,清朝设买卖城是实施蒙、民(汉)分离的政策。[③] 清末汉人寓居蒙古院落,也可看出

---

① [俄]阿·马·波兹德涅耶夫著,《蒙古及蒙古人》,卷1,页131—137。吕祖庙、城隍庙、鲁班庙位于东西巷,可能只有五个门牌号而被忽视。

② 《蒙古国家档案局档案》,编号010—002,页0038—0058。

③ [日]佐藤宪行,《清代ハルハ・モンゴルの都市に関する研究:18世紀末から19世紀半ばのフレーを例に》。

民族分离政策逐渐瓦解。东营栅外有8位汉人经营菜园，为供应买卖城汉人食用。其次，经营肉铺或画匠、木匠，都是比较穷的工匠。义成永、天兴德算是较大的商铺，伙计人数超过十人。其他小铺子都仅二至四人。根据陆世荄在民国四年(1915)的调查，库伦的木作铺有三和公、三合公、永发魁、慎积公、义盛公、双义全等。[①] 栅外的三和魁、三和功、三和正或许也经营木材业。

买卖城的商号为大宗批发营业，在西库伦设门市分店，也到蒙古各旗营业。陈箓在民国四年对库伦商务进行调查，由商会报告说：东营西帮大商号共76家，一等者15家，合共资本银443,000两。二等者18家，合共资本银81,050两。三等者43家，合共资本银65,530两。

据陆世荄的调查，库伦金融业分成三种。第一，为汇兑兼货庄，吸收俄钞买金镑汇上海，于金融界大占势力。但蒙古独立以来倒闭者亦复不少。如恒隆光、兴泰隆等。即存在者自欧战发生俄钞价落，吸收不易，金融亦属周转不灵。第二，为钱庄兼货庄，与各商介绍汇兑京口存款欠项为业务，近亦以俄钞收买金沙为周转银势方法，或有投机之手段垄断其利者。第三，放蒙款兼货庄，资本雄厚。蒙古欠款颇难着手清理，幸而以货易货利上增利，一时或尚能支持。[②] 以下分项讨论。

(一)买卖城的金融业

张家口的茶叶贸易衰落后，若干商号转为金融借贷业，譬如双舜全在张家口有钱庄从事借贷。

光绪二十二年双舜全执事向库伦办事大臣诉禀，光绪二十一

---

① 陆世荄，《调查员陆世荄调查库伦商业报告书》，页16—18。

② 陆世荄，《调查员陆世荄调查库伦商业报告书》，页16—18。

年五月十三日有佛爷外仓执事人单東弄向双舜全由东口使银二千五百两。小号念其与佛爷外仓上交往日久，无奈应承。与伊写过凭信一奉执信。于光绪二十一年由东口七月标使过银二千五百两，其银库地如数收清不歉。所具事实。光绪二十二年二月二十四日。[①]

双舜全的总铺设在张家口，根据波兹德涅耶夫的描述，钱庄开设在下堡的小街上，店铺外面挂着蓝色棉门窗，标志就是上面画着一串铜钱的招牌。据说二十来年以前许多山西人把自己的资本从内地转移到张家口，使这里钱庄的数量大为增加，山西人在张家口开的钱庄叫“票户”，资本达几十万两。[②]

其次，有关商号经营蒙古借贷。M. Sanjdorj 讨论 1757 年蒙古四个部落公债达 15 万两，1775 年超过 20 万两。1855 年土谢图汗债务为 72.7 万两。1884 年土谢图汗、车臣汗两部落各为 96 万两。三音诺颜汗为 30 万两、沙毕衙门为 50 万两。M. Sanjdorj 认为库伦的商人重利盘剥蒙古人，使蒙古的经济败坏。[③] 固然清朝统治蒙古时，让蒙古人负担卡伦、台站的差务，使部落公债不断增加，但有时也因蒙古人的习惯所致，锡林迪布则认为蒙古的封建主卖掉牲畜或畜牧业原料，换回奢侈品如宝石、金子、锦缎、珍珠等。[④] 蒙古人看到东西就买，不知道借贷利息的严重性，遂积欠商号达数百万两。波兹德涅耶夫提到光绪十五年

① 《蒙古国家档案局档案》，编号 070—030，页 0177—0178。

② ［俄］阿·马·波兹德涅耶夫著，《蒙古及蒙古人》，卷 1，页 717—718。

③ M. Sanjdorj, *Manchu Chinese colonial rule in Northern Mongolia*, translated from the Mongolian and annotated by Urgunge Onon; pref. by Owen Lattimore (New York: St. Martin's Press, 1980), pp. 50-58.

④ 锡林迪布著，余大钧译，《十九世纪末与二十世纪初的蒙古社会经济状况》，收入《蒙古史研究参考资料》，第 9 辑，页 34。

(1889)咱雅班第达呼图克图到北京，花掉了他带来的三万两银，又向汉商借了两万两白银，按三分三的年利起息，每年得付 6,600 两的利息。[①]

过去笔者探讨乾隆皇帝规定二世哲布尊丹巴的呼毕勒罕必须在西藏转世，喀尔喀蒙古王公、喇嘛至西藏迎接二至七世格根呼毕勒罕，需要巨额经费。此外，历代格根修缮寺院、造佛像、刻印经书、捐输等，所费不赀。至光绪十七年、十八年(1891、1892)起库伦十二甲首整理各商号账簿记载，商卓特巴衙门累积数年的欠银、砖茶等。第一，沙毕衙门外山盖上该欠众铺户银茶数目，银 55,480.08 两，三六砖茶共 144,117 块、三六整箱砖茶 1,574 箱、三六零茶 1,272,996 包。第二，沙毕衙门内山盖上该欠众铺户银茶数目，银 66,717.06 两。第三，鄂多克欠众铺户银茶数目，银 94,042.76 两，三六砖茶共 303,072.5 块、三六整箱砖茶 5,101 箱、三六零茶 2,478,465 包。每箱有三十六块茶，每 5.5 块茶折银 1 两，因此一箱茶约 6.55 两。每 40 包茶等于 1 块砖茶，220 包茶等于 1 两银。以上共折银 358,320.4 两。[②] 光绪二十三年(1897)桂斌办理哲布尊丹巴呼图克图仓欠一案，商民仓欠数十万两。[③] 可见商卓特巴衙门欠债问题一直都没解决。

表 4—8 列出汇兑、钱庄如公合全、锦泰亨、裕盛和、林盛元资本不过 5 万两以下，然借给蒙古人的钱却在数十万两，协裕和借款给银二三十万两；林盛元借欠款约 30 万两；协和公借欠款约二三十万两。蒙古独立以后，货款汇兑艰难，资金亦不易周转，加以蒙人欠款疲滞不归，商

---

① ［俄］阿·马·波兹德涅耶夫著，《蒙古及蒙古人》，卷 1，页 443。

② 参见拙作，《清代库伦商卓特巴衙门与商号》，《中研院近代史研究所集刊》，2014 年第 84 期，页 1—58。

③ 《军机处档折件》，编号 139112，光绪朝。

民大受影响，遂使两百年来的库伦、张家口、北京的金融商贸网络消失。

表 4—8 买卖城从事金融行业的商号

金融业务	字号名称	等第	资本（银两）	股东姓名	经理姓名	地址	备注
汇兑兼货庄	公合全	一	40,000	张疑林	张兆兴	60号	民国三年清查约分红四万余两，茅思克瓦有分庄
汇兑兼货庄	锦泰亨	一	40,000	曹克让	王玉贵		民国三年清查约分红三万余两，股东山西曹家资产有五六百万，茅思克瓦有分庄
汇兑兼货庄	裕盛和	一	20,000	霍梅	吕相	48号	民国三年清查约分红三万六千余两，茅思克瓦有分庄
钱庄兼货庄	公合元	一	15,000	张疑林	周继武		民国三年清查约分红二万余两
钱庄兼货庄	锦泉涌	一	50,000	曹克让	张恩滋		民国三年清查约分红九万余两，股东山西曹家资产有五六百万
钱庄兼货庄	裕源永	一	30,000	霍梅	侯秉武		民国三年清查约分红五万余两
放蒙款兼货庄	协裕和	一	30,000	杜陶	张定都		蒙古借款约有二三十万元①
放蒙款兼货庄	林盛元	一	30,000	靳齐川	徐廷荣		蒙古借款约有三十万元
放蒙款兼货庄	协和公	一	20,000	侯庆哉	张福		蒙古借款约有二三十万元

资料来源：陆世菼，《调查员陆世菼调查库伦商业报告书》，页 17—18。

① 1元约等于 0.7 两。

(二)买卖城的茶庄兼洋货庄

茶庄兼洋货庄为库伦商业中一大部分,向来由汉口湖南采办二七、三六砖茶及红茶。以张家口为根据地转运库伦、恰克图二处。砖茶行销蒙古;红茶行销俄国。以砖茶易蒙古皮毛、牲畜,以红茶易俄商金银器具及毛皮绸绒等项。① 咸同以来军需一兴,外人乘隙而入,以致内地产茶之山,出丝之地立约,任其采办,利权从此渐削。光绪年间,库伦的商号陆续倒闭,只存十分之一。

买卖城中巷第47号中兴和为恰克图商号在库伦的货房。他们经营的出口货以红茶、砖茶、白绸等为大宗,进口货以白块糖、白塔式糖、面粉、香牛皮、鹿茸、灰鼠皮为大宗。商号在莫斯科、多木斯克、耶尔古特斯克、赤塔、克拉斯诺亚尔斯克、新西伯利亚、巴尔纳乌、巴尔古金、比西克、上乌金斯克、聂尔庆斯克等俄国较大城市。库伦、张家口、天津、上海、汉口等地都设有分庄,往来采购运销由恰克图出进口的货物。② 中兴和亦在恰克图采购马鹿角贩售到中国。西伯利亚的雄鹿每年春天都长新角,从5月到8月后贝加尔狩猎工厂搜集和加工鹿茸,每对鹿茸出价100—150卢布,中国人需要鹿茸入药。③ 原先库伦对于俄罗斯的鹿茸不课税,在光绪年间也得纳税。

> 中兴和执事人崔增元供称,系山西太原府徐沟县人。铺中在恰克图买过回人(俄罗斯)鹿茸四十五付。铺中自用了鹿茸一付。

---

① 陆世荚,《调查员陆世荚调查库伦商业报告书》,页18。

② 路履仁,《外蒙古见闻记略》,收入中国人民政治协商会议全国委员会文史资料研究委员会编,《文史资料选辑》,第22卷,第63辑,页66。

③ [俄]阿·科尔萨克著,米镇波译,《俄中商贸关系史述》,页127。

于去年(光绪三十年)十月十六日择定出口鹿茸四十四付。因八甲首吩咐前定章程,俄国货物概不上税。小的当即开单到恰税局呈明。蒙绪老爷吩咐他亦不敢说上税不上税,准得候禀明大人再定章程,当即将鹿茸放行。不料走到库伦,蒙库税局将鹿茸拦住,商民接库柜来电。今蒙审讯商民情愿如数完纳,所有商民未纳税,先将鹿茸四十四付、白狐皮三百一十张、狐腿子六千五百六十五对,一同发口,系商民之错,情愿认罚。[①]

俄商在库伦设置和信洋行,透过档案也发现义合忠、公合全与和信洋行的茶叶交易。譬如光绪二十三年(1897)义合忠靳履瑞交给和信洋行二七茶项,因茶叶发霉,和信洋行退还二箱,照数领回。[②]

表 4—9　茶庄与洋货庄

字号名称	等第	资本(银两)	股东姓名	经理姓名	地址	备注
祥发永				王桂洁	41 号	
中和兴	一	20,000	苏定国	马玉玺		乌金斯克有分庄
庆和达	一	20,000	杨有仁	张荫宣	49 号	茅思克瓦有分庄
福源公司	一	14,000				乌金斯克有分庄
义合忠	二				36 号	
复源德					45 号	
中兴和	一			李旺山	47 号	
公合盛	一					
恒隆光	一				62 号	

资料来源:陆世荧,《调查员陆世荧调查库伦商业报告书》,页 17—18。

① 《蒙古国家档案局档案》,编号 086—012,页 0032—0033。
② 《蒙古国家档案局档案》,编号 072—030,页 0154—0155。

(三)买卖城的批发百货商号

《万全县志》载:"八家商人者,皆山右人。明末时,以贸易来张家口,曰王登库、靳良玉、范永斗、王大宇、梁嘉宾、田生兰、翟堂、黄云发。自本朝龙兴辽左,遣人来口市易,皆其八家主之。定鼎后承召入都燕便殿,蒙赐上方服馔。自是每年办进皮张交内务府广储司,其后嗣今多不振。"[①]明末清初翟堂于张家口贸易,嘉庆十八年(1813)兴隆魁的股东为翟荣廷、翟裕龙、翟裕国、翟裕德等。民国四年(1915)陆世荧《调查员陆世荧调查库伦商业报告书》中提到兴隆魁记的股东为翟谦益,将它列为"批发百货业",就是由张家口货房装运各种布匹,以及日间需用品到库伦的杂货铺。最有名的是兴隆魁商号,陆世荧调查兴隆魁记属于第一等的大铺子,资本约一万六千两。[②] 今堀诚二讨论清代张家口朝阳村的组织,正沟大街北端的关帝庙是旅蒙商信仰中心、保正行举行祭祀的场所。乾隆二十一年(1756)乡保修建关帝庙。道光元年(1821)仍称为乡保,二十四年(1844)出现保正行,三十年(1850)有朝阳村经理,都设四名。咸丰五年(1855)经理以商号名称为会首,兴隆魁为其中之一,六年(1856)为保正行总经理,八年(1858)任保正行,同治年间有担任经理、总经理、值年社首三种职务。光绪二十六年(1900)任保正行、光绪二十八年(1902)保正行总经理。[③] 当时流传"归化有大盛魁,张家口有兴盛魁"。兴盛魁为张家口和库伦之间重要贸易商号。

---

① 左承业纂修,《万全县志》(清道光十四年[1834]增补重刊清乾隆七年[1742]刊道光朝刊本,中研院傅斯年图书馆藏线装书),卷10,页10。

② 陆世荧,《调查员陆世荧调查库伦商业报告书》,页9—36。

③ [日]今堀诚二,《清代のギルドマーチャントの一研究——内蒙古朝陽村の調査》,收入成城大学经济学会编,《内田直作名誉教授古稀记念号》,页17—37。

兴盛魁在买卖城的活动出现于乾隆五十四年(1789)的档案，编为九甲，该年销茶烟布匹杂货2万斤。[①] 该商号并不是茶叶贸易商，而是批发张家口的商品到蒙古，又从蒙古地区购买牲畜和皮张，如骒骟马、羊毛、骆驼毛、牛皮、马皮、狐皮、獭尔皮、狼皮、灰鼠皮、鹿茸、黄芪、蘑菇、牛马羊驼之类。光绪三十一年(1905)，兴隆魁在蒙古采办的各色皮张等，相当多。计蘑菇2,326斤、马尾子557卓、犀牛尾141卓、马皮646张、山羊皮9,150张、老羊皮16,082张、羔羊皮4,280张、牛皮1,656张、骒骟马1,881匹、鹿茸5副、貉子皮1,250张。[②] 光绪十九年波兹德涅耶夫记录多伦诺尔的好马每匹10—15两甚至20两，牛每头8—15两，冬天的羊只较贵，每只6两。牛皮每张1,500文、绵羊皮每张500文、山羊皮每张600文。[③] 张家口于民国二年(1912)的物价，蘑菇一斤在一两左右，鹿茸一架八至十两，贵的三五十两不等。貉子皮似狐皮，每张在五两上下，山羊每张九钱上下，牛皮在一二吊不等。[④] 兴盛魁一年贩售的马匹、皮张等有七八万两。

兴隆魁商号亦将蒙古产的毛皮、羊只等卖与俄罗斯商人。根据《兴隆魁王忠洪禀恳与俄国官商把洛胡少五蓝几米交易凭字》载，某年九月俄商把洛胡少五蓝几米在必昔□图王旗下办买牛羊，凭借隆顺玉商号从中说合，卖了四五岁甲绵羊78只、三岁甲羊342只、二岁母羊32只(内有大母羊8只、二岁甲羊8只)、甲羊8只，以上四宗共计羊460只，言明共作价钞钱12万文。又卖与俄商齐口色犍牛4条、齐口色长毛犍

---

① 《蒙古国家档案局档案》，编号021—019，页0165—0204。
② 《蒙古国家档案局档案》，编号086—002，页0003—0006。
③ [俄]阿·马·波兹德涅耶夫著，《蒙古及蒙古人》，卷2，页343。
④ 《蒙古国家档案局档案》，编号086—002，页0003—0006。

牛 1 条，共作价钞钱 1.4 万文，二宗共合钞钱 13.4 万文。又有隆顺玉卖与伊洋人牲畜钞钱 7 万文。又有赵昌平卖与洋人牲畜钞钱 6 万文。该商把洛胡少五蓝几米当面立写凭字一张。据该洋人言及其凭字上将三家字号及钞钱数目均各注写明白。[1] 兴隆魁原先与洋人素不相识，而隆顺玉则与洋人交往数年，隆顺玉从中说合，才与洋人做生意，开拓新的贸易途径。

元升永为归化商人在蒙古的殷实商号，每年贸易额在 10 万两至 25 万两之间。元升永向归化当地的骆驼商或路过的蒙古人租用骆驼运输货物，他们在蒙古店铺里货品繁多，应有尽有，如茶叶、绸缎、布匹、皮货、铁器，还有木器等。[2] 买卖城从事批发百货业的商铺参见表 4—10。

表 4—10　买卖城从事批发百货业的商铺

字号名称	等第	资本(银两)	股东姓名	经理姓名	地址
双舜全	一	32,000	王智迪	宋昌宏	61 号
兴隆魁	一	16,000	翟谦益	陈世恩	20 号
福源长	一	8,000	钱盘龙	范汝声	
广丰德	一	5,000	白昌建	高万祥	35 号
大德庆	一	4,000	王秉伟	韩光瑞	30 号
万源长	一	6,000	田恩泽	王际俊	31 号
天庆隆	二			王景楼	39 号
义盛德	二			张振祥	59 号

① 《蒙古国家档案局档案》，编号 072—024，页 0142。
② 采录，《张家口调查录》，《中国地学杂志》，1912 年第 3 卷第 5、6 期，页 18—25。

（续）

字号名称	等第	资本(银两)	股东姓名	经理姓名	地址
三兴德	二			翟启瑞	33 号
义和忠	二			郝延枢	36 号
源泉涌	二			任玉金	40 号
中和裕	三			苏尔康	29 号

资料来源:陆世菼,《调查员陆世菼调查库伦商业报告书》,页 17—18。

五、西库伦的商业

西库伦的九条街,头道巷南横街、二道巷南横街、三道巷南横街、四道巷南横街、五道巷、六道巷、七道巷,九道巷,其特色为北京商人的商业活动。西库伦的铺户册,内容包括商号名称、执事人年龄、籍贯、伙计人数、雇工人数等,参见附录 4—4。值得注意的是西库伦商号分别开在不同的街巷,分成东、西、南、北各铺,更有不同名称商铺却来自同一股东。其原因可能是西库伦的商号与商卓特巴衙门屡有冲突,动辄被拆屋,必须分散风险。再者,库伦衙门常因战争或经费不足,要求商家捐输,大商号尤其是衙门觊觎的对象,因此,库伦北京商号的“伪装”连波兹德涅耶夫都说他们属于北京安定门外的中下等商人阶层,也逃过衙门的耳目。

按照陆世菼的调查,北京杂货庄由北京外馆输入各种绸缎、布匹、杂货等项,行销于蒙古沙毕、图车三札四盟范围,亦颇扩充所有转运外路,一切骆驼、牛车运输费等,均由货物中加价得其纯利。北京杂货庄的一等商号有 7 家、二等商号有 16 家、三等商号有 11 家、四等商号有

8 家，其他不在等第之内的数十家(参见表 4—11)。[①]

表 4—11　北京杂货业商号

一等商号		二等商号	三等商号	四等商号
万盛京	资本:5,000 两	天和瑞	瑞诚益	富有通
	股东:钱月如	万福源	恒巨成	庆源恒
通和号	资本:6,000 两	忠义公	德祥玉	聚义公
	股东:吕纯风	协聚丰	天益成	义兴合
人和厚	资本:5,000 两	复和公	大义兴	新升庆
	股东:徐彦臣	隆兴和	大德亨	心盛永
长兴厚	资本:6,000 两	蔚成厚	日昇昌	裕丰号
	股东:徐彦臣	天德厚	裕源号	元成瑞
隆和玉	资本:7,000 两	宝兴德	西天聚德	
	股东:侯庆哉	义和厚	恒升号	
福来号	资本:10,000 两	通发长	同和义	
	股东:巩步赢	同聚兴		
富有	资本:10,000 两	恒和义		
	股东:石永寿	源利号		
		隆聚和		
		元生和		

资料来源:陆世菼,《调查员陆世菼调查库伦商业报告书》,页 21—23。

以下针对几家北京的商号进行分析。

(一)北京外馆的商号

1. 协和公与隆昌玉

讨论咸丰年间以后的西库伦变化，首先从库伦办事大臣张廷岳的家书说起，其《乐山家书等函札》载某年的十月初七日:“在万馆存款……以

① 陆世菼,《调查员陆世菼调查库伦商业报告书》,页 21。

隆昌为最，恒兴昌次之，万通则又其次也。切勿轻信人言，放债食息何也，此时尚不必议及，将来如必须时再议不迟？”[①]张廷岳说北京最雄厚的存款钱庄是隆昌玉，在库伦地区也是数一数二的京货庄。陆世荚调查隆和玉、隆昌玉等商号的股东是侯庆哉，与协和公同一股东。[②] 之前恰克图贸易已经讨论协和公为中俄贸易重要茶商。

协和公记出现在库伦的时间为乾隆五十四年(1789)，编入第六甲。嘉庆四年(1797)商民事务衙门调查每年营业额六七千两，属于大铺户。道光二十二年(1842)库伦档案上称为协和京，执事人为田人杰、贺美士。光绪十二年(1886)商民事务衙门调查协和公记有三处商铺：执事人史文寿居住房舍，系咸丰五年(1855)天德永盖，赵玉领门牌；执事人李麟趾居住房舍，系咸丰五年自盖，牛杲领门牌；执事人柳逢春居住房舍，系咸丰五年四义源盖，赵嘉文领门牌。[③] 协和公的三处房屋，分号有南协和公、西协和公。[④] 陆世荚将协和公列为一等商号，蒙古人向该商号借款二三十万元。[⑤] 协和公的股东为侯庆哉，其执事人都来自直隶地区，故称为京帮。

隆昌玉出现在库伦的时间较晚，于道光二十二年(1842)有隆昌京，后来改为隆昌玉。哲布尊丹巴呼图克图的商卓特巴衙门和四部盟长于同治十三年(1874)上书清帝，说汉人新建的房屋和店铺妨碍了弥勒形象仪式的举行，这些商号是来自北京的万盛号、天德通、源

① 张廷岳，《乐山家书等函札》(北京：中国社会科学院近代史研究所藏善本书)，编号甲272，页10。

② 陆世荚，《调查员陆世荚调查库伦商业报告书》，页18。

③ 《蒙古国家档案局档案》，编号003—004，页0031—0043；编号019—025，页0129—0134；编号024—007，页0017—0152；编号052—004，页0020—0136。

④ 《蒙古国家档案局档案》，编号010—005，页0093—0146；编号068—013，页0046—0069；编号068—018，页0091—0093。

⑤ 陆世荚，《调查员陆世荚调查库伦商业报告书》，页18。

聚裕、隆昌玉、昌兴号、万通号、长兴厚等。光绪十二年(1886)的调查有隆昌玉、隆和玉。光绪三十四年(1908)这商号的分号有东隆和玉、西隆和玉。[①]《外馆杂货行商会》记载这商号的分号有隆升玉、隆昌玉、隆源玉、隆增玉等。[②] 这些商号贩售丝绸、布匹,至清末放债给蒙古王公和喇嘛。

隆昌玉在库伦发展应该是与官员关系密切且赢得信任,才能快速成长。像张廷岳说的在隆昌玉存款信用佳。张廷岳还经营生意,他说:"……喀喇、回绒、回锦如价值相当即可销去,免费周章。尺头除江绸、绉洋系留用外。其缎匹可留者留用,其次者亦可售去。"[③]或许这些货物系透过北京商号的采购和运输。

隆昌玉在民国时期仍持续经营,但遭逢一次重大打击,1922 年 11 月库伦遭遇蒙人勾结白军败华军,继则引红军攻退白军,商民如丧家之犬,情况相当悲惨。有人认为库伦损失财产约计七千万矣,伤亡民命计十万余矣。[④] 按照北京外馆商会的报告,北京商民损失共大洋 1,863,543元、银 209,893 两、卢布 2,680,360 元。[⑤] 其中,隆昌玉损失银 67,268.7 两、隆源玉损失大洋 124,000 元、隆升玉损失大洋 15 万元。

2. 人和号与长兴厚

人和义商号在库伦有三家,咸丰五年(1855)三合公盖,同治五年

---

① 《蒙古国家档案局档案》,编号 003—004,页 0031—0043;编号 010—005,页 0093—0146;编号 010—006,页 0147—0199;编号 052—004,页 0020—0136。

② 京师总商会汇纂,《1919 年京师总商会众号一览表》,收入孙健主编,《北京经济史资料:近代北京商业部分》(北京:北京燕山出版社,1990),页 737—742。

③ 张廷岳,《乐山家书等函札》,页 10。

④ 中研院近代史研究所藏,《北洋政府外交部档案》,编号 03—32—198—02—006,民国十年四月。

⑤ 《北洋政府外交部档案》,编号 03—32—389—02—001,民国十年一月。

(1866)向蒙古巴林斋桑佃,同治十三年(1874)购买长春堂朱宝善所盖房屋。[①] 根据商卓特巴所报添盖铺户清册,人合义添盖房两处,均系同治、光绪年间盖。[②] 人和义为北京商帮经营的商号,到库伦的时间比较晚,所以租佃蒙古或山西商人的房子。人和号在北京的铺子有中人和号、西人和号,库伦的商铺分有中人和厚、东人和厚、西人和厚。人和义有中人和义、东人和义、南人和义。波兹德涅耶夫提到库伦生意兴隆的北京商号通常设法开几个铺子。人和厚在日本东亚同文会派遣小西茂于 1921 年张家口调查报告,提到"仁和厚"应是人和厚,注明为外馆商号。[③]

1910 年《都门纪略》载,前门外李铁拐斜街有人和店的客店。[④] 人和厚的股东为徐彦臣,陆世菼所说民国四年的资本额为 5,000 两。经营汇兑,吸收俄钞买金镑汇上海,于金融界大占势力。[⑤] 长兴厚的股东也是徐彦臣,总理范辅和。陆世菼所说民国四年的资本额为6,000两。[⑥] 1922 年,人和厚损失大洋 95,000 元,原存俄钞 60,000 卢布。长兴厚购买俄钞 176,000 元,售时跌落价剩 21,371 洋元,又再库伦损失财物银 35,736.27 两。[⑦] 从商号的资本额和损失金额比较,可知陆世菼低估了商家的资本。

3. 通和号

通和号在北京工商碑刻资料中出现次数少,乾隆八年(1743)《临襄

---

① 《蒙古国家档案局档案》,编号 052—004,页 0020—0136。
② 《蒙古国家档案局档案》,编号 068—018,页 0091—0093。
③ [日]小西茂,《張家口の事情》(东京:东亚同文会,1921),页 34。
④ 徐永年增辑,《都门纪略》(台北:文海出版社,1961),页 492。
⑤ 陆世菼,《调查员陆世菼调查库伦商业报告书》,页 16。
⑥ 陆世菼,《调查员陆世菼调查库伦商业报告书》,页 16。
⑦ 《北洋政府外交部档案》,编号 03—32—389—02—001,民国十年一月。

会馆碑记》通和号布施银 1 两。乾隆四十四年(1779)《河东会馆碑记》有通和号捐款 3 两。[①] 通和号到库伦时间较晚,1886 年的地基调查系咸丰五年源泰长执事人阎治昌所建,原系一处,光绪七年经福任查门牌分为二所,发给门牌二张。执事人分别为吕发成、张浚。1893 年北通和号执事人吕峻德。通和号在清末民国的股东为吕纯风。[②] 通和号为吕氏的商号,光绪二十七年(1901),库伦商民的捐输名册中吕峻德捐输 400 两,系直隶冀州枣强县大王常村人。父祖三代:曾祖文辉、祖魁先、父发成。[③] 通和号共有三家分号:东通和号、南通和号、北通和号。通和号在 1886 年铺子才 8 名伙计,1910 年,北通和有伙计 24 人、雇工 3 人;东通和有伙计 21 人;南通和有伙计 26 人、雇工 5 人,属于大铺子。光绪三十三年(1907),库伦办事大臣衙门为通和堂报运出口皮张一宗给发凭单据此存查,共山老羊皮 23 张、马尾子 2 个、獭子皮 54 张、猾子皮 9 张、羔子皮 20 张、马皮 1 张,共厘金 0.532 两。[④]

1922 年库伦沦陷,通和号损失 50 万卢布。[⑤] 不过,民国十五年(1926)马鹤天到库伦,说西库伦汉商亦不过五六百家,共一万多人。惟北通和号每年可得利十万元左右,东富有、隆和玉等也得数万元,其余都甚小。[⑥] 可见通和号亦为库伦京帮的大商号。

---

① [日]佐伯有一、田仲一成、滨下武志、上田信、中山美绪编注,《仁井田陞博士輯北京工商ギルド資料集(二)》,页 156;《仁井田陞博士輯北京工商ギルド資料集(五)》,页 907。

② 陆世菼,《调查员陆世菼调查库伦商业报告书》,页 21。

③ 《蒙古国家档案局档案》,编号 077—024,页 0124—0138。

④ 马鹤天,《内外蒙古考察日记》,收入《中国边疆社会调查报告集成》,第 1 辑,第 12 册,页 254—255。

⑤ 《北洋政府外交部档案》,编号 03—32—389—02—001,民国十年一月。

⑥ 马鹤天,《内外蒙古考察日记》,收入《中国边疆社会调查报告集成》,第 1 辑,第 12 册,页 215。

4. 富有号

晋翼会馆建自雍正十年(1732),山西翼城布商建立,又称布商会馆。[①] 乾隆二十六年(1761)《重修河东烟行会馆碑记》富有号施银两次,约 1.75 两。乾隆三十五年(1770)《建立罩棚碑序》施银共 6.8 两。乾隆四十四年(1779)《河东烟行会馆碑记》施银 1.05 两。嘉庆七年(1802)《河东会馆重修碑记》施银 1.2 两。嘉庆二十一年(1816)《重修河东会馆碑记》施钱 6,860 文。[②] 道光十七年(1837)《新建布行公所碑记》富有号施银 30 千文。[③] 比起其他商号,富有号在乾隆年间施银两较少,嘉庆、道光以后施银较多,可能是财力不够雄厚。发展到库伦的时间也较晚。

富有号的库伦分号为东富有、南富有、富有通。光绪三十四年(1908)在库伦的座庄成立富有通,执事人为石子玉,宣统二年(1910)执事人换成石振声,或许为石永寿族人。富有号三座铺子,每家都有伙计十余人、雇工三四位,算是中型商号。光绪二十七年(1901),库伦商民的捐输名册中石永清捐输 400 两,系直隶大兴县外馆村人。父祖三代:曾祖德胜、祖有山、父珍。[④]

富有号为贩售杂货商铺如绸缎、布匹、烟等,又自库伦运回羊毛的皮张。《外馆杂货行商会》记载富有号的执事人石永寿。目前还存留东富有记捐赠的香炉,原先放在西库伦的关帝庙,现在移到甘丹寺的庭院。

---

① 李华编,《明清以来北京工商会馆碑刻选编》,页 29。清末为人和、泰和两家布商典当,民国初年与翼城会馆合并。

② [日]佐伯有一、田仲一成、滨下武志、上田信、中山美绪编注,《仁井田陞博士輯北京工商ギルド資料集(五)》,页 876—882、893—895、904、917、932。

③ 李华编,《明清以来北京工商会馆碑刻选编》,页 66、38。

④ 《蒙古国家档案局档案》,编号 077—024,页 0124—0138。

5. 福来号

福来号出现在北京工商碑刻资料很少，只有民国二十二年(1933)《芝麻油同业公会成立始末暨购置公廨记》有福来号的名称。[①]《外馆杂货行商会》记载福来号执事人巩步峰，该商号在清末在库伦的座庄股东为巩步瀛、巩步达，应是同一家族。福来号从事贩卖蒙古来的羊皮、马匹、骆驼等。巩步瀛报效银 400 两，籍贯直隶冀州城西南北内漳村，其父祖三代如下：曾祖兴元、祖泰、父长拜。[②] 库伦办事大臣衙门档案有："今据福来号报运出口牲畜一宗，应完厘捐如数收讫合行给发凭单，以便路过本境局卡照章验单放行，须至存查者。计开：骟马 4 匹、牛 3 头、绵羊 10 只，共税银 4.2 两。"[③]1921 年张家口调查报告《張家口の事情》提到福来号为外馆商号。[④] 1923 年《北京便览》记载福来号系外馆的洋货庄。[⑤]

进入民国以后，库伦经营汇兑的北京铺子，在第一次世界大战后，俄国政经情势不稳，以致卢布大贬，几乎破产。如隆兴和损失大洋 43,134元、俄钞 345,000 卢布；荣吉号损失大洋 97,353.26 元、俄钞 206,545卢布；志仁永损失大洋 71,200 元、俄钞 465,000 卢布；义合成损失大洋 84,364.35 元、俄钞 145,707 卢布。[⑥]

以上的商号有共同的特色，第一，在北京的工商碑刻资料地位不显著，布施银两也较少。第二，波兹德涅耶夫或陈箓说，库伦京帮商人大多数是属于北京安定门外的中下等商人阶层。实际上，真正来自北京外馆村的只有石永寿一家。而且，《外馆杂货行商会》也不限于外馆附

① 李华编，《明清以来北京工商会馆碑刻选编》，页 187。
② 《蒙古国家档案局档案》，编号 077—024，页 0124—0138。
③ 《蒙古国家档案局档案》，编号 083—017，页 0017。
④ [日]小西茂，《張家口の事情》，页 34。
⑤ 姚祝萱，《北京便览》，页 148。
⑥ 《北洋政府外交部档案》，编号 03—32—389—02—001，民国十年一月。

近的杂货行，包括在前门、安定门、德胜门附近的商号。第三，北京旅蒙商所贩卖的货物是高级的绸缎、瓷器、上用黄茶、宗教祭祀用品，有别于晋商贩售蒙古人日常生活用品。因北京为京师所在，各种物资齐聚。

（二）西库伦商号的商业活动

陈箓和陆世菼所说的京帮商号数量不同，是因陆世菼另外列“杂商”一项，包括烟铺、药铺、酒铺、皮房、铁铺、铜铺、银楼、醋铺、马鞍铺、皮靴铺、木作铺等 54 家。这些分类对于经营杂货的商铺来说仅能当参考用，譬如四合成从乾隆五十四年（1789）就开始贩售茶烟布匹等杂货，也不限于皮靴。

1860 年中俄签订北京条约后，俄国人到中国贸易，又设立茶厂生产茶叶使得华商无立足之地。但是，商人转向蒙古贸易，一方面开发蒙古的资源譬如毛皮、鹿茸、蘑菇等；另一方面则到各地贩卖砖茶和日常用品。当然，金融汇兑与放债的活动依然不减。

1. 到蒙古各旗贸易

陈箓提到全蒙华商之进口货，以牲畜、毛皮、蘑菇为大宗。出口货以砖茶、生烟、绸缎、布匹为大宗。其余日用饮食必需之品无一不有，甚至如舶来品之纸烟、牙粉、胰皂、毛巾等亦为出口货之附属品。至于酒、醋、烛、面等，则就地制造，转售蒙人分运各旗，不入出口货之列。[①]

蒙古产业不发达，衣食皆仰赖进口，输入品以砖茶、生烟、麦粉、丝绸、布匹为大宗。蒙古人所食的面麦来自俄罗斯，其他物品则来自中国内地。店铺最好的丝绸、缎子如纺绸、洋绉、曲绸等系来自北京。民国四年陆世菼调查北京、张家口输往库伦和俄罗斯的商品

---

① 陈箓，《止室笔记·奉使库伦日记》第 2 种，页 252。

中，进口以二四砖茶、二七砖茶、三六砖茶及红茶为大宗，茶叶自张家口、归化输往，其余绸缎、粗羊、斜纹布、油酒糖味、米面、京广杂货皆来自北京和张家口，其进口数量见表4—12。表中提到“清末最盛时量减此三成，而价较高”，就是说清末绸缎数量比民国时少三成，价格较高，其他或加减一二成，价格也较高。

表4—12 自北京、张家口输往库伦的货物

品名	采购地区	销售地区	全年产量	价值(两)	备注
砖茶	张家口、归化城	蒙古七成，俄国三成	1,200,000箱	1,560,000	在清末最盛时量减此三成，而价较高
红茶	张家口	蒙古二成，俄国八成	31,000箱	124,000	盛时量减此四成，而价较高
绸缎	北京、张家口	蒙古七成，俄国三成	65,000匹	200,000	盛时量加此一成，而价较高
曲绸	张家口	蒙古六成，俄国四成	300,000匹	3,000,000	盛时量减此一成，而价较高
粗洋	北京、张家口	蒙古六成，俄国四成	300,000匹	75,000	盛时量减此一成，而价较高
斜纹	北京、张家口	蒙古七成，俄国三成	300,000匹	45,000	盛时量减此一成，而价较高
生烟	张家口	蒙古八成，俄国二成	30,000囤	90,000	盛时量加此一成，而价较高
油酒糖味	北京、张家口	蒙古六成，俄国四成	50,000件	40,000	盛时量加此一成，而价较高
米面	北京、张家口	蒙古	10,000件	100,000	盛时量减此二成，而价较高

（续）

品名	采购地区	销售地区	全年产量	价值（两）	备注
京广杂货	北京、张家口	蒙古七成，俄国三成	25,000 件	240,000	盛时量减此一成，而价较高
共计				5,474,000	

资料来源：陆世荚，《调查员陆世荚调查库伦商业报告书》，《中国银行业务会计通讯录》，1915 年第 11 期，页 13—14。

西库伦商号在蒙古各旗收购的货品，最大宗为羊毛、驼毛、老羊皮、山羊皮、羔羊皮、牛马羊、骡子牲畜、麝香、鹿茸、黄芪、蘑菇、黄油以及茶晶石、墨晶石等。清乾隆年间，蒙古王公来京进贡多用马匹，所进之马每百倍其数以备挑选，凡不中选者即就地售与商民，为负重或耕地之用。于是经纪其事者，因而开设行店成为专业。北京之骡马行店，由店招待经售抽取佣金。马之产地以喀尔喀蒙古与察哈尔为大宗，产于蒙古最上品为齐齐罕与俄连界，其地所产之马，极为西人所赞赏，察哈尔次之，其他各地又次之。从前蒙古王公素与各商相善，每年进贡即住外馆，所带马匹亦皆由此地分发于骡马行代为销售。[1] 据仁井田陞搜集资料，骡马业同业公会地址在德胜门外。公会匾额称："骡马业创始于清季咸丰间，经有百余年历史。"骡马来自蒙疆地区。[2]

蒙古的兽类有虎、豹、熊、狼、狐、兔、狸、獭鼠、栗鼠、军鼠、野马、野驴。而以麋鹿、羚羊、山羊三种最多。军鼠实为土拨鼠，毛短常栖息洞

① 池泽汇等编纂，《北平市工商业概况（二）》，收入《民国史料丛刊》（郑州：大象出版社，2009），册 572，页 641—643。

② ［日］佐伯有一、田仲一成、滨下武志、上田信、中山美绪编注，《仁井田陞博士輯北京工商ギルド資料集（六）》，页 1327—1328。

穴中。蒙古人捕获野兔，其肉输往北京，为蒙古输出品之一。[①] 蒙古皮货羊毛与骆驼毛产额最多，为海外输出品之一。北京的旅蒙商人和号、福来号、通和号、义和厚都经营毛皮、马匹生意。库伦出产羊毛为大宗，全年产量约一千万斤，价约二百万两。羊皮有二百万张，价十二万两（参见表4—13）。

表4—13　库伦出口的土产

品名	产地	全年产量	价值（两）	备注
羊毛	图车三札四盟	10,000,000斤	2,000,000	在清末最盛时量加此四成，而价较高
驼毛	图车三札四盟	2,80,000斤	780,000	盛时量减此二成，而价较高
羊皮	图车三札四盟	2,000,000张	120,000	盛时量加此一成，而价较高
牛马皮	图车三札四盟	60,000张	240,000	盛时量减此一成，而价较高
狐皮、沙狐皮	图车三札四盟	40,000张	150,000	盛时量加此一成，而价较高
獭尔皮	图车三札四盟	1,400,000张	280,000	盛时量加此一成，而价较高
狼皮	图车三札四盟	20,000张	110,000	盛时量加此一成，而价较高
灰鼠皮	图车三札四盟	100,000张	30,000	盛时量加此一成，而价较高
羊	图车三札四盟	40,000只	120,000	盛时量减此一成，而价较高

① 王泰镕，《蒙古调查记》，《东方杂志》，1908年第7期，页1—8。

（续）

品名	产地	全年产量	价值（两）	备注
马	图车三札四盟	10,000 匹	160,000	盛时量减此一成，而价较高
牛	图车三札四盟	35,000 只	140,000	盛时量减此二成，而价较高
驼	图车三札四盟	5,000 只	40,000	盛时量减此一成，而价较高
鹿茸	乌梁海	100 对	8,000	盛时量减此三成，而价较高
黄芪	图盟	60,000 斤	86,000	盛时量减此一成，而价较高
蘑菇	图车三札四盟	140,000 斤	70,000	盛时量减此二成，而价较高
共计			4,334,000	

资料来源：陆世菼，《调查员陆世菼调查库伦商业报告书》，《中国银行业务会计通讯录》，1915 年第 11 期，页 13—14。

表 4—13 出口的货物中，毛绒、皮张大多数自库伦、张家口、天津及其他外路运销俄罗斯，牲畜马驼由库伦贩至张家口京津、新疆等地，可见蒙古出口到中国的土产不多，却又处处仰赖中国的物资，所以欠债的情况日益严重。根据 1920 年小西茂的调查，统计蒙古进出口货物，出口总额约银 3,910,000 两，进口总额为 6,550,000 两，进口将近多 70%，参见表 4—14。比照陆世菼的调查报告书，可以看出蒙古牲畜、皮张、蘑菇、黄芪出口数量提高，但日常物资都仰赖进口，经济状况仍不佳。

表 4—14 1920 年外蒙古进出口贸易数量

	品名	数量	价值(银两)		品名	数量	价值(银两)
输入品	粗布斜纹布	160,000 匹	1,120,000	输出品	羊毛	2,500,000 斤	375,000
	绸缎类	30,000 匹	1,200,000		驼毛	800,000 斤	160,000
	砖茶	40,000 笼	1,000,000		老羊皮	1,500,000 张	900,000
	红茶、其他茶	10,000 箱	300,000		山羊皮	1,000,000 张	400,000
	中国烟草	10,000 箱	300,000		羔羊皮	500,000 张	150,000
	卷烟草	700 箱	130,000		牛	5,000 头	100,000
	石油	4,000 箱	45,000		马	20,000 匹	300,000
	烧酒	10,000 笼	200,000		羊	100,000 只	150,000
	火柴	1,000 箱	50,000		牛皮	50,000 张	150,000
	砂糖	3,000 包	60,000		马皮	50,000 张	75,000
	水砂糖	3,000 包	45,000		黄芪	200,000 斤	40,000
	蜡烛	20,000 箱	100,000		麝香	10,000 个	30,000
	其他杂货		2,000,000		鹿茸	1,000 架	30,000
	总计		6,550,000		蘑菇	100,000 斤	50,000
					其他皮类		1,000,000
					总计		3,910,000

资料来源:[日]小西茂,《库伦事情》,页 28—30。

外蒙面积有五百七十余万方里,沙漠占地凡三分之一,风多雨少,气候极冷。惟科布多河、特斯河、匝盆河及色楞格河一带,因水利充足,故颇多沃野,汉人之来此屯田者不少。库伦以北之地,已经开垦者不下千余顷。居民除务农外,因该地草生极速,故牧畜昌盛,羊毛羊皮之出产实为大宗。

2. 放债活动

上述蒙古经济困难,引起人民普遍借贷,在蒙古国家档案局的借贷档案相当多,而且还有商人投诉理藩院,因此故宫博物院也藏相关档案。至于是不是高利贷，也在此一并讨论。

前述光绪二十三年(1897)，库伦十二甲长呈递商卓特巴衙门向商号银两、砖茶等，至清查累积数年的欠银。其后，磨尔多奈担任商卓特巴衙门的摄政，依旧跟商号借款。光绪二十九年(1903)欠债"一律停息归本，定期六年清还，所给牲畜等物强定价值清还"。商民认为收债亏赔大半，不收则永无偿期。磨尔多奈还怕商民不信任，宣称牲畜尚多足以还债。话没说多久磨尔多奈就去世了，至宣统二年(1910)，商民事务衙门章京景昌清查磨尔多奈债务，借欠大清银行银 4,844 两，还有 16 家汉商、1 家俄商、28 家蒙商的债务 15 万两等，参见表 4—15。他的遗产 23,700 两，仅将大清银行债务还清，剩下 18,856 两，景昌处理商号的欠债，每银 1 两摊还 0.118 两。[①] 商民认为磨尔多奈借欠 15 万两，家产不到 2 万两，亏欠 13 万两究竟亏于何处？且每两以 0.118 两了结，难以接受。商民便转呈库伦办事大臣，请求协助，但也无疾而终。

表 4—15　磨尔多奈借欠商号之银两等项

商号	银两(两)	俄钞(张)	茶	牲畜	其他
东富有	6,752.5	4,300			
南富有	12,322.46	5,000			
乾丰厚	5,266.5	946	二七砖茶5箱	骡马 18 匹	
协和公	2,000				
万和成	2,267.43				

① 中国人民银行山西省分行、山西财经学院《山西票号史料》编写组编，《山西票号史料》，页 330—333。

（续）

商号	银两（两）	俄钞（张）	茶	牲畜	其他
日昇昌	16,953.95				
复和公	3,185				
东万兴德	7,789.8	185 张 2 文			
丰泰亨	420.44				
三兴德	5,544		货茶 1,547包		
刘寿林	2,240				
林盛元	2,950				
万庆和		274 张 60 文			
永合盛	6,471.64		二七砖茶 550 箱	骡马 2 匹、大羯羊 110 只	账房银 20 两
恒隆光	8,596.02				
天德和	715.02				

资料来源：中国人民银行山西省分行、山西财经学院《山西票号史料》编写组编，《山西票号史料》，页 332—333。

另一件墨尔根郡王阿囊塔瓦斋尔向铺商永聚公借银，欠本利银共两万余两，欠大盛鸣本利银共九万余两。库伦大臣连顺议，因该王旗欠大盛鸣为数太巨，断另核减利银约两万两，尚应还银七万余两。永聚公已歇业，应照理藩院来咨，如数偿还。均予限二年不得再行拖欠。[①] 图什业图汗部落札萨克郡王阿囊塔瓦齐尔以承审司员纳贿勒结蒙混库伦大臣入奏，理藩院奉谕旨将案内人证卷宗解京质讯。光绪二十六年

① 《军机处档折件》，编号 141495，光绪二十三年八月十八日。

(1900)五月,理藩院署被劫,此案卷宗账簿全行遗失,续遭兵燹,两造人证逃避,未能结案。大盛鸣商人刘天运又到理藩院呈控,理藩院请旨饬交库伦大臣就近质讯奏结。①

具甘结西库伦商大盛鸣东家乔弼山西太原府徐沟县人氏、执事人刘天运山西太原府文水县人氏为前呈控墨尔根王推欠借银七万三千零四十两。蒙钦宪大人派员公断,按四成了案。该墨尔根王旗应还银二万九千两整。其款当堂如数领讫,两出情愿了事。钦署司员人等盖无勒索情事,所具是寔。为此出具甘结。光绪三十年九月□日②

库伦办事大臣奏,员外郎恒钰办理郡王阿囊塔瓦斋尔与大盛鸣多年债案完结,拟请从优奖叙。③ 浙江巡抚赵士麟解决杭州满营的借贷,亦以每两让六还四,也就是还四成的意思。④ 可见清朝政府处理债务,按四成还债应很普遍。

按照 M. Sanjdorj 的说法,蒙古人和商号订合同,若借款在六至十个月内免息,十一个月以后利息为 3%,借债超过三年则利息和本金必须订新合同。如此看来,似乎也不是借期在六至十个月期限内免利息。方行认为高利贷为年利息在 15%以上,也就是说高于地租的收入,月利二分、三分为各地银钱借贷的常利。⑤ 根据《大清律例·户律》"违禁取利"之条载:"凡私放钱债及典当财物,每月取利并不得过三

① 《军机处档折件》,编号 159954,光绪三十年四月初十日。

② 《蒙古国家档案局档案》,编号 080—043,页 0149—0150。

③ 《蒙古国家档案局档案》,编号 084—046,页 0119。

④ 参见拙作,《从杭州满城看清代的满汉关系》,《两岸发展史研究》,2008 年第 5 期,页 37—89。

⑤ 方行,《清代前期农村的高利贷资本》,《清史研究》,1994 年第 3 期,页 11—26;彭凯翔、陈志武、袁为鹏,《近代中国农村借贷市场的机制——基于民间文书的研究》,《经济研究》,2008 年第 5 期,页 153。

分，年月虽多，不过一本一利。”[1]清朝规定每月取利不得超过三分，违者笞四十。但是，北京城有典当业不顾违禁取利的条文，敢明目张胆在借票上写“钱每百月利四分，甚有至于每月六分”[2]。《大清律例》以汉人支付利息的法律用在蒙古人身上欠缺公允，因为汉人借贷的时间在青黄不接之际，时间较短。如方行提到农村借贷是春借秋还，秋取六个月利；而蒙古人借贷得等到牲畜繁殖，至少一两年时间，借贷时间较长。

《清代蒙古志》载，自十八世纪中叶起，哲布尊丹巴呼图克图所属的大库伦各吉萨利用自己在集市中心的便利条件，在发放高利贷方面与汉商竞争。从此，蒙古其他寺院也开始从事高利贷活动，月利息自一分至三分不等。四世哲布尊丹巴呼图克图考虑到寺院放高利贷有损形象，曾下令禁止。但到清末，大库伦放高利贷活动仍有增无减。光绪年间，大库伦各吉萨的高利贷利率由原来的 15%—36%提高到 60%。[3] 蒙古的喇嘛和寺庙为了获得收入将货物赊给牧民，有时也将钱赊借给牧民。1903 年库伦牧民向扎米扬多尔济喇嘛借 1,680块砖，茶每月收息 3.5%，向洛多伊喇嘛借 3,600 块砖茶，每月收利息 100 块砖茶，即 2.7%的利息。[4] 如此看来，汉商借贷利息也不是特别高。

---

① 吴坛撰，马建石、杨育棠主编，《大清律例通考校注》(北京：中国政法大学出版社，1992)，卷 14，页 522。

② 台北故宫博物院藏，《宫中档雍正朝奏折》，编号 402005883，雍正十二年六月二十八日。

③ 金海、齐木德道尔吉、胡日茶、哈斯巴根，《清代蒙古志》(呼和浩特：内蒙古人民出版社，2009)，页 334—335。吉萨或称济萨、集赛，为蒙古语，意为仓库、金库，参见[俄]阿·马·波兹德涅耶夫著，《蒙古及蒙古人》，卷 1，页 23、95、613。

④ 锡林迪布著，余大钧译，《十九世纪末与二十世纪初的蒙古社会经济状况》，收入《蒙古史研究参考资料》，第 9 辑，页 32。

六、小结

库伦商民事务衙门的官员长期登记铺户册，包括铺户数量、房屋大小规模、执事人、伙计、雇工人数等，在传统中国城市中是少见的。库伦买卖城的商号多为山西人经营，总号设在张家口的上堡，乾隆时期将布匹、茶叶货物存在库伦的栈房，而从俄国进口毛皮、呢绒等。买卖城的商铺在中俄贸易占有重要地位。1860 年签订中俄北京条约，俄商到中国贸易亦在张家口设立公司赚取百万卢布以上。华商因茶叶缴厘金，无法和俄商竞争，转而从事金融业、批发百货、农垦或木材活动，仍是库伦重要的商业中心。

继续从事茶庄行业的中兴和、庆和达等虽仍卖茶叶，但由俄罗斯进口利润较高的鹿茸、毛皮等。至于买卖城大部分的商号从事批发百货业，如兴隆魁、兴盛魁于乾嘉时期即出现在库伦，他们由张家口贩运蒙古人所需的日常用品，又从蒙古地区采购各色毛皮、皮革、鹿茸、黄芪、蘑菇、牛马羊驼之类，清末民初蒙古出口的牲畜和毛皮每年统计价值可达 4,332,000 两。还有些商号到蒙古各旗从事农耕活动，如元顺明、协裕和、万隆魁、三和正、三盛光等商号。另有些商号从事木材行业，如三和公、三合公、永发魁等。作为买卖城的大商铺以逐利为前提，凡有利润的商业，都会凑一脚。譬如兴隆魁将北京或张家口的布匹、日常用品贩售到库伦，但后来与俄商贸易。双舜全列为批发百货业，它们亦从事借贷行业。

陈箓说京帮在外蒙之商务，始于咸丰年间，远在西帮之后，资本既不及西帮之雄厚，而营业范围亦甚狭小。所售货物，自运者以绸缎为大宗，其余多向西帮盘运分批零售。未有如西帮之分号支行，星罗碁布脉络贯通也。[①] 首先，从时间上来说，在乾隆时期已有京帮到库伦，道光调查西库伦亦有几家北京商铺，非始于咸丰年间。再者，西帮经营的项目也不只绸缎，在库伦经营放债，并到蒙古各旗收购毛皮等。北京和库伦相距五千里，北京商铺的角色是作为总号，专司运转货物、通报消息等事，并设分庄于外蒙各大埠，如库伦、乌里雅苏台、恰克图、科布多、乌梁海等处，设柜安庄，发卖货物。西库伦为北京商铺的分号，其特色如下。

第一，从北京工商会馆碑刻资料可以看到这些商号出现在乾隆、嘉庆年间，旅蒙商分布在北京城的特定区域，如德胜门外的牲畜店、毡屉铺、马鞍铺；德胜门内有果子市，糖坊、干鲜果行、烟铺等集中此地。茶叶铺分布在德胜门外路或丁字街附近。

北京的商号在库伦的分号多。波兹德涅耶夫提到库伦生意兴隆的北京商号通常设法开几个铺子。如通和号有北通和、南通和、东通和三家分号。人和厚有中人和厚、东人和厚、西人和厚三家分店。人和义有中人和义、南人和义两家分号。隆和玉有东隆玉、西隆和玉。福来号有南福来号、北福来号两家分号。东富有另一分号为南富有，又成立富有通。长兴厚有南长兴厚、北长兴厚。商号推荐新的伙计往往需要亲戚作保，这在库伦的档案是很常见的。

第二，北京商号的股东亲自到库伦经商，不像山西商号大多由伙计经营。举例来说，万盛京的第一任执事人钱汇，陆世荚的报告书上写的股东为钱月如，应是钱汇的后人。通和号首位执事人吕发成至民国的股东吕纯风应同族人，光绪十九年(1893)增添北通和号的执事人为吕峻德。福来号在光绪十二年(1886)的股东巩步瀛，至民国

① 陈箓，《止室笔记·奉使库伦日记》第2种，页251—252。

四年仍同一人。东富有股东石永寿在光绪三十四年(1908)成立富有通,执事人为石子玉,宣统二年(1910)执事人换成石振声或许为石永寿族人。其次,北京商号的伙计都来自直隶地区。东通和股东吕发成为枣强县人,伙计多数亦来自枣强县。隆和玉之伙计多数来自直隶饶阳县。

第三,北京商人也到乌里雅苏台、科布多等处贸易。北京商号永聚成,在科布多做好几年生意,并在城内开一家店铺。其他的北京人都没有自己的店铺,主要是在临时租用的客店里做买卖。北京店铺里随时都有新的好货,但在科布多的货物价格比北京贵75%,而乌里雅苏台的货物则比北京贵35%。[①] 毕庶远从库伦到乌里雅苏台去,乌城新升永号王执事及恒和义号宋商人也请求随同行。说明这些北京商号在乌里雅苏台也有分庄。不过,北京和蒙古地区的商号名称往往不一致,譬如大兴玉在蒙古各地名的商号称为永兴恒。[②]

民国时期外蒙独立,蒙古向来输出牲畜、皮革、皮货、晶石等,以换取内地之绸缎、布匹、玉器、油漆、鼻烟、火柴、铜铁锡器,及其他服用之品。自外蒙独立后,一切交易为之隔绝,内地往库伦的工商大受影响。

---

① [俄]阿·马·波兹德涅耶夫著,《蒙古及蒙古人》,卷1,页344—345。

② 毕庶远,《蒙行随笔》,收入《中国边疆行纪调查记报告书等边务资料丛编(初编)》,第22册,页277、288。

第五章　清代乌里雅苏台的衙门

一、前言

乌里雅苏台是清朝政府在蒙古的政治中心，更重要的是一个军事堡垒，蒙汉史籍中向来将它看作屯驻清代边防部队的要塞。[①] 定宜庄教授将之列为为控制蒙古而设的各驻防点，属于"北线"，但制度上和八旗驻防有些不同，未列为讨论之八旗驻防之列。[②] 研究清代军费的陈锋教授与八旗驻防财政的任桂淳，考察范围亦未包括蒙古地区。[③] 李毓澍教授《定边左副将军制度考》讨论清前期设置乌里雅苏台建城时间

---

① ［俄］阿·马·波兹德涅耶夫著，《蒙古及蒙古人》，卷 1，页 256—298。

② 定宜庄，《清代八旗驻防研究》（沈阳：辽宁民族出版社，2002）；同作者，《清代北部边疆八旗驻防概述》，《中国边疆史地研究》，1991 年第 2 期，页 20—28。定宜庄教授研究八旗驻防没包括乌里雅苏台和科布多，她认为满洲统治者对蒙古的统治，具有随俗而致、因地因时而异的特点。其事权，或归理藩院；或归内务府，属八旗驻防范围之内，仅是其中的一部分，却是十分重要而至今仍最为人忽视的一部分。定宜庄，《清代八旗驻防研究》，页 94。

③ 陈锋，《清代军费研究》；任桂淳，《清朝八旗驻防兴衰史》（北京：生活·读书·新知三联书店，1993）；同作者，《清朝八旗驻防财政的考察》，收入北京市社会科学院满学研究所编，《满学研究》（长春：吉林文史出版社，1992），第 1 辑，页 104—117。

为雍正十一年(1733),他详述清前期经略喀尔喀蒙古历史,以及定边左副将军的执掌等。冈洋树教授讨论定边左副将军为管理四部兵备事务,巡视驿站、卡伦,搜捕逃犯等,特别办理边境地方重要事务。[①] 何一民教授讨论乌里雅苏台在雍正十一年(1733)初建规模较小,乾隆二十九年(1764)在齐格尔苏特河、乌里雅苏台河之间的城址旧基上重修。[②] 马楚坚研究外蒙古台站路线。[③] 本章将进一步讨论乌里雅苏台各种行政的经费问题。

本章利用中国第一历史档案馆内阁题本户科之《乌里雅苏台科布多官兵银粮数目清册》,了解清代在蒙古驻防的财政。该清册从雍正十二年(1734)起至光绪年间,分旧存、新收、除用、实在四柱清册,满汉文并列。该档案翔实记载各年的收入与用度,可以长期观察清代边疆驻防的财政问题。过去讨论这一问题的书有《乌里雅苏台事宜》,罗列财政收支,但讨论财政项目过于简略,譬如讨论定边左副将军俸饷仅列养廉银 1,500 两、粮 43 石。[④] 实际上,将军还有跟役、马匹等银两进项。其他官员盐菜银之外,跟役也成为另一项补贴收入。另外,《清代民国财政预算档案史料汇编》第 4 册有宣统三年(1911)库伦、乌里雅苏台、科布多的财政预算书。库伦在清朝的定义为宗教性的城市,乌里雅苏台、科布多属军事城市。前一章讨论清末库伦附近采金矿,财政收入遽增,后两地的财政规模却逐渐萎缩。

---

① 李毓澍,《定边左副将军制度考》,收入氏著,《外蒙政教制度考》(台北:中研院近代史研究所,1962),页 1—104;[日]冈洋树著,张永江译,《定边左副将军的权力回收问题》,《蒙古学信息》,1993 年第 1 期,页 5—13。

② 何一民,《国家战略与民族政策:清代蒙古地区城市之变迁》(下),《学术月刊》,2010 年第 42 卷 4 月号,页 134—141。

③ 马楚坚,《清代外蒙古台站路线之创建》,收入氏著,《明清边政与治乱》(天津:天津人民出版社,1994),页 318—389。

④ 佚名,《乌里雅苏台事宜》,收入《清代兵事典籍档册汇览》,第 17 册,页 7。

乌里雅苏台在新疆回变时整个城市被烧毁，所幸可以从现存的《额勒和布日记》、祥麟撰《乌里雅苏台行程纪事》、《乌里雅苏台日记（不分卷）》①，了解衙门经费的收支，以及商人借垫银两的情形。波兹德涅耶夫对乌里雅苏台将军衙门和买卖城有详细描述，他提到驻班的蒙古王公向商人赊账，商号在蒙古各旗贸易。最著名的商号为大盛魁和天义德，它们的生意比乌里雅苏台所有的商号都兴旺。这两家商号都被蒙古人称作"通事"，即代办、付款者；确切地说，这两家商号对蒙古各部而言类似钱庄，做借放债生意。波兹德涅耶夫称大盛魁为"半官方的机构"。② 根据台北故宫博物院藏档案载，康熙年间随营来乌里雅苏台开设"官店"的天义德和大盛魁二店，在乌城充当社首、经理，另有二十七家轮值甲首。商贾买卖平秤，以两店为准，交易以两店为凭。③ 此外，大盛魁和天义德等商号提供蒙古部落当差的骆驼、马匹、牛、羊，以及帐棚等，有关牲畜折价以及利息方面，由蒙古国家档案局藏的档案可窥见一二。

二、乌里雅苏台衙门的岁入

讨论乌里雅苏台衙门财政之前，先介绍它的地理环境与修城过程。

---

① 祥麟，《乌里雅苏台行程纪事》，收入《傅斯年图书馆藏未刊稿钞本·史部》，第9册，页421、541。祥麟，《乌里雅苏台日记（不分卷）》，收入清写本史传记十七册一函，编号MO—1631，史450。

② ［俄］阿·马·波兹德涅耶夫著，《蒙古及蒙古人》，卷1，页293。"亦有称懂蒙语者为通事，同治七年乌里雅苏台将军麟兴奏称，因麟兴未能通达蒙语，每遇与（蒙）锦丕多尔济商议要件及宣谕各旗王公人等，为赖通事得力。查有札萨克图汗旗下参领三宝，自道光年间即在乌城充当通事。诸事不辞劳瘁，请能通达大体，请赏给副管领。"《军机处录副奏折》，编号03—4732—079，同治七年二月二十三日。

③ 《军机处档折件》，编号138505，光绪二十三年三月十六日；编号408013241同。

乌里雅苏台东南北，三面皆山。东南有河，由山中流出，曰博克多河，南山曰博克多山。东北有河，亦由山中流出，曰成吉斯河。两河皆西流，乌城夹于其间。两河相距不足十里，城之西约三里，两河会流焉会流为一，乃名乌里雅苏台河。[①]

雍正十一年(1733)，大将军傅尔丹修建乌里雅苏台城，"栅栏木重叠并之，不算埋于地下者，高一丈二尺，粗四五寸不等"[②]。建城共拨兵11,350名，每人计十日给粮8.3升，筑台兵1,800名，人赏给羊一名。雍正十二年(1734)四月盖造仓库，拨兵4,048名，每人日给银6分。又拨绿旗兵150名，人赏给羊一只。[③] 雍正年间建乌城的材料是木材，不够坚实。乾隆二十九年(1764)再度修筑乌里雅苏台，据乌里雅苏台将军成衮扎布等奏：

> 乌里雅苏台旧城，年久倾圮，应行修筑。其工作等项，请添派绿旗兵一百名前往等语。定边左副将军成衮扎布等奏，前经臣等奏准乌里雅苏台筑城一事。查乌里雅苏台，土性松浮，难兴版筑。似应照旧伐木造城。所有旧城在齐格尔苏特、乌里雅苏台二河之间，拟加高一丈六尺、厚一丈，周围共五百丈，内外排树木栅，中实以土。东西南三面有门，北面近河。掘沟引水，以环三面，即以沟

---

① 孟矩，《乌城回忆录》，收入《中国边疆行纪调查记报告书等边务资料丛编(初编)》，第22册，页334。乌里雅苏台城乃草甓堆砌，草甓者就草地掘起带草根之土块也。城高丈许，外树木栅紧靠草甓。城东西约一里，南北半里，南东西三门。祥麟日记载："乌垣南北两河一自东沟而西，一自绿莺沟回环而南，由城北西注及浮梁西南两水汇归一，河名曰齐克斯特依，直注于西昭而分派。"祥麟，《乌里雅苏台行程纪事》，收入《傅斯年图书馆藏未刊稿钞本·史部》，第9册，页553。

② 雍正十一年三月二十五日《上谕档》，收入赵生瑞主编，《中国清代营房史料选辑》(北京：军事科学出版社，2006)，页436。

③ 傅恒，《平定准噶尔方略前编(清乾隆三十一年武英殿本)》，卷39，页9下，收入故宫博物院编，故宫珍本丛刊(海口：海南出版社，2000)，第48册，页177。

中余土筑城。[①]

道光十四年(1834)又因修城坍塌,乌里雅苏台将军武忠额等奏请修葺。乌里雅苏台城垣周围500丈,连垛口高1.6丈、宽1丈。里外面竖新木椽,内以旧椽贴竖中间,筑土草坯海墁。东西南城门3座、瓮城3处以北面城上菩萨庙等,原估工料车脚饭食等项银共需银13,627.98两,实在用过12,616.1两,节省银1,011.88两。[②] 乌里雅苏台修城经过四年的时间,道光十八年(1838)才竣工,因筹办人员率兵丁砍伐木植节省物料,故将节省银分赏兵丁衣履。

图5—1中间的地方为乌里雅苏台衙门,左边过桥为乌城的街市,再左边是蒙古人居住的蒙古包,最左边为西召(蒙古寺庙)。图右上方是关帝庙,再右是蒙古参赞衙门所在。光绪十二年(1886),祥麟任乌城参赞大臣,他描述乌里雅苏台城周方三里余,南、东、西三门,城高一丈五六尺,内外竖木、中筑草坯。四面皆山,三水环流,洵严疆之形胜。城中中建万寿宫,宫中有银、缎二库,四部院衙、将军节署在西,参赞衙门居东,依蒙古俗也。二署规模宏敞,无砖瓦仅用木屑泥抹,署东园经旧官辟益,稍有余味,且三柳槎丫尤有风蕴韵。有粮仓阜丰仓,廒座五十间。[③]

波兹德涅耶夫在1892年到乌里雅苏台,他说城墙外层的木桩是在

---

① 庆桂等奉敕修,《大清高宗纯皇帝实录》,卷710,页929上,乾隆二十九年五月上;卷723,页1056下,乾隆二十九年十一月下。

② 台北故宫博物院藏,《宫中档道光朝奏折》,编号405001763,道光十八年七月初四日。

③ 祥麟,《乌里雅苏台行程纪事》,收入《傅斯年图书馆藏未刊稿钞本·史部》,第9册,页421、541。据光绪四年《宫中朱批奏折》载,乌里雅苏台南门内居中原建有万寿宫一所,两厢系四部院办公衙署。适中设有大堂,两旁系银、缎库。同治九年间猝遭兵燹均已焚烬。近年来朝贺大典,暂在城内东北隅庙宇内率同蒙官敬谨行礼。《宫中朱批奏折》,编号04—01—37—0127—018,光绪五年。

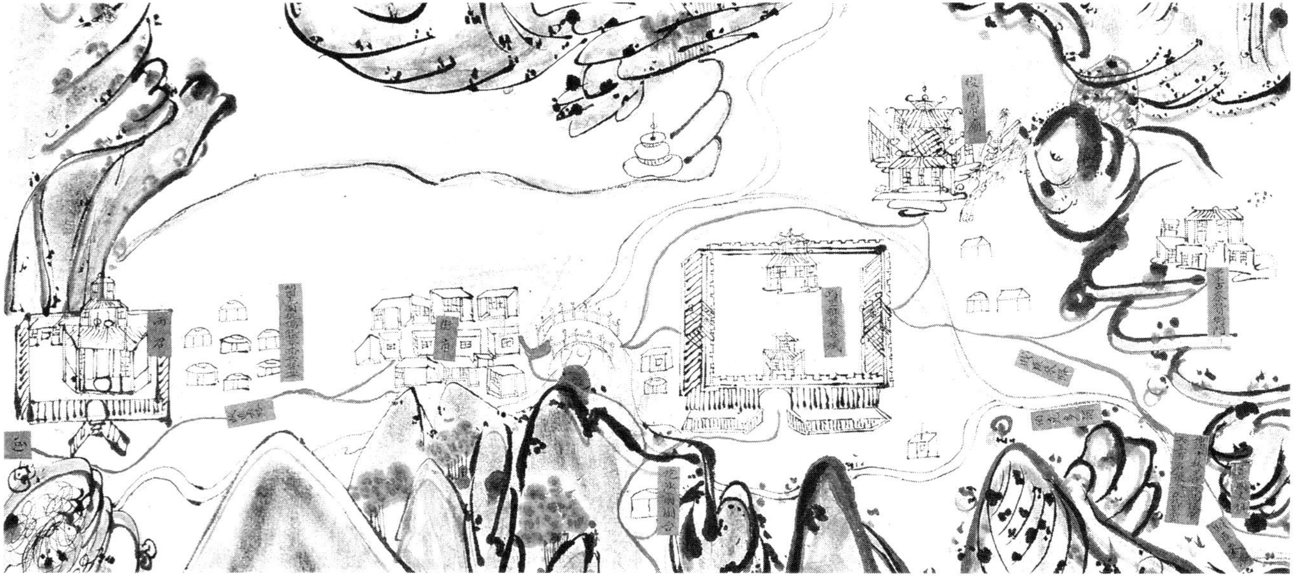

图5—1　乌里雅苏台地图

图片来源：台北故宫博物院藏，《军机处档折件》，编号104546，同治九年闰十月二十七日。

1880 年修理的，城堡内的许多建筑物也都进行改建。衙门公署、大将军的府宅，昂邦们的庭院都面目一新，比以前体面多了，这次改建是在蒙古三音诺颜达赖王的倡道和亲身参与下进行的。达赖王应指锦丕勒多尔济。[①] 宣统三年（1911）《考察蒙古日记》载："乌城系用土木筑成，大于科城二倍。市街离城三里许，内地商人三十余户，内地人约一千。俄商十余户，俄领事馆在市街之东。"[②]

（一）山西拨解地丁银两

《旅蒙商大盛魁》提到清朝派驻在乌里雅苏台和科布多的将军衙门和参赞大臣衙门，官俸兵饷按照规定由户部拨给。[③] 实际上，该将军衙门经费是来自山西协拨银两。有关乌里雅苏台的财政最详细的是定边左副将军各年题本《乌里雅苏台科布多官兵银粮数目清册》，乾隆初期因战事未弥，用银较多，至乾隆五十六年（1791）以后，定额由山西地丁银中解往乌城和科布多，每三年二十万两。

乾隆十八年（1753），定边左副将军成衮札布奏称，乾隆十七年（1752）八月内解到钱粮二十三万两，十八年除陆续支放官兵钱粮，又买官驼马匹用过银 65,499 两，又添防秋官兵三个月钱粮 4,790 余两，实存银 133,400 余两。该年十二月应放之项尚需银 35,500 两，存银仅 97,900 余两。乾隆十九年（1754）、二十年（1755）尚需用银二十三万两，请于部库动拨银两。[④] 由此可知，北路军营一年的用度在十余万两。乾隆二十六年

---

① [俄]阿·马·波兹德涅耶夫著，《蒙古及蒙古人》，卷 1，页 264—265。

② 佚名撰，《考察蒙古日记》，收入毕奥南主编，《清代蒙古游记选辑三十四种》，上册，页 682—683。

③ 中国人民政治协商会议内蒙古自治区委员会文史资料研究委员会编，《旅蒙商大盛魁》，收入《内蒙古文史资料》，第 12 辑，页 72。

④ 《清代内阁大库原藏明清档案》，编号 075712—001，乾隆十八年十月二十一日。

(1761),乌里雅苏台衙门存银102,175.31两、粮77,704.19石。炒米802石、炒面68.94石、大麦40.6石、小麦51.6石。[1]

乾隆三十三年(1768)十月乌里雅苏台成衮扎布等奏,查得二十一年起库存旧管、新收、缴过银共2,644,000余两,除近年陆续用过开除者外,余银84,000余两,不敷明年支给,查得乌里雅苏台一年需用银五六万两;科布多年需银六万两;库伦地方官兵需用银8,700余两;塔米尔约需银800两。又查得乌里雅苏台等处钱粮内,每年需用应给者,军营有满洲、蒙古、绿营官兵683名,科布多有满洲、蒙古、绿营官兵1,076名,塔米尔有蒙古、绿营兵丁31名,卡伦台站兵丁1,652名,库伦有蒙古官兵200名,达什丕勒处有应支给台吉官员管理牧放孳生骒马、驼只兵丁72名,年班王、公、台吉至前站人等,一年共计需银十万余两(参见表5—1)。[2]

表5—1 乾隆三十三年(1768)喀尔喀蒙古驻军人数

地区	兵种	人数	经费银
乌里雅苏台	满洲、蒙古、绿营	683	5万—6万两
科布多	满洲、蒙古、绿营	1,076	6万两
塔米尔	蒙古、绿营	31	800余两
卡伦台站	兵丁	1,652	
库伦	蒙古	200	8,700余两
达什丕勒等	台站兵丁	72	

资料来源:《军机处满文录副奏折》,编号03—2286—011,乾隆三十三年十月十九日。

但是到了乾隆五十六年(1791)乌里雅苏台、科布多需用银两,改每

① 中国第一历史档案馆藏,《内阁题本户科》,《乌里雅苏台科布多官兵银粮数目清册》,编号02—01—04—15395—008,乾隆二十六年七月二十五日。

② 《军机处满文录副奏折》,编号03—2286—011,乾隆三十三年十月十九日。

三年拨银二十万两解贮归化道，以便军营领取。这规定系由山西地丁项下动支银，两处驻防每年仅分得 66,666.7 两。根据山西巡抚成宁的题本，自乾隆五十七年(1792)起至嘉庆十一年(1806)止，山西藩库解存归绥道共十五年银一百万两，于地丁银内动拨万两解往归绥道库，共成二十万两，听候领取。[①]

同治二年(1863)麟兴奏报乌里雅苏台与科布多两地方循例请调晋省经费银 66,666 两，分经费银 85,000 两。[②] 但山西巡抚沈桂芬以力有未逮，次年，晋省解乌里雅苏台及科布多二城经费仍照旧例。[③] 该年十月，上谕：麟兴奏遵旨前往沙宾达巴哈分界所需口粮等项，请饬豫内筹备等语。着沈桂芬，无论何款速筹银一二万两解交归绥道衙门，转解乌里雅苏台以备应用。[④] 光绪初年，山西遭遇严重灾荒，自顾不暇，由其他各省筹拨经费，如表 5—2。

表 5—2　各省协拨经费

各省专拨经费	银(两)
光绪三年收过河北省专拨经费银	10,000.00
户部执拨浙江江苏经费共银	20,000.00
光绪五年收过广东省专拨经费银	10,000.00
四年及十、十一、十二、十三年共收过安徽省专拨经费银	40,000.00
光绪九年收过江苏省专拨经费银	2,000.00
光绪十三、十四年收过直隶省拨解加增银	20,000.00

资料来源：《内阁题本户科》，《乌里雅苏台科布多官兵银粮数目清册》，编号 02—01—04—22587—008，光绪二十年九月二十七日。

① 《清代内阁大库原藏明清档案》，编号 004064—001，嘉庆十四年三月初五日。

② 《军机处档折件》，编号 093941—1，同治二年十二月二十八日。

③ 《军机处档折件》，编号 094231，同治朝。

④ 《军机处档折件》，编号 100156，同治朝。

各省协拨经费不能按时交纳，乌城将军困坐愁城，《额勒和布日记》提到光绪三年(1877)十二月十九日，吉林营兵赴乌求饷，据称："众兵困苦已极，求放五个月现银口分。"松峰当答："以现在饷银未到，尔等岂不知悉？即使饷银到时，亦万不能放给五个整月口分。"二十七日方解到山东饷银六千两。[①]

《山西全省财政说明书》载，光绪三十四年(1908)增加减半盐菜银一万两，又加增全支盐菜银一万两，带解旧欠银五千两、添拨科城常年经费四千两等项。该年，应解乌里雅苏台及科布多二城经费，共96,988.96两。[②] 清朝在蒙古驻防的军费相当低，如杭州满营的俸饷银为99,866两，俸米共白米1,293石、糙米105,621石，满城营官兵三千多人，支出约二十万两。其他浙江绿营军队为62,500人，支出约八十万两。[③] 与杭州驻防相较，能理解清朝对蒙古驻防财政支出相当低。

(二)房屋园地租银

乾隆二十二年(1757)的军机处满文录副奏折载："自大军军兴以来，商人随营贸易，鄂喇特、哈喇乌苏、乌里雅苏台等处皆设立市集，此数处虽非原定市集，各部落内皆设有市集，于蒙古等仍属便利。但商人唯利是图，又无办理稽察之人，此数年乌里雅苏台等设立市集，为商人易换货物之处。"[④]车布登札布认为商人在准噶尔之役时随营贸易，所以乌里雅苏台等处设立市集，在这些军队驻防地点贸易便于管理，若是到各旗贸

---

① 额勒和布著，芦婷婷整理，《额勒和布日记》，下册，页559—561。

② 佚名，《山西全省财政说明书》(广州：广东人民出版社，2009)，《山西藩库外销支款说明书》，第二类协款，页12。

③ 《钦定古今图书集会》，转引自张大昌，《杭州八旗驻防营志略》(台北：文海出版社，1971)，卷16，页509。

④ 《军机处满文录副奏折》，编号03—1650—010，乾隆二十二年八月十七日。

易可能被蒙古人抢去货物或杀害。

乾隆二十六年(1761)九月初六日奉上谕:"今厄鲁特回部俱已荡平,乌里雅苏台事务,较前甚简。虽有供应哈萨克来使及照管积贮粮饷等事务,若有大臣等驻扎办理,亦只须酌留官兵,不必多为驻扎。至卡伦侍卫等前因无事已裁撤一半,今伊犁、乌鲁木齐各有驻兵,其卡伦侍卫等若无须再设,亦应撤回,以省浮费。现该处所贮粮石虽甚充裕,但若不预筹措,用完之后,势必又从内地解运,故宜筹措垦田接济之策。乌里雅苏台虽不便屯田,而科布多向属可耕之地。从前准噶尔时,因贼盗颇多,兵丁俱驻乌里雅苏台;今准噶尔既平,地方安谧太平,若令成衮札布仍驻扎乌里雅苏台,另派参赞大臣在科布多屯田。"[①]乌里雅苏台城位于河谷,附近水草丰美,且许多汉人以耕地种庄稼,不知道为何乾隆皇帝不令官兵屯田,而非得在科布多屯田。

乾隆三十四年(1769),乌里雅苏台将军成衮札布奏称,委派侍读塔清阿、员外郎那兰泰、俊德、逊戴等往查,据塔清阿等呈称:"职等奉委查得店铺房,所有现存房房共八百六十七间内,店内置放商货房九十三间、较大店铺房五十五间一半间、寻常店铺房三十七间、小店铺房九十间、关闭店铺住人房、空闲房共五百九十一间一半间。"据商民告称,乌里雅苏台军营先前大军在时,商人零星到来,原先各自建房贸易居住之人甚多。后来大军撤回,商人做不得生意又无田地,各自散去做贸易。店铺住的真正商人少,雇来的人多,共有七百多人,受雇拉木炭生活居住者多。计其店铺大小征收租银,其关闭空房、民住房不计外,店内放置大商人货物房,每月每间征收各 4 钱、较大店铺房每间各 3 钱、寻常店铺房每月每间各 2 钱、小店铺房每月每间各 1

① 中国第一历史档案馆编,《乾隆朝满文寄信档译编》,第 2 册,页 645—646。

钱，征收租金店内置放货物房、店铺房共 275.5 间，计每月 70.25 两，一年共应收租银 843 两。[①]

嘉庆八年(1803)三月间，将军公绵佐派出章京富良等查明铺房时，商人货房有一连通二三间的，有小的，铺房大小亦不一致。富良呈报将军裁汰货房名目，按檩分别等第征收租银。以房檩计，七檩为头等房，每间各收租银三钱；五檩为二等房，每间各收租银二钱；三檩为三等房，每间各收租银一钱。嘉庆十年(1805)乌里雅苏台将军成宽又认为应照原订章程办理。晓示买卖街各铺户，公平酌以铺房买卖以大、中、小，分为三等，章京等商确妥当，共查出货房 86 间，各种铺房 1,313.5 间半，按等第征收租银，每月增租银 98.8 两(参见表 5—3)。[②]

表 5—3　乌里雅苏台买卖城铺房收租

年份	货房	每间收租(两)	头等铺房	每间收租(两)	二等铺房	每间收租(两)	三等铺房	每间收租(两)	每月收租(两)
1769 年	93	0.4	55.5	0.3	37	0.2	90	0.1	70.25
1770—1803 年	71	0.4	70	0.3	222	0.2	337	0.1	127.5
1803 年 4 月			56	0.3	258	0.2	711	0.1	139.5
1803—1805 年			50	0.3	243	0.2	630	0.1	126.6
1805 年 10 月	86	0.4	173	0.3	250.5	0.2	890	0.1	225.4

资料来源:《军机处满文录副奏折》，编号 03—3693—007 附清单，嘉庆十年十二月初三日。

道光三年(1823)，乌里雅苏台将军奕颢奏称，乾隆五十二年(1787)彼时街市买卖较多，大小铺户原有三百余家，每年征收房租银 2,800 余

① 《军机处满文录副奏折》，编号 03—2320—006，乾隆三十四年六月十七日。据呈报旧开铺户已交租银房屋 159 间、新开铺户尚未交租房屋 227 间、关闭空闲房产 176 间。

② 《军机处满文录副奏折》，编号 03—3693—007，嘉庆十年十二月初三日。

两。近年以来,街市买卖微弱,铺户渐渐关闭者百十余家,现在仅存二百余家,每年征收房租银 2,200 余两。[①] 同治十一年六月起至十三年十二月止,共征收银 1,075.29 两,旧房 159 间、新建铺房 227 间,关闭空房 176 间。上年收房园租银 920.4 两。[②]

道光三年(1823),奕颢等奏折提到乌里雅苏台商铺的发展。第一,乾隆五十二年(1787)至嘉庆十一、十三等年前,彼时街市买卖较多大小铺户有三百余家,每年征收房租银二千八百余两。除各项动用外,尚有余剩。至嘉庆十六年底止,共存历年余剩银四千二百余两。第二,嘉庆后期至道光初年,街市买卖微细铺户渐渐关闭者百十余家,仅存二百余家,每年征收房租银二千二百余两。此数年间将存剩银四千余两添补支放,至道光元年俱以搭放完尽,而征收房租又不敷用。[③]

同治八年(1869),乌里雅苏台房租项下旧管银 659.71 两、新收房租银 1,874.6 两,又收过核减节省银 734.35 两、园租项下余剩银 183.96 两,开除出差官兵行装等项共银 2,902.86 两,实存银 549.76 两。又收园租银 253.71 两,开除采买奏粮动用银 69.75 两外,实存银 183.96 两,入房租册内报销。[④] 同治九年(1870)十月间,乌城猝遭兵燹,台市铺户焚掠一空,所有一切房园无租可征。至同治十一年(1872)六月间,经前任将军大臣等查验台市房园虽系无多,并非尽行闲旷,饬令按现住房间及现种园地核实征租归入城工款项动用,俟租银能足原额再行奏归旧制办理。计自同治十一年六月起至十三年十二月止共征收银 1,075.29 两,均归城工项下动用。至园租一项,乌城自遭兵燹后

① 《军机处录副奏折》,编号 03—3201—030,道光三年五月二十二日。
② 《军机处录副奏折》,编号 03—6061—060,光绪二年闰五月十四日。
③ 《军机处录副奏折》,编号 03—3201—030,道光三年五月二十二日。
④ 《内阁题本户科》,编号 02—01—04—21877—004,同治八年十一月二十九日。

农民流离失所，园地半就荒芜，现虽渐次复业而检查档案所征租银无几。综计上年（同治十三年）一年之内共征收房园租银 920.64 两，仍归城工项下动用。[①] 自光绪二年（1876）起至十四年止只收过房园租银 10,244.85 两。[②]

因自光绪七年（1881）以来灾荒未转，商民裹足不前，兼有俄人在乌属境内贸易，以致华商贸易尤稀。自此时事日渐萧索，奴才等目击各商仅及糊口，至九、十两年铺房无人承认，园地承种无多。计此八年内应征税银七千余两，除陆续交纳外，共拖欠 3,229.43 两。光绪十五年（1887）夏初，雪融河涨，街市房间倒塌甚多，如再照例追比诚恐商贩意窘哗散。[③] 光绪十六年，祥麟奏，铺户房间 243 间，关闭与倒闭 289 间，余皆坍塌不堪栖止，共征收房园租银 630.99 两。[④] 祥麟日记提到给每季房租盈余约十两，赏给他的仆从。[⑤] 波兹德涅耶夫也证实每间屋子的税金为三钱。[⑥]

但乌里雅苏台的房租却不便宜。波兹德涅耶夫观察最贵的房屋是主要街道上的整套宅院，共有十二间住房，还有板棚和小库房，每年租金是二百两银子。人们通常是租半座宅院，共五间住房和两间小库房。在主要的街道上，这样的住宅每年租金为六十至一百两。租约期限大都为四年、六年，乃至十年，而且往往都是预先支付一半租期的租金，也

---

① 《宫中朱批奏折·财政类》，编号 0609—002，光绪元年。

② 《内阁题本户科》，编号 02—01—04—22587—008，光绪二十年九月二十七日。

③ 《宫中朱批奏折·财政类》，编号 0611—007，光绪十五年十月二十五日。

④ 《军机处录副奏折》，编号 03—6521—012，光绪十六年闰二月初十日。

⑤ 祥麟，《乌里雅苏台行程纪事》，收入《傅斯年图书馆藏未刊稿钞本·史部》，第 9 册，页 542；第 10 册，页 122、257、436；第 11 册，页 66、194。市圈小税盈余收入约是二月、四月或五月、八月、十一月。“户部一件，为饬催台市商民积欠房园租银，出示晓谕。”参见第 10 册，页 232。

⑥ [俄]阿·马·波兹德涅耶夫著，《蒙古及蒙古人》，卷 1，页 288—289。

有预付整个租期的租金的。[①]

除了房租外还有园地租，乌里雅苏台附近有大盛魁商号的庄稼地。[②] 同治八年(1869)，乌里雅苏台收园租银 253.71 两，比房租少得多。波兹德涅耶夫提到"这种小村子共有十来个，它们分布在博格多河沿岸，离城不超过三俄里，夏季汉人就从博格多河引水灌溉土地。这些小村子周围的土地是属于城市的，由当地官员出租。租金当然是因土质的好坏而异。离博格多河较近的土地最好；离河较远而离山较近的土地则较次，因为石块和沙土较多。租种土地的全部是汉人，而且大都不是一个人租种，而是合伙租种。我上次来参观过一个小屯子，他们的耕地被公认为土质最好。主人们对我说，他们种的全是小麦。播下的种子不过十至十一袋，每袋重约一百五十市斤；平均的收成，按同样大小的袋子计算，为一百至一百二十袋面粉"[③]。

祥麟的日记常提到菜园，如德茂菜园购定麸麦言明麸价每斤 1 分、麦价每石 2.4 两。"德茂园开来上年冬间用过白菜清单，核与出茶账率多不符。"以 30 棵白菜随从喜价捏报 40 棵，每棵价银均报 2.5 分且先购之百余棵，闻系银 9 厘一棵，该园单上尚欠银 3.5 两。质之喜价则云："不赚老爷赚谁？"祥麟骂他一派赖话、反复狡辩。[④] 德茂园的商贾姓罗，经营的田地种油麦、大麦、黄绿数十亩，有磨房等。祥麟常去磨房少坐看磨麦。祥麟日记中还提到前菜园、下菜园、恒盛园、大盛园、万春

① [俄]阿·马·波兹德涅耶夫著,《蒙古及蒙古人》,卷 1,页 289。
② [俄]阿·马·波兹德涅耶夫著,《蒙古及蒙古人》,卷 1,页 392。
③ [俄]阿·马·波兹德涅耶夫著,《蒙古及蒙古人》,卷 1,页 290—291。
④ 祥麟,《乌里雅苏台日记(不分卷)》,收入清写本史传记十七册一函,编号 MO—1631,史 450,页 3775、3778。

园、乌城后有义烈菜园商民范述，“沿河一带菜园托名种菜，其实麦陇数顷”[①]。光绪十五年(1887)四月二十七日载，户部交来上年秋冬二季粮单一张计二十余石，交宋巡捕转饬本署承差之大盛园，按照规定每石交净面 85 斤。[②] 这些菜园交面共1,700斤。

孟矩《乌城回忆录》提到商埠之西，有菜园八九家，连亘十数里。其大菜园约七八十顷，小亦三五十顷。名为菜园，并不种菜，皆种大麦，园主农工皆晋人。[③] 波兹德涅耶夫说住在乌里雅苏台附近小村子里的汉人也是买卖城的正式居民，是属于这座城市的。这些汉人以耕地种庄稼为生。整体看来，乌城附近的菜园面积大，但衙门收到的园地租不多，可能都是大户经营，加上官府从未丈量耕地面积，以致园户纷纷逃漏税。

光绪二十四年(1898)，户部要求各地方政府开征洋药税，乌里雅苏台将军重申：“蒙游牧沙漠向无镇市，虽有随营商贾建盖铺屋百余间，要皆暂来暂去并无一定常规。查乌城向有征收房租一款，每年所纳租银不过四百两有奇。议加增至于洋药、土药一项，查此间地方从无开垦之田，何来土药之产。其各路商贩购运诸货，大半多系蒙古应用之物，并无洋药烟馆，情形实与内地不同，所有拟设药牙铺税两项实属无从举办。”[④]这奏折说蒙古无洋药烟馆是实，但此间地方从无开垦之田有夸大之嫌。

---

① 祥麟，《乌里雅苏台行程纪事》，收入《傅斯年图书馆藏未刊稿钞本·史部》，第 9 册，页 490。

② 祥麟，《乌里雅苏台日记(不分卷)》，收入清写本史传记十七册一函，编号 MO—1631，史 450，页 3870。

③ 孟矩，《乌城回忆录》，收入《中国边疆行纪调查记报告书等边务资料丛编(初编)》，第 22 册，页 334。

④ 《宫中朱批奏折·财政类》，编号 0576—053，光绪二十四年。

(三)平秤银与落地税

觉罗崇欢的奏折提到,康熙年间随营来乌城开设官店的天义德和大盛魁二店,在乌城充当社首、经理。[①] 天义德和大盛魁都是归化集锦社的乡耆总领(简称乡总),在乌城称社首。乌里雅苏台在同治回疆兵燹以前,街市商民富庶,向有二十七家轮流值月。将军参赞衙门日用之需,无不取给,有一月用至三千两者。乌里雅苏台衙门规定:"其他二十七家买卖平秤,以两店为准,交易以两店为凭。"每买卖银一两取用二分,每年买卖如至三十万两,即有六千两之多,"酌提以资办公"。乌里雅苏台轮值的商号私设平秤抬高市价,获取巨利。[②] 天义德和大盛魁两家商号收取平秤银,每买卖一两,取用二分作为办公费。根据王启明的研究,光绪年间,新疆吐鲁番商人亦有奸商铺户各造私秤,轻出重入,致外来客商长相争论,滋启衅端。设秤行,置官秤一杆,择字号公正老诚之人充当行头,凡一切货物应用秤者,概归官秤,庶无争竞之端。[③] 乌城没设立行头,而天义德和大盛魁两家负责官秤,或许与行头的意思相似。

乌里雅苏台的买卖城于嘉庆初年设置街市官厅,为商民集议公所,公推年老者董其事。如街市用更夫、巡役皆由铺民雇觅。[④]《额勒和布日记》提到官厅设满汉巡捕各一人,当时为满人荣庆、汉人王世隆,以维持治安。如光绪元年(1875)九月十六日,拿获偷窃街市铺户之贼,一名系图盟人,名拉穆札普,贼未全获。据供,同伙六人,其五人均分赃逃走

---

① 《军机处档折件》,编号 138505,光绪二十三年三月十六日。

② 乌里雅苏台天平砝码三五年不等,更换一次,差便领取不具奏,户部承办。佚名,《乌里雅苏台志略》,收入《内蒙古史志》,第 41 册,页 352。

③ 王启明,《从档案看牙行与晚清新疆税收》,《历史档案》,2016 年第 1 期,页 124—129。

④ 《军机处录副奏折》,编号 03—7130—068,光绪二十四年十一月二十日。

云。[1] 额勒和布和商民相处愉快，光绪三年（1877）他因病辞官，街市铺商等公送“万家生佛”万民伞一柄、万民衣一件。额勒和布自认为在乌城当官三年，“即正身率属、洁己奉公亦分所当然，而该商民等竟同深感戴，馈送衣伞”[2]。

波兹德涅耶夫说乌里雅苏台买卖城里设有捕厅，厅子衙门里主事两名叫“把总”的官，是武官里最低一级的官员。他们是乌里雅苏台内务署派来的，期限为三个月。他们的职责是维持买卖城的秩序，处理一些小的欺诈行为或过失，以及每日向内务署报告一切情况。此外，捕厅的官员们还须在这里执行收关税的职务。[3]

乌里雅苏台另一种税称落地税。上述街市官厅雇觅更夫巡役，其所需饭食工资即来自落地税，凡来乌城之骆驼，每驼抽银 2.5 钱。[4] 光绪年间订章程，于各家来货每驮出银二钱，统算每年货驮将近及万，亦可得二千两上下。[5] 波兹德涅耶夫提到该城捕厅的衙役还须在这里执行收关税的职务，检查运到乌里雅苏台来的每一件商品；无论是什么货物，每个骆驼驮子他们都抽二钱的关税，只有运来的面粉和各种粮食例外，因为按规定对这些物品不征收关税。[6] 落地税是商人购得货物到店发卖时所征的税，清朝落地税没有统一税法，由地方官随时酌收，无定例、定额。[7]

光绪年间，此项落地税分做八股，以六股津贴驻厅员弁；一股津贴

---

① 额勒和布著，芦婷婷整理，《额勒和布日记》，下册，页 465。

② 额勒和布著，芦婷婷整理，《额勒和布日记》，下册，页 549。

③ [俄]阿·马·波兹德涅耶夫著，《蒙古及蒙古人》，卷 1，页 288。

④ 《军机处录副奏折》，编号 03—7130—068，光绪二十四年十一月二十日。

⑤ 《军机处档折件》，编号 138505，光绪二十三年三月十六日。

⑥ [俄]阿·马·波兹德涅耶夫著，《蒙古及蒙古人》，卷 1，页 288。

⑦ 关于落地税，参见杨选第，《清代前期对内蒙古地区的赋役征派及其特征》，《内蒙古社会科学》，1998 年第 1 期，页 64—68。

司员；一股档案存储。户部认为此款应备平时岁修各项工程之用，有化私为官之意。[1]

(四)生息银两与商捐

生息银两是清政府筹措经费的方式之一，乌里雅苏台将军武忠额曾于道光十五年(1835)奏请将修葺乌城城垣及孳生驼只变价银19,000两，发交乌里雅苏台、科布多二处殷实商民按月一分生息，至十八年十二月共存银 20,587.5 两。但续任的将军保昌认为二处地属军营，该商民铺户俱系载运杂货前往各蒙古游牧处贸易，非内地盐商、当铺商可比，且殷实者无多，故将发商生息停止。[2] 此项银系属闲款，无庸归于正项。用于给驱逐哈萨克之喀尔喀官兵俸赏行装银两，不敷者在于乌里雅苏台库贮正款项下添补。“又查武忠额等原奏内有岁万寿宫、龙亭及四部院办公衙门，关圣大帝庙，每处拟请于生息银内发给岁修银二十两。城楼、城墙、班房、桥座岁修银八十两。银缎布匹、军器火药库、仓廒、监狱等处，每处岁修银二十两。此项岁修实与庙宇城垣仓库确有裨益，未便遽议裁撤自应另行筹拨办理，奴才等公同酌议得乌里雅苏台每年应收街市房租银二千余两，园租银二百余两，此二项银两，专备各庙香灯、官兵出差盘费，及每年冬季赏予兵丁添补柴薪等项需用。请将武忠额等奏请每年拟予各处岁修共需银二百两，请由乌里雅苏台房租园租项下动拨。”[3]乌里雅苏台实施发商生息的时间短，银两少。

乌里雅苏台商捐的数量不多，同治六年(1867)，乌里雅苏台直隶省

---

① 《军机处录副奏折》，编号 03—7130—068，光绪二十四年十一月二十日。
② 《清代内阁大库原藏明清档案》，编号 157464—001，道光十九年正月二十二日。
③ 《宫中档道光朝奏折》，编号 405002452，道光十八年十二月二十六日。

饶阳县文生员侯文奎捐 400 两、孙际隆捐 150 两、刘继昌捐 50 两，共捐 600 两。[①] 同治九年(1870)间将军福济等奏，乌城商民郝玉昭等报效毡房案内，“仿照湖北捐输米石章程成案。按例银每百两，折实银二十四两。凡内地官民在蒙古地面报效者，由户部照湖北捐米定章核奖各在案”。同治十二年(1873)，长顺奏候补防御双龄报效实银六十三两，各商民等五十名共报效实银 2,583 余两，比较捐输虚衔银数尚属相符。惟乌里雅苏台地处极边清苦异常，现值筹办防剿修筑城垣饷项维艰，自与内地大相悬殊。该商民等踊跃报效，实属急公好义，应照例章酌请奖叙。[②] 对照本章后面讨论蒙古捐输数量，乌城的商捐数量非常低，显示这些商民对捐输不甚热衷。又如同治十三年(1874)间参赞大臣托伦布修理城工，由该商等垫办工料、驼马，请给予五、六、七品顶戴，以示奖励。[③] 商人捐输赏予乘杆，杆字亦作竿，是两匹马拉的车(参见表 5—4)。[④]

表 5—4　商人捐输名册

姓名	捐银(两)	旧头衔	新头衔
李国泰	145	监生	守御所千总衔
董朝祺	145	监生	守御所千总衔
张书玉	145	监生	守御所千总衔
杨万椿	172	俊秀	准作监生给予守御所千总衔
钱国梁	70	俊秀	准作监生给予把总

① 《军机处录副奏折》，编号 03—4911—017，同治六年五月十九日。

② 《军机处档折件》，编号 112159，同治十二年十月初四日。

③ 《军机处档折件》，编号 127279，光绪朝。

④ 志锐，《张家口至乌里雅苏台竹枝词》(清宣统二年(1910)南陵徐氏刊本，傅斯年图书馆藏本)，页 3。载，车前横木长丈余以绳贯于辕辕外，二马木端置鞍上，二人跨马急驰，一时可行六十里，车轮亦用七尺长轴安于车尾，绝无倾覆颠簸之苦。

（续）

姓名	捐银（两）	旧头衔	新头衔
双龄	63	候补防御	赏给四品顶戴
黄鹤翔	120	六品顶戴	准作监生给予守御所千总衔
董朝禧、赵殿元、石昆、李德茂、郭尚德、钱宝善、柳金糖、王崇值、王瑞、刘永湜	60	俊秀	拟请给予未入流衔
吴时懋、刘承绪、秦科、赵玺	55	俊秀	拟请给予未入流衔
陈士凤、韩文金、石绮、李德彰、卢文华、刘永亮、郭瑞兰、梁麟祥、张玉琦、石珍、帅廷玉、张锦糖、刘明亮、张福真、黄朝纲、王锐、田致田、王振锡、张文进、李志魁、王铎			拟请给予未入流衔
王生辉	60		由俊秀捐
柳逢春、史垂青	50		
韩文德、崔廷瑞、张天彝、张景宁、王俊章、徐长春	30		均请移奖子弟姻亲，拟请给予未入流衔

资料来源：《军机处录副奏折》，编号03—6529—036，光绪三年八月二十四日。

清朝为挽救商业，于光绪二十九年（1903）改办统捐。乌里雅苏台将军奏称该地街市铺户不过二三十家，且半系小本营生。每年在蒙古换买的货物只有羊马皮张、蘑菇、黄油等物，必须运回内地方能销售。其持领部票前往蒙古各旗贸易者，又以一年限满即行驱回内地。既然商民每年已报效三千两，碍难办理统税。[①]

乌里雅苏台系属军营，地方人皆客居地无出产，举凡丁亩房膏各捐既已无从举办。即街市铺户亦甚寥寥，较之库伦地方繁简固已悬殊。是以一面与库伦大臣丰升阿往返函商，我辈世受国恩，允宜

① 《军机处档折件》，编号160461，光绪朝。

体念时艰各尽臣子之心，即一面出示晓谕恺切劝勉，旋据各商等呈称，小民等公同商议，情愿每年公捐银三千两，如有买卖歇废者，各铺户情愿摊出，以足三千两之数。查该商民等报捐系出乐意输将虽为数无多可为常年之计，若再劝其多捐未免失于勒令，遂拟一年即以三千两为定，由本年春季起按季交收除将各商民情愿乐输甘结存案。每年捐齐时，就近截留，乌城搭放经费。[①]

从上述祥麟日记或者孟矩所说商埠之西，菜园连亘十数里，但土地都没有清丈、厘定税则等，以至于表5—5宣统三年（1911）乌里雅苏台岁入预算中，田赋一项仅512.25两。乌城的财源相当少，所需经费主要来自蒙古人。商人垫借蒙古人公共摊派经费，换取蒙古出产的牲畜、皮毛等，商人角色将于下节讨论。

表5—5　宣统三年（1911）乌里雅苏台岁入预算表

经常门共库平银53,463.61两			
类	款	核定之数（两）	说明
第一类受协各款		48,333	本类度支部复核资政院审查均无增减
	第一款晋省常年经费等款	45,833	同上
	第二款直隶加添经费	2,500	同上
第二类田赋			同上
	第一款征收各款	512.25	同上
第三类杂收入			
	第一款扣收各款	4,618.36	同上

资料来源：陈湛绮编，《清代民国财政预算档案史料汇编》（北京：全国图书馆文献缩微复制中心，2006），第4册，页2013。

---

① 《宫中档光绪朝奏折》，编号408004366附件6，光绪三十一年十月二十五日。

三、乌里雅苏台衙门的岁出

乌里雅苏台衙门主要的支出可分为两类：一，行政费用；二，军政费用。军政费用又分成三种：(1)绥远城满营官兵口粮；(2)宣化大同两镇绿营官兵口粮；(3)蒙古王公官兵口粮。以支出的金额来说，蒙古王公官兵口粮占多数，参见表 5—6。

表 5—6　乌里雅苏台衙门官兵俸饷

官兵应支给盐菜羊价口粮	银(两)	粮(石)
乌里雅苏台科布多驻扎将军大臣官兵及跟役应支给盐菜羊价口粮	4,774.26	530.30
乌里雅苏台换防绥远城满营官兵跟役应支给盐菜羊价口粮	1,346.34	105.72
乌里雅苏台科布多驻防宣化大同两镇绿营官兵跟役应支给盐菜羊价口粮	5,723.65	2,114.06
乌里雅苏台科布多驻防并屯田喀尔喀杜尔伯特乌梁海、土尔扈特王公贝子贝勒散秩大臣札萨克头等台吉管旗章京听差台吉副都统参领佐领向导兵丁及跟役人等盐菜羊价口粮	19,088.32	2,918.25

资料来源：《内阁题本户科》，编号 02—01—04—18135—002，嘉庆三年九月二十一日。

(一)行政费用

定边左副将军一员，总理乌里雅苏台、科布多等处官兵，各部落蒙古官兵事务。参赞大臣二员，满洲一驻城内，蒙古一驻城外。内阁衙门，专管奏折报匣收发，各处文移、南西北三路台站事务。设掌戳记侍读一员、笔帖式二员、候缺笔帖式一员、委署笔帖式无定额[1]户部衙门，专管官兵俸饷、盐菜、口粮、银两、缎布、烟茶、绳屉、口袋、工程等事。设掌戳记司官一员、笔帖式一员、候缺笔帖式一员、委署笔帖式无定额。兵部衙门，专管绿营官兵、台市商民贸易、词讼刑名事务。设掌戳记司官一员、笔帖式一员、候缺笔帖式一员、委署笔帖式无定额。理藩院衙门，专管内外蒙古事件、审理命盗词讼刑名、兼管驼马牛羊四项牲畜。设掌戳记司官一员、笔帖式一员、候缺笔帖式一员、委署笔帖式无定额。将军大人衙门巡捕骁骑校三员、委署骁骑校无定额、佐领一员、骁骑校一员。[2]

1. 官员俸饷

《乌里雅苏台志略》记载，定边左副将军的年俸为 180 两，而盐菜银与驻防将军同为 1,500 两、俸米 43 石，参赞大臣的年俸为 155 两、俸米 40 石，盐菜银等同副都统为 700 两。实际上，按照《乌里雅苏台科布多官兵银粮数目清册》档案记载，乌里雅苏台的随甲称为跟役，即如八旗官兵出征时编列有跟役的名额，雍正朝月支盐菜银 0.5 两。乌里雅苏台的跟役每月支盐菜银 1 两。据陈锋的看法，跟役有部分为空额，武职的跟役盐菜银，可能超过官员月俸所得。[3] 如满洲都统 8 名、蒙古都统 6 名、满洲副都统 4 名、蒙古副都统 3 名、佐领 1 名。每随甲 1 名，月支银 3 两、米折银 1 两。[4] 乌里雅苏台的官员平时亦编跟役盐菜银。但以定边左副将军的月俸 15 两，跟役盐菜银 24 两，确实超过月俸所得。侍读没有养廉银，每月领盐菜 16 两，再加上跟役盐菜银 4 两作为补贴(参见表 5—7)。

① 佚名，《乌里雅苏台志略》，收入《内蒙古史志》，第 41 册，页 326。
② 佚名，《乌里雅苏台志略》，收入《内蒙古史志》，第 41 册，页 329—333。
③ 陈锋，《清代军费研究》，页 52—58。
④ 陈锋，《清代军费研究》，页 44—45。

表 5—7　乌城官员盐菜银等

职称	银(两)	粮(石)	马匹(匹)	跟役(名)	备注
将军	岁支盐菜银1,500	43	26	24	每名跟役每月盐菜银1两
参赞大臣	岁支盐菜银700	40	19	14	每名跟役每月盐菜银1两
侍读	月支盐菜银16	2.27	12	8	每名跟役每月盐菜银0.5两
司员	月支盐菜银14.2	1.76	9	6	每名跟役每月盐菜银0.35两，护军参领同
笔帖式	月支盐菜银6	0.756	5	2	每名跟役每月盐菜银0.17两，亲军、护军、前锋校同

资料来源:《内阁题本户科》,编号02—01—04—18135—002,嘉庆三年九月二十一日。

乌里雅苏台的官员除了月俸之外,也有马乾草料银。根据陈锋的研究,马乾草料在各地情况不一,原来支给实物料草,譬如绥远城每匹马给豆9斗、草60束,雍正以后改为折银支给。[①] 乌里雅苏台新任官员各给马匹若干,如将军给马26匹,不过升任或年满后照数缴回。道光七年(1827)上谕:“各省将军俱给有养廉惟乌里雅苏台将军只月支盐菜银两不足以昭画一,著自道光七年起每年给予养廉银一千五百两。”[②]然而,咸丰年间因内外战争乱事,文武官员薪俸减半,乌里雅苏台将军裁减薪水。同治四年(1865),乌城将军岁支养廉银2,900两、粮177.41石,又扣将军大臣一成养廉银并核减等银690两,实领2,210

① 陈锋,《清代军费研究》,页34—36。杭州领取马乾银春秋两季每领1.03—1.04两,夏秋两季领0.83—0.84两。参见拙作,《从杭州满城看清代的满汉关系》,《两岸发展史研究》,2008年第5期,页53。

② 《内阁题本户科》,编号02—01—04—20341—022,道光八年十二月十六日。

两。将军跟役 24 名,每名粮 0.18 石。[①]

2. 其他杂支

乌里雅苏台、科布多二处监禁处所灯油柴薪 20.73 两,囚犯每名日给口粮 1 升,狱卒与囚犯年需粮约 60.16 石。每年放给四部院印房营伍厅仓库监狱柴薪银两百余两、每年放给囚犯皮夹衣服银两百余两、每年放给囚犯肉银数百两、每年放给采买囚米银数百两,每遇采买铁索铐链放给价银三四十两。[②] 每年赏给囚犯皮夹衣服,每名各一套。每日赏给囚犯每名肉银 3 分、谷米 4 合。[③]

康熙五十四年(1715)唐努乌梁海成为清朝统治的一部分。唐努乌梁海地区划分为五个旗,除了库伦大喇嘛直属的喇嘛旗外,其他四旗为唐努旗、萨拉吉克旗、托锦旗和克木齐克旗。五旗设总管五人。旗下设佐领、骁骑校各五人。每佐领一百五十户,每户一丁,共一百五十丁。[④]《乌里雅苏台事宜》载,管唐努乌梁海副都统职衔一员岁支俸银 77.5 两,唐努旗、萨拉吉克旗、托锦旗和克木齐克旗总管四员各岁支俸银 65 两。[⑤]

乾隆二十三年(1758)订唐努乌梁海贡赋,每贡户的贡赋额为貂皮三张。和托辉特之特斯、奇木、托济、锡尔克腾等四部乌梁海,共十六鄂拓克,一千一百余户。内五百余户,尚能交纳贡赋,余皆无力。当时制定用貂皮做计算兽皮的标准单位。折算比例:猞猁狲、水獭、豹皮每张

---

① 《内阁题本户科》,编号 02—01—04—21877—004,同治八年十一月二十九日。

② 佚名,《乌里雅苏台事宜》,收入《清代兵事典籍档册汇览》,第 17 册,页 15—16。

③ 佚名,《乌里雅苏台事宜》,收入《清代兵事典籍档册汇览》,第 17 册,页 18。此谷米是从新疆古城采买。

④ 昆冈等奉敕修,《大清会典事例》,册 10,卷 977,页 11161。康右铭,《清代的唐努乌梁海》,《世界历史》,1988 年第 5 期,页 116—122。

⑤ 佚名,《乌里雅苏台事宜》,收入《清代兵事典籍档册汇览》,第 17 册,页 15。

抵貂皮三张，狐皮、狼皮、沙狐皮、扫雪皮每两张抵貂皮一张。灰鼠皮每四十张抵貂皮一张。[①] 乌梁海总管交纳貂皮时，必须呈递应交皮张户口造具蒙字名册。据乌里雅苏台将军奏称，唐努乌梁海总管到乌里雅苏台呈递贡皮，并将应交皮张户口造具蒙字名册呈递前来。将军当堂点验，遵照额数收齐，照理折放赏项。然后装箱封固粘贴印花，拣派员外郎善贵督带弁兵，由驿护送交纳。[②]

嘉庆二年(1797)，定边左副将军图桑阿参奏参赞大臣额勒春牟利营私各款。事因乌梁海进贡马到乌里雅苏台，额勒春令家人向索马四十匹，伊即挑存二十匹。又勒索羊一百只，乌梁海只应付五十只，额勒春贪鄙已极实难宽宥。向来派往各路大臣于所管部落尚多有备带赏需散给者，岂有转向所部等人勒索之理，大失满洲大臣颜面。[③] 实际上，乌梁海的总管到乌城进贡时，常给将军、参赞大臣递送哈达、毛皮、马匹、羊只等，不胜枚举，在《额勒和布日记》、祥麟撰《乌里雅苏台行程纪事》、《乌里雅苏台日记(不分卷)》中随处可见，商人到乌梁海经商也屡见不鲜，笔者已有相关研究。[④]

清朝的贡貂和奖赏可用银两换算，乌里雅苏台所属唐努乌梁海五旗，科布多所属的阿勒台乌梁海、阿勒坦淖尔乌梁海二地。每年进貂皮折赏彭缎，按进贡貂皮 10 张给彭缎 1 匹，彭缎例价银 2.84 两。若无缎，每缎一匹折布八匹，一匹布等于 0.355 两。貂皮不足 10 张，

---

① 樊明方，《从唐努乌梁海进贡貂皮看清政府对唐努乌梁海的管辖》，《中国边疆史地研究》，1993 年第 4 期，页 28—31；《清朝对唐努乌梁海地区的管辖》，《中国边疆史地研究》，1996 年第 2 期，页 42—59。

② 台北故宫博物院藏，《宫中档光绪朝奏折》，编号 408004262，光绪二十六年九月二十一日。该年因庚子之乱，交纳于山西太原府行在。

③ 《乾隆朝满文寄信档译编》，第 3 册，页 497。

④ 参见拙作，《清代乌梁海的贡貂与商贸活动》，《吉林师范大学学报》，2019 年第 4 期，页 9—17。

每张给布 2 匹。由塔尔巴哈台领解存库之布匹以备赏。[①] 咸丰四年(1854)七月间，据乌里雅苏台将军扎拉芬泰具奏，因库存缎匹无多，现值军务未竣道路梗塞，各省应解物件诚恐弗克照常依期解京，部库乏存。议将应支放缎三匹者，改抵赏马一匹。查彭缎例价银 2.84 两，以马例价银 8 两，按数核算亦属轻重相等。是以奏准咨行科布多一律照办等因前来。查阿勒坦淖尔乌梁海及阿勒台乌梁海二处，每年进贡貂皮数在五六十张、一二百张不等，按貂皮十张给缎一匹，但数至赏三匹缎者折马一匹。除抵马之外零给布匹无多。据办理蒙古事务处章京等面禀交纳貂皮蒙古人等，似有不愿领马之意。再查交纳貂皮每户二张至十五户共交三十张，应领折马一匹。惟马系蒙古地土出产之物，例价虽系银 8 两，市价私购价银不过数两。户多马少不敷均分，此系实在情形。[②]

嘉庆二年(1797)，乌梁海进贡皮张各户，赏小彭缎 163 匹、蓝布 902 匹。彭缎折银 462.92 两，蓝布 320.21 两，共银 783.13 两。贡貂皮 4,144 张，按内务府变价每张 0.9 两，共 3,729.6 两，报酬约 21%。到咸丰年间，清朝实施减俸制度，赏赐银两更少。同治四年(1865)，唐努乌梁海每年额进貂皮，赏小彭缎 85 匹，每 3 匹折马 1 匹，共折赏马 28 匹。折赏布 1,106 匹，每匹价银 0.33 两，共银 364.98 两，核减两成共 291.98 两。[③] 同治年间的赏赐和嘉庆朝相比只剩了 37.28%。《乌里雅苏台事宜》载，乌里雅苏台的房租银用于制造进贡貂皮木箱银 18 两、布 24 匹。又，支放官兵出差行装银 1,000 余两，其中官领银 12 两、兵领银 8 两。[④]

---

① 《宫中档咸丰朝奏折》，编号 406008491，咸丰六年七月十七日。

② 《宫中档咸丰朝奏折》，编号 406008491，咸丰六年七月十七日。

③ 《内阁题本户科》，编号 02—01—04—21877—004，同治八年十一月二十九日。

④ 佚名，《乌里雅苏台事宜》，收入《清代兵事典籍档册汇览》，第 17 册，页 18—20。

波兹德涅耶夫看到向北京朝廷运送贡物的庞大运输队，蒙古向朝廷贡献八匹白马和一峰白骆驼，以示对朝廷的依附。运送这些白畜时，总是用一支浩大的运输队，因为送到北京的远不止九只白畜，总是要外加一百多只各种毛色的牲畜。蒙古王公总要趁机多运一些马匹，馈赠他在北京的亲友、同僚等。① 祥麟在日记中毫不隐晦地道出他赠送朝中王公、政要诸对象和马匹数量，以至于任职乌里雅苏台参赞大臣之后就升为察哈尔都统。

乌里雅苏台土产哈达果，其形似小葡萄，紫色味酸、性热。每年立秋节前派委蒙古丁兵采收，交绿营匠役敬谨造成果丹，于八月内进呈二匣。② 每年支放做装果丹木匣银 8 余两。

祭祀费用。每年支放致祭关帝、雪山香烛银共 5 两，又祭雪山需用小黄缎 1 匹、红缎 2 匹。每年支放各庙香灯银 36 两。乌里雅苏台致祭病故公二员羊酒价银 8.12 两。其他办公费用，如每年支放采买奏折纸张银 19 两、每年支放满营候缺委署官员绿营兵丁柴薪每名 3 两，计银 800 余两。每年支放官兵出差行装官领银 12 两，兵领银 8 两，计银 1,000余两，以上岁支共银 1,900 余两。③ 乌城有许多寺庙，额勒和布刚到时，“赴东门关帝庙内恭拜龙牌佩刀，行三跪九叩礼。毕，在火神、关帝、马王前上香行礼，后至南菩萨庙上香行礼。进署。拜仪门，上香，

---

① ［俄］阿·马·波兹德涅耶夫著，《蒙古及蒙古人》，卷 1，页 204—205。

② 佚名，《乌里雅苏台事宜》，收入《清代兵事典籍档册汇览》，第 17 册，页 38。

③ 佚名，《乌里雅苏台事宜》，收入《清代兵事典籍档册汇览》，第 17 册，页 18—20。官兵出差如每年派员赴京领取纸笔之便采买黄白奏折、每遇祭祀牺牲牛只不敷奏请派员采买、每年春秋二季派员赴古城采买米面一千六百口袋。将军以下至绿营兵丁分别支领价银扣缴、每遇代烟不敷派员赴古城采买，每次采买五千包、每年由古城采买谷米数十石以备支放囚粮、每遇驼屉、驼绳不敷，行文四部落制造照例发价，每次造数千副，每遇铁索铸链不敷由张家口采买，参见页 21—22。

行一跪三叩礼。后进内,至灶君前、仙人堂上香行礼。”[①]在这些寺庙上香行礼没有编祭祀的费用。

光绪元年(1875)六月初四日祭祀雪山,祭所在城东南四十里许,系向东南望祭,供牛一头、羊二只,上香读祝。初六日供祭园神,贡献羊只。[②] 蒙古人重要的节日为祭敖包或称鄂博,额勒和布于光绪元年六月十七日坐驾杆车,恭祀鄂博。祭处距城约六七十里,至大山下,乘马上山顶。阿敦章盖西呢音等备有毡房,尚属洁净。内设奶皮、奶腐等物一盘,点心四碟,奶糊、马奶子各一桶,外有马奶子十余皮袋。在毡房内略歇,即诣鄂博前上香,行一跪三叩首礼。西呢音等供设羊只、奶腐等物,上香时两旁有喇嘛二三十名念经。祭毕,西呢音等递哈达及奶酒、马奶子。后备有蒙古三名弹琵琶,拉胡琴,打洋琴唱曲。唱毕,备有二十四名蒙古掼跤,每对胜者赴鄂博前行礼,后至毡房前行礼。[③]

祥麟日记提到:“光绪十五年(1887)正月二十五日与八月二十八日,致祭关帝牛只,札饬吉厦转饬遵办。”[④]乌城的商铺二月初方开市,埠之东口有关帝庙。每年正月,必演剧十数日。祥麟日记载到关帝庙拈香观剧派演北天门、善宝庄二出,奖赏该社及优伶大茶八块。关帝庙拈香为公悬“德冠古今”匾行礼,观绿营社赛神戏,派演竹影计、泗洲城二出,赏犒如前。并奖赏随行巡捕郭什哈等粽子数十枚。[⑤]

---

① 额勒和布著,芦婷婷整理,《额勒和布日记》,下册,页430—431。

② 额勒和布著,芦婷婷整理,《额勒和布日记》,下册,页454。

③ 额勒和布著,芦婷婷整理,《额勒和布日记》,下册,页455—456。

④ 祥麟,《乌里雅苏台日记(不分卷)》,收入清写本史传记十七册一函,编号MO—1631,史450,页3723—3724、4071。

⑤ 祥麟,《乌里雅苏台日记(不分卷)》,收入清写本史传记十七册一函,编号MO—1631,史450,页3921、3926。

表 5—8　乌城衙门的杂费

杂支项目	绸缎（匹）	马(匹)	蓝布（匹）	砖茶（块）	烟（包）
赏给运粮蒙古兵丁烟					960
赏收获哈萨克马匹官兵	2			10 块 20 包	
赏拿获贼犯之杜尔伯特小彭缎	2				
赏孳生马厩经牧官	3		20	40	90
成做包袱用蓝布			24		
成做奏折用包袱需用小黄彭缎	1				

资料来源:《内阁题本户科》,编号 02—01—04—18135—002,嘉庆三年九月二十一日。

(二)军政费用

1. 满洲驻防官兵薪饷

满营换防溯自乾隆二十七年(1762)间,大兵告辙时截留绥远城满营官兵 50 员,名办事当差作为换防戍守。每届三年更换一次。嗣因或有差使勤慎人才出众,或有通晓蒙语熟悉边情办事勤能者,随时分别酌保主事职衔、笔帖式、额外骁骑校照例留驻年满更换,其升阶已于官制内叙明。如有年满应换者,由绥远城按名派兵充补,仍派佐领一员、骁骑校一员带领来戍以补原额。[1] 乌里雅苏台驻防兵丁和八旗驻防不同,是此地的兵丁不携带家口,故无家口粮。[2] 另给羊价,还有跟役的钱粮(参见表5—9)。

---

① 佚名,《乌里雅苏台事宜》,收入《清代兵事典籍档册汇览》,第 17 册,页 28—29。

② 陈锋研究驻防八旗兵丁赏给一定数量的家口月粮。参见陈锋,《清代军费研究》,页 36—38。

表 5—9　满洲驻防官兵盐菜银

名称	银(两)	粮(石)	马匹(匹)	跟役(名)	备注
乌里雅苏台换防绥远城满营官兵跟役应支给盐菜羊价口粮	1,346.34	105.72			每年总数
绥远城佐领月支盐菜银	4.00	0.25		4	跟役每名月给盐菜银0.5两、米0.1石、羊价0.5两
骁骑校月支盐菜银	2.00	0.25		2	
兵丁盐菜银	1.50	0.17			
兵丁每名月给羊价	0.70				

资料来源:《内阁题本户科》,编号02—01—04—18135—002,嘉庆三年九月二十一日。

2. 绿营驻防官兵薪饷

绿营换防溯自乾隆二十九年(1764)间,因创建城垣,由宣化、大同二镇提调官员兵匠100名。工竣后,将该官兵全数留驻作为换防当差,每届五年更换一次。嗣因该兵内有年满留驻者,或由该营调补,或经本处招募,陆续增至一百数十名。迨至嘉庆五年(1800)间因不敷差遣,又由该二处添调马步兵80名。统计现在守备、千总、把总、经制外委十三员。额外外委、马步、守兵264四名。续于道光十年(1830)间,因换班留驻弁兵过多经直隶总督奏请,明定限制曾经前任将军奏明每届换班时兵丁准留一半,即有再行留驻者,把总外委每项不得过三人、兵不得过十人,均不得过两班以符定制。并奏明每届保举之年,马兵内只准保举外委六员,不得越保。把总实缺外委内,准保把总一员以示限制。[①]

嘉庆二年(1797),乌里雅苏台科布多驻防宣化大同两镇绿营官兵

① 佚名,《乌里雅苏台事宜》,收入《清代兵事典籍档册汇览》,第17册,页30—32。

跟役应支给盐菜羊价口粮，共银 5,723.65 两、粮 2,114.06 石。具体的内容参见表 5—10。

表 5—10　嘉庆二年(1797)绿营官兵盐菜银

名称	银(两)	粮(石)	马匹(匹)	跟役(名)	备注
宣化镇绿营参将月支盐菜银	4.20			6	跟役每名月给盐菜银 0.5 两、米 0.1 石
守备月支盐菜银	2.40			4	同上
千总月支盐菜银	1.70			2	同上
把总月支盐菜银	1.20			2	同上
外委月支盐菜银	0.90			1	同上
兵丁盐菜银	0.90			1	同上

资料来源:《内阁题本户科》，编号 02—01—04—18135—002，嘉庆三年九月二十一日。

3. 蒙古驻防官兵薪饷

乌里雅苏台、科布多驻防，并屯田、喀尔喀杜尔伯特、乌梁海、土尔扈特王公、贝子、贝勒、散秩大臣、札萨克、头等台吉、管旗章京、听差台吉、副都统、参领、佐领、向导兵丁及跟役人等，盐菜、羊价共银 19,088.32两，口粮 2,918.25 石。

城外驻班蒙古副将军一员，札萨克四每部落各一、协理台吉四、梅楞札兰五(参领)、听差台吉一。管理官厂驼马牛札萨克一、协理台吉一、章京兵丁无定额。以上各官等均系按四季更换。向道兵 24 名、巡逻兵 200 名，分别各处差务。台吉一、章京一、昆都(骁骑校)一领之。[①] 各部在乌

① ［俄］阿·马·波兹德涅耶夫著，《蒙古及蒙古人》，卷 1，页 273。从乌里雅苏台城门向乌里雅苏台商业区走去，可以看到处处都是三五成群的蒙古包，这就是蒙古人的一个个中心管理机构。蒙古参赞衙门在乌里雅苏台有三组蒙古包，名叫“郭尔本－艾马根－吉夏”，即土谢图汗部、三音诺颜部及札萨克图汗部轮值衙署。这三“吉沙”或称为“吉厦”为衙署之意，蒙古驻班将军俗称吉夏将军。

里雅苏台都有自己政权的常驻代表，主要是为了处理各自部里的人在乌里雅苏台发生的案件。

乾隆五十六年(1791)十月十八日奉上谕："据恒瑞奏，科布多屯田器具，每年即于彼处，多招数名工匠铸造使用；至口袋、绳、筛子、簸箕等物采买所需之二三百银两，拟自乌里雅苏台、科布多两处每年所收房租内支用等语。屯田所需农具，于彼处办理，又有何难？此皆恒瑞等平常习惯由内地调用，畏难图省事而已。果真难办，接奉朕屡次降旨后，又何以能办耶？此事即照恒瑞等所奏办理。"[①]

表 5—11　嘉庆二年(1797)蒙古王公台吉兵丁盐菜银

名称	银(两)	粮(石)	马匹(匹)	跟役(名)	备注
喀尔喀亲王及副将军各月支盐菜银	6.00			12	跟役每名月给盐菜银 0.5 两、羊价 0.5 两
札萨克公头等台吉月支盐菜银	3.00			6	同上
协理台吉月支盐菜银	3.00			5	同上
管旗章京月支盐菜银	2.10			4	同上
听差台吉月支盐菜银	2.00			3	同上
骁骑校月支盐菜银	1.25			1	同上
向导兵丁月支盐菜银	1.50				跟役每名月给盐菜银 1.5 两、羊价 1.5 两

① 中国第一历史档案馆编，《乾隆朝满文寄信档译编》，第 23 册，页 364—365。

（续）

名称	银（两）	粮（石）	马匹（匹）	跟役（名）	备注
向导兵丁月支羊价	1.50				跟役每名月给盐菜银 1.5 两、羊价 1.5 两
驻防兵丁盐菜银	1.50				每两名兵丁合给跟役 1 名每名月给盐菜银 0.5 两、米 0.1 石、羊价 0.5 两
兵丁每名月给羊价	0.70				
兵丁每名月给米		0.17			
科布多驻班杜尔伯特土尔扈特王月支盐菜银跟役 12 名	6.00			12	跟役每名月给盐菜银 0.5 两、米 0.1 石、羊价 0.5 两
贝勒月支盐菜银	5.00			10	同上
贝子月支盐菜银	4.50			8	同上
乌梁海散秩大臣副都统各支给盐菜银	4.50			6	同上
札萨克公月支盐菜银	3.60			6	同上
头等台吉协理台吉月支盐菜银	3.00			5	同上
管旗章京月支盐菜银	2.10			4	同上
听差台吉月支盐菜银	2.00			3	同上
参领月支盐菜银	2.00			3	同上
佐领月支盐菜银	1.80			2	同上
王公官员每名月支口粮米		0.12			

（续）

名称	银（两）	粮（石）	马匹（匹）	跟役（名）	备注
额鲁特明安特扎哈沁兵丁各月支盐菜银	1.50				两名兵丁合给跟役1名每名月给盐菜银0.5两、米0.1石、羊价0.5两
兵丁每名月给羊价	0.70				
兵丁每名月给米		0.17			
屯田绿营兵丁月支盐菜银	0.90	0.25			

资料来源:《内阁题本户科》,编号02—01—04—18135—002,嘉庆三年九月二十一日。

4. 各路台站官兵薪饷

定边左副将军管理驿站共39站,设章京2员、骁骑校2员。喀尔喀台吉4员、章京38员、骁骑校29员,额兵共412人,马1,163匹,驼430只。[①] 嘉庆三年(1798),乌里雅苏台科布多等处管理各路台站卡伦官兵跟役人等,盐菜羊价口粮共银37,849.50两、粮2,547.45石(参见表5—12)。

表5—12 台站、卡伦官兵盐菜银

名称	银（两）	粮（石）	马匹（匹）	跟役（名）	备注
津济里克九台					
库伦十四台					
乌里雅苏台十四台并二十三台卡伦					

① 李毓澍,《定边左副将军制度考》,收入氏著,《外蒙政教制度考》,页61—64。

（续）

名称	银（两）	粮（石）	马匹（匹）	跟役（名）	备注
台吉月支盐菜银口粮	4.00	0.25		5	跟役每名月给盐菜银 0.5 两、米 0.1 石、羊价 0.5 两
参领月支盐菜银跟役 3 名	2.00	0.12		3	同上
新设库伦卡伦十一台照十四台官兵减半支给					
台吉月支盐菜银口粮	2.00	0.13		5	跟役每名月给盐菜银 0.25 两、米 0.05 石、羊价 0.25 两
参领月支盐菜银	1.00	0.06		3	同上
兵丁每名月给盐菜银、羊价	1.05	0.05			

资料来源:《内阁题本户科》,《乌里雅苏台科布多官兵银粮数目清册》,编号 02—01—04—18135—002,嘉庆三年九月二十一日。

清朝政府只给台站官兵的盐菜银,至于台站给过往官员的饭食则由蒙古人均摊,宝音朝克图利用《喀尔喀四部摊派各类差役档》,探讨同治年间莫敦至库图勒多伦三台站差务,由哲布尊丹巴呼图克图的沙毕与四部轮流遣派弁兵。四部每台配备马 8 匹、骆驼 34 峰、羊 16 只、驿丁 30 人、章京 3 员。沙毕每台配备马 26 匹、骆驼 14 峰、羊 20 只、驿丁 4 人。原来清朝政府规定哲布尊丹巴呼图克图的沙毕免除差役,实际上沙毕也得负担骑驼、马匹以及食用的羊只。① 关于蒙古人负担台站之差役,波兹德涅耶夫提到:"我们到达沙尔噶勒卓特驿时,驿站正处于

① 宝音朝克图,《清朝对漠北喀尔喀统治政策的失误及其影响——以兵役制度为中心》,《云南师范大学学报(哲学社会科学版)》,2018 年第 50 卷第 3 期,页 8—15。

群龙无首的状况之中:既没有章京,也没有昆都(骁骑校),只有一个倒楣的拨什库(领催)在忙得团团乱转。这种一团糟的局面之所以产生,是因为护送伊犁将军进贡的白畜到北京去的官员的车队正停在这里。为了用最好的牲畜把车队拉到下一站,章京和昆都都跑到附近的几个村子里,亲自为车队挑选骆驼去了。只剩下一个拨什库在东奔西跑地侍候中国人;一见我来到这里,他就赶紧忙着给我准备车马,也许这是因为怕我也留在这里过夜,为他招来更多的麻烦。"①

孟矩《乌城回忆录》记载蒙古台站例给饭食,每日晚间宿于某站,即由某站供给。非宿之站,不供给也。乘用站马,必须持有蒙古官署驿票,票面载明,马需若干,每日给肉若干,不写给肉,不供给也。每日供食,例一羊腿,此一人之食。汉人乘用站马,至少每人需三匹马、一马夫。自骑马一、马夫骑一、驮食物马一。蒙人乘驿马,票面写明给食。只需马二、马夫一。自骑一马、一马夫骑前引路足矣。②

5. 孳生驼马厂牧厂官兵薪饷

定边左副将军策凌奏,乾隆五年(1740)至六年(1741)乌里雅苏台旧存驼 27,278 匹、骟马 32,007 匹、骒马 2,362 匹、菜马 12,165 匹、绵羊 38,847 只、山羊 55,983 只、牛 1,759 头、骡 6 头。③ 乾隆三十三年(1768),定边左副将军成衮扎布奏报乌里雅苏台乾隆二十四年(1759)、乾隆三十二年(1767)、乾隆三十三年驼马羊厂牧厂牲畜数量(参见表5—13)。乾隆五十二年(1787)管理官厂牧放的骟马1,682匹、骟驼 887只、犍牛 339 头。四部落牧放实在滋生大小羊27,200只。参赞大臣盟

① [俄]阿·马·波兹德涅耶夫著,《蒙古及蒙古人》,卷 1,页 218。

② 孟矩,《乌城回忆录》,收入《中国边疆行纪调查记报告书等边务资料丛编(初编)》,第 22 册,页 357。

③ 《内阁题本户科》,《乌里雅苏台科布多官兵银粮数目清册》,编号 02—01—04—13070—005,乾隆三年三月初七日。

长札萨克多罗郡王三丕尔多尔济处，牧放实在大小儿骡骟马 1,324 匹。札萨克固山贝子滇沁兰丕尔处，牧放实在大小儿骡骟马 8,306 只。科布多官厂牧放，实在骟马 1,764 匹、骟驼 188 只、毽牛 245 头、羊 114 只。[①]

表 5—13　乾隆年间乌里雅苏台的牧厂和牲畜数量

	乾隆二十四年	乾隆三十二年	乾隆三十三年
骟马、儿马、骒马	5,202 匹	2,926 匹	2,134 匹
马厂	10 厂	6 厂	4 厂
驼	1,108 只	3,302 只	2,880 匹
驼厂	3 厂	11 厂	9.5 厂
牛只	3,225 只	298 只	284 只
牛厂	6 厂	半厂	半厂
羊只	24,757 只	10,557 只	10,030 只
羊厂	24 厂	11 厂	10 厂

资料来源:《军机处满文录副奏折》,编号 03—2308—002,乾隆三十三年十二月三十日。

整体来说，牲畜数量有下降的趋势，主要原因是清朝把畜牧的工作转移到蒙古人的身上。嘉庆二年(1797)，乌里雅苏台科布多等处管理牧厂札萨克头等台吉、协理台吉、管旗章京、参领、兵丁及跟役人等盐菜羊价口粮，仅支出银 6,214.01 两。[②]

《乌里雅苏台事宜》载，原设孳生驼厂六岁口骒驼 5,000 余只、儿驼 2,000 余只，由蒙古王公内钦派二员专管，牧驼官兵自行酌派(无定额)。每驼 10 只一年例取孳生 2 只。其大小驼每 100 只一年例准倒毙

① 《清代内阁大库原藏明清档案》,编号 172341—001,乾隆五十三年五月十六日。
② 《内阁题本户科》,编号 02—01—04—18135—002,嘉庆三年九月二十一日。

4 只,委员查阅均齐例同马厂。[1] 原设孳生羊厂母羊 28,000 只,交四部落牧放。例不查阅,亦无倒毙。每年取孳 4,800 只。放给满汉官兵羊 1,400 只、蒙古官兵羊 1,000 只、南二十台官兵羊 1,200 只、库伦十四台官兵羊 1,000 只,又放给南二十台羊 200 只。以充应付差使。[2] 道光七年(1827)定边左副将军奏报,官厂牧放马 715 匹、驼 864 只、牛 29 头。喀尔喀官群孳生马 2,236 匹、喀尔喀官群驼6,316只、喀尔喀官群羊 29,000 只。[3] 显然喀尔喀官牧厂的牲畜数量远多于乌城衙门的官牧厂。

波兹德涅耶夫记载,清朝在蒙古的牧厂,从套里木驿站北面的额母图诺尔井开始,直到戈壁土谢公旗的南界,都是牧放喀尔喀官家畜群的牧厂,由畜群管理处管理。这里的畜群有土谢图汗部上缴的骗马 52 匹、骆驼 187 峰、牛 51 头、羊 1,112 只;车臣汗部上缴的骗马 58 匹、牡马与牝马 43 匹、骆驼 56 峰、牛 46 头、羊 609 只——大小牲畜共约 3,500只。这些牲畜因饲草不足,从不合在一起放牧,而是按 200 只、300 只,最多 500 只分成许多群放牧。[4]

蒙古四盟官牧厂负担满汉官兵、绿营官兵以及台站的羊只,至同治十二年(1873)间乌城将军长顺等奏,各路台站差徭络绎蒙古困苦,请将四盟孳生厂分给满汉官兵羊只,酌量各台差徭轻重改给各台应用,其余羊只留备赏需。至每岁应给满汉官兵羊 1,400 余只,按照例价每只折银八钱,由经费项下支发。然,车盟每年孳生羊只仅敷库伦恰克图各路台站之用。其图札三等三盟每年孳生羊只除照依加添额数分放各台,

---

① 佚名,《乌里雅苏台事宜》,收入《清代兵事典籍档册汇览》,第 17 册,页 41—42。
② 佚名,《乌里雅苏台事宜》,收入《清代兵事典籍档册汇览》,第 17 册,页 42—43。
③ 《内阁题本户科》,编号 02—01—04—20341—022,道光八年十二月十六日。
④ [俄]阿·马·波兹德涅耶夫著,《蒙古及蒙古人》,卷 1,页 176—177。

及巡逻蒙兵外按册句稽，自去年起至本年止共余存羊735只。[①] 该奏折说明四盟官牧厂的羊只无法供给乌城官兵、台站使用，才会衍生蒙古向大盛魁商号借贷问题。

《额勒和布日记》提到喀尔喀蒙古四盟买驼只，光绪元年(1875)四月二十四日“赴辕门，验看札盟呈交所买驼只”。五月二十三日“验看采买三音诺颜部落驼只”。六月初三日“验看车、三两盟所买驼只”。六月初七日，验看三盟所买驼只。六月十三日验看三盟所买驼只。十月二十五日，阿育尔公禀见“当谕其迅速差人赴札盟盟长处催驼，一面在城招雇驼只，一面与三盟运粮之官商办接理”。光绪二年(1876)五月初四日车王差那逊来回采买米面驼只等事。[②] 蒙古札萨克盟、三音诺颜盟负责买驼只，没有注明数量。

表5—14　宣统三年(1911)乌里雅苏台衙门岁出

类	款	核定之数（两）	说明
第一类行政总费		13,394.93	本类度支部复核资政院审查均无增减
	第一款将军参赞俸廉	3,800.13	应即以原预算之数为准
	第二款各署司员等俸饷杂支	5,267.53	同上
	第三款采办成做等费	55.58	此款原册列为额支杂费，应改列此类即以原预算之数为准
	第四款行装津贴折赏等费	2,167.65	此款原册列为活支杂费，应改列此类即以原预算之数为准

① 《宫中朱批奏折·财政类》，编号1087—085，光绪朝。

② 额勒和布著，芦婷婷整理，《额勒和布日记》，下册，页450—455、470、535。

（续）

类	款	核定之数（两）	说明
	第五款置办购买等费	2,104.04	同上
第二类交涉费		1,454.65	本类度支部复核资政院审查均无增减
	第一款俄商局司员等饷银杂支	1,454.65	应即以原预算之数为准
第三类典礼费		53	本类度支部复核资政院审查均无增减
	第一款致祭各庙香烛	53	应即以原预算之数为准
第四类军政费		15,114.85	本类原预算 36,637.9 两，度支部复核无增减，资政院修正减银 22,523.05 两
	第一款满营官兵等饷银	4,108.85	本款度支部复核资政审查均无增减，应以原预算之数为准
	第二款绿营官兵等饷银	全裁	本款原预算 9,977.05 两，度支部复核无增减，资政院修正援照浙江案全裁
	第三款蒙古官兵等饷银	7,958	本款度支部复核资政审查均无增减，应以原预算之数为准
	第四款各路台站官兵等饷银	全裁	本款原预算11,784两，度支部复核无增减，资政院修正全裁
	第五款孳生驼马厂牧厂官兵等饷银	3,048	此款原预算 3,810 两，度支部复核无增减，资政院修正减银 762 两，应即以资政院修正之数为准
第五类工程费		443.55	
	第一款各处岁修费	443.55	应即以原预算之数为准

资料来源：陈湛绮编，《清代民国财政预算档案史料汇编》，第 4 册，页 2019—2020。

乌城在同治年间财政困窘，额勒和布初任定边左副将军时，于同治十三年（1874）的日记载："据户部章京兴昌声称，库内现存正项银两及军需款项均不敷本月开放等语。查此二款虽经果亭（杜嘎尔）等于九月间奏催，惟迄今尚未接准户部咨复，库储空空，实属无徒措手。当论其详细核算，均先行开放半月口分。一面派员赶紧驰赴京部请领，虽缓不济急，究强于坐困耳。"[①]诚不知该城官员所司何事。

光绪元年（1875）六月十一日，未刻，兴昌、吉祥禀见，呈回经费银两不敷支放，请借用驼价银五千两。[②] 光绪二年（1876）二月初十日，未后，吉祥、瑞林禀见。呈回正项不敷开放，请借用军需银两。[③]

四、乌城官员的弊端

（一）挟带商货

乌里雅苏台驻防官兵和蒙古人，大约二千余人。乌城居民仰赖一千多位汉人来贸易。商人领部票的来此贸易，在咸丰年间以后除了正税外，还有部票尚缴纳厘金，所以委由递送公文的差役挟带商货。晚清蒙古台站出现各种弊端，其中之一为官员赴任时挟带商货，增加台站负担。本小节讨论光绪十五年（1887）托克湍案件与光绪二十四年（1898）贵恒案件，说明官员挟带商货实情。

乌里雅苏台将军由张家口到乌里雅苏台共经六十四台站，前四十

---

① 额勒和布著，芦婷婷整理，《额勒和布日记》，下册，页 433。
② 额勒和布著，芦婷婷整理，《额勒和布日记》，下册，页 445。
③ 额勒和布著，芦婷婷整理，《额勒和布日记》，下册，页 482。

四台属于察哈尔都统衙门管辖，后二十台即喀尔喀站归乌里雅苏台将军管辖。托克湍赴任时，准兵部勘合内称骑马十匹、色马四匹、引马二匹。又准兵部又称将军托克湍携眷赴任当给车七辆，自张家口起至乌里雅苏台计程 3,840 里，应折银 239 余两。由万全县支给，并无传给骆驼。将军大臣赴任不过传用骆驼三四十只。间有用至五六十驼者，均视行李多寡为定。①

托克湍赴任乌里雅苏台将军前，驻张家口月余方起程赴任，念跟人甚苦准揽商货，收取脚价由台站支差驮运，其代将军揽到兴隆和铺货驮 29 个，其中将军家人 5 个，每个脚价 14 千文，共交制钱 406 千文。除将军赏家人 5 名每名 7 千文共 35 千文外，其余 371 千文将军收用。伊合陈玉山、周万邦、曹富、玉连魁、雷英、马献吉、刘万宝、褚廷魁、张贵、何兆明揽到兴隆和货驮 17 个，每个脚价 14 千文。义盛德货驮 4.5 个，每个脚价 16 千文。共揽货驮 21.5 个，收制钱 310 文，交其与陈玉山等 11 人分用。每人分得制钱 28 千余文。

又有褚润、李献廷、马兆瑞、姚喜、夏玉焦、金宝玉、春魁、刘福永、田玉喜、李成林、郭振雄、常林、申存仁、薛振贵、马喜林、李生枝、杨金仁、杨万金、赵宽揽到义盛德铺货驮 19 个，每个脚价 16 千文，共收制钱 304 千文。褚润等 19 人分用，每人分得制钱 16 千文，计将军及该革弁等共揽货驮 19.5 个。行出头台沿途传用驼驮 88 只，除将军衣装食品及随人分搭行李用驼 18.5 个外，余俱驮载所揽兴隆和、义盛德两铺烟茶各货。

提讯兴隆和铺民王仲纲、义盛德铺民赵荣。据供："去年正月有官

① 祥麟日记载，光绪十五年四月初四日奉旨："乌里雅苏台将军员缺，着托克湍补授照例驰驿前往。"祥麟，《乌里雅苏台日记(不分卷)》，收入清写本史传记十七册一函，编号 MO—1631，史 450，页 3921。

差吉通等向伊两铺揽运乌城杂货。”兴隆和计发红茶210箱、砖茶130箱，用驮46个。每个脚价14千文。义盛德计出砖茶93箱、红茶8箱、红烟8箱，用驮23个。每个脚价16千文。经传讯实非积惯偷漏，除红烟曾经完税外，所有偷漏茶箱均愿补缴正厘认罚十倍。[1] 兴隆和、义盛德两家商号因涉及托克湍案件，被罚银1,460.8两。[2]

光绪二十四年(1898)，志锐、那木济勒端多布奏，前任乌里雅苏台将军贵恒到任之始，即为商铺由口(张家口)，挟带私人货物。家丁耿忠一路乘坐驾杆车，到城之日人言啧啧。志锐等因无禀报实据未便究办，曾将沿路生事之商人尹姓勒令驱逐，以息群议。查将军贵恒忠厚有余，于其家人信之有素，该家丁有恃无恐仍然擅作威福。贵恒告病回京，起身时自传行李驼45只、随身驼10只，已溢例额。志锐等因其年老畏寒多载柴薪事所常有，不意该家丁于此之外又多传至30余只，前后共80余只。并又挟带冒充家丁私人6名、货物18驮，仍然乘坐驾杆行走。蒙人啧有烦言。据南二十台纷纷呈报苦累该家丁，并有勒索规礼情事。传到铺户询问亦据结称挟带商人货物属实。现均为之复算前后共传廪羊四只半，除去食用，前五台每台折银六两。后十五台每台折银总在九两，共折收羊价银165两。勒索规礼银82两，二共247两。至私人货物脚价据铺户结称此间未能议定，必系到京再为结算，否则断无自冒不韪甘为商铺徒劳运送之理。查台站骚扰例禁甚严，托克湍前事可征，实足为大臣之戒。

况本年戈壁遭灾已经祥麟查实奏请分拨驼马已图补救见之邸报，尽人皆知。今该将军所传之数较托克湍有过之无不及，遭灾台

---

① 《宫中档朱批奏折》，编号04—01—01—0983—039，光绪十七年六月十五日。
② 《宫中朱批奏折·财政类》，编号0568—055，光绪十七年九月二十八日。

站雇觅维艰，曷能禁此赔累？奴才等既有管台之责偶有迟误必照例惩办不贷。今据各台求诉若复隐忍不言，既无以服蒙众之心，又不免蹈循隐之咎惟有据实陈奏请旨。将贵恒之家丁耿忠，暨通晓蒙语之家丁唐姓交顺天府照例治以应得之罪，并将羊价、规礼照数追出。至所带私人货物身价脚价现在该家丁既已到京，想早结算，亦请传到外馆恒和义，此次随行商人李专先等一并究实追出存储。统俟乌里雅苏台进京差便备文承领，以便发还各台并津恤各台雇觅驼马赔累之用。至内盟四十四台既非奴才等所辖未能知其详细。按照二十台核算，亦在五百余金应请饬下察哈尔都统确查，一并追缴发还，以昭平允除。[1]

官员挟带商货亦可沿途贩卖，如《考察蒙古日记》载，行抵怀雷穆台。是台有内商二三人，询系东口分出，历年甚久。所贩均系蒙人用品，如靴、帽、烟袋、烟瓶等。札境内随台皆有，冬间则回内地，春夏则结伴重来，岁以为常。[2]

（二）骚扰台站

根据嘉庆朝《大清会典事例》载："（乾隆）五十九年奏定：西北两路乌里雅苏台将军参赞大臣、都统、副都统等。给将军都统车七辆、马四十匹。副都统车六辆、马三十匹。三品官员等车五辆、马二十匹。如有四品以下官员，亦照此例按品减给。"[3]然而，官员赴任骚扰台站累倒马匹，时有所闻。

---

① 《宫中档朱批奏折》，编号04—01—01—1030—052，光绪二十四年十一月二十日。

② 佚名，《考察蒙古日记》，收入毕奥南主编，《清代蒙古游记选辑三十四种》，上册，页684。

③ 托津等奉敕撰，嘉庆朝《大清会典事例》（台北：文海出版社，1991），卷565，页22下—23上。

同治七年(1868)十一月,乌里雅苏台进貂皮差官主事衔国仁、应补外委高起凤及兵丁跟役赵起云等,于抵达托里布拉克台站,因应用乌拉驼马疲瘦,国仁动怒将该台领催罗布桑车林用鞭责打,并以热水炭火浇淋等。又私取应差红白糖条 2 块、棍布马嚼 1 副。又行至第十二台因驼马未能快行,触怒国仁等四人。有领催托克托、扎兰巴达尔向其分辩,除传单之外,上多用驼 4 只、马 22 匹、房子 1 顶、帐房 1 架、廪羊 1 只、羊腿 1 条。国仁将领催加重殴打,并将托克托揪倒在地,因火烧伤右腿。随差兵丁等又将扎兰巴达尔周身重殴、致伤四处、不能动弹。国仁借差勒索、殴伤弁兵、私收官物等罪,交部议处。[①]

额勒和布在光绪四年(1878)五月二十八日载:"自苏吉至布鲁图,沿途倒毙马匹甚多,臭气熏人。询之台站官兵,云此皆春将军赴任时,打用过站使死者,计每台用车百余辆、马二百余匹,即鄂伦胡都克一台倒毙之马已过百匹,其余可想而知等语。闻之,曷胜愤懑。"[②]春(福)将军过台站用了车百余辆、马二百余匹,显然是挟带商民货物,并违反将军都统车七辆、马四十匹的制度,却没遭到惩处。

首先,讨论托克湍勒索羊价的银两。托克湍赴任出口传用骆驼至 88 只。乃行至口外私自添派每台大车二三十辆,及至无车之处每台专用骆驼一百余只。其随从人员委署骁骑校吉通,尤不安分。喀尔喀二十台,按站勒索羊价,每台送将军礼银 50 两,随从人员银 30 两,廪羊 12 只,每只折银 2.2 两。又托克湍饬令各台挑送好马,当收留 14 匹,退回 8 匹。其退回之马,每匹向台上索取价银 25 两,共计 200 两。其收留之马于九月间,每马发给价银 6 两,各台领讫属实。以上共勒索银

① 《军机处录副奏折》,编号 03—4984—026,同治八年十月二十二日。

② 额勒和布著,芦婷婷整理,《额勒和布日记》,下册,页 581—582。

1,454 两。[①] 黄鉴晖教授引《光绪朝东华录》载商铺付给脚价 996 千文。[②]

据经手的吉通供:"将军由口赴乌里雅苏台任派伊前站差使经过凡六十四台。自三台起,将军及随行人等均折羊价每只一两二钱至二两六钱不等。自七台起,将军加收礼银,每台五两至八十余两不等。将军所折羊价、礼银及家人羊价分作三封,皆伊与平安逐日面交将军收讫。总计将军共收羊价银五百二十二两三钱,礼银二千一百七十九两,共银二千七百零一两三钱,除经伊手沿途陆续赏过众人共银五百五十两零五钱外,将军实存银二千一百五十两零八钱;家人平安等羊价共银一百二十二两五钱悉由将军到任后分赏,未经伊手等语。起出该革弁沿途所记支收账簿,对所供数目均属相符。"吉通供词说他与周万邦、陈玉山、曹富同充将军巡捕,沿途得羊价共折银 233 两,他分得银 58.25 两,又将军节次赏银 46.5 两。至喀尔喀将军辖境二十台,每台送他前站费银 5 两共 100 两。此外尚有兵丁玉连魁等 12 人口供,折羊价银 359 两,已由该兵等分用。吉通所得前站费银抵乌城后被将军全数要去等语。据平安供词说他等沿台所折羊价计银 122.5 两均交将军收存分赏。抵任后,分得 60 两,张有、帅姓各 30 两。[③]

其次,托克湍将军于喀拉喀各站索马一节。据吉通供:"自四十五台抵六十四台,将军谕令每台送马二匹,台员因无好马,许俟夏季呈送到乌城后,将军因伊代揽货驮,每驮较别人短索脚价钱二千文,将伊委骁骑校革去,递回绥远城。"据平安供:"将军行至辖境二十台,每台令送好马二匹。秋间各台马俱送到。将军挑留十数匹,闻说发价。"估计得

---

① 《军机处录副奏折》,编号 03—5271—071,光绪十六年十一月十六日。

② 黄鉴晖,《明清山西商人研究》(太原:山西经济出版社,2002),页 97。

③ 《宫中档朱批奏折》,编号 04—01—01—0983—039,光绪十七年六月十五日。

到的马匹交由商号变价。

又，吉通账簿于羊价、礼金、驮价之外，复有揽带跟役一款，收过制钱120千文。讯据吉通供，去年正月将军在口尚未起程，由周万邦等揽来跟役8名。内4名每名收钱20千，4名每名收钱10千，共收制钱120千文，均拨存东绅店，将军随时支用。该跟役等出钱随同驰驿借省川资，沿途并未滋事，抵乌城后各自散去。[①]

托克湍于属员勒索台站、包揽商货、滥索驼马，通计婪入赃款至三千四百余两之多，皆其一人倚势用强威逼所得，并敢代该将军揽货渔利扰累，经过地方核其情节种种荒谬实为此案罪魁，定律监临官吏挟势求索所部内财物强者计赃准枉法论。该犯系有禄人得受台费羊价及将军赏银204.75两，又包揽商货分受制钱28千文折银28两，通算入己之赃共银232.75两，应照名例准枉法论。罪止杖一百，流三千里，律拟杖一百，流三千里，系职官从重发往新疆充当苦差。据称所受前站费银已被将军索去，其余赃银仍照例追缴，惟该犯情罪较重不准援限内完赃之例免罪。

家人平安(即永安，五品顶戴)，永安分受羊价银60两，又分受揽货脚价制钱7,000文折银7两，共受赃银67两。张有分受羊价30两，又分受揽货脚价制钱7,000文，折银7两，共受赃37两，准枉法论。罪应杖一百流三千里，无禄人减一等，拟杖一百徒三年。张有罪应杖八十徒二年，无禄人减一等，拟杖七十徒一年半，照例均限一年全完。免罪不完再限一年勒追。全完各减一等发落。[②]

---

① 《宫中档朱批奏折》，编号04—01—01—0983—039，光绪十七年六月十五日。

② 《宫中档朱批奏折》，编号04—01—01—0983—039，光绪十七年六月十五日。

五、蒙古的捐输

相较于清朝喀尔喀蒙古衙门挹注有限的经费，蒙古捐输更应受到关注。清朝蒙古王公的捐输以牲畜为多，尤其是运输用的骆驼和马匹。嘉庆二十四年(1819)，嘉庆皇帝到多伦诺尔，蒙古四部各自捐牲畜一万只，共捐四万只。道光七年(1827)，科布多蒙古罕王公札萨克进骆驼832只。乌里雅苏台蒙古汗王公等进骆驼3,200只，并拨该处孳生厂驼800只，共4,000只。①

自咸丰年间太平天国之役，蒙古王公捐输数量增加，除牲畜外还有银两。咸丰二年(1852)，土谢图汗、车臣汗二部落王公欲捐输二万两，上谕：二部落王公毋庸捐输。② 库伦蒙古办事大臣德勒克多尔济、喀尔喀札萨克和硕亲王车林多尔济捐俸银4,500两。③ 咸丰四年(1854)，喀尔喀东两盟车臣汗、土谢图汗两部落解捐输马400匹。④ 该年，库伦蒙古办事大臣德勒克多尔济并官员、商民捐输银7,776.49两。⑤ 咸丰六年(1856)奏定，《蒙古王公台吉等捐输银两议叙并捐输驼马议叙章程》规定：上至札萨克汗、王、贝勒、贝子、公，下至四等台吉、塔布囊等王公贵族；上至管旗章京、副章京，下至骁骑校、前锋校、护军校等大小官员，均可捐输银两、驼马。根据贵族等级、官员大小、捐输多少，可分别给予记录、加级、加衔等奖励；王公等捐银2,400两以上或马600匹以

① 《军机处档折件》，编号058264，道光七年一月二十一日。

② 《蒙古国家档案局档案》，编号033—003，页0009—0013。

③ 《宫中朱批奏折·财政类》，编号0684—007，咸丰二年十二月二十二日。此次内外札萨克王公四十三人共捐俸银29,850两。

④ 《蒙古国家档案局档案》，编号033—011，页0050—0051。

⑤ 《蒙古国家档案局档案》，编号040—014，页0049—0051。

上，可请旨赏给花翎。[①] 另外，官员受到降级和革职处分，可按照国家规定，缴纳一定数目的银两，从而达到减轻或免除处分的目的，恢复被褫夺的“原资”和“原衔”。[②]《大清会典事例》载，头二、三、四等台吉塔布囊，除犯行窃不准捐复外，如犯别项罪名革职者，准开复原品顶戴。头等台吉塔布囊捐银 1,000 两、二等台吉塔布囊捐银 800 两、三等台吉塔布囊捐银 600 两、四等台吉塔布囊捐银 400 两。[③]

同治年间新疆回变波及蒙古[④]，蒙古王公、喇嘛捐输数量大增。因为蒙古的牲畜多，捐输亦以牛马羊居多，捐输牲畜改折抵成银两。同治三年(1864)，札萨克头等台吉明珠尔多尔济捐马 1,000 匹，折捐银两。明珠尔多尔济着加恩赏给贝子虚衔，世袭罔替，仍食札萨克台吉之俸。同年，三音诺颜部落盟长禁丕勒多尔济(亦写作锦丕勒多尔济)因古城一带汉回变乱，大兵进剿。三音诺颜部落札萨克等情，愿捐输骟马 1,000匹。[⑤]

同治五年(1866)，署塔尔巴哈台参赞大臣李云麟奏请，蒙古各部落酌捐驼马牛羊。锦丕勒多尔济因该部落征兵 1,800 名，数月口粮无着。自请督同西两盟王公札萨克等，竭力捐输备办，会同麟兴总理四盟捐输事宜。清廷令喀尔喀四部落捐输牲畜，并出台捐输新章。新章规定：汗、亲王、郡王捐输牛羊，核计实银至五百两，赏给三眼花翎；贝勒、贝子、公捐输牛羊，核计实银至五百两，赏给翎支，原有花翎赏给双眼花

① 昆冈等奉敕修，《大清会典事例》，册 10，卷 989，页 1215 下—1217 下。

② 伍跃，《中国的捐纳制度与社会》，页 297。

③ 昆冈等奉敕修，《大清会典事例》，册 10，卷 989，页 1216 上—1216 下。

④ 有关喀尔喀蒙古的回变，参见[俄]阿·马·波兹德涅耶夫著，《蒙古及蒙古人》，卷 1，页 167—171。

⑤ 《宫中朱批奏折·财政类》，编号 0692—091，同治三年正月二十日；编号 0693—010，同治三年十一月初八日。

翎。署乌里雅苏台将军麟兴与锦丕勒多尔济共捐骟马1,000匹、骟牛100头、羊1,000只。骟马每匹合银8两、骟牛每匹合银6两。麟兴捐骟牛100头赏给三眼花翎。[①] 锦丕勒多尔济捐输又于同治六年(1867)捐输马匹折银8,900两,获得喀尔喀郡王衔,世袭罔替。[②] 三音诺颜部落头等台吉札木色愣札布、头等台吉桑钦保、二等台吉达瓦车林、四等台吉剌特纳巴扎尔、四等台吉达克党多尔济、四等台吉噶拉吉、四等台吉玛呢巴达尔,札萨克汗部落四等台吉帕凌哩各捐骟马50匹,折银400两。"部议新章,台吉捐实银至三百两者,请给翎支之例。合而有盈,似应请赏戴花翎,并从优核奖。"绰尔济喇嘛党尔旺沁捐骟马100匹,"请旨下理藩院将该绰尔济喇嘛党达尔旺沁从优赏加名号"[③]。这次捐输以西两盟的三音诺颜部落、札萨克汗部落的王公台吉为主。

同治六年(1867),库伦办事大臣文盛等奏请奖励捐备军饷之王贝勒等,提到"此次新疆捐输军饷章程鼓励似属遇优,按照咸丰六年(1856)理藩院奏定章程,量予鼓励"。喀尔喀札萨克和硕亲王车林多尔济均银580两,应加一级记录一次。盟长札萨克郡王托克塔呼图鲁捐755.7两,应加一级记录三次。副将军郡王拉苏伦巴咱尔捐1,500两,应加三级记录三次。车林桑都布所捐砖茶帐房按照库伦市价,每茶十包作银一钱,帐房每架作银15两。札萨克贝勒车林桑都布捐银1,180两、茶11,880包、帐房8架,共该银1,426.8两,应加三级记录三次。[④] 该年还有其他札萨克王公、台吉的捐银。另外,东两盟车臣汗、土谢图

---

① 《宫中朱批奏折·财政类》,编号0694—002,同治五年十一月二十二日。骟马即雄马割去睾丸者,骟马耐劳而性驯、易于服乘。

② 清史稿校注编纂小组编纂,《清史稿校注》(台北:"国史馆",1986—1991),第9册,页7441—7442;《宫中朱批奏折·财政类》,编号0694—010,同治六年正月二十五日。

③ 《宫中朱批奏折·财政类》,编号0694—003,同治五年十一月二十二日。

④ 《宫中朱批奏折·财政类》,编号0694—009,同治六年正月二十四日。

汗两部捐输牛羊和银两共 62,750 两，占所有捐输的 75.45%，约捐输的四分之三。次年(1868)，两部王公、台吉、官员捐输新疆征兵军食羊八万只，折价实银 54,000 两。库伦办事大臣张廷岳奏称，照湖北捐米章程，拟请从优奖予加级升衔翎支。[①]

同治九年(1870)，蒙旗受到回变的滋扰，由甘州草地沿边北窜，欲往库伦。首当其冲的额尔德尼昭被回人焚掠，张廷岳奏称贼股在三音诺颜部落西界盘踞，遂赴额尔德尼昭阅看察哈尔及绥远来的官兵。喀尔喀东两盟部落各旗交宁夏委员记名副都统参领尚玉等解回骆驼 100 只以资转运，另骆驼 100 只解往绥远城。[②] 三音诺颜部落等因归绥需驼只，由滋生驼内拨给 1,000 只。为此奖励三音诺颜部落札萨克郡王桑噶锡里旗下台吉巴勒丹东盖栋多克、土谢图汗札萨克公旺楚克察克都尔苏伦旗下东盖桑都布等运送乌里雅苏台滋生驼只。又，库伦属盟派送筹备捐输驼，协理台吉巴勒丹多尔吉管旗章京车林顿多布解送捐输马匹。札兰章京都噶尔多尔吉、护卫笔帖式密都克，以上各员长途跋涉管解驼马，应从优议叙。[③] 同治十年(1871)，张廷岳奏："前调土、车两盟官兵饷糈，上年由两盟捐输支给。乌城被陷，复奏调内地官兵来库防剿，檄土、车两盟及沙毕捐备马三千匹，资汉兵骑乘，又借雇驼马数千只，分赴各台。两盟官兵自上年遣散，改征作防，应需驼马三千余只，亦系各旗摊派。"[④]汉兵到蒙古作战，所需马匹、骆驼由蒙古各旗摊派成千上万匹，士兵食用羊只更达十余万只。

同治十年(1871)底，乌里雅苏台军情紧急，调派察哈尔马队官兵

---

① 《宫中朱批奏折·财政类》，编号 0694—014，同治六年五月初十日；编号 0694—029，同治六年十一月；编号 0694—030，同治六年十一月；编号 0694—036，同治七年七月十三日。

② 《宫中朱批奏折·财政类》，编号 0694—084，同治九年七月十三日。

③ 《军机处档折件》，编号 105321，同治朝。

④ 赵尔巽，《清史稿》(北京：中华书局，1985)，卷 521，页 14405—14406。

1,250名、吉林黑龙江马队官兵1,000名、宣化大同两镇官兵1,000名赴库伦防守。军队所需的米粮就是一大问题,故同治十年三音诺颜部落、札萨克部落的王公、台吉等捐输大量的白面,共96,000斤,每斤按银1钱,约银9,600两,获赏花翎等。[①] 次年(1872),索诺木万楚克镇国公衔协理台吉等,又捐输白面86,000斤,每斤按银1钱,约银8,600两,获赏世袭罔替、花翎等。[②]

同治十年(1871),为了运送军粮,乌里雅苏台将军金顺奏,土、车两盟筹备骆驼,但因喀尔喀连年灾荒,两盟无力筹备。土、车两盟捐银5,493两,以为该将军雇觅骆驼之需。连同库伦办事大臣等共捐库平银9,943两。[③] 次年(1872),土、车两盟捐银4,000两为雇觅骆驼费,同时又捐输马匹、牛只、公羊等共折银8,200两。[④] 按照旧例,每匹马折银8两、牛只6两,蒙古王公折捐银两让清朝觉得有点吃亏,因此重新规定马牛骆驼的折银。"查捐输驼马羊皮章程,同治十一年曾经户部神机营奏定,捐马一匹折银二十两,捐驼一只折银三十两,羊皮一项前任大臣张廷岳请奖案内奏定羊皮每张折银三钱,此次所捐驼马羊皮等项亦应照章折成银数。"[⑤]提高了捐牲畜的折价,原来每匹马折8两,新章程改为20两,等于多了1.5倍。对于灾荒所困的蒙古人来说,更是雪上加霜。

除了《宫中朱批奏折·财政类》记载蒙古各部捐输档案,《额勒和布

① 《宫中朱批奏折·财政类》,编号0695—011,同治九年十二月初九日;编号0695—031,同治十年七月初三日;编号0695—059,同治十一年六月二十一日。

② 《宫中朱批奏折·财政类》,编号0695—011,同治九年十二月初九日;编号0695—031,同治十年七月初三日;编号0695—059,同治十一年六月二十一日。

③ 《宫中朱批奏折·财政类》,编号0695—030,同治十年六月。

④ 《宫中朱批奏折·财政类》,编号0695—046,同治十一年正月十八日;编号0695—054,同治十一年四月二十一日。

⑤ 《宫中朱批奏折·财政类》,编号0697—030,光绪七年八月二十日。

日记》亦载蒙古王公捐输，如光绪元年(1875)二月二十一日，四等台吉捐输面斤请奖花翎片。[①] 四月二十四日，额勒和布上奏折中有关捐输：伊勒固克森胡图克图罗普桑三都普捐输银两请饬核奖折、台吉察克都尔札普捐输城工请奖片、代奏札盟副将军札萨克辅国公贝子衔车德恩楝多普多尔济谢因捐输银两赏贝子衔世袭罔替恩折。光绪二年(1876)二月十五日额勒和布上奏折：额尔奇木济尔噶朗捐输请奖折、车德恩丕勒吉雅捐输请奖片。[②]

光绪三年(1877)贝勒锦丕勒多尔济督率蒙兵捐助22,000余两，协助乌里雅苏台修筑城垣，获赏郡王衔，以示鼓励。[③] 光绪五年(1879)乌里雅苏台将军春福等奏报，乌里雅苏台因筹办军需添修城工缺饷，各盟蒙员及胡图克图踊跃捐输，各该员所捐银数均与新章，请赏三眼花翎、双眼花翎、花翎、贝子虚衔、世袭罔替，及庙名胡图克图名号成案相符。惟其内有二员所捐银数不及300两，仅可按照台吉捐输牛羊折实银，不及300两，比照户部议定米捐章程以24两作为例银100两，复计议给加级。[④]

光绪二十年(1894)，为崇熙皇太后六旬大庆，各部落汗王贝勒贝子公札萨克台吉等报效：土谢图汗部落阖盟报效1,000两；札萨克图汗部落阖盟报效1,000两；三音诺颜部落阖盟报效2,000两。[⑤] 前述光绪二十四年(1898)，因户部咨行筹办卢汉铁路经费，库伦办事大臣连顺劝蒙古其他王公及库伦办事大臣等报效昭信股票，计京市平足银共

---

① 额勒和布著，芦婷婷整理，《额勒和布日记》，下册，页443。

② 额勒和布著，芦婷婷整理，《额勒和布日记》，下册，页450、483。

③ 又捐工复银3,520两，报捐军需银799.76两，共银4,319.76两。参见《宫中朱批奏折·财政类》，编号0697—007，光绪三年四月二十三日。

④ 《宫中朱批奏折·财政类》，编号0697—025，光绪五年九月十二日。

⑤ 《军机处档折件》，编号134906，光绪二十年九月十九日。

205,300两。

清朝蒙古王公等捐输可获得记录、加级、加衔等奖励;至于奖赏喇嘛的情况又不同,捐输银两多的赏银印饬书绿围轿车、诺们罕名号、缎匹等(参见表5—15)。咸丰七年(1857)奉旨:科尔沁巴克什喇嘛敏珠尔多尔济、喀尔喀诺们罕多尔济,因军务未竣捐输马匹实属可嘉。敏珠尔多尔济着加恩照蒙古王公捐输马匹例,赏给本身呼图克图,多尔济着赏给色臣诺们罕名号。[①] 在蒙古国家档案局藏的一件没注明日期的档案中,哲布尊丹巴呼图克图商上堪布诺们罕商卓特巴等先后捐输银两牲畜,共捐实银93,180两。

表5—15 喇嘛捐输及奖赏

身份	姓名	捐银	奖赏
堪布诺们罕	巴勒当吹木巴勒	捐银42,686两	赏给银印饬书绿围轿车
副喇嘛	根栋哈木巴勒	捐银25,000两	赏给诺们罕名号
额尔德尼商卓特巴	车德恩多尔济	捐银20,000两	赏给绿围轿车
管理商上事务	公莽达尔瓦	捐银500两	赏给名号
额尔德尼莫尔根堪布洛布桑当津那木济勒之呼弼勒罕	噶勒达什	捐输银两牲畜共折实银1,090两	赏给缎10匹
喇嘛济克米特多尔济之呼弼勒罕	多布栋巴拉	捐输银两牲畜共折实银760两	赏给缎7匹
呼弼勒罕	伊达木多尔济	捐输银两牲畜共折实银600两	赏给缎6匹
哈福苏勒额尔德尼伊拉固克散呼图克图	额呼克慜多尔济	捐输银两牲畜共折实银500两	赏给缎5匹

① 昆冈等奉敕修,《大清会典事例》,册10,卷989,页1216上—1216下。

资料来源:《蒙古国家档案局档案》,编号 054—006,页 0015—0056。

从咸丰元年(1851)至光绪二十四年(1898)将近五十年期间,蒙古的捐输牲畜、粮食、蒙古包等,折算成银两大约超过 60 万两,参见图 5—2。

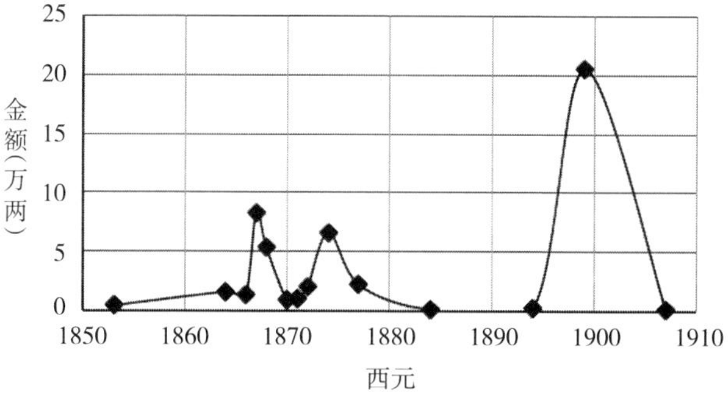

图 5—2　1851—1898 年蒙古捐输的金额

波兹德涅耶夫提到 1883 年在库伦东边建筑一座城堡供中国士兵驻扎之用。当时为了保护库伦建筑城堡,中国人要求蒙古人供应2,664 根原木。汗乌拉会盟命令,这些木材的采伐和运送需由库伦附近的五个旗来负担,朋贝子旗(绷楚克车林)应解送 666 根、将军(鄂)王旗应解送 607 根、乃丹公旗应解送 550 根、曼达尔瓦公旗应解送 50 根、策凌多尔济旗解送 191 根。又提供军队的军服、武器、抽派壮丁等,靠近库伦东边的土、车两盟需付出六十余万两。[1] 对照图 5—2,就可知此种单一年度捐输进 60 万两的说法,恐怕是夸张的说法。

六、小结

笔者曾研究浙江的军费,康熙初年,浙江每年所需满汉兵饷约一百

① [俄]阿·马·波兹德涅耶夫著,《蒙古及蒙古人》,卷 1,页 150—151。

万两银。[1] 而浙江地丁钱粮赋税总额为 2,713,657 两,兵费即占赋税的 36.9%。就杭州满营的俸饷银为 99,866 两,俸米共白米 1,293 石、糙米 105,621 石。[2] 当时满城营官兵三千多人,支出约二十万两。浙江绿营军队为 62,500 人,支出约八十万两。根据曾小萍的研究,清代驻防的军饷经费几乎都来自赋税的存留部分。浙江存留赋税为 732,054两,显然是不敷所需,雍正五年(1727)增加地方藩库存储银两十万至二十万不等。乾隆四十一年(1776)浙江藩库分配到三十万两银。[3] 尽管藩库增至百万两,而军费仍占大半,地方行政衙门开销增多则必须依赖火耗、规费,以及各种名目的苛捐杂税,造成地方财政问题。[4] James A. Millward 讨论清朝在新疆的财政支出 1795 年为银 845,000两、1838 年为银 1,010,000 两、1848 年为银4,045,430两。[5] 相较之下,偌大的乌里雅苏台和科布多两地的驻防军费三年才二十万两,虽有官房园地银、平秤银、落地税、生息银、商捐等,每年收入不过数千两。乌里雅苏台将军本身的养廉银一千余两,却包揽商人运货,或者向驿站的站丁勒索羊价、马价,赚取外快。

内阁题本户科之《乌里雅苏台科布多官兵银粮数目清册》的岁入和岁出数字也都四平八稳,显示地方财政达到均衡状态。但是,清朝将重要巡边、台站、牧厂的差务转移到蒙古人身上,因此《考察蒙古日记》载,

---

① 范承谟,《抚浙奏议》,收入刘可书编,《范忠贞集》(台北:台湾商务印书馆景印文渊阁四库全书,1983),卷 2,页 20。浙江省乾隆三十六年驻防满洲蒙古官兵并绿旗官兵俸饷米折马匹料草等项估需银 901,093 两,参见《清代内阁大库原藏明清档案》,编号 029879—001,乾隆三十六年五月二十九日。

② 《钦定古今图书集会》,转引自张大昌,《杭州八旗驻防营志略》,卷 16,页 509。

③ 曾小萍著,董建中译,《州县官的银两:18 世纪中国的合理化财政改革》,页 29、162。

④ 参见拙作,《从杭州满城看清代的满汉关系》,《两岸发展史研究》,2008 年第 5 期,页 37—89。

⑤ James A. Millward, *Beyond the Pass: Economy, Ethnicity, and Empire in Qing Central Asia*, 1759-1864, p. 61.

宣统三年(1911)喀尔喀四部落公共摊派者岁110万两,而台站之费岁及70余万两。宝音朝克图利用《喀尔喀四部摊派各类差役档》发现,哲布尊丹巴呼图克图的沙毕与四部轮流遣派弁兵。蒙古四部箭丁21,015人,每人摊派的银两平均29.47两,共619,312.05两。

此外,《宫中朱批奏折·财政类》档案中统计咸丰至光绪朝,五十年间蒙古王公、喇嘛等捐输牲畜、物资等折银六十余万,亦超过清朝拨给的经费。总之,清朝统治蒙古守旧不变的政策,一切轮流驻班,及安设卡伦台站等项差务需费,向由四盟按照佐领人丁均匀派拨。四部落差使疲累困苦,又屡向商号借贷,情形不堪言状。

第六章　乌里雅苏台的商号

一、前言

清朝与准噶尔战争时期，仰赖商人运送军粮到蒙古地区，商人随营贸易的起源很早。乾隆十九年（1754）十二月归化城商人任文琇呈报，该商领运军营籽种，令伊伙计张六瑄、王世爵带驼二百只运往乌里雅苏台军营，于二十年（1755）二月内照数交卸。[①] 随营商人在乌里雅苏台建立贸易据点，从事长程的贸易。定边左副将军成衮札布称："乌里雅

---

① 台北故宫博物院藏，《宫中档乾隆朝奏折》，编号 403009698，乾隆二十年六月十七日。王世爵先行回城，张六瑄同工人刘昌、王开印等三人带领疲瘦驼只沿途牧养，以致迁延时日，口粮不继。因塔米尔地方有任文琇买卖张六瑄假道至彼携取银 950 两，以备沿途买用口粮，并贴换驼只之费外，有客伙工人附带银 360 余两，共银 1,310 余两。于乾隆二十年四月二十四日行至二十六台鄂伦诺尔地方林品尔札萨克属下，突有蒙古盗贼一人乘骑马批身带弓箭手、执鸟枪自东北前来拦阻行走。随有伙盗蒙古六人，各骑马匹执持弓箭鸟枪亦从东北而来。将张六瑄等围定硬行劫夺，张六瑄等惊慌失措惟有束手听命。蒙古盗贼七人恣意搜检，将所带银两，银针海龙皮五张、羊羔皮一百余张，并所带米面盘缠衣服等项卷取一空。又选劫肥驼七只、马三匹驼载赃物而遁，所失驼只上打有居字火印为证。张六瑄一面走回赴塔米尔衙门呈控。

苏台地方贸易亦系官办，沿途卡伦驿站人等，断不可与哈萨克等私行交易。”[1]乌里雅苏台的商人办理军需之粮食、烟茶、缎匹，称为“官店”。叔奎将乌里雅苏台商人分为四种：官用商、介绍商、杂货商、半农半商是也。官用商专以供给各盟旗王公札萨克等货物为业，有时亦与王公融通金钱，期限一年，月息三厘，期限内偿还者，不取利息，逾一年者付息。若经过三年则照复利计算，每至还期，各旗王公提供牛马骆驼等物以为代偿，商人则运往归化城转卖该地尝利市三倍。营此业者以大盛魁、天义德二家，规模为最宏大，皆山西人也。如大盛魁之牲畜，自乌城子至归化城，沿途皆是骆驼达一万头以上，牛马羊等更难以胜数。介绍商则往来各地，凡由古城子、肃州等输入之货物皆为之介绍，转卖他人依货物价格而征取经手费，与内地行栈极相近似。杂货商专输入各种杂货，如米谷、茶、面粉、茶烟布类等货，价不须现金，可以皮毛等代之。半农半商者贩卖兼农业，种地少则数十亩，多则百余亩，以种菜蔬等为副业，皆有店号名称，谓之农可，谓之商亦可也。[2] 这里所说的商人以山西、归化商人为主，实际上，乌城的北京商人亦不少。

有关大盛魁旅蒙商的相关著作非常多，如《旅蒙商大盛魁》提到大盛魁前期的总号设在乌里雅苏台，后来迁到归化城，把乌里雅苏台改为分庄。这分庄不仅在商业方面占有重要地位，在政治上也占据重要地位。[3] 该书提到大盛魁分庄经营放印票账和赊销各种货物的业务，也经营收购牲畜、皮毛、药材和土产的业务，甚至设置大规模的骆驼饲养场。所谓“印票”是蒙古王公或札萨克代表一个部落或一个旗，向高利

---

① 中国第一历史档案馆编，《乾隆朝满文寄信档译编》，第3册，页499。

② 叔奎，《调查：外蒙古之商业》，《上海总商会月报》，1925年第5卷第4号，页1—7。

③ 中国人民政治协商会议内蒙古自治区委员会文史资料研究委员会编，《旅蒙商大盛魁》，收入《内蒙古文史资料》，第12辑，页40—42。

贷者，出具一种盖有王公或旗署印信的借据。大盛魁就是蒙古地区最大一家的印票庄。[①] 蒙古向大盛魁借贷的原因很多，譬如进京朝觐、向哲布尊丹巴献礼等。目前许多研究说大盛魁是高利贷，但到底利息多少，仍需讨论。

锡林迪布讨论汉商在蒙古地区采用高利贷赊出商品，实施"通赊"制度，即蒙古的高官与商号订立一定期限内承担相互间义务的保证书。在一个月内偿还债务不取利息，超出一个月时每 30 天增加 2%的利息。又提到 1907—1912 年在库伦开设的大清银行，根据张慤戒给蒙古居民的短期性贷款年利为 9%，在付给贷款时即予扣除。实际上，银行利息是 12%，而不是 9%。银行和商号的借贷和赊货使得许多蒙古牧民破产。[②] M. Sanjdorj 讨论蒙古债务，认为库伦的商人像吸血鬼一样，重利盘剥蒙古人，使蒙古的经济败坏。他提到商号喜欢借贷贸易，赊账的货品比付现还贵，譬如一块砖茶付现等于羊毛七八斤，赊账则值羊毛 12—15 斤。牲畜抵债的价格也被低估，一匹马价值 16 两，用来抵债才值 10—12 两。[③] 相对来说，民初有孟矩到蒙古，提到乌里雅苏台大盛魁益发达，营业遍喀尔喀科布多，资本近万万两，例放各旗公债，但蒙古独立后大盛魁的债务一笔勾销，损失庞大。[④] 看起来旅蒙商放债也不

---

① 中国人民政治协商会议内蒙古自治区委员会文史资料研究委员会编，《旅蒙商大盛魁》，收入《内蒙古文史资料》，第 12 辑，页 65。

② 沙尔菜为货币单位，1 两银等于 165 沙尔菜，1 块薄砖茶等于 40 沙尔菜，1 卢布等于 150 沙尔菜。锡林迪布著，余大钧译，《十九世纪末与二十世纪初的蒙古社会经济状况》，收入内蒙古大学蒙古史研究所编，《蒙古史研究参考资料》，第 9 辑，页 25、29。这制度对蒙古官员有利之处是可以随时取得所需的货品；对商人有利之处则是可以到广大领土上做买卖。

③ M. Sanjdorj, *Manchu Chinese colonial rule in Northern Mongolia*, translated from the Mongolian and annotated by Urgunge Onon; pref. by Owen Lattimore (New York: St. Martin's Press, 1980), pp. 42-43.

④ 孟矩，《乌城回忆录》，收入《中国边疆行纪调查记报告书等边务资料丛编(初编)》，第 22 册，页 334。

是一本万利的行业。

二、乌里雅苏台的买卖城及管理

波兹德涅耶夫提到乌里雅苏台的商业是何时发展起来的，或者说，乌里雅苏台的买卖城是何时出现的，无论从蒙古或中国的编年史中，还是从旅行家的叙述中，都找不到答案。[①] 从清代满汉文档案中可见乌里雅苏台买卖城建置的过程。

（一）乌里雅苏台的买卖城

乾隆二十二年军机处满文录副奏折载：

> 署定边左副将军车布登扎布等奏自大军军兴以来，商人随营贸易，鄂喇特、哈喇乌苏、乌里雅苏台等处皆设立市集，此数处虽非原定市集，各部落内皆设有市集，于蒙古等仍属便利。但商人唯利是图，又无办理稽察之人，此数年乌里雅苏台等设立正市集，为商人易换货物之处，但到各旗私自贸易，可获丰利，若察其缘由，商人若是一直在乌里雅苏台等处贸易，有余者才拿牲畜皮张等物件来交易，穷苦者牲畜少且畏惧地方路远，实在没人来，因此不能多卖且今拿银两牲畜交易采买，未便太过要价，故将货物运去各旗赊给蒙古等，蒙古等图暂不出银两牲畜，不计价之贵贱，视其所能赊欠，以后还债时，将家产全行抵偿给还。如此与蒙古等生计相关，且商人到各旗并无照看之人，亦不无抢掠之事。

为了杜绝抢劫之事，乌城亦照恰克图、库伦之例颁给照票，自何口

---

① ［俄］阿·马·波兹德涅耶夫著，《蒙古及蒙古人》，卷1，页274。

出去，由何处应发给照票之处，交该部议施行。前项禁止后，若无照票，或有违印票所定地方，暗中到各旗贸易者，由该札萨克等首报，或由别处查出时，货物入官，商人解送原籍，永不准出口。该札萨克若容留不行首报，应参奏议罪。如此，蒙古等生计物料不致窘困，穷苦蒙古等家产仍得有余，贼盗案件亦少。[①]

孟矩《乌城回忆录》载："乌里雅苏台河之西北，有小山头，此山头之下即乌商埠。埠仅前后两街，前街商铺比节，后街则萧索矣，商家共约百户。"[②]斌良（1784—1847）于道光十八年（1838）元月到乌里雅苏台，他描述街市："由城南街市行走，街长五里许，皆土房。有庙数处甚庄严，皆西贾为之。"[③]《蒙古纪行》一书提到1876年，乌里雅苏台的买卖城比科布多的小，也更脏乱。乌城的商品零售多于批发，只有两家商号有货栈而且是在城外，应指大盛魁和天义德。城内有十家北京商号，城内两条街上挤满了整日营业的商店和作坊，店门前总有一群群或步行或骑马的蒙古人。这些临街的铺面外，开在院子（蒙语"哈厦"之意）里的铺子也进行交易活动。乌城店铺卖有上等的茶具、绸缎、绘画，以满足蒙古王公的嗜好和奢侈生活的用品。[④]《额勒和布日记》所载，北京商号有万盛号、合盛元、和义公、天顺店、恒和义等，详后叙述。

波兹德涅耶夫说乌里雅苏台的买卖城不及库伦买卖城的一半大，

---

① 《军机处满文录副奏折》，编号03—1650—010，乾隆二十二年八月十七日。先前商人在喀尔喀地方贸易时，原系只在恰克图、库伦二处设立市集，商人若往该处贸易，呈文到部，由部颁给照票，并填注商人姓名、贩运货物、车辆驼只数目，各携至指定地方贸易外，原无到喀尔喀各旗贸易之例。

② 孟矩，《乌城回忆录》，收入《中国边疆行纪调查记报告书等边务资料丛编（初编）》，第22册，页334。

③ 斌良，《乌桓纪行录》，收入《傅斯年图书馆藏未刊稿钞本·史部》（台北：中研院历史语言研究所，2015），第20册，页237—238。出街绕过山坳行二十余里，有喇嘛庙，瓦屋连云，亦甚壮丽。

④ ［俄］格·尼·波塔宁，《蒙古纪行》，页140。

这里的买卖城没有像库伦买卖城中汉人商业区那样四周围着围墙，但这里的住房却像库伦买卖城外缘的住房那样，四周围着的围墙看上去很像城墙。整个乌里雅苏台买卖城是由分布在五条街上的房屋组成的，现在房屋可能已有一百八十至二百来栋。但买卖城里的活动仅集中在店铺商号鳞次栉比的两条老街上。这两条老街交叉成正十字形，四端正指着东南西北四方，主要的那条街道由东向西，次要的那条由南向北。①

祥麟在光绪十二年（1886）抵达乌里雅苏台，其日记常记载"闲逛街市"，台市的街道有前街、后街，应该是波兹德涅耶夫所说的两条老街，另有南街、北街、兴盛街等。② "走浮梁沿山西行，进前街，西行北转兴隆街至三官庙"这段说明前街是东西向，有时称西街，兴隆街南北向与前者交叉。著名的商号义盛德、恒和义都在前街上。

祥麟日记载了乌城商人社的组织。（1）马王社。在光绪十二年六月二十二日演剧三日，社首持帖来请观剧。③ （2）皂君社。真武庙八月初四皂君社社首等屡请观剧。④ （3）绿营社。祭祀关帝，五月十二日后

① ［俄］阿·马·波兹德涅耶夫著，《蒙古及蒙古人》，卷1，页274。乌城围墙，乃草甓堆砌。草甓者，就草地掘起带草根之土块也。城高丈许，外树木栅，紧靠草甓。城东西约一里，南北半里，南东西三门。孟矩，《乌城回忆录》，收入《中国边疆行纪调查记报告书等边务资料丛编（初编）》，第22册，页333—334。

② 关于前、后街的资料多，南街、北街、兴隆街、长街较少出现，参见祥麟，《乌里雅苏台行程纪事》，收入《傅斯年图书馆藏未刊稿钞本·史部》，第9册，页458、496；第10册，页279、257、523；第11册，页57。祥麟，《乌里雅苏台日记（不分卷）》，收入清写本史传记十七册一函，编号MO—1631，史450，页3700。记载北街有三元宫。

③ 祥麟，《乌里雅苏台行程纪事》，收入《傅斯年图书馆藏未刊稿钞本·史部》，第9册，页459。

④ 祥麟，《乌里雅苏台行程纪事》，收入《傅斯年图书馆藏未刊稿钞本·史部》，第9册，页523。

关帝庙赛神来请拈香。[①] (4)盂兰社。七月十四日请上香观剧,助其大茶八块。午正策骑出南门走河滩涉河汊踱长桥进后街,至城隍庙拈香观剧。[②] (5)河神社。于六月初三日起赛神。[③] 乌城街市在元宵节举行社火、秧歌、旱船玩艺,似胜哈密。诸剧且不需赏犒,皆由各商家义举公资伙食共,庆元宵佳节。[④] 元月二十四日为天仓节,义盛德商家演戏,祥麟听坐腔秦剧乌玉带、排王赞二出,并观社火秧歌。[⑤] 祥麟说乌城有五座庙:后关帝庙(在乌城后面)、东关帝庙、真武庙、三元宫、城隍庙。另有后菩萨庙属于藏传佛教系统。[⑥] 这些寺庙与商人的组织有关。

(二)乌里雅苏台商人的管理

《理藩院则例》规定:"凡互市,商给以院票。各商至乌里雅苏台、库伦、恰克图及喀尔喀各部落者,皆给院票。由直隶出口者,在察哈尔都统或多伦诺尔同知衙门领票,由山西出口者,在绥远城将军衙门领票,以该商姓名、货物及所往之地、起程之期书单黏合院票给与。其已至所往之处,又欲他往者,许呈明该处将军、大臣、札萨克,改给执照"。[⑦] 乌

---

① 祥麟,《乌里雅苏台行程纪事》,收入《傅斯年图书馆藏未刊稿钞本・史部》,第 10 册,页 457。

② 祥麟,《乌里雅苏台行程纪事》,收入《傅斯年图书馆藏未刊稿钞本・史部》,第 11 册,页 457。光绪十五年盂兰社修补城隍庙,请布施,资其大茶十块。祥麟,《乌里雅苏台日记(不分卷)》,收入清写本史传记十七册一函,编号 MO—1631,史 450,页 4073。

③ 祥麟,《乌里雅苏台日记(不分卷)》,收入清写本史传记十七册一函,编号 MO—1631,史 450,页 3958。

④ 祥麟,《乌里雅苏台行程纪事》,收入《傅斯年图书馆藏未刊稿钞本・史部》,第 10 册,页 216—217。

⑤ 祥麟,《乌里雅苏台行程纪事》,收入《傅斯年图书馆藏未刊稿钞本・史部》,第 10 册,页 231。

⑥ 祥麟,《乌里雅苏台行程纪事》,收入《傅斯年图书馆藏未刊稿钞本・史部》,第 11 册,页 250。

⑦ 中国社会科学院中国边疆史地研究中心主编,《清代理藩院资料辑录・嘉庆朝〈大清会典〉中的理藩院资料》,页 70。

里雅苏台之百货云集，全赖归绥一带向与蒙古交易。各商民懋迁贩运循环不穷，该商民运货皆取领部票。每年缴旧请新，以昭凭信。[①] 归化商人设有集锦社，“凡预领院票呈缴一切办公银两，均先由该社垫付。俟各商户领票时，再行扣还垫项”。由绥远将军衙门派员带领集锦社商民持文赴理藩院呈领部票，随缴办公银 2 两。[②] 商人领票在票尾粘贴清单，包括商人姓名、货物数量、前往地点，以及启程日期，用印给发。[③] 商民抵达乌城后，再前往其他地区则由定边左副将军衙门给予照票。例如嘉庆五年(1800)二月，乌里雅苏台商民安光耀为赴库伦贸易向定边左副将军衙门申请照票一张。该衙门之将军和参赞大臣给照票之公文如下：

> 定边左副将军、参赞大臣为给照事兵部案呈。据管理台市副骁骑校三福呈报商民安光耀随带雇工货驼前往库伦贸易等情，呈请照票前来，据此合行给照。为此票仰沿途经过台站官兵知悉，俟前项商民到彼验票放行，慎勿刁难阻滞，而该商等勿得夹带违禁货物借端滋事。如违查出究处不贷。须至照票者，黏贴单一纸。嘉庆五年二月。黏单有安光耀和雇工李相元、王如、闫文花、郭正元、赵吉的年龄、样貌、籍贯清单。[④]
>
> 安光耀年三十五岁，身中面紫微须。汾阳县人雇工人五名
>
> 李相元年二十五岁，身中面紫无须。祁县人

---

① 《宫中档朱批奏折》，编号 04—01—01—0907—007，同治九年闰十月初四日。

② 《军机处档折件》，编号 145373，光绪二十七年十月二十三日。《宫中档光绪朝奏折》，编号 408004422。光绪年间因边区不靖，商况凋疲，黠商以无票偷行，该社久受巨亏。信恪议自光绪二十七年开始，每年责令该社预领院票二百张，用竣随时续领，每张随缴该院办公银二两。由该社呈交绥远将军衙门派员赴经请领，并缴银两，无庸该社商同往。

③ 高赓恩纂，贻谷等修，《归绥道志》(呼和浩特：远方出版社，2007)，中册，页 688—689。

④ 《蒙古国家档案局档案》，编号 023—005，页 0039—0043。

王如年三十四岁，身中面紫微须。祁县人

闫文花年二十五岁，身中面紫无须。凉州人

郭正元年三十五岁，身中面紫微须。汾阳县人

赵吉年三十二岁，身中面紫无须。汾阳县人

其次，同治年间因新疆战争，归绥道衙门亦发行小票。同治九年(1870)，归化城集锦社乡总王申等禀称，票放行如有逾定额一经截回，将所带余货入官充公外，仍按律从严究办。至票内编订号数给与贸易一次，回日缴销。所有领过小票若干数目，由归绥道衙门随时具报更换。一面出示晓谕，并饬令集锦社查察，各商民如有从中舞弊希图省便将大票改为小票，立即具禀严究等因。“兹查近年以来绥远城将军所咨商民请领部票仅在一百余张，而归绥道衙门所发小票转至三百余张，核其数目多寡悬殊，难免奸商人等从中舞弊希图省便。再查近来商民请领部票竟有母票一张，用驼一二百只不等。核计例定车不得过二十辆之数，亦属为数太多一并当禁。应由绥远城将军严行出示晓谕，集锦社商民人等务当恪遵定例定章。”[①]商民领部票一张照理说只能携带12,000斤的货物，而每只骆驼携带约300斤货物，用骆驼40只。王申说一张票用驼一二百只，起码携带三万斤至六万斤的货物了。况且，还有归绥道衙门所发小票三百余张，若小票像大票让商人携带三万斤的货物，一年也携带了九百万斤货物。

光绪十五年(1889)八月祥麟理藩院信稿提到“车盟车贝勒游牧经过商民任意驮运茶斤，饬复查照。转饬各札萨克等照例，分别查办”[②]。

---

① 《蒙古国家档案局档案》，编号048—019，页0105—0110。

② 祥麟，《乌里雅苏台日记(不分卷)》，收入清写本史传记十七册一函，编号MO—1631，史450，页4059—4060。

"通饬四盟查逐无票商民，咨行库伦大臣查照。"[①]至蒙古贸易各旗的行商亦领理藩院的部票，先到乌里雅苏台衙门缴部票，再由该衙门发给到各旗的札萨克，由他们知会理藩院。理藩院咨商民贸易如无院票照例治罪除饬各属出示严查外，咨行库、科二城，饬属一体遵照。[②] 如果商民没有部票或照票在蒙古各旗贸易，必须受查办。

新疆回变时，绥远城将军允许商民携带武器以自保。同治九年(1870)绥远城将军安定奏称，乌里雅苏台将军咨称，近因阿毕尔米特旗一带土匪肆掠，归化城商民买卖全行不来。本处一切食用缺乏，众情惶惑，大局堪虑。拟自同治九年(1870)冬季为始，如有商民赴乌科两城及蒙古各旗贸易者，仍由商路行走。令其请领官枪，途中如遇贼匪抢劫，准其施放抵御，但不得借此别滋事端。该商民等始尚游移，迨再三开道，谕以与匪徒抵斗准其格杀勿论，乃各乐从现。拟有请票者令该商报明每票一张，由将军衙门请领官枪五杆，各随铅药火绳什物。贸易回城，即行如数呈缴。所发之枪均编排字号，并于枪鞘之上，粘贴某号某商请领字样，如有损坏遗失，责成该商修理赔偿。[③]

波兹德涅耶夫说，乌里雅苏台买卖城的捕厅有两名叫作"把总"的官，这是武官里最低一级的官员。他们是乌里雅苏台内务署派来的，期限为三个月。他们的职责是维持买卖城的秩序，处理一些小的欺诈行为或过失，以及每日向内务署报告一切情况。此外，捕厅的官员们还须在这里执行收关税的职务：检查运到乌里雅苏台来的每一件商品；无论是什么货物，每个骆驼驮子他们都抽二钱的关税，只有运来的面粉和各

---

① 祥麟，《乌里雅苏台行程纪事》，收入《傅斯年图书馆藏未刊稿钞本·史部》，第11册，页207。

② 祥麟，《乌里雅苏台行程纪事》，收入《傅斯年图书馆藏未刊稿钞本·史部》，第9册，页543。

③ 《宫中档朱批奏折》，编号04—01—01—0907—007，同治九年闰十月初四日。

种粮食例外，因为按规定对这些物品不征收关税。[①] 把总之外，还有巡捕。《额勒和布日记》提到同治十三年(1874)，春普禀见，乌城采买米面巡捕差弁王振荣、徐通所带十四驮私货开车呈阅。当谕以先将该弁等摘去顶戴，记大过一年，其所带货物应如何办理之处回明二参帅酌办。[②] 兵部章京春普等禀称，王振荣欠款业已追齐，惟尚短白米三袋，本城实无处购买，请示办法等语。当论以该弁业经身死，欠款既已交清，所短之米着施恩饬令照原买价值折交银两，毋任再延。[③] 祥麟日记载，街市有官署派巡捕管理台市，以台市差使苦累，改为每季轮派满、汉巡捕一人，管理三个月，以示体恤。巡捕分日夜间，如"本日监印巡捕昼王英、夜吉通"。[④] 吉通就是托克湍案件中夹带商货者，可见管理台市秩序的巡捕以买米面的名义，顺便做生意。

买卖城的商人也必须负担公共工程的经费。如光绪十四年(1888)八月，恒和义张商顺德来谒，讨论台市南隄工程。俾交普耀庭督率厅官等经理，一切工银料价则由各商家自行筹款。[⑤] 光绪十五年(1889)九月步至河干见其堤工三十八丈已竣，尚殊工坚料，实众商家急公好义乐成其事洵义举也。十月初一日，台市众商家请验收堤工。晤普耀庭饬其加筑碎石子坝以卫木堤。[⑥]

祥麟日记中记载光绪十二年(1886)八月至十三年(1887)七月到乌

---

① [俄]阿·马·波兹德涅耶夫著，《蒙古及蒙古人》，卷1，页288。

② 额勒和布著，芦婷婷整理，《额勒和布日记》，下册，页434。

③ 额勒和布著，芦婷婷整理，《额勒和布日记》，下册，页444。

④ 祥麟，《乌里雅苏台行程纪事》，收入《傅斯年图书馆藏未刊稿钞本·史部》，第9册，页519；第10册，页46、318。

⑤ 祥麟，《乌里雅苏台日记(不分卷)》，收入清写本史传记十七册一函，编号MO—1631，史450，页3660。

⑥ 祥麟，《乌里雅苏台日记(不分卷)》，收入清写本史传记十七册一函，编号MO—1631，史450，页4112、4133。

城的张家口商号有:复源成、大盛玉、合盛隆、福源成、恒隆广、大泉玉、元发昌、兴隆发、广全泰、万庆泰、祥发涌、协成源等。归化绥远的商号有:源恒昌、义成源、复成义、大兴胜、大生权、恒隆广、永兴厚、德兴元、复元成等。1860 年以后中国输往俄国茶叶数量减少,但张家口领部票的张数却增加,如光绪十四年(1888)有 790 张、光绪十五年(1889)有 701 张等。[①] 祥麟日记说明大泉玉、祥发涌、万庆泰这些张家口著名茶商,在光绪年间转往乌城贸易。有关商号在乌城的活动拟于下一节讨论。

三、乌城商民的商贸活动与债务

乌里雅苏台历经新疆乱事,档案被烧毁,未能找到完整的商号资料。不过从一些案件和碑刻资料,找到乌城商号的蛛丝马迹。到乌里雅苏台贸易的商人称为坐商,到蒙古各旗贸易的称为行商。但这两种商人并非截然区分,行商多半在乌城有商铺当店面或栈房。乾隆二十四年(1759)上谕:"向来前往蒙古部落贸易商人,由部领给照票稽核放行。嗣后,凡有领票前赴贸易人等所过喀尔喀各旗仍照旧随便交易以裨生业,其一切稽察弹压地方官及各札萨克留心妥协经理。"显示出皇帝许可商人领照票到蒙古部落贸易,汉商到各旗贸易是合法的。从以下案例可以发现在蒙古各旗贸易的商民相当多,也造成了欠债问题。

(一)乾隆时期

十八世纪蒙古的王公和平民借欠汉商许多银两,乾隆二十二年

① 参见拙作,《清代北商的茶叶贸易》,《内蒙古师范大学学报(哲学社会科学版)》,2016 年第 1 期,页 57—74。

(1757),蒙古四部落共欠商人债务银 153,739 余两。蒙古办理军需,向汉商借款都是公务所致。皇帝明知商人到蒙古获利很大,但是商人提供军需这情况也无可避免。

乾隆四十年(1775),定边左副将军瑚图灵阿奏称:"定例出口贸易人等,应在恰克图、库伦、塔密尔、乌里雅苏台一带集场。今商人图利,向各喀尔喀游牧贸易者甚多。蒙古等始图赊欠,后以牲畜加倍折算,屡启讼端,请严行禁止。现在蒙古等所欠各商银,限一年内,通行完结。理藩院议复:商人等在游牧贸易多年,蒙古所欠者自必多寡不等,如统限一年完结,势必不能。应饬各札萨克等,将众蒙古所欠,查明呈报将军大臣。如新欠为数无多者,限一年内完结。倘所欠年久,商人已得重利,令其酌减归还,总期限内全清。"①

在此以任文琇的案件来说明乌里雅苏台商人的经营情况。乾隆二十四年(1759)刘统勋等查奏普喜首告将军保德一案,粮饷同知呼世图亏空库项 12,000 两。② 这事件牵涉到负责运输粮食的任文琇,他在呼世图亏空案内,应交官银 3,500 两。又,通判普喜担任通判九年,约计办驼得银数千金,以婪赃罪计,可能普喜投资任文琇骆驼货运行业,所以乾隆皇帝认为"任文琇系屡次藐法奸猾商民,且归化城地方乃商贾云集之所,若将伊如此治罪,实不足以儆众。着寄字塔永宁将任文琇家产查办具奏"。任文琇在绥远、归化二城开张酒米杂货行铺,其兄任文玿亦向在塔米尔、乌里雅苏台二处贩卖杂货营生,任文玿也被牵连,一并查抄房产、货物等。

第一,查封任文玿在两处的货本课账约 5,000 余两。任文玿商伙

---

① 庆桂等奉敕修,《大清高宗纯皇帝实录》,卷 990,页 225 下,乾隆四十年九月上。

② 庆桂等奉敕修,《大清高宗纯皇帝实录》,卷 588,页 530 下—531 下,乾隆二十四年六月上。

张景隆，自塔米尔、乌里雅苏台两处，送交任文琇银 1,397.7 两。又驮马货物估变银 109.2 余两。

第二，定边左副将军咨派委主事富明员外郎赍图，查封塔米尔、乌里雅苏台两处任文招所有货物客欠共银 4,407.4 余两。

第三，据汾州府调任知府嘉详查封任文琇原籍汾阳县房屋地亩，估变银共 1,035 余两。

第四，又归化绥远二城续报出蒙古商民借欠客账银 2,917.7 余两、钱 728,312 文（折银 933.7 两）。原报续报统计共银 18,347 余两、钱 2,700,981 文，以钱合银 3,462 余两银钱，两项共 21,810 余两。[①]

前述，乾隆年间派内务府官员到恰克图贸易，携带资本银约二万两，在归化城的任氏拥有二万多两的资产，不容小觑。值得注意的是，任氏除了经营杂货外，也经营借贷生意，在档案上载明："各处官兵蒙古商民，或赊欠货账；或借货银钱皆属贸易常情。"这也是商号在乌里雅苏台最常见的经营模式。

（二）嘉庆时期

前述嘉庆皇帝对边疆地区采取保守的政策，下令官员清查非法居留的民人。嘉庆十年（1805），乌里雅苏台参赞大臣长安奏查三音诺颜蒙古等赊欠民债已还清，民人分别驱逐回原籍事。长安查公齐旺达什旗下赊欠民债之蒙古等有三百余名，住在游牧内索债民人有一百余名。这些民人借口贸易买卖前来栖止，或种地牧放；或娶蒙古妇女成家久而不回归；或赶牲畜物件赚利，间隔数年后再来强索欠债；蒙古人糊涂不识字，不知物价，兼数十年以前之旧债，"即使照前

① 《宫中档朱批奏折》，编号 04—01—01—0251—046，乾隆二十六年八月初六日。

奏定十分减三分，令限内还给七分，蒙古等陆续拿马牛羊皮张等项还债，民人等当作收利息，常以债尾抽出悬空，借故以种地牧畜，全无还清之日”①。

其中，和万祥呈称：“小的等图利私留此处，度命已年久，今派钦差大臣前来，清理小的们债负，小的等不敢再求利息，只要查明他们拿去的银两物件，归还价本，能返回原籍。”长安即会同盟长王德木楚克扎布，带领佐领萨喇布尼木布、笔帖式巴颜泰、富宁泰等提取商民赈目，三面点验，一项一项详查，已将本利全完之蒙古人 96 名，作为无欠，应将其赈目勾销。又本利早已还清大半，仍欠债尾之蒙古人 174 名，其中公齐旺达什之父母在世时，赊欠商民吴世达银二千两，折给物件，开除陆续已还，仍未完银五百余两，齐旺达什愿以现牲畜折算还给外，其余众人之债亦皆以牲畜计价还给，应将其赈目勾销。再赊欠民人物件未还清，已经病故、发遣、逃走之蒙古人 22 名，俱着落其子孙照本还给后，勾销其赈目。其余无子孙且无家产之蒙古 24 名，俱无所催追者，民人亦愿勾销赈目等情，饬令赊欠之蒙古等于十日期限内，各带牲畜物件还给。

此次应驱逐民人内，在此处娶蒙古妇女生子后，身故之孤子 5 名，年老残疾不能动弹者 1 名，再娶妻不愿走竟遗弃之蒙古女子 29 名，皆交公齐旺达什编入本旗为伊属下管束外，其余有家产行商、种地雇工共 103 名，概行驱逐各回原来之处，拆毁其所建房屋；惟因人数众多，若任其自行回去，恐留住在其他游牧，再请前来，沿途不无抢劫滋事。长安酌量人数多寡，编分队伍，饬交盟长王德木楚克扎布派出晓事官员妥为照看，将原自乌里雅苏台来行商者，随文管押解送乌里雅苏台；原自库

① 《军机处满文录副奏折》，编号 03—3681—004，嘉庆十年四月初四日。

伦来行商种地者，随文管押解送库伦；再自张家口出来8名，俱随文交台站逐站解送张家口，俱以本人之力，不给乌拉高粱等情。①

除了审理非法居留的民人外，嘉庆皇帝更禁止商人前往乌梁海贸易。定边左副将军成宽奏乌里雅苏台所属卡伦内所住三佐领下唐努乌里梁海，及通过卡伦北边九军台处，永远禁止民人贸易等因。奉旨："乌里雅苏台北边印吉里克卡伦外，所住逊扎旗下唐努乌梁海游牧处，原系禁止民人等贸易。惟卡伦内所住之唐努乌里梁海三佐领处，仍与民人凭票贸易，惟此三佐领处，虽系在卡伦之内，到底地处边僻，若不禁止民人前去贸易，或奸民图利偷越卡伦边境，滋生事端，亦未可定。应如成宽所奏，卡伦内所住之唐努乌梁海三佐领及乌里雅苏台北边九军台处，皆应严禁民人贸易，若有违禁偷往贸易者，即行拿获照例治罪。"②成宽将训谕粘单，明白禁止晓谕众商。

嘉庆九年(1804)五月十八日，据楚布里雅台站章京达什扎布解送拿旧票偷将砖茶、烟、米、面等项驮去乌梁海旗行商之民人许昭济前来，成宽随即交部院官员审讯。据商民许昭济供："去年九月间，曾请执票前去唐努乌梁海章京巴达尔旗行商，俟货物贸易完竣，才于五月十六日回乌里雅苏台，为图利仍欲潜去乌梁海旗行商，并无票开销，商量住店之民人鄂俊希去买四箱砖茶、十袋米面、一箱挂面、二箱烟，于十七日早交雇夫蒙古德勒格尔、垂柱尔，潜出买卖街，到了楚布里雅台站，与被拿获。"许昭济竟敢图利私运货物潜去行商，实属故意违禁，将他于买卖街

① "蒙古等长年赊欠民人旧债，自订期限以来，陆续偿还已经大半，并未详查，任民人等索逼情急，又系含混托故，呈请展限，实属愚昧，该管官员理应纠参，交部应议罚九之罪，惟奴才长安谨遵皇上明旨，至该游牧处查办，该盟长王德木楚克扎布、札萨克公齐旺达什、图萨喇克齐公多布沁、图萨喇克齐山杜克多尔济等，皆实心催办，未过几日，查明新旧债还给，民人等概令驱逐，所办尚属快速，其失察之罪，可否抵销宽免。"《军机处满文录副奏折》，编号03—3681—004，嘉庆十年四月初四日。

② 《军机处满文录副奏折》，编号03—3625—035，嘉庆十一年二月初六日。

枷号两个月，满日从重责处，驱逐回原籍，严加管束，不准出边。私带之砖茶、烟、面、米等项皆入官作为赏项。民人鄂俊希于住在伊店违禁之许昭济，并不出首，反代为买什物私送，亦属有罪，鄂俊希枷号一个月，满日从重责处完结。①

嘉庆十一年（1806），成宽等奏据唐努乌梁海总管达玛琳扎布等拿获库伦商民孙幅培，在所属卡伦内居住之佐领敦多克游牧处收债。成宽饬委章京等严讯，据供孙幅培是山西省汾阳县人，原住库伦，在乌梁海总管达玛琳扎布旗下贸易多年，即有一千余两的债，自严禁以后，并不敢前去。嘉庆十年（1805）七月，管库伦买卖街之部章京衙门取得该衙门发给之照票，前往札萨克图汗部落札萨克济克默特车布登旗贸易，从彼处偷往乌梁海佐领敦多克游牧处收债被获解送。②

成宽奏折提到乌梁海人每年来到乌里雅苏台呈交获捕皮张，向商民赊借物品，累积债务。成宽"以欠债多寡、民人收息之轻重，分别办理，务舒解贫苦乌梁海之力，多定年限偿还"③。该案件在蒙古国家档案局藏有商人借给乌梁海人的账册。根据账册记载，孙幅培名字原为宋福沛。乌梁海所欠商民银两并非交易所欠，而是放债或赊给物品，甚至有重利盘剥，每两收利银 1.33 钱（参见表 6—1）。

表 6—1　乌梁海人借欠商民银两

债主	欠银（两）	每两利息（两）	已还（两）	备注
宋福沛	1,435.33	0.13	191.33	此银宋福沛之子宋开往同其父伙计张正文具结领去销账完结

① 《军机处满文录副奏折》，编号 03—3669—040，嘉庆九年六月初九日。
② 《军机处满文录副奏折》，编号 03—3625—035，嘉庆十一年二月初六日。
③ 《军机处满文录副奏折》，编号 03—3625—035，嘉庆十一年二月初六日。

（续）

债主	欠银（两）	每两利息（两）	已还（两）	备注
张吉	640.96	0.133	85.44	此银其伙计郝廷兰具结领去销账完结
孙起秦	820.54	0.133	109.38	此银其伙计赵越宽具结领去销账完结
张重德	563.71	0.133	75.14	张重德回籍此银交值月甲首四合成记左澄收存俟本人到日具结收领
李应乾	28.75	0.133	3.83	李应乾回籍此银交值月甲首四合成记左澄收存俟本人到日具结收领
韩生晃	583.92	0.133	77.84	韩生晃回籍此银交值月甲首四合成记左澄收存俟本人到日具结收领

资料来源:《蒙古国家档案局档案》,编号026—010,页0034—0037,嘉庆十四年九月。

此案件中,有三位商人回籍,由值月甲首四合成记左澄代为收存。四合成记是乌里雅苏台的商号之一,设乌里雅苏台有二十七家商号按月轮值,四合成记也是其中之一。

(三)道光年间以后

根据道光元年(1821)档案记载,乌里雅苏台的商号有大盛魁、天义德、元盛德、聚和源、元盛魁、元兴隆、广盛魁、义成正、四合铺、大兴森、永盛德、长源德、万明昌、永兴发、永富魁、广盛林、田生玥、渠粤盛等十八家。[①] 可能是越界贸易,被罚牲畜(参见附录6—1)。其中大盛魁、天义德、元盛德是大商号,一直到清末都还存在。[②]

---

① 《宫中朱批奏折·财政类》,编号0568—055,光绪十七年九月二十八日。

② 祥麟日记载,光绪十五年二月二十五日,归化大盛公商民郭蒲等各持部票前往三札两盟等处贸易。参见祥麟,《乌里雅苏台日记(不分卷)》,收入清写本史传记十七册一函,编号MO—1631,史450,页3764。

道光五年(1825),《王车登多尔济旗居住民人房间并所属众蒙古该欠众铺民账银总册》档案,出现蒙古人欠债达73,670两以上。

表6—2 蒙古欠商号债务

商号	哈厦一所内有土房(间)	外该账银大约(余两)
四合成	32	23,400
兴隆魁	22	18,700
天裕魁	24	16,400
永茂盛	13	790
三合魁	18	6,300
万盛吉	14	6,400
段龙光	1	140
白兆騋	2	150
王贵贞	2	360
福泉涌	4	40
郭应文	3	290
吕廷献	7	700
万盛高	2	—
合计13家	144	73,670
以上铺户共数13家、哈厦共数13所、土房共数144间家		

资料来源:《蒙古国家档案局档案》,编号029—005,页0076—0081。

M. Sanjdorj讨论蒙古欠债的原因。第一,蒙古是游牧社会,产品随季节波动,以羊毛、羊肉等交换日常所需。但牲畜买卖有季节性,牧民产品不能久存,必须赶快贩卖产品。贩售产品与日常所需的时间不一致,很多案例说明牧民只能偿还旧债,故受放贷者的控制。第二,商号喜欢借贷贸易,赊账的货品比付现还贵。[1] 锡林迪布则认为蒙古的封建主卖掉牲畜或畜牧业原料,换回奢侈品如宝石、金子、锦缎、珍珠等;喇嘛则买宗教祈祷的物品,如面粉、茶叶、哈达、礼品等。[2] 据《考察蒙古日记》载:"有一种地内行商,于三四月之交,即携带货物用品之为蒙人所酷嗜者,分往喀尔喀境内各台站附近,分发各土人。不需现行交易,有需用货物者,辙随便与之,故销行极广。至五、六、七、八等月,则索取价偿,均以牲畜作价;或羊毛、驼绒等项,惟收羊最多。大概货物之价格甚高,交付款项不过十分之五、六,此五、六分之中扣之物本,利金已有余裕,其余则作为成债。还与不还,皆在其次,惟债名穷年累积,终无已时矣。"[3]蒙古债务问题向来为人诟病,蒙古人消费习惯与汉人不同,再加上赊账的原因也有各旗摊派的公账,遂使债务问题难以解决。

张家口现存《咸丰三年关帝庙碑》列有乌里雅苏台商号:京倮铺、义盛德,各施银五两。东口社施银三两,以及其他二十七家商号,参见表6—3。

表 6—3 咸丰三年(1853)张家口重修关帝庙乌城商民捐献名册

捐款名册	捐款金额	铺户总数
京倮铺、义盛德	各 5 两	2
东口社	3 两	1

---

① M. Sanjdorj, *Manchu Chinese Colonial Rule in Northern Mongolia*, translated from the Mongolian and annotated by Urgunge Onon; pref. by Owen Lattimore, pp. 42-43.

② 锡林迪布著,余大钧译,《十九世纪末与二十世纪初的蒙古社会经济状况》,收入《蒙古史研究参考资料》,第 9 辑,页 34。

③ 佚名,《考察蒙古日记》,收入毕奥南主编,《清代蒙古游记选辑三十四种》,上册,页 690。

（续）

捐款名册	捐款金额	铺户总数
泰和店、义成店、大盛魁、天义德、富中魁、元盛和、三义成、恒盛鸿、万和成、双兴义、长泰德、永丰明、永源长、四合成、元兴魁、万兴义、玉盛魁、大森玉、王银、杨如梧、李应朝、四德盛、大盛公、永胜义、德盛福、京馃铺、义盛德	共银 30 两	27

光绪二十三年(1897)档案载:“乌里雅苏台未遭兵燹以前,街市商民富庶。向有二十七家轮流值月,凡将军参赞衙门日用之需,无不取给,有一月用至三千金。”此 27 家商铺可能和表 6—2 的铺户是同一批店铺。此外,大盛魁、元盛德“皆系康熙年间随营开设,于乌城充当社首、经理。”在恰克图有八甲的组织、库伦设十二甲处理商民事务,乌里雅苏台属于军事要地,由二十七家轮流值月供给衙门之需,并以大盛魁、元盛德当社首。乌里雅苏台的商人称为社首、经理,如内地的行会组织。

四、乌城的商帮

乌里雅苏台在同治年间新疆回变,驻防城和台市都被烧毁,现今要了解商民的情况从祥麟日记来看光绪年间的坐贾有:大盛魁(王忠)、天义德(任经元)、大新德、义盛德(杨商)、恒和义(张掌柜)、隆庆昌、亿奎店、福臣魁、元聚义(杨商)、协和公(李商)、广盛店、德盛和(崔商)等。另有天顺、茂森为乌城两家旅店。[①] 义盛德为杂货店,贩售各种的布匹、日用品,

① 衙门搬运木材跟天顺、茂森两店方借大车。如光绪十五年修补后庙旗竿“两店假大车二辆移运后庙旧旗杆一对,交高木工等修补妥固,敬竖于真武庙绰楔前”。祥麟,《乌里雅苏台日记(不分卷)》,收入清写本史传记十七册一函,编号 MO—1631,史 450,页 4032、4425—4426。

隆庆昌为食品行。这些商铺大多是来自北京的商号。

(一)京帮商号

所谓京帮商人包括北京及直隶各州县的商人,亦包括张家口等地。前章讨论户部拨给乌城的纸张、笔墨以及赏缎匹等,往来乌城与北京的官员、差役,趁机挟带商货。因此,京帮商人出现在乌城也不意外。关于北京商号在乌城设置时间的问题,波兹德涅耶夫听说:在回族人打到这里来以前,北京人还没有在这里做过生意。他们是在回族人袭击这里的那一年来到这里的,那时已遭到巨大损失的呼和浩特商人尚未来得及再回到十分萧条的乌里雅苏台。[①] 实际上,张家口《咸丰三年关帝庙碑》的乌城商号有 27 家捐款,东口社、京倮铺、义盛德、三义成等都属于京帮商号。民国初年孟矩《乌城回忆录》提到商铺之大商号有十七家。譬如大盛魁、双舜全、天顺店、永盛店、协玉和、义盛德、恒和义、永兴恒、协和公、元生和、同和堂、恒隆厚。以山西人居多,直隶人次之。[②] 其中义盛德、恒和义、永兴恒、协和公、三义成等为北京的商铺。

《额勒和布日记》载,同治十三年(1874)到光绪初年在乌城的著名北京商号为万盛号,他常请万盛号掌柜代买马匹、珊瑚、鱼等。如光绪元年(1875)三月十五日,由万盛号转买枣骝马 1 匹,价银 20 两。五月十八日,买枣骝马 2 匹,共价银 72 两,系万盛号牵来。六月二十五日,由万盛号代买鹿茸 2 架。光绪二年(1876)闰五月二十七日,由万盛号代买珊瑚顶珠 1 座,价银 220 两。[③] 额勒和布担任定边左副将军年薪

---

① [俄]阿・马・波兹德涅耶夫著,《蒙古及蒙古人》,卷 1,页 281。

② 孟矩,《乌城回忆录》,收入《中国边疆行纪调查记报告书等边务资料丛编(初编)》,第 22 册,页 334。

③ 额勒和布著,芦婷婷整理,《额勒和布日记》,下册,页 446、452、457、501。

1,700 两,却花了 220 两买珊瑚顶珠,或许乌城距离恰克图较近,买珊瑚较便宜,还多次采买珊瑚等。[①]

额勒和布在光绪四年(1878)四月回北京,在这之前请万盛号掌柜王士彦携带银两"交付伊京市平银四千两,并代付和义公银一百六余两"。七月王士彦来看,"交伊领去二两平银二千一百八两三分"。[②] 额勒和布有六千多两银子放在万盛号生息,王士彦每月固定送利息银。此外,王士彦到乌城还帮忙采购鹿茸,以及代售毛皮等。[③] 说明万盛号事业蓬勃发展。

万盛号是北京著名的旅蒙商,《明清以来北京工商会馆碑刻选编》和《仁井田陞博士輯北京工商ギルド資料集》皆记载万盛号出现于乾隆三十五年(1770),《建立罩棚碑序》资料载万盛号捐银 26 两。乾隆四十四年(1779)《河东会馆碑记》载万盛号捐银 50 两。嘉庆七年(1802)《重修河东会馆碑记》载万盛号捐银 22.5 两。《仁井田陞博士輯北京工商ギルド資料集》中,嘉庆二十一年(1816)《重修河东会馆碑记》载万盛号捐钱 50,470 文,约折银 40 余两。[④] 万盛号在十八、十九世纪捐银超过

---

① "光绪元年八月十六日,阿敦章盖西呢音等派喇嘛根敦系昆都之弟等赴恰克图置办口粮来请安,当交伊等银一百四十两,嘱其购买珊瑚顶珠。光绪五年七月二十三日,张伙计佩来璋代觅珊瑚纪念等物。"参见额勒和布著,芦婷婷整理,《额勒和布日记》,下册,页 462、622。

② 额勒和布著,芦婷婷整理,《额勒和布日记》,下册,页 568、592。

③ 光绪四年十二月十二日,王士彦来看,带回鹿茸五对半。光绪四年十二月十四日,士彦来看,带去猞猁皮十二张、狐皮一张、油布二十一块。额勒和布著,芦婷婷整理,《额勒和布日记》,下册,页 603—604。

④ 李华编,《明清以来北京工商会馆碑刻选编》。[日]佐伯有一、田仲一成、濱下武志、上田信、中山美绪编注,《仁井田陞博士輯北京工商ギルド資料集》。有关北京工商会馆碑刻资料,参见中研院近代史研究所近代商号资料库。http://140.109.152.48:8080/store/search_result1.php? tabIdx1 = 0&searchStr = %E8%90%AC%E7%9B%9B%E8%99%9F&allcolumn = true&column = allcolumn&storename = true&peoplename = true(查阅日期:2019 年 2 月 26 日)。

一百多两，应属北京随营商号之一。实际上，万盛号经营的项目更多，《额勒和布日记》中记载光绪四年八月初七日，见马欣桥名玉科，系万盛车铺掌柜人。[①] 1920年的《实用北京指南》记载万盛号在瓷器口经营手车铺。此商号位于东华门内大街，为绦带铺，在打磨厂西经营军刀铺。[②]

和义公也是帮额勒和布携带物品的京商。光绪元年(1875)五月十三日，丰绅图回城请安，带来托和义公所买之物四驮。八月十三日，转运局换班兵宁振魁等回城，带来和义公信一封及所买食物六驮。九月初九日，转运局兵丁押解山东协饷到城，带来和义公信及代买米、豆等项。光绪二年(1876)二月初四日永营德麟峰由京回城带来和义公代买之白面等物。十一月二十一日，丰营委员荫德和布赴京制办鞍韂等物禀辞，托带和义公买物银一百两。光绪三年(1877)三月十一日，巡捕额尔克图回乌，带来和义公代买之砖茶等物六筐。五月十四日，富营委员富存押解户部拨饷银一万两到乌，带来和义公代买之砖茶、高粱等物二驮。七月初八日，金介福禀辞进京贡马，寄交和义公买物银一百两。十二月二十七日，转运局兵王润等押解山东头起饷银六千两到乌，并和义公代买食物四驮。[③] 额勒和布每次趁官员进京，顺便挟带和义公的米面、砖茶等，是否也挟带其他商货不得而知。

《额勒和布日记》提到光绪三年(1877)帮懋生号写匾额。又四年(1878)"定立懋生号合同"，合同内容不太清楚，或许额勒和布快回北京，请懋生号挟带货物。等额勒和布回北京后，懋生号送来大、小哈达

---

① 额勒和布著，芦婷婷整理，《额勒和布日记》，下册，页593。

② 徐珂编，《实用北京指南》，第5编交通2陆路，页4；第6编实业10衣着，页60；第6编实业17武装品，页128；姚祝萱，《北京便览》，页102。

③ 额勒和布著，芦婷婷整理，《额勒和布日记》，下册，页452、462、464、482、518、531、536、543、561—562。

183 块。九月十二日差庆福赴懋生号送马。十二月懋生号李伙计来取房租 300 两。[①] 大生(升)玉是张家口著名茶商常家的商号,亦经营票号等。额勒和布回京时在张家口停留,六月二十五日,“惠庵约同茂如、松峰、衡甫赴上堡圈内大生玉茶行楼上看戏。该铺赵掌柜、段掌柜预备晚饭。口味尚好,赏京钱四吊”。大生玉还送额勒和布红眉茶两包。[②]

三义成是中俄贸易著名的茶商,阿列克谢耶夫(Alekseev, Vasilii Mikhailovich, 1881—1951)记载,济南一家卖茶的店铺招牌写着:“本号生意遍布全国,各省均有茶庄及分号。”[③]三义成应属这类的商铺。此外,三义成还在北京开设糖果、干鲜果、草纸、挂货等铺。[④] 俄罗斯西伯利亚和蒙古地区水果较少,为补充维生素和热量,恰克图贸易商人贩售的八项物品即包括糖果、干果蜜饯等。前门外在明末清初已有干鲜果铺,乾隆年刻本《宸垣识略》记,前门外大街东边市房后有里街曰肉市,曰布市,曰瓜子店。[⑤] 瓜子店就是果子市。另外德盛门内大街也有干鲜果子街,出现时间较晚。最重要的,三义成为北京的民信局,设于崇文门外打磨厂。[⑥] 根据李华研究,约在明末清初已开始大量设置民信局从事民间邮寄、汇兑业务。乾隆年间,以“长江南北洋为中心”,“北洋如天津、京都”等处都有民信局的“伙东”。彭瀛添认为民信局本是汇

---

① 额勒和布著,芦婷婷整理,《额勒和布日记》,下册,页 559、565、593、596、604。

② 额勒和布著,芦婷婷整理,《额勒和布日记》,下册,页 587、589。

③ [俄]米·瓦·阿列克谢耶夫著,阎国栋译,《1907 年中国纪行》(昆明:云南人民出版社,2001),页 57。

④ 三义成在护国寺街开撢扇铺,徐珂编,《实用北京指南》,第 6 编实业 18 杂类,页 131。正阳门外东珠市口后营经营踹布局,实业 9 绸布,页 46。瓷器口经营挂货铺,实业 12 日用品,页 77。阜成门外大街设草纸店,页 79。崇文门内大街路东开设鲜果店,实业 14 饮食品,页 109。

⑤ 吴长元辑,《宸垣识略》(北京:北京古籍出版社,1983),卷 9,页 164。

⑥ 撷华编辑社,《新北京指南》,第 11 类营业(子)信局,页 8—2。

钱庄或商号，在传递本身信件并兼带他人信件时，逐渐演变而成。[①]

大新德是张家口的商号，《大境门山神庙道光三年(1823)增建灶殿碑记》载经理人大新德捐银十五两。同治元年(1862)《张家口管税之关防监督景大人奏请裁撤加征牛羊分局德政碑记》，羊行社经理大新德。但商民王锡藩常到乌城活动，祥麟提到光绪十四年(1888)三音诺颜部喇嘛三锦，欠大新德商债九百余金数年之久，即以一本一利分六年归清，每年由乌城通事家取银三百两。[②] 十五年六月“东口大新德王锡藩来谒，并赠两女奶饼八包、洋糖二瓶、蜜枣一包、糕点三匣”[③]。王锡藩是祥麟在张家口的代理商，凡买绸缎、借银、贡马等事都由大新德买办。祥麟提到大新德与义盛德的股东杨商，这两商号可能是同样的股东。

前一章讨论托克湍挟带商货时，挟带义盛德的货物。该商号也常出现在祥麟日记中。祥麟是义盛德的老主顾，常常到商铺闲坐、购物。光绪十二年(1886)十月祥麟听义盛德商家说：“本年蘑菇茂产价廉每斤不过一钱三分银价，当向该商等议定五百斤，即以此价钱为准。”十四年(1888)八月又买蘑菇 160 斤。[④] 根据《张家口调查录》载蘑菇有四种：(1)白大丁，每斤银一两三四钱；(2)白小丁，每斤银一两一二钱；(3)大吃片，每斤银六七钱；(4)地干片，每斤银四五钱。[⑤] 祥麟采购 660 斤的

---

① 李华编，《明清以来北京工商会馆碑刻选编》，页 11。有关民信局研究有彭瀛添，《民信局：中国的民间通讯事业》(台北：中国文化学院史学研究所博士论文，1980)，页 179—180。

② 祥麟，《乌里雅苏台日记(不分卷)》，收入清写本史传记十七册一函，编号 MO—1631，史 450，页 3683。

③ 祥麟，《乌里雅苏台日记(不分卷)》，收入清写本史传记十七册一函，编号 MO—1631，史 450，页 3964。

④ 祥麟，《乌里雅苏台行程纪事》，收入《傅斯年图书馆藏未刊稿钞本·史部》，第 10 册，页 64；祥麟，《乌里雅苏台日记(不分卷)》，收入清写本史传记十七册一函，编号 MO—1631，史 450，页 3664。

⑤ 《内编：张家口调查录(采录)》，《地学杂志》，1912 年第 3 卷第 5、6 期(1912)，页 18—25。

蘑菇,若每斤平均 1 两,相当数个月的薪俸。光绪十三年(1887)二月“至义盛德商家少坐,以大茶十一块,购银针大貂皮一张。当用夹板夹好交祁荣寄京,俾儿鹏代做貂冠一顶,貂尾做托按月备上小帽”[①]。有趣的是乌梁海地区每年进贡朝廷多系价格低的黄貂皮,而祥麟买到银针大貂皮,11 块大茶折合银 4.95 两。乌梁海的总管到乌城进贡貂皮,也都送给衙门官员各种皮张,在当地价格不太高,到了张家口价格翻番。譬如在乌里雅苏台的黄狐皮,不算高级品,但在张家口黄狐皮,每张三两七八钱;白狐皮,每张八两;青獐猞猁,每张五两上下;狼皮每张四两上下;灰鼠皮,大者每张五钱,小者二三钱不等;山羊皮,每张银九钱上下。[②] 祥麟在光绪十二年(1886)买到獾皮 10 张,价 3.6 两;羊皮 20 张,价 2.7 两;貂皮 1 张,价 3.6 两;小貂皮 2 张,价 4.5 两;灰鼠皮 100 张,价 4.5 两;小熊皮 1 张,价 1.35 两;猞猁狲头皮 40 个,价银 2.7 两;小狼皮 2 张,价 2.25 两。[③] 乌里雅苏台和张家口皮张价格差距颇大,官员变卖皮张或许为一项收入来源。

恒和义也是北京著名的外馆商号,卖较次级的商品如洋布、钮扣等。如光绪十二年(1886)十月初九日,祥麟至恒和义以大茶 7 块购买二蓝洋绉 14 尺、小绸 4 尺、广钮 1 副。光绪十三年(1887)八月初五日买蓝洋布 20 尺。九月二十一日买天青小哈喇 6 尺。光绪十四年(1888)八月初六日买月白茧绸衣里缎边钮扣等零物等。[④] 民国七年

① 祥麟,《乌里雅苏台行程纪事》,收入《傅斯年图书馆藏未刊稿钞本·史部》,第 10 册,页 267。

② 《内编:张家口调查录(采录)》,《地学杂志》,1912 年第 3 卷第 5、6 期,页 18—25。

③ 祥麟,《乌里雅苏台行程纪事》,收入《傅斯年图书馆藏未刊稿钞本·史部》,第 9 册,页 488、496;第 10 册,页 41、44、53、62。

④ 祥麟,《乌里雅苏台行程纪事》,收入《傅斯年图书馆藏未刊稿钞本·史部》,第 10 册,页 66;第 11 册,页 125;祥麟,《乌里雅苏台日记(不分卷)》,收入清写本史传记十七册一函,编号 MO—1631,史 450,页 3656。

(1918)都护副使乌里雅苏台佐理员恩华咨呈,乌城华商永兴恒、恒和义、义盛德、恒隆厚、新升永等在唐努乌梁海一百多年,房产屋宇与内地壮丽争胜,一切财产不下数千百万。[①] 这些商号在乌梁海贸易百余年,说明他们在乌城的贸易时间已经很久了,绝对不是波兹德涅耶夫说同治年间才到乌城的。

波兹德涅耶夫说北京铺子与其他店铺唯一不同之处就是比较整洁。他们经营的主要商品是丝织品,如丝绒、缎子、纺绸、曲绸、缦绸等;也有一些棉布,如搭连布、大布、洋大布、美国标布及俄国各色印花布等;还卖一些现成的服装、大褂、马褂、汗褟子(背心)、冬帽和夏帽、靴子及汉式和蒙古式服装上用的其他一些小物件;日用杂货,如缎子的荷包、钱包,铜的和玉石的烟袋锅,玉石和玻璃的烟嘴、鼻烟壶,瓷器碟子、盘子、碗、花瓶,木碟和木碗等等。北京人卖这些货物收的主要是银两,但也收熟羊皮、羊羔皮、羊皮、牛皮及其他蒙古产品。北京人收来的这些畜产品通过从乌里雅苏台经赛尔乌苏至北京。[②]

(二)归化商人

1. 烟茶的贸易

乌里雅苏台的军饷是由山西省协拨,此外,还要运输茶、烟、米粮等,由归绥道承办。归化成为提供乌里雅苏台军需的重镇。乾隆二十二年(1757)六月,山西巡抚奏,钦遵酌议备办 30,000 两之布匹、茶、烟等物,运至乌里雅苏台军营。交与直隶总督方观承派委干员采买15,000两之各色梭布,运送再交山西巡抚。亦派委干员采买银 10,000

---

① 中研院近代史研究所档案馆藏,《北洋政府外交部商务档》,编号 03—32—177—02—001,民国七年一月。

② [俄]阿·马·波兹德涅耶夫著,《蒙古及蒙古人》,卷 1,页 283。

两之茶叶、银 5,000 两之烟运送等因具奏。据归绥道呈报派于九月十四、十五两日，分作二起由归化城起程前赴乌里雅苏台交收等情。据布政司刘慥详称办运乌里雅苏台茶叶 181,818 斤、烟83,333斤。茶叶俱照时价采买每斤寔用价银 5.5 分，烟俱系上等每斤寔用价银 6 分，共用价银 15,000 两。前项茶烟由内地各州县起运至归化城，共需脚价银4,497余两。又自归化城起运照运米之例每驼负重 260 斤，计需驼1,020只。运至乌里雅苏台每驼给脚价银 19.6 两，内扣除绳索口袋等项银 1.1 两不给外，寔给银 18.5 两，共用脚价银 18,870 两。乾隆二十二年(1757)，地丁银内动给核销内除应扣平色共节省银 1,301 余两，寔用过采买茶烟银 15,000 两，寔给商民脚价银 22,066 余两。[①] 内阁题本的档案还提到雍正八年(1730)办运北路黑茶，每斤报销银 5.5 分，自太平、曲沃至归化，每只骆驼驮茶 200 金，日给脚价 2 钱。每木箱装茶130 斤，连包裹绳索共用银 816 两。[②]

山西巡抚伯麟谨题为奏闻事。复查采买砖茶 8,000 块，每块重2.5 斤，共重 20,000 斤，每斤时价银 5.5 分，共用价银 1,100 两。用木箱 154 个，每箱 10 个工价银 3.62 余两，共用银 55.82 余两。以上茶价并木箱工价共用银 1,155.81 余两。核与嘉庆六年(1801)办过茶斤木箱成例价值相符。议在于嘉庆八年(1803)地丁银内动支核销造具册结详。[③]

道光三年(1823)陕甘总督那彦成订新疆茶引章程，禁止商民由乌

① 《宫中朱批奏折・财政类》，编号 0896—044，乾隆二十三年三月十九日。又装盛茶烟木箱用过工价纸张绳索并苫席等项共银 816 两，应请在于司库各案节省平色银内动给核销。又官弁兵役盘费照例应给银 640 两。即于本案节省银内支给尚扣存司库节省银 661 余两将用过银款数目。

② 《内阁题本户科》，编号 02—01—04—15149—009，乾隆二十三年六月初九日。

③ 《清代内阁大库原藏明清档案》，编号 109964—001，嘉庆九年六月初九日。

里雅苏台运砖茶至古城，而乌里雅苏台将军果勒丰阿奏称：

> 自乾隆二十五年(1760)，奉旨依准。其此处商民驼载茶货前往西路一带贸易，是以渐积大小铺户二百余家，每年交纳房租银两，以为乌里雅苏台办公各项使用。附近居住之蒙古人等共有数万余名，所食口粮历来均系商民等驼载茶货，前赴古城兑换来营分买食用。古城商民亦常川贩运米面来营兑换砖茶，运赴西路一带售卖。此茶原系商民等由归化城、张家口请领部票交纳官税贩运来营，半与蒙古人等兑换牲畜；半即兑换米面之资。归化城、张家口和乌里雅苏台距离六千余里，驼一斤的米约需一钱，古城与乌城距离两千余里，每斤米需银二分，运输费用多达五倍。且归化城、张家口粮价较古城昂贵。乌里雅苏台将军果勒丰阿提到每年由归化城、张家口、库伦等三处共来大小砖茶一万五千余箱，除在本处兑换牲畜销售五千余箱外。其余一万余箱尽数陆续运赴古城兑换米面三百余万斤、杂货二三千驼方足食用。[①]

这件档案说明商民等由归化城、张家口请领部票驮载茶叶到乌城，再将茶叶运到新疆古城换取米面。归化城、张家口距离乌里雅苏台是古城与乌城距离的三倍，运米的费用多达五倍。运往古城的砖茶只有三分之一留在乌城，其他则运到古城换取米面、杂货等。

波兹德涅耶夫提到从张家口买卖城运往蒙古去的茶叶数量相当大，运往恰克图的砖茶达三万箱，运往库伦和北蒙古其他地方的厚砖茶达三万箱，薄砖茶达一万五千箱。[②] 实际上，往蒙古运砖茶的，有归化

① 《清代内阁大库原藏明清档案》，编号176585—001，道光三年十一月初五日。乌里雅苏台和古城的贸易系以货兑货，不使用银两。

② [俄]阿・马・波兹德涅耶夫著，《蒙古及蒙古人》，卷1，页705。

的商人。据《归化城之输出入货物》载，砖茶来自汉口，有三九、二四、米砖茶三种，每年运近五万箱上下，其中三九砖茶占十分之七，进销外蒙。[①] 所谓三九砖茶为一箱中有三十九块茶。前述道光元年(1821)的档案提到记载渠粤盛可能来自山西祁县渠氏。长盛川、长裕川创立于咸丰年间，创办人祁县渠映璜等。[②]《汉口山陕西会馆志》载，筹建汉口陕西会馆时，长盛川筹捐款 1,401.68 两、长裕川筹捐款 1,283.69 两。[③] 西会馆于同治九年(1870)重修，工讫于光绪二十一年(1895)。按照山陕商号公同议定抽捐条规，三九砖茶每箱抽捐银 1.2 分，长盛川、长裕川贩茶数量在十万箱以上。

大玉川、三玉川、巨盛川为大盛魁投资；大德诚为祁县乔家投资。[④] 根据陈启华研究一百二十余年前(约嘉庆年间)，晋商赴湖北经商，见羊楼峒茶树生长甚佳，遂教以栽制之法，并设庄采办，制造老茶，运销新疆、张家口、内外蒙古等处。羊楼峒原属蒲圻县一小镇，因与崇阳、通山、通城、临湘为邻，地处中枢；制茶早、品质佳，故为制茶中心。邻近各地之茶品质较差，也不在羊楼峒制造，亦假借齐名，以广招徕。[⑤] 民国十五年(1926)，归化的茶庄有兴隆茂、长盛川、宝聚川、巨贞川、巨盛川、三玉川、天顺长、义兴茶庄等十二家。其财东有三家系榆次县人，其余九家皆系祁县人。经营茶业者总店均设原籍地方，在湖北之羊楼峒、羊楼司等设厂制造，制成之砖茶运至汉口，在张家口、归化、包头、奉天等

① 《归化城之输出入货物》，《中外经济周刊》，1926 年第 156 期，页 8—25。

② 史若民、牛白琳编著，《平、祁、太经济社会史料与研究》，页 134—135。

③ 《汉口山陕西会馆志》，收入张正明、科大卫、王勇红主编，《明清山西碑刻资料选(续二)》，页 656。据《西会馆地理总图记》载，西会馆为山陕两省土商办公之所，创始于康熙癸亥(二十二年，1683)，被毁于咸丰甲寅(四年，1854)，复兴于同治庚午(九年，1870)，工讫于光绪乙未(二十一年，1895)，页 635。

④ 史若民、牛白琳编著，《平、祁、太经济社会史料与研究》，页 134—135。

⑤ 陈启华，《湖北羊楼峒区的茶业》，《中国实业》，1936 年第 2 卷第 1 期，页 2471—2482。

埠设立分庄。[①]

蒙古人喜欢喝三玉川产的三九砖茶。大盛魁每年约产四千箱三九砖茶，每箱茶值十二三两。光绪二十七年（1901）和民国元年（1912）蒙古缺乏砖茶，大盛魁一年走过一万多箱的砖茶，除了供给蒙古十几个旗外，还在乌里雅苏台和科布多市场上销售。[②]《汉口山陕西会馆志》没提到三玉川捐款，但有盒茶帮布施银 2,000 两、正筹捐 5,109.18 两。另外，裕盛川捐银 913.71 两，是否与大盛川有关？天顺长筹捐 4,031.87两。大盛魁的绸缎庄与天顺泰是否相关还需考证。[③]

除了茶叶之外，商人还运输烟。乾隆五十九年（1794）山西巡抚题山西省自代州采买烟五千包，由驿站运送归化城收贮不需运费。山西交给乌城来领运兵饷官员带回备用。烟每包重 9 两，共重 2,812 斤 8 两。每斤价 6 分，共用价银 168.75 两。共用木箱 21 个，每箱十个工价 3.59 两。两项共 176.29 两。这档案记载归化城运到乌里雅苏台的驼只运费。每只骆驼载货 260 斤，每只脚价银 18.5 两，需驼只 10.81 只，共用驼脚银 00.13 两。但实际给商人的驼价 188.92 两，其中每百两扣色银 5 两、扣平银 0.6 两，共扣平色银 11.2 两。[④] 乌里雅苏台地处极边，从归化买烟的价格尚比运输费还低，主要也是透过商号来采办。

2. 归化的行社

光绪十八年（1892）张心泰署理归化厅同知，其《宦海浮沉录》记载，咸丰年间以前归化十二行，至光绪年间则曰十五社、四乡耆。十五社中

① 《归化城之茶贸易》，《中外经济周刊》，1926 年第 146 期，页 16—21。

② 中国人民政治协商会议内蒙古自治区委员会文史资料研究委员编，《旅蒙商大盛魁》，收入《内蒙古文史资料》，第 12 辑，页 90—91。

③ 《汉口山陕西会馆志》，收入张正明、科大卫、王勇红主编，《明清山西碑刻资料选（续二）》，页 655—656。

④ 《清代内阁大库原藏明清档案》，编号 069864—001，乾隆五十九年十二月十三日。

的七大社为聚锦社、醇厚社、集锦社、青龙社、宝丰社、当行社和福虎社，其余为八小社。每社正副总领各一人，计 30 人。之中举四人为乡耆，聚锦社、青龙社每年各轮一人；毡毯、集义社两社生意卑贱不准举乡耆。乡耆人选且需要家道殷实，人品纯正，又能了事者方得举。故得者不胜荣幸，店门悬虎头牌，家中可挂匾额。选乡耆在每年十月朔更换之日，归化厅具衣冠到三贤庙亲抽签，抽得某人则贺客盈门，酒食征逐数日始罢。张心泰任归化厅同知，亲自参与其事。他并提到乡耆的职责，每遇商贾词讼事件，辄谕令处结各行公议条规，亦据由乡耆等定议，亦古三老之遗意。①

今堀诚二也认为乡耆为大行中选出，大行并保有度量衡的统制力。② 即大盛魁、天义德在乌城仍掌控平秤功能。霍国珍的口述说归绥在清代有七大社、八小社，哪一社代表哪一个行业，十五社有十二位总领，四位乡耆。董瑞的口述提到七大社、八小社在三贤庙办公，称作“大行”，大盛魁加入两个社，集锦社是营路买卖组织的，归化城的人称为“走大西路的”；醇厚社是通事行组织的，负担摊派。③

其次，今堀诚二列出归化钱行宝丰社的正副会首，光绪六年的副会首裕盛泰、光绪二十四年裕盛厚(程显荣)。④ 张心泰论及归化城十五社，全听命于宝丰社，产生许多弊端，宝丰社和其他十四社彼此结讼累牍经年，其卷宗已盈一室。他的策略是“商贾之事，地方官不必置喙者”⑤。彼此相安无事，这样商贾也高兴。根据张大俊口述，裕盛厚开设在同治十年，由大盛魁投资三万五千两，专做存款、放款买卖。把大

---

① 张心泰，《宦海浮沉录》(光绪三十二年九月开雕，梦梅仙馆藏)，页 41—42。

② [日]今堀诚二，《中国封建社会の機構：帰綏における社會集團の實態調查》，页 46、60。

③ 代林、乌静主编，《大盛魁闻见录》，页 8、244—245。

④ [日]今堀诚二，《中国封建社会の機構：帰綏における社會集團の實態調查》，页 313。

⑤ 张心泰，《宦海浮沉录》，页 42。

批的款子放给曲沃的烟庄，大盛魁用标期购买，不付现款。等到大盛魁把生烟运到乌城卖了，再买马羊皮毛等货，回到归化城，按标期交付烟款。然后烟坊把所借款子归还裕盛厚。裕盛厚也放款给湖南、湖北茶庄，大盛魁购买后，到乌城、科城卖了才交茶款。[①] 宝丰社属于归化七大社之一，裕盛厚即为归化地区的金融界领袖。据《汉口山陕西会馆志》记载，裕盛川筹捐 913.71 两。[②] 1929 年大盛魁倒闭，裕盛厚没倒闭，由绥远平市官钱局以十万元把裕盛厚接起来，至 1937 年才结束。[③]

根据今堀诚二的研究，乾隆十三年（1748）的碑刻即有"本城乡耆总领铺户"的名称，嘉庆年间的碑刻上写的是十四社：醇厚社、集锦社、聚锦社、青龙社、福虎社、当行社、宝丰社、集义社、威震社、仙翁社、荣丰社、衡义社、毡毯社、马店社；光绪末年至民国元年（1911）衍生为十五社。[④] 这些社与蒙古贸易相关的于以下讨论。

（1）醇厚社、集锦社、集义社

乾隆三十九年（1774）归化的关帝庙碑刻出现杂货行，嘉庆五年（1800）关帝庙中之醇厚堂乃杂货行办公之所焉，嘉庆五年一行始分二社，曰醇厚；曰集锦。[⑤] 醇厚社是杂货铺的组织，贩售京货和百货。京货铺属于高级的杂货，包括苏州的绢布商；百货为日用百货，如梭布、烟草、茶、果物、纸、染料、海产物、砂糖等调味料，有六成的商品输

---

① 代林、乌静主编，《大盛魁闻见录》，页 163—166。张大俊 16 岁到裕盛厚任职，工作二十多年。

② 《汉口山陕西会馆志》，收入张正明、科大卫、王勇江主编，《明清山西碑刻资料选（续二）》，页 656。

③ 代林、乌静主编，《大盛魁闻见录》，页 165。

④ ［日］今堀诚二，《中国封建社会の機構：帰綏（呼和浩特）における社会集団の実態調査》，页 37—39。

⑤ ［日］今堀诚二，《中国封建社会の機構：帰綏（呼和浩特）における社会集団の実態調査》，页 710、714。

往蒙古西北地方。[①] 道光三年(1823)小东街关帝庙集锦社、醇厚社担任乡总有世德和、恒成玉、天兴德、北永兴瑞、南永兴瑞、享盛公、永茂盛、大生泰、永恒升等。[②] 小东街关帝庙道光四年(1824)有集锦社乡总永昌魁薰沐叩。道光六年(1826)集锦社乡总兴隆永敬叩"回避"。[③] 道光十一年(1831)乡耆集锦社乡耆义和成、天春永敬献城隍庙曹关殿建筑。[④] 咸丰三年(1853)意生锦(旧城西顺城街)所在资料,有恭贺郭老先生印荣膺乡耆鸿禧之挂匾额"隐名脩实"乡耆,有集锦社大盛公。[⑤]

集义社也是归化旅蒙商的组织。乾隆五十二年(1787)财神庙敬献匾额"治履师祖",靴行总领有永茂盛、天春永。[⑥] 道光十年(1830)乡耆集义社永茂盛、永昌魁敬献城隍庙曹关殿建筑。今堀诚二辑"旧城大南街108家屋所在资料"中,道光二十九年(1849)集义社永昌魁、永茂盛等。[⑦] 永昌魁在库伦有西永昌魁、北永昌魁两家分店,应是重要商号。道光二十八年(1848)财神庙悬挂匾额"敕命回天"集义社天春永等叩

---

① [日]今堀诚二,《中国封建社会の機構:帰綏(呼和浩特)における社会集団の実態調査》,页207—213。

② [日]今堀诚二,《中国封建社会の機構:帰綏(呼和浩特)における社会集団の実態調査》,页715。

③ [日]今堀诚二,《中国封建社会の機構:帰綏(呼和浩特)における社会集団の実態調査》,页719。

④ [日]今堀诚二,《中国封建社会の機構:帰綏(呼和浩特)における社会集団の実態調査》,页805。

⑤ [日]今堀诚二,《中国封建社会の機構:帰綏(呼和浩特)における社会集団の実態調査》,页782。大盛公也是皮粗革行威镇社经理总领,参见页712。

⑥ [日]今堀诚二,《中国封建社会の機構:帰綏(呼和浩特)における社会集団の実態調査》,页774。

⑦ [日]今堀诚二,《中国封建社会の機構:帰綏(呼和浩特)における社会集団の実態調査》,页782—783、805。

敬。咸丰九年(1859)敬财神庙匾额"道援履宗"集义社永茂盛、义合成。[①] 永茂盛、天春永属于交城社,道光七年(1827)七月《交城社金妆佛像彩画殿宇创建社房碑记》载:"交城社自康熙初年圣祖仁皇帝廓清兹土费大将军自右玉带来十二行,靴铺皮行交邑人最夥,而交人在九天圣母位前每岁四月初八日献戏考诸贞功德累累第,百余年来襄事者无有定所……"轮流经理永茂盛、天春永等。[②] 该碑刻透露重要的讯息,十二社为费扬古带山西人到归化,其中靴行、皮行为交城县人。由此可知,集义社为靴行、皮行的组织。除上述商号外,还有元盛和为集义社经理,乡总义合成等。[③]

(2)青龙社、福虎社

蒙古人喜欢大麦粒炒熟碾成面粉,制成炒面,放在茶里当调味品,有时放在肉汤里,因此碾房在归化也是重要的社。归化财神庙于雍正年间建立,有三皇殿。乾隆二十一年(1756)碾房乡总有兴盛魁等挂匾额"富国裕民"。四十年(1775)碾房乡总兴盛魁等悬挂匾额"司福泽督财源"。[④] 根据今堀诚二的研究,碾房组织于嘉庆十一年(1806)改组青龙社名称。[⑤] 道光十六年(1836)万和成等敬"天兴奎于天成"匾额。道光二年(1822)青龙社乡总兴盛源敬叩财神庙"雅韵□□"匾额,道光二十二年(1842)兴盛源为青龙社乡总甲首敬叩"富国益民"匾额,道光二

① [日]今堀诚二,《中国封建社会の機構:帰綏(呼和浩特)における社会集団の実態調査》,页776。

② [日]今堀诚二,《中国封建社会の機構:帰綏(呼和浩特)における社会集団の実態調査》,页818。

③ [日]今堀诚二,《中国封建社会の機構:帰綏(呼和浩特)における社会集団の実態調査》,页775、776、782。

④ [日]今堀诚二,《中国封建社会の機構:帰綏(呼和浩特)における社会集団の実態調査》,页773—774。

⑤ [日]今堀诚二,《中国封建社会の機構:帰綏(呼和浩特)における社会集団の実態調査》,页398—399。青龙社的商人除了经营碾房,兼营油房、缸房生意。

十六年(1846)青龙社乡总兴盛源又献财神庙匾额“道辖道神”。咸丰四年(1854)兴盛源又当青龙社乡总甲首敬献“春春开开”匾额。[①] 兴盛源在 1822—1854 三十余年担任青龙社乡总,为归化地区的领导。

今堀诚二提到面行的最早匾额为雍正四、八、九年(1726、1730、1731)匾额,至嘉庆九年(1804)改为福虎社。乾隆四十三年(1778)有面行乡总兴隆永等,可能是福虎社的前身。光绪三年(1877)兴隆永为福虎社乡总敬叩“高步清虚”匾额。光绪六年(1880)福虎社乡总敬叩“德被群生”匾额有元顺生商号。[②] 又有“福虎者碾磨行也,其社为众社之源始旧有成规世相沿。每岁孟冬各举行中品行端正者四人为总领,有事则由乡耆以上达于官。凡军需差务,一切捐助花费,悉由社出,事毕总领持正公派,其居是地蒙是业者,咸入社而输将焉。迩年来军饷浩繁,岁时荒歉,坐贾之家本固者渐归减色,根浅者几至歇业,而四外行商托店行而转售者,独专其利而远其害,是故行商之取利也,即低其价而有余坐贾之计利也”[③]。

同治四年(1865),归化城蒙古民事府庚为出示晓谕事。据青龙社总领兰培霖等呈称,青龙、福虎两社向系充行认派需费较繁,惟指栏柜零星售卖米面借以生理。“近因年岁歉收,米面昂贵,外来客商多有贩买米面到城。或入各店转为售卖,或肩挑沿街零星出售,以致该二社生意减色,不能支持。伊等公同酌议,嗣后外来商贩贩来米面,均须由聚锦社店行汇总代售,不许私相买卖,亦不许沿街零星挑

---

① [日]今堀诚二,《中国封建社会の機構:帰綏(呼和浩特)における社会集団の実態調査》,页 775—780。

② [日]今堀诚二,《中国封建社会の機構:帰綏(呼和浩特)における社会集団の実態調査》,页 415、719、724、727、730、731。义和隆亦属于福虎社,同治七年福虎社乡总献匾额“神德时昭”等,页 730。

③ [日]今堀诚二,《中国封建社会の機構:帰綏(呼和浩特)における社会集団の実態調査》,页 772。

售。其或有托各店转售者,酌定每卖外来客面一斤由价内与福虎社抽拨行钱半文。若卖客米每斗,由价内与青龙社抽拨行钱十文,俱入社充公,以助摊派花费。"除禀批示外合亟出示晓谕为此示仰青龙、福虎两社并聚锦社,及外来客商人等知悉自示之后尔等务须按照筹议章程一体遵行。青龙社总领经理人德顺永、涌顺隆、公合成、复生泉、万盛兴、天生瑞。[①]

(3)福兴社

福兴社为家畜仲介买卖,乾隆年间已存在,道光时分为福兴牛社、福兴羊社。道光末年又合并为福兴社。[②] 乾隆四十五年(1780)《续修三贤庙碑记》永兴隆为经理人之一。道光二十六年(1846)北茶坊关帝庙《新建钟鼓二楼碑记》福兴社经理永兴隆等。咸丰三年(1853)意生锦(旧城西顺城街)所在资料,有福虎社永兴隆。[③] 由此可知,永兴隆经营牲畜仲介买卖,也经营磨面生理。

(4)金龙社、公义茶社

归化茶叶的行会组织为金龙社,在库伦商号却没有金龙社成员,是因茶叶贸易为张家口商人垄断,归化茶商可以到新疆贸易,不能去恰克图贸易。例如,道光二十八年(1848)茶货商会首天顺泰是大盛魁的小号[④],中俄茶叶贸易商号中未见这商号。

---

① [日]今堀诚二,《中国封建社会の機構:帰綏(呼和浩特)における社会集団の実態調查》,页772。

② [日]今堀诚二:《中国封建社会の機構:帰綏(呼和浩特)における社会集団の実態調查》,页174、702、811。

③ [日]今堀诚二,《中国封建社会の機構:帰綏(呼和浩特)における社会集団の実態調查》,页782。

④ [日]今堀诚二,《中国封建社会の機構:帰綏(呼和浩特)における社会集団の実態調查》,页227。中国人民政治协商会议内蒙古自治区委员会文史资料研究委员编,《旅蒙商大盛魁》,收入《内蒙古文史资料》,第12辑,页156—161。刘映元说大盛魁的茶庄是三玉川和聚盛川,绸缎庄是天顺泰和鼎盛兴。

公义茶社是青茶业者的组织。根据蒙古国家档案局的商号档案记载，有161家参与中俄茶叶贸易。今堀诚二辑寺庙碑刻中有三盛全、三义成、元盛和、天福和、四合全、恒升玉、顺义公、万和成、万顺昌、广和兴、广兴隆、兴盛成，都没有参加公义茶社组织，可能主要的分庄都在张家口。义和成在咸丰元年(1851)和同治二年(1863)系公义茶社的会员。①

《绥远通志稿》记载，输至蒙古的砖茶达数千万元，为对蒙古输出品第一位。② 乾隆九年(1744)茶商纠首(发起人)建金龙庙，乾隆二十年(1755)组织青龙社。至民国元年外蒙独立，失去市场，金龙社不复存在。③

其他归化商人生皮业、靴业等，都是规模比较小的商铺，不能和张家口商人相提并论。同治十年(1871)五月二十八日具照录恰商原禀咸丰七年(1857)《归化城布施碑》载广和永、万顺昌、二合公各施银三千文。万和成、广和兴各施银一千五百文。④ 另一个无年代的《归化城布施碑》载蔚长厚、四合全各施银一千文。⑤ 广和兴在归化城城西顺成街，在恭贺王老先生印春茂荣膺乡耆鸿禧捐匾额“敏事慎言”，属醇厚社。⑥

---

① ［日］今堀诚二，《中国封建社会の機構：帰綏(呼和浩特)における社会集団の実態調査》，页254。

② 《绥远通志稿》记载，输至蒙古的砖茶达数千万元，是对蒙古输出品首位。卷108，食货1，各县商业概况归绥县、茶叶。绥远通志馆纂，《绥远通志稿》(北京：北京图书馆出版社，2002)，转引自［日］今堀诚二，《中国封建社会の機構：帰綏(呼和浩特)における社会集団の実態調査》，页227、230。

③ ［日］今堀诚二，《中国封建社会の機構：帰綏(呼和浩特)における社会集団の実態調査》，页226。

④ 许檀编，《清代河南、山东等省商人会馆碑刻资料选辑》，页531—532。

⑤ 许檀编，《清代河南、山东等省商人会馆碑刻资料选辑》，页535。

⑥ ［日］今堀诚二，《中国封建社会の機構：帰綏(呼和浩特)における社会集団の実態調査》，页782。

民初有讨论归化经营外蒙贸易者曰集锦社，分行家、行商及通事行。（1）专走外蒙之行家不下三十余家，而规模最大者，首推大盛魁、元盛德两家。此两家在前清时代与天义德为专走外蒙之三大字号，资本均在百万元以上。天义德自外蒙变乱，财产损失一空，已经停业。惟大盛魁、元盛德两家尚勉强支持。义和荣系由通事行起家，资约十万元，其贸易地点在札萨克图汗。此等行家专以内地杂货运往外蒙各地，交其地之分号销售，以换取蒙古牲畜皮毛。（2）专走外蒙之行商资本甚小，最多者不过千数百元。大抵以三五人合为一组，向本地牲畜皮毛店借取资本若干；或请钱行作担保，向茶庄布庄杂货庄等赊取货物，限一年归还。抵外蒙后，将此货物易取蒙古人之牲畜皮毛，运回归化。俟售出得价便以清偿所欠牲畜皮毛店，或钱行茶布杂货等庄之货款。（3）通事行，为居间性质专代蒙古人办理卖买，从中扣取佣金。业此者均熟悉蒙古语言，蒙古行商之来归化者，以不谙本地商情之故，均投通事行安歇，所携之牲畜皮毛即托通行事为之代销，并代办购货报税装运等事。通事行则于卖买两方面各征佣金百分之三，伙食由蒙古客商自备。业此者凡九家，以义和荣、万盛公、德生源三家为最著名。归化运往乌里雅苏台的物资，委由从事蒙古贸易杂货行筹办。[①]

五、商号垫办军需

清代乌里雅苏台衙门一年才三万多两的经费，相较之下，商人的势力远远超过衙门。据《考察蒙古日记》载，乌城商务大盛魁约占二分之一，每岁入口牲畜，马约千余匹、羊约十万头，其贸易地区甚广，车盟、图

① 不著撰人，《归化城与蒙古新疆间之贸易状况》，《中外经济周刊》，1926年第149期，页7—24。

盟、札盟，旁及科布多地面。天义德贸易地面以三音诺颜为主。元盛德则乌城无分店，其贸易地区以杜尔伯特为主。① 至民国年间旅蒙商因俄国革命和卢布贬值案，有11家商号损失的财产在百万洋圆以上。②

乌城地处极边，其办公、杂费、伙食、马乾、车驼、木柴等，常由街市铺商垫办。因为商号必须轮流提供衙门的日用之需，相对地，商号也获得一些自主性。第一，商家有值月轮差之便，所有市面大小事件，遂一任商家主持。甚至私立传牌，纠众议事。最初不过应差之事，久则变而为聚众之权。将军福济、额勒和布任内，均有聚众抗官之案。第二，商贾每有私设平秤高抬市价，私相交易，以愚蒙民者。③ 大盛魁和天义德两店设立平秤，每两取二分银。原为取其公平，以免居其垄断。惟因商贾稍

---

① 佚名，《考察蒙古日记》，收入毕奥南主编，《清代蒙古游记选辑三十四种》，上册，页683。

②

乌里雅苏台商民损失表

籍贯	商号名称	损失金额（洋圆）	备注
汾阳县	太汾兴	1,000,000	商号在乌里雅苏台
汾阳县	利源长	1,000,000	商号在乌里雅苏台
孝义县	钱大有	1,000,000	商号在乌里雅苏台
孝义县	永兴茶庄	1,000,000	商号在乌里雅苏台
平遥县	和恒	1,000,000	商号在乌里雅苏台
平遥县	天发旺	1,000,000	商号在乌里雅苏台
平遥县	兴隆茶庄	1,000,000	商号在乌里雅苏台
介休县	万顺利	1,000,000	商号在乌里雅苏台
介休县	太和锦	1,000,000	商号在乌里雅苏台
汾阳县	裕张庆	1,000,000	商号在乌里雅苏台
交城县	福祥源	1,000,000	商号在乌里雅苏台

资料来源：《北洋政府外交部商务档》，编号03—32—535—04—005，民国十四年三月。

③ 《军机处档折件》，编号138506，光绪二十三年。

多，每月私设平秤，抬高市价。私于交易以愚蒙民。光绪二十二年（1896），两店递呈求为整顿，其他商家告两店打用之非，欲将店行裁撤，任各商自为主持。① 第三，街市商家所立之庙如关帝庙、城隍庙、河神庙等，亦由商家自招住持。② 第四，街内向有官厅一座，设巡捕二名，而所用之巡役更夫又皆为商家私雇，官私参半。③

M. Sanjdorj 说蒙古人欠商号的债务有两种，第一种是私人的债务；第二种是公家债务。所谓公家债务是蒙古部落有会盟，而每部落有轮值办公、各旗亦有办公费用。因各机构没有预算，所需的牲畜由平民负担。然而，平民贩售牲畜有季节性，蒙古衙门得税收前，只能向商号借贷。商人也喜欢让公家欠债，因可收到利息，还可建立良好的主顾关系。譬如，民间借贷月息三分，而公家和商人借贷签订合同，前十个月免息；第十一个月以后月息 3%。若三年未还债务，则再订新的合同，将未付的利息也变成本金，利上加利。④

（一）商人协助运送军需

额勒和布提到商民协助运粮的资料尤多，同治十二年（1873），他担任察哈尔都统时，招揽商人运粮，嘱咐属下："其务须取具切实，铺保后，令各将脚价数目严密封固送司，俟汇齐后定期将所有各商一并传齐，会

---

① 《军机处档折件》，编号 138506，光绪二十三年。

② 关帝庙的记载参见［俄］阿·马·波兹德涅耶夫著，《蒙古及蒙古人》，卷 1，页 268—269。城隍庙和河神庙的档案参见《宫中档光绪朝奏折》，编号 408013244，光绪二十三年五月初六日。

③ 《军机处档折件》，编号 138506，光绪二十三年；编号 408013243—5。定边左副将军崇欢议将街市商家所立之庙亦改由官方招住持，又将私役革退，另派官兵充当。店中平秤官贴印花示禁私设犯者有罚经此一番教诫聚众风气庶可革除，而市面亦赖以整顿矣。

④ M. Sanjdorj, *Manchu Chinese Colonial Rule in Northern Mongolia*, translated from the Mongolian and annotated by Urgunge Onon; pref. by Owen Lattimore, pp. 50-51.

同拆封，择其价少者，即派其领运，则浮言自无从而生矣。”许多商号招标后，当同玉堂拆封阅看，或四两或四两余，惟德义木店单开三两七钱，遂嘱其传齐各商公同阅看，并须取具该木店切实铺保方妥。承保德义木店之德元碱店之保结。[①] 由此可见，商人承揽运粮需有其他商家作保，德义木店的铺保为德元碱店。

同年十月，第二次招揽商人投标，“拆阅各铺商包揽运粮驼脚密封。共六家，内德义木店、万义成二家均开四两二钱，其余四两三四五钱不等。当饬营务处即传德义木店二家办理”。德义木店、万义成两家商人用驼一千九百余只，转运军粮三千八百余石。[②] 上述领运军粮每驼18.5两，而德义木仅4.2两，实因“领运军粮之德义木店商人张士海之铺伙王自有押送军粮，至哈尔呢敦交卸”[③]。哈尔呢敦台为赛尔乌苏往乌里雅苏台的第21台，只到半路而已，价格较便宜。

清朝在科布多屯田，乌里雅苏台的衙役到科布多领取粮食，《乌里雅苏台志略》载，仓贮粗粮每年春秋二季赴科布多领运，每季领740石。[④] 其盘费、雇工、绳索等由大盛魁垫付。如道光四年(1824)，梅令(副章京)去科(科布多)驼粮盘费7两、[⑤]修添补木工银4.5两、添四个兵雇人工银24两、取毛大绳十条用银6两。[⑥]

---

① 额勒和布著，芦婷婷整理，《额勒和布日记》，下册，页349—350。

② 参见芦婷婷，《〈额勒和布日记〉及晚清蒙古弊政研究》(北京：中央民族大学历史文化学院博士论文，2015)，页509。

③ 额勒和布著，芦婷婷整理，《额勒和布日记》，下册，页505。

④ 佚名，《乌里雅苏台志略》，收入《内蒙古史志》(北京：全国图书馆文献缩微复制中心，2002)，第41册，页351。另，每年春秋二季赴古城采买米面1,900口袋。

⑤ 梅令或写作梅林、梅楞、梅勒，是副章京。《乌里雅苏台事宜》称副章京，《乌里雅苏台志略》写作梅楞。参见佚名，《乌里雅苏台事宜》，收入《清代兵事典籍档册汇览》，第17册，页11；佚名，《乌里雅苏台志略》，收入《内蒙古史志》，第41册，页343。

⑥ 《蒙古国家档案局档案》，编号027—009，页0108—0109。

(二)乌里雅苏台衙门取用货物

《旅蒙商大盛魁》提到清朝乌里雅苏台将军衙门,有关办公、杂费、伙食、马乾、车驼、旅运、燃料和器具,以及其他一切由地方支应的人工、物品和款项等,甚至处罚犯人和刑具、装殓死人的棺材等项,都由商号先预支垫。[①] 在档案和乌城官员日记中可以发现衙门取用商号物资的记录,衙门主要经费分为以下几种。

1. 筹办驼马牲畜和马具等

同治十二年(1873),定边左副将军长顺奏称:"军营需驼照章给价铺户天义德坚持不允,拟将查得驼只变价罚归城工事。事因伊犁将军荣全需用健驼200只,当即公商购办,商议即由大盛魁、天义德为乌属铺首,牲畜尤蕃,因传饬该两铺首商令各备驼20只,亦照向章带豁木骆驼,每只银24两,无豁木价银20两之数发给,价值计可集办驼150只,俾得迅解荣全行营,以资急用。大盛魁铺商尚为乐从,即将驼呈交领价。天义德铺商坚执不允,谬称无驼。据多布沁札木楚查得,该铺商现因别事,由畜厂取到驼一百余只,通至近城地面因派人前往将来驼只并取到城,验看均尚壮健,计数106只。即于其中选得73只,合并买获之驼通计150只,当解往荣全军营收用,余驼公存备使。查该铺商渥叨国恩,始得边城谋利,频年行贾,各积重资,向来地方遇有事机,从未令该铺商等捐资助力,即各衙署亦无纤芥陋规。今当军用孔殷该铺商既饶有牲驼,一经传饬,应尤踊跃,况为数无多,仍照章给值,何损于该商而乃坚不遵办,情形实勘痛恨。现由奴才等公撮,应将该铺商前项驼只价值罚归城工备用,以为富商积殖罔知急公者,戒除将买护之驼并此项,

① 中国人民政治协商会议内蒙古自治区委员会文史资料研究委员会编,《旅蒙商大盛魁》,收入《内蒙古文史资料》,第12辑,页72。

驼只共计150只,已驰解荣全行营。"[①]

祥麟日记载:"按乌垣寒俗每于冬月宰羊而窖之,名曰卧羊。兹当其时由大盛魁商家赊定大甲羊三十五只,为今冬明春食用。适间该号秦商如数送来。晤谈而去。"[②]光绪十五年(1889)十月二十二日天义德商家牵来卧羊廿只。十一月初五日,大盛魁张商牵来卧羊卅只并天义德前送卧羊廿只,均交本辕牧厂外牧,按十日仍前驱回二只,以充庖对日用。[③]

2. 代垫军饷

虽然清朝规定,每年放给四部院印房、营伍厅、仓库、监狱柴薪银200余两。[④] 然,各部院朝台打印用柴火、牲口群、梅令所用纸墨亦由大盛魁代垫。[⑤] 乌城位处边地,每年由山西拨给协饷,新疆乱事,清政府从东北调集营兵来防卫,但军饷青黄不接,引起官兵聚众哗然。《额勒和布日记》载,光绪三年(1877)十二月十九日,营兵丁赴乌求饷。据称:"众兵困苦已极,求放五个月现银口分。"该兵等复称:"将军为一城之主,若向大盛魁等铺户借几十万银极其容易,何不体恤兵丁?"复答:"以上月费却多少唇舌,仅向众铺户借得银三千两,经将军将己身之银交出,始敷凑放半月之饷,尔等岂竟无所闻?现在何能再借?"[⑥]兵丁聚集街市,要求将军向大盛魁借银,将军费尽唇舌才向大盛魁借到3,000两,而额勒和布自己将户部给的薪俸738两搭放军饷。

---

① 《宫中档朱批奏折》,编号04—01—03—0104—017,同治十二年。

② 祥麟,《乌里雅苏台行程纪事》,收入《傅斯年图书馆藏未刊稿钞本·史部》,第10册,页99。

③ 祥麟,《乌里雅苏台日记(不分卷)》,收入清写本史传记十七册一函,编号MO—1631,史450,页4164、4185。

④ 佚名,《乌里雅苏台事宜》,收入《清代兵事典籍档册汇览》,第17册,页15—16。

⑤ 《蒙古国家档案局档案》,编号028—013,页0069—0070。

⑥ 额勒和布著,芦婷婷整理,《额勒和布日记》,下册,页556—560。

3. 官员借款

祥麟日记载，由光绪十五年(1889)四月十六日接护将军印务之日起至十六年(1890)二月廿八日交卸之日止计十个月十二日，找领护任半支养廉银 649.99 两，内扣一成廉银 64.99 两，又扣酌拟核减银 86.66 两，剩银 498.34 两。内扣减平银 29.9 两，又扣欠平银 4.3 两，仅实领银 464 两有奇，全数遣还大盛魁商家。[①] 三月十六日普耀庭代挽来大盛魁商家四年积负，除还净欠该号 1,400.36 两外，有该商家代兑别家 650 两，共欠 2,055 两有奇。普耀庭来谒代挽讫天义德商家四载积负，还净欠该号银 1,354 两。[②] 普耀庭是理藩院司员，居然可以帮忙还了三千多两银子，也够神通广大了。

4. 贡马与贡貂

乌里雅苏台将军每年例进贡马八匹，满蒙参赞大臣例进贡马各二匹。[③]额勒和布记载光绪三年(1877)五月十九日，贡马内有天义德代买黑马二匹、万盛号代买枣骝马一匹。[④]额勒和布自己也常向天义德和万盛号买马，然后又请商号代为售卖。譬如光绪三年九月，挑选马匹，计共剩马七十六匹，内择留十五六匹，分给大盛魁二十八匹，天亿(义)德十五匹外有松峰一匹，亿魁店、天顺店各九匹。嘱其代为售卖。[⑤]

祥麟日记提到大胜奎(大盛魁)商家照章代备贡马，牵来七骑暂收

---

① 祥麟，《乌里雅苏台日记(不分卷)》，收入清写本史传记十七册一函，编号 MO—1631，史 450，页 4381—4382。

② 祥麟，《乌里雅苏台日记(不分卷)》，收入清写本史传记十七册一函，编号 MO—1631，史 450，页 4427、4430。

③ 佚名，《乌里雅苏台事宜》，收入《清代兵事典籍档册汇览》，第 17 册，页 38—39。

④ 额勒和布著，芦婷婷整理，《额勒和布日记》，下册，页 541。

⑤ 光绪元年五月十八日，额勒和布买枣骝马二匹，共价银七十二两，系万盛号牵来。额勒和布著，芦婷婷整理，《额勒和布日记》，下册，页 452、550。

备选。[1] 天义德商家"照章代备贡马，牵来六匹暂收备用。内有小海骝一匹有半步走。大胜魁亦牵来烟熏海骝騠马一匹颇驯。现在内圈共养大小黄白烟熏騠跑海骝马共七匹"[2]。祥麟与商家拟定公平交易章程嗣后取货，按市价加二成利购马每匹十二金，售马每匹八金，以洗官价积习。[3] 天义德商家照章代备贡马，牵来六匹暂收备用，内有小海骝一匹有半步走。大胜魁（大盛魁）亦牵来烟熏海骝騠马一匹，颇驯，现在内圈共养大小黄白烟熏騠跑海骝马共七匹。[4]

除了正贡的马匹外，乌城官员私下送给北京王公、上司的马匹，戏称"人情马"，负担尤重。从祥麟日记来看，光绪十三年（1887）闰四月由天义德代购海骝二匹均达罕步，性亦驯良，惜均破耳。有一可以将就，而不堪备贡也，海骝难购如此。[5] 光绪十三年四月二十八日，恭拟贡马之便，顺赠亲友马匹。草单约略应用马四十八匹，大盛魁交来代购黑红银蹄马二匹、灰黄海骝二匹，均难入贡。仍俾其再购驯良而去。[6] 五月端午节，大盛魁觅来白海骝一匹头，样亦颇不恶，惜性歪劣，人骑即坠惟稍歉耳。[7] 初八日大盛魁觅来草黑马一匹。[8] 十三年六月，义盛德商家代

---

① 祥麟，《乌里雅苏台行程纪事》，收入《傅斯年图书馆藏未刊稿钞本·史部》，第9册，页429—430。

② 祥麟，《乌里雅苏台行程纪事》，收入《傅斯年图书馆藏未刊稿钞本·史部》，第9册，页436—437。

③ 祥麟，《乌里雅苏台行程纪事》，收入《傅斯年图书馆藏未刊稿钞本·史部》，第9册，页440—441。

④ 祥麟，《乌里雅苏台行程纪事》，收入《傅斯年图书馆藏未刊稿钞本·史部》，第9册，页436—437。

⑤ 祥麟，《乌里雅苏台行程纪事》，收入《傅斯年图书馆藏未刊稿钞本·史部》，第10册，页427。

⑥ 祥麟，《乌里雅苏台行程纪事》，收入《傅斯年图书馆藏未刊稿钞本·史部》，第10册，页433—434。

⑦ 祥麟，《乌里雅苏台行程纪事》，收入《傅斯年图书馆藏未刊稿钞本·史部》，第10册，页446。

⑧ 祥麟，《乌里雅苏台行程纪事》，收入《傅斯年图书馆藏未刊稿钞本·史部》，第10册，页449。

购小黄海骝一匹价银五两。七月,以大茶廿二块购杨商紫灰马一匹。[1]一块大茶等于银 4.5 钱,22 块砖茶折银 9.9 两。十五年(1889)五月十八日大盛魁商家代购来备贡马五匹,二十六日天义德商家代购来备贡马五匹,二十七日大盛魁又代购贡马二匹。[2] 乌里雅苏台的大茶一箱有 27 块的,每箱 10.8 两,每块 0.45 两。[3]

表 6—4 光绪十三年(1887)五月二十八日祥麟购买价格

致赠对象	马种	数量(匹)	价格	来源	资料来源
	黄海骝	2	未定	车藩代购	祥麟,《乌里雅苏台行程纪事》,第 10 册,页 482
那贝勒	黄海骝	1	15 金	翁音	祥麟,《乌里雅苏台行程纪事》,第 10 册,页 482
诚公爷	黄海骝	1	12 金	天义德商家	祥麟,《乌里雅苏台行程纪事》,第 10 册,页 482
那藩巨辅	黑马	1	大茶 64 块	兑杜辕杨香的	祥麟,《乌里雅苏台行程纪事》,第 10 册,页 483
漪贝勒	烟熏海骝	1	12 金	天义德	祥麟,《乌里雅苏台行程纪事》,第 10 册,页 483
八额驸	青马	1	大茶 27 块	牧厂昆都代购	祥麟,《乌里雅苏台行程纪事》,第 10 册,页 483—484
桂瀛洲	小青马	1	大茶 35 块	王巡捕代购	祥麟,《乌里雅苏台行程纪事》,第 10 册,页 484

① 祥麟,《乌里雅苏台行程纪事》,收入《傅斯年图书馆藏未刊稿钞本·史部》,第 10 册,页 540;第 11 册,页 26—27。

② 祥麟,《乌里雅苏台日记(不分卷)》,收入清写本史传记十七册一函,编号 MO—1631,史 450,页 3933、3950、3951。

③ 祥麟,《乌里雅苏台日记(不分卷)》,收入清写本史传记十七册一函,编号 MO—1631,史 450,页 4174—4175。

（续）

致赠对象	马种	数量（匹）	价格	来源	资料来源
芬三哥	黑马	1	12 金	大盛魁购	祥麟,《乌里雅苏台行程纪事》,第 10 册,页 484
希三哥	烟熏海骝	1	15 金	翁音	祥麟,《乌里雅苏台行程纪事》,第 10 册,页 484
特大哥	黄海骝	1	大茶 20 块	赵巡捕代购	祥麟,《乌里雅苏台行程纪事》,第 10 册,页 485
乌绍云	花枣骝	1	银 12 两	兑忠堆的	祥麟,《乌里雅苏台行程纪事》,第 10 册,页 485
崇受之	黄海骝	1	12 金	天义德购	祥麟,《乌里雅苏台行程纪事》,第 10 册,页 485
英焕章、文鲁臣	白海骝	各 1	大茶 27 块	克总管代购	祥麟,《乌里雅苏台行程纪事》,第 10 册,页 486
绪子兴内兄	小海骝	1	12 金	大盛魁购	祥麟,《乌里雅苏台行程纪事》,第 10 册,页 487
小儿桂鹏	青兔羯	1	大茶 65 块	由南台购的	祥麟,《乌里雅苏台行程纪事》,第 10 册,页 487
	紫红马	1	24 金	天义德购	祥麟,《乌里雅苏台行程纪事》,第 10 册,页 487

以上实共用过大茶 265 块,每块按市价 0.45 两,共合银 119.25 两,连用过现银 126.2 两,共用过白银 245.25 两,每匹马十至二十余两。祥麟日记载:"终岁盐菜养廉四百九十金,不足马价之用也。悲夫!而计可乘之骑十无一二。未卜何日得脱此苦。"[①]

① 祥麟,《乌里雅苏台日记(不分卷)》,收入清写本史传记十七册一函,编号 MO—1631,史 450,页 3964—3965。

乌梁海贡貂之后，由乌城衙门用生牛皮包装，生牛皮由大盛魁垫办。道光四年(1824)，大盛魁垫城内色貂皮用生牛皮1张，用银0.6两。道光十一年(1831)，乌城内包貂皮柜用生牛皮5张，用银3两。道光二十五年(1845)，城内色貂皮柜用生牛皮30张，用银30两。城内包貂皮柜用生牛皮5张，用银3两。道光二十七年(1847)，城内包貂皮柜用生牛皮30张，用银12两。①

商号代为垫办衙门日用，乌城衙门偿还的方式有两种，其一是以牲畜折抵。牧场章京等将外牧马匹全数驱回，除拨给天义德10匹、大盛魁14匹变价归账外，余马24匹内圈喂6匹中圈驾车4匹外，牧14匹均烙清文仁字新印记而去。② 其二为余草变价。草厂巡捕荣广交来余草20万束交商变价，银120两。“以麟内圈牛马较多免其一成，提二成分奖张立等五价(价是祥麟带去的奴仆)，以三成奖满汉巡捕，以四成分奖阖署当差亲兵余丁效力人等惟五价虽有效力之名，以其沾润在先自不应重复也。勉效陈平宰肉自不暇顾，及路人指摘耳阅者谅之。”③十五年十月二十九日巡捕谷增交来本年余草变价银132两。④

(三)蒙古旗署借款

在大盛魁的账簿中，蒙古驻班衙门向大盛魁取用牲畜的资料最多，

① 《蒙古国家档案局档案》，编号027—009，页0108—0109；编号003—009，页0167—0168；编号036—027，页0069—0071；编号077—035，页0169—0171。

② 祥麟，《乌里雅苏台行程纪事》，收入《傅斯年图书馆藏未刊稿钞本·史部》，第9册，页535。

③ 祥麟，《乌里雅苏台行程纪事》，收入《傅斯年图书馆藏未刊稿钞本·史部》，第10册，页67—68。

④ 祥麟，《乌里雅苏台日记(不分卷)》，收入清写本史传记十七册一函，编号MO—1631，史450，页4173。

金额也较多。驻班王公每三个月轮值一回，所以向大盛魁赊账的时间大都是三个月以内。如嘉庆二十四年（1819）六月十五日至九月二十二日，取用骆驼 21 只、马 32 匹，每只骆驼银 22 两、每匹马银 8 两，共用 638 两。此外，朝合台用全草屉和缰绳 8 副，用过 28 两。[①] “朝合台”与“察克达”音同，指乌里雅苏台的巡丁或警卫。《乌里雅苏台志略》载，库贮毛绳驼屉不敷使用时，行文四部咨采造具奏，每次造数十副照例发价。[②] 由档案看来，这些马鞍和缰绳的费用系由大盛魁垫办。

蒙古驻班衙门向大盛魁赊借牲畜及行政费用等以牲畜居多，一者是官厂的牲畜；一者系作为巡视卡伦，或台站所需的牲畜。而衙门以残废的渣子牲畜折抵数量或还银的数量都极少，通常是大盛魁到驻班王公所在的各旗收取牲畜。因此，波兹德涅耶夫说他们向蒙古人买一只羊，蒙古人索价 5 两，这样的价格在喀尔喀旅行时从来没遇到过。“原来不到一个月前，大盛魁钱庄的汉人经过这里，他们把绵羊抢去顶旗的债务了，所以才有这样高的要价。”[③]

但是，大盛魁借给牲畜的价格长期不变，每只骆驼银 22 两、每匹马银 8 两，对他们来说也是一项严重损失，因他们从外地买骆驼的价格超出这数字。光绪二十二年（1896）大盛魁商民谷琮控诉土谢图汗妄称捏报嫁祸卖恶。事因土谢图汗部驻班官员长期向大盛魁取用驼马，土谢图汗官员认为大盛魁改变牲畜价格，又重利盘剥等，引发诉讼。大盛魁提出账本和讼单，让我们了解过去对商人盘剥的真相，大盛魁账本所载光绪三年（1877）至二十二年（1896），土谢图汗部驻班官员取用驼马如表 6—6。

① 《蒙古国家档案局档案》，编号 028—013，页 0069—0070。
② 佚名，《乌里雅苏台志略》，收入《内蒙古史志》，第 41 册，页 351。
③ ［俄］阿·马·波兹德涅耶夫著，《蒙古及蒙古人》，卷 1，页 436。

表 6—5　嘉庆二十四年(1819)至道光二十八年(1848)蒙古驻班向大盛魁赊借牲畜及行政费用等

时间	总数银(两)	骆驼折银(两)	马匹折银(两)	其他行政经费(两)	渣子牲畜变价折银(两)	收过银(两)	编号
嘉庆 24.6.15—9.22	610.85	330	200	80.85	112.1		028—013
嘉庆 25.7.1—9.30	117.00	22	40	55	1.5		028—019
道光 1.1.1—3.30	269.55	110	80	79.55	12		028—026
道光 4.7.15—9.30	1,046.61	770	112	164.61	20.3	4	027—009
道光 8.1.1—3.30	597.20	220	272	105.2			002—025
道光 11.7.1—9.29	543.35	330	288	79.35			003—009
道光 19.1.1—3.29	748.47	440	200	108.47	25	64.8	036—044
道光 21.1.1—3.8	370.30	154	88	128.3	65	45.02	036—012
道光 24.10.1—12.30	1,177.20	682	376	119.2	1	108.9	028—026
道光 25.4.1—6.29	1,017.35	572	296	149.35	47		036—027
道光 25.7.1—9.30	932.00	352	416	164	162.5		036—028
道光 25.10.1—12.30	1,119.40	704	384	31.4		43	036—029
道光 27.4.1—6.30	1,119.70	396	600	123.7		67	077—035
道光 27.7.1—9.30	612.00	396	216		27.4		077—036
道光 28.4.1—6.29	1,177.30	550	536	91.3	46.2		034—006
道光 28.10.1—12.30	852.00	572	280				036—046

资料来源:《蒙古国家档案局档案》。

表 6—6　土谢图汗部驻班官员取用大盛魁之驼马数量

时间/地点	货物	件数	银（两）	备注
图什业图汗哎蔓公中				俱系驻班吉厦手因牲群补印用
光绪十九年五月内从乌铺取	骟驼（只）	105	3,885	
二十一年三月内从乌铺收老口渣子癣	骟驼（只）	16	80	
郡王阿囊达瓦齐尔和硕				
十年八月内从乌铺取	骟驼（只）	43	1,505	每只实 35 两
二十年九月内从乌铺取	骟驼（只）	8	280	每只实 35 两
二十一年六月内从乌铺取	骟驼（只）	26	910	每只实 35 两
将军贝子绷克楚车林和硕				俱系驻班吉厦手因牲群补印用
十八年八月内从乌铺取	骟驼（只）	20	740	每只实 37 两
二十一年六月内从乌铺取	骟驼（只）	10	350	每只实 35 两
二十二年正月内从乌铺取	骟驼（只）	4	140	每只实 35 两
罕那逊绰克图和硕				驻班吉厦手因牲群补印用
十八年八月内从乌铺取	骟驼（只）	16	592	每只实 37 两
亲王罕丹多尔济和硕				驻班吉厦手因牲群补印用

（续）

时间/地点	货物	件数	银（两）	备注
二十一年六月内从乌铺取	骟驼（只）	13	455	每只实 35 两
二十二年正月内从乌铺取	骟驼（只）	2	70	每只实 35 两
郡王鄂特萨尔巴札尔和硕				驻班吉厦手因牲群补印用
十年八月内从乌铺取	骟驼（只）	5	185	每只实 37 两
镇国公嘎丹巴勒和硕				驻班吉厦手因牲群补印用
光绪十八年八月内从乌铺取	骟驼（只）	13	455	每只实 35 两
公车登索诺木和硕				驻班吉厦手因牲群补印用
十八年八月内从乌铺取	骟驼（只）	12	444	每只实 37 两
公密帕木车索特巴保多尔济和硕				驻班吉厦手因牲群补印用
十八年八月内从乌铺取	骟驼（只）	17	595	每只实 35 两
二十年九月内从乌铺取	骟驼（只）	2	70	每只实 35 两
公密什克多尔济和硕				驻班吉厦手因牲群补印用
十八年八月内从乌铺取	骟驼（只）	20	740	每只实 37 两
公索诺木多尔济和硕				

（续）

时间/地点	货物	件数	银（两）	备注
驻班吉厦手因牲群补印用				
十八年八月内从乌铺取	骟驼（只）	5	185	每只实37两
台吉巴图萨固哩和硕				俱系驻班吉厦手因牲群补印用
十八年八月内从乌铺取	骟驼（只）	12	420	每只实35两
二十年九月内从乌铺取	骟驼（只）	12	420	
台吉那旺车林和硕				驻班吉厦手因牲群补印用
十八年八月内从乌铺取	骟驼（只）	15	555	每只实37两
台吉旺楚克拉布丹和硕				驻班吉厦手因牲群补印用
十八年八月内从乌铺取	骟驼（只）	10	370	每只实37两
台吉巴特玛楞登珠拉和硕				驻班吉厦手因牲群补印用
十八年八月内从乌铺取	骟驼（只）	5	185	每只实37两

资料来源：《蒙古国家档案局档案》，编号070—007，页0041—0053。

光绪十年（1884）至二十二年（1896）土谢图汗在乌城驻班的各级王

公从大盛魁商号共取使过:骟驼 391 只,共合价银 13,631 两。[1] 若连科布多取用的,共骟驼 694 只、骟马 6 匹,共银 25,350 两。

《大盛魁呈递图盟部落诸旗取使过驼马花册》的由来有个长远的故事。光绪二十二年(1896)觉罗崇欢等奏,官驼牧厂资运军粮向系存驼千只,四盟均匀牧放。例准每年倒毙 80 只,逾额若干归四盟赔补,三年由孳生厂奏调 300 只以补之。设有管牲畜处官一员,例随驻班将军挨盟轮换梅楞四员久司其事。道光、咸丰年间行之无弊。自同治年间西路事起,运粮采办改由归化城。此项官驼遂与孳生驼厂牵混倒毙赔补轇轕不清。光绪初年西路平定改归旧制,仍由古城采买米面。科布多驼运屯粮拨驼千只仍归官厂,其倒毙赔补之例一如其旧。自前任亲王车林多尔济补授蒙古参赞,有意袒护各盟所有官厂驼只除例倒之数有逾额者,辄由孳生厂取以补之。十三年调 700 只、十五年调 300 只、十七年调 300 只,五年之间即准之例倒亦不过 400 只,所调则 1,300 只。库伦大臣桂斌来咨以图盟呈报赔驼太累,牵涉通事大盛魁商号价值悬殊重利枉取等事。所开册报自光绪三年(1877)至二十二年(1896)共赔驼二千余只,与大盛魁商号账目不符。此案自应另为办理。惟查历年赔补实系图盟为多,推原其故该盟距乌里雅苏台遥远,向来拣派管驼梅楞即由此间居住之图盟人选派,亦非有产富户。那木济勒端多布、志锐奏欲通饬各盟拣派富户前来充当,再专其责成,令其有摊赔八成之虑或可少纾盟累。[2]

土谢图汗部官员说,赔驼二千余只,在大盛魁的账册只登记 694 只,根本和大盛魁商号价值悬殊重利枉取无关。光绪二十九年(1903)五月初一日秃舍雅图罕(土谢图汗)、大盛魁公同定妥相与乌科取使一

---

① 《蒙古国家档案局档案》,编号 070—007,页 0041—0053。

② 《宫中档光绪朝奏折》,编号 408013226,光绪二十二年八月初七日。

应差事定约一张：

立定相与约人乌里雅苏台大盛魁商民王保吉、褚鋁等。今因秃舍雅图罕艾蔓于光绪二十九年五月初一日，该艾蔓正盟长东杜布多尔计、贝士将军寒达多尔计、亲王等会同伊艾蔓众旗，向小号议定与该艾蔓垫办众旗并设并等乌、科二处各项差务。由小号取需银两、牲畜、货物限期一切等情。兹因二十八年九月内，该盟长处饬派贡布甲布扎兰等来乌协同伊艾蔓驻班吉沙，向小号酌议取使牲畜、货物价值章程，来往相与一应之事。几经考论详酌拟定，凡今后取使现银当日起利，每月每两按三分行息。其取使过牲畜、货物等项，均按该盟长将军处与小号定妥之价值章程。一体俱以寔银挽算付还小号现银，万一银不足夹带付还牲畜、货物，按时实银作价挽算。将收下银两、牲畜、货物拟定与小号送到乌城设稿北近口者，或西口亦可。惟取过之牲畜货物都有十二个月限期，如限内清还按定价合算无利了消。倘若过限付还每月每两亦按三分行息。自光绪二十九年五月初一日定约以后起凡从小号乌科二处取使牲畜货物，无论涨缩贵贱不准私自争论，以待下次五年之期会同盟长再行酌定。两出情愿恐口难凭，立此蒙汉定约换存为证。今将所定取使小号牲畜货物价值赁用小号毯房家俱一应等项详列于后。内有地大却圪启儿秃舍、公将军寒达刀尔计、亲王巴兔揹令公三合硕，前者各有价值定约为证。所有克贝阿纳的旺七力郡王大东杜布刀儿计贝士巴启马立圪登竹洛甲色三合硕该小号之旧账，自光绪三十年正月内起盟长等限五年以里全清。老不生亥的布甲色七登束纳孟秃舍、公七令八宝、郡王旺沁圪阿力不登、公东杜圪甲色五合硕。该小号之旧账自光绪三十年正月内起三年内，如数清还。倘若过期都是按现银清给。该盟长处亦与众旗各有文殊

(书)为证。大清光绪二十九年五月初一日公立王保吉等具。①

表 6—7 大盛魁代垫牲畜货物价格

牲畜与货物	单价	牲畜与货物	单价	牲畜与货物	单价
补印骟驼	每只 45 两	差事骟驼	每只 37 两	驼	每只 22 两
骟马	每匹 10 两	骒马	每匹 7 两	家尖牛	每条 15 两
大甲羊	每只 2 两	大母羊	每只 1 两	山羊	每只 6 钱
斜纹布	每件 15 两	威布	每匹 1 两	大茶	每墣 9 钱
羽毛绸	每件 5.5 两	曲绸	每件 4 两	真生烟	每包 3.5 钱
四头大帕	每个 5 钱	面儿大帕	每个 8 钱	十头小帕	每个 1.5 钱
三白绢	每个 3 分	中首貂皮	每张 6.5 两	香牛皮靴	每双 5 两
柴火	每车 4 钱	铁锁子	每托 2 钱	铁脖链	每副 2.5 两
铁足链	每副 2.5 两	铁手铐	每副 1.5 两	铁火炉	每斤 5 钱
铁小火剪	每托 3 钱	打铁锅	每斤 5 钱	生铁锅	每稍 5 钱
官驼屉	每墣 3.5 两	官毛大绳	每条 2.4 两	禾木杆	每副 5 钱
毛大绳	每条 5 钱	赁一副全刑具	每天工食 2 钱	赁一顶苍毯房	三个月工食 30 两
赁一顶白毯房	三个月工食 18 两	赁一顶苍毯房	每天工食 1 两		
赁一顶白毯房	每天工食 5 钱	赁一顶蓝布帐房	每天工食 3 钱		

资料来源:《蒙古国家档案局档案》,编号 079—019,页 0097—0101。

商民大盛魁谷琮等诉呈,图盟报称从小号取使驼只变价。该盟若给付差人旧欠之款,并赔还一切等项,向大盛魁取使中等微次之驼,言定每只价银 22 两。但垫交官厂牧群使用的骆驼,注价每只价银 37 两,册内亦有数旗每只 35 两者,系该旗属自行向大盛魁共同拟定之价,以

① 《蒙古国家档案局档案》,编号 079—019,页 0097—0101。

故与别旗之价不一。谷琮还说，近年图盟从大盛魁取使补纳官驼之情形愈觉难交，每逢用时必预先一月二十日着人诣自驼厂拨选顶好之驼按数多开几只，以备交给。倘大盛魁未蓄好驼，必由四方出大价银购求。至期任该管理牲群官员及驻班吉厦办事者一同过目，拣拨口轻个大膘肥之驼，仅先取去，其内略有一二微次者定然退下，仍是大盛魁之物。且近年内地东西两口驼只价昂每只四五十至六七十两。[①]

然，蒙古商号重利取息成为既定的论述，波兹德涅耶夫的书上就有许多这样的记载："北京、库伦、乌里雅苏台和恰克图的中国商号图门吉尔嘎拉、布扬图、大盛魁、贡楚克、达什和总数有七十多家的中国小商人的债款有十万两以上，这些钱都是为了供应官家需索付利息借来的；此外还有一些官家需索由本会盟各个旗平均分摊，我们旗摊派到的款项在一万两以上；现在我们已经落到即使剥光衣服，赤身露体，也支付不了这些捐税的地方。"[②]近年来有学者巴扎尔道尔吉也认为大盛魁把牲畜从蒙古人处以便宜价格积累债务得到后分为数个畜群驯养，有差役需求时再将贷得的牲畜以较高价格借给有需要的蒙古人。二十世纪初由于上述原因，一头有鞍的骆驼估给的价格六十余两，转而以贷给的方式买入时，一头有鞍的骆驼的价格若价格高于五十两则不买。[③] 谷琮则说骆驼来自东口张家口、西口归化，并不是蒙古滋生的牲畜。

其次，赊借和还债的价格差异。大盛魁土谢图汗部的约定"其取使过牲畜、货物等项，均按该盟长将军处与小号定妥之价值章程。一体俱以寔银挽算付还小号现银，万一银不足夹带付还牲畜、货物，按时实银

---

① 《蒙古国家档案局档案》，编号071—037，页0165—0168。

② ［俄］阿·马·波兹德涅耶夫著，《蒙古及蒙古人》，卷1，页22—25。

③ 巴扎尔道尔吉，《外蒙古同(通)事关系的几个问题——以大盛魁商号为例》，收入《中蒙历史学研究文集》编委会编著，《中蒙历史学研究文集》(呼和浩特：内蒙古大学出版社，2015)，页323—340。本文系蒙文，由蔡伟杰博士协助翻译，谨此致谢。

作价挽算。”巴扎尔道尔吉认为大盛魁商号的利润主要来源反映在通事与各盟缔结之契约所给出的牲畜、货物价格，但在收账时不反映在买得的牲畜、货物价格上，而是按当时的价格借故以低价买下，并且在这两个价格的基本价差上增加利息，累积了巨大财富。M. Sanjdorj 讨论蒙古债务，认为商人重利盘剥蒙古人，使蒙古的经济败坏。[①] 商人挟带货物随着物价上涨，日益昂贵，而蒙古牲畜价格长期处于低价，两者形成不对等的经济关系。

再者，关于利息问题。按照大盛魁的契约“取使现银当日起利，每月每两按三分行息。惟取过之牲畜货物都有十二个月限期，如限内清还按定价合算无利了消”。土谢图汗部借银月息三分。根据《大清律例·户律》：“典当财物每月取利并不得过三分，年月虽多，不过一本一利”[②]。《大清律例》规定利息不超过三分，且利息不能超过本金，按照契约文书资料看来，商人遵守规定。祥麟日记也记述蒙古债务问题，“普耀庭钟溥泉来谒讨论蒙汉交涉案件，三盟喇嘛三锦所欠大新德商债九百余金数年之久，即以一本一利，分六年归清。每年由乌城通事家取银三百两”[③]。

宣统二年(1910)，库伦办事大臣三多奏折提到：“图(图谢图汗，即土谢图汗)、车(车臣汗)二盟、沙毕等三处屡报灾祲，不堪供应。历年息借华俄债款，迭经报官索欠者，约计不下百万余两。询之各旗户口牲畜产业，竟有以一旗之牲畜估计价值不足抵其债务者”。[④]

---

① M. Sanjdorj, *Manchu Chinese Colonial Rule in Northern Mongolia*, translated from the Mongolian and annotated by Urgunge Onon; pref. by Owen Lattimore, pp. 42-43.

② 吴坛撰，马建石、杨育棠主编，《大清律例通考校注》，卷 14，页 522。

③ 祥麟，《乌里雅苏台日记(不分卷)》，收入清写本史传记十七册一函，编号 MO—1631，史 450，页 3683。

④ 三多，《库伦奏议》，第 1 册，页 120—121。

六、小结

《额勒和布日记》提到他在哈尔尼敦台站附近看到乌城买卖货驼数百只。① 蒙古地区农工业不发达，各种日用都仰赖内地的物资。在乌里雅苏台的商号都是内地商业重镇张家口、北京、归化等地的分庄。商人分成京帮和归化商人。乌城的官员来自北京，《额勒和布日记》和祥麟日记中的内容都显示出政商关系密切。再有，蒙古驻班王公需要的奢侈品亦由京帮商人提供。归化的商人则具有官商性质，提供驻防军队米面、烟、茶、衣靴等军需，归化有包括生产、金融、运输等各种社的组织。

归化商人大盛魁、元盛德、天义德等商号财力雄厚，波兹德涅耶夫提到大盛魁在蒙古的贸易额不下九百万两或一千万两。② 祥麟在乌城任职期间不时地向大盛魁、天义德等商号借贷。更重要的是，蒙古的驿站、卡伦、屯田等，仰赖蒙古方面的人力和物力资源。而大盛魁、天义德提供驻班蒙古王公所需的资源，再到各旗收取牲畜。蒙古人牲畜买卖有季节性，贩售产品与日常所需的时间不一致，牧民边举债过日边偿还旧债。民国四年(1915)，陆世荧到库伦进行调查，提到商号放款给蒙古的数额：如大盛魁的蒙古借款约有二百余万元，天义德的蒙古借款约有六七十万元。③

其次，关于借贷的利息。汉人借贷的时间在农村青黄不接之际，春借秋还，利息为六个月；而蒙古人归还借贷得等到牲畜繁殖，至少一年，

---

① 额勒和布著，芦婷婷整理，《额勒和布日记》，下册，页 426。

② [俄]阿·马·波兹德涅耶夫著，《蒙古及蒙古人》，卷 2，页 97。

③ 陆世荧，《调查员陆世荧调查库伦商业报告书》，页 9—36。

借贷时间长,故三分利对蒙古人来说利息算高。

蒙古独立以后,商号纷纷倒闭,货款汇兑艰难,资金亦不易周转,加以蒙人欠款疲滞不归,百商大受影响,遂使两百年来的库伦、张家口、北京的商贸网络消失。

第七章　清代科布多的财政

一、前言

科布多位于喀尔喀蒙古的西部，靠近新疆，距离北京非常遥远，官员上任得走两个月以上。[①] 清代统治喀尔喀蒙古在乌里雅苏台设置定边左副将军从一品官，科布多设参赞大臣兼副督统衔，副督统为正二品。驻防军队不多，约三四百名满洲和绿营兵丁。这两处驻防的主要军费来自山西协饷。曾小萍认为地方的商业税也是中央政府的收入，应尽收尽解。但商业的交易量每年起伏不定，地方政府采取定额制度，盈余部分作为地方开销等。[②] 科布多的商税方面与内地不同，以官房地租、平秤银、落地税为主，大抵用于地方庶务方面，未缴中央。

---

① 《军机处档折件》，编号 140522，光绪二十三年六月二十一日。宝昌奏称，自二月初六日自北京启程，至张家口生病请假一个月，四月十一日由张家口启程，六月初五日抵达科布多。

② 曾小萍著，董建中译，《州县官的银两：18 世纪中国的合理化财政改革》，页 203。

近年来清代封疆大吏的史料、文集陆续出版，丰富了研究资料，有富俊（1748—1834）卓特氏，于嘉庆元年至三年（1796—1798）任科布多参赞大臣，著有《科布多政务总册》。清安（？—1893）于光绪四年至十年（1878—1884）担任科布多参赞大臣，著有《科布多奏稿》，屡次提到科布多财政困难，商民借垫银两。[①] 光绪二十五年（1899）九月，瑞洵担任科布多参赞大臣，著有《散木居奏稿》，在任期间做了许多措施。第一，设立筹防处。第二，办保甲制度。第三，借兵驻防。第四，筹办布伦托海屯田。白剑光曾讨论瑞洵在科布多的筹防活动，他认为清末新政的问题事因财政不足，未能达到预期的效果。[②] 但是，连魁于光绪三十一年至三十四年（1905—1908）任科布多参赞大臣，对瑞洵任内的措施有许多批评。[③] 光绪三十二年（1906），瑞洵被参婪赃舞弊、捏报添兵、诈索赃款等，所有的政绩化为乌有，被革职下狱。芦婷婷讨论晚清蒙古台站弊端，也曾提及瑞洵的案件。[④] 此意味着瑞洵任职期间以新政之名，增设军事单位和员额，并大肆扩张地方财政，本质上毫无建树。

---

① 富俊，《科布多政务总册》，收入吴丰培、全国图书馆文献缩微复制中心编，《科布多史料辑存》（北京：书目文献出版社，1988）。《桂祥科布多奏稿》，收入吴丰培、全国图书馆文献缩微复制中心编，《科布多史料辑存》，页30上。《桂祥科布多奏稿》其实是清安奏稿，清安自光绪四年至十年（1878—1884）担任科布多参赞大臣，相关研究参见周学军、姜向文，《为〈桂祥科布多奏稿〉正名》，《历史档案》，2001年第2期，页127—130。

② 白剑光，《试论庚子之变后瑞洵在科布多地区的“筹防”活动》，《伊犁师范学院学报（社会科学版）》，2010年第4期，页43—47。

③ 连魁，《连魁科布多奏稿》，收入吴丰培、全国图书馆文献缩微复制中心编，《科布多史料辑存》。

④ 芦婷婷，《晚清蒙古台站弊端》，《内蒙古民族大学学报（社会科学版）》，2014年第40卷第6期，页5—9。

二、科布多建城与财政来源

(一)科布多建城

讨论科布多财政之前,先叙述科布多建城历史。魏源《两征厄鲁特记》载:"自圣祖殄噶尔丹,返喀尔喀于故地,斥地至阿尔泰山,屯兵于科布多……"[①]科布多系在噶尔丹军溃败之后所建。康熙五十六年或五十七年间(1716—1717),当时的大将军傅尔丹奉旨从土默特兵中征集一千人屯田于科布多河附近地区。在开始拓垦这些地区时,傅尔丹就在科布多河畔建起了一座小镇,以供垦荒者居住。

波兹德涅耶夫引蒙古编年史《宝贝念珠》,称系雍正八年(1730),大军征服西域诸部后,奉命于科布多和沿岸择地建城。[②] 又乾隆三十一年(1766)乾隆皇帝之"普宁寺"碑文云:"雍正八年,岁次庚戌,当大军讨平西域之际,既亦见诸此地、筑城而屯戍兵焉。当时建寺庙,欲使百姓知其所护佑而信奉之也。嗣后,岁次壬子(十年),大败准噶尔、额鲁特匪徒于额尔德尼召,因其畏慑求觐而罢兵革,边疆无事,然庙已中毁矣。"[③]然而,根据《大清世宗宪皇帝实录》的记载,雍正九年(1731)三月大学士等议复靖边大将军傅尔丹奏言,北路军营,遵旨筑城。查科布多地方。按连布娄尔与库里野图相近,系进兵大道,请于此处筑城。[④] 但准噶尔军队在和通

---

① 魏源,《两征厄鲁特记》,清光绪丁丑(三)年(1877)至丁酉(十三)年(1887)上海著易堂排印本,页55下。

② [俄]阿·马·波兹德涅耶夫著,《蒙古及蒙古人》,卷1,页327。

③ [俄]阿·马·波兹德涅耶夫著,《蒙古及蒙古人》,卷1,页358。

④ 鄂尔泰等奉敕修,《大清世宗宪皇帝实录》(北京:中华书局,1986),卷104,页382下,雍正九年三月。

淖尔打败清军，靖边大将军傅尔丹折奏，遵旨公议率科布多兵丁，撤回察罕叟尔地方。[1]《雍正朝满文朱批奏折》记载："科布多地方建城者，特为易于进征。现应以固守边界为要，贼退后，将科布多兵均撤驻察罕叟尔、札布噶等地，就近卫守喀尔喀牧所，且亦易于彼此往援。"雍正皇帝又交代撤军时，驮运存于军营之(米)、火药、铅子、(建城铁器)等物之力若"有"(宽裕)则带回。倘不能携带，则深挖窖牢固掩埋。[将应放置水中之铁类物件置于水中](日后有用处，则可取而用之也。)[2]既然科布多兵力撤至察罕叟尔、札布噶等地，雍正年间应当没建城。

根据定边左副将军成衮扎布等奏报科布多建城事宜，乾隆二十七年(1762)十月十五日奉上谕："赴科布多贸易之汉民等络绎不绝。今伊犁等处因人聚繁多，俱建造城堡。若在科布多兴建一城，安置伊等，甚属有益，且亦便于管理。科布多旧城基址，地势卑湿，不便安置。著传谕扎拉丰阿，于伊现在安营之处附近，择一高燥之地，派彼处屯田之绿营兵丁，从容建城。兴建此城，不宜过大，可按容纳，建一类似卫所一般之小城。在何处建城，如何办理工程之处，着扎拉丰阿会同将军成衮札布，商酌定议办理。"[3]此次建城由科布多参赞大臣扎拉丰阿会同乌里雅苏台将军成衮札布共同商酌办理。

《科布多政务总册》载，科布多城径方四百步，周围约二里，东西南三门，东西无关厢，东名迎祥门，西名延庆门，南名福汇门。衙署有参赞大臣衙署一所，在城中西南隅。印房兵部及办理蒙古事务公所

---

① 鄂尔泰等奉敕修，《大清世宗宪皇帝实录》，卷110，页460下，雍正九年九月。至官物内可土埋者惟铁器，其余粮二万三千石，银八十万两、火药、铅子、帐房、缎布、茶叶等皆军营要物，大约需驼一万二千只，方能运载。

② 中国第一历史档案馆译编，《雍正朝满文朱批奏折全译》(合肥：黄山书社，1998)，下册，页2518—2519。按该书体例雍正皇帝改写用()，删除用[]。

③ 中国第一历史档案馆编，《乾隆朝满文寄信档译编》，第3册，页542。

一处，在参赞衙门前。公馆一处，在参赞衙门迤东。监狱一处，在城内西北。

（二）山西等省协拨银两

本书第六章已经讨论过乾隆后期，由山西省每三年拨解二十万两给乌里雅苏台和科布多，科布多财政主要来自山西协拨银两。富俊于嘉庆元年（1796）担任科布多参赞大臣，其《科布多政务总册》载，岁支银38,220两、岁支米9,000石，遇有闰年岁支银41,370两、岁支米9,480石。[①] 科布多一百多年经费都没增加，杜嘎尔于光绪十三年（1887）奏称："科布多欠放蒙古例饷，暂由铺商借垫甚多，请筹拨银两以资补欠。"[②]杜嘎尔奏称每年按期添拨两城不敷银一万六千余两，只增盐菜银一万两。光绪十五年（1889）山西巡抚豫山奏，晋省每年应解乌里雅苏台科布多二城常年经费银66,666两。又自光绪十三年（1887）起每年添解加增盐菜银一万两，又自十四年（1888）起每年筹解旧欠经费银5,000两，三项共银81,666两均经按年清解。光绪十五年三月二十九日，已将本年前一半经费盐菜等银40,833两委员解交。[③] 所以81,666两是乌里雅苏台、科布多二城的经费，可以得知百余年来，经费没有大幅增加。

山西自光绪三年（1877）以后频遭大祲，人民逃亡过半，钱粮连年蠲免，京协各饷，均蒙奏明分别停解。科布多的岁入经由户部及其他各省

---

① 参见富俊，《科布多政务总册》。富俊所参考的档册应是内阁题本户科《乌里雅苏台科布多官兵盐菜钱粮》的档案。

② 《宫中朱批奏折・财政类》，编号0991—020，光绪十三年十一月十九日。

③ 《宫中朱批奏折・财政类》，编号0998—069，光绪十五年七月二十四日。科布多参赞大臣沙克都林扎布奏山西每年筹解旧欠经费银5,000两，科布多分2,500两。编号1003—028，光绪十六年八月十三日。

解款。

第一,户部解款。军机大臣议奏,晋省叠遭荒旱,征款多有捐缓,一时不能兼顾协饷,而科城悬兵待食,需款甚迫,若令专待外省解款,诚恐贻误边防,大臣所奏,暂准户部垫给一年饷银,除光绪六年(1880)四月业经部库拨给银三万两外,再添拨银二万五千两,作为该城本年四月起截至明年三月底止一年饷需,仍由库存四成洋税项下提拨此项部拨银两,务须核实支发。①

第二,山西、山东、河南三省拨解帮贴台费每年各一万两。清安奏称科属东南西三路台站,因差徭繁重,经陕甘总督左宗棠于光绪元年(1875)八月间奏请每年帮贴台费专款银三万两,嗣经户部议复,准由山西山东河南三省各就地丁项下,每年各拨银一万两,岁共银三万两。但实际上自光绪元年起至六年(1875—1880),仅准山西解过银五千两,山东解过银五万两,河南解过银一万五千两。山西欠解各年台费银共四万五千两,山东欠解四年分代解山西河南台费银二万两,应解六年台费银一万两,共三万两。河南欠解台费银共三万五千两,三省通共欠解台费银十一万两,此项帮贴台费,原为添补各台牲畜供应差徭,刻难缓待之项,清安等于上年八月间奏请饬催筹拨。②

第三,江西、浙江、山东添拨科布多经费每年一万两。光绪十六年(1890)科布多参赞大臣沙克都林扎布奏:"江西、浙江应解光绪九、十两年添拨经费银各二万两,迄今分厘未解。安徽省应解九、十两年添拨经

① 《桂祥科布多奏稿》,收入吴丰培、全国图书馆文献缩微复制中心编,《科布多史料辑存》,页30上。

② 《桂祥科布多奏稿》,收入吴丰培、全国图书馆文献缩微复制中心编,《科布多史料辑存》,页6上—下。

费除已解不计外尚欠银一万五千两。”[1]各省欠银外,催饷的官员亦设法挪用经费。

第四,其他各地之协饷。据督粮道详报,光绪二十一年(1895)应解北洋大臣衙门铁路经费银二万两,分次拨交驻德转运局委员陈忠俨转解清款。[2]

虽说科布多获得各省协拨银两,却面临“多子饿死父,多媳妇饿死婆婆”的窘境,各省相继欠饷。光绪九年(1883)清安奏称,查科城正款只有经费、台费、军饷三项目。晋省遭祲以来屡年欠解经费台费军饷统计三十余万。其军饷一项,自同治九年(1870)间经历任参赞大臣等陆续奏诸由部拨发军饷银三十万两,各省拨发十五万两。惟各该省有全数解到者;有未经解完者,并有由街市铺商挪借之款,至今诸多虚悬。其台费一项原奏由山西、山东、河南三省每年各拨银一万两,九载于兹所解将及一半。而三路台站从前应付伊塔古三城将军大臣等并过往兵差,历次雇觅驼马乌拉及每年倒毙驼马等项价银,至今仍未开销者亦复不少。通盘核计各省应解经费台费军饷共积欠四十余万两,“经费有由铺商借垫者,各省欠款不能补齐垫款,无从筹补”[3]。

总之,科布多地处边陲经费不足时,户部令各省东挪西凑,也都未能按时缴。甚至,催银的委员还挪用饷银。光绪五年(1879),科布多参赞大臣保英派委即补防御候补笔帖式林秀带领六品军功京营巡捕兵刘斌,前赴山东迎提饷银。山东巡抚咨称筹拨科城协饷银一万两内,除来员借支盘费银五百两,扣还归款,寔领银九千五百两交来员林秀等管解

① 《宫中朱批奏折·财政类》,编号1003—028,光绪十六年八月十三日。
② 《宫中朱批奏折·财政类》,编号1027—002,光绪二十一年元月十九日。
③ 《宫中朱批奏折·财政类》,编号0985—061,光绪九年十二月十九日。

前赴察哈尔都统衙门交纳验明，转解回科。林秀等于四年正月间已由山东省起程，竟逗留一年之久，延至五年二月始行解饷回科。清安等当饬粮饷处查验入库，据该处章京禀称林秀所领山东饷银一万两内，除该员等现交外实短银 1,634.05 两，询据林秀声称自行动用过银1,238.85两，刘斌用过银 395.2 两。清安请旨将即补防御候补笔帖式林秀先行革职，六品军功刘斌革去顶戴。钱粮均勒限严追，并将该员等寓所查封备抵。[①]

科布多欠款比乌里雅苏台还严重，常面临无款可筹的窘境，时常向乌里雅苏台衙门借款。《额勒和布日记》载，光绪元年四月十三日："午刻，科布多差笔帖式倭什贺持信借银两。"八月初八日"科布多所派借饷委员倭什贺禀见，嘱其先行回城，听候筹办"。二十七日"传见兴昌，谕其于西征粮台驼价内借拨银五千两，派员迅速解交科布多"[②]。光绪二年(1876)，新疆回民流窜至博东齐一带，科布多咨文乌城衙门，请派队会剿等语。额勒和布传见吉祥，谕其于军需项下借拨银二千两，即交科城借饷委员希拉布迅速解回。[③]

由山西到乌里雅苏台路程需三个月，若由其他个省拨解更费时日。但实际上，科布多位于边疆，衙门日用之需，皆由铺商借垫。譬如同治十年(1871)，科布多参赞大臣托伦布奏："科布多地处极边，又值西疆多故，近年来各省应解饷项未能如期解到，所有一切城工、台务、兵差等项需用工料、驼马率皆由街市铺商垫办。"[④]科布多铺商垫办均能快速无误的垫办，比政府单位更有效率。

---

① 《宫中朱批奏折·财政类》，编号 0828—019，光绪五年四月初十日。
② 额勒和布著，芦婷婷整理，《额勒和布日记》，下册，页 449、461、463。
③ 额勒和布著，芦婷婷整理，《额勒和布日记》，下册，页 489。
④ 《军机处档折件》，编号 113953，同治朝。

(三)官房地租

清初西征噶尔丹、准噶尔时,大军云集,假手商人搬运粮饷、采购军需品,故军队所至之地,商人随行。战争平息后,大军撤退,商人留在驻军之地,设置商铺,清代实施满汉分治,汉人设置买卖城。在乌里雅苏台、科布多的买卖城皆因此兴起。

乾隆三十四年(1769),乌里雅苏台将军奏报,科布多以房间大小收房租银,该城并无大店铺,有较大商房 36 间、二等商房 29 间、寻常商房 17 间、小商房 30 间,共有房 112 间。其较大店铺房每间每月各 3 钱、二等商房每月每间各 2 钱、寻常商房每月每间各 1.5 钱、小商房每月每间各 1 钱,每月应收银 22.15 两,一年共应收租银 265.8 两。[①] 同治四年(1865),科布多房租银 1,052.75 两。[②] 新疆回变时,该商铺每月只收租项 70 余两,其后商铺被火焚毁,商民自行兴修,故暂停征收房租。[③] 回变后,商民大幅修建铺房,民国元年买卖城的铺房达 1,558 间,比乾隆年间又增加十几倍,光是大盛魁一家就有 198 间房。[④] 前述库伦等地铺房也逐年增长,咸丰五年(1855),东库伦房间 135 间、西库伦房间共 1,486 间,光绪八年(1882)的统计东库伦没增加,西库伦的房间达 1,858 间,两处共 1,993 间。[⑤] 关于科布多的商号铺房问题,拟于下章再讨论。

---

① 《军机处满文录副奏折》,编号 03—2320—006,乾隆三十四年六月十七日。
② 《内阁题本户科》,编号 02—01—04—21877—004,同治四年。
③ 《宫中朱批奏折·财政类》,编号 0608—021,同治朝。
④ 《北洋政府外交部商务档》,编号 03—18—032—07—008,民国六年十二月。
⑤ 参见拙作,《清代库伦商卓特巴衙门与商号》,《中研院近代史研究所集刊》,2014 年第 84 期,页 1—58。

(四)杂税

科布多的杂税收入有限,第一项是平秤银。前述在乌城充当社首、经理的是天义德和大盛魁担任集锦社的乡总,在科布多称为社首或铺首。其他铺户买卖平秤,以两店为准,交易以两店为凭。每银一两取用二分。光绪年间新订章程,所有买卖每两用银,除店用外,再加一分,统由两店交纳,每年派官稽查各铺出账与两店入账。若一年买卖能到三十万两,则此用可得三千金,在各商并自出血本不遇。

第二项为落地税。光绪二十三年的档案载,各家商铺来货时,每驮出银二分,统算每年货驮将近及万,亦可得二千两上下。[①] 樊镛《科布多风土记》亦提及,科布多向于茶货并无税课,惟华商来往出入之茶货,按每头骆驼抽收砖茶一二块,以为办理街市各项杂物之费耳。[②] 比较其他地区的落地税,如广东省至少有35,000两的收入盈余来自落地税。商业税利用了中国人口和商业活动的增长,为地方经费提供了一个不断扩展和合法的来源,这些经费既不违背朝廷的法律,也不危及普通大众的生活。[③]

科布多城附近的庄稼地,波兹德涅耶夫提到过了科布多河一带,有两处以前开垦过而现在已荒芜的小块土地;这些地现在只能从田地周围灌溉沟渠的模糊痕迹才认得出来。第二块耕地,它们被指定为蒙古农民的牧地。属于大盛魁商号汉人股东的大群骆驼在此放牧。据同行的明阿特人说:"我们所见到的牧场不是该商号的唯一牧场,因为这样

---

① 《军机处档折件》,编号138505,光绪二十三年三月十六日。

② 樊镛,《科布多风土记》,《东方杂志》,1913年第9卷第12号,页11—18。

③ 曾小萍著,董建中译,《州县官的银两:18世纪中国的合理化财政改革》,页204—205。

的骆驼群在其他一些地方还有。”[①]尽管如此，大盛魁牧场范围分布广泛，他们也不会交地租的。

（五）商人捐输

科布多有如大盛魁、天义德这样的巨商大贾，但商捐数量非常有限。咸丰三年（1853）二月初二日，科布多参赞大臣色克通额奏称，科布多商人捐银6,000两（参见表7—1）。

表7—1　科布多商人的捐输银两

姓名	捐银（两）	姓名	捐银（两）	姓名	捐银（两）
王振基	530	王林	550	王智	305
田育仁	605	李建仁	530	沈镐	305
武存智	305	范明中	380	郝天胜	100
张文曾	280	张淑显	750	贾瑞春	605
郭振全	755				

资料来源：《宫中朱批奏折·财政类》，编号0685—042，咸丰四年七月初三日。

咸丰四年（1854），科布多参赞大臣特克慎奏商人范明中捐银，按现行常例俊秀捐输职衔成案，量加酌给顶戴。[②] 同治九年（1870），要必显等九人捐犍牛42头，每头按时价折银8两，共银336两；武春光捐犍牛22头，每头按时价折银8两，共银176两。[③]

---

① ［俄］阿·马·波兹德涅耶夫著，《蒙古及蒙古人》，卷1，页367。

② 《宫中朱批奏折·财政类》，编号0685—042，咸丰四年七月初三日。

③ 《宫中朱批奏折·财政类》，编号0694—076，同治九年五月十五日。

同治元年，科布多参赞大臣奏称：每年例应开放满汉两营官兵盐菜共银六千余两，所属二十四处卡伦官兵应需银 18,900 两。三路台站官兵、屯田官兵、明阿特额鲁特牧厂驻班处、官学生、众安庙，暨各蒙古官员俸银台站羊价，以及例支零星款项共需银 16,000—17,000 两。并新设苏木台站每岁放银 990 两。近年收获麦石不敷一年开放，将应放之粮一半折银放给 3,300—3,400 两。通盘核算每年牢不可破应需银45,000—46,000 两，遇闰加增银三千余两。再查每年由乌里雅苏台领银三万两上下，除此别无领项，是以年年所欠各项要款在一万数千两之多。①

宣统三年(1911)，核定科布多的岁入预算表，统计经常、临时岁入共库平银 58,223.07 两(参见表 7—2)。此预算表内的数字是预期收到的经费，但不代表实际上的款项。譬如，宣统元年山西巡抚丁宝铨奏报汇解乌里雅苏台科布多二城常年经费，于地丁项内筹动银 22,916.6 两作为“应解乌里雅苏台本年后一半经费等银，又动银五十两作为应解京饷内扣解札萨克俸银”，计共解银 22,966.6两。内除乌里雅苏台将军堃岫现任罚俸银 180 两，实解银 22,786.6 两。② 乌里雅苏台、科布多二城半年也才四万多两，如何两年后科布多就增加一倍以上？可见度支部(1906 年户部改称度支部)衙门对边疆的财政不了解，岁入预算只是表面文章。另外，按前文所述，同治四年(1865)，科布多房租银 1,052.75 两，到宣统三年预估房租银只有 930 两，是因同治年间的回变商民铺户被焚毁，商户自行兴修房屋，同治朝一度捐免房租。③ 其后，科布多

① 《宫中朱批奏折·财政类》，编号 0971—070，同治六年四月六日。
② 《宫中朱批奏折·财政类》，编号 1093—008，宣统元年十二月初四日。
③ 《宫中朱批奏折·财政类》，编号 0608—021，同治朝。

的商铺房租银就没有记录了。表7—2房租930两约是估计数字,是否能收到房租也不得而知。

表7—2 宣统三年(1911)科布多的岁入预算表

核定科布多宣统三年国家岁入预算表			
经常门共库平银54,863两			
类	款	核定之数(两)	说明
第一类部拨款		53,933	本类度支部复核资政院审查均无增减
	第一款经费	49,833	同上
	第二款添拨经费	2,500	同上
	第三款筹还台费	1,600	同上
第二类田赋			同上
	第一款房租	930	同上
临时门共库平银3,360.07两			
第一类杂收入		3,360.07	同上
	第一款六分平	2,846.31	同上
	第二款减成	513.76	同上
统计经常、临时岁入共库平银58,223.07两			

资料来源:陈湛绮编,《清代民国财政预算档案史料汇编》,第4册,页2025—2026。

三、科布多的行政经费

科布多的行政费用主要为满蒙官员、兵丁的俸饷和养廉银，以及蒙古驻班王公薪俸、屯田、官厂牲畜群、台站、卡伦兵丁之薪俸，以下分别讨论。

（一）官员俸饷

科布多参赞大臣的职务，在例行性的事务方面由乌里雅苏台汇奏，譬如每年腊月，御赐福字荷包，春间奉到后，恭谢天恩之处；每年五月，恩赏平安丸锭子药，暨八九月间恩赏荔枝，接到后，恭谢天恩之处；每年恭逢皇上万寿、元旦贺折；每年进贡马匹，均咨呈乌里雅苏台将军汇奏。[①] 科布多参赞大臣应上奏折为：第一，每年三月十五日，派员会同乌鲁木齐官兵巡查，具奏都兰哈喇是否有偷挖铅砂之人；第二，具奏春季派员查阅各卡伦台站；第三，每年四月间，具奏屯田布种全完，及动用籽种数目；第四，具奏屯田雨水情形；第五，三年采买农具一次，照例先期具奏；第六，具奏秋季派员查阅各卡伦台站；第七，具奏冬季收到哈萨克马匹数目，暨照例赏给侍卫台吉兵丁等缎匹烟茶数目。[②] 主要是屯田、卡伦庶务。

光绪五年（1879），科布多参赞大臣清安奏，参赞大臣岁支养廉银 700 两、帮办大臣岁支养廉银 520 两。于咸丰六年（1856）间按

① 富俊，《科布多政务总册》，收入吴丰培、全国图书馆文献缩微复制中心编，《科布多史料辑存》，页 14 下。

② 富俊，《科布多政务总册》，收入吴丰培、全国图书馆文献缩微复制中心编，《科布多史料辑存》，页 14 下—15 上。

照户部所议武职三品以上的增九成俾资办公，每年参赞大臣应关养廉银除扣成减平外实支银 598.2 两、帮办大臣应关养廉除扣成减平外实支银 442.73 两。彼时科布多大臣特克慎等自请核减银 100 两，实支银 489.2 两、帮办大臣自请核减一成实支银 395.93 两。清安奏称："前数年科城诸物不甚昂贵，所关养廉尚可敷行办公。近来科城商贾稀少诸物昂贵异常，一切度支无不出于己资。"[①]参赞大臣名义上兼正二品副都统衔，其岁支银约略等于江苏管河通判的养廉银。比七品的州县官员的养廉银 1,200—2,400 两尚少许多。[②] 科布多冬季酷寒，取暖的木柴亦所费不赀，而养廉银不及南方州县官的一半，难怪科布多的官员和商人密切合作，经营各种生理，此将于下一节详述。

科布多司员 3 名包括：办理兵部事务章京 1 名，兼管户部印房奏折军器等事；办理蒙古事务章京 1 名，承办各部落蒙古及卡伦台站事件；管理粮饷处章京 1 名，承办粮饷出纳事件。清代州县衙门设刑科，处理刑名案件，而科布多的地方刑名案件，商民系由办理兵部事务处审办，蒙古系由办理蒙古事务处审办。[③] 至于商民领票出境，系派出管理街市之骁骑校、把总查验放行，以杜私贩禁物，故城内设两名把总。

---

① 《宫中朱批奏折·财政类》，编号 0983—048，光绪五年。

② 曾小萍著，董建中译，《州县官的银两：18 世纪中国的合理化财政改革》，页 145。

③ 富俊，《科布多政务总册》，收入吴丰培、全国图书馆文献缩微复制中心编，《科布多史料辑存》，页 15 下。各处捡获马匹牲畜，报蒙古事务处，交驻班札萨克牧放，以待失主识认。科布多于清末增设洋务局，外文案处一。佚名，《考察蒙古日记》，收入毕奥南主编，《清代蒙古游记选辑三十四种》，上册，页 681。

表 7—3　科布多官员的薪俸

职官	人数	月支银（两）	月支米（石）	岁支银（两）	岁支米（石）
参赞大臣	1	34	3.78	408.00	45.36
司员（护军参领同） 办理兵部事务章京（兼管户部印房折奏军器等事） 办理蒙古事务章京（承办各部落蒙古及卡伦台站事件） 管理粮饷处章京（承办粮饷出纳事件）	3	14.2	1.76	170.40	21.17
笔帖式三员（内有题署主事一员）①	3	6	0.75	72.00	9.70
满营兵	15	2.7	0.3	32.40	0.36
卡伦侍卫（系由二三等及蓝翎侍卫护军参领副护军参领亲军校前锋校护军校内出派）二三等侍卫（蓝翎侍卫例同）		8	1.26	96.00	15.12
副护军参领		8	0.91	96.00	10.90
拜唐阿		4	0.504	48.00	6.05
绿营参将游击②	1	7	2.44	84.00	29.28
千总千总二员（原设在城当差一员、管理屯务一员）	2	2.7	1.04	32.40	12.54
把总（原设在城当差二员、管理屯务四员）	6	2.2	1.04	26.40	12.54
经制外委（原设在城当差）	1	1.4	0.69	16.80	8.36

资料来源：富俊，《科布多政务总册》，收入吴丰培、全国图书馆文献缩微复制中心编，《科布多史料辑存》，页 25。

① 富俊，《科布多政务总册》，收入吴丰培、全国图书馆文献缩微复制中心编，《科布多史料辑存》，页 2 上。内候补笔帖式四名，委署笔帖式六名，题保副骁骑校一员，委署骁骑校二名。嘉庆九年参赞大臣宗室恒傅奏准，科布多委署笔帖式联班六年期满奋勉得力者，留一二人作为候补笔帖式，与别项候补笔帖式一同拣选补用。

② 富俊，《科布多政务总册》，收入吴丰培、全国图书馆文献缩微复制中心编，《科布多史料辑存》，页 2 上。向系宣化镇属拣派满汉参游前来管理屯务，嘉庆四年参赞大臣策巴克奏准，嗣后在于直隶各镇内遴选旗员更换。

由乌里雅苏台的财政状况可知,《科布多政务总册》没列出参赞大臣应有跟役 14 名,每名月给盐菜银 0.5 两、每名月给羊价 0.5 两,共 1 两。司员应有跟役 6 名、笔帖式跟役 2 名,皆盐菜银和羊价 1 两。根据波兹德涅耶夫的解释,兵部,满语叫作“绰海衙门”,管理汉兵和所有因公出差留居科布多的人的事务;户部,满语为“博依贡尼衙门”,即科布多的财库;以及理藩院,或称“蒙古衙门”,是管理科布多属下所有蒙古鞑靼部族的机构,这些部族有:杜尔伯特、厄鲁特、土尔扈特、明阿特、扎哈沁、乌梁海和吉尔吉斯。[①] 1860 年中俄北京条约后,俄罗斯商人到蒙古各旗贸易,故光绪十七年(1891)七月,科布多参赞大臣魁福等奏请照原数拨给新设俄商局字识兵丁口分银。[②] 俄商局处理俄商在科布多的住房或与蒙古人的债务问题等。

同治十一、十二两年(1872—1873)迭遭兵燹,商旅萧索,诸物昂贵。旗绿戍守官兵盐菜不敷,度支不易,苦累情形较之乌城为尤甚。参赞大臣奎昌奏增官兵盐菜银。拟请章京每月各加银 10 两、正笔帖式每月各加银 4 两、委笔帖式每月各加银 2 两。拟应请将参将比照章京每月酌增银 10 两、防御比照正笔帖式每月各酌增银 4 两、骁骑校千总每月各酌增银 3 两、把总外委比照委笔帖式每月各酌增银 2 两。绿营兵丁每月各酌增银 1.5 两、余丁每月各酌增银 1 两。三部院文案处心红纸张笔墨等项每处月给银 18 两、字识各五名每月各给银 3 两。[③] 这提案似乎因经费拮据,朝廷没采纳。

---

① [俄]阿·马·波兹德涅耶夫著,《蒙古及蒙古人》,卷 1,页 332。

② 《宫中朱批奏折·财政类》,编号 1009—027,光绪十七年十一月初八日。

③ 《宫中朱批奏折·财政类》,编号 0979—030,光绪元年十二月十八日。

(二)蒙古官兵的俸饷

乌里雅苏台、科布多驻防,并屯田、喀尔喀杜尔伯特、乌梁海、土尔扈特王公、贝子、贝勒、散秩大臣、札萨克、头等台吉、管旗章京、听差台吉、副都统、参领、佐领、向导兵丁及跟役人等,盐菜、羊价口粮共银19,088.32两、粮2,918.25石,大约占两驻防城财政的三分之一。[①] 在科布多驻班的蒙古王公亦如乌里雅苏台衙门,有汗、亲王、郡王、贝勒、贝子等,每月领取不同俸饷(参见表7—4)。

表7—4 蒙古王公、台吉的盐菜银、跟役人数

蒙古王公、台吉等第	俸饷(两)	俸粮(石)	跟役人数	盐菜银及羊价(两)
科布多驻班杜尔伯特土尔扈特王	216	22.2	12	120
贝勒月支盐菜银	180	15.48	10	100
贝子月支盐菜银	150	15.48	8	80
乌梁海散秩大臣副都统	180	12.12	6	60
札萨克公月支盐菜银	150	15.48	6	60
头等台吉协理台吉	96	10.44	5	50
管旗章京	73.2	8.76	4	40
听差台吉	60	9.12	3	30
参领	48	3	3	30
佐领	48	3	2	20
额鲁特明安特扎哈沁兵丁	18	2.04		10
每两名兵丁合给跟役1名				10

资料来源:《内阁题本户科》,编号02—01—04—18135—002,嘉庆二年。

① 《内阁题本户科》,编号02—01—04—18135—002,嘉庆二年。

表7—5为乌梁海散秩大臣等职官，阿勒坦淖尔又称阿尔泰诺尔（诺尔亦称淖尔，为湖泊之意），为阿尔泰河所流入之湖。该处两旗，一名阿尔泰诺尔；一名索洛什卑。富俊的《科布多政务总册》提到阿勒台乌梁海左翼四旗，乾隆二十年（1755）投诚。该书统计阿勒坦淖尔乌梁海与阿勒台乌梁海的官兵人数如表7—5。

表7—5　阿勒坦淖尔乌梁海与阿勒台乌梁海的官兵人数

	官员名称	参领（员额）	佐领（员额）	兵（人数）	闲丁（人数）	喇嘛（人数）
阿勒台乌梁海左翼四旗	散秩大臣布彦德勒克（俸银65两）	1	7	586	265	
	副都统沙晋巴图（俸银77.5两）		4	302	116	
	总管贡楚克札布（俸银65两）		2	163	57	
	总管台拉克（俸银65两）		2	132	41	
阿勒台乌梁海右翼三旗	散秩大臣莫罗木达尔札（俸银65两）	1	5	463	103	54
	总管那逊特古斯（俸银65两）		4	293	146	
	总管普尔普撤林（俸银65两）		3	169	101	8
阿勒坦淖尔乌梁海	总管策伯克（俸银65两）			90		
	总管蒙克积克（俸银65两）			116		

资料来源：富俊，《科布多政务总册》，收入吴丰培、全国图书馆文献缩微复制中心编，《科布多史料辑存》，页9上—11上。

道光七年（1827），科布多放给阿勒坦淖尔乌梁海等处副都统散秩大臣总管等12员，内副都统一员应领俸银77.5两、散秩大臣总管等11员每员应领俸银65两，共应领俸银792.5两。[①] 总管之下的佐领等并无俸饷。

根据陈维新教授的研究，同治三年(1864)《塔城界约》后，科布多参赞大臣向俄方提出两国应及早在国界设立界碑鄂博。同治七年(1868)奎昌所绘《科布多中俄边境建立界牌鄂博图》，科布多段边界在俄人巴布科夫主导下，俄国顺利取得斋桑泊以东及阿尔泰山以北，额尔济斯河以东之海留图河、科尔沁河、布克图满河(布赫塔玛河)、哈屯河上游等诸河流域土地。居住在此区域之阿尔泰诺尔两旗、阿勒台乌梁海七旗，均划归俄国所属。[②] 此后，贡貂只剩下乌里雅苏台所属唐努乌梁海五旗，至清末一直都维持貂皮2,358张。乌梁海的贵族领主们的薪俸从科布多府库领取，而且他们的行政事务、民事和刑事诉讼都要通过科布多昂帮来解决。[③]

(三)台站

科布多所管台站，参见表7—6。科布多每台站台吉月支本身盐菜银4两，跟役4名每月支盐菜银2两，一年盐菜银共72两。台站卡伦兵丁各月支米0.25石，跟役每月支米0.1石。清末台吉多半雇人代役。波兹德涅耶夫提到台站之蒙古人罗布桑格隆是受雇，才带着家人到此赶车服役的，实际上在册的站户本是萨尔图勒公旗的一位台吉。这位台吉一共雇了两个车夫，他给他们两顶带有全部家具的毡包，让他

---

① 《内阁题本户科》,，编号02—01—04—20341—022，道光七年。

② 陈维新，《同治时期中俄乌里雅苏台及科布多界务交涉——以故宫博物院藏外交舆图为例》，《蒙藏季刊》，2011年第20卷第3期，页48—71；又见《北洋政府外交部商务档》，编号03—32—180—01—003，民国六年九月。

③ [俄]阿·马·波兹德涅耶夫著，《蒙古及蒙古人》，卷1，页391。

们供过往旅客住宿；并给每个车夫拨 30 匹马和 5 只骆驼，供服役中使用。他每年付给他们的工钱是每人 2 匹马，也就是雇用两个车夫共付 4 匹马，合白银至少 40 两；而他自己从官家领取的俸银却只有 18 两。由此可见中国朝廷是如何支付驿务费用的。[①] 从档案上看到台吉一年收入至少 72 两，也不是 18 两而已。如表 7—6 所示，一台站的马 20 匹、驼 10 只，和波兹德涅耶夫的描述有些出入。

表 7—6　科布多所管台站

南八台（由科布多至古城）	搜吉→察汗布尔噶素→达布素图诺尔→那林伯勒齐尔→伊什根托罗改→札哈布拉克→西博格图→鄂伦布拉克	每站蒙古章京 1、兵 4、马 20 匹、驼 10 只、台参领 1、副参领 1。
东十四台（由科布多至乌里雅苏台）	哈喇乌苏→札哈布拉克→济尔噶郎图→哈尔噶那→杜尔根诺尔→巴噶诺尔→阿尔噶灵图→布古→珠尔库住→巴噶哲斯→伊克哲斯→呼图克乌兰→博尔霍→阿勒达尔→乌里雅苏台	每站蒙古章京 1、兵 4、马 20 匹、驼 10 只、台参领 1、副参领 1。
北八台（由科布多至索果克卡伦）	沙喇布拉克→晃嘉舒鲁克→洪果尔鄂隆→化硕啰图→哈头乌里雅苏台→乌鲁格依→毕流图→博罗布尔噶苏→索果克卡伦	每站蒙古章京 1、兵 4、马 20 匹、驼 10 只、台参领 1、副参领 1。

札哈布拉克驿的站户们全都是三音诺颜部和札萨克图汗部的蒙古人；车臣汗人和土谢图汗人因游牧区太远，从不被派到这里来服役。不过即便是三音诺颜人也常常提出同样的理由不到这里来服役，而雇用此地的居民来代替自己。札哈布拉克驿本应有两帐三音诺颜部的人，但实际上却一帐也没有；有义务派人的两个旗都出钱雇人在此服役，每帐的包金为 36 匹马和 324 两银。这样的包金数额实际上是极高的，其

---

① ［俄］阿·马·波兹德涅耶夫著，《蒙古及蒙古人》，卷 1，页 311。

原因就在于两站之间路程的艰巨。①

波兹德涅耶夫还观察到雇用旗人和民人当差的，阿勒达尔驿的驿差有十二帐之多，他们全属土谢图汗部，其中有六帐属墨尔根王旗，两帐属伟征陶公旗，两帐属鄂王旗，一帐属达亲王旗，一帐属旺齐克索隆公旗。驿站上和驿差们同住的照例还有他们的家属，不过人数很少，最多不过一两帐；但住在驿站的当地旗民却有 25 帐左右，他们都想在驿站上设法挣一点钱。实际上驿差们也确实往往需要一些车夫，雇这些蒙古人往东面或西面的驿站拉脚，每次付一块砖茶。② 志锐也观察到蒙古十五台内，有归化城外客民备车，由各台雇觅当差，运送行李。至锡拉穆勒台站则使用骆驼载运。③

蒙古人视台站为苦当，再遇上蛮横的官员更为凄惨。波兹德涅耶夫听说："科布多前往北京的满族昂邦及其浩浩荡荡的一支车马大队。车队中一个停下脚步的驿夫对我说，这位昂邦爱发脾气。他昨天是在巴噶哲斯驿过的夜，按规定，他在那里可吃 9 只羊，他命令只宰 2 只。其余的 7 只他要按每只 1.2 两的价格收钱。驿站须给他派 213 匹马、32 只骆驼和 95 名驿夫供途中役使。"④

(四)卡伦有关的人员

卡伦兵 860 名俱由喀尔喀三音诺颜、札萨克图汗、土谢图汗三部落出派，一年一换。⑤ 东台兵 160 名，俱由喀尔喀三音诺颜、札萨克图汗、土谢图

---

① [俄]阿・马・波兹德涅耶夫著，《蒙古及蒙古人》，卷 1，页 311。

② [俄]阿・马・波兹德涅耶夫著，《蒙古及蒙古人》，卷 1，页 302。

③ 志锐，《廓轩竹枝词》，收入毕奥南主编，《清代蒙古游记选辑三十四种》，上册，页 605。

④ [俄]阿・马・波兹德涅耶夫著，《蒙古及蒙古人》，卷 1，页 322。

⑤ 富俊，《科布多政务总册》，收入吴丰培、全国图书馆文献缩微复制中心编，《科布多史料辑存》，页 3—2。

汗三部落出派，更换无定期。南台兵 80 名，系新改札哈沁当差官兵。北台兵 44 名，俱由喀尔喀三音诺颜、札萨克图汗、土谢图汗三部落出派。[①]

札哈沁投诚时，原交喀尔喀郡王撤布登札布兼管，嗣于乾隆四十二年(1777)改归科布多参赞大臣管理。经参赞大臣明善奏准，以札哈沁与明阿特额鲁特人等，一体在科布多当差，原设 100 分钱粮，酌改明阿特、额鲁特两旗各食 33 分，札哈沁令食 34 分，亦照明阿特之例，三年一次比丁。嘉庆六年(1801)，参赞大臣策巴克查札哈沁来科当差，路途较远，会同乌里雅苏台将军乌鲁木齐都统提督具奏，将旧有喀勒喀台兵 40 名全行撤回，添设札哈沁兵 80 名，令其就近赴台当差，与古城三卡伦接连，常川安设，其新添札哈沁台兵所需盐菜口粮，由原设一百分钱粮内酌改大钱粮 40 副，仍照旧例支给外，小钱粮 60 副，每副支银各 20 两、粮各 2.5 石，共节省银 744 两，粮 67.2 石。以此项节省银粮内，按照喀勒喀台兵之例，每名每岁支给盐菜银 18 两，粮 1.6 石。其在城当差兵丁大小钱粮 100 副，均由额鲁特、明阿特两旗出派，一年一换。[②]

表 7—7　科布多参赞大臣管辖卡伦

卡伦	职官	所属卡伦	兵丁人数
霍尼迈拉呼 (总管三卡)	卡伦侍卫一员	霍尼迈拉呼 库兰阿吉尔噶 那林	50 40 40

① 富俊,《科布多政务总册》,收入吴丰培、全国图书馆文献缩微复制中心编,《科布多史料辑存》,页 4 上—下。

② 富俊,《科布多政务总册》,收入吴丰培、全国图书馆文献缩微复制中心编,《科布多史料辑存》,页 17 下—18 上。札哈沁投诚时,本有九个佐领之人,编为四个佐领共计四百余户,大小二千余口,因设总管一员,参领二员,管属安设在拜达哩克地方游牧,原交喀尔喀郡王撤布登札布兼管,嗣于乾隆四十二年改归科布多参赞大臣管理。

（续）

卡伦	职官	所属卡伦	兵丁人数
昌吉斯台（总管四卡）	卡伦侍卫一员	昌吉斯台	45
		乌尔鲁	50
		沁达垓图	45
		乌柯克	50
索果克（总管五卡）	卡伦侍卫一员	噶娄图	40
		鄂依霍尔	50
		索果克	50
		哈克诺尔	40
		哈头乌里雅苏台	30
博陀果尼和洛（总管五卡）	卡伦侍卫一员	齐格尔苏特依	30
		乌噜克诺尔	30
		博陀果尼和洛	30
		博啰伊齐格图	30
		罕达垓图	30
阿拉克鄂博（总管六卡）	卡伦侍卫一员	齐齐尔噶那	30
		鄂尔吉呼布拉克	30
		阿拉克鄂博	30
		萨玛噶勒台	30
		额尔逊	30
		进积里克	30

资料来源：富俊，《科布多政务总册》，收入吴丰培、全国图书馆文献缩微复制中心编，《科布多史料辑存》，页 32 上—33 下。

富俊提到卡伦侍卫月支银 8 两、粮 0.91 石，一年共银 96 两、粮 10.9 石。兵丁一年共银 18 两、粮 1.68 石。[①] 道光七年(1827)，科布多放给卡伦台吉每月支本身盐菜银 4 两，跟役 4 名月支领盐菜银 2 两。台站卡伦兵丁各月支米 0.25 石，跟役每月支米 0.1 石。又赏卡伦兵丁等折烟7,766包，

① 富俊，《科布多政务总册》，收入吴丰培、全国图书馆文献缩微复制中心编，《科布多史料辑存》，页 27 上。

砖茶1,797块。[1] 瑞洵编列光绪二十六年(1900),二十四卡伦台吉30员、兵610名,通共官兵640名,应支一年盐菜羊价银13,860两。[2]

(五)管理牧厂

管理牧厂设协理台吉1名,每月俸饷8两,一年共96两;牧厂蒙古章京1名,每月俸饷6.1两,一年共73.2两;牧厂设兵48名,每月俸饷2.1两,一年共25.2两,亦由三部落出派,更换无定期,亦无定额,惟视牲畜之多寡,每年酌量增减。科布多牲畜包括马、骆驼、牛、羊等,从满文档案中得知马和骆驼需解送库伦,另外马和驼担任运输工作,数量较多。在乾隆三十三年(1768)牧群四柱清册中,其数量变化参见表7—8。

表7—8 乾隆三十三年(1768)正月初一日起至十二月底科布多牲畜牧群数目

四柱清册	马(匹)	儿马、骒马(匹)	骆驼(只)	牛(头)	羊(只)
旧管	2,446	361	1,187	287	10,135
新收	92		13		
开除	838	14	354	14	510
实存	1,700	347	846	273	9,625

资料来源:《军机处满文录副奏折》,编号03—2312—027,乾隆三十四年三月二十五日。

乾隆三十三年科布多马匹供应补授官兵办给马264匹、解送库伦马500匹。骆驼供应补授官兵办给驼43只、解送库伦驼100只、驮运伊犁绵褂编入彼处官牧群驼100只。军营达哈拉喇台站三十三年倒毙驼只

① 《内阁题本户科》,编号02—01—04—20341—022,道光七年。

② 瑞洵,《散木居奏稿》,收入《内蒙古史志》,册69,卷4,页128。

之缺额，办给驼 6 只。运往科布多银两编入彼处官牧群之驼 34 只。又驮运科布多地方之缎、布、茶等项什物。编入彼处官牧群之驼 30 只，运给哈萨克使臣鄂罗卓等编入雅尔官牧群之驼 6 只。用过牛 3 只、羊 109 只。再准户部咨文内开：军营所牧放之牲畜若无走动倒毙，一年 100 只内准倒 4 只，若有走动，100 只内准倒 8 只。此一年应豁免倒毙之马 74 匹，驼 35 只，儿马、骒马 14 匹，牛 11 头，羊 401 只。①

乾隆晚期将畜养牲畜的差事转至蒙古四盟，官厂的牲畜数量逐渐减少。富俊之《科布多政务总册》载，官厂牧放驼 628 只、马 759 匹、牛 609 头，原系驼马牛羊四项牲畜。嘉庆四年(1799)经参赞大臣策巴克具奏，厂内有口老残伤马二百余匹，恐值冬令雪大，倒毙过多，向无变通之例，兹乘秋季马膘肥壮，分给蒙古等自行售卖，令伊等各交三四岁马驹入厂牧养，俟二三年间即可得力，两有裨益，并请俟后五年一次查办。至官厂牧羊二百余只，仅备每岁致祭坛庙，共计应用羊 20 只，按市价购买，仅值 20 余两，每岁牧放羊只兵 2 名，每名关领盐菜银 25.2 两，此外尚有每年每百只内应报倒毙 4 只，殊属糜费，请将此项羊只，全行变价入官，并裁汰牧兵二名至每岁致祭所需羊只，均照此处时价办买，以供应用。② 光绪年间，科布多参赞大臣屡次奏称科布多官厂备差马匹不敷应用，拟请由乌里雅苏台所属孳生牧群内挑拨。③ 前述波兹德涅耶

① 《军机处满文录副奏折》，编号 03—2312—027，乾隆三十四年三月二十五日。

② 富俊，《科布多政务总册》，收入吴丰培、全国图书馆文献缩微复制中心编，《科布多史料辑存》，页 17 下—18 上。

③ 《军机处录副奏折》，编号 03—6050—013，光绪十一年九月初九日；编号 03—6050—029，光绪十二年正月二十六日；编号 03—6050—045，光绪十二年九月初三日；编号 03—6051—031，光绪十八年五月二十一日；编号 03—6051—099，光绪二十一年三月十九日；编号 03—6053—050，光绪二十八年六月十六日；编号 03—6053—089，光绪三十一年四月二十八日；编号 03—6053—125，光绪三十二年闰四月二十日；编号 03—6053—143，光绪三十二年十二月二十四日；编号 03—6053—169，光绪三十三年十二月十八日；编号 03—6162—007，光绪二十七年二月初八日。

夫提到科布多河一带，有大盛魁商号的大群骆驼。其他地方也有大盛魁的骆驼群，这显然不是环境欠佳影响牲畜的滋生，而是人为因素使然。

(六)科布多屯田

清代统治边疆的策略以兵民定居、屯垦土地、生产粮食为主。科布多的屯田并未如新疆开放大量民屯，而以官屯为主。宝音朝克图、王国军利用《四部差役摊派档册》，研究喀尔喀四部按照各部箭丁户数摊派科布多屯田差役。其中车臣汗因故将此项差役折银换算给其他三部外，此项派往名屯兵中，土谢图汗部出 125 人，札萨克图汗部出 45 人，三音诺颜部出 80 人，各部还要派出参领 2 人、佐领 2 人、骁骑校 3 人。[①]嘉庆二年赏给屯田绿营兵丁银 68 两、赏给额鲁特、明安特、扎哈沁屯田蒙古兵丁银 288 两、赏给屯田蒙古兵丁小彭缎 11 匹、砖茶 285 块、烟 310 包。[②]

科布多屯田种地十分，共计 115 顷 83 亩，每分耘地 1,158 亩，绿营兵 8 名，4 名耘地，4 名匠役杂差，蒙古兵 20 名，共 250 名。每分给予种籽 70 石，包括小麦 33 石、大麦 7 石、青稞 25 石、糜子 5 石，共 700 石。屯田绿营兵丁每月支给盐菜银 0.9 两、粮 0.25 石。[③] 道光七年(1827)，科布多屯田收获粮 5,425.5 石，其中春秋二季拨运乌里雅苏台粮 1,480 石。[④] 运乌里雅苏台的粮食并不够兵丁食用，故仍需到新疆古城采买粮食。

---

① 宝音朝克图、王国军，《浅析清代科布多屯田》，《西部蒙古论坛》，2014 年第 2 期，页 3—8、127。

② 《内阁题本户科》，编号 02—01—04—18135—002，嘉庆二年。

③ 《内阁题本户科》，编号 02—01—04—18135—002，嘉庆二年。

④ 《内阁题本户科》，编号 02—01—04—20341—022，道光七年。

根据宝音朝克图、王富俊讨论屯田每分地，合计兵饷用银 356.4 两，农具银 44.3 两，兵粮 137.94 石，牛 56 头。因地皆沙石，俱仗布彦图河水灌溉，不上粪土，又无耘耨，是以收成歉薄，将此归入正分计算。[①] 波兹德涅耶夫还提到科布多屯田每一段派有明阿特人和厄鲁特人各 5 名，总共有 10 帐，他们要骑马巡行，并赶走地里的鸟。这一差役的期限为 45 天，在此期间上述各旗派出的人迁到蒙古农民的土地上游牧。为了避免牲畜损害耕地，来此看守的人总是在离耕地远一些的地方放牧。[②]

光绪二十六年(1900)，瑞洵的新政改革，屯田设参领二员、章京二员、骁骑校三员、兵 250 名，通共官兵 257 名，应支一年盐菜羊价银 3,010.2两，又应支一年减半粮折银 1,333.44 两。[③] 屯田拨割田苗蒙古兵 200 名，每名赏一个月盐菜银 0.9 两，共 180 两。采买代烟价银 253.2 两、采买农具价银 155.13 两。[④] 每年添补耕牛 44 头，过去每头牛价银 4 两，应 176 两。[⑤] 以上共花费 5,108 两，实际上也是瑞洵虚报行情。详细内容将于下一节再讨论。

科布多城从东城门起的整个东北部，全都是军粮库，四周也围着一道用土坯砌的围墙。围墙里有一个又大又平的院子，它不仅像俄国的打谷场那样被夯得很硬实，而且用湿泥抹平，蒙古人甚至还用手掌磨得光光的。军粮库全都是木板房，里面是一个个谷囤。库房的屋顶是两面坡的木板屋顶，也像整座木板房一样抹着泥。房顶上都

---

① 富俊，《科布多政务总册》，收入吴丰培、全国图书馆文献缩微复制中心编，《科布多史料辑存》，页 34 下。

② [俄]阿·马·波兹德涅耶夫著，《蒙古及蒙古人》，卷 1，页 366。

③ 瑞洵，《散木居奏稿》，收入《内蒙古史志》，册 69，卷 4，页 127—128。

④ 瑞洵，《散木居奏稿》，收入《内蒙古史志》，册 69，卷 4，页 129。

⑤ 瑞洵，《散木居奏稿》，收入《内蒙古史志》，册 69，卷 4，页 130。真实的市价每头牛需13—14 两。

开着像天窗那样的窗洞，供库房通风和采光之用。这些板棚粮库共有 45 座。[1]

(七)教育与宗教支出

科布多官学生来自杜尔伯特 8 名、土尔扈特 2 名、阿勒台乌梁海 4 名、额鲁特 2 名、明阿特(或称明安特)2 名、札哈沁 2 名。每月给纸笔银 0.5 两、粮 0.2 石。[2] 同治四年(1865)增粗粮每斗加 0.04 石。共支纸笔银 130 两、粮 44.24 石，减半粮折银 69.04 两。此外，每年由旗里给他们每人送来 18 两银子以供衣食之需。孩子们在学馆学习满文和蒙文，而且总是先识满文，然后才开始学蒙文。学会读满、蒙文之后就背诵辞典和《圣谕广训》、《三字经》等书的译文，读满文的《四书》以及专门有关刑事方面的律例。学馆里的教习规定为两名，是由额鲁特各旗和明阿特旗专门派来担任此职的章京。他们按月轮班任教，每年薪俸为 80 两银。[3]

众安庙或称普宁寺，原先雍正八年(1780)建庙，后来毁损。乾隆三十一年至三十二年(1766—1767)修造完竣，有乾隆皇帝赐“普宁寺”碑文。波兹德涅耶夫提到呼图克图 1 名，向系三音诺颜部和札萨克图汗部的呼图克图轮流担任。达喇嘛 1 名，由额鲁特一旗拣放。副达喇嘛 2 名，明阿特等二旗每旗 1 名。委达喇嘛 2 名，明阿特等二旗每旗 1 名。这寺庙系额鲁特、明阿特等旗而设，故由两旗喇嘛前来念经。嘉庆年间每年给香灯银 100 两、米 100 石、茶 200 块。[4] 至 1892 年则每月

---

① [俄]阿·马·波兹德涅耶夫著，《蒙古及蒙古人》，卷 1，页 333。

② 《内阁题本户科》，编号 02—01—04—18135—002，嘉庆二年。

③ [俄]阿·马·波兹德涅耶夫著，《蒙古及蒙古人》，卷 1，页 332—333。

④ 《内阁题本户科》，编号 02—01—04—18135—002，嘉庆二年。该年给众安庙念经喇嘛公费银 130 两、粮 100 石。与波兹德涅耶夫所说不同。

给 10 两，每四个月发给 50 块砖茶、50 斛黍子。此外，科布多金库还按规定于皇帝生日另拨给喇嘛 11.8 两，过新年时则发给 17.64 两。[①] 光绪二十六年(1900)，众安庙应支一年香灯银 120 两。春秋二季祭祀羊价银 24 两、牛价银 80 两。[②]

表 7—9　科布多宣统三年(1911)岁出预算表

核定科布多宣统三年国家岁出预算表			
经常门共库平银 29,460.97 两			
类	款	核定之数（两）	说明
第一类行政总费		6,013	此类原预算共银 6,013 两，度支部复核资政院审查均无增减
	第一款参赞大臣经费	1,127	此款度支部资政院审查均无增减即以原预算之数为准
	第二款各处衙门经费	4,886	同上
第二类交涉费		1,756.4	此类原预算共银 1,756.4 两，度支部复核资政院审查均无增减
	第一款洋务局经费	1,682.4	此款度支部资政院审查均无增减即以原预算之数为准
	第二款接待赠达各费	74	同上
第三类民政费		1,985.24	此类原预算共银 1,985.24 两，度支部复核资政院审查均无增减
	第一款巡警局经费	1,422	同上

① ［俄］阿·马·波兹德涅耶夫著，《蒙古及蒙古人》，卷 1，页 361。
② 瑞洵，《散木居奏稿》，收入《内蒙古史志》，册 69，卷 4，页 130。

（续）

	第二款军衣费	563.24	同上
第四类军政费		23,925.2	此类原预算38,544.89两，度支部复核无增减，资政院修正减银14,619.39两
	第一款绿营官兵等饷银	全裁	此款原预算8,137.25两，度支部复核无增减，资政院审查全删，应即以资政院修定为准
	第二款蒙古官兵等饷银	22,884.56	此款度支部复核资政审查均无增减，应以原预算之数为准
	第三款驿站经费	全裁	此款原预算6,222.03两，度支部复核无增减，资政院审查全删，应即以资政院修定为准
	第四款牧厂经费	1,040.64	此款原预算1,300.8两，度支部复核无增减，资政院修正减银260.16两，应即以资政院修正之数为准
第五类礼费		414.24	
	第一款祭祀费	414.24	此类原预算414.24两，度支部复核无增减，资政审查均无增减
第六类礼费		1,602	此类原预算1,602两，度支部复核无增减，资政审查均无增减
	第一款蒙养小学堂费	1,602	此款度支部复核资政院审查均无增减，应以原预算之数为准
第七类采办费		1,391.72	此类原预算1,391.57两，度支部复核，资政审查均无增减，惟该处原册总数少列银5两，资政院总分表均沿其误，应更正。
	第一款采买各项银	863.72	此款度支部复核资政审查均无增减，应以原预算之数为准

（续）

	第二款天补屯田牛价	528	同上
临时门共银 3,406.23 两			
第一类杂费		3,406.23	此类原预算 3,406.23 两，度支部复核，资政审查均无增减
	第一款出差费	960	此款度支部复核资政审查均无增减，应以原预算之数为准
	第二款屯田拨割田禾盐菜	180	
	第三款仓库堆拨监狱灯油柴薪	29.03	
	第四款洋务局赁房修理毡房	205	
	第五款赏项	325.2	
	第六款临时经费	1,707	
第二类预备金	全删		此类度支部复核无增减，资政院审查全删，应即以资政院修定为准
经常临时统计共银 40,494.17 两			

资料来源：陈湛绮编，《清代民国财政预算档案史料汇编》，第 4 册，页 2031—2033。

四、科布多的吏治

科布多的官员薪俸不高，但地处边陲，天高皇帝远，官员投资商业、收取陋规、接受馈送，吏治颓坏。以下讨论三个案件说明科布多吏治。

（一）阿勒精阿案

科布多主事阿勒精阿于嘉庆二十一年（1816）七月间，有元盛德商民郭振全向他商议朋立天义德买卖，阿勒精阿依允了本银二千两合伙，账上写的是刘世瑞。天义德买卖共是六人入股，马贵成、谷玉通、范建勋三人各出银五百两，依拉固克森胡图克图、元盛德、刘世瑞各出银二千两。道光元年（1821），噶勒柄阿到乌梁海验尸回来，到衙门同大家告说：

> 如今有三个哈萨克禀报说四合铺民人短他的羊银一千两余，要跟噶勒柄阿来科布多，噶勒柄阿饬令他们在卡伦等候办理。当即将四合铺民人岳金岱叫来询问，伊言说是由乌梁海买的。饬令教他急速凑办银两，因他不能凑办，是我告诉大盛魁、田酒铺、元盛德三家，每家借给银三百两分，半行息。[①]

四合铺私自到乌梁海买羊，欠哈萨克人银两，再向大盛魁、田酒铺、元盛德借钱还债。另外，又有一个民人蒙古名达赖（汉人马贵成）要往哈萨克地方贸易，乌梁海散秩大臣布彦德勒克差人将民人的两个元宝、两箱砖茶、一卷布、一篓酒拿来即办公文呈报科布多。第二日，阿勒精阿把布彦德勒克叫到他家，说："你将民人的元宝等物照旧交给民人。我说民人住居我的游牧与哈萨克贸易，我们害怕不能给他。若是挪出我们的游牧之外，就给他的东西。现今民人还在我们的游牧内居住，所以没给他这元宝等物还在我们旗下收着。"马贵成私赴乌梁海买取羊只两次，着枷号两个月，满日笞责四十，逐回山西省。[②]

---

① 《军机处满文录副奏折》，编号 03—3872—048，道光二年四月初九日。《旅蒙商大盛魁》载，由郭姓、范姓和马姓各一股外，后来元盛德加入二股，活佛雅克圪格森加入二股，共七个财股。中国人民政治协商会议内蒙古自治区委员会文史资料研究委员会编，《旅蒙商大盛魁》，收入《内蒙古文史资料》，第 12 辑，页 83。或许有误。

② 《清代内阁大库原藏明清档案》，编号 129993—001，道光三年三月二十九日。

按照清朝理藩院规定："票商令以现银现货交易，定限一年催回。不准借索欠为名，潜留各部落，娶妻立产，不准取蒙古名字。"[①]虽禁止汉人取蒙古名字，但多数的汉人都有蒙古名。[②] 马贵成私赴乌梁海与哈萨克人贸易，又暴露了商号天义德股东成员。换言之，阿勒精阿纵容合伙人马贵成到乌梁海贸易[③]；而阿勒精阿取了汉人名字参加贸易也是很奇特的现象。科布多建众安庙或称普宁寺。波兹德涅耶夫提到呼图克图一名，向系三音诺颜部和札萨克图汗部的呼图克图轮流担任。入股天义德的依拉固克森胡图克图应是众安庙的住持之一。

阿勒精阿的父亲赶升也当过科布多主事衔，对待蒙古人甚好，明安特总管与乌梁海总管送过赶升、阿勒精阿银两、马匹等礼物，共计银182两。参领那逊、佐领额尔克图、骁骑校车林敦多克同供："我们是明阿特旗下人，嘉庆二十一年(1816)十二月间，已故总管吹说阿勒精阿系此处总理事务之人，吹出银一百两，带领已故参领特古斯，现任佐领额尔克图那逊，骁骑校达什巴尔、车林敦多克我们六人来到科布多，给阿勒精阿赠送礼物博勒克。阿勒精阿言说这银两我不用。我们再三说着才收了。后于二十五年(1820)五月间我们总管吹又出银五十两，交骁骑校车林敦多克，也给阿勒精阿送了博勒克了。"

参领索伦佐领拉木札布、阿玉什同供："我们是已故额勒特总管依莫克旗下人，已故总管在世时说，阿勒精阿系此处总理事务之人。从前伊父赶升在此居住时，又合我们相好。依莫克出银一百两，于嘉庆二十

---

① 托津等奉敕撰，嘉庆朝《大清会典事例》(台北：文海出版社，1991)，卷52，页23—1。

② 《蒙古国家档案局档案》，编号001—011，页0189—0204。

③ 天义德铺伙范建勋口供称："小的是山西祁县人，于嘉庆二十一年七月间朋立天义德买卖，共是六人。马贵成、谷玉通、范建勋三人，各出银五百两。依拉固克森胡图克图、元盛德、刘世瑞各出银二千两。刘世瑞的本银是元盛德的商民郭振全交与小的。后来郭振全回家之时，向小的说刘世瑞就是阿勒精阿的名字。"《军机处满文录副奏折》，编号03—3872—048，道光二年四月初九日。

一年(1816)十月里差交章京拉木札、布阿玉什等来给阿勒精阿送博勒克。阿勒精阿说我深知你们旗下穷苦,此项银两我不能收,因此我回游牧告诉我父亲总管依莫克后,于十二月间,我父亲依莫克叫我跟随到阿勒精阿家里,言说此是博勒克银一百两、信一封系送你父赶升的求祈转寄。止送阿勒精阿博勒克马一匹,阿勒精阿都收下了,给我缎子一匹,后来三年之间陆续送过博勒克,马三匹。”[①]樊镛《科布多风土记》载,科布多所属之各蒙古,向分为杜尔伯特、札哈沁、额鲁特及明阿特等旗,通名蒙古,至其究竟均为何种族,抑即同一种族,则不知其详。[②] 阿勒精阿担任科布多主事,各族群相继送礼,可见他人缘很好。科布多除了蒙古人外,许多哈萨克人从新疆迁徙至此。面对新族群可能带来生计上的威胁,蒙古格隆噶琫等人希望驱除哈萨克人,阿勒精阿却显得无所作为。

乌梁海散秩大臣布彦德勒克供:“嘉庆二十年(1815)间,因哈萨克进了我们的游牧。呈报科布多由理藩院出派笔帖式德蒙额噶勒柄阿,我们副都统德勒克呼库,会同塔尔巴哈台大人将哈萨克全行撵出。”二十二年(1817)“有散秩大臣旗下蒙古格隆噶琫伙同民人往哈萨克地方贸易,回来赶着羊践踏我们旗下的麦地。呈报理藩院衙门众官员等说,这不是我们承办的事,你们自己将游牧内住的哈萨克撵去就是了。将原文驳回”。

阿勒精阿任科布多主事衔,虽官阶不高,却生活奢靡,曾连着三天三夜宴请该地的喇嘛、官员。额外笔帖式达哈布供:“去年四月间阿勒精阿城外请人,头日早晨请的是大人富和、札勒堪札胡图克图、员外郎武尔棍札布、安定。散后请的是达哈布、保祥连夜饮酒,听蒙古妇女歌

① 《军机处满文录副奏折》,编号 03—3872—048,道光二年四月初九日。

② 樊镛,《科布多风土记》,《东方杂志》,1913 年第 9 卷第 12 号,页 11—18。

唱，天亮之时才散。第二日将三部院笔帖式等都请来，大家散后达哈布、保祥等候骑马之间。有巴勒多尔济到来与达尔札口角争闹，达尔札打了巴勒多尔济两拳，阿勒精阿出去瞧看，巴勒多尔济就走了。后听人喊嚷说巴勒多尔济打了丹达尔的女人了，阿勒精阿令人将巴勒多尔济看守，我们就回来了。”

巴勒多尔济是个无赖，他供称：“我是额勒特章京阿玉什佐领下人，去年四月初间，我在街上喝醉吵嚷了几句，拉木札布将我捆上送进城来。理藩院衙门阿勒精阿等，因我喝醉，灌了我粪汁。又于本月二十间，我从买卖街上回家由城外路过，看见城外搭着布凉棚，又有许多人，我就去瞧看，与达尔札口角争闹。后到丹达尔家中，又与丹达尔女人口角，打了他两下。就有两个蒙古人前来将我看守，第二日送进城来。阿勒精阿将我打了二十板。”又于“本年八月间，我与克什克讨要欠银，彼此争闹，用鞭杆打了克什克眼眶，拉木札布把我捆上。第二日送进城来，理藩院衙门将我打了二十板子，入了监禁了四十七日。提出来打了十板子才放了”①。

此事经定边左副将军特依顺保上奏，阿勒精阿罪状其一，贪受额勒特、明阿特二旗银二百两；其二，城外搭蒙古包请客饮酒，晚间传唤蒙古妇女通夜歌唱；其三，巴勒多尔济打架借端下狱，兼以粪汁灌喂。阿勒精阿收受明阿特礼银 150 两、额鲁特马三匹等，依例入官，并应处戴枷号三个月，发往伊犁除罪效力。至于阿勒精阿投资天义德的银两，奉将军的吩咐，将铺中的账目清算每一千两本银作为一股，每股应分利银 293.89 两。定边左副将军特依顺保奏称阿勒精阿所得利息银 587.78 两，其合伙贸易出本银二千两应一并追出入官。户部尚书那彦成等议“其自出本

① 以上口供参见《军机处满文录副奏折》，编号 03—3872—048，道光二年四月初九日。

银，于例不应入官，应无庸议”。[①]

道光三年(1823)，科布多参赞大臣那彦宝奏蒙古民人贸易酌拟章程，及乌里雅苏台等处指称贸易私赴乌梁海之商民，严饬卡伦认真查拿，一体饬禁。道光皇帝上谕：“乌里雅苏台古城、归化城等处，指称喀勒喀贸易，私赴乌梁海之商民著严饬卡伦及该游牧认真查拿，并着合该管大臣一体饬禁。”科布多所属蒙古部落七处，除土尔扈特、霍硕特向不与商民交易，其杜尔伯特、明阿特、额鲁特、札哈沁俱询明情愿与商民交易。至乌梁海一处地界与哈萨克接壤，因缘为奸。着将乌梁海地方概行禁止商民贸易，只准乌梁海蒙古等来科布多城上交易。如商民必须亲往该游牧索取旧欠，请于请票时只准单身前往，不准携带货物。[②]

道光三十年(1850)，又发生大盛永、全义合两铺子的商民闫玉林、王继周二人无领照票私在乌梁海贸易。经将军特依顺保派委把总孙桂林等在官所看押，孙桂林借垫办买饭食茶薪，让闫玉林铭感于心。闫玉林、王继周等照例重责四十板之后，应逐出境外，闫玉林又拟在科布多城内安立铺面，以便生理。因向无熟识之人不能久居贸易，遂向本城商民赵怀先向素识开设元盛隆铺民崔景祥借银550两，送交把总孙桂林作为分送家人并日前饭食茶水谢礼。又转托赵怀先于550两内抽取银80两，送给兵部主事职衔穆都哩银30两、理藩院笔帖式噶勒炳阿银50两。其470两把总孙桂林分用银67.5两，马兵萧正芳、安正林、蓝应春各分用银63两。马兵张会魁分用银40两、把总王旭照分得银25两。书吏侯瑞分得银45两。跟随特依顺保之家人孙安禄借银20两。又还

① 以上口供参见《军机处录副奏折》，编号03—3969—020，道光二年六月十二日。

② 《清代内阁大库原藏明清档案》，编号132960—001，道光三年三月。

借垫办买饭食茶薪共银 83.5 两。[1] 闫玉林在监狱羁押多日，饭食茶水一切均未匮乏，出狱后得还给监狱饭食茶薪银两，而管理台市把总孙桂林及其兵丁、书吏都获得银两，可见地方弁兵等对商民之无端欺凌勒索诸一斑。

富俊《科布多政务总册》载商民起票出境，系派出管理街市之骁骑校、把总查验放行，以杜私贩禁物。[2] 由此可知，管理街市商人的官吏为骁骑校、把总等。

（二）宝昌通贿营私

清代统治边疆的策略以兵民定居、屯垦土地、生产粮食为主。科布多的屯田并未如新疆开放大量民屯，而以官屯为主。科布多屯田节省了从内地运粮的费用，解决了乌里雅苏台和科布多驻军粮食问题。

光绪二十二年（1896），宝昌任职科布多参赞大臣；次年，禄祥授命科布多帮办大臣。[3] 禄祥禀参赞大臣宝昌任用司员“纳贿卖粮，种种贪鄙”，宝昌任用的司员为麟镐，他办理命案和盗卖军粮涉及商民问题。禄祥参奏宝昌盗卖仓粮禀呈：“本年（光绪二十五年）八月初间，闻得蒙古处司员麟镐、粮饷处司员荣泰，逐日往科市磨房，潜商于放粮之便，盗卖粮一千石。后于八月二十二日，开放满绿营官兵粮石，本帮办缘亲赴仓，廒监放维时参赞宝昌闻知，即将麟镐、荣泰唤进署内多时，意已知其恐泄漏盗卖军粮之事，因相聚诡谋，迨当由仓旋署未几该司员荣泰前来，面称参赞令司员荣泰前来告知，将仓内所存无几之余粮，借此次放

---

① 《清代内阁大库原藏明清档案》，编号 208285—001，咸丰元年五月初九日。

② 富俊，《科布多政务总册》，收入吴丰培、全国图书馆文献缩微复制中心编，《科布多史料辑存》，页 16 上。

③ 《宫中档光绪朝奏折》，编号 408005680，光绪二十四年三月初七日。

粮之期，乘便打出等语。”蒙古处司员麟镐、粮饷处司员荣泰，于八月二十三、二十四、二十五、二十六、二十七等日，打出粮 800 石，卖给广兴隆、兴隆泉各 150 石，林得泉 300 石，义合成、永茂成各 100 石，共计 800 石，每石价银 2.9 两。二十三年(1897)冬间，宝昌饬粮饷章京荣泰将剔出售潮带霉之余粮 134 石有零。按照旧规变卖价银，存作随时补修仓廒之用，当时粮价每石值银 3.3 两至 3.4 两，应合银四百余两。而此项霉粮每石只能卖银 2 两，共变价银 269 余两。系卖与永兴恒、广兴隆、三和义三家分领。①

又讯据荣泰供称：“二十四年秋间承参赞吩咐，由仓打出麦粮八百石分给磨房广兴隆等五家承领。冬春之间业，已均由弁兵应领粮票，陆续照数扣回。缘磨房支应兵丁随时取面是以仓中亦与磨房有此通融办法，虽系预发实与仓储毫无出入。”二十四年(1898)秋间承宝昌吩咐，由仓打出麦粮 800 石分给磨房广兴隆、兴隆泉、林得泉、义合成、永茂成等五家承领。五家磨房支应兵丁随时取面，是以仓中亦与磨房有此通融办法，虽系预发实与仓储毫无出入。故，善贵查明宝昌吩咐粮饷章京荣泰变卖余粮等事，并非盗卖军粮。有关商号的情况将在下一章再详细讨论。

宝昌真正的罪状是通贿营私。事因光绪二十年(1894)，商人张子全牵一只骆驼载货赴杜尔伯特旗下贸易，最后人货俱无下落。经尸亲张子异等控告，查访出捡获骆驼的人说系蒙人瓦齐尔并妻德济特所害，此案拖延三四年之久。据说德济特系右翼亲王之甥女，家道殷实，有索贿情事。宝昌于光绪二十二年(1896)任职科布多参赞大臣，认为理藩院主事麟镐曾在库伦待过，熟悉蒙语，由他审理张子全案件。② 麟镐以

---

① 《军机处录副奏折》，编号 03—5936—100，光绪二十五年。

② 《军机处档折件》，编号 138801，光绪二十三年四月十一日。

"蒙地辽阔,风雪迷人,野兽侵害,常无下落。比照商民韩兴元风雪冻死,尸身寻获尚速,幸未被野兽侵食情形。拟议奏结在案"①。宝昌称赞麟镐颇有才能,奏请麟镐补蒙古处章京之缺。宝昌上奏科布商民张子全前在杜尔伯特右翼人无下落一案经过情形。② 光绪二十六年(1900)定边左副将军连顺查办,据杜尔伯特盟长回文呈复:"瓦齐尔夫妇及克什克图,均已先后因伤因病身故。兼之尸亲均已星散回籍,无从追讯。"张子全案件就此结案。③

上述的德济特贿赂案件其实是杜尔伯特右翼亲王,因授盟长兼副将军,送给宝昌谢仪银七千两。传讯杜尔伯特旗通事元盛德字号衞培抡到案查问,据供蒙人克什克图向与该旗办事陆续运存该号银七千两,均拨与麟镐名下。麟镐自己取用银四千两,为宝昌拨银三千两等情。咨询宝昌则云:"送谢仪银三千两未敢入己,留作地方公用,并非张子全命案贿银。"④元盛德创始于雍正年间,为集锦社最早的商号,系祁县段氏出资,资本在百万两以上。其贸易范围在科布多所辖二十旗。⑤ 波兹德涅耶夫提到元盛德本钱约一百万两,在蒙古和中国一年贸易额近八百万两;还为扎哈沁人、索约特人、杜尔伯特左翼、巴雅特人和扎哈音乃曼沃尔托垫款。⑥

禄祥还参麟镐商同宝昌卖官。麟镐商同参赞将笔帖式卖给松祥,由麟镐送来银帖一张,银系百两。商民赵汝霖在科布多贸易多年,并无官票。宝昌令照向章罚银充公,由麟镐经手议罚,以稽查得力奖赏沙玉

① 《宫中档光绪朝奏折》,编号408004249,光绪二十六年二月十二日。
② 《军机处档折件》,编号140523,光绪朝。
③ 《宫中档光绪朝奏折》,编号408004249,光绪二十六年二月十二日。
④ 《宫中档朱批奏折》,编号04—01—01—0941—024,光绪五年三月二十二日。
⑤ 不著撰人,《归化城与蒙古新疆间之贸易状况》,页7—24。
⑥ [俄]阿·马·波兹德涅耶夫著,《蒙古及蒙古人》,卷2,页97。

福银 40 两,分送宝昌银 150 两、禄祥银 100 两。[①] 经麟镐分送禄祥,他将此二项 200 两扣作参案证据。[②] 光绪二十六年(1900),瑞洵奏麟镐赃私款目清单:一,蒙混咨保翎支私放奖札,东七台、八台,共索银 410 两。二,请领各旗喇嘛度牒 650 张,共索银6,500两。三,请领度牒各旗贿减人数,共索银一千余两。四,盗卖官存驼马皮张共得银 200 两,以上共合赃银八千一百余两。[③]

科布多参赞大臣宝昌咨复,将所存赃罚银两充公虽属贿未入已,刑部官员议:"身为大臣不能正己,率属致滋流弊,相应请旨革职,以示惩儆。理藩院候补主事麟镐虽具结声明,愿将所得贿银四千两交出充公,而该员通贿营私,声名恶劣,应请革职永不叙用。笔帖式松祥、外委沙玉福行贿招议,应请一并革职。帮办大臣禄祥虽有违例派人行走台站之咎,实属迫于情急所致。粮饷章京笔帖式荣泰,系听上司谕令且所管粮石尚无出入情弊,均请免其置议。此外浮存银两之元盛德范通业已因病出号,且系通事之家通挪垫付,事所恒有,碍难律以不应,亦请免议。"[④]定边左副将军连顺议将科城现存之赃罚银 3,300 两,提乌储库,遇有需项再行奏明动用。

(三)瑞洵贪渎案

光绪二十七年(1901),慈禧以光绪帝名义颁布新政上谕,正式启动新政,要求内外臣工参酌中西政要,就政治、经济、教育、军事改革建言

① "又,巡捕沙玉福向在杜尔伯特贸易商民赵汝霖等勒索银两,内由麟镐手送来银帖一张,银系百两,俱扣在本帮办手中,以为把握,俾作证据。"《军机处录副奏折》,编号 03—5936—100,光绪二十五年。

② 《宫中档朱批奏折》,编号 04—01—01—0941—024,光绪五年三月二十二日。

③ 《军机处录副奏折》,编号 03—5391—054,光绪二十六年八月初七日。

④ 《宫中档光绪朝奏折》,编号 408004249,光绪二十六年二月十二日。

献策，限两个月内复奏。又设立督办政务处专办新政事宜，饬令地方督抚勿再观望，迅速复奏。[①] 各省督抚变法奏折中具有相似性的军事改革主张，成为清政府颁布新军政策时的参考依据。督办政务处向各省颁发编练新军咨文后，地方督抚又扮演了练兵方案设计者和实践者的双重角色。[②] 瑞洵于光绪二十五年(1899)至三十年(1904)间担任科布多参赞大臣，正值政府推行新政，瑞洵也积极筹划科布多的建设。白剑光论文提到瑞洵设立筹防处、办保甲制度、借兵驻防、筹办布伦托海屯田等政绩。[③] 樊明方讨论光绪年间蒙古实施新政，蒙古地方官向商民征各种税收。[④] 但科布多向来只征收官房地租、落地税等，并无新的收入。瑞洵设置筹防处后，添增兵丁员额，并要求中央增加协拨银两。瑞洵编列光绪二十六年(1900)的军事支出达154,897.36两，比科布多财政经费三万多两高了约四倍。光绪三十二年(1906)，连魁参劾瑞洵任内的措施，诸如婪赃舞弊、捏报添兵、诈索赃款等，所有的政绩化为乌有，瑞洵也被革职下狱。以下分项叙述之。

1. 添增兵力

光绪二十六年(1900)，瑞洵以蒙古各部落挑选精壮者编练成军。首先，办理边防挑练蒙兵。由杜尔伯特左翼十二旗、右翼四旗，土尔扈特二旗，霍硕特一旗，札哈沁二旗，乌梁海左翼四旗，右翼三旗，明阿特一旗，额鲁特一旗，共三十旗。团练蒙兵6,000名，一半马队，一半步队，每名月给口分银3两。分带团练蒙兵杜尔伯特等三十旗营总30员，带队章京

① 李细珠，《地方督抚与清末新政：晚清权力格局再研究》(北京：社会科学文献出版社，2012)，页55—105。

② 参见彭贺超，《清末新政伊始地方督抚编练新军研究》，《中研院近代史研究所集刊》，2016年第91期，页47—97。

③ 白剑光，《试论庚子之变后瑞洵在科布多地区的"筹防"活动》，《伊犁师范学院学报(社会科学版)》，2010年第4期，页43—47。

④ 樊明方，《清末外蒙新政述评》，《西域研究》，2005年第1期，页35—43。

30员、队官30员、毕齐业齐(笔帖式之意)30员、蒙古医生30名、蒙古兽医30名。计初办一月薪饷银19,000两。团练各旗添补马匹器械每旗发银500两,共银15,000两。共用银34,000两。

其次,设置护城护卡蒙兵马队。光绪二十六年(1900)分杜尔伯特、额鲁特、明阿特选练护城护卡蒙兵马队二千名,每名月给口分银4两。自是年八月计一个月共银8,000两。共有护城护卡蒙兵管带4员、营总8员、带队章京8员、队官8员、毕齐业齐8员、蒙古字识8名、通事8名、官医生8名、兽医8名。[1]

光绪二十六年八月初一日起至闰八月底止计两个月,共支银38,040两,旋于是年闰八月底奏明裁撤团练蒙兵三千名,仍留团练蒙兵三千名。又自是年九月初一日起至十月底裁撤之日,止计两个月每月支银9,510两,共发银19,020两,九月瑞洵即奉上谕:现在饷需万紧,所有原练蒙团六千着全行裁撤。护城护卡兵二千,着裁去一千五百名,暂留五百名。着户部于边防经费项下拨给银一万两,交瑞洵等核实支用。[2] 瑞洵于光绪二十七年(1901)二月奏称,办理团兵、守城护卡兵、筹防处八月间用银四万三千余两,第二个月即减用银二万八千余两。至十月用银95,860两,除奏明动支库存平余各项银20,000两,又动支旧经费银一万两千三百余两。陆续借贷商款支给34,000两,又借用商款银16,000两。瑞洵奏称:"所欠商款均系西商暨京庄分认挪凑,经已发给印据,许俟饷到即还。"[3]瑞洵奏折提到:"去年(光绪二十六年),所欠商款累积达五万之数。"欠发兵饷银一万三千五百余两。瑞洵说欠商款的理由是所有商贾生意皆系随营买卖,全仗银茶交易,脉络贯通,囊

① 《军机处档折件》,编号156107,光绪二十九年三月二十七日,附清单一。
② 瑞洵,《散木居奏稿》,收入《内蒙古史志》,册69,卷4,页131—132。
③ 瑞洵,《散木居奏稿》,收入《内蒙古史志》,册69,卷4,页163—164。

日饷多颇增富庶。近年饷少即见萧条。市廛生意锐减，牲畜麇聚归化城一带，不能进京。他物又未能出口，销路大滞，商蒙群呼赔累。[①] 瑞洵的奏折中一再提出欠商款五万两，商人供称并无欠款，经查核账簿亦无记录。

景善的口供说："瑞大人交景善底稿，转令乌梁海呈报添兵裁兵各文，又瑞大人交景善札稿底二件，一系由三十年(1904)二月初一日起，添兵一千二百名，一系由是年九月初一日起，裁撤九百名。此事明知是假，系属上司交办，不敢不遵，其实并无一兵。"[②]阿勒台乌梁海左右两翼蒙古副都统察罕博勒克、散秩大臣巴尔丹多尔济、总管桑敦札布、瓦齐尔札布、棍布札布等供称："景章京交给文底两件，一件是逼令我们写捏报卡伦由三十年二月起添派蒙兵一千二百名，一件是写是年九月起又裁了九百名，文内虽系呈报二月添，九月裁实是三十年十月间景章京逼之写的。又迟了两三天，景章京交给我们札文二件，一系由三十年二月初一日卡伦添兵一千二百名，一系由九月初一日裁撤九百名。我们明知都是假话。"察罕博勒克等被景善逼迫写文件，明知都是假话却只好签了。[③] 瑞洵的行径只能说天高皇帝远，趁着推行新政的热潮，做不实的添兵计划。

2. 抚恤哈萨克

周学锋等认为1864年新疆变乱前科布多属地几乎无哈萨克人，新疆变乱后，原属乌梁海七旗的哈巴河被塔城借去安插十二克烈部哈萨克

① 《军机处录副奏折》，编号03—6580—050，光绪二十七年四月二十一日。

② 《连魁科布多奏稿》，收入吴丰培、全国图书馆文献缩微复制中心编，《科布多史料辑存》，页7下—9上。

③ 《连魁科布多奏稿》，收入吴丰培、全国图书馆文献缩微复制中心编，《科布多史料辑存》，页10上—11上。景善供："现年四十七岁，系绥远城正蓝旗满洲二甲，光绪七年奏派科布多戍守，至今二十四年，办理蒙古事宜，并无舛错。今被哈萨克总管苏喀尔拜呈控勒令贿赂一节，事出有因。"《军机处档折件》，编号152999，光绪二十八年十一月二十八日。

人。其后，塔属哈萨克人逐渐向东移至借地以外的科布多辖地，并日渐增多。[①] 实际上，道光年间哈萨克人即逐渐迁徙乌梁海等地。道光四年(1824)间即有数千户的哈萨克聚积乌梁海，并有种地情形。[②] 皇帝谕令科布多参赞大臣照例将哈萨克人驱逐。道光十八年(1838)，以哈萨克人潜阑入阿尔泰乌梁海，命乌里雅苏台参赞大臣车林多尔济领蒙兵逐之。科布多参赞大臣毓书遣科布多主事职衔哈楚暹领兵逐入乌梁海之哈萨克依满等于乌里雅苏台。八月，追败之于沙拉布拉克。九月，又逐再入乌梁海之哈萨克人，使过于库克伸阿林，予奖。[③]

瑞洵奏阿尔泰山哈巴河一带地方，原系乌梁海七旗游牧。自同治年间乌里雅苏台将军奏请借给安插胡图克图棍噶札拉参徒众，后因棍噶札拉参逼勒逃出之哈萨克。科布多大臣又奏请暂为安插于乌梁海七旗之内，声明借地归还，再令哈萨克西行，不得久占乌梁海牧地。[④] 哈萨克人不能久居乌梁海地区，瑞洵趁机向他们索要银两。据景善供称："瑞洵家丁吕明义向伊称说分给哈萨克牧地，向哈萨克索要银五万两。哈众因无现银将牲畜卖给俄商得银五万两，交吕明义收呈。由俄国商人穆胡赖先行借给三次，共付过银四万四千两，有俄商账簿，及哈萨克手字为据。请饬瑞洵在京如数呈缴提解来科暂存。其恤哈之款据该大臣详查旧卷瑞洵曾经请过银五万两，现经景善供出实放给哈萨克银一千九百七十五两，应尚余银四万八千余两，并请饬下瑞洵如数交出。"[⑤]

---

① 周学锋、马云，《清末阿尔泰哈萨克迁徙始末》，《石河子大学学报(哲学社会科学版)》，2009年第23卷第3期，页74—77。

② 《军机处录副奏折》，编号03—3985—064，道光四年八月二十四日。

③ 赵尔巽，《清史稿》，卷524，页14521。

④ 瑞洵，《散木居奏稿》，收入《内蒙古史志》，册69，卷11，页353。

⑤ 《军机处录副奏折》，编号03—7392—045，光绪三十二年闰四月二十三日。

景善供单说到放给哈萨克银 1,975 两之事,此事因瑞洵奏称抚恤哈萨克人给过马 600 匹、羊 7,000 只、茶 200 多箱。瑞洵奏称,查明归哈人数计科布多属 2,960 名口,又塔属愿归科布多者 2,064 名口,实已共收回五千余名口,皆以荡析离居几成流冗,业饬普加振赡。其续由新疆收回之哈约犹有二千余人,困苦相同,并当一体施惠,以广皇仁而昭公溥。为了赈济哈萨克人瑞洵称采买茶、畜价值已需银九万余两,所短仍巨。瑞洵称不得已,派员分向本城及古城商家挪借砖茶、牛羊以应急需。[①] 景善却供称:"上年委景善等上四鄂托克,去查收回哈萨克众户口数目,先将穷哈一千八百余名,每人各给茶 2 块,每块按市价 5.5 钱折给银两,虽有抚恤禀帖各件,均经瑞大臣交下底稿,令景善照写呈报。禀内所称采办马羊茶块委员各节,并无其人,除哈萨克总管等领过银 1,975 两外,并未领过别项银两。"[②]哈萨克总管苏喀尔拜等供称:"去年十月间景噶兰达给我们四个总管,共放了一千九百七十五两银子,将他已经写成的作为每一总管领过马六百匹,羊七千只,茶二百多箱,哈萨克结四纸,逼令我们各总管盖印。我们害怕,不敢不应,其实我们仅领过一千九百七十五两,此外并未领过分厘。"[③]景善逼哈萨克总管盖印具甘结领马羊茶等抚恤皆是造假。

3. 开办屯田

瑞洵的政绩之一是开办布伦托海屯田。根据郭美兰的研究,布伦

---

① 瑞洵,《散木居奏稿》,收入《内蒙古史志》,册 70,卷 22,页 207—208。

② 乌梁海蒙古副都统察罕博勒克、散秩大臣巴尔丹多尔济等供称:"光绪三十年二月间,景章京传知乌梁海说你们穷苦人少,将你们游牧赏给哈萨克。因将我们原住的科布多河、察罕河、哈拉噶纳图河、大彦淖尔等处好地调取,赏给四鄂拓克哈萨克等。"《连魁科布多奏稿》,收入吴丰培、全国图书馆文献缩微复制中心编,《科布多史料辑存》,页 3 下—4 下。

③ 《连魁科布多奏稿》,收入吴丰培、全国图书馆文献缩微复制中心编,《科布多史料辑存》,页 9 上—10 上。

托海即赫色勒巴斯淖尔，元代名为乞则里巴失海子。凡阿勒台山东南乌龙古河、布尔干河、青吉斯河诸水皆汇于此淖尔（海）。布伦托海东西广七十里、南北袤三十里。同治七年（1868）间曾任命李云麟为布伦托海办事大臣，他将难民所垦私田作为官田屯种，引起难民的叛乱。李云麟被革职查办，继而发往黑龙江充当苦差。继任的明瑶、文硕等不肯赴任，仅一年多就裁撤布伦托海办事大臣。[①]

光绪二十八年（1902）十一月，瑞洵奏称，布伦托海屯田自三月二十二日开始至九月初二日，已修成大渠二道，分渠八道，计有六十余里之远，亩数约倍于科布多旧屯十分，共开垦荒地约三万亩。[②] 科布多屯田才一万多亩，布伦托海屯田多达三万亩，颇具规模。瑞洵饬令各旗准备驼只援助，酌量帮给银两。并押驼官兵加以赏犒。已由杜尔伯特、土尔扈特、札哈沁各旗借准驼 650 只，俟此项驼只到日，即派弁兵将籽粮农具一切分起运解前往。限二月十五日以前陆续齐抵布伦托海。奏报拟向蒙旗借用驼只办理布伦托海渠工。[③]

瑞洵又奏称，由科布多运送至布伦托海屯所计程一千九百余里，现由乌里雅苏台调来驼只只有 200 只，今官驼只挑选 300 只。若按向来市价雇用民驼，自科布多城至布伦托海共 18 站，每只脚价贵则 11 两，至贱亦须 8 两，刻下已须 9 两，就此统算如雇 650 只已需脚价 5,850 两。[④] 瑞洵奏报布伦托海屯田工程紧要，请饬户部先行筹拨经费办理。[⑤] 瑞洵奏称，布伦托海的屯田共垦成新田四十余顷，以丰、年、为、

---

① 参见郭美兰，《清代布伦托海办事大臣的设立及其裁撤》，《中国边疆史地研究》，1998 年第 3 期，页 59—67。

② 《军机处档折件》，编号 153015，光绪二十八年十一月二十八日。

③ 《军机处档折件》，编号 156111，光绪朝。

④ 瑞洵，《散木居奏稿》，收入《内蒙古史志》，册 70，卷 14，页 24—27。

⑤ 《军机处档折件》，编号 156106，光绪二十九年三月二十七日。

瑞四字分为四屯，渠水足用，核计当可播种700石，当经发给籽种小麦500石、稻米80石、青稞120石。

光绪二十九年(1903)五月初旬一律试种完毕，良苗勃兴，才及月余杆高二尺，迟者亦及尺余，一本十茎八、九结穗，方共相庆丰收。不期六月中旬，连经暴雨茎间禾际骤见黄埃，沾着如尘。土人呼为黄丹，谓由地气郁蒸所致，农田经此，槁可立待。幸是月下旬连得好风，热气稍疏，黄丹渐落，得有转机。然经此之后麦已受伤，青稞、稻米更属无望。现在刈获已毕，除青稞稻子外计收小麦4,120.64石。[①] 瑞洵奏折提及，屯仓现已盖成4廒计20间。磨房盖成12间。并按4屯各盖农舍3间局，所盖成24间。统计渠屯仓磨局舍各工共用实银39,856余两。[②] 科布多帮办大臣英秀奏参瑞洵，亏短布伦托海粮石一折，具原奏内称，光绪二十九年份，布伦托海实收量980石，而瑞洵奏报收成分数折内，竟自开报收粮4,120.64石，彼时该大臣以粮数不敷，未肯列衔。

瑞洵言称："自上年开办渠工，各费已垫过银数万两，若按时收粮数，奏报必得处分。无论亏短多寡，除拨解屯款三万两外，尚有自行垫办银一万余两，所欠粮石应由垫办银内赔补，决不连累别人。"户部官员议，瑞洵开报收粮4,120.64石，实收量980石，计所欠屯粮共3,135.64石，按照官价每石折银2.5两，统计银数已在7,839.1两之多。瑞洵供称："屯粮一事，以委任非人办法糊涂，仅当遵旨将亏短粮石价银如数认缴。"[③]

---

① 瑞洵，《散木居奏稿》，收入《内蒙古史志》，册70，卷21，页185—191。

② 瑞洵，《散木居奏稿》，收入《内蒙古史志》，册70，卷21，页185—191。

③ 《军机处录副奏折》，编号03—7392—046，光绪三十二年闰四月二十三日。瑞洵，《散木居奏稿》，收入《内蒙古史志》，册69，卷10，页341—342。

4. 家丁骚扰台站

晚清时期蒙古台站存在诸多官员苛扰之弊，如驰驿人员于勘合、传单之外多用驼马，夹带商货，殴打台兵，滥索廪羊，折取羊价，索要礼银等。譬如乌里雅苏台将军托克湍，尤其随从带揽商货。[①] 前述乌里雅苏台将军贵恒到任之始，即为商铺由张家口挟带私人货物，在科布多更屡见不鲜。

光绪三十一年（1905），察哈尔副都统魁福奏，据布鲁图署参领察克都尔札普、赛尔乌苏管站部员札拉芬等先后报称，回京之科布多参赞大臣瑞洵行李分起过境，每起需用驼驮各数十只。即该大臣五月间携眷南下，驼马用至一二百只匹不等。其经过牲畜倒毙之灾台，则由上台拉用过站，或责令出价雇觅，毡房亦用至数十架。所带巡捕家丁倚势作威，并有每台折给羊价，以及索取礼银之事。经刑部员外郎全立、防御巴图吉雅、骁骑校莫尔根等分途驰往，按照原报逐一确查，据该员等陆续查明，回口复称："此次科布多参赞大臣瑞洵经行台站传用驼马等项太多，诚有如该台所报数目。然各台应付多寡亦尚不一，惟沿台需用廪羊三十余只，除食用外每只按一二两折价，又每台案取礼银或数十两，或一二百两均实有其事。询据该台官弁佥称此项银两皆系巡捕谷金保、家丁德化等接收，统共各台付过银不下六千余两。并据称当时因畏伊等恫吓，不得不照数给付，情愿出具印甘等结。"[②]

据《考察蒙古日记》载，宣统三年（1911），喀尔喀所出台站之费，岁及七十余万，长地此守旧不变，劳民伤财。[③] 孟矩提及："官台每台，毡房六顶。马夫，蒙云乌拉赤，每房十五人，马百五十匹，则一站人夫，共

---

① 芦婷婷，《晚清蒙古台站弊端》，页5—9；同作者，《晚清蒙古台站弊端再析》，《内蒙古大学学报（哲学社会科学版）》，2016年第48卷第4期，页31—34。

② 《宫中档朱批奏折》，编号04—01—01—1075—004，光绪三十一年十月十五日。

③ 佚名，《考察蒙古日记》，收入毕奥南主编，《清代蒙古游记选辑三十四种》，上册，页666。

九十人，马九百匹矣。恰至库，十一台，中设十站。库至乌，三十一台，中设三十站。乌至科，十五台，中设十四站。恰库乌科四处，各备人马，每站之半数，但无毡房，如此共用马数，已有六万之谱。”[①]张家口至乌里雅苏台共64台，前44台为察哈尔副都统管辖，后20台为乌里雅苏台所管，为喀尔喀札萨克军台，连同孟矩所说的共74台，每台一年所需费用万两银。

孟矩亦论及台站例给饭食，每日晚间，宿于某站，即由某站供给。非宿之站，不供给也。每日供食，例一羊腿，此一人之食。如足六人，始给全羊一支，每一支羊，前后四肢为四腿，其羊身平分为二，作二腿，故羊皆六腿。[②] 志锐(1853—1912)《廓轩竹枝词》云：“天臣每台例有廪羊二只，自携六七人，虽果腹而无所余，尚多，如不过问，必致折价，以干例禁。每日食罢，监视散给，台兵争取，顷刻即尽，迟则不得。”[③]志锐他塔拉氏为珍妃堂兄弟，因珍妃、瑾妃被贬贵人之牵连而遭慈禧太后贬谪，光绪二十一年(1895)到乌里雅苏台担任参赞大臣，也不过就吃两只羊。瑞洵则食用廪羊三十余只，除食用外每只按一二两折价，又每台案取礼银或数十两，或一二百两，未能体恤民困。

光绪三十二年(1906)，刑部官员审理瑞洵案件，依据连魁开单声请饬部核议，刑部拟定罪名。第一项罪状，瑞洵身膺边寄不思洁已，奉公镇安防戍，乃以分给牧地之故，辄向所部哈民求索银至44,000两之多，殊属胆玩。查索还阿勒台借地，以资安插，系奏准饬办之事，与未奉明文籍名科敛者不同，该革员挟势求索，致激哈众联名呈控，讯系用强勒

---

① 孟矩，《乌城回忆录》，收入《中国边疆行纪调查记报告书等边务资料丛编(初编)》，第22册，页347。

② 孟矩，《乌城回忆录》，收入《中国边疆行纪调查记报告书等边务资料丛编(初编)》，第22册，页357。

③ 志锐，《廓轩竹枝词》，收入毕奥南主编，《清代蒙古游记选辑三十四种》，上册，页610。

取罪，应满流其于卡伦添裁蒙兵虚词奏报，实属任意欺蒙，惟尚未领过饷糈，按奏事诈妄不实律罪，止满徒即纵容家丁折收蒙旗羊价，按官员知情亦属轻罪，自应从重问拟。瑞洵合依《大清律例》："监临官挟势求索所部财物，强者准枉法论罪，止杖一百流三千里律，拟杖一百流三千里，乃从重发往新疆，效力赎罪。"惟例无求所得赃，定限勒追，明文应请比照监守盗钱钱例，即由刑部监禁予限一年，追赃给主，俟限满分别已未完缴，再行按例办理。

第二项瑞洵奏销收安经费即开办屯田各事，提用科布多钱粮，并折缴粮价各案，均非并案，切实行查无从知，其一定之数仍拟查照。瑞洵呈出英秀咨单，并连魁此次折件暨该革员共呈，各项报销清折一并分咨户兵各部，从实核销。除应准开销抵补之数，毋庸置疑，期应予驳斥者，究竟挪移若干、侵欺若干，均须彻底清结，统俟复议到部，再由臣等查照挪移侵盗各本例，另行从重治以应得之罪，仍勒限监追，若限内全完，即照免罪及减等之例发落，庶帑项不致虚浮而罪名无虞轻纵。

景善仅止在旁翻话，并未过附银两。虽收受乌梁海雇觅牲畜等银1,900两，业于科城如数缴出，系在限内完赃。本应免其置议，惟该章京承领恤哈之费，复据瑞洵坚供实交过伊银3,000两后经缴还500两，有科城商号簿账为据，兹该章京仅供领银3,000两，又折耗去银25两，恐有狡避侵渔情事。应咨由连魁从实查明再行核办。[1]

瑞洵的家丁吕明义、翟广俊诈赃索贿，贪鄙异常，平日倚势凌人，声名尤为恶劣，现经查明诈索各情，自应按律惩治，惟该家丁吕明义、翟广俊前随瑞(洵)业已回京，无从传到，应即请旨，饬下瑞(洵)赶将家丁吕明义、翟广俊就近交出，送交该管衙门勒追赃款银1,246两，如数呈缴，

---

① 《军机处录副奏折》，编号03—7392—049，光绪三十二年五月十八日。

一并解交锡(恒)分别办理,并从严治该家丁等以应得之罪。[①]

光绪二十六年(1900),瑞洵在官员薪俸中添增了“加增银”,即如蒙古王公有跟役人员。如参赞大臣本俸养廉银 700 两外,副都统衔俸廉随甲 427 两。粮饷处章京、印务处章京、蒙古事务处章京、帮办章京每员除盐菜银外,又有加增银两(参见表 7—10)。[②]

表 7—10 瑞洵拟定的官俸

职官	人数	本俸、盐菜银等(两)	加增银(两)	备注
参赞大臣	1	700	427	副都统衔俸廉随甲银
帮办大臣	1	520	427	同上
印务处章京、蒙古事务处章京、粮饷处章京、帮办章京	5	852	600	
委署章京笔帖式	1	170.4	120	
笔帖式	2	144	96	
带兵骁骑校	1	48	36	
额外骁骑校	2	72	72	
候补笔帖式 3 员、委署笔帖式 12 员	15	486	360	
霍呢迈拉扈卡伦侍卫	1	96	18.59	一年减半粮折银
昌吉斯台卡伦侍卫	1	96	13.4	一年减半粮折银
俄商局章京	1	170.4	120	

① 《连魁科布多奏稿》,收入吴丰培、全国图书馆文献缩微复制中心编,《科布多史料辑存》,页 5 下—6 下。

② 瑞洵,《散木居奏稿》,收入《内蒙古史志》,册 69,卷 4,页 124—125。

（续）

职官	人数	本俸、盐菜银等（两）	加增银（两）	备注
一年心红纸张		120		
一年赁房银		192		
柴薪银		24		
字识 4 名、通事 2 名、巡逻兵 10 名	16	768		
绿营参将游击[①]	1	84	120	
千总	2	64.8	72	
把总	6	158.4	144	
经制外委	1	16.8	24	

资料来源：瑞洵，《散木居奏稿》，收入《内蒙古史志》，册 69，卷 4，页 124—127。

科布多参赞大臣的本俸和盐菜银等 4,926.8 两、加增银等 2,745.99两，共 7,672.79 两。咸丰年间以后户部财政困难，官员减薪，但科布多的职官加增银却占了 35.79%，在其他地方较为少见。瑞洵于光绪二十六年(1900)七月，奏请设置筹防处，专办防守事宜及一切事务。又加派弁兵前往卡伦八处侦探，分驻东七台、南八台督催新疆各处及本城军务折奏文报等，每月支银 500 余两。[②] 光绪二十六年，马步兵与兵役人数不变，马步兵每名增加 18 两，共 4,032 两。兵役每名增加 6 两，共银 132 两。[③]

---

① 富俊，《科布多政务总册》，收入吴丰培、全国图书馆文献缩微复制中心编，《科布多史料辑存》，页 2 上。向系宣化镇属拣派满汉参游前来管理屯务，嘉庆四年参赞大臣策巴克奏准，嗣后在于直隶各镇内遴选旗员更换。

② 瑞洵，《散木居奏稿》，收入《内蒙古史志》，册 69，卷 4，页 163。

③ 瑞洵，《散木居奏稿》，收入《内蒙古史志》，册 69，卷 4，页 127。

《散木居奏稿》记载的新政，几乎都有问题。然而，2018 年由商务印书馆出版《散木居奏稿校证》[①]，学界对瑞洵的评价极为正面，譬如袁耀先认为此奏稿“开展清末边疆治理情况与我国疆域划分归属等问题研究，提供了较为全面的文献史料，对开展清史研究具有十分重要的历史文献价值”[②]。但历史研究不只看到片面资料，而应多方阅读档案，才能做客观的判断。

五、小结

科布多位处极边，公文往返旷日累时，担任科布多参赞大臣皆为满洲官员，处理蒙古、汉商的问题有语言上的障碍，主要仰赖像阿勒精阿、景善这样的吏员办事。阿勒精阿从他父亲赶升开始就在科布多担任主事，和科布多各部落关系良好，每年送礼成为惯例。宝昌的案件说明边疆的吏员属下由参赞大臣举荐，蒙古处司员麟镐、粮饷处司员荣泰得官皆如此。属员为了报效，收取蒙古王公献金、盗卖米粮，以回馈上司。以人命关天的张子全案件，麟镐私自做决定，其他卖笔帖式、喇嘛度牒的事情更是层出不穷。这些案子是不是特例？笔者认为答案是否定的。譬如清朝禁止汉商到乌梁海贸易，至民国七年(1918)，都护副使乌里雅苏台佐理员恩华咨呈乌城华商永兴恒、恒和义、义盛德、恒隆厚、新升永等商号，说他们在唐努乌梁海已有百年历史，房产屋宇与内地壮丽争胜，一切财产不下数千百万两。[③] 乌梁海产物以灰鼠为大宗，惟南唐努乌梁海最多，貂产于北唐努乌梁海，猞猁狲到处皆有。伊合克木河有

① 瑞洵著，杜宏春校证，《散木居奏稿校证》(北京：商务印书馆，2018)。
② 袁耀先，《〈散木居奏稿〉历史文献价值考述》，《文化学刊》，2019 年第 8 期，页 230—232。
③ 《北洋政府外交部商务档》，编号 03—32—177—02—001，民国七年一月。

水獭，南唐努乌梁海林中有飞鼠，大与灰鼠等。乌梁海境内，金矿最多，场主大抵俄人，采金工人以朝鲜人最多，俄人华人次之。南唐努达布苏岭产石盐，盐五色，掘地尺许即见盐。[①] 因此，永兴恒等商号长期在唐努乌梁海、科布多采集皮张。

官员与商人形成了利益集团，譬如阿勒精阿与商人合伙，任凭商人到乌梁海禁区贸易。案件审理结果，定边左副将军认为阿勒精阿的股份、利银应入官，户部尚书那彦成却还发还他的股本和利银。清中叶朝廷力有未逮、鞭长莫及、公权力不张。清代一君统治的政治理念，在边疆地区无法彻底执行，也形成吏治败坏的原因。

科布多虽靠近产金矿的阿尔泰山，却不能像库伦开挖金矿挹注财政。又大商号如大盛魁、天义德、元盛德有官方、喇嘛的资本，不容易增加税收。即便科布多以茶货贸易居冠，并无税课，惟华商来往出入之茶货，按每头骆驼抽收砖茶一二块，以为办理街市各项杂物之费。科布多财政困难，瑞洵办理新政另辟财源，如向哈萨克人索要银两、谎报屯田数量、骚扰台站等，除了暴露吏治败坏之外，更说明财政困窘之下的新政，未能创造新的契机。

---

① 孟矩，《乌城回忆录》，收入《中国边疆行纪调查记报告书等边务资料丛编(初编)》，第22册，页349。

第八章　清代科布多的商号

一、前言

清朝在科布多设置参赞大臣，管理屯田、设牧厂以供军需。买卖城是在科布多城的南面，1876 年俄国的探险队曾做过科布多买卖城的调查，1892 年俄波兹德涅耶夫曾到过科布多，详述各商号的买卖活动，目前许多研究大盛魁和天义德的著作还引用此著作。波兹德涅耶夫讨论的商号除了大盛魁、天义德、元盛德、义和敦之外，其他商号都采音译，不知原来名称。[①] 中研院近代史研究所档案馆藏民国六年科城商场案卷宗，此案系蒙方私让科城为俄人之贸易圈，华商请外交部令外蒙官府认赔。其中编号 03—18—032—07—008 的档案有 26 页，该档案最为重要是因商号提出证据为民国元年、六年科布多买卖城商民公、私有房产表，并附有科布多城市略图。当时科布多城内商民私有房产表共 57

---

① ［俄］格·尼·波塔宁，《蒙古纪行》，页 54—56；［俄］阿·马·波兹德涅耶夫著，《蒙古及蒙古人》，卷 1，页 240。

家商号，有商场的号东、执事人、房屋数目、位置、估价等，为十分宝贵的资料。[①] 由商号的号东、执事人的籍贯可分为从直隶省来的“京庄”及山西来的“西口庄”商人，本章主要讨论这两类商人的组织和贩售货物。

清代档案和波兹德涅耶夫称在科布多经商者为“通事”，后来的书也都用通事这名词。[②] 亦有称通词业或通译业，是经营蒙古贸易且介绍客商与蒙古人贸易之一种营业，如大盛魁。[③] 然而，清代档案对通事职责的解释更清楚，科布多地属极边，一切军需取自山西协饷。天义德和大盛魁负责汇兑银两，以及代办乌里雅苏台将军衙门、驻班蒙古王公军需物资。商号到蒙古各旗贸易也被称为“通事”。[④] 再者，蒙古人必须承担驿站的工作，大盛魁和天义德等商号提供蒙古部落当差的骆驼、马匹、牛、羊以及帐棚等，在之前的第五章和第七章都已经讨论过。

本章利用的奏折资料有：清代科布多参赞大臣清安，他在光绪四年至十年（1878—1884）担任科布多参赞大臣，留下《科布多奏稿》，文中提到街市铺商采买驼马牛，又有向铺商挪借大茶、粮食等。[⑤] 瑞洵于光绪二十六年至二十八年（1900—1902）间担任科布多参赞大臣，其《散木居奏稿》提到挪借商款的问题。《连魁科布多奏稿》是他在光绪三十一年

---

① 《北洋政府外交部商务档》，编号03—18—032—07—001至03—18—032—07—008，民国六年一月至十二月。

② 中国人民政治协商会议内蒙古自治区委员会文史资料研究委员会编，《旅蒙商大盛魁》，收入《内蒙古文史资料》，第12辑，页66。

③ 绥远省民众教育馆编，《绥远省分县调查概要》，收入《内蒙古史志》，第31册，页126。

④ 台北故宫博物院藏，《军机处档折件》，编号138505，光绪二十三年三月十六日。波兹德涅耶夫说大盛魁在科布多的分号可代土谢图汗部和札萨克图汗部的喀尔喀各旗支付钱款。此外，大盛魁还对巴隆昂邦辖区内的厄鲁特旗、明阿特旗、杜尔伯特右翼各旗、土尔扈特汗旗、土尔扈特王旗及乌梁海各旗经营票庄业务。参见[俄]阿·马·波兹德涅耶夫著，《蒙古及蒙古人》，卷1，页293、340—341。

⑤ 《桂祥科布多奏稿》，收入吴丰培、全国图书馆文献缩微复制中心编，《科布多史料辑存》。

至三十四年(1905—1908)任科布多参赞大臣的奏稿。① 以上的奏稿都提到清廷拨给的银两不足,商铺带垫银两,按《大清律例》之规定支付利息等。此外,还有士人笔记,如樊镛于光绪二十三年(1897)至三十四年(1908)在科布多十余年,对科布多的商务、物产、风俗有详细描述,他讨论科布多商人有两种:京庄和西口庄,京庄五家,即北京喀尔喀管俗称外馆者各货房之分店。西口庄十余家,不包括一二人的小贸易商,其在科属各旗贸易之华商不过十家左右。西口庄在科城之外,各旗有分店。至于一二人在各旗贸易者众多。②

由中研院数位典藏中心赞助建置近代商号资料库,集结了汉口、北京、张家口、归化、库伦、恰克图等地的资料,再对照近代史研究所科布多商号档案,可以理解科布多商号是中国和蒙古贸易圈之一环,各地商号在科布多有分庄。清末从事金融借贷的利润高,商号转而投资借贷活动。

二、科布多的买卖城

(一)科布多买卖城

《科布多政务总册》载,外有关厢长里许,俱系商铺。③ 乾隆二十七年(1962)十一月定边左副将军成衮札布奏为来年于科布多地方修建新城而选址。成衮札布奏称:

---

① 瑞洵,《散木居奏稿》,收入《内蒙古史志》;《连魁科布多奏稿》,收入吴丰培、全国图书馆文献缩微复制中心编,《科布多史料辑存》。

② 樊镛,《内编:科布多琐录》,《地学杂志》,1912年第3卷第9、10期,页3—19。

③ 富俊.《科布多政务总册》,收入吴丰培、全国图书馆文献缩微复制中心编,《科布多史料辑存》,页7。

> 臣等以为修筑此城安置商人，皇上或以此处商人众多，即指示令伊等筑城。此处于本年起初才驻兵屯田，虽贸易商人往来不断，行止不定，赶往蒙古游牧处贸易，间或于本营近处住一二个月贸易，并无一定；今奉恩旨晓谕伊等现在此处之汉商人，派兵暂建墙帏安置，由该将军将此旨晓谕众汉商人，俟此处商人陆续增加时，于本处择定一处高阜之地，再呈将军、大臣等商定后，或建卫城安置众商，或同乌里雅苏台建造固营墙帏之处，另行办理外；现今若即建一城而伊等不来，徒然虚张空留，相应将我等之意见咨呈将军，如何办理之处，祈请将军、大臣等定夺等因前来。臣等伏思科布多地方驻兵如许之多，估计其屯田、建仓，若建一城安置，于诸事有益，理应建城。惟今科布多在卡伦地方，歇息未定，缘因行走之汉商人数少，兹据扎拉丰阿如此咨呈，该臣等谕令在乌里雅苏台、塔密尔等处汉商人等，有前往贸易者，除照常赴送外；咨行参赞大臣扎拉丰阿，明年起于彼处近屯田处，或布彦头、或科布多等处，留意选定有柴木之高阜地方，修建一小城，再行具奏。①

扎拉丰阿建驻防城后，次年又在城南建造买卖城。乾隆二十九年(1764)科布多参赞大臣扎拉丰阿奏请给修建科布多城之绿营兵丁米茶。

前述乾隆三十年前后建普宁寺，由于科布多兴建藏传寺庙，牵引出商人讯息。乾隆三十四年(1769)，上谕："积福奏称，由科布多库存银中动支二千两，借给彼处商人，每月生利息一分，将所得利钱作为寺庙杂费，其本银，定限八年，补还原项。科布多新建寺庙杂费不甚多，且各省驻防之滋生银皆已停止，今若借给科布多商人以银两取息，则必出乱子，此事着不必行。现回子各城，皆有向商人抽税之例。乌里雅苏台、

---

① 《军机处满文录副奏折》，编号03—1982—004，乾隆二十七年十一月初七日。

科布多等地聚集商人渐多,亦应抽税。将此着寄谕成衮札布等,亦应向乌里雅苏台、科布多等处商人酌量征税,以用于杂项。惟抽该税时,务必严饬属下官员,不可借口多扣以累商人。仍将此等地方应如何抽税、可否抽税之处,定议具奏。”[①]乾隆皇帝认为不必发商生息,而改收房租银,和乌里雅苏台买卖城的税收政策一致。

1876年俄国人格・尼・波塔宁到科布多商市说买卖城有两条街道,其中主要街道为大街南北走向,街道笔直,两侧栽着高大的杨树,树下开有水渠。[②] 波兹德涅耶夫也说科布多城的买卖城,在衙门南面约一百俄丈的地方,西距布彦图河约一俄里半。科布多的商业区比衙门要大得多,但只有三条街道。第一条街叫大街,由南一直向北穿过整个买卖城。第二条街叫西街,也是从买卖城的一端通向另一端,始终和大街平行,只是在它与第三条街垂直相交的地方才成为折线。第三条街由城东端开始,穿过大街一直伸延到与大街平行的第二条街西街为止。大街约有十五俄丈宽,种着许多高高的杨树,科布多街道的清洁已成了固有的传统。科布多的十字路口的院墙上、所有寺庙和官署旁都贴着禁止在城内骑马的告示。[③] 根据科布多城的地图,第三条街分小西街、小东街。在大街上与这条横街相交的十字路口处的墙里砌进了一块泰山石敢当(参见图8—1)。1909年俄人拨杜耶甫到科布多,他说科布多的洁净是因为设有

---

① 《乾隆朝满文寄信档译编》,第8册,页703。

② [俄]格・尼・波塔宁,《蒙古纪行》,页54—55。

③ [俄]阿・马・波兹德涅耶夫著,《蒙古及蒙古人》,卷1,页337—338。樊镛描述买卖城设在科布多南门之外,冲南门者为大街,长里余,宽八丈许,道之东西有合抱之老杨树两行,又东西有流水渠,南之尽头有观音庙,门向北设,此庙之后面接连万寿宫,又大街之中为十字式去东西有横街,各长半里余,东横街东口之外,有五道庙,一门迎接口,西横街西口之外又有南北街,一名西街,曲折不直,北口之外,即为城之西南隅,此街之中,西有一小巷,并无居人,惟各街均有流水之渠,是以夏日洒扫街市,颇为洁净,至于城之东西北三面无街市,皆临旷野矣。参见氏著,《内编:科布多琐录》,页3—19。

巡警和清道夫，保持卫生且巡缉盗贼，兼管商场夜警事宜。[①]

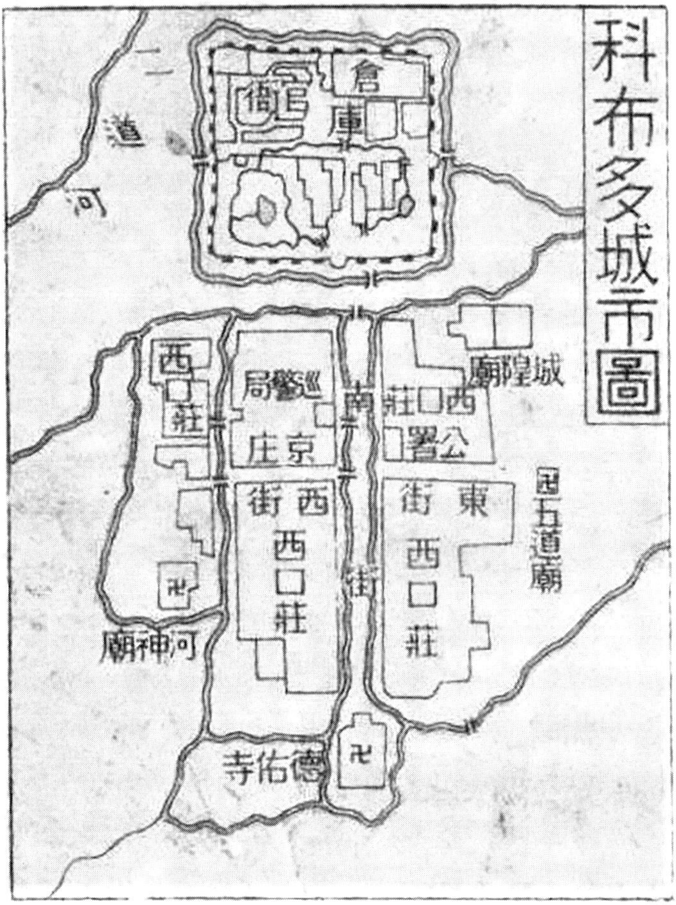

图 8—1 科布多城市图

图片来源：中研院近代史研究所藏，《外交部档案》，编号 03—18—032—07—001。

关于买卖城商铺的数量，1876 年波塔宁提到科布多西边的西街与

① [俄]拔杜耶甫，《西部蒙古游历谈》，收入《新游记汇刊续编》（上海：中华书局，1925），卷 35，页 26。

大街平行，这条街上商贸活动最为兴隆。当时，科布多五家商行，每一家都有自己的货栈，里面有伙计的住房并堆放砖茶、大布、斜纹布。这些商铺都是山西人开的。北京庄人每年来科布多一次，他们的货物较齐全，有绸缎、瓷器、烟草及其他杂货。当时北京的商店只有两家。买卖城有约六十户人家，商人总共不足千人，城是军事商贸镇的性质。[①] 1892 年波兹德涅耶夫说，科布多的买卖城除了一些院墙和院子的大门外，几乎全是店铺，而且院墙和院门只是在大街上才占较大的空间，在西街上则几乎全是鳞次栉比的店铺。科布多西街的店铺每排有三十九家，而大街的店铺每排只有十四家。可是大街却集中了科布多买卖城中的所有富商，这里所有建筑物都是用砖坯砌成的。[②] 俄人拨杜耶甫说大街三道，第一街南北贯通，路宽 105 尺；第二街与第一街并行；第三街横断第一街，为十字行。商场商铺以第二街为最多。

《考察蒙古日记》载，科布多城，城甚小，且系土城，在群山之中，西带布彦图河，北倚大红山。城中尽官署。南门外即街道，商店分居两旁，杨柳依依，风景殊不恶。本国商人四十余家，最大者为大盛魁、天义德、元盛德三家。俄商四五家。[③] 宣统三年（1911），因恰克图关税加重，每缎一匹抽税十卢布，其在张家口买入之价仅五两上下，运至莫斯科等处发卖约值十卢布。故不纳税，除运费息钱之外，尚可盈余，纳税则卖价倍涨销路滞涩矣。科布多边外，俄领阔什阿戛赤（Kosh-Agach）税关局不抽税，商人皆改道由阔什阿戛赤，亦输入俄国。恰克图输出货

---

① ［俄］格・尼・波塔宁，《蒙古纪行》，页 54—55。

② ［俄］阿・马・波兹德涅耶夫著，《蒙古及蒙古人》，卷 1，页 337—338。

③ 佚名，《考察蒙古日记》，收入毕奥南主编，《清代蒙古游记选辑三十四种》，上册，页 680。

物又减少一大宗。[①]

科布多买卖城有七座寺庙，最壮观的是关帝庙，波兹德涅耶夫称为格萨尔庙。《科城买卖城商民公有房产表》载，关帝庙有院墙 95 丈、牌楼 3 间、山门 3 间、钟鼓楼各 1 间、戏台 8 间。正殿 12 间、陪房 26 间。上等房 38 间、中等房 17 间，民初估价约银 121,300 圆。[②] 波兹德涅耶夫所见关帝庙抹着泥灰的围墙和山门，山门两侧的房门走进院里，有座戏台，美观、古朴，并带有几分亲切舒适意味的景象。关帝庙的佛殿正门前立着两把古式的长柄斧，这两柄斧是乾隆五十年(1786)五月十五日为此庙制成的；佛殿门前的柱廊里还立着一方石碑。上面用汉字写着，此庙重建于同治元年(1862)，在 1880 年初又修补了，但 1892 年又已十分破败，需要进行一次彻底的大修。[③] 紧接着关帝庙的观音庙位于大街南头，坐北向南，寺庙有院墙 95 丈、山门 1 间、正殿 4 间、陪房 10 间。上等房 5 间、中等房 2 间，民初估价银 5,130 圆。[④]

科布多的买卖城有两座民间信仰寺庙，其中一座是位于城的西南隅的河神庙，位于丁字街南头，坐北向南，供奉的是此地河神的河神庙。这座庙原本由两座佛殿组成：主要的一座供奉的是阎罗；另一座供奉的是水神；东干人侵犯这里时，这座庙遭到了洗劫，后来决定将其中较小的那座佛殿关闭，里面所有的神像及器皿、用具、装饰等也就都搬到大佛殿里去了。1883 年，此地的官员修复这座寺庙，大佛殿是蒙古最好的寺庙之一。《科城买卖城商民公有房产表》载，河神庙有院墙 200 丈、

① 佚名，《考察蒙古日记》，收入毕奥南主编，《清代蒙古游记选辑三十四种》，上册，页 668。阔什阿戛赤本系科布多管辖之阿尔泰淖尔乌梁海之一城市，同治年间划订边界，属俄国所有。

② 《北洋政府外交部商务档》，编号 03—18—032—07—003，民国六年八月。

③ [俄]阿·马·波兹德涅耶夫著，《蒙古及蒙古人》，卷 1，页 334—335。

④ 《北洋政府外交部商务档》，编号 03—18—032—07—008，民国六年十二月。

山门3间、正殿6间、陪房3间。上等房7间、中等房5间、菜园4亩、树木3株,民初估价约银15,280圆。[①] 算是科布多第二大的寺庙。因此,科布多的昂邦们每月初一、十五必定到此祭拜,并诵读《圣谕广训》。从上面写着的蒙文和汉文题记得知,寺庙曾于道光十九年(1839)八月修建过,所用经费系由施主们自愿捐献。木板上记载了他们的名字及每人所捐献的数量,施主共约八十人。值得注意的是列名的施主全部都是信奉佛教的蒙古人,而且其中一半以上是喇嘛。至于捐的赠品倒并不很多,主要的也无非是马两三匹,牛三四头,羊十来只,羊皮和旱獭皮几十张等等。[②] 河神庙的旁边为六神祠有院墙200丈、山门1间、正殿6间、陪房3间。上等房7间、中等房3间、菜园4亩、树木2株,民初估价约银10,280圆。[③]

波兹德涅耶夫提到的科布多城东北部的太王庙,按照地图看来应是城隍庙。城隍庙从外表看来也是显得富丽堂皇,大约光绪十二年(1886)修建。[④] 汉人的主要墓地就在这里。《科城买卖城商民公有房产表》没有记录城隍庙的财产。

科布多唯一的一座清真寺,这座建筑和并排的汉族士兵的小房屋没有丝毫区别。这是一栋普通的中国式住房,共有三间,四周围着土墙,只有贴在大门上方一张不大的纸上那几个已模糊不清的阿拉伯字可以说明这栋小房屋和遥远的默罕默德的故土有关。科布多的穆斯林共约150人;他们有自己的一位阿訇,是这里驻防军中的一名士兵,但他们从不集会进行什么宗教仪式。[⑤]《科城买卖城商民公有房产表》

① 《北洋政府外交部商务档》,编号03—18—032—07—008,民国六年十二月。
② [俄]阿·马·波兹德涅耶夫著,《蒙古及蒙古人》,卷1,页334-335。
③ 《北洋政府外交部商务档》,编号03—18—032—07—008,民国六年十二月。
④ [俄]阿·马·波兹德涅耶夫著,《蒙古及蒙古人》,卷1,页348。
⑤ [俄]阿·马·波兹德涅耶夫著,《蒙古及蒙古人》,卷1,页335。

载,清真寺位于城内西城根路西,有院墙 50 丈、山门 2 间、正殿 4.5 间、正房 4 间、余房 5 间、中等房 9.5 间,民初估价约银 3,540 圆。清真寺还有两处寺产,一处位于大街北头路西,价约银 5,550 圆。一处位于丁字街北头路西,价约银 2,330 圆。①

樊镛考察科布多城内北面之中央有关帝庙一座,其神殿即筑于城墙之上,自远望之,极似城门之楼,又城之四隅均有望楼。参赞大臣节署设南门之内,至于粮饷军械及办理蒙古营务各事务衙门,亦均在城内。监狱在城内之西北隅,又西门之内有回教礼拜寺一座。惟华俄缠各商店均设在南门之外,冲南门者为大街,长里余,宽八丈许,道之东西有合抱之老杨树两行,又东西有流水渠,南之尽头有观音庙,门向北设,此庙之后面接连万寿宫。②

表 8—1 民国元年科布多买卖城商民公有房产表

名称	关帝庙	观音庙	清真寺寺产	五道庙	六神祠	河神庙	清真寺寺产	清真寺
坐落	大街南头坐北向南	大街南头坐北向南	大街北头路西	小东街东头坐东向西	丁字街南头坐北向南	丁字街南头坐北向南	丁字街北头路西	城内西城根路西
正殿间数	12	4	0	1	6	6	0	4.5
正房间数	0	0	9	0	0	0	4	4
陪房间数	26	2	10	0	3	3	0	0
戏台间数	8	0	0	0	0	0	0	0
钟鼓楼间数	2	0	0	0	0	0	0	0
牌楼间数	3	0	0	0	0	0	0	0

① 《北洋政府外交部商务档》,编号 03—18—032—07—008,民国六年十二月。
② 樊镛,《内编:科布多琐录》,页 3—19。

（续）

名称	关帝庙	观音庙	清真寺寺产	五道庙	六神祠	河神庙	清真寺寺产	清真寺
山门间数	3	1	0	1	1	3	0	2
余房间数	1	0	2	0	0	0	7	5
上等房间数	38	5	0	0	7	7	0	0
中等房间数	17	2	16	1	3	5	5.5	9.5
下等房间数	0	0	5	1	0	0	5.5	6
院墙尺	940	95	200	120	200	200	50	50
菜园亩数	10	0	5	0	4	4	0	0
树木株树	17	0	0	0	2	3	0	0
水井数	1	0	0	0	0	0	0	0
估计价值（圆）	121,300	5,130	5,550	570	10,280	15,280	2,330	3,540

资料来源：《北洋政府外交部商务档》，编号 03—18—032—07—008，民国六年十二月。

民初的科布多地图，将商市分成京庄、西口庄。所谓“京庄”是包括北京和直隶各县的商人，如永聚成商号，称为京庄。“西口庄”指山西的商人，如最著名的大盛魁、天义德、元盛德等商号，以及察哈尔的商号，亦有称为晋商。关帝庙、河神庙、六神祠、五道庙都是汉人的信仰寺庙。清真寺应为新疆回民的寺庙，在科布多商号中有新疆土尔扈特的商人察汉格格、疏勒的色利阿訇、奇台的商人段章三位。

（二）科布多衙门对商人的管理

《古丰识略》载，嘉庆五年（1800）定边左副将军齐登札布具奏：“归化城商民于山后札萨克旗下拥集过甚,稽察纷繁,且恐滋生事端。嗣后请发给照票方准贸易以便稽察。因蒙准由理藩院咨行绥远将军令,将本院照票领去,给发各商民,前往乌里雅苏台等处及各蒙古地方,持票勒限贸易。派员赴都请领,俟商民贸易完竣,依限缴销。”[①]根据李毓澍研究,嘉庆五年定边左副将军是绵佐不是齐登札布。[②] 况且,给商人照票应在乾隆二十七年科布多建城之前,彼时已有许多商人在当地贸易。乾隆二十四年(1759),户部为奉上谕:“向来前往蒙古部落贸易商人,由部领给照票,稽核放行。嗣后凡有领票前赴贸易人等,所过喀尔喀各旗,仍照旧随便交易,以裨生业。其一切稽察弹压,地方官及各札萨克留心妥协经理。”[③]乾隆二十四年直隶总督方观承奏折提及:“恰克图库伦贸易人等向来由部领票前往……往乌里雅苏台俱照库伦、恰克图之例,给予部票前往,无票者不准贸易。”[④]

归化商人应领理藩院给发之部票,由绥远城将军委员于春季由将军衙门委员赴理藩院领票,秋末冬初商民始行领票贸易,至年终将放剩之票咨送理藩院查销。[⑤] 清末信恪的奏折提到:“凡预领院票呈缴一切办公银两,均先由该社垫付。俟各商户领票时,再行扣还垫项。光绪年间因边区不靖,商况凋疲,黠商以无票偷行,该社久受巨亏。信恪议自光绪二十七年开始,每年责令该社预领院票二百张,用竣随时续领,每张随缴该院办公银二两。由该社呈交绥远将军衙门派员赴经请领,并缴银两,无庸该社商同往。”集锦社商民持文赴理藩院呈领信票,先预缴

---

① 钟石帆辑,《古丰识略》,收入《内蒙古史志》,册27,卷20,页184—185。

② 李毓澍,《外蒙政教制度考》(台北:中研院近代史研究所,1962),页99。

③ 《清代内阁大库原藏明清档案》,编号230703—001,乾隆二十四年二月。

④ 《军机处档折件》,编号009770,乾隆二十四年二月初三日。

⑤ 《军机处档折件》,编号105679,同治朝。如同治十年领部票二百张,因乌城之警,商民不敢前往,仅领票五十张,尚有一百五十张未领。

办公银 2 两，等商号领票时再扣垫款。[①] 商人向理藩院领票在票尾粘贴清单，包括商人姓名、货物数量、前往地点，以及启程日期，用印给发。档案中称商人领“信票”，正确名称为院票，俗称部票或信票。[②]

理藩院给部票制度，到清末庚子之乱出现若干问题。光绪二十六年(1900)，科布多参赞大臣瑞洵等奏整顿商民贸易章程，提及：“凡请领部票前来者虽经该管衙门照例开列该商姓名、领票若干、货驮若干，黏单票尾知照备查。惟领票前来贸易各商多有不入科布多城呈验部票，径自匿票潜往所属和硕(旗)贸易。即间有前来验票者，亦仅为坐商，其行商迄无一人呈验，漫无稽查、任其越界、渔利盘剥蒙古，殊属不合。”第一，商民不入科布多验票，且自行前往各旗贸易。第二，绥远城将军永德咨称：“据本处商民禀，因现在京路不通，无从请领部票。商民出藩贸易为生，请以上年余剩部票，钤盖将军印信发给出藩贸易暂行权变办理。”绥远城将军衙门将余剩部票钤盖印信发给后有不敷，暂由衙门发给将军印票饬交该商，持往贸易随回随缴咨请查照。绥远城将军衙门发给的印票俗称为“小票”。理藩院官员昆冈认为既然乱事已平，应回归本来体制，将军衙门请领部票缴办公银。[③] 理藩院规定：“商人已到所往地方欲将货物转往他方贸易者，即呈报该处衙门给与印票，亦知照所往地方大臣官员衙门。如商人已到所往地方，欲将货物转往他方贸易者，即呈报该处衙门给与印票，仍知照所往地方。如商民径往蒙古各

---

① 《军机处档折件》，编号 145373，光绪二十七年十月二十三日。《宫中档光绪朝奏折》，编号 408004422。

② 高赓恩纂，贻谷等修，《归绥道志》，中册，页 688—689。

③ 《宫中档朱批奏折》，编号 04—01—06—0012—020，光绪二十七年二月三十日。按照规定，倘并无部票私行贸易者，枷号两个月，期满笞四十，逐回原籍。将货物一半入官。另外，理藩院盖票的票板年久字迹模糊，各处管官不了解商人如何贸易、如何禁止？商人易于蒙混影射取巧；或越界贸易，惹出事端。至光绪十一年(1885)，理藩院依照例案，拟就票文，复行镌刻刷印式样，咨行各处遵照办理。

旗贸易,亦由各该旗官员查验票尾。”科布多称到各旗贸易者为行商,在科布多城内贸易者为坐商。

绥远将军信恪奏折提到理藩院咨查归绥道发给商民小票,核与部票无异,却与定例不符。信恪议将持小票应按照无票例惩办,商民赴蒙古地方贸易,启程时先在归化城税局、包头镇分局,按货纳税。责成集锦社成员在两处税局随时查记,杜绝无票偷漏。[①] 由此可知,集锦社不仅是商人的组织,亦得稽核商人有票无票之责。

光绪四年(1878),发生科布多参赞大臣桂祥等奏闻绿营兵丁等合词呈控行营印务处帮办主事职衔倭什贺、笔帖式存喜、借端勒索案。事因七月间,印务房查出有绥远将军给公文,但无理藩院部票之归化城贸易商民元益魁等二十七家内,有商民义合魁一家漏验部票十张,当即随同掌印章京吉麟,公同传讯该号商民李开阳一案。据商民李开阳供称,因未将照票带赴出口,印务处查出将他严责数次,锁押官厅不放。经素识之姜恒泰说合,勒令罚大茶 260 箱。将茶兑给义合成面铺完案。义合成商民权世信供称,李开阳罚茶,系印务处当堂用过 30 箱、官厅用过 8 箱,三位噶兰达即印务处章京主事职衔吉麟、帮办主事职衔倭什贺、笔帖式存喜分用 222 箱。其中吉麟分 70 箱,有义合魁铺开据折银凭帖字据。[②]

次年,清安又审明吉麟等勒索大茶原委。据吉麟家丁李芳禀称:正月初八日,因进房觅物,见该员面目更色,问其缘由,声言吞服洋药,不欲生。清安等即派候补笔帖式墨麟带同仵作验明尸身,委系自行吞服洋药身死,并无别故等情加结呈报前来。据存喜供认,存喜一人分受大茶 76 箱茶票。仅由该铺取收过现茶 4 箱,又将茶卖银 215 两,由该铺取收。其余大茶 62 箱未取茶票当堂交出。倭什贺供认分茶 76 箱,于

---

① 《宫中档光绪朝奏折》,编号 408004422,光绪二十七年十月二十三日。

② 《宫中档光绪朝奏折》,编号 408004575,光绪四年十月初六日。

八月二十日收过以茶折银票 3 张，取过一张银 205 两，又取过大茶一箱是实。其余银票二张当堂交出。由三人口供可知，一箱茶约 8.2 两，李开阳漏验部票共罚 2,132 两。除了印务衙门用过 38 箱，其余皆章京吉麟等人勒索肥己。桂祥审理此案后，令存喜等交出银票、茶票共 12 张，发还商民李开阳领回。[①]

光绪二十六年（1900），瑞洵奏议，凡来科布多贸易务于到时遵例将票先行呈验，以便由参赞衙门加盖印花，以严稽核。该商回缴部票时，如无科布多参赞衙门印花即系隐漏，应将该商量加惩办。[②]

波兹德涅耶夫提到，科布多政府在此还设立了一个像在库伦和乌里雅苏台那样由商人自己组成的一个半官方管理机构。它组成的办法是由当地的官员挑选七名在科布多住得最久、最了解当地情况的商人，委派他们做所谓的“甲头”。每个甲头须监管十至十五家店铺，其职责是防止他监管下的小商贩们互相吵架、酗酒闹事、赌博、嫖妓，接待或允许可疑的人留宿等等，总之，每个甲头都须对他管辖的人的福利和行为负责，是最接近下层、最可靠的监督者。如果汉商中有人死亡，首先须由甲头证明这是正常死亡，否则厅子就有责任对死因进行认真调查。除了这些职责外，甲头还对昂邦起商务推事的作用。如果在科布多做生意的某个汉商破产了，甲头们就须到昂邦那里去对此进行审议，并裁定是果真因故破产还是出于恶意的预谋。这些商人担任甲头职务并无分文报酬，相反，这一头衔给他们带来的只是额外开支。1892 年在科布多担任甲头的是：永聚成、兴隆和、三合一（三和义）、又三村（永兴恒）、迎都魁（永德魁）、老二及楚楚子商号的代表。[③] 老二及楚楚子商

---

① 《宫中档朱批奏折》，编号 04—01—01—0941—024，光绪五年三月二十二日。

② 瑞洵，《散木居奏稿》，收入《内蒙古史志》，第 69 册，卷 5，页 186。

③ ［俄］阿·马·波兹德涅耶夫著，《蒙古及蒙古人》，卷 1，页 346。

号是音译,还找不到汉文商号名称。波兹德涅耶夫说三和义、永兴恒等担任甲头,他们也涉及光绪二十二年(1896)宝昌盗卖军粮案件,应是地方的领导阶层。

(三)科布多的商业概况

科布多与乌里雅苏台最大不同在于多族群的组合,科布多参赞大臣管辖七个部落:杜尔伯特部、土尔扈特部、阿勒台乌梁海、札哈沁、额鲁特、阿勒坦淖尔乌梁海等。这些部落有汗、郡王、贝勒、贝子、公、总管等,嘉庆时每年总计领俸银 12,493 两,缎匹 201 匹。[①] 这些部落所属之兵丁 9,833 人、喇嘛 2,003 人,形成庞大的消费群体。清代发放蒙古王公俸银、缎匹的单位是理藩院,嘉庆十二年(1807)共支放过外藩公主、格格、王、贝勒、贝子、公、台吉以及世袭等官共正俸银 117,166.25 两,缎 2,314 匹。[②] 清朝发放外藩蒙古王公的俸银,科布多一带的王公即占 10%以上。大盛魁提供蒙古王公的生活必需品,春天运送绸缎、布匹、砖茶、生烟、糖味。冬天送年货:挂面、点心、红枣。王府送他们奶食,他们送王府年货。[③]

表 8—2 科布多各部落王公等领俸银、缎匹数

旗别	姓名	官衔	俸银(两)	缎(匹)	兵丁人数	喇嘛人数	闲丁人数
杜尔伯特左翼十二旗	乾清门行走盟长副将军札萨克贝勒巴桑	乾清门行走盟长副将军	800	12	141	40	

① 富俊,《科布多政务总册》,收入吴丰培、全国图书馆文献缩微复制中心编,《科布多史料辑存》,页 4 下—11 下。

② 《清代内阁大库原藏明清档案》,编号 109920—001,嘉庆十二年十二月初十日。

③ 代林、乌静主编,《大盛魁闻见录》,页 236。

（续）

旗别	姓名	官衔	俸银（两）	缎（匹）	兵丁人数	喇嘛人数	闲丁人数
	札萨克汗玛克苏尔札布	副盟长	2,500	40	1,580	531	
	札萨克郡王满达喇	郡王	1,200	15	125	52	
	札萨克贝子喇嘛札布	贝子	500	10	241	69	
	札萨克贝子索诺木丕尔	贝子	500	10	91	34	
	札萨克公齐默特巴勒	辅国公	200	7	122	41	
	札萨克公多尔济札布	辅国公	200	7	150	52	
	札萨克台吉博克	台吉	100	4	160	32	
	札萨克台吉布达什哩	台吉	100	4	2		
	札萨克台吉乌巴什	台吉	100	4	32	10	
	札萨克台吉索诺木丕勒	台吉	100	4	91	34	
	辉特札萨克台吉萨噶	台吉	100	4	61	10	
杜尔伯特右翼四旗	札萨克公鄂勒哲依鄂啰什呼	盟长副将军	300	9	185	47	
	札萨克亲王固噜札布	乾清门行走副盟长	2,000	25	1,650	72	
	札萨克贝勒齐默特多尔济	贝勒	800	13	311	111	
	札萨克台吉布达札布	台吉	100	4	51	3	
	御前行走盟长札萨克贝子沙喇扣肯	贝子	500	10	340	123	

（续）

旗别	姓名	官衔	俸银（两）	缎（匹）	兵丁人数	喇嘛人数	闲丁人数
	乾清门行走二等台吉	台吉	100				
	副盟长札萨克郡王策伯克札布	郡王	1,200	15	560	170	
	霍硕特札萨克台吉布彦克什克	台吉	100	4	150	18	
阿勒台乌梁海左翼四旗	散秩大臣布彦德勒克	散秩大臣	65	201	586		265
	副都统沙晋巴图	副都统	78		302		156
	总管贡楚克札布	总管	65		163		57
	总管台拉克	总管	65		132		41
阿勒台乌梁海右翼三旗	散秩大臣莫罗木达尔札	散秩大臣	65		463	54	103
	总管那逊特古斯	总管	65		293		146
	总管普尔普撤林	总管	65		169	8	101
札哈沁	公托克托巴图	公	200		143	44	
	总管图伯特	总管	65		802	50	
额鲁特	总管贡楚□□□	总管	65		231	230	
明阿特	总管托克托	总管	65		300	168	261
阿勒坦淖尔乌梁海	总管策伯克	总管	65		90	2003	1130
	总管蒙克积克	总管	65		116		
总计			12,493		9,833		

资料来源：富俊，《科布多政务总册》，收入吴丰培、全国图书馆文献缩微复制中心编，《科布多史料辑存》，页4下—11下。

其次，蒙古王公逐渐在科布多屯垦耕种农作物。樊镛提到科布多产大、小麦，惟杜尔伯特亲王、札哈沁公、土尔扈特郡王，三旗各有一小部分种者，亦仅共一小部分之食用耳。[①] 樊镛所见的范围似乎有限，波兹德涅耶夫从乌城到科布多，沿途看到许多种植小麦耕地。札哈沁人的大片耕地旁，种植小麦，人们对土地的管理是十分经心的：田间挖出了一条条宽宽的水渠，农田全都是水浇地。灌溉的水来自在西面流过的几条古尔奔曾吉尔河，它们通过纵横交错的沟渠流向地里的各个角落。在几条古尔奔曾吉尔河中有一条在此流经札哈沁乌拉山的西麓，这条河又名图古里格音郭勒，它的水全都被引进了耕地。[②] 科布多到库伦的途中经过钦达玛尼谷地，谷地上溪水沟渠纵横交错，成为灌溉农田的水源。这些水全都来自哈拉西拉河，周围的土地十分肥沃，当地所有的杜尔伯特人都从事农业。杜尔伯特王庙是个大村庄，汉人将茶叶、布匹以赊账的方式换取杜尔伯特人种植的粮食，再把粮食卖给附近各旗的蒙古人，获取巨额利润。[③]

再者，科布多地理位置优越，有科布多河横贯其中央，东北有特斯河，南有布尔干河，东南有额尔齐斯河。而南部多数之井泉尚不在其列，可称为边防罕见之“仙都”。[④] 在科布多附近色哩山是阿尔噶灵图山的北部余脉，据说这些山就是明阿特人游牧地的东南边界；它们的南边一点耸立着阿克巴什山，它已经完全处于明阿特人游牧地。[⑤]

樊镛论述科布多物产，以家畜及家畜之皮为大宗。蒙古人原本信仰藏传佛教不打猎杀生，清末生计维艰，亦捕获各种的豹、熊、鹿、獾、狐、兔、狸、鼠、飞鼠、野马、野骡、野骆驼、野山羊、黄羊、羚羊、獭、狍、獐、狼、猞猁狲、貂鼠等。兽皮若豹、熊、狐、狼、貂鼠、猞猁狲、灰

① 樊镛，《内编：科布多琐录》，页 3—19。
② [俄]阿·马·波兹德涅耶夫著，《蒙古及蒙古人》，卷 1，页 320—321。
③ [俄]阿·马·波兹德涅耶夫著，《蒙古及蒙古人》，卷 1，页 352—353。
④ 旡生，《说科布多》，《地学杂志》，1912 年第 3 卷第 11、12 期，页 27—29。
⑤ [俄]阿·马·波兹德涅耶夫著，《蒙古及蒙古人》，卷 1，页 366。

鼠、羊羔、旱獭(土拨鼠)等。牲畜及各种皮张运往归化城、张家口,或者销售俄国,如表 8—3 所示。又,俄商每年由俄国运鹿茸三四千对销售与科布多,商民再转运往归化城。科布多与俄接壤,路近费轻易于输运,是以每年羊驼毛之数共约一千数百万斤,旱獭皮约三四十万张。[①]

叔奎《调查:外蒙古之商业》提到蒙古的毛皮,分为:(1)羊毛,蒙人饲羊规模伟大,有抓毛、奎毛、羔羊毛三种,每年产额一千余万斤。产地分东西两路,属于东路者为车臣汗部,属于西路者为乌里雅苏台、乌梁海、科布多等处。东路毛质粗短,仅适于下等罗纱及毛毡制作之用。西路毛质既良,长而且细,混入濠州羊毛,可以制造罗纱。东路羊毛,由张家口输出,西路羊毛由归化城输出。(2)山羊皮,外蒙到处产山羊皮,年额约二百万张,价格一张约一元二三角不等。产于南部者,色青而皮厚。产于西部者,色淡而皮稍薄。产于东北两部者,色青而暗。(3)羔子皮,每年产额约二百万张。产于西部者,品质佳良,产量丰富。东南北三部产额既少品质亦劣。(4)猪子皮,系山羊之羊子皮。西路产额最多,每年约百万张。(5)牛皮、马皮,每年产额约五六十万张,价格四五元不等。(6)骆驼毛,西南两部产额最多,东北两部次之,每年产额六百万余斤。[②] 显然,科布多水草丰美,牲畜长得更壮硕。

表 8—3　科布多的物产

动物种类	输往中国数量	输往俄国数量
羊	15 万—16 万只	
马	5,000—6,000 匹	

① 樊镛,《内编:科布多琐录》,页 3—19。

② 叔奎,《调查:外蒙古之商业》,《上海总商会月报》,1925 年第 5 卷第 4 号,页 1—7。

（续）

动物种类	输往中国数量	输往俄国数量
牛		2 万头
羊皮	50 万—60 万张	数万张
狐皮	3 万张大部分运往中国	少部分运往俄国
狼皮	2,000—3,000 张	
灰鼠皮	50 万—60 万张	
土拨鼠皮		30 万—40 万张
羚羊角	5,000—6,000 对	
羊驼毛		1,000 余万斤

资料来源：樊镛，《内编：科布多琐录》，页 3—19。

根据《外蒙古调查记》记载，中国素不知皮革制造法，一切粗细皮毛英法俄德生载而去，熟货而来，绝大利源拱手而让诸人，已反居贫蹙无聊之地。过去，俄国每年卖给中国香牛皮、香羊皮数十万张，到 1912 年反而从蒙古进口牛只来制作皮革，而羊驼毛经纺织加工后成为高级的毛纺织品。[①] 蒙古成为俄国皮张、皮革原料的供应地，此皆由于中国技术不发达之故。

蒙古的矿产以黄金最多，科布多附近的呼图斯山场，有偷挖金砂之人。乾隆四十九年(1784)，参赞大臣海宁奏请派土尔扈特章京三员，兵四十名，在彼驻守。但该处水草平常，难以久住，酌定三个月轮流更换，并请每年按季会同乌鲁木齐所辖古城领队大臣，差派官兵会哨一次。如查出偷挖金砂者，俱为驻守卡伦官兵是问。[②] 科布多参赞大臣每年奏报无偷挖金砂者，但实际上采挖依旧。据说大盛魁从蒙古带回的金

① 不著撰人，《外蒙古调查记(续)》，《西北杂志》，1912 年第 1 卷第 2 期，页 43—53。

② 富俊，《科布多政务总册》，收入吴丰培、全国图书馆文献缩微复制中心编，《科布多史料辑存》，页 18 下。

砂很多。[1] 清末,靠近科布多的乌梁海,金矿多,场主大抵俄人,采金工人,朝鲜人最多,俄人、华人次之。[2]

三、科布多的京庄

科布多的商号分为京庄、西口庄。在蒙古的京帮向来贩售时尚和新奇的奢侈品,受到科布多各部王公喜爱。科布多的普宁寺住着喇嘛,他们需要哈达、宝石、珍珠、珊瑚。僧院需要玻璃窗、手鼓、笛子、喇叭、草药等,北京商人能满足他们的需要。其次,科布多靠近俄罗斯,清末不少北京商人乘坐火车到科布多来做生意。以下分两节来讨论。

(一)贩卖奢侈品的京庄

樊镛述及科布多的京庄五家,西庄十余家,其在科属各旗之贸易者,商民不过十家左右。至 1917 年,京庄达十余家。科城俄商每嫌杂货之利微,资本稍厚之家均以俄币收买牛、羊、獭皮、驼、羊毛等物,运输彼国,当时科城俄商仍售杂货者只有一二家,其他俄商均不售杂货矣。[3] M. Sanjdorj 提到蒙古人的需求有粗棉布、皮靴、香牛皮、烟草、烟管、火柴、硝石、茶、碗、剪刀、针线、枪、子弹。汉商最了解蒙古人的需要,或何时需要,连蒙古人喜欢的颜色都很清楚。蒙古人对于商人细心

---

① 代林、乌静主编,《大盛魁闻见录》,页 270。

② 孟矩,《乌城回忆录》,收入《中国边疆行纪调查记报告书等边务资料丛编(初编)》,第 22 册,页 342、349。

③ 樊镛,《内编:科布多琐录》,页 3—19。

的程度赞誉有加。[1] 樊镛也说蒙古人嗜好骏马、华服、小刀、火镰等物，其最者为玉石嘴之烟袋、玛瑙之鼻烟壶。又说科布多的商品以砖茶、洋布为大宗，其他绸缎、铜铁、瓷木各器，及日用所需一切杂货、食物，无所不备。砖茶、洋布由张家口、归化城购办，至于杂货由京购办，亦有在张家口及归化城采办杂货者。[2]

总的来说，京庄商人在科布多的分店，主要供应各种奢侈品。民国六年至八年，京师总商会代表向北洋政府呈请，蒙古独立后俄国进兵科布多占领华商的铺子，其文如下：

> 京师外馆商会代表三和义李晓林、永聚成陈铨、德顺长阎文汉、永兴恒刘继恒等陈称，商等向由京号运货在科布多贸易经营有年，早立基础讵。民国元年，蒙古独立而俄人乘隙进兵逐我华商、占我铺店、折我公地、留我商货违公法背人道，种种强迫势不能拒。彼时呼吁无门，不得已割舍血产，分头逃回。至民国五年九月该处佐理员徐君到任，商等陈诉前情，请求照会俄领事查办，不意交涉一年竟无归宿，商等含辛忍痛于今七载……外交部向俄公使严重交涉，俾早日解决以慰商情。[3]

京师外馆商会代表三和义李晓林等报告，科布多俄人拆占各华商铺房字号 38 家、大街被拆占华商铺房 250 余间、西街被拆占铺房 200 余间，价值约三十五万两。除了北京庄人外也包含晋商在内：大盛魁、五义永、裕盛和、天义德、恩庆隆、兴隆和、元盛德、公合成、复兴通、永和楼、德兴隆、大庆昌、张玉山、长胜永、义盛德、天成玉、义德魁、永兴恒、

① M. Sanjdorj, *Manchu Chinese Colonial Rule in Northern Mongolia*, translated from the Mongolian and annotated by Urgunge Onon; pref. by Owen Lattimore, pp. 88-89.

② 樊镛，《内编：科布多琐录》，页 3—19。

③ 《北洋政府外交部商务档》，编号 03—32—027—04—002，民国八年三月。

裕和公、广兴隆、魁胜锦、三和义、武德兴、德盛魁、永和店、永聚成、锦泰厚、长盛楼、德顺长、永和成、聚义魁、天义成、世成魁、永德魁、马天保、义和成、林德全、清真寺。[1]

以上名单与《科城城外商场华商私有房产表》有些不同，该表列出商号有：大盛魁、永盛楼、广兴隆、德盛魁、复兴通、聚义魁、永德魁、裕盛和、协成泰、德顺长、二合和、天义德、元盛德、长盛元、林得泉、三和义、永兴恒、德顺长、永聚成、锦泰厚、义生源、永和诚、晋同庆、得兴荣、世成魁、义合成、五义永、恩庆隆、林得泉。[2] 除了小商号之外，房屋表缺了公合成商号，值得注意。

京庄在科布多的分号有 11 家，据京师总商会呈文与《科城买卖城商民私有房产表》载，商号股东籍贯的来自山西有 31 人、河北直隶省 23 人、察哈尔省 12 人、新疆省 3 人(参见表 8—4)。清代的察哈尔属于直隶，通称为京庄商人，与山西商人即西口庄分号之商人数量应该差不多。

表 8—4 科布多的商号号东的籍贯

号东的籍贯	人数	号东的籍贯	人数	号东的籍贯	人数
山西太谷县	1	直隶宣化县	14	察哈尔张北县	8
山西祁县县	14	直隶万全县	1	察哈尔归绥县	3
山西汾阳县	5	直隶香河县	1	察哈尔独石县	1
山西太原县	1	直隶饶阳县	3	新疆土尔扈特	1
山西文水县	6	直隶深县	2	新疆疏勒	1
山西清原县	1	直隶大兴县	1	新疆奇台	1
山西代县	2	直隶蔚县	1		

① 《北洋政府外交部商务档》，编号 03—32—027—04—002，民国八年三月。

② 《北洋政府外交部商务档》，编号 03—18—032—07—001 至 03—18—032—07—008，民国六年一月至十二月。

（续）

号东的籍贯	人数	号东的籍贯	人数	号东的籍贯	人数
山西崞县	1				

资料来源:《北洋政府外交部商务档》,编号 03—18—032—07—008,民国六年十二月。

上述京师外馆商会代表三和义李晓林、永聚成陈铨、德顺长阎文汉、永兴恒刘继恒等,在波兹德涅耶夫看来京庄商人的财力属于第二等。他特别提到永聚成商号在科布多已做了好几年的生意,并在城内开了一家店铺。其他的北京人都没有自己的店铺,主要是在临时租用的客店里做买卖。还说比起库伦的甚至乌里雅苏台的北京铺子来,科布多的北京铺子是太寒碜了。[①] 根据《北京外馆商号铺户名称与执事人》记载,这些商号也都是著名的旅蒙商,至民国八年(1919)之《外馆杂货行商会》还有 149 家商号。[②] 又,《科城城外商场华商私有房产表》有 11 家京庄铺户,其中广兴隆、裕盛和、永聚成 3 家产值上万元,其他如永兴恒、德顺长、锦泰厚、五义成、恩庆隆、永盛楼房产也在千元以上,似乎不像波兹德涅耶夫说的那么寒酸。俄国学者伊·米·迈斯基(I. M. Maiskii)讨论库伦的商号分北京和山西的,北京的商号京城气派十足,门面装潢得很阔气,力量较薄弱,因它们主要靠信贷立足。又提到北京帮和山西帮具有一个共同的特点,它们都是每年贸易额数十万卢布计,甚或达数百万卢布的较大企业。1919 年,京庄在库伦、乌里雅苏台、科布多各分店的贸易额:裕盛和为 120 万卢布、通和号 60 万卢布、隆昌玉 50 万卢布、协和公 45 万卢布、恒和义 45 万卢布、三和义 30

---

① [俄]阿·马·波兹德涅耶夫著,《蒙古及蒙古人》,卷 1,页 340—341。

② 参见京师总商会汇纂,《1919 年京师总商会众号一览表》,收入孙健主编,《北京经济史资料:近代北京商业部分》,页 737—742。

万卢布。[①] 迈斯基所说的裕盛和、三和义在科布多有分庄,以下分别讨论京庄在科布多的商铺。

毕庶远《蒙行随笔》提到大兴玉在蒙古各地名的商号称为永兴恒,永兴恒的股东刘继恒在北京外馆则或行商会大兴玉登记执事人也是刘继恒。[②] 永兴恒在乌里雅苏台有店铺,唐努乌梁海有分庄。民国七年,都护副使乌里雅苏台佐理员恩华咨呈华商永兴恒、恒和义、义盛德、恒隆厚、新升永等在唐努乌梁海,房产屋宇与内地壮丽争胜,一切财产不下数千百万。[③]

波兹德涅耶夫提到广兴隆在当地俗称为"莫格瓦",是科布多唯一的一家完全由东干人合伙经营的商号。它从前在城里和一些旗里做零售生意,现已改行,从1882年起就决定在科布多首创一家像在乌里雅苏台那样的客店,供外地客商住宿。这客店里一共只有十个房间,每个房间连伙食和一切杂费在内,每昼夜收两钱,此外当然还要从卖货所得的钱中抽取百分之二。总的说来,这家客店的营业额很少。然而,据《科城买卖城商民私有房产表》记载,广兴隆号东李永升、闪云龙、马国宝、萧万顺,李、闪、马三姓宣化人,萧姓张北县人。李华在《明清以来北京工商会馆碑刻选编》载民国年间,广兴隆为帽行公会成员。广兴隆涉及宝昌盗卖军粮案,可知它经营磨坊。[④] 徐珂编《实用北京指南》载,广

---

① [俄]伊·米·迈斯基,《革命前夜的外蒙古经济》,《蒙古史研究参考资料》,第4辑,页52—53。库伦的商号不存在任何的专业化,每家商号什么都卖:茶叶、面粉、布匹、马鞍、祭祀物品等。什么都买:牲畜、皮子、毛线等。只有大盛魁和天义德不是商店,而是银号,页55。

② 毕庶远,《蒙行随笔》,收入《中国边疆行纪调查记报告书等边务资料丛编(初编)》,第22册,页277、288;京师总商会汇纂,《1919年京师总商会众号一览表》,收入孙健主编,《北京经济史资料:近代北京商业部分》,页737—742。

③ 《北洋政府外交部商务档》,编号03—32—177—02—002,民国七年二月。

④ 李华编,《明清以来北京工商会馆碑刻选编》,页44。

兴隆为古玩铺，在东四牌楼南路西。估衣铺在东珠市口半壁街。糖果及干鲜果、花生店，阜成门外大街南。[①] 如前所述，蒙古人嗜好骏马、革服、烟袋、古玩等，又因蒙地严寒需要吃干果补充热量。广兴隆贩售毡帽、革服、古玩、糖或干果等。

永聚成的号东陈铨是河北衡水人。据王永斌研究永聚成杂货行在张家口、库伦、科布多设有分号。这商号贩售砖茶、碱盐、鼻烟、毡鞋、毡帽、绸缎、布匹、羊毛皮袍、眼镜、铜盆、铜器皿、古玩玉器等蒙古各阶层都需要的生活必需品。从蒙古带回的货物有磨眼镜片的茶晶石、贵重药材、羊毛、驼毛、粗细皮货、黄金等。[②] 从清末民初的北京城市指南所见的永聚成资讯，如 1910 年《都门纪略》载，崇文门外花儿市大街上开设客店。[③] 永聚成在 1920 年的《实用北京指南》记载位于东珠市口，开设铁铺；东四牌楼东路北开设估衣铺；打磨厂开设鞍韂铺；花市大街开设旅店。姚祝萱 1923 年的《北京便览》记载该商号位于花市大街路南开设纸花店。[④] 可见永聚成在北京开设了旅店，并提供蒙古人所需铁器、马鞍、服饰、贴窗户的纸花等。

五义永号东王立忠，直隶宣化县人。恩庆隆房产价值二千多元。兴隆和贩售茶叶，在北京东单牌楼北路西。[⑤] 清朝常赏赐蒙古王公贵族茶叶，王公们亦仿效清宫喝奶茶，用黄茶加牛奶乳油、青盐。[⑥] 王公喝京庄

---

① 樊镛，《内编：科布多琐录》，页 3—19；李华编，《明清以来北京工商会馆碑刻选编》，页 128—130；徐珂编，《实用北京指南》（上海：商务印书馆，1920），页 242。

② 王永斌，《北京的关厢乡镇和老字号》（北京：东方出版社，2003），页 62—63。

③ 徐永年增辑，《都门纪略》（台北：文海出版社，1972），页 487。

④ 徐珂编，《实用北京指南》，页 10、40、48、128；姚祝萱，《北京便览》，页 110。

⑤ 徐珂编，《实用北京指南》，页 300。

⑥ 万秀锋、刘宝建、王慧、付超著，《清代贡茶研究》（北京：故宫出版社，2014），页 39。根据该书作者研究，浙江贡茶数量最大不是龙井茶而是黄茶。黄茶为清宫烹制奶茶的主要原料，成分为：牛奶三斤半、黄茶二两、乳油二钱、青盐一两。

卖的黄茶与穷人喝晋商贩售的砖茶有所不同。义合成为北京洋货庄，又称外馆商号。凡由京津购绸布杂货运往蒙古销售者通称外馆。① 德顺长的号东吕效忠，直隶香河县人。其在北京的商铺经营绸缎庄，位于西单牌楼。② 科布多负责唐努乌梁海贡貂，宫廷嫌黄貂皮色泽不佳，由内务府买卖人在北京贩售。③ 故上述的商号也参与科布多的毛皮贸易。

(二)从事汇兑的京庄

清末科布多的北京商号增加有两个原因。第一，因俄国兴建西伯利亚铁路，改变交通路线。宣统三年(1911)有部员至俄罗斯撰写《考察蒙古日记》，描述他四月初一日由恰克图到科布多的路线，自买卖城出发抵乌苏恰克图，搭轮船沿着色楞格河初七日抵乌金斯克。此处位于西伯利亚铁路与色楞格河交会，华商在此贸易以山西人为主，概从恰克图来此。由乌金斯克搭西伯利亚铁路赴伊尔库次克，再到托穆(木)斯克。托木斯克乘车到阿穆斯克后，再搭火车赴诺威尼革拉斯克，由此换轮船赴比斯克。二十五日雇车由比斯克到阔什阿戛赤(Kosh-Agach)，此路程行经阿尔泰山脉，备极艰辛。五月初九日至索果克卡伦，十四日抵科布多。④ 恰克图商会禀称，经商之道恃乎消息之灵通，尤恃乎运输之便利。货物由西伯利亚铁路运送者居多，至于邮件亦由西伯利亚铁道往来，久已成习惯。⑤ 西伯利亚铁路成为商人新的商业贸易路线，货物不由原来张家口、归化驼运到乌里雅苏台和科布多。

---

① 姚祝萱，《北京便览》，页 148。

② 徐珂编，《实用北京指南》，页 226。

③ 参见拙作，《清乾隆朝内务府的皮货买卖与京城时尚》，页 103—144。

④ 佚名，《考察蒙古日记》，收入毕奥南主编，《清代蒙古游记选辑三十四种》，上册，页 670—680。

⑤ 《北洋政府外交部商务档》，编号 03—32—388—01—002，民国五年十二月。

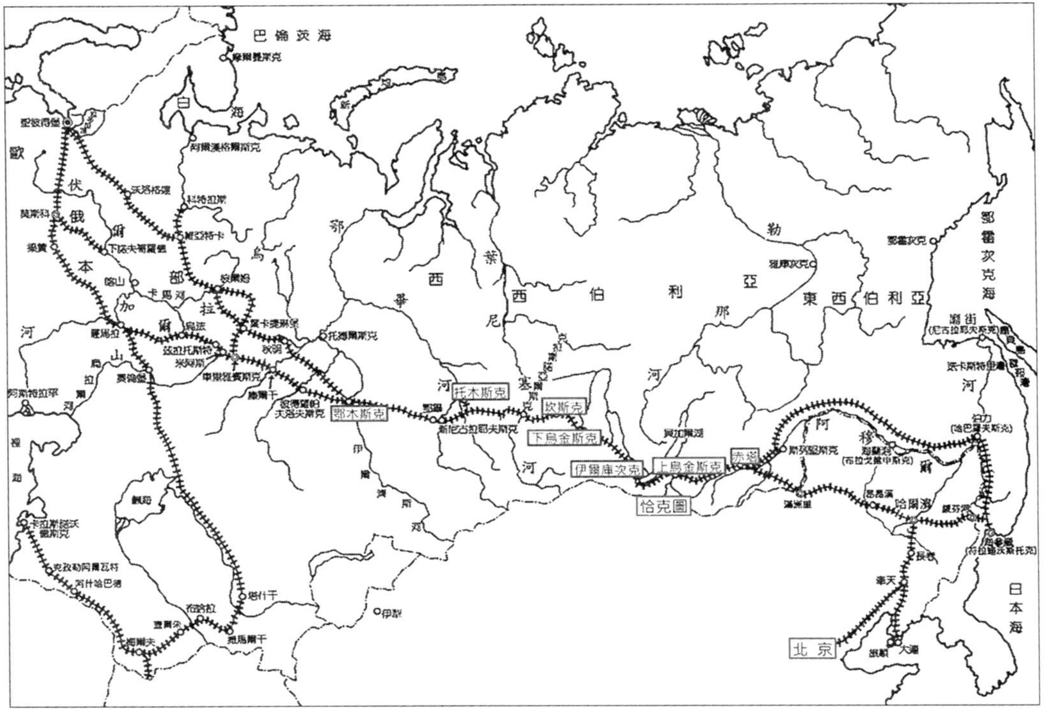

图8—2　西伯利亚铁路线图

图片来源：底图源自中国地图出版社编制，《原苏联境内各独立国家地图》，1992年7月第1版。王士铭博士按照底图重绘。

第二，科布多为金融汇兑一环。胡纪常叙述："前清末叶时，俄国卢布流入外蒙，华商蒙民均乐用之，是时俄币几为外蒙之法定钱币，虽有大清银行设立分行于库伦，多方推广银元之用途，终莫与之抗。"[①]樊镛提到科布多因俄国之币流入，行销甚畅，较诸银两尤为信用，是以俄币屡年销数有增无减。华商以银购买俄币，转至库伦、恰克图等处使用。该两处之华商，以俄币由俄国购买金沙，与一切进口各货，而俄币以上海之金价、镑价涨落为准绳。大清银行虽在库伦设立分行，恐利权一时尚难夺回，因购俄货必须使用俄币，且俄币之合银价随金镑实有涨落，商民于中可谋微利也。[②] 乌里雅苏台和科布多靠近俄国托木斯克、比斯克，彼此间形成商业网络。

根据张新知研究，十九世纪末西方国家实施金本位制，沙俄于1897 年实行金本位，使得对白银需求减少，导致金贵银贱的趋势。1897 年每两黄金换 34 两白银，到 1909 年可换 40 两，代表黄金的卢布每个可兑换银币 5.8 钱，后来可兑换 8 钱有余。[③] 陆世荬调查公合元、公合全、锦泰亨、裕盛和等，在库伦经营汇兑兼货庄，吸收俄钞买金镑汇上海，于金融界大占势力。[④] 这些商号也出现于科布多。

清末户部改称度支部，根据宣统二年（1910）档案《京师账局注册》，清代山西商人在北京、张家口等处设账局，汇兑至各省银两。总号在北京的有宝丰盛、复盛兴、恒义蔚、德成厚、恒裕厚等 31 家，张家口的账局 11 家。其中锦泰厚股东曹克让、公合全股东张养善、裕源

---

① 胡纪常，《外蒙之商业》，《商旅友报》，1924 年第 6 期，页 25—28。

② 樊镛，《内编：科布多琐录》，页 3—19。

③ 张新知，《关于沙俄"羌帖"的研究与考证》，《哈尔滨商业大学学报（社会科学版）》，2005 年第 5 期，页 8—13。

④ 陆世荬，《调查员陆世荬调查库伦商业报告书》，页 17—18。

永股东霍梅等。[①]《调查员陆世葵调查库伦商业报告书》提到，公合全在库伦为汇兑兼货庄，资本四万元。号东张疑林、执事人张兆兴，民国三年清查约分红四万余两，莫斯科有分庄。公合元的号东也是张疑林、执事人周继武，资本约一万五千两。民国三年清查约分红二万余两。[②] 陆世葵似乎低估了公合全和公合元的资产。公和全在俄境莫斯科购入俄币350,000元，每元银 8.5 钱，共银 297,500 两。至民国初年每元折银 8 分，共 28,000 两，损失 269,500 两。公合元在莫斯科购俄钞559,285.7元，张家口本号给外交部的函件说，该号所存俄钞因俄内乱被俄党抢掠一空。[③]

裕盛和的号东霍梅是直隶万全县的大商人，裕盛和在库伦经营裕盛和汇兑兼货庄，据民国三年调查，每年分红 36,000 两；裕源永号东也是霍梅，经营钱庄兼货庄，民国三年调查，每年分红 5 万余两。裕盛和在莫斯科有代理店。[④] 民国十二年，裕盛和在库伦购买俄钞 1,120,000 元，每元折银 0.87 两，共 974,400 两，因卢布贬值一元折银 0.084 两，剩下 94,080 两，损失达 880,320 两。[⑤]

锦泰厚为太谷县北洸村的曹家商号，股东曹克让，在库伦有锦泰亨资本四万两、锦泉涌资料五万两。《调查员陆世葵调查库伦商业报告书》说曹家资产有五六百万，在莫斯科有分庄。[⑥] 张正明提到曹克让举人出身，嗜好书画，多藏名人诗画，价值一百数十万元。[⑦] 锦泉茂铺长

---

① 中国第一历史档案馆藏，《清度支部档、账局注册册》，转引自黄鉴晖，《明清山西商人研究》，页 200—201。

② 陆世葵，《调查员陆世葵调查库伦商业报告书》，页 17—18。

③ 《北洋政府外交部商务档》，编号 03—32—417—02—005，民国十二年九月。

④ 陆世葵，《调查员陆世葵调查库伦商业报告书》，页 17—18。

⑤ 《北洋政府外交部商务档》，编号 03—32—417—02—005，民国十二年九月。

⑥ 陆世葵，《调查员陆世葵调查库伦商业报告书》，页 17—18。

⑦ 张正明，《晋商兴衰史》，页 238。

张如璋报告该铺在恰被乱损失房屋值中银洋 23,600 元。[1] 锦泰全铺长王景全报告该铺在恰被乱损失房屋价值中银洋 4,000 元。[2] 锦泉涌在俄国境内经商损失 20 万以上。[3] 1919 年《山西商业杂志》载,张家口之锦泉涌、锦泉兴、锦泰亨等号,素称殷实巨商,近日俄钞跌落,损失甚巨。计欠外债共 70 万两,除外欠及存货相抵外,约亏空 20 万两有奇。[4] 民初《察哈尔各商号存售俄钞因俄国银行停止兑现损失数目调查表》,列举锦泉涌在俄境比史坎购买俄金币 280,000 元,每元折银 8.6 钱,共 240,800 两。贬值每元折银 9 分,共 25,200 两,损失 215,600两。锦泰亨在莫斯科购买俄币 500,000 元,每元折银 8.8 钱,共 440,000 两,贬值后每元折银 8.7 分,共 43,500 两,损失 456,500 两,两家商号共损失 672,100 两。[5]

三和义由张文煜、黄晓华、王彩林合伙,张姓饶阳人、黄王二姓深县人。民国年间,三和义铺长张鹏举呈报该号在恰损失绸丝布匹等,共值中银洋 83,500 元。又俄金币 26,450 卢布。[6] 其他的商号如德兴隆,共存俄金币 314,000 卢布,亦因俄钞贬值而蒙受损失。[7] 1919 年俄钞贬值,商号受累匪浅。如公合元、公合全、锦泰亨、锦泉涌,输出俄国货物,因俄国革命,均不敢多办存货,进出口贸易均受影响。

总之,科布多的京庄铺子的特色:第一,贩售的商品属于高级的丝

---

① 《北洋政府外交部商务档》,编号 03—32—534—02—009,民国十三年十二月。

② 《北洋政府外交部商务档》,编号 03—32—389—03—003,民国十三年十二月。

③ 《北洋政府外交部商务档》,编号 03—32—389—03—003,民国十三年十二月。

④ 不著撰人,《张家口市面及进出口货》,《山西商业杂志》,1919 年第 1 卷第 13 期,页 25。

⑤ 参见拙作,《太谷曹家的商贸网络》,《内蒙古师范大学学报(哲学社会科学版)》,2018 年第 4 期,页 28—38。

⑥ 《北洋政府外交部商务档》,编号 03—32—389—03—003,民国十三年十二月。

⑦ 《北洋政府外交部商务档》,编号 03—32—420—01—001,民国年间。

绸、成衣，如大褂和马褂等，衣裳的配饰也是缎子荷包，以及金银铜锡、玉石类制作的烟袋、烟嘴、鼻烟壶等，日用为瓷器碗盘碟子，多属于较小巧高价的物品；第二，京庄的商铺面积较小，因其未至各旗贸易，不用栈房堆货；第三，在北京的总店设客店与蒙古人所需铁器、马鞍供旅行之用；第四，清末商号汇兑俄钞有利可图，纷纷购买俄钞。至 1914 年欧战发生以及 1916—1917 年俄国二月革命，俄钞发行日滥，币值下跌，商人损失惨重。

四、科布多的西口庄

蒙古人日食之品如牛羊肉奶等各物，口味重非砖茶不足以消化，故日久则成癖，砖茶实为蒙古贸易第一最大宗之销售品。市场又以砖茶代货币，彼此使用，毫无阻滞，主要是西口庄的商号来从事运输砖茶。又蒙古男子之怀中均有一鼻烟壶，然并非人皆嗜此，因蒙俗不问其识否，于见面之时，彼此必互供鼻烟以为礼，妇女闲亦有之，是以凡行于蒙古各地之商人，亦均备一鼻烟壶。是以烟袋、烟壶亦华商在蒙地大宗销售之品，此外更有最甚者，则为烧酒，盖蒙人男妇老幼未有不好饮酒者，富者必日在醉乡或承醉驰马鱼野外，或招宾歌唱于幕中，必如此方谓之富，他人亦皆羡慕以为不可及云。[①]

归化城距离科布多驼行八十余日可到，商人携带货物到科布多销售，换取当地的牲畜毛皮。每只骆驼可载重 170 斤至 300 斤，普通货物重 140 斤为一件，每驼背载两件称为一驼。民国初年统计归化从蒙古运回的皮张和牲畜的数量相当多，参见表 8—5、表 8—6。

① 樊镛，《内编：科布多琐录》，页 3—19。

表 8—5　民国三年归化的皮张数量

皮名	数量(张)	品种	皮名	数量(张)	品种
狐皮	29,200	细皮	羊皮	479,643	粗皮
驼皮	28,000	粗皮	黄羊皮	23,250	粗皮
羔皮	249,000	粗皮	马皮	124,666	粗皮
羊皮褥	40,099	粗皮	牛皮	90,010	粗皮

资料来源:《北洋政府外交部商务档》,编号 03—17—002—03—004,民国三年九月。

自蒙古进口之牲畜中以羊为最多,马次之、骆驼又次之、牛最少,自民国七年至十三年牲畜进口数量,参见表 8—6。

表 8—6　归化自蒙古输入的牲畜

年份	羊(只)	马(匹)	驼(只)	牛(只)	总计
民国七年	175,124	8,975	4,443	1,319	189,861
民国八年	201,642	13,590	4,248	1,047	220,527
民国九年	295,225	14,247	4,006	634	314,112
民国十年	89,755	1,408	2,753	851	94,767
民国十一年	181,549	10,226	1,455	946	194,176
民国十二年	223,581	9,546	1,807	366	235,300
民国十三年	150,923	11,061	2,737	255	164,976

资料来源:《归化城与蒙古新疆间之贸易状况》,页 7—24。

表 8—6 中民国十年蒙古输入牲畜急遽减少,此因九年冬季,外蒙为俄国白军恩琴所破,于是晋商甫有萌芽之商业,复遭铲削无遗,身命且多不能保,故民国十年,坐庄、行商又相继歇业,仅汾阳一县,失职回里者,

有四五千人之多，晋商之生计，殆无复振之望。[①] 然因蒙古物资缺乏仍须华商贸易，故民国十一二年仍有商人在蒙古经营商行。据蒙古统计，1923 年全国商行登记共 2,323 家，华商的店铺有 1,440 家，占 62%。[②] 民国十三年，蒙古政府成立，建首都于库伦，改名为乌兰巴徒和硕。俄人利用培养于苏俄教育的蒙古革命青年，极力宣传，使其仇华，屠杀华人数万之多。[③] 至此之后，蒙古华商不复存在。

张心泰《宦海浮沉录》载，归化十五社者曰：聚锦社（粮店、货店）、醇厚社（绸缎店）、集锦社（烟土店）、青龙社（面店）、宝丰社（钱店）、当行社（质铺）、福虎社（油店）、洪义社（细皮货店）、荣丰社（小羔皮店）、威镇社（老羊皮店）、聚仙社（茶馆）、仙翁社（酒馆）、马店社（骡马店）、毡毯社（卖毡毯店）、集义社（靴鞋店）。[④] 其中聚锦、醇厚、集锦、青龙、宝丰、福虎、荣丰、威镇、聚仙、马店、毡毯、集义等社与蒙古贸易有关。

张心泰又提到："归化有走后山走营路诸贸易，营路者乌里雅苏台，以及外蒙古。率于岁杪启行次年秋冬回城，后山即大青山四子部落茂明安各旗走者甚夥，而以大胜奎（大盛魁）为巨。此店开自明末至今三百余年，大至绸缎，细至刑具，无不预备供各王公台吉以及穷蒙一年之所需。至年终收账时，四十八旗王公台吉皆盛供张如敬重客，传谕各蒙古将驼羊牛马罗列于前听，该号收账之掌柜视肥瘠定价值，以抵一年之账。各蒙古屏息听指挥不敢稍违。归化城牲畜行情总视该号收账回城，以为低昂。其声势赫奕如此。"[⑤]大胜奎即大盛魁，在蒙古地区贸易广、声势显

---

① 不著撰人，《山西商人西北贸易盛衰调查纪》，《中外经济周刊》，1925 年第 124 期，页 1—7。

② [苏]伊·亚·兹拉特金，《蒙古人民共和国史纲》（北京：商务印书馆，1972），页 194。

③ 不著撰人，《外蒙调查记》，《军事杂志》（南京），1930 年第 27 期，页 135—147。

④ 张心泰，《宦海浮沉录》，页 41 下。

⑤ 张心泰，《宦海浮沉录》，页 42 下—43 上。

赫。又根据《外蒙古调查记》载，蒙古之有大盛魁西商者，系各商店之翘楚，为喀尔喀四部落之银行，营业甚盛，资本达二千万两。凡喀尔喀全部差使均归代办，至时收取羊只马匹输送内地，以为办偿计。每年输入之数约二三十万头有奇，且该商店于乌梁海、杜尔伯特、札喀沁等处均有游牧地，其势不在各王公之下。科布多参赞大臣公署每年一切供应，系为该商店所报效云。[①] 尽管大盛魁是科布多最大商号，元盛德和天义德也占有一席之地。此外，在科布多经营各种杂货的归化商铺有十余家亦值得讨论。

(一)科布多的三大商家

大盛魁商号在科布多的院落极大，院墙共 3,875 尺。有三栋房屋，房 198 间，按照房屋品质优劣分上等房 80 间、中等房 108 间、下等房 10 间。其次有菜园 15 亩、花园 25 亩、树木 327 棵、水井 3 口，共价值 76,590 元。[②] 过去讨论大盛魁的创始人王相卿为山西太谷武家堡人，张杰、史大学为祁县人，以肩挑负贩或给人拉骆驼起家。[③] 但清代档案则说他们是康熙征噶尔丹时随营的商人，大盛魁、天义德充当社首、经理。天义德和大盛魁也负责汇兑银两，以及代驻班的蒙古

---

① 不著撰人，《外蒙古调查记(续)》，页 43—53。

② 《北洋政府外交部商务档》，编号 03—18—032—07—008，民国六年十二月。

③ 中国人民政治协商会议内蒙古自治区委员会文史资料研究委员会编，《旅蒙商大盛魁》，收入《内蒙古文史资料》，第 12 辑，页 11—12。《民国元年蒙乱前科城城外商场华商私有房产表》(参见附录 8—1)载，号东王绅是太谷人，史秉杰、张恕心为祁县人，民初的执事人为张林。大盛魁的创始人张杰、史大学、王相卿。史大学子史国鼎。国鼎有二子：宪璋、建璋。宪璋子传安。传安有二子：效奂、效猷。建璋有二子：传籍、传节。传籍有二子：效麟、效晋。传节有五子：效齐、效敏、效迁、效通、效述。张杰的儿子士英(1754—1823)、士达、士魁。张士英有五子：文辉、文焕、文昭、文理、文光。士达有四子：文发、文瑞、文韵、文富。文光有二子：兆琦、兆邻。兆琦子志统，为张财东的最后代表人。王相卿有三子：德震、德宏、德深。德深有二子：廷谕、廷佐。廷谕子王绅，大盛魁财东的最后代表人。参见代林、乌静主编，《大盛魁闻见录》，页 90—92。

王公垫款。①

据《旅蒙商大盛魁》载,大盛魁在科布多饲养骆驼场的规模比乌里雅苏台大得多,经常养五千只骆驼。大盛魁搜集的马匹,超过乌里雅苏台分庄。大盛魁的骆驼队,多数是用科布多地区的骆驼组成的。科布多的马匹赶到召河总场,再赶运到归化或汉口等地销售。② 又与俄罗斯接壤,在边界与俄商进行贸易,进口俄罗斯的纺织品哈喇、俄国标布、呢子、哔叽、钟表等。商品运到归化城,由大盛魁的小号天顺泰绸缎庄销售。该庄为了便于贩售俄国商品,还增设一个门柜叫"哈喇庄"。③

《旅蒙商大盛魁》一书提到大盛魁在1917年俄国革命后卢布贬值损失严重,不过根据近代史研究所档案馆藏的档案记载,大盛魁在民国年间报告在恰克图损失货物值中银洋32,000元,大盛魁的茶庄大裕川在恰克图损失二万余元。④ 元盛德该民报告该号在恰克图损失杂货粮面牛马及被烧房屋共值中银洋11,990元。⑤ 这些商号的损失只有一两万元,说明它们仅是旅蒙商,而不是旅俄商。

大盛魁贩售的货物以烟茶两项为大宗,《绥远通志稿》利用嘉庆

---

① 《军机处档折件》,编号138505,光绪二十三年三月十六日。

② 中国人民政治协商会议内蒙古自治区委员会文史资料研究委员会编,《旅蒙商大盛魁》,收入《内蒙古文史资料》,第12辑,页42。

③ 中国人民政治协商会议内蒙古自治区委员会文史资料研究委员会编,《旅蒙商大盛魁》,收入《内蒙古文史资料》,第12辑,页49。有关俄罗斯纺织品的研究,参见拙作,《十九世纪恰克图贸易的俄罗斯纺织品》,页1—46。

④ 因民国九年、十年俄国革命,在恰克图或库伦的字号遭受损失,寻求外交途径向俄人讨回欠债,至今留下中国商民被害损失的档案。中研院近代史研究所档案馆藏,《外交部档案》,编号03—32—389—03—003,民国十三年十二月;编号03—32—397—02—001,民国十二年。

⑤ 《外交部档案》,编号03—32—534—02—009,民国十三年十二月。

至同治年间大盛魁联号与福泉店账簿，做了《清代商货价格变动表》。[1] 以茶叶来说，嘉道年间销售蒙古的茶叶有细茶，包括白毫、银针、黄茶、武彝茶等，这时期的细茶和砖茶价格稳定。咸同年间商号贩售大都是砖茶，再者新疆回变之后砖茶价格大为提高，显示战争影响物价。光绪年间，弥平乱事后，细茶出现更多种类，甚至有日本来的东洋茶。《旅蒙商大盛魁》康健三口述说，大盛魁在湖北蒲圻县的羊楼峒，蒲圻县与湖南临湘县两县管辖的羊楼司都出砖茶，羊楼峒的茶最好。大盛魁的茶庄三玉川在羊楼峒、羊楼司、聂家市做二四茶、二七茶、三六茶、三九茶，其中二四茶、三九茶运到归化；二七茶、三六茶运往张家口。大盛魁一年运往乌城和科布多的砖茶有一万多箱。[2]

生烟为蒙古生活必需品，产自山西省曲沃县。最大的烟庄有平遥人开的魁泰和生产魁生烟；祁县人开的祥云集生产祥生烟。祥云集派人在归化城的永泰店住庄，办理销货之事。生烟有一定的包装，每囤烟180包，每包10两，每囤生烟价格约二十三四两。大盛魁向祥云集采购一千囤生烟，光绪二十年（1894）前后，归化跑前后营的中小旅蒙商不太多，大盛魁一年也走过约二千囤生烟。[3]

相对来说，蒙古的牲畜价格偏低，譬如嘉庆十九年至二十五年（1814—1820），山羊每只约0.65两，一箱砖茶可以买到十几只羊。绵羊价格高些，平均也不到1两。[4] 这说明蒙古用牲畜换取烟茶，付出代价太高。

大盛魁投资的绸缎庄为天顺泰，创立时间可能在嘉庆、道光时期。

---

① 绥远通志馆纂，《绥远通志稿》，页654—774。

② 代林、乌静主编，《大盛魁闻见录》，页113。

③ 中国人民政治协商会议内蒙古自治区委员会文史资料研究委员会编，《旅蒙商大盛魁》，收入《内蒙古文史资料》，第12辑，页91。

④ 绥远通志馆纂，《绥远通志稿》，页718。

道光四年(1824)集锦社天顺泰担任乡总。小东街关帝庙有道光三十年(1850)天顺泰叩敬“德裕商民”匾额。金龙庙募化各行布施增修工程告竣,经理会首字号恭献“溯功世享”匾额,道光二十八年(1848)会首天顺泰。同治十年(1871)叩敬“翊赞参天”匾额,光绪五年(1879)叩敬“义炳春秋”匾额。民国三年叩敬“直纲扶纪”、民国十年叩敬“威震华夏”匾额。民国十八年叩敬“莫不尊亲”匾额。[①] 天顺泰从道光四年(1824)到民国十八年维持一百多年。根据刘映元的口述,天顺泰除了经营绸缎、布匹、棉花,还代销京鞋、京帽和北京同仁堂、太谷广升誉及川广、云贵的重要药品。此外,天顺泰并贩运进口呢绒。[②]

元盛德号东是段明高,房屋坐落买卖城的大街北头路东,院墙3,130尺。有2栋房屋,房142间,按照房屋品质优劣分上等房60间、中等房70间、下等房12间。其次有菜园15亩、树木7棵、水井2口,共价值51,620元。[③] 以房价和房屋规模看起来元盛德比天义德大,仅次于大盛魁。《旅蒙商大盛魁》记载元盛德最早叫元盛宏,是康熙征噶尔丹随营贸易的商号,创始人是山西祁县南社村段泰。该书说元盛德开设年代比天义德更早,其资金积累、经营范围次于大盛魁,优于天义德。元盛德商号以孳养牲畜为主,总号设于归化城,支号设于科布多。滋养牲畜以扎哈庆、乌兰海、讨号子等地为根据地。元盛德创始于雍正年间,为集锦社之最早者,系祁县段氏出资,资本在百万两以上。其贸易范围在科布多所辖二十旗。[④] 根据今堀诚二搜集小东街关帝庙资料

① [日]今堀诚二,《中国封建社会の機構:帰綏(呼和浩特)における社会集团の実態調査》,页716—719。

② 中国人民政治协商会议内蒙古自治区委员会文史资料研究委员会编,《旅蒙商大盛魁》,收入《内蒙古文史资料》,第12辑,页159。

③ 《北洋政府外交部商务档》,编号03—18—032—07—008,民国六年十二月。

④ 不著撰人,《归化城与蒙古新疆间之贸易状况》,页7—24。

中,元盛德则是咸丰八年(1858)的醇厚社乡总。光绪三十年(1904)为醇厚社乡耆。[1]

元盛德在科布多养马称为“养孳生,马个大、力大、价钱大”。科布多的河水,水里带细沙,元盛德的马赶回归化路上走的日子太长,有点疲沓,而且喝惯河水改喝井水不合口味,容易生病。然而,元盛德养的羊数量比马还多,可能替扎哈沁人垫款,取得在此牧羊的机会,羊只品质最好。民国元年以后尽被蒙人没收,商人因此损失不赀,元盛德一家损失一百三十余万两。[2]

天义德为元盛德股东投资,房屋坐落买卖城的大街北头路西,院墙3,000 尺。有 1 栋房屋,房 121 间,按照房屋品质优劣分上等房 28 间、中等房 50 间、下等房 43 间。其次有菜园 5 亩、树木 11 棵、水井 1 口,共价值 39,750 元。[3] 天义德属于归化城的杂货铺,贩售京货和百货。京货铺属于高级的杂货,包括苏州的绢布商;百货为日用百货如梭布、烟草、茶、果物、纸、染料、海产物、砂糖等调味料,有六成的商品输往蒙古西北地方。根据今堀诚二搜集小东街关帝庙资料,道光十八年醇厚社乡总有天义德、道光二十八年集锦社乡总。[4] 今堀诚二引光绪六年(1880)“意生锦(旧城西顺城街)所在资料”,天义德为集锦社。[5] 波兹德涅耶夫提到天义德在蒙古的一年贸易额近七百万两。[6] 民国年间,

---

① [日]今堀诚二,《中国封建社会の機構:帰綏(呼和浩特)における社会集団の実態調查》,页 716—717、742。

② 代林、乌静主编,《大盛魁闻见录》,页 131、238—244;不著撰人,《归化城与蒙古新疆间之贸易状况》,页 7—24。

③ 《北洋政府外交部商务档》,编号 03—18—032—07—008,民国六年十二月。

④ [日]今堀诚二,《中国封建社会の機構:帰綏(呼和浩特)における社会集団の実態調查》,页 207—213、716。

⑤ [日]今堀诚二,《中国封建社会の機構:帰綏(呼和浩特)における社会集団の実態調查》,页 782。

⑥ [俄]阿・马・波兹德涅耶夫著,《蒙古及蒙古人》,卷 2,页 98。

据《京师总商会第一次调查俄国纸币数目表》记载，天义栈位于归绥县兴隆巷，损失俄钞 97,300 元。[①] 究竟天义栈是不是天义德的分庄，仍须考证。

《旅蒙商大盛魁》一书描述，当外蒙宣布独立后，为了避免损失，依拉固克森胡图克图即住在乌里雅苏台天义德号内，以财东的身份保护天义德的财产，并派人护送天义德的从业人员返回归化城总号。天义德由于依拉固克森胡图克图的保护，没有受到什么损失。又说："天义德在外蒙地区的财产，除大部分转移到归化城和新疆外，余下的财产和铺底，都出卖给俄商，将价款汇到莫斯科转汇归化城总号。"[②]按照近代史研究所外交部档案记载，天义德的铺底被俄军占领，并没有获得赔偿。

天义德的后期，也投资开设了几家小号，计有天元德、谦元昌京羊庄、天和德茶庄、天元成毡房；还有天亨德、天利德外路庄等商号。天义德放"印票"账的范围，只限于三音诺颜汗部。它同大盛魁都是在清朝嘉庆年间领得"龙票"的。其营业的性质与大盛魁同，规模比大盛魁小，它放"印票"账，每年的贷款也比大盛魁少。每年收账收回的羊马，运到归化城市场上的，大约羊三万只到四万只，马二千多匹。天义德每四年结账一次，每股大约分配红利三四千两银子。[③]

光绪三年(1877)重修三圣庙碑记有福隆社天元德等施银 451 两。光绪二十一年(1895)赠心阔禅师法号悟宽"心身静□"新旧乡总包括天元德，可见天元德当过乡总也参加福隆社。[④]《归化城与蒙古新疆间之

---

① 《外交部档案》，编号 03—32—216—01—006，民国三年六月。

② 中国人民政治协商会议内蒙古自治区委员会文史资料研究委员会编，《旅蒙商大盛魁》，收入《内蒙古文史资料》，第 12 辑，页 83。

③ 中国人民政治协商会议内蒙古自治区委员会文史资料研究委员会编，《旅蒙商大盛魁》，收入《内蒙古文史资料》，第 12 辑，页 49。

④ [日]今堀诚二，《中国封建社会の機構:帰綏(呼和浩特)における社会集団の実態調査》，页 709、812。

贸易状况》一文提到归化城十大商号之一为天元成，也就是天义德的小号之一。[1] 天元成毡房从事新疆、蒙古产的羊毛加工，民国三年《调查归化商埠情形报告书》载，清盛时每年归化、包头两处输入皮张绒毛约计可值五六百万两。民国二年，归化产羊皮 830,633 斤、羊绒 58,215 斤、驼绒 479,200 斤、马尾 22,601 斤、牛尾 10,000 斤。制造绒毡 30,000斤、毛毡 291,000 斤。[2]

(二)科布多的西口庄杂货商

波兹德涅耶夫说科布多的商界中由归化来的商人，零售商品经营得特别活跃的要算永德魁及兴隆和这两家商号。永德魁在科布多的资本和年周转额约为三万两，兴隆和为两万两。[3] 永德魁为集义社成员，道光二十九年(1849)财神庙之匾额"颂扬神庥"。[4] 蒙古男女所穿靴子为同一款式，皆前尖上仰，以香牛皮制作。[5] 波兹德涅耶夫提到永德魁商号在归化经营鞋业，并附设皮靴作坊。经常有四十至六十名鞋匠在里边做工。[6] 三和义在归化城系制造蒙靴之营业，至民国二十三年都还存在。[7]

永兴恒咸丰三年(1853)担任毡毯社总领。[8] 科布多军队扎营都以毡

---

① 不著撰人，《归化城与蒙古新疆间之贸易状况》，页 7—24。

② 《北洋政府外交部商务档》，编号 03—17—002—03—004，民国三年九月。

③ [俄]阿・马・波兹德涅耶夫著，《蒙古及蒙古人》，卷 1，页 344—345。

④ [日]今堀诚二，《中国封建社会の機構:帰綏(呼和浩特)における社会集団の実態調査》，页 780。

⑤ 樊镛，《内编:科布多琐录》，页 3—19。

⑥ [俄]阿・马・波兹德涅耶夫著，《蒙古及蒙古人》，卷 2，页 98。

⑦ 绥远省民众教育馆编，《绥远省分县调查概要》，收入《内蒙古史志》，第 31 册，页 118。

⑧ [日]今堀诚二，《中国封建社会の機構:帰綏(呼和浩特)における社会集団の実態調査》，页 507、782。

幄帐棚为主，皆由归化城置办。[1] 咸丰七年(1857)《归化城布施碑》载毡毯社永兴恒施银十五千文。[2] 毡毯社在张心泰看来是卑贱生意，不能举乡耆。永兴恒所贩的毡毯应来自唐努乌梁海与科布多地区的皮张和毡绒。蒙古绒毛来源以蒙古居多数，有由专走蒙古之商人贩来；北京安定门外馆商人贩来；有蒙古人为换取米面杂货而携来。亦行商向皮毛店借贷资本，携带杂货到蒙古，获取皮毛牲畜。商人将皮毛牲畜卖给皮毛店，获取佣金。皮毛店包括兴盛魁、义源永等二十四家，其团体称为兴隆社。[3] 兴盛魁在张家口设有分庄，《大境门山神庙同治元年(1862)裁牛羊局德政碑》载，羊行太平社值年经理兴隆魁等四家商铺。[4]

德兴隆为生皮社之会首。[5] 民国三年《调查归化商埠情形报告书》载，归化为塞北重镇，外蒙喀尔喀四部、乌里雅苏台、科布多以及新疆伊犁等处，每年归商贩运砖茶、绸布、棉花、米面各色货物，分赴各处。蒙民以其驼马、牛、羊皮张、绒毛等交易。春夏运往秋冬运回。前清盛时每年归包两处输入羊约七八十万只，马约三万匹，驼牛均约万只。[6] 义合成为归化城集义社成员，在咸丰九年(1859)担任总领至光绪六年(1880)。[7] 同时，义合成参加了公义社为鞋业的组织，也参加公义社为

---

① 《军机处档折件》，编号106297，同治朝。

② 许檀编，《清代河南、山东等省商人会馆碑刻资料选辑》，页529。

③ 皮毛店有福义生、集生祥、谦和昌、隆和昌、万生德、通顺北店、复义隆、公义合、万盛合、万恒亨、德亨魁、集义恒、乾发公、天益恒、福聚德、广盛店、茂和兴、兴盛魁、天裕翔、义源永、万和茂、义荣堂、兴茂源，多在北沙梁一带。不著撰人，《归化城之输出入货物》，页8—25。

④ 宋志刚辑，张家口《大境门山神庙同治元年(1862)裁牛羊局德政碑》(未刊稿)，感谢毕奥南教授惠赠。

⑤ [日]今堀诚二，《中国封建社会の機構：帰綏(呼和浩特)における社会集団の実態調査》，页243。

⑥ 《北洋政府外交部商务档》，编号03—17—002—03—004，民国三年九月。

⑦ [日]今堀诚二，《中国封建社会の機構：帰綏(呼和浩特)における社会集団の実態調査》，页482—483、776。

贩售青茶的组织。[①] 义合成如永德魁制造销售蒙古的靴子，但它的分店遍布库伦、张家口、北京等地，是一家著名的蒙古与华北各城市连锁商号。日本东亚同文会派遣小西茂于1921年张家口调查报告《張家口の事情》记载义合成为库伦庄。[②]

《归化城与蒙古新疆间之贸易状况》一文叙述义和荣系由通事行起家，资本约十万元，其贸易地点在札萨克图汗，此等行家专以内地杂货运往外蒙各地，交其地之分号销售。以换取蒙古牲畜皮毛，其分号与蒙人交易时，向系采用长期赊卖法，期限约为十个月。例如每年冬月售货、翌年六七月间收款，届期由蒙人自携牲畜皮毛前来清偿货款，或派人四出收取。蒙人赊货时并不另立字据，仅由行家为之记账，清偿时，即将此账勾销。[③] 义和敦的资本和年周转额大致为五十万两，即一百万银卢布。民国时期它已不再从事"通事"的营业，而只是做些批发生意；此外，科布多及其辖区内的所有衙署和官家机构按照昂邦们的吩咐，于每月上半月向义和敦的店铺购办一切需要的用品。今堀诚二引关帝庙光绪二十年(1894)"正大光明"的匾额，载义和敦谢荣维醇厚社乡总。[④] 波兹德涅耶夫提到义和敦在蒙古和东土耳其斯坦的年贸易额高达五六百万两。[⑤] 这恐怕有待考证。

民国三年归绥商务总会正会长范瀛洲呈称，据科乌阿尔泰等处藩

---

① [日]今堀诚二，《中国封建社会の機構：帰綏(呼和浩特)における社会集団の実態調査》，页254、279。

② [日]小西茂，《張家口の事情》，页34。

③ 不著撰人，《归化城与蒙古新疆间之贸易状况》，页7—24。

④ [日]今堀诚二，《中国封建社会の機構：帰綏(呼和浩特)における社会集団の実態調査》，页717。

⑤ [俄]阿・马・波兹德涅耶夫著，《蒙古及蒙古人》，卷2，页98。

商集锦社代表范栋等，库伦等处藩商集义社代表皇甫子义等，新疆伊犁、古城等处西口庄代表文丰泰等陈递请愿书，自外蒙不靖，商务停滞、金融紧迫、困象屡呈，幸今协约成立商路见通。而外蒙竟设立税局，增收厘税，商务大有窒碍。① 蒙古独立商业损失数千百万，接着外蒙设置税局抽厘税，商业更为不振。集锦社、集义社代表等请求外交部与外蒙交涉，不得任意妄收厘税。

（三）商号垫办驻班王公银两

前章述及乌城、科布多各官员日用所需由商家轮流支应，称为值月。此外，交给朝廷的贡马，以及蒙古驻守台站、卡伦骆驼、马匹也是商号代购。每年由商号垫办各种应差经费至少在一万四五千两。光绪二十七年，瑞洵奏称："口外向称乌里雅苏台为前营，科布多为后营，所有商贾生意皆系随营买卖，全仗银茶交易脉络贯通。曩日饷多颇增富庶，近年饷少即见萧条而以去。今两年为尤甚，盖缘饷源顿涸，商人重利骤失所望，其在京在晋之联号并化为乌有，用是益贫益窘。刻下街市铺家大半闭歇，蒙汉官兵赊借，概不能行日用，食物益以居奇昂贵。官穷民困蒙瘠商疲体察情形，纯是暮气太重再不速谋拯济，将必日形衰败财政。"②

科布多有土谢图汗部、三音诺颜部、札萨克图汗部官员轮流驻班。土谢图汗部的官员为一年，三音诺颜部的官员为半年，而札萨克图汗部的官员却每三个月就轮换一次；不言而喻，这当然是因前两个部距科布多较远，而后者较近。车臣汗部在科布多没有驻班官员。大盛魁在蒙古主要是对几乎整个喀尔喀从事票庄银号的业务。它在科布多的分号

① 《外交部档案》，编号 03—32—534—02—009，民国年间。

② 《宫中朱批奏折·财政类》，编号 1056—056，光绪二十七年四月二十一日。

可代土谢图汗部和札萨克图汗部的喀尔喀各旗支付钱款。[①] 本节讨论商号帮蒙古王公垫款及财务纠纷。

波兹德涅耶夫提到大盛魁在蒙古主要是对喀尔喀从事票庄银号的业务。它在科布多的分号可代土谢图汗部和札萨克图汗部的喀尔喀各旗支付钱款。此外,大盛魁还对巴隆昂邦辖区内的厄鲁特旗、明阿特旗、杜尔伯特右翼各旗、土尔扈特汗旗、土尔扈特王旗及乌梁海各旗经营票庄业务。[②] 波兹德涅耶夫提到大盛魁在蒙古的贸易额不下九百万两或一千万两。[③]

光绪二十二年(1896),大盛魁商民谷琮控诉土谢图汗妄称捏报嫁祸卖恶。事因土谢图汗部驻班官员长期向大盛魁取用驼马,官员认为大盛魁改变牲畜价格,又重利盘剥等,引发诉讼。大盛魁提出账本和讼单,让我们了解过去对商人盘剥的真相,大盛魁账本所载光绪三年至二十二年(1877—1896)土谢图汗部驻班官员取用驼马如表 8—7 所示。

表 8—7　光绪三年至二十二年(1877—1896)土谢图汗部驻班官员取用驼马记录表

时间、地点	货物	件数	银(两)	备注
图什业图汗哎蔓公中				俱系驻班吉厦手因牲群补印用
光绪三年正月内从科铺取	骟驼(只)	34	1,258	以下每只实 37 两

① [俄]阿・马・波兹德涅耶夫著,《蒙古及蒙古人》,卷 1,页 336、340。
② [俄]阿・马・波兹德涅耶夫著,《蒙古及蒙古人》,卷 1,页 340—341。
③ [俄]阿・马・波兹德涅耶夫著,《蒙古及蒙古人》,卷 2,页 97。

（续）

时间、地点	货物	件数	银（两）	备注
四年正月内从科铺取	骟驼（只）	10	370	
六年正月内从科铺取	骟驼（只）	12	444	
又从科铺取	骟马（匹）	1	12	
七年正月内从科铺取	骟驼（只）	33	1,221	
六月内从科铺取	骟驼（只）	1	37	
八年六月内从科铺取	骟驼（只）	17	629	
九年正月内从科铺取	骟驼（只）	17	629	
四月内从科铺取	骟驼（只）	38	1,406	
八月内从科铺取	骟驼（只）	50	1,850	
二十年三月内从科铺取	骟驼（只）	7	259	
又从科铺取	骟马（匹）	2	24	
二十一年正月内从科铺取	骟驼（只）	23	851	
八月内从科铺取	骟驼（只）	20	740	驻班吉厦手因牲群补印用
二十二年正月内从科铺取	骟驼（只）	43	1,591	
又从科铺取	骟马（匹）	2	24	仝驻班吉厦言明每只价实 5 两
郡王阿囊达瓦齐尔和硕				

（续）

时间、地点	货物	件数	银（两）	备注
光绪四年正月内从科铺取	骟驼（只）	4	148	俱系驻班吉厦手因牲群补印用，每只实37两
五年六月内从科铺取	骟驼（只）	4	148	每只实37两
将军贝子绷克楚车林和硕				俱系驻班吉厦手因牲群补印用
光绪十二年七月内从科铺取	骟驼（只）	2	74	每只实37两
镇国公嘎丹巴勒和硕				驻班吉厦手因牲群补印用
光绪十二年七月内从科铺取	骟驼（只）	1	35	每只实35两
辅国公纳逊棍布和硕				驻班吉厦手因牲群补印用
光绪五年六月内从科铺取	骟驼（只）	1	37	食
公车登索诺木和硕				驻班吉厦手因牲群补印用
光绪十二年七月内从科铺取	骟驼（只）	1	37	
台吉巴图萨固哩和硕				俱系驻班吉厦手因牲群补印用
光绪五年六月内从科铺取	骟驼（只）	1	35	
台吉旺楚克拉布丹和硕				驻班吉厦手因牲群补印用

（续）

时间、地点	货物	件数	银（两）	备注
五年六月内从科铺取	骟马（匹）	1	8	

资料来源:《蒙古国家档案局档案》,编号 070—007,页 0041—0053。

以上通共核算土谢图汗从大盛魁商号科布多共取使过骟驼 319 只、骟马 6 匹,共合价银 11,867 两。前述大盛魁在科布多饲养骆驼场的规模比乌里雅苏台大得多,经常养五千只骆驼。根据羊马行经纪人董瑞的口述,大盛魁前后营的买卖,每年赶回三大群的马,一大群有一千多匹。大盛魁在蒙古收马,一匹马折合六斗小米的本钱,按光绪年间归化城的米价,六斗米不过一两多银子。光绪二十九年(1903),一匹马卖六七两银子,这是多么大的利润![①] 表 8—9 显示,骟马的价格在 8—12 两之间。

第六章曾讨论大盛魁伙计谷琮呈称,土谢图汗盟向大盛魁取使中等微次之驼,言定每只价银 22 两。垫交官厂牧群使用的骆驼,注价每只价银 37 两。近年内地东、西两口驼只价昂每只四五十至六七十两。[②] 大盛魁把养在蒙古的马、驼交付土谢图汗差役用牲畜,张家口、归化价格来说牲畜价格昂贵,实属重利盘剥等。此案件后来也不了了之,可见官员听信大盛魁伙计一面之词。

五、小结

整体来说,科布多商号是内地商人在蒙古各买卖城设置的分庄之

---

① 代林、乌静主编,《大盛魁闻见录》,页 238—243。

② 《蒙古国家档案局档案》,编号 071—037,页 0165—0168。

一，它存在的理由是替驻防兵丁提供军需，有所谓“官商”之称。自乾隆年间设立买卖城以后，商人络绎不绝，买卖城官房地租收入从二百余两增为一千余两，官房数目 112 间至民国元年的铺房达 1,558 间，买卖城的规模比库伦略微小些。但是，在科布多的商人可以到蒙古各旗贸易，科布多有货栈的性质。如大盛魁、天义德、元盛德的四周院墙在三千尺以上，比库伦的商铺面积还大。

科布多买卖城的商号分成京庄和西口庄，科布多至北京路程需百日以上，官兵出差到北京送唐努乌梁海的贡貂、果丹等，并领回户部给予的纸笔。北京商人随行，携带蒙古贵族所需的奢侈品绸缎、鼻烟壶等。清末商号投资俄钞获利，京庄的商号增多。西口庄则以大盛魁、天义德、元盛德三家为主，一方面提供蒙古王公；另一方面则将蒙古产的羊、马、骆驼运销内地，大盛魁累积资产达千万两。大盛魁富甲一方，亦为归化商贾领袖，它参加醇厚社、集锦社、宝丰社都是大社，可以选举乡耆。其他如毡毯社、集义社做毡毯和皮靴等行业则不能参加乡耆选举。

但是，清末蒙古借贷亦多，如大盛魁在民初借给蒙古款项约二百余万两、天义德蒙古借款约六七十万两。因蒙古独立，无处讨债。自 1921 年库伦之变乱以后，各蒙旗人积欠华商之借贷货款及印票借款。按印票借款系库伦蒙官出具印结，向华商所借之款。蒙官不予偿还，强向华商索还其印券，归化大盛魁持有此项印票百余万两，天义德有三十余万两并因此歇业。又华商向有在外蒙“放孳生”之习惯，系以羊群贷与蒙人放牧之，每年所剪下之羊毛及繁殖之羊羔，按四六均分。物主得四成，放牧者得六成。民国元年以后尽被蒙人没收，华商因此损失不赀。就归化而言，元盛德一家损失一百三十余万两。[①]

---

① 不著撰人，《归化城与蒙古新疆间之贸易状况》，页 7—24。

大盛魁的口述提到说："天义德有驻库伦的领队将军毕比将赞加汗增的财股，这领队是个蒙古人。天义德的人信用不好，科布多的蒙古人不欢迎，因此不去科布多安庄。"[①]由档案记载可知天义德的股东之一是依拉固克森胡图克图，而且天义德在科布多院墙 3,000 尺、房 121 间、菜园 5 亩，产值 39,750 元，在科布多名列第三的商号。所以口述资料必须与档案相互印证，才能了解事实真相。

---

① 代林、乌静主编，《大盛魁闻见录》，页 205。

结　论

本书讨论喀尔喀蒙古的库伦、恰克图、乌里雅苏台、科布多商业，并与内地的商人管理制度作对照，有若干新发现。过去，杨联陞教授曾写过传统政府对城市商人的统制，他提到但凡参加科举考试、进入官场、担保贷款等，都需要某些店铺担保。几个人或店铺联合起来的担保称为“连环保”，执行地方警卫与地方统制的保甲制度，是大家熟悉的制度。[①] 在库伦、恰克图当伙计或学徒需店铺担保，亦实施保甲制度。其次，杨教授提到嘉庆十八年（1813）北京发生天理教案件，政府比较认真实施保甲制度，以“门牌”的登录及登记入籍。登记铺户内容包括户长的“生理”和“行业”。库伦和恰克图的《阖营铺号人丁市圈尺丈清册》也正是从嘉庆十八年开始，登记内容有甲别、商铺名称、执事人姓名、籍贯、伙计人数、雇工等，这种登记调查持续到宣统年间，因而留下商号一百多年的记录，是各城市少见的。

铺户登记作为征收铺户银的根据，刘增合教授的研究中提到，道光二十三年（1843）夏季，盛京将军禧恩奏请开征商税，建议对铺户、当商、

---

① 杨联陞著，段昌国译，《传统中国政府对城市商人的统制》，收入中国思想研究委员会编，段昌国、刘纫尼、张永堂译，《中国思想与制度论集》，页373—402。

银号、钱局、粮栈、布庄、绸缎百货之商征收商税，确定税率为 10%。军机大臣审核时，穆彰阿等担忧府厅州县官员精力不济，书吏执行又易肇纷扰，予以否决。咸丰三年(1853)初，又有官员提议征收商税，但拟定税率过轻，引起同僚非议，此事未能真正实行下去。[①] 嘉庆十九年(1814)，库伦办事大臣蕴端多尔济奏称，库伦、恰克图二地商民近三千人，大小商铺近三百间，因地方政府经常抓公差，他们情愿每年出银，请停止当差。库伦、恰克图二地商民情愿每年出银 400 两呈衙门。又，道光二十二年(1842)，发生甘丹寺喇嘛驱逐附近商铺案件，西库伦市圈的甲首朱光照呈报商民事务衙门，商铺每年缴地基银 300 两，分四季缴纳。此后，库伦和恰克图每年交的地基银变成 700 两。这项银两也就是铺户银，每年由库伦办事大臣奏报皇帝后，供衙门开支。

本书导论探讨内销银、外销银的问题，喀尔喀蒙古四个城市的铺户银算是内销银，必须奏报皇帝，但其他落地税、平秤银、生息银两、走私罚银等，为地方隐匿款项，属于“外销”款。再者，根据刘增合教授研究，1903 年 4 月柯逢时抚赣时，首创百货统捐，规定“凡已经捐纳货物，黏贴印花，经过下卡，只许查验，不许补抽”，收效较佳，清廷令各省推广，以期裕课恤商，办百货统捐实以江西为权舆。后来度支部多次要求各省仿照赣省、奉省、粤省等举办统捐。[②] 库伦地属边陲亦实施统捐银，每年解交度支部二三万两，对国家财政有实质的贡献。相较之下，乌里雅苏台将军声称：“系属军营，地方人皆客居，地无出产，举凡丁亩房膏各捐既已无从举办。即街市铺户亦甚寥寥，较之库伦地方繁简固已悬

① 刘增合，《史学研究中“现代性”认知先入为主的检讨——以晚清厘金属性为中心》，《近代史研究》，2019 年第 1 期，页 141—149。

② 刘增合，《史学研究中“现代性”认知先入为主的检讨——以晚清厘金属性为中心》，《近代史研究》，2019 年第 1 期，页 141—149。

殊。”[1]坚持不课统捐税，乌城的巨商大贾如大盛魁者资产上千万两，哪是地无出产？

清末实施新政，全国各地设置警察、卫生、教育、文报单位等，而经费的来源则是重点。库伦办事大臣向商人捐收金砂税、木捐银、台站免役银、认捐巡防步队饷银、卫生局、学堂、文报局等新设机构之商捐等，名目繁多，解决经费的问题。至于是否落实新政，以设立学校来说，陈箓的日记载："同治初年，俄人已在库伦设立学校，专习汉蒙语言、文字、地理、商业等科。我国于宣统年间，始由三六桥（三多）在库伦创办学校，不及三年，即复撤去。相形之下，实属可笑。"又说："荒寒之地，文教始终未尝萌芽。"[2]可见办学校仅昙花一现。再如设警察局，该日记载："往访车林多尔济，商议西库伦警察章程事。"[3]警察局应在民国以后才设置。至于乌里雅苏台将军，以经费不足为由，并没有新政改革。而科布多根据瑞洵的奏稿，提到设置筹防处、增添兵力、抚恤哈萨克人等措施，实际上瑞洵仅利用这些名目向中央要求拨款，亦无任何改革。

在规费方面，到蒙古贸易的商人向理藩院领院票，必须缴规费，如茶规银等。此项经费作为蒙古王公朝觐的经费。库伦办事大臣衙门核准的小票包括商人到各旗贸易缴"限票"，耕种交的是"地票"。同治年间回变之际，绥远将军衙门也发行"小票"，引起理藩院的抗议。谢健《帝国之裘》一书误认商人从张家口、归化申请的理藩院"院票"为"限票"。[4] 实际上，这两种票是不同衙门核发的。关于茶规银，也可以其他产茶地区的规费做比较。张家口商人领部票每张携带 12,000 斤茶

① 《宫中档光绪朝奏折》，编号 408004366，附件 6，光绪三十一年十月二十五日。
② 陈箓，《止室笔记・奉使库伦日记》，第 2 种，页 103、132。
③ 陈箓，《止室笔记・奉使库伦日记》，第 2 种，页 224。
④ ［美］谢健著，关康译，《帝国之裘》（北京：北京大学出版社，2019），页 79。

叶,每票缴青茶部票规费银 50 两。咸丰年间实施厘金后,从产茶区到恰克图沿途的支出,茶商运茶每箱缴的厘金和税捐共 4.03 两。至张家口后交厘金,每张部票厘金 60 两,再加上张家口每起票一张索规费制钱五串,又索票费十二三两。到恰克图时,又需纳门丁、领催等规费 26 两。① 相对于甘肃的茶马道,自两湖采办茶叶后运至西北口外为甘茶引地,乾嘉时期领 28,000 余引,每引 80 斤完课银 4.44 两。② 携带茶叶 12,000 斤,需缴茶课 660 两。同治七年(1868),归化城商人假道俄罗斯边境赴西洋贸易,由绥远城将军送理藩院请给四联执照茶票,每票 12,000 斤,税项照例完纳,并交厘金 30 两、票规银 25 两。③ 归化商人在新疆乱事平定后,光绪三年(1877)即取消假道俄罗斯的路线。

库伦办事大臣管理恰克图贸易,故有挑货银、官员三节银等名目的规费系落入官员的荷包。清末,乌里雅苏台规费稀少,商人在年节交实物称为"年例"。乌城衙门主要仰赖蒙古王公、喇嘛的捐输以及山西省协拨军饷。

清朝统治喀尔喀蒙古花费相当少的经费,却能有效地治理,得力于商人的协助。就商人来说,他们具备天时、地利、人和三方面的优势。以下分三个部分讨论。

第一,天时的优势。清朝与准噶尔长期征战,耗费数千万两的战争经费,乾隆二十年(1755)平定准噶尔之后,乌里雅苏台、科布多两处驻防经费仍在十余万两。乾隆后期决计减缩驻防经费,由山西协拨军饷每三年给 20 万两。蒙古的盟长驻班乌城,由蒙古四部负担畜牧、台站、卡伦的经费。然而,台站所需的驼马、牲畜、帐棚、器用都是向商号赊

---

① 《总理各国事务衙门》,编号 01—20—026—01—036,同治七年四月十一日。
② 《总理各国事务衙门》,编号 01—20—005—04—002,光绪三年六月十九日。
③ 《总理各国事务衙门》,编号 01—20—005—04—002,光绪三年六月十九日。

账,再由商号到各旗牧民处收取羊只抵债。在两处驻防城市的官商大盛魁累积千万资产,应是借助这样的运作模式而来。

中俄于雍正五年(1727)签订恰克图条约,真正在恰克图贸易应该是乾隆十九年(1754)以后,因准噶尔战争,乾隆皇帝决定巩固边疆,开放中俄边境贸易的同时也能控制蒙古地区。首批至恰克图贸易者为皇帝派遣的内务府官员和买卖人,他们领着内帑到恰克图,沿途必须奏报情况。买卖人等以中国丝绸换俄罗斯的毛皮,货品贸易价格、数量都得清楚呈报,还需和前次的做比价。乾隆皇帝充分掌握恰克图贸易的资讯。乾隆三十三年(1768),皇帝指示库伦办事大臣订定恰克图章程,由恰克图章京和甲首于开市前夕共同协商议价,让商民获取更大利润。但乾隆年间共三次中断恰克图贸易,贸易没有大幅成长。

嘉道时期晋商贸易兴盛,此时政府对边疆地区采取消极、僵化政策。根据关文发的研究,嘉庆皇帝明明知道内地民人生齿日繁,移民边地势在必行,然而,他却严格地管制关外垦荒,多次重申禁令,一方面确实登记至蒙古贸易商人资料;另一方面强制驱逐在蒙古种地游民。[①]嘉庆皇帝强化商民的控制措施,使得库伦办事大臣彻底实施检查商民部票、核发执照,造册报理藩院。并且,商民事务衙门确实登记恰克图和库伦的商民人数、编里甲、门牌等,这项制度一直维持到清末宣统年间,留下众多珍贵的商民档案。

从事中俄贸易的晋商领理藩院院票,每张院票领 12,000 斤的货物,一家商号领数张院票必须财力雄厚,亦形成垄断性的贸易。不过,

---

① 关文发,《嘉庆帝》,页 209—210。关于驱逐在蒙古种地民人,王士铭的论文有精辟研究,参见王士铭,《清代库伦至恰克图间民人的土地开垦(1755—1911)》,《台湾师大历史学报》,2017 年第 57 期,页 83—140;同作者,《清代喀尔喀土谢图汗部的商民活动(1755—1911)》(新竹:清华大学历史学研究所博士论文,2018)。

晋商家族同时分设若干字号,以免变成政府索贿的对象。据恰克图章京的说法:“大商富贾一家分为数家,伪为零星小商,冀免厘金、票规,只须贿通胥役,便可任便运货。”[①]又:“恰克图商民入行立栈及更换字号等事,向不呈报司员衙门,均由该甲首等经理。”[②]山西商人将大商号分成数家,避免树大招风,比起广州行商来说是聪明多了。直到朝廷意识到晋商雄厚财富,他们又说因太平天国战争,断绝茶叶之路,家资已消乏。至今榆次常家庄园、祁县乔家大院等建筑气势非凡,可想见当年中俄贸易之活络。

第二,地利之便。黄仁宇教授认为政府财政不重视商税收入,也未改善各种交通、通信基础设施。[③] 对喀尔喀蒙古来说,清朝设置台站不仅是政治、军事的作用,也促使商贸活动更为便捷、安全。额勒和布的日记提到哈尔呢敦台站附近“见有乌城买卖货驼数百只”[④]。志锐的《廓轩竹枝词》“牛车”写到:

> 百辆牛车列一行,铎声零断响郎当。
> 胡儿闲理边城曲,一夜征人欲断肠。[⑤]

本书讨论多起乌里雅苏台、科布多官员挟带商货案件,也说明台站成为运输货物的道路。志锐也观察到蒙古十五台内,归化城外客民开垦地颇多。归化的汉人在台站附近开垦种植,并帮台站运送往来官兵的行李。本书讨论恰克图、库伦、乌里雅苏台、科布多附近有大量

---

① 《总理各国事务衙门》,编号 01—20—026—01—039,同治七年六月六日。

② 《总理各国事务衙门》,编号 01—20—026—02—044,同治十年九月十三日。

③ 黄仁宇,《中国近五百年历史为一元论》,收入氏著,《放宽历史的视野》,页 199—200。

④ 额勒和布著,芦婷婷整理,《额勒和布日记》,下册,页 426。

⑤ 商贩皆以牛车载货赴库(库伦)、科(科布多)二城,数百辆联为一行。昼则放牛,夜始行路。一人可御十车,铎声琅琅,远闻数十里,舆夫皆胡儿,暇则作歌,每宿台后遇其来,则彻夜不能成寐。志锐,《廓轩竹枝词》,收入毕奥南主编,《清代蒙古游记选辑三十四种》,上册,页 620。

汉人商号开垦的土地，并不像内地新垦地成熟升科缴田赋，土地从未清丈过，汉人在农业上获益难以估计。现今乌兰巴托到恰克图一路绿野平畴，其实在清朝汉人已经深入哈拉河、鄂尔坤河、色楞格河流域种地。[①]

第三，人和的因素。清代政权对于商人的控制目前已有许多研究，何炳棣教授认为扬州盐商消乏的原因之一是专制政权对商业发展的阻碍。[②] 吴承明教授也认为明清时期中国走向现代化，在于政府加强专制统治。[③] 笔者探讨乾隆时期两淮盐商、长芦盐商承担各种规费、生息银两、捐输等，而逐渐衰败。[④] 至于在蒙古经商之人的情况则有所不同，从康熙时代商人如范毓馪等协助运送军饷、乾隆平定准噶尔之后，商人仍是朝廷倚重的对象。杨联陞教授提到政府让商人按行业组织起来的主要理由是配合清廷或任何衙门对各种物资的需要。[⑤] 在归化城提供蒙古军需的行业组织有聚锦社、醇厚社、集锦社、青龙社、宝丰社、当行社和福虎社。根据张心泰《宧海浮沉录》记载，每社设置正副总领各一人，选举四人为乡耆，聚锦社、青龙社每年各轮一人；其他的社选两位乡耆。乡耆人选且需要家道殷实，人品纯正，又能了事者方得举。乡耆的职责在于每遇商贾词讼事件，辄谕令处结各行公议条规，亦据由乡耆等定议。

---

① 参见王士铭，《清代库伦至恰克图间民人的土地开垦(1755—1911)》，《台湾师大历史学报》，2017 年第 57 期，页 83—140。

② 杨联陞著，段昌国译，《传统中国政府对城市商人的统制》，收入《中国思想与制度论集》，页 373—402；何炳棣著，巫仁恕译，《扬州盐商：十八世纪中国商业资本研究》，《中国社会经济史研究》，1992 年第 2 期，页 59—76。

③ 吴承明，《现代化与中国十六、十七世纪的现代化因素》，《中国经济史研究》，1998 年第 4 期，页 3—15。

④ 参见拙作，《乾隆皇帝的荷包》，页 213—258。

⑤ 杨联陞著，段昌国译，《传统中国政府对城市商人的统制》，收入《中国思想与制度论集》，页 373—402。

归化城社组织移植到乌城有马王社、皂君社、绿营社、盂兰社、河神社，逢节庆有赛神、举行社火、秧歌、旱船玩艺，官兵参与同乐。光绪三年(1877)，街市厅弁送额勒和布年礼，计猪肉一块、冻鱼二尾、山药一束、南糖二包、槽糕一盘，称为“年例”。郝恺旺递土仪，收铜盆一个、洋糖一盒。[①] 祥麟日记中商人送马、貂皮、绸缎等更是难以胜数。其次，本书讨论乌里雅苏台、科布多将军或参赞大臣官员被参劾挟带商货者。未被参劾的官吏亦不乏挟带相当多的物品，例如光绪三年春福将军赴任经过台站，“计每台用车百余辆、马二百余匹。即鄂伦胡都克一台倒毙之马已过百匹，其余可想而知”[②]。总而言之，喀尔喀蒙古地处边陲，天高皇帝远，政商关系十分融洽。清朝皇帝劝诫官员“清、慎、勤”，官箴书提醒“省嗜欲，崇节俭”，在这些地区效用不大。

恰克图茶商面临的最大问题来自俄国。第一，俄商的欠债。光绪二十六年(1900)，有俄商哨克约克儿密害儿未池、噶儿绉克密亥衣万未池、吓尔内个伏衣万以羊更伏木池、迷的儿样伏袜昔利未池、哨达个伏温居利衣万未池等五家欠华商债务达 79 万卢布，有商号大泉玉、大升玉、独慎玉、兴泰隆、祥发永、璧光发、公合盛、万庆大、公合濬、广全太、复源德、大珍玉、永玉和、兴茂盛、天和兴、锦泰亨、永玉恒、万庆泰等十八家。其中商民贾济昌将俄商欠债照钞原册送呈外务部。五位俄商欠债共791,181.2卢布，每卢布折银 0.7 两，约银 553,826.8 两。[③] 根据档案记载五位俄商歇业，借欠常氏大泉玉、大升玉、独慎玉三家商号共 416,030.2 卢布，占总欠银一半以上，参见表 9—1。

---

① 额勒和布著，芦婷婷整理，《额勒和布日记》，下册，页 561。
② 额勒和布著，芦婷婷整理，《额勒和布日记》，下册，页 581。
③ 《外务部》，编号 02—13—005—01—014，宣统三年元月二十七日。

表 9—1　俄商借欠常氏三家商号卢布数量

单位:卢布

俄商	大泉玉	大升玉	独慎玉
哨克约克儿密害儿未池	32,659.34	36,563.81	49,061.67
噶儿绉克密亥衣万未池	73,373.41	80,985.83	54,266.76
吓尔内个伏衣万以羊更伏木池	4,587.43	13,126.71	32,827.71
迷的儿样伏袜昔利未池	11,996.84 卢布,除还过1,800 卢布,尚欠 10,196.84卢布	16,321.87 卢布,除还过1,600 卢布,尚欠 14,721.87卢布	4,376.72 卢布,除还过 440 卢布,尚欠 3,936.72 卢布
哨达个伏温居利衣万未池			9,720.11 卢布
共计	120,819	145,398.2	149,812.97

资料来源:《外务部》,编号 02—13—005—01—014,宣统三年元月二十七日。

1914 年 5 月《申报》记载,大德玉票号在库伦、恰克图、张家口诸联号迭见失败,大势始不能支矣。前此亦经债权之控告,而偿还乏术,终无如何,现已搁浅。常氏另一家账局大美玉也闭歇。[①]

第二,俄国在边境增税问题。宣统元年(1909),俄国将设在吧力固斯坎之税关移设距离恰克图五十余里,增税四五倍。俄国公使廓索维慈(Korostovetz,I. J.)认为在国境一百里内课税系按照条约,然有十四家商号恳请外务部照商俄政府减轻新税,这些恰克图的大商号为:大升玉、祥发永、中兴和、庆和达、大泉玉、公合全、独慎玉、永玉恒、庆成乾、天和兴、兴泰隆、锦泰亨、恒隆光、锦泉涌。凡丝茶杂货以及食用调料无不加税,以红茶、曲绸两样税最重。红茶每箱价值二十余两,抽税五十

① 《山西汇商一年之盛衰》,《申报》,1914 年 5 月 10 日,第 6 版。

余两。曲绸每匹价值不过五六两，抽税需十六七两，恰克图之货物堆积如山不能销售，“至于大库伦近年新设税局恰有分卡，华商过往之货，随意估价值百抽五。间有抽至八九成者，而洋商之货置而不问，以致库伦之土产牛、羊、马匹、生皮、生麝、蘑菇等物洋商用江汉三联单，一网打尽，利权又为洋商所夺矣”①。

1910 年经由恰克图运入的俄国货物约值 1,847,373 卢布，以各色喀喇羊绒、布匹、香牛皮、烟糖及各种面粉为主。此外，各有俄国纸币 200 万卢布流通于此。其中华商自俄国输入的货物有 37 万卢布为喀喇洋绒、布匹、糖 7.5 万卢布，火柴 10.2 万卢布。② 华商则以红茶、砖茶、曲丝绸、膻羊皮等兑买俄国。

第三，清末华商大量购买卢布造成莫大损失。俄国于 1897 年实行金本位，使得对白银需求减少，导致金贵银贱的趋势。当时每两黄金换 34 两白银，到 1909 年可换 40 两。卢布或称羌帖、俄金币等，每卢布可兑换白银 5.8 钱，后来可兑换 8 钱有余。③ 恰克图的巨商挟资，纷纷群集，买了大量的俄金币。卢布与银两兑换有利可图，卢布后来也成为“商品”之一。

据《新金卢布之前途》载，俄国官家统计，1914 年 1 月，俄国国内流通货币之种类及数量如表 9—2 所示。

表 9—2　1914 年俄国国内流通货币之种类及数量

货币之种类	数量(卢布)	百分比(%)
金币	494,000,000	19.94

① 《外务部》，编号 02—13—037—02—022，宣统二年十月初一日。

② 孟宪章主编，《中苏贸易史资料》，页 344。

③ 张新知，《关于沙俄“羌帖”的研究与考证》，《哈尔滨商业大学学报(社会科学版)》，2005 年第 5 期，页 8—13。

（续）

货币之种类	数量(卢布)	百分比(%)
纸币	1,655,000,000	66.79
银币	226,000,000	9.12
铜币	18,000,000	0.73
国库券	85,000,000	3.43
共计	2,478,000,000	100

资料来源:《新金卢布之前途》,《中外经济周刊》,1926 年第 182 期,页 33—44。

1914 年 7 月 27 日,俄政府因欧战将作下令停止兑换,并增加国家银行信用发行之额,于是金币不复流通,而纸币之发行乃随战费之膨胀逐年增巨。①计自开战时起至革命时止,每年发行纸币之量如表 9—3。

表 9—3　1914—1917 年间帝俄纸币卢布数量

年份	纸币数量(卢布)	涨幅(%)
1914	1,317,000,000	
1915	2,670,000,000	30
1916	3,480,000,000	60
1917(至十月革命时止)	16,403,000,000	90

资料来源:《新金卢布之前途》,《中外经济周刊》,1926 年第 182 期,页 33—44。

《卢布赔偿问题》提到,俄帝俄政府所发行的称为罗曼诺夫票,俗称老票,亦名旧帖,印刷纸张均极精美。共有八种:计五百卢布、一百卢布、五十卢布、二十五卢布、十卢布、五卢布、三卢布、一卢布。流通额在欧战以前为 16,403 百万,当时以金本位,每卢布约值大洋 1.2 圆。1917 年成立克伦斯基临时政府,发行纸币称克伦斯基票,俗称新票,亦有称绿票或大帖。克伦斯基票分一千卢布、二百五十卢布等。在票面上注明每卢布

① 《新金卢布之前途》,《中外经济周刊》,1926 年第 182 期,页 33—44。

等于金卢布的十五分之一。1917 年 11 月 7 日，苏俄政府继承克伦斯基临时政府后，开始滥发纸币，发行的新币称为乞立温尼兹币，将历来所发行的各项纸币一概废止。1918 年每金卢布等于 100 纸卢布，1919 年每金卢布等于 1,156 纸卢布，1920 年每金卢布等于 9,713 纸卢布，1921 年每金卢布等于 97,016 纸卢布，1922 年每金卢布等于 3,182,571 纸卢布，1923 年每金卢布等于 20,000,000 纸卢布。[①] 在中国北京和哈尔滨两地，自 1913—1920 年卢布和洋圆兑换的变化，如图 9—1。

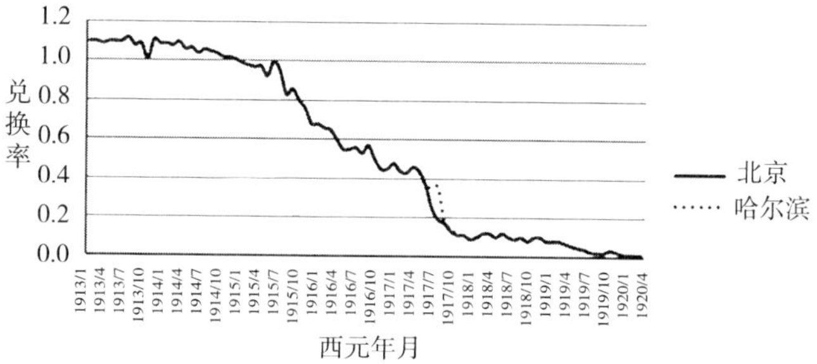

图 9—1 卢布与大洋的兑换

资料来源：《北洋政府外交部商务档》，编号 03—32—541—03—001、03—32—540—01—010。

库伦的西帮多数在天津各银号购买俄钞，如德瑞银号、利和银号、志通银号、永康银号、祥顺兴、永益银号、鸿记、爵丰银号、永益银号、慎源银号，另有张家口福成德银号。表 9—4 中 16 家原本在库伦、恰克图的商号，在中俄北京条约后，有 6 家往莫斯科，3 家在比史坎、1 家在上乌金斯克设分号。16 家商号，其中公合元、天和兴、永盛合三号共原存俄钞计 1,120,000元，合成现洋共 1,358,714 元，尽数被抢损失无存。其余商号十三家共原存俄钞 4,242,000 元，合成现洋共 5,206,128.5 元，此十三家售出俄钞共 4,237,000 元，因俄钞贬值，仅得到现洋 515,592 元。

① 《卢布赔偿问题》，《银行杂志》，1926 年第 3 卷第 21 期，页 36—42。

表 9—4　西帮购买俄钞损失

商号名称	开设地点	存钞数目（元）	原存价格	折合银数（两）	统以七钱折洋数（元）	售出钞数（元）	售时跌落价数	折合银数（两）	统以七钱折洋数（元）	受买商号	损失洋数（元）
福源长	俄境莫斯科	300,000	每元银8.5钱	255,000	364,285.7	300,000	每元银9分	27,000	38,571	天津德瑞银号	325,714.7
公和全	俄境莫斯科	350,000	每元银8.5钱	297,500	425,000	350,000	每元银8分	28,000	40,000	天津利和银号	385,000
庆和达	俄境莫斯科	300,000	每元银8.1钱	243,000	347,142.9	300,000	每元银8.2分	24,600	35,143	天津志通银号	311,999.86
长兴厚	库伦	176,000	每元银8.7钱	153,120	218,742.9	176,000	每元银8.5分	14,960	21,371	张家口福成德	197,371.86
兴盛魁	库伦	31,000	每元银8.2钱	25,420	36,314	31,000	每元银8.5分	2,635	3,764	天津永康银号	32,550
锦泉涌	俄境比史坎	280,000	每元银8.6钱	240,800	344,000	280,000	每元银9分	25,200	36,000	天津祥顺兴	308,000
恒义成	库伦	160,000	每元银8.6钱	140,800	201,142.9	160,000	每元银8分	12,800	18,284	天津永益银号	182,856.86
三义隆	恰克图	150,000	每元银8钱	120,000	171,428.5	150,000	每元银8.3分	12,450	17,786	天津鸿记	153,642.57
达顺明	比史坎	210,000	每元银8.5钱	178,500	255,000	210,000	每元银8.3分	17,430	24,900	天津爵丰银号	230,100

（续）

商号名称	开设地点	存钞数目（元）	原存价格	折合银数（两）	统以七钱折洋数（元）	售出钞数（元）	售时跌落价数	折合银数（两）	统以七钱折洋数（元）	受买商号	损失洋数（元）
长盛蔚	莫斯科	530,000	每元银8.8钱	466,400	666,285.7	530,000	每元银8.7分	46,110	65,871	天津永益银号	600,414.71
锦泰亨	莫斯科	500,000	每元银8.8钱	440,000	528,571	500,000	每元银8.7分	43,500	62,143	天津慎源银号	566,428.4
义和厚	库伦	135,000	每元银8.1钱	109,350	156,214	130,000	每元银9分	12,150	17,357	天津祥瑞兴	138,857.29
裕盛和	库伦	1,120,000	每元银8.7钱	974,400	1,392,000	1,120,000	每元银8.4分	64,080	134,400	天津利和银号	1,257,600
公合元	莫斯科	450,000	每元银8.7钱	231,500	559,285.7						559,285.7
天和兴	比史坎	350,000	每元银8.4钱	294,000	420,000						420,000
永盛和	上乌金斯克	320,000	每元银8.3钱	265,600	379,428.6						379,428.6
十六家		5,362,000		4,435,390	6,465,041.9	4,242,000		360,915	515,590		6,049,250.55

资料来源:《北洋政府外交部档案》,编号03—32—417—02—005,民国十二年九月。

第四,蒙古独立所造成商民的重大损失。1912 年蒙古第一次独立,北洋政府派官员陈箓担任库伦,并有兵丁驻守。[①] 孟矩(1885—?)原来担任乌里雅苏台都护副使,1921 年赴库伦,遭逢俄国白军攻打库伦,写下商民的悲惨状况。1921 年 2 月 1 日拂晓,俄国白军二次开始攻击东营子,大炮轰声不断。3 日上午约四时许,东营子溃陷,陈毅镇抚使乘汽车先行,地方更无主张,大起骚乱矣。是时炮声震天,兵民狂奔,使署秩序万难维持。八时许,孟矩只身逃匿日本吉田医院,旋与库伦商会会长沈昆同避居于日商三井洋行。此时俄蒙军队志在复仇,一遇中国官商兵民即行开枪,孟矩的仆人赵印勋亦为蒙俄枪毙。新扎海(新商场、市场)及南扎海各处火亦大起,库伦行见灰烬。5 日晚间逐商之商会长,惟有以商会名义,请求俄蒙两方出为保护,可稍遏乱势。商会会长等遂面见俄将军巴伦翁格尔那允许保商,然抢劫杀人之事时有所闻,2 月 17 日商人被俄人胁迫,勉为开市。

1921 年 3 月初间,恰克图因俄人进逼,陈毅镇抚使复乘汽车北行,路邦道民政员与俄人协议保商,讵料俄人丧心病狂,买卖城全付一炬,数百年经营之商务、商民数万万之财产同归于尽,至堪扼腕。3 月下旬,由恰克图败退之我军,原拟绕过库伦,迤西遄归内地,行至乌郎哈达,即遇俄蒙军队截堵,战颇得力,不意侦探被俄人拘获,泄漏军情,巴伦(龙)竟以单骑闯入我营,亲来说降。而我兵欲战不战,欲降不降,以致四分五散,其随从避难商民数尚逾万,多数毙于俄蒙军队之手,其幸未死之商民,或冻毁肢体,或刃伤筋骨,由俄蒙驱回库伦,前后数起,情形至可惨痛。[②]

---

① 1915 年 6 月 16 日陈箓被特任为都护使,担任驻扎库伦办事大员,加陆军中将衔。蓝美华,《陈箓眼中的蒙古》,收入蓝美华主编,《汉人在边疆》(台北:政治大学出版社,2014),页 213—230。

② 《北洋政府外交部档案》,编号 03—32—209—01—019,无时间。

5月22日，巴伦(龙)带兵征恰，起行军队一律开拨。6月18日，听说白军军败，至7月3日消息确定，留在库伦的白军黑夜潜逃。蒙古方面已暗与红军有联络，华商尚幸无大损害。总之，白军在库伦的俄人势力颇大，蒙古惟有服从。蒙古设置五部衙门皆有俄官监视，另设俄国市政官管理中俄商民，中国、边业两家银行的动产全被俄人收没，并指北通达店收存革命货物，抄没财产约有四十余万，其他商店亦有被抄没者。[①]

祁县乔氏著名的票号大德通、大德恒在库伦地区没设立分号，但乔氏的复盛公在恰克图财产损失共49,150洋圆，汇兑买卖损失187万两。[②] 可知乔氏亦以账局、汇兑为大宗。在西库伦的北京商号，属于外馆杂货行。损失大洋1,863,543元、银209,893两、卢布2,680,360元。原先在库伦资本较雄厚的通和号、福来号、协和公、隆和玉、人和厚、隆兴和、隆聚和等，都损失比较惨重，其中通和堂损失俄钞50万卢布，隆兴和、隆聚和两家损失也将近五十万元。人和厚与长兴厚的股东都是徐彦臣，长兴厚购买俄钞176,000元，售时跌落价剩21,371洋元，又在库伦损失财物银35,736.27两。[③]

苏俄培植蒙古的青年党势力，仇视华商，不仅扰及商业并将危及生命。青年党专擅政权压迫各部王公将与华商历来交易之账簿单据，一律搜出销毁，并经公布断绝往来。专与所立之协和公司交易，则中蒙数百年之商务将至此断绝渊源。华商每年入蒙之货以烟茶布匹各项为大宗，俄蒙非法取税数多于本，甚且稍有理论全数充公。近更有令百货物

---

① 《蒙古国家档案局档案》，编号068—013，页0046—0069。
② 《北洋政府外交部商务档》，编号03—32—411—02—018，民国十三年三月。
③ 《北洋政府外交部档案》，编号03—32—389—02—001，民国十年一月。

一律停运汉蒙断绝交通，情同敌国。[①]

第五，蒙古的增税。马鹤天在外蒙各地考察时，许多汉商向他诉说蒙古政府的压迫情形。外蒙当局积极整理财政，一方面增加收入，一方面节省支出，民国十五年收入不过八百余万元，民国十六年即增至一千万元，各种税目如下。

(一)关税

外蒙自脱离中国后，关税自主，凡出入货物，按库伦价值，由税关人员估价，普通货物值百抽六，烟酒加倍。且估价时按国民的需要，分别抵制。如为蒙人需要的物品，估价低，抽税少；如认为消耗奢侈品，便估价极高，尤其对于汉商的货物，任意估计。[②]

(二)财产累进税

外蒙财产，仅有驼马牛羊的畜牧，所谓问其富，数畜以对，所以他的财产税，便是驼马牛羊税。但以牛为标准，马与牛同，每羊七头抵一牛，每一驼抵二牛，其税率如表 9—5[③]。

表 9—5　驼马牛羊税

等第	税额
10 头	无税
11—20 头	2 头
21—30 头	10 头

① 《外务部》，编号 03—32—204—03—055，民国十四年六月。
② 马鹤天，《外蒙一瞥》，《新亚细亚》，1931 年第 2 卷第 1 期，页 19—24。
③ 马鹤天，《外蒙一瞥》，页 19—24。

（续）

等第	税额
31 头	20 头
1,000 头	100 头

此种财产税，固多为蒙人负担。然汉商在外蒙各地买卖，大半不用金钱，即以货物换驼马牛羊，于是亦负担财产税。因数不符，每受重罚，或发生许多争执。又有兽疫税局，用俄人为医生，据说系预防并医治畜牲的病，每牛生后，必施预防医治一次，纳税十元，此外凡驼马牛羊出口入口经过时，一律纳检查税，骆驼每头二元五角，牛马各一元五角，羊二角五分，违者重罚。是汉商所有驼马牛羊，连上数次税，且多受重罚。[①]

（三）人口税及职业捐

人口税是专对外国人征收的，也可说是专对汉人征收的。因在外蒙的外国人，只有俄人和汉人，俄人比汉人，不过百分之一。从前外蒙有中国官吏，汉商极其自由，现在被视为外国人，特别征收重税，以冀汉商日减。其税共分两种：一是领票税，即汉人在外蒙者，须领一证票，每年每人十二元；一是验照税，商界每人每年五元，工界一元，政界二元，因每年每人须纳十数元的人口税，故汉商贫苦者异常困难。又有职业捐，对商工界征收，然实际也可说是专为汉人征收。因外蒙古商工业，除少数俄人外几全为汉人。其商界税率，又随着阶级而不同。掌柜每年每人十二元，坐柜六元，学徒二元，工界每年每人十二元。又挑贩商每年每人亦须纳五元职业捐，如是每年每人需数十元税。又有入境护

① 马鹤天，《外蒙一瞥》，页 19—24。

照及领票验票的手续麻烦，并无照无票者，一律驱逐：汉人自日日减少。[1]

(四)营业捐及印花税

营业捐共分八等，如表9—6。

表9—6　营业捐

单位：元

等第	资本	纳税
一等	700—3,000	10
二等	3,000—10,000	25
三等	10,000—70,000	75
四等	70,000—100,000	110
五等	100,000—150,000	220
六等	150,000—200,000	375
七等	200,000—400,000	700
八等	400,000+	1,500

苛捐杂税关于商工业者有如表9—7。

表9—7　蒙古的苛捐杂税

种类		账额	税额
印花税	1. 期限账	1,000元	2.5元
	2. 流水账	3—60元 60—100元 100—1,000元	6分 10分 100分

① 马鹤天，《外蒙一瞥》，页19—24。

（续）

种类	账额	税额
账簿捐	1,000 元	15 元
车马捐	马车每辆 牛车每辆 自行车每辆	10.5 元 1.2 元 5.5 元
房租捐		
一等	360—600 元	抽 0.25%
二等	600—1,200 元	抽 0.75%
三等	1,200—2,500 元	抽 1.25%
四等	2,500—4,000 元	抽 2.25%
五等	4,000—6,000 元	抽 3.5%
六等	6,000—8,000 元	抽 5%
七等	8,000—10,000 元	抽 6.5%
八等	10,000—12,000 元	抽 7%
九等	12,000—15,000 元	抽 8%
十等	15,000—20,000 元	抽 9%
十一等	20,000—30,000 元	抽 10%
十二等	30,000 元以上	抽 2,000 元

资料来源：马鹤天，《外蒙一瞥》，《新亚细亚》，1931 年第 2 卷第 1 期，页 19—24。

这两种捐，直接、间接地也是汉人负担。因此两种捐，实际限于都市，凡经营都市马车等多汉人，瓦房也大半是汉人居住。

最后笔者想以大盛魁为例，说明利用档案和口述资料所得到不同结果。许多论文讲大盛魁商号都说他们茶叶行销俄罗斯、蒙古。大玉川、三玉川、巨盛川为大盛魁投资。[①] 俄国政体改革后，商号纷纷倒闭，北洋政府外交部商务档所呈现的商人损失不仅是以上城市，连山西商人的本籍包括汾阳县、太谷县、孝义县、祁县、平遥县等都损失惨重。再

---

① 史若民、牛白琳编著，《平、祁、太经济社会史料与研究》，页 134—135。

进一步分析可发现，贩售茶叶的商号在本籍所在地的损失较多，譬如大玉川在祁县损失二十万洋圆，恰克图损失约三万洋圆。本书探讨大盛魁在乌里雅苏台、科布多及蒙古各旗的贸易兴盛，至于跟俄罗斯的贸易并没有出现大盛魁的字号。

大盛魁的口述都说是经理段履庄（敬斋）太挥霍、开办绥远电灯公司亏损等等。安承武是段敬斋担任总号经理时的副经理，他说："要不是段敬斋办电灯公司，大盛魁不至于彻底完蛋。"[1]段子峰口述说大盛魁最兴盛约有三十年，从光绪二十几年到民国十年，它的铺底银有1,280万两。就是外蒙不通，它本身连小号也有500万两。大盛魁失败的原因之一："段敬斋贪头太大，没把小号的生意掌握好，开办绥远电灯股份有限公司，前后赔款六十万块银洋。周转不零，把小号戳倒了。"[2]又段履庄简介说民国十年（1921）大盛魁联股承办绥远电灯公司，翌年因搬迁停业。民国十三年开工，次年发电，不久以机器故障停业。他仍雄心不已，亲自主持复业，改为绥远塞北第一电灯公司。大盛魁因此耗资七十余万两。[3]

根据中研院近代史研究所藏绥远电灯公司的档案，段敬斋呈称，在绥远电灯公司之前有沈文炳创办归绥电灯公司，又荣耀宸创办归绥地方电灯公司，又陈华、庄乐峰等于民国十年间先后呈请交通部备案。彼时同一地点立同等营业，互相争执。嗣经交通部咨请绥远督统署转令实业厅、绥远道、警察厅会同查复。复经绥远商会双方调停决定，统由段商敬斋援照沈文炳原案，接续承办。初次改为绥远地方电灯公司，其股东商号大盛魁暨各支号认股垫资最巨。

---

① 代林、乌静主编，《大盛魁闻见录》，页107。
② 代林、乌静主编，《大盛魁闻见录》，页271—272。
③ 代林、乌静主编，《大盛魁闻见录》，页348。

自民国十一年开办以来，因电机不良发生障碍，时开时停，迨至十五年五月间，电机损坏，无力供给，遂宣告停业。迨后二次又延聘工程师王梦龄购置瑞士国卜郎比厂特尔宾电机及英国拨伯葛锅炉等，全部改定名称为塞北电灯公司。于十八年四月间另行择地兴工建筑，至十一月间竣工。讵商号大盛魁暨各支号，因外蒙商号不通，致受重大损失、经济困难、周转不零、无力兼营此业，宣告退出。为维持电业起见，纠合官绅商在绥远省政府迭开联席会议，经众一致决议，接收办法。兹定名西绥远电灯公司。已将股本金额收足326,700元，计3,267股。[①]发起人有大盛魁、段敬斋、冯子和、仇砚田、郭并卿、陈镜堂、王赞廷、樊弼予、石子璋、平市官银局、阎静亭、王梦龄、武荩卿。绥远电灯公司每股100元，共有147户，1,804权。大盛魁认100股等，二十三年一月一日续缴19股。支号裕盛厚入9股900元。段敬斋本人认7股，另三晋堂、九如堂各认1股。两堂是段敬斋堂名，而股东代表人义合源或许也是段敬斋的商号。绥远电灯公司最大股东为绥远平市官钱总局，认股304股。[②]

大盛魁首次办绥远地方电灯公司股份多少并不清楚，而到民国二十年官绅商联合重组绥远电灯公司，股本才32万多，大盛魁办之前办的电灯公司如何能亏损70余万两？这数字和大盛魁铺底银1,280万两来说，差距颇大。蒙古独立，大盛魁丧失一百五十几万平方公里的商贸据点才是其衰落的契机。

---

① 中研院近代史研究所档案馆藏，《经济部》，编号17—23—01—55—16—001，民国二十年十二月。

② 《经济部》，编号17—23—01—55—16—002，民国二十二年十月至二十四年九月。

附录 1—1　乾隆三十四年(1769)三月恰克图贸易货物价值

中国商品	单位	银（两）	每匹作京布，每桶作银 3 两	单价京布	单价银（两）	俄罗斯商品	单位	旧价京布	减作京布	单价	单价银（两）
杂色大贡缎	每匹	13	6 桶	6 桶	18	顶高银针皮	每张	17 桶	14 桶	14 桶	42
杂色小贡缎	每匹	8	4 桶	4 桶	12	中等银针皮	每张	10 桶	8 桶	8 桶	24
杂色大洋缎	每匹	7	3 桶 2 匹	3 桶 2 匹	9.6	下等银针皮	每张	7 桶	5 桶	5 桶	15
杂色小洋缎	每匹	5.8	2 桶 2 匹	2 桶 2 匹	6.6	大银鼠皮	每百张	8 桶	7 桶	0.7 匹	0.2
杂色五丝缎	每匹	4.2	1 桶 6 匹	1 桶 6 匹	4.8	中银鼠皮	每百张	5 桶	4 桶	0.4 匹	0.1
足斤丝线	每斤	3.2	1 桶 2 匹	1 桶 2 匹	3.6	锅盖水皮	每张	1 桶 6 匹	1 桶 4 匹	1 桶 4 匹	4.2
包子丝线	每包	2.2	8 匹	8 匹	2.4	翻板水皮	每张	1 桶 8 匹	1 桶 6 匹	1 桶 6 匹	4.8
杂色立绒	每匹	6	2 桶 4 匹	2 桶 4 匹	7.2	长毛水皮	每十张	8 桶	7 桶	7 匹	2.1
杂色花绸	每匹	1.8	7 匹	7 匹	2.1	水獭肷皮	每十张	4 桶	3 桶	3 匹	0.9
杂色毛布	每桶	5	2 桶	2 桶	6	大白灰鼠皮	每千张	24 桶	20 桶	0.2 匹	0.1
加长毛布	每桶	7.5	3 桶	3 桶	9	二白灰鼠皮	每千张	18 桶	15 桶	0.15 匹	0
三色大京布	每桶	3.6	1 桶 4 匹	1 桶 4 匹	4.2	带尾黑鼠皮	每千张	18 桶	15 桶	0.15 匹	0
三色小京布	每桶	2.5	作银 3 两	作银 3 两	3	杂样灰鼠皮	每千张	15 桶	13 桶	0.13 匹	0

（续）

中国商品	单位	银（两）	每匹作京布，每桶作银 3 两	单价京布	单价银（两）	俄罗斯商品	单位	旧价京布	减作京布	单价	单价银（两）
杂色九寸布	10 匹	7	3 桶	3 匹	0.9	粗毛貂皮	每张	1 桶	8 匹	8 匹	2.4
青上海布	每桶	3	1 桶 2 匹	1 桶 2 匹	3.6	大合洛	每十尺	4 桶	3.5 桶	3.5 匹	1.1
大平安布	10 匹	5.4	2 桶 4 匹	2.4 匹	0.7	二合洛	每十尺	2 桶 5 匹	2 桶	2 匹	0.6
二平安布	10 匹	4.8	2 桶	2 匹	0.6	哦噔绸	每件	1 桶 2 匹	1 桶 1 匹	1 桶 1 匹	3.3
平乡布	10 匹	3.6	1 桶 6 匹	1.6 匹	0.5	香牛皮	每十张	6 桶	5 桶	5 匹	1.5
绒花布	10 匹	4.6	2 桶	2 匹	0.6	白青奔	每十件	4 桶 5 匹	4 桶	4 匹	1.2
珠兰罐茶	每罐	34	16 桶	16 桶	48	黑羔子皮	每百张	16 桶	15 桶	1.5 匹	0.5
白毫罐茶	每罐	22	12 桶	12 桶	36	长脖羔子皮	每百张	5 桶	4.5 桶	0.45 匹	0.1
武彝箱茶	每箱	11	6 桶	6 桶	18	白羔子皮	每百张	7 桶	6 桶	0.6 匹	0.2
斤包青茶	每百斤	14	8 桶	0.8 匹	0.2	红狐狸皮	每十张	10 桶	8 桶	8 匹	2.4
砖茶	每百斤	6	3 桶 6 匹	0.36 匹	0.1	二信狐狸皮	每十张	6 桶	5 桶	5 匹	1.5
帽盒茶	每十篓	5.5	3 桶	3 匹	0.9	黄狐狸皮	每十张	4 桶	3 桶	3 匹	0.9
红烟	每囤	5.5	3 桶	3 桶	9	小毛白狐狸皮	每百张	33 桶	28 桶	2.8 匹	0.8
冰糖	每包	11	6 桶	6 桶	18	二毛白狐狸皮	每百张	26 桶	22 桶	2.2 匹	0.7
大料	每 28 斤	4	2 桶 4 匹	0.857 匹	0.3	大毛白狐狸皮	每百张	24 桶	20 桶	2 匹	0.6

（续）

中国商品	单位	银（两）	每匹作京布，每桶作银 3 两	单价京布	单价银（两）	俄罗斯商品	单位	旧价京布	减作京布	单价	单价银（两）
细磁茶闭（盖碗加碟）	每十付	1.6	1 桶 2 匹	1.2 匹	0.4	青狐仔皮	每百张	18 桶	15 桶	1.5 匹	0.5
细磁全闭	每十付	1.2	1 桶	1 匹	0.3	黑猫儿皮	每百张	7 桶	6 桶	0.6 匹	0.2
洋磁杯盘（一樽一碟）	每十付	2.5	2 桶	1.25 匹	0.4	花猫儿皮	每百张	5 桶	4 桶	0.5 匹	0.2
洋磁壶	每十把	5	4 桶	4 匹	1.2	沙狐皮	每百张	28 桶	24 桶	2.4 匹	0.7
洋磁罐	每十个	4.5	4 桶	4 匹	1.2	苍兔皮	每百张	7 桶	6 桶	0.6 匹	0.2
洋磁酒樽	每十个	1.2	1 桶	1 匹	0.3	花鱼皮	每百张	40 桶	35 桶	3.5 匹	1.1
粗磁七寸盘	每百个	5	4 桶	0.4 匹	0.1	青鱼皮	每百张	35 桶	30 桶	3 匹	0.9
粗磁五寸盘	每百个	3	2 桶	0.2 匹	0.1	骟马	每匹	3 桶	2 桶 4 匹	2 桶 4 匹	7.2
粗磁饭碗	每百个	3	2 桶	0.2 匹	0.1	骒马	每匹	1 桶 8 匹	1 桶 6 匹	1 桶 6 匹	4.8
						绵羊	每十只	3 桶	2 桶 5 匹	2.5 匹	0.8

资料来源：《军机处满文录副奏折》，编号 03—2315—001，乾隆三十四年四月十三日。

附录 1—2 领库伦等地执照之商人登录货物清册

布匹	数量	布匹	数量	大黄和茶叶	数量	烟和香	数量	日用项目	数量	食物项目	数量	交通工具	数量
二上海梭	19 桶	小上海梭	5 桶	大黄	17,000 斤	小蓝花烟	6 囤	木碗	8 筐	冰糖	135 包	车	357 辆
卜院绸	186 匹	小京布	97 桶	珠兰茶	21 箱	黄烟	3 囤	小篓	3 支	冰糖	5 口袋	骆驼	280 只
上海梭	241 桶	小京布	6 块	帽合茶	168 串 1 篓	黄烟	2 筐	衣柜	2 支	枣儿	5 筐		
上海布	2 块	京布	22 桶	砖茶	4,622.5 箱	黄烟	100 包	家居柜	1 支	枣儿核桃	4 包		
上海梭	12 块	加长梭布	22 桶 8 匹	下短砖茶	105 箱	红烟	298 囤	货柜	57 支	白米	1 口袋		
大上海梭	92 桶	平香布	23 卷			红烟	11 柜	货柜货框	3 支	白面	5 口袋		
大小货柜	7 支	平机布	522 卷			蓝花烟	6 囤	货柜货筐	10 支	挂面	28 匣		
毛布	825 桶	平机布	1341 匹			蓝花烟	30 包	笤帚	1 筐	炒米	1 口袋		
毛布	6 卷	平机布	6 件			烟	2 筐	家伙柜	6 支	核桃	1 筐		
毛布	35 块	平机布	1 捆					铁勺	30 把	核桃枣儿	3 口袋		
毛布	2 捆	桶子布	66 桶					铁器筐	1 件	黄米	5 口袋		
加长毛布	17 块	桶子布	1 块			香	2 包	铁锅	1,530 稍	黄油	1 篓		
皮梭上海布	1 捆	谷丘布	3 卷			香	6 囤半	铁锅	1 车	稻米	2 口袋		
皮梭布	24 桶	青梭布	12 桶					铁锅	271 口	醋	6 篓		

（续）

布匹	数量	布匹	数量	大黄和茶叶	数量	烟和香	数量	日用项目	数量	食物项目	数量	交通工具	数量
衣包	2 个	亮青梭	4 桶					铁锅	100 箱	醋酱	68 篓		
衣线	25 斤	桶子梭布	22 桶					铁锅	43 件	醋酱篓	40 支		
立绒	10 匹	梭布	1 块					锅	51 口	醋酱篓	5 个		
棉花	9.5 包							杂货框	2 支	糖	3 包		
牛皮靴	1 捆							杂货柜	24 支	酱	3 篓		
皮梭	87 桶							烟筐	1 个	麻油	3 篓		
皮鞯	7 条							桐油	1 篓	绿豆面	2 口袋		
鞯	3 捆							零星货柜	2 支				
达毡	30 块							靴筐	2 个				
								蒲纸	1 捆				
								蒲纸	1 包				
								旧鞍	1 卓				

资料来源:《蒙古国家档案局档案》,编号 021—008、021—009、021—010、021—011、021—012、021—013、021—014、021—015、021—016。

附录 2—1 茶商领部票数额

年份	商号数目	部票数目	商号名称(所领取部票数目)
1816	22	68	祥发成(6)、美玉德(5)、万顺昌(5)、广发成(5)、广隆光(5)、兴玉中(5)、合盛全(4)、合盛兴(4)、美玉公(4)、大兴玉(3)、世禄安(3)、永兴泉(3)、长发成(3)、广和兴(3)、天吉焕(2)、顺义诚(2)、世昌隆(1)、协和公(1)、通顺永(1)、隆泰成(1)、万发成(1)、兴玉和(1)
1819	18	39	合盛全(4)、世禄安(3)、长发成(3)、美玉德(3)、祥发成(3)、万顺昌(3)、广隆光(3)、兴玉中(3)、永兴泉(2)、合盛兴(2)、广和兴(2)、广发成(2)、大兴玉(1)、天吉焕(1)、协和公(1)、美玉公(1)、隆泰成(1)、顺义诚(1)
1820	23	64	永兴泉(5)、顺义诚(5)、大兴玉(4)、合盛全(4)、美玉公(4)、万顺昌(4)、广隆光(4)、世禄安(3)、合盛兴(3)、美玉德(3)、裕顺昌(3)、广和兴(3)、广发成(3)、兴玉中(3)、协和公(2)、长发成(2)、万和成(2)、万发成(2)、天顺和(1)、世昌隆(1)、通顺永(1)、隆泰成(1)、兴玉和(1)
1821	24	87	万顺昌(7)、美玉德(6)、裕顺昌(6)、协和公(5)、美玉公(5)、长发成(5)、广发成(5)、顺义诚(5)、广和兴(4)、兴玉中(4)、大兴玉(4)、永兴泉(4)、广隆光(4)、万发成(3)、万和成(3)、合盛全(3)、世昌隆(3)、合盛兴(3)、天顺和(2)、兴玉和(2)、四合全(1)、通顺永(1)、隆泰成(1)、广和永(1)
1822	24	79	万顺昌(6)、广发成(6)、协和公(5)、裕顺昌(5)、广和兴(5)、大兴玉(4)、合盛全(4)、合盛兴(4)、美玉公(4)、美玉德(4)、顺义诚(4)、广隆光(4)、永兴泉(3)、万和成(3)、万发成(3)、天顺和(2)、世昌隆(2)、世德全(2)、四合全(2)、德玉明(2)、兴玉中(2)、通顺永(1)、隆泰成(1)、兴玉和(1)
1825	22	53	万顺昌(5)、裕顺昌(4)、世德全(3)、合盛全(3)、合盛兴(3)、长发成(3)、美玉公(3)、美玉德(3)、顺义诚(3)、广和兴(3)、广发成(3)、大兴玉(2)、天顺和(2)、协和公(2)、万和成(2)、广隆光(2)、德玉明(2)、兴玉中(2)、永兴泉(1)、隆泰成(1)、兴玉和(1)、无名(0)

（续）

年份	商号数目	部票数目	商号名称(所领取部票数目)
1827	28	65	万顺昌(5)、美玉德(4)、裕顺昌(4)、大兴玉(3)、世德全(3)、合盛全(3)、合盛兴(3)、长发成(3)、祥发承(3)、顺义诚(3)、广和兴(3)、广发成(3)、广隆光(3)、德玉明(3)、永兴玉(2)、协和公(2)、准庆公(2)、万和成(2)、兴玉中(2)、兴玉和(2)、中玉长(1)、永和广(1)、合成美(1)、恒顺成(1)、新盛世(1)、裕成源(1)、广兴隆(1)、美玉公(？)
1829	31	63	合盛全(3)、合盛兴(3)、长发成(3)、美玉德(3)、顺义诚(3)、万顺昌(3)、裕顺昌(3)、广和兴(3)、广发成(3)、广隆光(3)、兴玉中(3)、大兴玉(2)、世德全(2)、恒顺成(2)、美玉公(2)、祥发承(2)、万和成(2)、裕生和(2)、裕成源(2)、德玉明(2)、双庆公(2)、大顺和(1)、中玉长(1)、永和广(1)、永兴玉(1)、合兴源(1)、协和公(1)、恒兴成(1)、亿中泰(1)、广兴隆(1)、兴玉和(1)
1835	31	81	美玉德(5)、合盛兴(4)、恒顺成(4)、裕成源(4)、裕顺昌(4)、广发成(4)、兴玉中(4)、大顺和(3)、永兴玉(3)、光合寿(3)、合盛全(3)、长发成(3)、恒兴成(3)、祥发成(3)、顺义诚(3)、广和兴(3)、广隆光(3)、三余公(2)、大泉玉(2)、大兴玉(2)、世德全(2)、永和广(2)、万顺昌(2)、兴玉和(2)、兴盛昌(2)、三义成(1)、合春源(1)、美玉公(1)、通顺永(1)、万和成(1)、义合美(1)
1836	32	76	美玉公(4)、广发成(4)、美玉德(4)、合兴源(4)、大顺和(3)、顺义诚(3)、广和兴(3)、裕生和(3)、恒顺成(3)、广隆光(3)、大兴玉(3)、合盛全(3)、广兴隆(3)、永和广(3)、世德全(3)、长发成(3)、亿中泰(3)、祥发承(3)、恒兴成(3)、通顺永(2)、光合寿(2)、兴玉和(2)、永兴玉(2)、德玉和(2)、三余公(2)、顺义魁(1)、三义成(1)、万和成(1)、裕顺昌(？)、合盛兴(？)、兴玉中(？)、万顺昌(？)
1838	31	73	兴玉中(3)、裕成源(3)、美玉公(3)、合盛全(3)、德生世(3)、美玉德(3)、兴玉和(3)、兴玉厚(3)、广发成(3)、广和兴(3)、万顺昌(3)、世德全(3)、顺义诚(3)、长发成(3)、广隆光(3)、恒顺成(3)、裕顺昌(3)、三余公(2)、永兴玉(2)、大泉玉(2)、永和广(2)、祥发承(2)、恒兴成(2)、合春源(2)、大兴玉(2)、义合美(1)、万和成(1)、广兴隆(1)、通顺永(1)、聚隆昌(1)、三义成(1)

（续）

年份	商号数目	部票数目	商号名称(所领取部票数目)
1839	28	67	长发成(4)、恒兴成(4)、万盛隆(4)、广发成(4)、大兴玉(3)、世德全(3)、永兴玉(3)、美玉公(3)、美玉德(3)、恒顺成(3)、裕成源(3)、广和兴(3)、兴玉中(3)、兴玉和(3)、三义成(2)、合盛全(2)、乾泰和(2)、顺义诚(2)、广隆光(2)、德生世(2)、兴玉厚(2)、三余公(1)、大泉玉(1)、永和广(1)、万盛成(1)、万顺昌(1)、裕顺昌(1)、聚隆昌(1)
1840	31	75	恒顺成(5)、长发成(4)、万顺昌(4)、兴玉中(4)、裕顺昌(4)、兴玉厚(3)、美玉德(3)、恒兴成(3)、万盛隆(3)、广和兴(3)、兴玉和(3)、美玉公(3)、三余公(2)、祥发永(2)、三义成(2)、永和广(2)、德生世(2)、裕成源(2)、通顺永(2)、永兴玉(2)、顺义诚(2)、广发成(2)、乾泰和(2)、合盛全(2)、永顺利(2)、大兴玉(2)、万盛成(1)、世德全(1)、万和成(1)、福泰长(1)、元盛和(1)
1843	37	92	长发成(4)、美玉公(4)、顺义诚(4)、万顺昌(4)、广和兴(4)、广发成(4)、德生世(4)、世德全(3)、永兴玉(3)、合盛全(3)、美玉德(3)、恒兴成(3)、乾泰和(3)、裕成源(3)、裕顺昌(3)、广隆光(3)、兴玉中(3)、兴玉厚(3)、二合公(2)、三义成(2)、三余公(2)、大泉玉(2)、大兴玉(2)、永和广(2)、永顺利(2)、恒顺成(2)、祥发永(2)、准源盛(2)、万和成(2)、万盛隆(2)、兴玉和(2)、永顺亨(1)、永义德(1)、恒顺昌(1)、万盛成(1)、福泰长(1)、通顺永(0)
1844	37	109	长发成(5)、万顺昌(5)、广和兴(5)、世德全(4)、美玉公(4)、恒顺成(4)、万盛隆(4)、裕顺昌(4)、广发成(4)、德生世(4)、兴玉中(4)、三余公(3)、永顺利(3)、合盛全(3)、百泉达(3)、美玉德(3)、恒兴成(3)、乾泰和(3)、祥发永(3)、顺义诚(3)、万和成(3)、裕成源(3)、广隆光(3)、兴玉和(3)、兴玉厚(3)、二合公(2)、三义成(2)、大泉玉(2)、大兴玉(2)、世美成(2)、永和广(2)、永兴玉(2)、双源盛(2)、永顺亨(1)、恒顺昌(1)、万盛成(1)、福泰长(1)

（续）

年份	商号数目	部票数目	商号名称（所领取部票数目）
1845	38	104	长发成(5)、万顺昌(5)、广和典(5)、美玉公(4)、美玉德(4)、裕顺昌(4)、广发成(4)、德生世(4)、庆隆光(4)、兴玉中(4)、三余公(3)、世美成(3)、世德全(3)、永顺利(3)、永兴玉(3)、合盛全(3)、百泉达(3)、恒兴成(3)、乾泰和(3)、裕成源(3)、兴玉和(3)、兴玉厚(3)、双源盛(3)、二合公(2)、三义成(2)、大泉玉(2)、大兴玉(2)、顺义诚(2)、万和成(2)、万盛成(2)、永和广(1)、玉和光(1)、恒顺昌(1)、恒义承(1)、新义源(1)、万盛隆(1)、福泰长(1)、聚顺昌(1)
1847	41	77	合盛全(3)、长发成(3)、美玉公(3)、美玉德(3)、裕顺昌(3)、广和兴(3)、兴玉和(3)、兴玉厚(3)、三余公(2)、大泉玉(2)、大兴玉(2)、世德全(2)、永和广(2)、永顺利(2)、永兴玉(2)、玉和光(2)、百泉达(2)、恒顺成(2)、恒义承(2)、恒兴成(2)、乾泰和(2)、祥发永(2)、顺义诚(2)、源盛东(2)、准源盛(2)、万和成(2)、万顺昌(2)、裕成源(2)、聚义公(2)、广发成(2)、二合公(1)、大丰义(1)、永泰安(1)、宏裕协(1)、恒顺昌(1)、万盛成(1)、万盛隆(1)、福泰长(1)、德生世(1)、三盛全(？)、兴玉中(？)
1848	25	54	广发成(5)、合盛全(3)、美玉公(3)、恒兴成(3)、祥发永(3)、万顺昌(3)、裕顺昌(3)、三盛全(2)、大兴玉(2)、元盛和(2)、世德全(2)、永顺利(2)、永兴玉(2)、乾泰和(2)、顺义成(2)、源盛东(2)、万盛隆(2)、裕成源(2)、广和兴(2)、德生世(2)、二合公(1)、永泰安(1)、宏裕协(1)、顺义诚(1)、独慎玉(1)
1849	22	45	长发成(4)、美玉德(3)、恒顺成(3)、聚义公(3)、兴玉中(3)、兴玉和(3)、兴玉厚(3)、三余公(2)、大泉玉(2)、永和广(2)、百泉达(2)、恒义承(2)、万和成(2)、聚泰良(2)、双源盛(2)、天来昌(1)、同和茂(1)、林盛元(1)、恒顺昌(1)、隆泰兴(1)、万盛成(1)、福泰长(1)
1854	36	94	广和兴(7)、独慎玉(7)、万纯长(6)、公义成(5)、天来昌(5)、顺义诚(5)、德巨生(5)、世德全(4)、三和恒(3)、三盛全(3)、大义成(3)、永和广(3)、合盛全(3)、宏裕协(3)、长发成(3)、顺义和(3)、大兴玉(2)、巨和亨(2)、生旺德(2)、恒泰盛(2)、万和成(2)、裕成源(2)、福泰长(2)、德诚玉(2)、永顺利(1)、永兴玉(1)、玉和承(1)、恒义承(1)、恒兴成(1)、源盛东(1)、聚义公(1)、广发成(1)、德生世(1)、兴盛成(1)、世禄和(？)、丰泰涌(？)

（续）

年份	商号数目	部票数目	商号名称（所领取部票数目）
1855	50	268	大泉玉（12）、永增义（11）、聚义公（11）、独慎玉（11）、三余公（10）、美玉公（10）、恒顺成（10）、乾泰和（10）、兴玉中（10）、兴玉和（10）、巨和亨（9）、永兴玉（9）、世德全（8）、合盛全（8）、祥发永（8）、顺义诚（8）、大兴玉（7）、万顺昌（7）、裕顺昌（7）、万和成（6）、万纯长（6）、兴玉厚（6）、永和广（5）、裕成源（5）、德诚玉（5）、永和大（4）、东顺长（4）、长发成（4）、恒兴成（4）、万源远（4）、广和兴（4）、天来昌（3）、永泰谦（3）、合盛和（3）、百泉达（3）、美玉兴（3）、恒义承（3）、兴盛成（3）、大义成（2）、世禄和（2）、宏裕协（2）、福泰长（2）、三盛全（1）、永顺利（1）、隆泰兴（1）、源盛东（1）、广发成（1）、德生世（1）、元盛和（0）、公义成（0）
1858	83	305	巨泰永（11）、恒顺成（11）、恒兴成（10）、慎德玉（10）、世德全（8）、巨和亨（8）、百泉达（7）、独慎玉（7）、巨和隆（6）、永和广（6）、永兴玉（6）、长发成（6）、恒庆和（6）、祥发永（6）、裕成源（6）、广和兴（6）、大泉玉（5）、大兴玉（5）、宏裕协（5）、恒隆成（5）、聚成泰（5）、聚义公（5）、广发成（5）、兴玉和（5）、谦德生（5）、三盛全（4）、东顺长（4）、恒升玉（4）、恒义承（4）、复盛裕（4）、顺义诚（4）、万源远（4）、兴玉锡（4）、兴盛成（4）、三和兴（3）、三余公（3）、大义成（3）、天来昌（3）、天恒永（3）、世禄和（3）、永泰谦（3）、合盛全（3）、合顺永（3）、美玉公（3）、美玉兴（3）、恒泰和（3）、泰兴玉（3）、乾泰和（3）、祥发昌（3）、万盛成（3）、裕顺昌（3）、广发隆（3）、德巨生（3）、兴玉中（3）、三和恒（2）、巨和义（2）、巨兴魁（2）、永和大（2）、永顺利（2）、玉德记（2）、守和成（2）、美泰长（2）、逢原泰（2）、隆泰兴（2）、源发乾（2）、万顺昌（2）、义合德（2）、德生世（2）、兴顺成（2）、兴顺魁（2）、世禄安（1）、合盛和（1）、合兴巨（1）、顺义永（1）、瑞发承（1）、万和成（1）、义生成（1）、义和记（1）、广和升（1）、广发和（1）、庆昌裕（1）、兴玉厚（1）、三泰凝（0）
1861	37	171	独慎玉（11）、大义成（10）、合盛全（10）、巨和亨（9）、慎德玉（9）、三和兴（8）、乾泰和（8）、巨和隆（7）、美玉兴（7）、万顺昌（7）、合顺永（6）、恒义和（6）、巨兴魁（5）、泰兴玉（5）、聚成泰（5）、三盛全（4）、天和庆（4）、长发成（4）、恒泰和（4）、恒顺成（4）、泰源永（4）、顺义诚（4）、广发成（4）、兴盛成（4）、世德全（3）、顺义永（3）、广发隆（3）、永泰祥（2）、永泰谦（2）、东顺长（2）、恒兴成（2）、祥发永（2）、广顺川（2）、天福和（1）、隆泰和（？）、隆泰兴（？）、庆和玉（？）

（续）

年份	商号数目	部票数目	商号名称（所领取部票数目）
1862	71	535	广和兴（34）、大兴玉（28）、大泉玉（27）、兴玉和（23）、天来昌（19）、永兴玉（18）、永泰安（16）、巨和义（16）、兴玉中（15）、合兴巨（15）、聚义公（14）、巨和隆（14）、三和兴（13）、裕成源（13）、巨兴魁（12）、独慎玉（12）、福泰长（12）、裕顺昌（12）、三余公（12）、美玉公（12）、祥发永（11）、慎德玉（10）、恒义承（10）、巨泰永（10）、大义成（9）、广聚昌（9）、恒升玉（9）、巨和亨（8）、合顺永（8）、义合德（8）、永泰谦（7）、恒泰和（7）、恒义和（7）、泰源永（7）、广发隆（7）、兴盛成（7）、兴顺魁（7）、美玉兴（6）、聚成泰（5）、合兴巨（4）、东顺长（4）、顺义永（4）、长发成（3）、广发成（3）、庆昌裕（3）、谦德生（3）、天恒永（2）、美玉德（2）、恒顺成（2）、泰兴玉（2）、顺义诚（2）、万顺昌（2）、德巨生（3）、三和恒（1）、三盛全（1）、世禄和（1）、世德全（1）、百泉达（1）、复盛裕（1）、复盛裕（1）、万和成（1）、兴玉锡（1）、三和恒（？）、天和庆（？）、巨贞和（？）、宏裕协（？）、乾泰和（？）、祥泰生（？）、逢原泰（？）、隆泰和（？）、源发乾（？）
1863	37	224	巨和义（24）、乾泰和（19）、万顺昌（17）、慎德玉（16）、大义成（14）、合盛淦（11）、三余公（10）、永泰安（10）、恒升玉（10）、独慎玉（9）、大泉玉（7）、广和兴（7）、大兴玉（6）、义合德（6）、祥发永（5）、万和兴（5）、聚成泰（5）、天和庆（4）、巨泰永（4）、兴玉和（4）、兴盛成（4）、天来昌（3）、巨和隆（3）、永兴玉（3）、恒义承（3）、泰源永（3）、复盛裕（3）、裕成源（3）、德诚玉（3）、美玉兴（1）、恒顺成（1）、广发隆（1）、三盛全（？）、巨兴魁（？）、永泰谦（？）、美玉公（？）、万盛成（？）
1866	14	212	独慎玉（29）、大兴玉（28）、祥发永（27）、万顺昌（27）、大泉玉（26）、慎德玉（25）、广和兴（10）、兴盛成（10）、义合德（9）、恒义承（8）、合盛全（4）、蔚长厚（4）、万和兴（3）、天和庆（2）
1867	12	153	大泉玉（24）、祥发永（22）、慎德玉（18）、独慎玉（16）、大兴玉（15）、万顺昌（15）、义合德（11）、合盛淦（8）、恒义承（8）、广和兴（8）、万和兴（5）、顺成泰（3）
1868	13	165	大泉玉（25）、慎德玉（24）、独慎玉（24）、祥发永（21）、大兴玉（18）、万顺昌（12）、万和兴（9）、义合德（7）、广和兴（7）、兴盛成（6）、顺义公（5）、恒义承（4）、顺成泰（3）

（续）

年份	商号数目	部票数目	商号名称(所领取部票数目)
1870	16	128	大兴玉(16)、恒义承(14)、慎德玉(11)、顺义公(10)、兴盛成(10)、大泉玉(9)、祥发永(9)、广和兴(9)、独慎玉(9)、万和兴(6)、万顺昌(6)、义合德(6)、兴泰隆(5)、万庆泰(4)、永泰安(2)、百泉达(2)
1871	19	222	祥永发(38)、大兴玉(31)、独慎玉(20)、兴盛成(19)、慎德玉(16)、兴泰隆(16)、大泉玉(14)、恒义承(12)、万顺昌(10)、广和兴(9)、百泉达(7)、万庆泰(7)、万和兴(6)、永泰安(5)、公合盛(4)、顺义公(3)、天来昌(2)、义合德(2)、顺成泰(1)
1871—1872	19	233	祥永发(38)、大兴玉(34)、大泉玉(24)、独慎玉(20)、兴盛成(19)、慎德玉(16)、兴泰隆(16)、恒义承(12)、万顺昌(10)、广和兴(9)、万和兴(7)、万庆泰(7)、永泰安(5)、公合盛(4)、百泉达(4)、顺义公(3)、天来昌(2)、义合德(2)、顺成泰(1)
1878—1879	13	147	大泉玉(22)、大兴玉(21)、独慎玉(19)、慎德玉(16)、祥永发(15)、万庆泰(14)、百泉达(12)、广和兴(7)、恒义承(6)、兴泰隆(5)、恒隆光(4)、公合盛(3)、巨泰长(3)
1882—1883	11	83	祥永发(13)、大升玉(12)、大泉玉(12)、恒义承(9)、百泉达(7)、万庆泰(7)、独慎玉(7)、慎德玉(6)、公合盛(5)、兴泰隆(4)、天和兴(1)
1884—1885	11	125	大泉玉(22)、百泉达(19)、独慎玉(17)、大升玉(15)、祥永发(14)、恒义承(9)、恒隆光(8)、兴泰隆(8)、公合盛(6)、万庆泰(5)、广全泰(2)
1886—1887	14	138	大泉玉(20)、大升玉(18)、祥永发(15)、独慎玉(15)、兴泰隆(12)、公合盛(10)、百泉达(10)、恒义承(10)、恒隆光(7)、慎德玉(6)、天和兴(4)、信裕如(4)、乾盛魁(4)、广泰全(3)

资料来源:《蒙古国家档案局档案》,编号 27—1,页 0001—0042;编号 25—14,页 0039—0058;编号 26—19,页 0125—0162;编号 26—18,页 0083—0124;编号 31—21,页 0069—0115;编号 29—4,页 0041—0075;编号 29—10,页 0094—0143;编号 3—8,页 0120—0166;编号 30—21,页 0080—0133;编号 30—22,页 0134—0182;编号 35—2,页 0010—0064;编号 31—22,页 0116—0192;编号 34—16,页 0063—0147;编号 33—24,页 0102—0185;编号 32—1,页 0001—0087;编号 32—2,页 0088—0182;编号 32—3,页 0183—0223;编号 34—17,页 0148—0227;编号 37—8,页 0028—0111;编号 38—1,页 0001—0104;编号 42—5,页 0038—0160;编号 46—1,页 0001—0020;编号 45—13,页 0069—0084;编号 45—14,页 0085—0101;编号 25—15,页 0059—0079;编号 46—2,页 0021—0041。

附录 2—2　1816－1871 年北商贩售细茶的银两

单位:银(两)

编号	商号名称	起年	迄年	君眉茶	白毫茶	青茶	莲心茶	旗枪茶	箬皮茶	砖茶	旧存茶叶	总数
1	大兴玉记	1816	1871	103,320	165,140	1,797,544						2,066,004
2	万顺昌记	1816	1871	251,195	359,030	1,130,120						1,740,345
3	祥发永记	1840	1870	402,246	212,520	1,034,400					66,766	1,715,932
4	广和兴记	1816	1871	42,000	118,060	1,408,392					45,808	1,614,260
5	独慎玉记	1848	1871			1,502,100						1,502,100
6	大泉玉记	1835	1871	55,800	43,600	1,365,200				9,900		1,474,500
7	兴玉中记	1816	1863	957,960	376,056							1,334,016
8	长发成记	1816	1862	676,200	291,510	344,350						1,312,060
9	广发成记	1816	1862	749,570	333,992	143,000					17,880	1,244,442
10	顺义诚记	1816	1871	86,555	79,864	880,420						1,046,839
11	恒顺成记	1827	1863	486,475	399,975	214,500						1,100,950
12	美玉公记	1816	1862	601,100	240,410	232,800						1,074,310
13	裕顺昌记	1820	1862	441,000	324,543	244,800					43,920	1,054,263
14	美玉德记	1816	1849	791,080	230,960	16,800						1,038,840
15	兴玉和记	1816	1862	494,120	324,600	159,210					57,960	1,035,890
16	慎德玉记	1858	1871			1,032,900						1,032,900

（续）

编号	商号名称	起年	迄年	君眉茶	白毫茶	青茶	莲心茶	旗枪茶	箬皮茶	砖茶	旧存茶叶	总数
17	合盛全记	1816	1867	272,800	340,075	270,000						882,875
18	恒兴成记	1829	1861	356,179	129,136	294,400					74,392	854,107
19	恒义承记	1845	1871	68,800	11,200	741,000				9,000		830,000
20	兴盛成记	1854	1871			771,000					12,150	783,150
21	裕成源记	1827	1863	155,400	52,500	518,525					43,225	769,650
22	永兴玉记	1827	1863	116,800	114,200	481,736						712,736
23	乾泰和记	1839	1863	190,000	74,022	357,600					102,000	723,622
24	三余公记	1835	1863	238,720	80,110	330,000						648,830
25	广隆光记	1816	1844	271,120	194,950	36,966	68,400	34,200			39,296	644,932
26	兴玉厚记	1838	1862	365,200	131,324	130,800						627,324
27	世德全记	1822	1871	420,700	183,260	207,600						811,560
28	巨和义记	1822	1862	420,700	183,260	207,600						811,560
29	德生世记	1838	1858	281,400	89,696	81,600					49,216	501,912
30	万和成记	1820	1862	195,900	136,200	127,400					35,600	495,100
31	义合德记	1858	1871			428,100				3,600		431,700
32	万盛成记	1839	1982	49,520	8,840	126,500			8,400	193,260		386,520
33	合盛兴记	1816	1836	147,100	145,900	85,400	378,400					756,800
34	天来昌记	1849	1871	39,000	10,286	274,200			18,000	3,300		344,786

（续）

编号	商号名称	起年	迄年	君眉茶	白毫茶	青茶	莲心茶	旗枪茶	箬皮茶	砖茶	旧存茶叶	总数
35	永顺利记	1840	1858	186,762	87,305	67,200						341,267
36	大义成记	1854	1863	7,800	13,200	316,800						337,800
37	永和广记	1827	1858	187,086	87,305	67,200						341,591
38	百泉达记	1844	1870	123,300	34,700	161,500						319,500
39	巨和亨记	1854	1862			310,350						310,350
40	三义成记	1835	1845	157,800	36,637	104,550		6,000				304,987
41	聚义公记	1847	1862	38,500	33,000	229,800						301,300
42	万和兴记	1863	1871			300,120						300,120
43	永泰安记	1847	1871	24,400	13,200	230,400						268,000
44	万盛隆记	1863	1871	110,200	91,200	40,800					24,600	266,800
45	巨和隆记	1858	1863			254,400						254,400
46	福泰长记	1840	1862	75,200	32,840	106,800					29,120	243,960
47	祥发承记	1827	1838	150,000	24,000	45,000						219,000
48	恒升玉记	1858	1863	21,600	45,000	145,200						211,800
49	祥永发记	1871				184,800					24,000	208,800
50	协和公记	1816	1829	69,800	90,700	41,000						201,500
51	三和兴记	1858	1862			186,600						186,600
52	美玉兴记	1855	1863			183,000					1,800	184,800

（续）

编号	商号名称	起年	迄年	君眉茶	白毫茶	青茶	莲心茶	旗枪茶	箬皮茶	砖茶	旧存茶叶	总数
53	巨兴魁记	1858	1862			183,000						183,000
54	合盛淦记	1863	1867			177,600						177,600
55	聚成泰记	1858	1863			172,350						172,350
56	二合公记	1843	1848	81,600	39,600	13,200					30,056	164,456
57	三盛全记	1847	1863	32,000	9,600	120,857						162,457
58	兴泰隆记	1870	1871			150,000						150,000
59	合兴巨记	1858	1862			149,000						149,000
60	合顺永记	1858	1862			148,200						148,200
61	林盛元记	1847				13,800						138,000
62	巨泰永记	1858	1863	9,000	28,800	96,000						133,800
63	广发隆记	1858	1863	36,000	42,000	53,700						131,700
64	通顺永记	1816	1843	70,100	48,900	9,000						128,900
65	顺义公记	1868	1871			127,500						127,500
66	恒泰和记	1858	1862			126,600						126,600
67	双源盛记	1844	1849	67,120	30,810	27,000						124,930
68	祥发成记	1816	1835	50,000	73,320							123,320
69	广兴隆记	1827	1838	74,400	48,200							122,600
70	永兴泉记					117,200						117,200

（续）

编号	商号名称	起年	迄年	君眉茶	白毫茶	青茶	莲心茶	旗枪茶	箬皮茶	砖茶	旧存茶叶	总数
71	恒义和记	1861	1862			117,000						117,000
72	大顺和记	1829	1836	8,000		108,000						116,000
73	东顺长记	1855	1862			108,000						108,000
74	泰源永记	1861	1863			108,000						108,000
75	裕生和记	1829	1836	80,000	26,700							106,700
76	宏裕协记	1847	1858	19,200		86,100						105,300
77	德巨生记	1854	1862			100,500						100,500
78	世禄和记	1854	1862	18,000	22,400	56,400						96,800
79	永泰谦记	1855	1862			95,100						95,100
80	源盛东记	1847	1855	14,400	10,800	68,712						93,912
81	恒顺昌记	1843	1849	48,000	25,325	15,250						89,575
82	万庆泰记	1870	1871			80,700						80,700
83	世美成记	1844	1845	36,720	40,320							77,040
84	光合寿记	1835	1836			75,600						75,600
85	万发成记	1816	1822	22,800	2,400	50,400						75,600
86	泰兴玉记	1858	1862			75,000						75,000
87	顺义永记	1858	1862			75,000						75,000
88	万纯长记	1854	1855			72,000						72,000

（续）

编号	商号名称	起年	迄年	君眉茶	白毫茶	青茶	莲心茶	旗枪茶	箬皮茶	砖茶	旧存茶叶	总数
89	兴顺魁记	1858	1862			69,600						69,600
90	谦德生记	1858	1862			69,000						69,000
91	天和庆记	1861	1866			68,100						68,100
92	玉和光记	1845	1847	56,000	10,000							66,000
93	庆隆光记	1845		42,000	24,000							66,000
94	广聚昌记	1862				64,800						64,800
95	公义成记	1854	1855	30,420	3,888				28,800			63,108
96	复盛裕记	1858	1863			57,600				3,600		61,200
97	合兴源记	1829	1836			59,600						59,600
98	合春源记	1835	1838	35,400	24,000							59,400
99	聚隆昌记	1838	1839			58,200						58,200
100	德诚玉记	1854	1863			57,900						57,900
101	万源远记	1855	1858			57,600						57,600
102	永和大记	1855	1858			54,000						54,000
103	三和恒记	1854	1862			53,400						53,400
104	大泉裕记	1862				48,600						48,600
105	世禄安记	1816	1858	12,000	9,000	26,400						47,400
106	德玉明记	1822	1829			46,700						46,700

（续）

编号	商号名称	起年	迄年	君眉茶	白毫茶	青茶	莲心茶	旗枪茶	箬皮茶	砖茶	旧存茶叶	总数
107	义合美记	1835	1838	34,500	9,500							45,000
108	兴盛昌记	1835		34,200	10,000							44,200
109	元盛和记	1840	1855			43,872						43,872
110	天恒永记	1858	1862			43,800						43,800
111	顺成泰记	1867	1871			42,000						42,000
112	世昌隆记	1816	1822		39,600							39,600
113	恒庆和记	1858				39,600						39,600
114	兴玉锡记	1858	1862			39,600						39,600
115	永顺亨记	1843	1844	14,400	4,200	19,200						37,800
116	恒隆成记	1858				37,500						37,500
117	隆泰兴记	1849	1858			37,500						37,500
118	祥发昌记	1858				36,000						36,000
119	德玉和记	1836				34,000						34,000
120	亿中泰记	1829	1836	7,200	5,400	20,304						32,904
121	天吉焕记	1816	1819	6,400	6,800	19,000						32,200
122	双庆公记	1829		24,000	7,500							31,500
123	天顺和记	1820	1825		7,308	24,000						31,308
124	公合盛记	1871				31,200						31,200

（续）

编号	商号名称	起年	迄年	君眉茶	白毫茶	青茶	莲心茶	旗枪茶	箬皮茶	砖茶	旧存茶叶	总数
125	隆泰成记	1816	1825	6,020	1,600	22,380						30,000
126	庆昌裕记	1858	1862			30,000						30,000
127	蔚长厚记	1866				30,000						30,000
128	四合全记	1821	1822	9,000	10,000	7,500						26,500
129	永增义记	1855			26,400							26,400
130	合盛和记	1855				25,500						25,500
131	中玉长记	1827	1829			24,000						24,000
132	永泰祥记	1861				24,000						24,000
133	逢原泰记	1858				24,000						24,000
134	广顺川记	1861				24,000						24,000
135	美泰长记	1858				21,000						21,000
136	聚泰良记	1849				21,000						21,000
137	新义源记	1845		16,000	2,200							18,200
138	守和成记	1858				18,000						18,000
139	顺义成记	1848				18,000						18,000
140	聚顺昌记	1845		18,000								18,000
141	永义德记	1843			17,600							17,600
142	恒泰盛记	1854				16,800						16,800

（续）

编号	商号名称	起年	迄年	君眉茶	白毫茶	青茶	莲心茶	旗枪茶	箬皮茶	砖茶	旧存茶叶	总数
143	源发乾记	1858				16,800						16,800
144	兴顺成记	1858				16,800						16,800
145	顺义和记	1854				16,200						16,200
146	生旺德记	1854				15,600						15,600
147	同和茂记	1849				13,500						13,500
148	三泰凝记	1858				13,440						13,440
149	隆泰和记	1861	1862			12,288						12,288
150	大丰义记	1847		4,200	8,000							12,200
151	合成美记	1827				12,000						12,000
152	新盛世记	1827				12,000						12,000
153	瑞发承记	1858				12,000						12,000
154	义生成记	1858				10,500						10,500
155	玉和承记	1854				9,300						9,300
156	广和升记	1858				9,000						9,000
157	广和永记	1821				8,785						8,785
158	巨贞和记	1862				8,560						8,560
159	天福和记	1861				7,800						7,800
160	顺义魁记	1836			7,800							7,800
161	广发和记	1858				6,000						6,000

资料来源:《恰克图各铺户请领部票随带货物价值银两并买俄罗斯货物价值银两数目清册》。

附录 4—1 乾隆五十四年(1789)库伦买卖城之商号货物数量

商号名称	保甲	销茶烟布匹杂货（斤）	铺户姓名	进口贩货次数
聚成锦记	头甲	36,000	刘建基、王文合、乔国祥、刘元利	3
协成玉记	头甲	24,000	刘维雄	2
复兴全记	头甲	36,000	宋全、蔚宗圣、李祥	3
兴盛弘记	头甲	36,000	马宦、张晟	3
顺义公记	二甲	35,000	刘锦公、刘锦魁、刘衍基	3
义合美记	二甲	160,000	张恒泰、李学古、李会仕、田中鼎、张独刚、李品发、李杰	5
兴盛岐记	二甲	6,000	田仓林	1
义合兴记	二甲	12,000	李成、张富仁	1
四合成记	二甲	35,000	李尚银、赵世祥、张淳	3
长盛公记	二甲	6,000	田之帅	1
宏盛殿记	二甲	6,000	田绍业	1
德盛高记	三甲	24,000	高天荣、田大沾	2
万盛高记	三甲	24,000	张鹏山、杨祚威、吕天德	2
鼎忠德记	三甲	24,000	文德金、杨世勋	2
天赐祥记	三甲	12,000	张纯文、郝永仁	2
永玉全记	三甲	12,000	任九贵、李栋	2
恒泰发记	三甲	15,000	赵心泰	2

（续）

商号名称	保甲	销茶烟布匹杂货（斤）	铺户姓名	进口贩货次数
资深源记	四甲	12,000	王沛、毕生广、王永琮、王永璇、彭荣德	1
万合锦记	四甲	36,000	王权、田茎、左如闵、田如普、郝兴魁、赵荣达	3
兴盛梅记	四甲	36,000	王榴、陈守伦、刘瑞	2
大兴宏记	四甲	16,000	赵绅、甄全成、赵绪	1
永裕公记	四甲	12,000	宋德智、李成堦、宋金仁、宋金义	2
协成魁记	四甲	24,000	郭成贵、郭健英	1
德义崇记	四甲	3,000	王梅、吕丰国、马瑞、宋廷选、任学儒、宋本智	3
和成号记	四甲	36,000	李唐、田冈	3
震隆昌记	五甲	36,000	严志广、严文焕、呼万山、王定明、任永泰、王锡绂、程盛元	3
兴盛芳记	五甲	20,000	李品芳、董其烈、李淮、李洺、李其俊	2
德兴玉记	五甲	6,000	马如彪、田桂元、马如起、陈元勋	2
协成元记	五甲	8,000	靳福柱、靳福虎、靳廷仁	2
德兴诚记	六甲	55,000	常开国、段如桐、王定忠、常福	3
元亨永记	六甲	100,000	董万全、刘昌凤、董万荣、侯恒茂	4
丰玉成记	六甲	35,000	武成全、孔继裕、李时桂、冯尚福	3
兴泰文记	六甲	24,000	田子正、田德全、田振发	3
三和正记	六甲	35,000	乔捷宝、左佩伸、闫继贵	3
光明彰记	六甲	36,000	郭存仁、郭存义	2
复兴隆记	六甲	24,000	靳述章、贾培泰	3

（续）

商号名称	保甲	销茶烟布匹杂货（斤）	铺户姓名	进口贩货次数
协和公记	六甲	35,000	贺大谟、杜方显	2
恒泰隆记	六甲	22,000	徐章、郝廷兰、徐有富	3
复兴源记	七甲	16,000	张舜谦、李守富、任德明	2
义兴广记	八甲	35,000	张元智、张元广、张继斌	3
三和魁记	九甲	24,000	张祥祖、李安福、王世雄、瓮有、田发育、宋凤魁、宋凤成	2
复隆源记	九甲	24,000	李养斌、张安正、马如融	2
兴隆魁记	九甲	20,000	靳德标、靳承财、李廷富、孔汉通、李永宗、王汉魁	2
大元号记	九甲	12,000	杨元俊、杨振德、董宗元、申绍理	2
义盛永记	九甲	6,000	荣绅、荣锈	2
源丰永记	九甲	16,000	张顶会、王家士	2
魁隆号记	十一甲	36,000	陈荣寿、王宝、任柏、郝志德、王国祯、袁国翰、原国礼、严志文、严文灿	2
复兴泰记	十一甲	60,000	刘永长、张正心、寇彩、刘昌嗣、刘旺基、乔克顺	3
广和源记	十一甲	24,000	王葛、宋贵、王湘	2
恒兴泰记	十一甲	24,000	路珺、张树德、张存富、李桂富	2
义顺长记	十一甲	24,000	王业兴、孟智、王伦琮	2
广和权记	十一甲	24,000	贺士杰	2
四合全记	十二甲	48,000	吕咸成、赵永发、张世仁、李师舜、赵永义、李爵	4

资料来源：《蒙古国家档案局档案》，编号 021—019，页 0165—0204；编号 021—020，页 0205—0221。

附录 4—2 嘉庆十八年(1813)库伦买卖城之商号及其规模

铺户	伙计姓名	甲别	人数	铺户规模
义兴成记	张继斌、刘彬、侯梦肇、靳宏照、王宏山	头甲铺首	一铺五人	中铺户
大兴弘记	王世珝、辛玉珽、郭汝鲁、靳学义	头甲	一铺四人	中铺户
元成亨记	张振仁、靳贵江、杨承振、杨汝荣、任培元	头甲	一铺五人	中铺户
元顺恒记	田遇霖、孔昭富、李其俊	头甲	一铺三人	小铺户
天和义记	徐学儒、徐学健、徐天禄、余秉乾、高世德	头甲	一铺五人	中铺户
永顺成记	王国顺、张富	头甲	一铺二人	小铺户
李靴铺	李天浸、宋其凤、李廷贵、杨五伦	头甲	一铺四人	小铺户
范酒铺	范大荣、刘宗周、王瑞、张宗荣	头甲	一铺四人	小铺户
义合成记	赵学圣、赵好仁、梁荣、董其烈、薛泉	头甲	一铺五人	中铺户
义兴龙记	李志懋、王世贵、白琇	头甲	一铺三人	小铺户
贾靴铺	贾邦凯、贾邦琡、张有成	头甲	一铺三人	小铺户
广和荣记	杨荣、田广荣、霍彰锦	头甲	一铺三人	小铺户
东泉涌记	高玉美、武定清、刘光明、王明珠、乔能相	二甲铺首	一铺五人	小铺户
	王栋	二甲	一铺一人	小铺户
永合长记	赵德威、赵德振	二甲	一铺二人	小铺户

（续）

铺户	伙计姓名	甲别	人数	铺户规模
永盛昌记	原正沛、和永照、雷应发	二甲	一铺三人	中铺户
永盛茂记	李官	二甲	一铺一人	小铺户
张果子铺	张振业、孔自安、胡青海、王正勉	二甲	一铺四人	小铺户
隆泰和记	吕建功、任大兴	二甲	一铺二人	小铺户
顺义公记	刘裕基、刘衍基、刘惠基、张其宰	二甲	一铺四人	中铺户
万源发记	李天敦、王玉宏、贾檀	二甲	一铺三人	中铺户
义盛美记	甄全德、赵满魁	二甲	一铺二人	中铺户
资深源记	王永璇、郝文彬	二甲	一铺二人	小铺户
广和源记	王湘、王永璜、刘存仁、陈守礼	二甲	一铺四人	中铺户
德盛魁记	马殿魁、程学增、孙前珍	二甲	一铺三人	小铺户
兴隆永记	王世永、王功、王九章、武兆胜、蔚峻岭	二甲	一铺五人	中铺户
元亨永记	刘维城、崔联霞、侯恒茂、王大敬、郭振基、侯清望、段兴业、游维廷、张彦杰、朱光罩、赵九畴	三甲铺首	一铺十一人	大铺户
三义成记	靳承绪、黄万银、靳成统、温嘉善	三甲	一铺四人	小铺户
天吉焕记	李维礼、郭应霄、孙武、任天保、张恒裕、张炳威、杜凌瀛、王荫堂	三甲	一铺八人	中铺户
天义永记	宋锦常、韩绍珠、闫文秀、李治庭	三甲	一铺四人	小铺户
王鞍子铺	王万选、董安邦、杨锦	三甲	一铺三人	小铺户

（续）

铺户	伙计姓名	甲别	人数	铺户规模
四合如记	田如濮、田如洲、张里亿	三甲	一铺三人	小铺户
复兴宗记	许人栋、张麟书	三甲	一铺二人	中铺户
万合锦记	王学灏、甄传智、孙元辅、左裕昌	三甲	一铺四人	中铺户
万和成记	王玨、王曰弼、陈玉瑗、严国湖	三甲	一铺四人	大铺户
万盛高记	吕天德、王自明、陈茂盛、赵宁	三甲	一铺四人	中铺户
万兴隆记	武大寿、田福有	三甲	一铺二人	小铺户
兴盛全记	原正禄、王鉴、原天其	三甲	一铺三人	小铺户
兴盛高记	高如德、高升	三甲	一铺二人	小铺户
兴隆魁记	翟荣廷、翟裕龙、翟裕国、翟裕德、梁佐、杨培智	三甲	一铺六人	大铺户
双舜全记	王德玉、王公安、王元宰、王元相、贺裕昌、李世英	三甲	一铺六人	中铺户
四合成记	麻成元、李尚金、王宁、武曜宗、李宪、李德发、张宗亨	四甲铺首	一铺七人	大铺户
	王善义	四甲	一铺一人	小铺户
泰来东记	赵鸿儒、郝元聪	四甲	一铺二人	中铺户
郝靴铺	郝有银、郝有成、郝如冈、谢玉明	四甲	一铺四人	中铺户
万盛明记	张实、郝儒詺、张清快、王善义	四甲	一铺四人	小铺户
广大善记	刘成、刘炳、刘焕	四甲	一铺三人	中铺户

（续）

铺户	伙计姓名	甲别	人数	铺户规模
兴成世记	史义成、韩嘉瑞、贺宁世、刘成	四甲	一铺四人	小铺户
义合美记	武良玉、杨永成、田振龙、田福元、郭在基、田大有、李学召、郭天相、刘开桂、张富德	五甲铺首	一铺十人	大铺户
元盛永记	张敦远、许福宝、杨永茂、李唐学	五甲	一铺四人	中铺户
复顺元记	任三元、任大富、孙恒昌、范国栋、田生�、任定元、任大韵、张体仁、石永仁、吕万福	五甲	一铺十人	中铺户
涌泉德记	李唐学、李唐荣	五甲	一铺二人	小铺户
万盛和记	戴成功、戴成宣	五甲	一铺二人	小铺户
义和荣记	袁正藩、张福荣	五甲	一铺二人	小铺户
兴合成记	任廷栋、任廷梁、朱大士	五甲	一铺三人	小铺户
双盛魁记	岳本光、杨普、董佩域、马德曜、杨焕章	五甲	一铺五人	中铺户
元顺隆记	李尚宝、韩普德、李月明、马丕成、温忠魁、李荣廷、刘光斗、李有金	六甲铺首	一铺八人	大铺户
元顺美记	杨丰有、赵诚昌、杨珍林、郑昌年	六甲	一铺四人	小铺户
世成泉记	毕志立、毕志义、常子元、乔成珠	六甲	一铺四人	中铺户
四合美记	马光成、朱亮照、武希圣、刘玉环、张瑞荣、安百福	六甲	一铺六人	大铺户
永合义记	王国义	六甲	一铺一人	小铺户
孙靴铺	孙辅汤、孙惠汤、孙贵汤、刘晏	六甲	一铺四人	小铺户
梁果子铺	梁刚恭、张正重	六甲	一铺二人	小铺户

（续）

铺户	伙计姓名	甲别	人数	铺户规模
鼎顺永记	王汝魁、王汝智、王汝成、范顺	六甲	一铺四人	小铺户
豊合源记	陈之驯、高福元、李志翰、孟永荣、梁广成、张凤鸣	六甲	一铺六人	大铺户
兴泰长记	刘大汉、王福昌	六甲	一铺二人	小铺户
兴盛基记	苗丕基、苗永基	六甲	一铺二人	小铺户
永茂盛记	岳成泰、贾焕、张旭、李生会、王珅	七甲铺首	一铺五人	大铺户
王木匠铺	王登科、王义宁、王义泰、申玉基	七甲	一铺四人	小铺户
世兴全记	刘源铭、刘开矿、王文义、张正明、任廷刚、贾邦魁	七甲	一铺六人	大铺户
四合公记	张世俊、田义海、吕江、魏忠宏、潘克亮	七甲	一铺五人	中铺户
白画匠铺	白映宽、王谟	七甲	一铺二人	小铺户
亨泰昌记	张连珍、任文德、马汉功、张永宁、田积武、郭润、王礼贤、程起瑚	七甲	一铺八人	中铺户
曹画匠铺	曹观、兰有、杨成、杨增云、高尚义	七甲	一铺五人	小铺户
郭木匠铺	郭春生、郭义	七甲	一铺二人	小铺户
复兴源	张炳年、张亨聚、赵永泉、马烈	七甲	一铺四人	小铺户
震隆昌记	呼万山、严文焕、程盛元、贾振刚、任起凤、张文学、严文炤、田富彪	七甲	一铺八人	中铺户
兴盛昌记	惠天昌、田士宁	七甲	一铺二人	小铺户
兴盛源记	张独贵、薛大起、陈德玉、田生重、王定有、薛正明、侯世久、李养真	七甲	一铺八人	大铺户

（续）

铺户	伙计姓名	甲别	人数	铺户规模
万顺亿记	翟生澄、张中正、张山宗、王永清、闫九镇、申汉璧	八甲铺首	一铺六人	大铺户
	赵连仁、任春荣、段荣乔、任振宁	八甲	一铺四人	小铺户
三合义记	王业卿、韩生福、史明职	八甲	一铺三人	小铺户
三盛永记	刘守愚、李永成、米永升、张圻、张成福	八甲	一铺五人	中铺户
天裕魁记	孟继贤、袁治泰、许大杰、陈奇玙、宋成功	八甲	一铺五人	大铺户
和合成记	杜万金、李积枝、霍珍金、和永旺	八甲	一铺四人	中铺户
复成锦记	程寤、程忠英	八甲	一铺二人	小铺户
复兴泰记	刘胤、张之魁、寇彩、刘廷献、常秉林、白伟	八甲	一铺六人	大铺户
兴泰和记	李学周、田福隆、张殿鳌	八甲	一铺三人	中铺户
兴隆有记	裴有金、裴元仁、裴有银、刘锦钟、裴恩广	九甲铺首	一铺五人	大铺户
大元号	杨振德、董宗元、董昌清	九甲	一铺三人	?
元顺和记	王公仁、韩宗武、刘积林、韩天福	九甲	一铺四人	?
元顺明记	张致中、张广真、乔明、李月如	九甲	一铺四人	?
永盛礼记	范礼、张元贵、韩生祥、原天佑、史传礼	九甲	一铺五人	?
协同兴记	陈荣久、韩宗舜、郭居连	九甲	一铺三人	?
协和公记	周万国、王积龄、韩朝栋、刘德明、李德瀛、王锡	九甲	一铺六人	大铺户

（续）

铺户	伙计姓名	甲别	人数	铺户规模
恒泰鸿记	马德鸿、田继远、田有林、张烈珍、梁成聚、屈开堂	九甲	一铺六人	?
振合魁记	杜振金、杜来泰	九甲	一铺二人	?
万常荣记	米兆熊、韩彦兴、贾存仁、贾永年、薛大兴、李重耀、李天发	九甲	一铺七人	中铺户
庆昌明记	殷瑄	九甲	一铺一人	?
兴盛全记	张承宽、张万执、田有年	九甲	一铺三人	?
美玉明记	曹嵋、曹峨、邢肇德、张九明、冀登科、王元庆	十甲铺首	一铺六人	大铺户
天赐详记	武桂、武宗、王国桢	十甲	一铺三人	?
和合鸣记	赵朝财、郝美质、刘龙、渠文金、郝美庆、范歧兴、郝步蟾、许国正	十甲	一铺八人	中铺户
富有明记	郭凯、刘士元、曹仓、段荣禄、张定成	十甲	一铺五人	中铺户
隆泰裕记	左佩绍、闫廷辅、吕永宽、闫廷荣、王君泰、田继儒	十甲	一铺六人	大铺户
万盛同记	王君玺、王君惠、李君临、庞光暄	十甲	一铺四人	?
万源吉记	赵佶、杜檀、蔡文秀、刘继锡	十甲	一铺四人	中铺户
义合忠记	田声钟、张根年、原天舒、张世栋、田继顺、刘锦彪、武筠	十甲	一铺七人	大铺户
刘木匠铺	刘大量、刘大副、刘世俊、胡万年、刘大有	十甲	一铺五人	中铺户
兴盛鸣记	赵朝库、程明斗、赵应瑞、高良会、赵安峻、程大贵	十甲	一铺六人	大铺户
三兴德记	韩经、张映极、张满成、马德要、武廷祥	十一甲铺首	一铺五人	中铺户

（续）

铺户	伙计姓名	甲别	人数	铺户规模
三合成记	孔宪美、孔继明、赵忠典、贺经魁、侯世龙、李建正、薛大发、任应禄、刘世才	十一甲	一铺九人	大铺户
元玉成记	白存、赵如城	十一甲	一铺二人	小铺户
天春永记	赵金贵、张映枢、常正身、王正仪、王子庆、李明泰、张文宪、宋士奇、闫万年、赵鸿瑞、杜继禹、梁文振	十一甲	一铺十二人	大铺户
林盛元记	霍乃林、韩伯雍、李逢盛、雍廷元、雍振伦、岳世奇	十一甲	一铺六人	大铺户
恒泰如记	赵如英、王吉元、王宗富、张宗宁、田贵林、曾殿伟	十一甲	一铺六人	中铺户
义盛魁记	刘廷翼、刘廷选	十一甲	一铺二人	小铺户
豊玉成记	郝廷章、王槐、冯尚福、田鐩玉	十一甲	一铺四人	中铺户
福泉涌记	王有成、张瑞恺、任积璇、王有域、常秉义、师国财	十一甲	一铺六人	小铺户
兴盛魁记	刘宜珍、刘锦宽、刘作有、刘汉基、刘作连	十一甲	一铺五人	中铺户
万盛隆记	郝廷兰、寇发文、刘宜秀、李廷槐、刘富升、高永恭	十二甲铺首	一铺六人	大铺户
九如号	王在镐、范奇远、范生廷、闫富朋	十二甲	一铺四人	大铺户
天锡恒记	胡大泰	十二甲	一铺一人	小铺户
王木匠铺	王显得、武顺、郝廷桂、孟成义、段祥	十二甲	一铺五人	小铺户
振隆广记	侯世泰、王廷兰、李宗伯、张玉瑢、田士宝、梁庆承	十二甲	一铺六人	大铺户
复盛义记	李廷贵、李安浮、张泰常、王三灏	十二甲	一铺四人	小铺户
万发成记	赵心和、裴玉毓、闫魁武、王文正	十二甲	一铺四人	大铺户
魁元义记	王成德、李达璋	十二甲	一铺二人	小铺户
广裕涌记	李天受、乔能保、田发栋、武夺宰、田兴如、成家麟	十二甲	一铺六人	大铺户

资料来源：《蒙古国家档案局档案》，编号 024—007，页 0017—0152。

附录 4—3 光绪三十四年(1908)买卖城栅内保甲门牌清册

位置	序号	名称	姓名	籍贯	铺内伙计（名）	雇工人数（名）	内寓住房人(名)	备注
东营南栅内东西巷	第 1 号	吕祖庙住持	任元贵	山西孝义县		1		
东营南栅内东西巷	第 2 号	城隍庙住持	朱汉元	山西榆次县		1		
东营南栅内东西巷	第 3 号	鲁班庙住持	马悬	直隶西宁县		1		
东营南栅内东西巷	第 4 号	路有木匠手艺					7	
东营南栅内东西巷	第 5 号	葛有差役					2	男人 2 名
东南巷	第 6 号	张盛林肉铺	张盛林	直隶万全县	3			
东南巷	第 7 号	张万金肉铺	张万金	山西汾阳县	2			
东南巷	第 8 号	通兴义皮房	李正成	山西代州人	2	6		
东南巷	第 9 号	李醋铺	李建礼	山西汾阳县	2			
东南巷	第 10 号		侯忠义	山西汾阳县			7	
东南巷	第 11 号	明盛魁	郝明木匠	直隶西宁县			15	
东南巷	第 12 号	集义生靴铺	贺有	山西归化城厅	5		3	
东南巷	第 13 号	三盛元烛铺	马成瑞	山西应州	8			
东南巷	第 14 号	兴泰隆	马栢荣	山西汾阳县	12	1		
东南巷	第 15 号	豆腐房	马永福	山西汾阳县	1			

（续）

位置	序号	名称	姓名	籍贯	铺内伙计（名）	雇工人数（名）	内寓住房人（名）	备注
东南巷	第 16 号	兴盛魁	温如璋	直隶万全县	8			
东南巷	第 17 号		白拉水	山西丰镇厅		2		
东南巷	第 18 号	宝琏和	梁福宝	山西代州人	6		7	内寓客人永裕恒周连宝山西归化城厅人
东南巷	第 19 号	顺丰信	原心学	山西汾阳县	6		4	内寓客人万合庆铺伙 4 名
东南巷	第 20 号	兴隆魁	陈世恩	山西祁县	8	2		
中巷由东至西	第 21 号	世成永	李世照	山西汾阳县	11	2		
中巷由东至西	第 22 号	元顺明	董立仁	山西祁县	16	3	5	内寓客人德生豫铺伙 4 名、元顺合铺伙 1 名
中巷由东至西	第 23 号	蔚诚德	吕广裕	山西祁县	9	1		
中巷由东至西	第 24 号	电报局						
中巷由东至西	第 25 号	裕合德	郭富堂	山西徐沟县	16	2		
中巷由东至西	第 26 号	林盛元	宋联玉	山西汾阳县	13	2		
中巷由东至西	第 27 号	万庆和	张万和	山西文水县	10	1		
中巷由东至西	第 28 号	三盛得	严正铭	山西汾阳县	6	1		
中巷由东至西	第 29 号	中和裕	苏尔康	山西汾阳县	8	1		
中巷由东至西	第 30 号	大德庆	袁守邦	山西祁县	8	1		

（续）

位置	序号	名称	姓名	籍贯	铺内伙计（名）	雇工人数（名）	内寓住房人（名）	备注
中巷由东至西	第 31 号	万源长	王永安	山西汾阳县	19	2	4	内寓客人裕盛和铺伙 4 名
中巷由东至西	第 32 号	四合成	郭万仓	直隶西宁县	15	2		
中巷由东至西	第 33 号	三兴德	翟启瑞	山西祁县	15	2		
中巷由东至西	第 34 号	元升永	吕譱	山西交城县	7	1		
中巷由东至西	第 35 号	广丰德	张荣	山西汾阳县	18	3		
中巷由东至西	第 36 号	义合忠	郝延枢	山西汾阳县	12	2	4	内寓客人独慎玉铺伙 4 人
中巷由东至西	第 37 号	永和昌	任积	山西汾阳县	2			
中巷由东至西	第 38 号	天成源	宋怀元	山西汾阳县	4	1	3	内寓客人大义和铺伙 1 人、长益永伙 2 人
中巷由东至西	第 39 号	天庆隆	王景楼	山西祁县	14	3		
中巷由东至西	第 40 号	源泉涌	任玉金	山西汾阳县	17	2		
中巷由东至西	第 41 号	祥发永	王桂洁	山西汾阳县	12	3		
中巷由东至西	第 42 号	大亨昌	赵寿臣	直隶万全县	11	2		
中巷由东至西	第 43 号	大清银行						
中巷由东至西	第 44 号	大珍玉	冠安国	山西榆次县	16	3		

（续）

位置	序号	名称	姓名	籍贯	铺内伙计（名）	雇工人数（名）	内寓住房人（名）	备注
中巷由东至西	第45号	复源德	杨建	山西太谷县	4		5	内寓客人锦泉涌铺伙5人
中巷由东至西	第46号	源发长	郭进之	山西榆次县	10	5		
中巷由东至西	第47号	中兴和	李旺山	山西榆次县	13	2		
中巷由东至西	第48号	协裕和	张锦魁	山西汾阳县	14	3	10	内寓客人大升玉铺伙7人、恒义隆铺伙3人
中巷由东至西	第49号	庆和达	许承枢	山西文水县	12	2		
关帝庙前	第50号	恒义源	张如桂	山西汾阳县	8	2	8	内寓客人公合元铺伙4名、永玉恒铺伙4名
关帝庙前	第51号	德和远店	李本善	山西汾阳县	4	3	11	内寓客人复源长铺伙4名、禄美园铺伙2名、巨兴盛铺伙5名
关帝庙街	第52号	谦和增	王永贤	直隶赤峰县	5	2	5	内寓客人谦贞盛铺伙2名、兴隆和铺伙3名
关帝庙街	第53号	万亿魁	赵永隆	山西左云县	5			
关帝庙街	第54号	万亿隆	张英	山西大同县	5			
关帝庙街	第55号	三和堂	杨世俊	直隶万全县	5			
关帝庙街	第56号	兴盛隆	殷朝相	山西大同县	4			

（续）

位置	序号	名称	姓名	籍贯	铺内伙计（名）	雇工人数（名）	内寓住房人（名）	备注
关帝庙街	第 57 号		郭计远	山西榆次县	1			
关帝庙街	第 58 号	天锦源	李禄	山西大同县	1			
关帝庙街	第 59 号	义盛德	张振祥	直隶万全县	2			
关帝庙街	第 60 号	公合全	任秉越	山西榆次县	11	2		
关帝庙街	第 61 号	双舜全	孟维璧	山西徐沟县	12	2		
关帝庙街	第 62 号	恒隆光	田丰积	孝义县	13	2		
关帝庙街	第 63 号	合盛源	王景明	山西榆次县	9	1		
关帝庙街	第 64 号	正德泉店	韩毓	山西文水县	3	6	19	内寓客人永盛全铺伙 2 名、永发魁铺伙 2 名、赵酒铺铺伙 3 名、义成恒铺伙 7 名、元兴永铺伙 2 名、义顺成铺伙 1 名、义和涌铺伙2 名

资料来源：《蒙古国家档案局档案》，编号 010—003，页 0059—0074。

附录 4—4　西库伦铺户册

保甲	商号	执事人	籍贯	岁数	伙计	佣工	寓居	备注
头甲长带领天字第首号	锦泰玉	魏模	山西榆邑	51	7	1		
头甲长带领天字第首号	协裕和	张庆裕	山西汾邑	49	8	3		
头甲长带领天字第首号	南源发长	丁福云	山西文邑	54	13	1	2	
头甲长带领天字第首号	林盛元	徐廷云	山西汾邑	46	14	1		
头甲长带领天字第贰号	前义合盛	赵铠	山西文邑	44	3			
头甲长带领天字第贰号	德隆豫	张祯	山西榆邑	61	16	3		
头甲长带领天字第贰号	南义合盛	王增世	山西汾邑	54	11	1		
头甲长带领天字第贰号	西永茂公	王智茂	山西汾邑	35	16	1		
头甲长带领天字第叁号	南永茂公	王贵宝	山西汾邑	47	9	1		
头甲长带领天字第叁号	益美公	吴树	山西汾邑	41	10	2	3	
头甲长带领天字第叁号	福盛玉	阎维藩	山西汾邑	45	9	1		
头甲长带领天字第叁号	源泰庆	吕保和	山西祁邑	50	4			
头甲长带领天字第肆号	天德和	田玉川	山西孝邑	41	11	2		
头甲长带领天字第肆号	万顺德	王丕谦	山西祁邑	56	5	1	4	
头甲长带领天字第肆号	大生明	麻荫榛	山西文邑	55	7	1	2	内寓义昌恒楫和魁共伙友2名

（续）

保甲	商号	执事人	籍贯	岁数	伙计	佣工	寓居	备注
头甲长带领天字第肆号	庆德正	方祯山	山西太原府	50	14	1		
头甲长带领天字第肆号	义合公	刘东政	山西孝邑	35	15	3		
头甲长带领天字第肆号	日升茂	王大鑫	山西汾邑	41	12	3	4	
头甲长带领天字第伍号	义和生	于隆文	山西大同府	41	22			
头甲长带领天字第伍号	永茂生	姚步銮	山西汾邑	46	10	1		
头甲长带领天字第伍号	兴隆玉	张正本	山西汾邑	37	2			
头甲长带领天字第伍号	久盛长	惠九元	山西汾邑	42	2			
头甲长带领天字第陆号	天松源	任士礼	山西汾邑	43	6			
头甲长带领天字第陆号	丰泰亨	郭咸亨	山西孝邑	38	12	1		
头甲长带领天字第柒号	三义合	计永隆	山西大同府	36	10	10		
头甲长带领天字第捌号	西源泉涌	曹大元	山西汾邑	40	11	2		
头甲长带领天字第捌号	南源泉涌	郑义山	山西大同府	45	6	2		
二甲长带领地字第首号	万和长	张绫	山西代州	27	8	1	3	
二甲长带领地字第首号	福全永	郭元文	山西代州	40	3			
二甲长带领地字第首号	北义合盛	刘莹灿	山西太原府汾邑	53	9	2		
二甲长带领地字第首号	裕和德	张士恒	山西汾阳县	47	7	1		

（续）

保甲	商号	执事人	籍贯	岁数	伙计	佣工	寓居	备注
二甲长带领地字第贰号	义福永	王廷兰	山西代郡	44	3			
二甲长带领地字第贰号	兴隆堂	贾继善	山西代郡	49	6	1		
二甲长带领地字第贰号	广泰和	张锦本	山西交城县	49	13	1		
二甲长带领地字第贰号	协泉涌	王毓运	山西汾州	30	6			
二甲长带领地字第叁号	聚和敦	王建保	山西代郡	38	4			
二甲长带领地字第叁号	三义成	黄登明	山西大同	50	4	11	6	浮寓客人3名，院内客人3名，共6名
二甲长带领地字第叁号	聚义成	张士魁	山西代州	45	3			
二甲长带领地字第叁号	仁义轩	郑尚仁	山西应州	36		8		
二甲长带领地字第肆号	大兴义	王殿选	山西大同	46	5			
二甲长带领地字第伍号	德义永	安有山	山西代州	34	8			
二甲长带领地字第伍号	兴隆永	孙翘	山西代郡	46	4	25		
二甲长带领地字第伍号	光和裕	张守恩	山西汾州	42	7	1	10	
二甲长带领地字第陆号	天星明	孙友善	山西应州	33	7	1		
二甲长带领地字第陆号	元顺明	贾祥	山西归化城	40	9	1		
二甲长带领地字第柒号	合盛源	路昭	山西交城县	56	11	1		
二甲长带领地字第柒号	三兴德	殷尚厚	山西交城县	49	8	1		

（续）

保甲	商号	执事人	籍贯	岁数	伙计	佣工	寓居	备注
二甲长带领地字第柒号	永茂魁	石巨	山西交城县	55	6	1		
二甲长带领地字第柒号	义合忠	张茂森	山西汾州	46	15	2		
三甲长带领元字第首号	庆泉昌	李珠	山西归化城	42	6	1		
三甲长带领元字第首号	日升光	兰世金	山西代郡	32	9	2	4	甘州客人 4 名
三甲长带领元字第首号	义合美	张廷廒	山西汾阳县	52	12	2		
三甲长带领元字第首号	大庆昌	辛尔惠	山西孝义县	41	6	1		
三甲长带领元字第首号	亿中昌	戴克齐	山西代州	52	10	3		
三甲长带领元字第首号	恒隆裕	张焕章	山西朔平府	36	4	1		
三甲长带领元字第首号	万和魁	王富	山西归化城	48	3	3		
三甲长带领元字第首号	双舜全	张士进	山西汾阳县	47	9	1		
三甲长带领元字第首号	永升玉	李怀春	山西汾阳县	42	3	1	5	甘州客人 5 名
三甲长带领元字第贰号	福顺元	萧吉永	山西大同府	40				
三甲长带领元字第贰号	永兴元	于永	山西西宁县	56		7		
三甲长带领元字第贰号	天德永	杨富化	山西归城	38		5		
三甲长带领元字第贰号	何铜铺	何满红	山西代郡	65				
三甲长带领元字第贰号	星盛公	朱星照	山西代郡	45		3		
三甲长带领元字第叁号	福顺德	周崇善	山西大同府	52		9		

（续）

保甲	商号	执事人	籍贯	岁数	伙计	佣工	寓居	备注
三甲长带领元字第叁号	三义和	陈智和	山西代州	54	3	2		
三甲长带领元字第叁号	兴隆栈	马银	山西代州	66	4	7		
三甲长带领元字第叁号	广兴成	邢世安	山西代州	59		7		
三甲长带领元字第肆号	乾裕德	刘学淦	山西汾阳县	50	8	2		
三甲长带领元字第肆号	万盛长	梁海长	山西代州	50	2	3		
三甲长带领元字第肆号	大德旺	张慎言	山西沂州	39	2			
三甲长带领元字第肆号	万玉堂	张琛	山西代郡	36	4	1		
三甲长带领元字第伍号	东万兴德	魏衍麒	山西汾阳县	40	20	2		
三甲长带领元字第伍号	义和荣	王占鳌	山西孝义县	57	7	2		
三甲长带领元字第伍号	西万兴德	史亮	山西归化城	35	12	2		
三甲长带领元字第伍号	西万隆魁	胡杰	山西太原县	45	8	1		
三甲长带领元字第伍号	万盛茂	刘贵	山西应州	26	8	1		
三甲长带领元字第伍号	日升恒	韩礼达	山西汾阳县	25	8	2		
三甲长带领元字第伍号	恒兴达	徐学洙	山西孝义县	54	6			
三甲长带领元字第伍号	三盛光	郝贞烈	山西孝义县	54	15	2		另有门生3名
四甲长带领黄字第首号	义恒成	余永安	山西代州	61	2	1		
四甲长带领黄字第贰号	天兴永	李德贞	山西汾州	45	5	1		雇工1名为厨工

（续）

保甲	商号	执事人	籍贯	岁数	伙计	佣工	寓居	备注
四甲长带领黄字第叁号	万庆长	靳希仲	山西代州	61	2	3	14	住房人 5 家，另留刘振麟共伙计 9 人，于光绪三十四年四月廿五日来下金厂受苦，山东曹州府人氏年卅岁
四甲长带领黄字第肆号	北亿中昌	吕相	山西祁邑	46	8			
四甲长带领黄字第陆号	和兴元	黄元	山西宁州	35		2	2	
四甲长带领黄字第柒号	北永茂公	张守庆	山西汾州	42	8	1		
四甲长带领黄字第捌号	锦北魁	张显棋	山西汾州	52	7	1		
四甲长带领黄字第拾号		梁永富	山西汾州				7	住房人有吕执信山西祁邑人氏、王景连汾州人氏、胡美东口人氏、叶国永代州人氏、李正荣代州人氏、于德淦汾州人氏、李庸东口人
四甲长带领黄字第拾贰号	光兴全画铺	马成	山西应州	58	2	4		
四甲长带领黄字第拾叁号	玉成元	龚长	山西大同府	33	7			
四甲长带领黄字第拾肆号	汇泉诚	田哲乡	山西汾州	58	7	1		

资料来源：《蒙古国家档案局档案》，编号 010—005，页 0093—0146。

附录6—1 商号罚牲畜

商号名称	牲畜名称	数量	银(两)	商号名称	牲畜名称	数量	银(两)
元盛德	大驼	175	12	大盛魁	大驼	7	12
	小驼	33	4		小驼	3	4
	大马	55	6		大马	12	6
	小马	15	2		小马	6	2
	大牛	60	4		大牛	12	4
	小牛	20	2		小牛	4	2
	羊	1,785	0.5		羊	490	0.5
共银	3,764.5			共银	481		
天义德	大驼	18	12	聚和源	大驼	6	12
	小驼	9	4		小驼	3	4
	大马	25	6		大马	14	6
	小马	18	2		小马	9	2
	大驼	910	0.5		大牛	8	4
	羊				小牛	4	2
					羊	98	0.5
共银	893			共银	275		
	大马	12	6		大驼	4	12

（续）

商号名称	牲畜名称	数量	银(两)	商号名称	牲畜名称	数量	银(两)
元兴隆	小马	6	2	广盛魁	小驼	3	4
	大牛	9	4		大马	12	6
	小牛	4	2		小马	6	2
	羊	742	0.5		大牛	9	4
					小牛	4	2
					羊	560	0.5
共银	499			共银	420		
义成正	大马	6	6	四合铺	大驼	6	12
	小马	3	2		小驼	3	4
	大牛	14	4		大马	6	6
	小牛	6	2		小马	3	2
	羊	210	0.5		羊	140	0.5
共银	215			共银	196		
大兴森	大驼	4	12	永盛德	大马	4	6
	大马	4	6		小马	5	2
	大牛	6	4		羊	280	0.5
	小牛	2	2				
	羊	140	0.5				
共银	170			共银	174		

（续）

商号名称	牲畜名称	数量	银(两)	商号名称	牲畜名称	数量	银(两)
渠粤盛	大马	6	6	田生玥	羊	350	0.5
	小马	3	2				
	羊	140	0.5				
共银		112		共银		175	
万明昌	羊	84	0.5	永兴发	羊	140	0.5
共银		42		共银		70	
永富魁	羊	56	0.5	广盛林	大牛	5	4
共银		28		共银		20	
长源德	大马	2	6	元盛魁	羊	168	0.5
	羊	28	0.5	共银		84	
共银		26		以上十八家铺户共折罚银 7,736.5 两			

资料来源：《宫中朱批奏折·财政类》，编号 0787—007，道光元年十二月二十日。另，布彦德勒克名下出元宝 2 锭、茶 2 箱、布 1 卷，共计小布 40 匹。应入官元宝一锭重 5 两、小布 20 匹，每匹折价银 4 钱，茶 1 箱折价银 6 两，共折价银 64 两。

《宫中朱批奏折·财政类·库储》，编号 0787—007，道光元年十二月二十日。

附录 7—1　科布多自治旗兵备额数统计表

盟名	旗名	章京员数	昆都员数	兵额
杜尔伯特左盟旗	左翼杜尔伯特旗	4	4	400
	左翼杜尔伯特中旗	1	1	100
	左翼杜尔伯特中左旗	1	1	100
	左翼杜尔伯特中上旗	1	1	100
	左翼杜尔伯特前右旗	1	1	100
	左翼杜尔伯特中前旗	1	1	100
	左翼杜尔伯特中后旗	1	1	100
	左翼杜尔伯特中下旗	1	1	100
	左翼杜尔伯特中后左旗	1	1	100
	左翼杜尔伯特中前左旗	1	1	100
	左翼杜尔伯特中后右旗	1	1	100
	左翼杜尔伯特下后旗	1	1	100
杜尔伯特右盟旗	右翼杜尔伯特前旗	10	10	1,000
	右翼杜尔伯特中前右旗	2	2	200
	右翼杜尔伯特中前旗	2	2	150
	右翼杜尔伯特下前旗	2	2	150
	札哈沁贝子旗	2	2	200
	札哈沁公旗	2	2	150
	明安特旗	2	2	150
	额鲁特旗	2	2	150
总计		39	39	3,650

资料来源:《科布多自治旗现有兵备额数统计表》,收入《内蒙古史志》,册 70,页 407—409。

附录 8—1　民国元年蒙乱前科城城外商场华商私有房产表

序号	商号	号东或房主姓名	籍贯	执事人姓名	房屋坐落	房屋栋数	正房间数	陪房间数	余房间数	房间数	院墙丈尺	菜园亩数	花园亩数	树木株树	水井数	上等房间数	中等房间数	下等房间数	估计价值（两）	备注
1	大盛魁	王伸、史秉杰、张恕心	山西太谷、祁县	张林	大街南头路西	3	40	75	83	198	3,875.00	15	25	327	3	80	108	10	76,590.00	王姓太谷人、史张二姓祁县人。此房树木每株作银十两，本号院墙丈尺照壁在内
2	永盛楼	武世桂	察哈尔张北县	刘大昌	大街南头路西	1	8	5	2	15	300.00	3	0	3	0	0	13	2	4,470.00	
3	无	靳玉山	山西汾阳县	无	大街南头路西	1	9	14	5	28	250.00	7	0	0	0	0	8	20	5,540.00	内有菜园四亩房二间在大街南头街外
4	无	色利阿訇	新疆疏勒县	阿司马	大街南头路西	1	9	13	2	24	350.00	3	0	0	1	13	3	8	8,200.00	
5	无	郭林	山西祁县	无	大街南头路西	2	20	13	2	35	600.00	3	0	4	1	0	25	10	9,630.00	房出租
6	广兴隆	李永升、闪云龙、马国宝、萧万顺	直隶宣化、县察哈尔张北县	无	大街南头路西	1	14	34	7	55	1,160.00	5	0	4	1	4	40	11	16,440.00	号东李闪马三姓宣化人，萧姓张北县人
7	德盛魁	武德仁	山西太原县	无	大街南头路东	1	7	11	1	19	300.00	2	0	0	0	3	13	3	5,750.00	本号院墙丈尺照壁在内
8	无	马天宝	察哈尔张北县	无	大街南头路东	1	2	0	0.5	2.5	190.00	1	0	1	0	0	2	0.5	940.00	房出租
9	无	王林	察哈尔张北县	无	大街南头路东	1	17	5	1	23	600.00	0	0	1	0	0	17	6	6,420.00	房出租
10	复兴通	吴建勋	山西文水县	无	大街南头路东	1	12	11	1	24	1,400.00	6	0	2	1	0	24	0	9,110.00	本号院墙丈尺照壁在内

（续）

序号	商号	号东或房主姓名	籍贯	执事人姓名	房屋坐落	房屋栋数	正房间数	陪房间数	余房间数	房间数	院墙丈尺	菜园亩数	花园亩数	树木株树	水井数	上等房间数	中等房间数	下等房间数	估计价值（两）	备注
11	聚义魁	王秉昌	山西汾阳县	无	大街南头路东	1	17	15.5	3	35.5	600.00	7	0	3	1	10	7	18.5	10,060.00	
12	永德魁	白林山	山西文水县	花攀桂	大街南头路东	1	13	8	3	24	500.00	3	0	3	0	6	6	12	6,690.00	本号院墙丈尺照壁在内
13	无	察汉格格	新疆旧土尔扈特	无	大街南头路东	1	3	3	2	8	300.00	8	0	2	0	0	6	2	2,620.00	
14	无	程铨	直隶宣化县	无	大街南头路东	1	4	2	1	7	250.00	2	0	0	0	0	6	1	2,200.00	
15	裕盛和	霍梅	直隶万全县	杜成德	大街南头路东	1	16	17.5	4	37.5	960.00	2	0	5	1	14	11.5	12	12,490.00	
16	无	王士英	直隶宣化县	无	大街南头路东	1	15	7	5	27	600.00	2	0	2	1	0	5	22	5,660.00	
17	协成泰	贺继统、范子康、马向清	山西祁县	范子康	大街南头路东	1	9	28	2	39	1,020.00	6	0	7	1	16	23	0	15,100.00	本号院墙丈尺照壁在内
18	德顺长	吕效忠	京兆香河县	刘殿魁	大街南头路东	1	7	5	1	13	190.00	3	0	4	0	0	7	6	3,230.00	本号院墙丈尺照壁在内
19	无	岳世铭	山西祁县	无	大街北头路西	1	6	29	0.5	35.5	400.00	4	0	4	1	6	14	15	9,520.00	房出租、本号院墙丈尺照壁在内
20	二合和	张起威	山西文水县	无	大街北头路西	1	7	5	1	13	250.00	1	0	0	0	0	4	9	2,720.00	
21	天义德	段明高、马姓、范姓、伊勒古克三	山西祁县、文水县、蒙古	燕腾翱	大街北头路西	1	28	50	43	121	3,000.00	5	0	11	1	35	60	26	39,750.00	段姓、范姓祁县人，马姓文水人，伊勒古克三外蒙古人。本号院墙丈尺照壁在内

（续）

序号	商号	号东或房主姓名	籍贯	执事人姓名	房屋坐落	房屋栋数	正房间数	陪房间数	余房间数	房间数	院墙丈尺	菜园亩数	花园亩数	树木株树	水井数	上等房间数	中等房间数	下等房间数	估计价值（两）	备注
22	无	程铨	直隶宣化县	无	大街北头路西	1	5	2	0.5	7.5	300.00	0	0	0	0	0	7.5	0	2,500.00	
23	元盛德	段明高	山西祁县	岳富高	大街北头路东	2	30	60	52	142	3,130.00	15	0	7	2	60	70	12	51,620.00	本号院墙丈尺照壁在内
24	无	程文鎔	直隶宣化县	无	大街北头路东	1	3	8	1	12	250.00	0	0	1	0	0	4	8	2,590.00	房出租
25	长盛元	清泰	绥远归绥县	张鹏	大街北头路东	1	8	18	1	27	1,500.00	3	0	3	1	0	13	14	8,080.00	本号院墙丈尺照壁在内
26	无	金奇逻	绥远归绥县	无	大街北头路东	1	13	3	1	17	250.00	2	0	1	1	0	15	2	5,140.00	房出租
27	无	张元	察哈尔张北县	无	大街北头路东	1	6	0	0.5	6.5	150.00	0	0	0	0	0	2	4.5	1,380.00	房出租
28	无	李永升	直隶宣化县	无	大街北头路东	1	4	4	1.5	9.5	250.00	2	0	3	1	0	4	5.5	2,630.00	
29	无	王清正	山西汾阳县	无	东横街路西	1	7	0	1	8	400.00	2	0	0	0	0	0	8	1,720.00	房出租
30	林得泉	张士林	山西清源县	庞亨量	东横街路西	1	19	20	8	47	1,410.00	4	0	0	1	30	14	3	19,150.00	本号院墙丈尺照壁在内
31	三和义	张文煜、黄晓华、王彩林	直隶饶阳县、深县	王凤魁	西横街路北	1	6	8	4	18	110.00	0	0	0	0	8	10	0	6,260.00	张姓饶阳人、黄王二姓深县人
32	永兴恒	刘继恒、郝姓	直隶饶阳县	宏秉正、吕玉璞	西横街路北	1	11.5	9	3	23.5	130.00	1	0	0	1	12	9.5	2	8,400.00	本号院墙丈尺照壁在内
33	德顺长	吕效忠	京兆香河县	刘殿魁	西横街路北	1	5	13	1	19	140.00	0	0	0	0	9	8	2	6,440.00	本号院墙丈尺照壁在内

（续）

序号	商号	号东或房主姓名	籍贯	执事人姓名	房屋坐落	房屋栋数	正房间数	陪房间数	余房间数	房间数	院墙丈尺	菜园亩数	花园亩数	树木株树	水井数	上等房间数	中等房间数	下等房间数	估计价值（两）	备注
34	永聚成	陈铨	京兆大兴县	贾如珍	西横街路北	3	16	25	6	47	430.00	1	0	0	1	22	20	5	16,310.00	本号院墙丈尺照壁在内
35	锦泰厚	高达旺	山西文水县	高达兴	西横街路南	1	3	14	1	18	180.00	1	0	0	0	0	9	9	4,020.00	
36	无	段得子	绥远归绥县	无	丁字街南头路东	1	5	27.5	1.5	34	500.00	1	0	0	1	2.5	15	26.5	9,880.00	
37	义生源	张宠禄	山西祁县	无	丁字街南头路东	1	7	7	8	22	40.00	0	0	0	0	0	0	22	3,110.00	
38	无	魏岐山	直隶蔚县	无	丁字街南头路东	1	6	0	0	6	150.00	4	0	1	1	0	3	3	1,860.00	
39	无	段章	新疆奇台县	无	丁字街南头路东	1	2	0	0	2	0.00	4	0	5	0	0	0	2	520.00	
40	永和诚	孟若来、王四子	山西祁县、文水县	成学章	丁字街南头路西	1	5	21	1	27	350.00	2	0	0	1	0	20	7	7,340.00	本号院墙丈尺照壁在内
41	无	王林	察哈尔张北县	无	丁字街南头路西	1	5	9	1	15	250.00	5	0	0	0	0	10	5	3,950.00	
42	晋同庆	申中祥	山西祁县	梁建武	丁字街北头路东	1	14	5	0	19	200.00	2	0	0	0	0	14	5	3,950.00	本号院墙丈尺照壁在内

（续）

序号	商号	号东或房主姓名	籍贯	执事人姓名	房屋坐落	房屋栋数	正房间数	陪房间数	余房间数	房间数	院墙丈尺	菜园亩数	花园亩数	树木株树	水井数	上等房间数	中等房间数	下等房间数	估计价值（两）	备注
43	无	张应祥	山西代县	无	丁字街北头路东	1	4	5	4	13	300.00	1	0	0	0	0	5	8	2,940.00	
44	得兴荣	张玉宝	山西汾阳县	无	丁字街北头路东	1	5	4	6	15	250.00	1	0	0	0	0	9	6	3,700.00	本号院墙丈尺照壁在内
45	无	马天保	察哈尔张北县	无	丁字街北头路东	1	7	15	1	23	240.00	3	0	0	0	0	7	16	4,580.00	本号院墙丈尺照壁在内
46	无	张元、丁保林	察哈尔张北县、直隶宣化县	无	丁字街北头路东	1	5	4	1	10	50.00	0	0	0	0	0	4	6	2,010.00	
47	无	色利阿訇	新疆疏勒县	无	丁字街北头路西	1	5	8	0.5	13.5	50.00	0	0	0	0	0	10	3.5	3,330.00	
48	世成魁	孟若来、高耿清	山西祁县	高耿清	丁字街北头路西	1	6	4	3	13	350.00	1.5	0	0	0	0	11	2	3,860.00	
49	义合成	张有、张守智	山西崞县、祁县	侯永荣	丁字街北头路西	1	9	21	2	32	300.00	2	0	0	1	0	16	16	7,410.00	本号院墙丈尺照壁在内
50	五义永	王立忠	直隶宣化县	段成业	丁字街北头路西	1	9	11	1.5	21.5	250.00	1	0	0	0	4	9	8.5	5,720.00	本号院墙丈尺照壁在内

（续）

序号	商号	号东或房主姓名	籍贯	执事人姓名	房屋坐落	房屋栋数	正房间数	陪房间数	余房间数	房间数	院墙丈尺	菜园亩数	花园亩数	树木株树	水井数	上等房间数	中等房间数	下等房间数	估计价值（两）	备注
51	无	程文鎔	直隶宣化县	无	丁字街北头路西	1	5	7	1.5	13.5	150.00	0.5	0	0	0	0	3	10.5	2,510.00	
52	恩庆隆	丁恩、马天	直隶宣化县、察哈尔张北县	辛永年	丁字街北头路西	1	5	8	1	14	240.00	2	0	0	0	0	3	11	2,750.00	
53	无	刘廷科	直隶宣化县	无	丁字街北头路西	1	9	16	2	27	240.00	3	0	0	0	0	18	9	6,660.00	
54	无	马天保	察哈尔张北县	无	丁字街北头路西	2	6	8	1.5	15.5	140.00	0	0	0	0	0	3	12.5	2,760.00	
55	无	靳玉山	山西汾阳县	无	丁字街北头路西	1	7	9	1	17	150.00	2	0	0	0	0	0	17	2,620.00	
56	无	沙玉顺	直隶宣化县	无	丁字街北头后身	1	7	6	1	14	300.00	3	0	0	0	0	13	1	4,250.00	
57	无	蓝世宽	察哈尔独石县	无	丁字街北头后身	1	5	0	0	5	0.00	3	0	0	0	0	0	5	770.00	房屋大门做余房一间、小门作半间
	上等房																		300.00	
	中等房																		200.00	
	下等房																		100.00	

（续）

序号	商号	号东或房主姓名	籍贯	执事人姓名	房屋坐落	房屋栋数	正房间数	陪房间数	余房间数	房间数	院墙丈尺	菜园亩数	花园亩数	树木株树	水井数	上等房间数	中等房间数	下等房间数	估计价值（两）	备注
	院墙每丈																		10.00	
	菜园花园每亩																		20.00	
	树木每株																		20	
	水井一口																		200.00	
																			476,820.00	

《北洋政府外交部商务档》，编号 03—18—032—07—008，民国六年十二月。

后　记

2006—2008 年我参加“明清的城市文化与生活”主题研究计划，阅读北京城市的物产时有许多困惑，如哦噔绸、回绒、回布、香脐子等究竟是什么？在中研院的汉籍数据库里也找不到一条数据。本所研究员张启雄教授说“蒙藏委员会”（今改为“文化部”蒙藏文化中心）藏有许多蒙古国家档案馆的档案。我到该会查阅档案，当时档案已数字化，却得一张张下载复印，并不是很便捷。我花了一两年时间才印些需要的档案。这些档案开启了我对恰克图的认识。过去都说乾隆以后广州一口通商，没想到恰克图贸易也是值得注意的。

我于 2011 年开始申请“科技部”计划，并且获得中研院明清研究推动委员会的支持，成立中西档案读书会，和一群年轻学者共同读档案。每年暑假我都到北京中国第一历史档案馆查阅军机处满文录副奏折。这些满文档案大多数是中研院历史语言研究所王健美女士协助转写、翻译，中国第一历史档案馆张莉教授、中央民族大学蔡名哲先生也协助翻译过一部分。我于 2012 年 5 月到山西太原、祁县、平遥考察至恰克图贸易的商号，平遥有蔚长厚、日昇昌等商号，祁县有至俄罗斯贸易的恒隆光的乔家大院，以及渠家长裕川茶庄。山西大学晋商学研究所所长刘建生教授带我参观山西会馆，那里展览商业账簿。

2013年，我与中国社会科学院近代史研究所刘小萌教授、中国边疆史地研究中心毕奥南教授、张莉教授等一行到张家口考察，特别是今堀诚二著作里提到的朝阳村，还有些遗址。2016年中研院历史语言研究所暨近代史研究所与蒙古国科学院历史和考古研究所签署“台蒙碑刻拓片数字整理计划”，我曾到乌兰巴托、额尔德尼召、后杭爱哈拉和林、乌里雅苏台考察。2017年至圣彼得堡出差，东方文献研究所所长波波娃惠赠晋商俄语读本 *Словари кяхтинского пиджина*，让我对毛皮有了新的认识。波兹德涅耶夫在1876年、1892—1893年分别到中国考察后，出版《蒙古及蒙古人》卷1、卷2，其他没出版的手稿都藏于该研究所图书馆内。

2017年夏天，由毕奥南教授率队考察呼和浩特、美岱召、鄂尔多斯至额济纳旗和张家口，我搜集了许多碑刻资料。2019年，我到武汉、六安、杭州等地考察，与中国社会科学院历史研究所定宜庄教授、华中师范大学历史学院付海晏教授、武汉社会科学院张笃勤教授、武汉大学经济系刁莉等人一起考察羊楼峒茶叶产区。

感谢“科技部”长期给予我计划补助经费，感谢毕奥南教授惠赠《清代蒙古游记选辑三十四种》、邱源媛教授帮忙接洽中国科学院图书馆拍摄部分祥麟日记。这一日记另一部分称为《乌里雅苏台行程纪事》，收入刘铮云主编的《傅斯年图书馆藏未刊稿钞本·史部》，承蒙刘教授惠赠。又一部分祥麟日记藏在上海图书馆，收入周德明、黄显功主编的《上海图书馆藏稿钞本日记丛刊》，感谢吴密博士协助复印，并感谢芦婷婷博士慷慨惠赠她整理的《额勒和布日记》。还有内蒙古师范大学学报主编张晋海教授、边疆所奥其尔等人让我刊登论文。并感谢中华书局，特别是近代史编辑部主任欧阳红女士。2016年由潘鸣博士编辑简体字版《乾隆皇帝的荷包》，2020 年吴冰清先生编辑简体字版《但问旗民：清代的法律与社会》一书，本书由刘冬雪女士编辑，感谢他们耐心和仔细校对。所谓“衣袖相拂亦是多生之缘”，其他有缘相见的朋友，就不一一致谢了。

2017 年，经所长吕妙芬推荐，本研究获得中研院支助的深耕计划“清代蒙古买卖城的商贸网络”，开展为期五年的研究。感谢中研院地理资讯小组白璧玲博士绘制蒙古台站图、本所资料库小组林明宜和陈建安协助建置近代商号资料库、资讯工程师蔡蓉茹重绘本所档案馆藏地图。感谢李铠光博士，他帮我阅读过整本论文，提出许多修改意见。感谢助理王中奇、曾尧民、许富翔、王士铭、张家甄、薛淳懋、陈奕桥、曾泳玹、黄铭冠等人辛苦地工作，以及苏春华博士绘制统计图，而且常耐心听我无厘头的话语。

2014 年我到额尔德尼召，半夜看到满天星斗，想起一位哲人说的：“引导星辰的力量也引导着你”，每天都在这股力量中努力前进。本书的完成可视为蒙古财政研究抛砖引玉的工作，期待未来年轻学者有更杰出的研究。